LINDER
BIOLOGIE

2 herausgegeben von
Hans-Peter Konopka
Dr. Andreas Paul
Antje Starke

Schroedel

Linder Biologie 2

Herausgeber
Hans-Peter Konopka, Recklinghausen
Dr. Andreas Paul, Hamburg
Antje Starke, Leipzig

Autoren
Prof. Dr. Norbert Grotjohann, Bielefeld
Dr. Ingeborg Heil, Aachen
Dr. Michael Kampf, Leipzig
Prof. Dr. Hans Peter Klein, Münstereifel
Vanessa Koelbel, Düsseldorf
Hans-Peter Konopka, Recklinghausen
Birgit Lanvermann, Dortmund
Dr. Olga Speck, Schallstadt
Antje Starke, Leipzig
Dr. Harald Teepe, Aachen
Prof. Dr. Frank Thomas, Trier
Dr. Andreas Paul, Hamburg
Prof. Dr. Angelika Preisfeld, Wuppertal
Rolf Wellinghorst, Quakenbrück
Dr. Dirk Wenderoth, Braunschweig
Dr. Gabriele Wolff, Dortmund
Martin Wüller, Aachen

© 2009 Bildungshaus Schulbuchverlage
Westermann Schroedel Diesterweg
Schöningh Winklers GmbH, Braunschweig
www.schroedel.de

Das Werk und seine Teile sind urheberrechtlich geschützt. Jede Nutzung in anderen als den gesetzlich zugelassenen Fällen bedarf der vorherigen schriftlichen Einwilligung des Verlages.
Hinweis zu § 52 a UrhG: Weder das Werk noch seine Teile dürfen ohne eine solche Einwilligung gescannt und in ein Netzwerk eingestellt werden. Dies gilt auch für Intranets von Schulen und sonstigen Bildungseinrichtungen.
Auf verschiedenen Seiten dieses Buches befinden sich Verweise (Links) auf Internet-Adressen. Haftungshinweis: Trotz sorgfältiger inhaltlicher Kontrolle wird die Haftung für die Inhalte der externen Seiten ausgeschlossen. Für den Inhalt dieser externen Seiten sind ausschließlich deren Betreiber verantwortlich. Sollten Sie bei dem angegebenen Inhalt des Anbieters dieser Seite auf kostenpflichtige, illegale oder anstößige Inhalte treffen, so bedauern wir dies ausdrücklich und bitten Sie, uns umgehend per E-Mail davon in Kenntnis zu setzen, damit beim Nachdruck der Verweis gelöscht wird.

Druck A^1/ Jahr 2009

Alle Drucke der Serie A sind im Unterricht parallel verwendbar.

Redaktion Marcel Tiffert, Dr. Dirk Wenderoth
Herstellung Ralf Flunkert
Illustrationen
Liselotte Lüddecke, Karin Mall, Tom Menzel
Einbandgestaltung
Janssen Kahlert Design & Kommunikation GmbH
Typografie und Satz
Farnschläder & Mahlstedt, Hamburg
Druck und Bindung
westermann druck GmbH, Braunschweig

ISBN 978-3-507-86608-9

Inhalt

Grundlagen der Biologie 8

1 **Womit beschäftigt sich die Biologie?** 8

2 **Basiskonzepte helfen Zusammenhänge zu erkennen** 10
Methode Arbeit mit dem Lehrbuch 14

Lebewesen bestehen aus Zellen 16

1 **Die Zelle – Grundbaustein aller Lebewesen** 16

2 **Bau und Funktion des Lichtmikroskops** 18
Methode Herstellen mikroskopischer Präparate 19

3 **Zellen unterscheiden sich** 20
3.1 Pflanzenzellen 20
3.2 Zellen von Menschen und Tieren 22
3.3 Von der Zelle zum Organismus 23
Methode Anfertigen einer mikroskopischen Zeichnung 24
Aufgaben und Versuche Pflanzliche und tierische Zellen 25

4 **Die Vielfalt einzelliger Lebewesen** 26
4.1 Bakterien gibt es überall 26
Streifzug durch die Technik Bakterien als Helfer des Menschen 28
Aufgaben und Versuche Bakterien 29
4.2 Echte Einzeller besitzen einen Zellkern 30
Aufgaben und Versuche Einzeller 32

5 **Vom Einzeller zum Vielzeller** 34
5.1 Organisationsstufen bei Grünalgen 34
5.2 Tierische Vielzeller 36

Zusammenfassung Lebewesen bestehen aus Zellen 38
Wissen vernetzt Lebewesen bestehen aus Zellen 40

Wirbellose Tiere 42

1 **Der Regenwurm – ein Ringelwurm** 42
Wissen kompakt Ringelwürmer 45
Aufgaben und Versuche Regenwurm 46

2 **Insekten** 48
2.1 Der Maikäfer – ein Insekt 48
Wissen kompakt Heimische Käfer 51
2.2 Aus Raupen werden Schmetterlinge 52
2.3 Heuschrecken durchlaufen eine unvollkommene Metamorphose 54
Aufgaben und Versuche Entwicklung bei Insekten 56
2.4 Stubenfliegen sind Kulturfolger 58
2.5 Bienen leben in Gemeinschaften 59
2.6 Orientierung und Kommunikation bei Honigbienen 62
2.7 Die Gemeinschaften der Roten Waldameisen 64
Wissen kompakt In Gemeinschaften lebende Insekten 66
Aufgaben und Versuche In Gemeinschaften lebende Insekten 67
2.8 Die Vielfalt der Insekten 68
Methode Bestimmungsschlüssel für Insekten 69

3 **Spinnentiere** 70
3.1 Spinnen sind keine Insekten 70
3.2 Spinnen jagen unterschiedlich 72
Streifzug durch die Medizin Spinnengifte 73
3.3 Milben leben überall 74
Wissen kompakt Spinnentiere 76
Aufgaben und Versuche Spinnentiere 77

4 **Weichtiere** 78
4.1 Die Weinbergschnecke ist eine Gehäuseschnecke 78
4.2 Nacktschnecken 80
Methode Anlegen einer Schneckensammlung 81

5 Übersicht über die wirbellosen Tiere 82

Zusammenfassung Wirbellose Tiere 84
Wissen vernetzt Wirbellose Tiere 86

Bau und Leistungen von Pflanzen 88

1 **Aufbau von Samenpflanzen** 88
1.1 Grundbauplan der Samenpflanzen 88
1.2 Samenpflanzen lassen sich ordnen 90
   Wissen kompakt Vielfalt der Samenpflanzen 91

2 **Stoffwechsel der Pflanzen** 92
2.1 Grüne Pflanzen brauchen Licht 92
2.2 Entdeckung der Fotosynthese 94
   Methode Experimente planen, durchführen, und protokollieren 95
   Aufgaben und Versuche Fotosynthese 96
2.3 Traubenzucker wird weiter verarbeitet 98
2.4 Auch Pflanzen verbrauchen Sauerstoff 100
   Aufgaben und Versuche Zellatmung 102
2.5 Pflanzen und Tiere sind voneinander abhängig 103

Zusammenfassung Bau und Leistungen von Pflanzen 104
Wissen vernetzt Bau und Leistungen von Pflanzen 105

Ökosysteme 106

1 **Was ist ein Ökosystem?** 106
   Methode Exkursion 109
   Aufgaben und Versuche Exkursion im Schulumfeld 110

2 **Ökosystem Wald** 112
2.1 Wälder unterscheiden sich 112
2.2 Der Wald ist in Stockwerken aufgebaut 114
2.3 Jahreszeitliche Aspekte eines Laubwaldes 116
   Wissen kompakt Laubbäume und Nadelbäume 118
2.4 Moose 120
2.5 Farne 122
2.6 Pilze 124
   Wissen kompakt Giftpilze und Speisepilze 126
2.7 Flechten 128
   Methode Flechtenkartierung 130
2.8 Tiere im Wald 132
2.9 Nahrungsbeziehungen 134
2.10 Leben auf und im Waldboden 136
2.11 Stoffkreisläufe 138
2.12 Der Weg der Energie 140
   Aufgaben und Versuche Untersuchungen im Wald 142
2.13 Bedeutung des Waldes 144
2.14 Gefährdung des Waldes 146

3 **Ökosystem See** 148
3.1 Zonierung des Sees 148
   Wissen kompakt Pflanzen des Sees 150
3.2 Insekten am und im See 152
3.3 Fische im stehenden Gewässer 154
3.4 Wasservögel in ihrer ökologischen Nische 156
   Aufgaben und Versuche Leben im See 158
3.5 Nahrungsbeziehungen im See 160
3.6 Der See im Jahresverlauf 162
3.7 Nährstoffkreislauf und Eutrophierung 164
   Aufgaben und Versuche Messdaten erfassen und auswerten 166
   Aufgaben und Versuche Untersuchung eines Gewässers 168
3.8 Seen können verlanden – ein Moor entsteht 170

Zusammenfassung Ökosysteme 172
Wissen vernetzt Ökosysteme 174

Natur- und Umweltschutz 176

1 **Von der Natur- zur Kulturlandschaft** 176
1.1 Landschaft hat Geschichte 176
   Streifzug durch die Geschichte Pollenanalyse 178
   Wissen kompakt Moderne Forstwirtschaft 179
1.2 Landwirtschaft verändert die Umwelt 180
1.3 Hecken 182
   Aufgaben und Versuche Hecken 184

2 **Biotop- und Artenschutz** 186
   Streifzug durch die Politik Schutzgebiete 188

3 **Globale Probleme** 190
3.1 Bevölkerungswachstum ohne Ende? 190
3.2 Vernichtung natürlicher Lebensgrundlagen 192
   Streifzug durch Wirtschaft und Politik Massentourismus 195
3.3 Klimawandel 196
3.4 Agenda 21 und Nachhaltige Entwicklung 198

Zusammenfassung Natur- und Umweltschutz 200
Wissen vernetzt Natur- und Umweltschutz 201

Bau und Leistungen des menschlichen Körpers 202

1 **Sinnesorgane – Tor zur Umwelt** 202
1.1 Der Körper reagiert auf viele Reize 202
1.2 Das Auge nimmt Lichtreize auf 204
    Streifzug durch die Physik Licht und Linsen 207
1.3 Sehen mit Auge und Gehirn 208
1.4 Optische Täuschungen 210
    Streifzug durch die Psychologie Werbung, das Spielen mit Reizen 211
    Aufgaben und Versuche Das Auge 212
1.5 Das Ohr nimmt akustische Reize auf 214
1.6 Im Innenohr liegt das Dreh- und Lagesinnesorgan 216
    Aufgaben und Versuche Das Ohr 217
1.7 Geruchs- und Geschmackssinn 218
1.8 Sinne der Haut 219
    Aufgaben und Versuche Riechen, Schmecken, Fühlen 220
    Wissen kompakt Sinne bei Mensch und Tier 221

2 **Informationsleitung und -verarbeitung** 222
2.1 Das Nervensystem – ein Nachrichtennetz 222
    Wissen kompakt Nervensysteme im Tierreich 223
2.2 Bau und Funktion von Nervenzellen 224
2.3 Nervenzellen in Kontakt – Synapsen 225
2.4 Das Rückenmark – Hauptnervenbahn und Schaltzentrale 226
    Streifzug durch die Medizin Untersuchungsmethoden 227
    Aufgaben und Versuche Nervensystem – Nerven 228
2.5 Bau und Funktion des Gehirns 230
2.6 Lernen und Gedächtnis 232
    Aufgaben und Versuche Lernen 234
2.7 Das vegetative Nervensystem 236
    Wissen kompakt Erkrankungen des Nervensystems 237
2.8 Das Hormonsystem im Überblick 238
2.9 Regulation und Steuerung des Blutzuckerspiegels 240
2.10 Nerven- und Hormonsystem arbeiten zusammen 242

3 **Ernährung und Verdauung** 244
3.1 Die drei Nährstoffgruppen 244
    Aufgaben und Versuche Nährstoffnachweise 246
3.2 Die Nahrung enthält weitere wichtige Stoffe 247
3.3 Die Bedeutung der Nährstoffe 248
3.4 Gesunde Ernährung 250

3.5 Verdauung 252
    Streifzug durch die Chemie Enzyme 255
    Streifzug durch die Medizin Magenerkrankungen 256
    Streifzug durch die Medizin Bewohner des Darms 257
3.6 Die Leber 258
    Aufgaben und Versuche Verdauung 259

4 **Blut und Blutkreislauf** 260
4.1 Blut – eine besondere Flüssigkeit 260
4.2 Die Blutgruppen 261
4.3 Das Blut strömt im Kreislauf 262
4.4 Das Herz pumpt ein Leben lang 264
4.5 Herz- und Kreislauferkrankungen 266
    Aufgaben und Versuche Blut und Blutkreislauf 268

5 **Ausscheidung und Gaswechsel** 270
5.1 Bau und Funktion der Nieren 270
    Streifzug durch die Medizin Nierenerkrankungen 272
5.2 Atmung und Gaswechsel 273
    Aufgaben und Versuche Atmung 275
    Streifzug durch die Medizin Erkrankungen der Atemwege 276

6 **Knochen, Muskeln und Bewegung** 278
6.1 Knochen sind Organe 278
6.2 Gelenke – die Verbindung für Bewegung 279
6.3 Feinbau und Arbeitsweise der Muskeln 280
    Aufgaben und Versuche Knochen, Muskeln und Bewegung 282
    Wissen kompakt Schäden am Bewegungssystem 283

Zusammenfassung Bau und Leistungen des menschlichen Körpers 284
Wissen vernetzt Bau und Leistungen des menschlichen Körpers 286

Infektionskrankheiten und Immunsystem 288

1 **Infektionskrankheiten** 288
1.1 Bakterielle Infektionskrankheiten 288
1.2 Antibiotika 290
 Wissen kompakt Bakterielle Infektionskrankheiten 291
1.3 Infektionskrankheiten durch Viren 292
 Wissen kompakt Virale Infektionskrankheiten 294
 Methode Internetrecherche Virale Infektionskrankheiten 295
1.4 Vorsicht Einzeller 296

2 **Wie das Immunsystem unser Leben schützt** 298
2.1 Das Immunsystem – eine hoch spezialisierte Abwehr 298
2.2 Aktive und passive Immunisierung 300
2.3 Allergien – Überreaktion des Immunsystems 302
2.4 Aids 304

Zusammenfassung Infektionskrankheiten und Immunsystem 306
Wissen vernetzt Infektionskrankheiten und Immunsystem 307

Sexualität, Fortpflanzung und Entwicklung des Menschen 308

1 **Liebe und Partnerschaft** 308

2 **Grundlagen der Sexualität** 310
2.1 Sexualhormone steuern die Entwicklung 310
2.2 Der Menstruationszyklus 314

3 **Typisch Mann – typisch Frau?** 316
 Methode Eine Meinungsumfrage durchführen 318
 Aufgaben und Versuche Typisch Mann – typisch Frau? 319

4 **Formen der Sexualität beim Menschen** 320

5 **Entwicklung des Menschen** 322
5.1 Befruchtung und Keimesentwicklung 322
 Streifzug durch die Ethik Schwangerschaftsabbruch 324
 Streifzug durch die Medizin Reproduktionsmedizin 325
5.2 Die Geburt 326
5.3 Vom Säugling zum Kleinkind 327
5.4 Vom Kleinkind zum Greis 328
5.5 Familienplanung und Empfängnisverhütung 330

Zusammenfassung Sexualität, Fortpflanzung und Entwicklung des Menschen 332
Wissen vernetzt Sexualität, Fortpflanzung und Entwicklung des Menschen 333

Grundlagen der Vererbung 334

1 **Erbanlagen werden von den Eltern weitergegeben** 334

2 **Chromosomen sind Träger der Erbanlagen** 336
2.1 Der Chromosomensatz des Menschen 336
 Streifzug durch die Chemie DNA 337
2.2 Mitose und Zellteilung 338
2.3 Geschlechtszellen entstehen durch Meiose 340
 Aufgaben und Versuche Mitose, Meiose und Zellteilung 342

3 **Mendel und die Gesetzmäßigkeiten der Vererbung** 344
3.1 Phänotyp und Genotyp 344
3.2 Neukombination von Erbanlagen 347
3.3 Die Rückkreuzung 348
 Wissen kompakt Modellorganismen in der Genetik 349
 Aufgaben und Versuche Mendel und die Gesetzmäßigkeiten der Vererbung 350

4 **Vom Gen zum Merkmal** 352

5 **Modifikationen** 355

6 **Mutationen** 356

7 **Vererbung beim Menschen** 360
7.1 Methoden der Erbforschung 360
7.2 Zwei Chromosomen bestimmen den kleinen Unterschied 362
7.3 Vererbung der Blutgruppen und des Rhesusfaktors 363
7.4 Genetisch bedingte Krankheiten und Behinderungen 365

Streifzug durch die Medizin Humangenetische Beratung 367
Methode Stammbäume 368
Aufgaben und Versuche Humangenetik 369

8 Der Mensch nutzt die Kenntnisse über die Vererbung 370
8.1 Herkömmliche Methoden der Tier- und Pflanzenzucht 370
8.2 Biotechnik in der Tier- und Pflanzenzucht 372
8.3 Methoden der Gentechnik 374
Streifzug durch die Politik Chancen und Risiken der Gentechnik 377

Zusammenfassung Grundlagen der Vererbung 378
Wissen vernetzt Grundlagen der Vererbung 380

Verhalten 382

1 Grundlagen des Verhaltens 382
Methode Ein Ethogramm erstellen 385

2 Erbanlagen und Umwelterfahrungen bestimmen das Verhalten 386
Aufgaben und Versuche Lernen 389

3 Allein oder mit anderen: Wie Tiere leben 390
Wissen kompakt Tierverbände 391

4 Signale dienen der Verständigung 392

5 Konflikte und Konfliktbewältigung 394
Aufgaben und Versuche Konflikte und Konfliktbewältigung 396

Zusammenfassung Verhalten 398
Wissen vernetzt Verhalten 399

Evolution 400

1 Die Entwicklung der Lebensvielfalt auf der Erde 400
1.1 Verwandtschaft erzeugt Ähnlichkeit 400
1.2 Fossilien sind Zeugen der Erdgeschichte 402
1.3 Die Geschichte der Erde und des Lebens – ein Überblick 404

2 Die Erklärung der Artenvielfalt 408
2.1 Entstehung der Evolutionstheorie 408
2.2 Variation und Selektion 410
2.3 Die Entstehung neuer Arten 412
2.4 Tarnen, Warnen, Täuschen – Ergebnisse der Evolution 414
Aufgaben und Versuche Entstehung der Artenvielfalt 415

3 Die Evolution des Menschen 416
3.1 Menschen gehören zu den Primaten 416
3.2 Afrikanische Vorfahren des Menschen 418
3.3 Homo erobert die Welt 420
3.4 Der Streit um die Neandertaler 422
3.5 Ursprung und Vielfalt des modernen Menschen 424
Aufgaben und Versuche Die Evolution des Menschen 426

Zusammenfassung Evolution 428
Wissen vernetzt Evolution 430

Register 432

Hinweise zum sicheren Experimentieren 439

Bildquellen 440

Grundlagen der Biologie

1 Womit beschäftigt sich die Biologie?

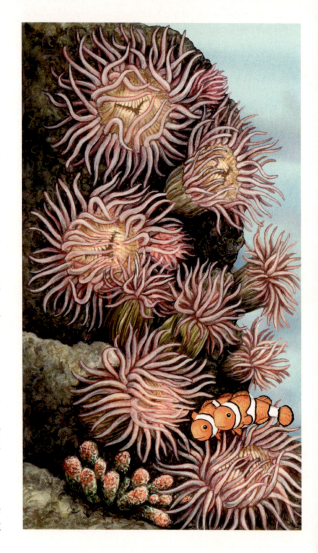

Die Biologie ist eine Naturwissenschaft, die sich mit den Lebewesen und ihren Lebenserscheinungen beschäftigt. Dabei macht sie uns mit der mikroskopisch kleinen Welt ebenso bekannt wie mit komplexen Lebensräumen. Solche Lebensäume erstrecken sich vom eisigen Süd- oder Nordpol bis hin zu den Wüsten. In allen diesen Lebensräumen mit ihren bestimmten eigenen Lebensbedingungen ist Leben möglich.

Die Biologie ermöglicht Erkenntnisse über eine Vielzahl von Lebewesen. Heute sind etwa 1,8 Millionen Tierarten und 800 000 Pflanzenarten bekannt. Schätzungen gehen davon aus, dass noch weitere Millionen Arten unentdeckt sind. So werden zum Beispiel fast täglich neue Insektenarten beschrieben. In den letzten 20 Jahren wurden sogar neue Säugetierarten entdeckt. Zu ihnen zählen die Spiralhornantilope und der Zwergmausmaki, der mit etwa 30 Gramm der kleinste weltweit bekannte Affe ist.

Biologen entdecken nicht nur neue Arten. Sie erforschen auch, wie aus einer einzelnen Zelle ein Lebewesen wird, wie Pflanzen Sonnenenergie einfangen und wie bestimmte Organismen zusammenleben. Auf all diesen Ebenen wird biologische Forschung betrieben. Dabei liefern Beobachtungen, Messungen und Experimente verschiedene Daten. Neue, noch genauer messende Methoden und Verfahren geben den Wissenschaftlern immer neue Einblicke in die Biologie. Wie kann man sich eine solche Forschung

Grundlagen der Biologie

vorstellen und wie bringt der Wissenschaftler die einzelnen Ergebnisse in Zusammenhang?

Meeresbiologen untersuchen zum Beispiel ein Korallenriff. Dabei bestimmen sie in einem festgelegten Gebiet alle vorkommenden Tier- und Pflanzenarten. Dann zählen sie, wie viele Einzellebewesen von einer Art vorkommen. So können sie Rückschlüsse auf Artenvielfalt und Individuendichte ziehen. Werden sehr viele solcher Einzeldaten kombiniert, kann man oft **verallgemeinernde** Schlussfolgerungen ziehen. Das vorliegende Beispiel ließe den Schluss zu: Korallenriffe sind sehr artenreiche Lebensräume. Die Meeresbiologen können jedoch auch einzelne Riffbewohner und ihre Verhaltensweisen beobachten. Ein bekanntes Beispiel sind die tagaktiven *Clownfische*, die zu den Riffbarschen gehören. Sie leben mit einer *Seeanemone* zusammen. Aus der Gemeinschaft ziehen beide einen Nutzen: Die Fische verteidigen ihre Anemone und entfernen Sand sowie Nahrungsreste. Im Gegenzug erhalten sie einen umfassenden Schutz durch die starken Nesselgifte und können ihre rund 400 Eier am Fuß der Anemone ablegen. All diese Informationen hat man aus **einzelnen Beobachtungen** gewonnen.

Es gibt jedoch noch einen zweiten Weg, biologische Fragen zu beantworten. So hatten Biologen festgestellt, dass die Nesselgifte von Seeanemonen für Fische tödlich sind. Berührt ein Fisch die Fangarme der Anemone, entladen sich die Giftkapseln und töten die Beute. Daraus leitet sich die Frage ab: »Warum sterben Clownfische nicht, obwohl sie direkt in die Anemone hinein schwimmen?«

Man stellt nun eine Vermutung auf, die lauten könnte: Die Fische besitzen Stoffe in der Haut, die einen Angriff verhindern. Daraus lassen sich konkrete Vorhersagen für Experimente ableiten. So könnte man prüfen, ob die Fische den Schutz verlieren, wenn man sie isoliert. In einem Versuch wurde daraufhin ein Clownfisch mehrere Tage von der Anemone getrennt und dann zurückgesetzt. Bei Berührung der Fangarme starb der Fisch. So ließ sich die Voraussage bestätigen. Weitere Experimente konnten zeigen, dass die Fische durch Kontakt mit der Anemone langsam deren Nesselgifte in die Haut einlagern. Sie tarnen sich dadurch chemisch und werden von der Anemone nicht mehr als fremd erkannt und angegriffen.

1 Leite weitere Vorhersagen zum Schutz der Clownfische ab, die man im Experiment überprüfen könnte.
2 Begründe, warum auch Experimente wichtig sind, bei denen sich Vermutungen und Vorhersagen nicht bestätigen.

1 Biologe untersucht ein Korallenriff

Beobachtung
Nesselgifte von Seeanemonen sind für Fische tödlich.

Frage
Warum sterben Clownfische nicht?

Vermutung
Fische besitzen in der Haut Stoffe, die sie schützen.

Vorhersage
Isolierte Fische verlieren den Schutz.

Experiment zur Überprüfung

Ergebnis
Isoliert gehaltene Clownfische sterben an Gift.

2 Naturwissenschaftliches Arbeiten

Grundlagen der Biologie

2 Basiskonzepte helfen Zusammenhänge zu erkennen

Korallenriffe sind besonders faszinierende und artenreiche Lebensräume. Ihre Bewohner unterscheiden sich in Größe, Form, Ernährung, Fortpflanzung und im Zusammenleben mit anderen Arten. Wie lässt sich eine so unüberschaubare Vielfalt übersichtlich darstellen und erklären?

Zum einen kann man zum Beispiel die verschiedenen Tierarten nach bestimmten **Merkmalen ordnen.** Am Korallenriff leben sowohl *Wirbeltiere*, wie zahlreiche Fischarten, als auch *wirbellose Tiere*, wie Muscheln, Schnecken, Korallen und Seeigel. Zum anderen können **Basiskonzepte** genutzt werden. Sie helfen, Wesentliches zu erkennen und neues biologisches Wissen richtig einzuordnen. Wie lassen sich diese Grundprinzipien auf die Riffbewohner und ihre Beziehungen untereinander anwenden?

Die artenreichste Wirbeltiergruppe am Korallenriff sind die Fische. Dabei unterscheidet man die Haie und Rochen mit knorpeligem Innenskelett von den Knochenfischen. Bei der letztgenannten Gruppe ist die **Vielfalt** am größten. Die einzelnen Arten unterscheiden sich zum Beispiel in Größe, Form, Färbung und Verhalten. Auch einzelne Körpermerkmale wie Kopf- und Schwanzform oder das Gebiss sind arttypisch.

So haben Riesen-Muränen einen bis über zwei Meter langen, schlangenförmigen Körper. Das Maul ist sehr groß und trägt dolchartige Fangzähne. Die Tiere sind dämmerungs- und nachtaktiv und besitzen einen gut entwickelten Geruchssinn, mit dem sie bei ihrer nächtlichen Jagd sogar schlafende Fische wahrnehmen können.

Die Clownfische werden dagegen nur wenige Zentimeter groß, sind orange gefärbt und tragen drei weiße Streifen. Sie ernähren sich von Plankton, kleinen Krebsen und Algen, die direkt an ihrer Wirtsanemone vorbeiströmen.

Alle Knochenfische haben aber auch gemeinsame Merkmale wie ein knöchernes Innenskelett, Flossen und eine schleimige Haut mit Schuppen. Die Atmung erfolgt über Kiemen.

In geschützten Flachwasserzonen der Seegraswiesen eines Korallenriffs können auch Gewöhnliche Seepferdchen leben. Diese Fische werden etwa 15 Zentimeter groß und weisen eigentümliche Baumerkmale auf: Im Gegensatz zur räuberisch lebenden Muräne besitzt das Seepferdchen eine röhrenförmige Schnauze ohne Zähne. Mit ihr saugt das Tier mikroskopisch kleine, im Wasser schwebende Lebewesen wie mit einem Strohhalm auf. Seepferdchen können beide Augen unabhängig voneinander bewegen, sodass sie ihre vorbeischwimmenden Beutetiere gut verfolgen können. Sobald die Beute erreicht werden kann, schnappen die Tiere blitzschnell zu oder saugen sie aus einer Entfernung bis zu drei Zentimetern an. Der Schwanz

1 Korallenriff und seine Bewohner

Grundlagen der Biologie

ist sehr beweglich und hat die Funktion eines Greifarmes. Mit ihm kann sich das Tier an Pflanzen, Korallen oder einem Partner festhalten. Männliche Seepferdchen besitzen am Bauch eine Bruttasche. In ihr entwickeln sich gut geschützt die Eier des Weibchens. Die Männchen erzeugen eine spezielle Nährflüssigkeit für die Embryonen, die am Ende ihrer Reifezeit als freischwimmende Jungtiere den Brutbeutel verlassen. Verallgemeinert kann man feststellen, dass zwischen der **Struktur** des jeweiligen Organs und seiner **Funktion** ein enger Zusammenhang besteht.

Riffbewohner zeigen in Bau, Funktion und Verhalten Eigenschaften, die ihnen das Leben in diesem Lebensraum ermöglichen. Ein Beispiel für solche **Angepasstheiten** liefern die Kugelfische. Ihr endständiges kleines Maul hat ein extrem kräftiges Gebiss, mit dem sie sogar harte Nahrung wie Korallen, Krebse, Muscheln und Schnecken zerbeißen können. Der schuppenlose Körper ist sehr elastisch und dehnbar. Kugelfische können in kurzer Zeit Wasser in eine Kammer in ihrem Körper saugen. Auf diese Weise vergrößert sich ihr Volumen, sodass Angreifer abgeschreckt werden.

Bei wirbellosen Tieren wie Seeigeln oder Seegurken lassen sich ebenfalls Angepasstheiten an das Leben im Riff finden. Seeigel besitzen zum Beispiel spezielle Zähne, mit denen sie Algen vom Untergrund abweiden.

Die länglichen Seegurken sind Bodenbewohner, denen ein Kauapparat fehlt. Sie fressen sich durch den algenhaltigen Sand und entnehmen ihm Kleinstlebewesen als Nahrung.

Die **Fortpflanzung** ist ein weiteres Merkmal aller Lebewesen. Viele Tintenfische suchen zur Paarung flache Riffe auf. Nach einer langen Werbungsphase umschlingen sich die Partner. Das Tintenfischmännchen führt mit einem speziellen Arm ein Spermienpaket in den Körper des Weibchens ein. Die Spermien werden in einer speziellen Begattungstasche gespeichert. Nach einigen Stunden stößt das Weibchen über 500 Eizellen aus, die an der Tasche vorbeiströmen. Hier kommt es zur *inneren Befruchtung*. Dabei handelt es sich um eine **geschlechtliche** Fortpflanzung, bei der Ei- und Spermienzelle miteinander verschmelzen. Die schwarze, gummiartige Eihülle ist mit zwei Fortsätzen ausgestattet. Mit diesen können die zentimetergroßen Eier an Korallen und Pflanzen befestigt werden. Andere Tiere leben festsitzend im Korallenriff. Bei den bis einen Meter langen Riesenmuscheln geben beide Geschlechter zeitgleich ihre Eizellen und Spermien ins Wasser ab. Im freien Wasser findet dann eine *äußere Befruchtung* statt.

Die **ungeschlechtliche** Fortpflanzung erfolgt durch Teilung oder Knospung von Körperzellen. Bei der Teilung von Seeanemonen entstehen zum Beispiel aus einem Lebewesen durch Abschnürung zwei kleinere, eigenständige Tiere.

Am Korallenriff lassen sich auch viele **Wechselwirkungen** zwischen den Arten beobachten. Die kleinen Putzerfische leben mit anderen Fischarten in einer *Symbiose* zum gegenseitigen Vorteil zusammen. Sie ernähren sich von Schmarotzern und abgestorbenen Hautteilen, die sie von größeren Fischen abfressen. So schützen sie gleichzeitig ihre »Kunden« vor Hautkrankheiten. Die etwa 45 Putzerfischarten machen durch leuchtende Farben und tänzelnde Schwimmbewegungen auf sich aufmerksam. Der putzwillige »Kunde« spreizt daraufhin die Flossen und stellt seine Kiemenklappen auf, damit auch diese Stellen nach Parasiten abgesucht werden. Geputzt werden auch große Raubfische wie Riffbarsche und Muränen. In bestimmten Gebieten bilden die Fische sogar richtige Warteschlangen, um gereinigt zu werden. Ähnlich arbeiten Putzergarnelen. Diese kleinen Krebstiere bieten ihre Dienste durch typische Bewegungen der weißen Fühler an.

Nicht alle Wechselwirkungen sind für die betreffenden Arten positiv. Die Dornenkrone ist ein bis zu 50 Zentimeter großer Seestern mit elf bis 17 Armen. Wie der Name schon andeutet, ist die gesamte Oberfläche mit spitzen, giftigen Stacheln bedeckt. Während junge Tiere Algen fressen, ernähren sich erwachsene Dornenkronen von bestimmten Korallenarten, die schnell wachsen. Normalerweise sind die Tiere nachtaktiv. Bei einem Massenauftreten kommt es zu einer hohen Nahrungskonkurrenz.

Die Seesterne ändern daraufhin ihr Verhalten: Sie sind nun auch am Tag aktiv und greifen alle Steinkorallenarten an. So können sie das gesamte Riff leer fressen und verwüsten.

Ein weiteres wichtiges Basiskonzept untersucht die Zusammenhänge von **Stoff- und Energiewechsel.** Auch hierbei handelt es sich um ein Merkmal aller Lebewesen. Wie ernähren sich zum Beispiel Steinkorallen? Das Kalkgerüst der Koralle selbst ist ein hartes Gebilde, das am Grund festgewachsen ist. Hier leben unzählige kleine Korallenpolypen, die an der Außenseite ihres Körpers Kalk absondern. Sie sitzen mit einer Fußscheibe in einem becherförmigen Kelch. Am oberen Körperende befindet sich eine Mundöffnung mit kleinen Fangarmen. Mit ihnen fängt der Polyp Kleinstlebewesen, die in seiner Magenhöhle verdaut werden. Die Körperwand des Polypen besteht aus einer Außen- und Innenschicht. In dieser leben eingelagerte Algen. Auch hier haben wieder beide Arten einen Vorteil von dem Zusammenleben. Die Algen betreiben *Fotosynthese*. Bei diesem Stoffwechselweg setzen sie Kohlenstoffdioxid und Wasser zu Traubenzucker und Sauerstoff um. Sie nehmen also Stoffe auf und wandeln diese in neue Stoffe um. Dabei erhalten sie das Kohlenstoffdioxid direkt von den Polypen. Auch Mineral-

Grundlagen der Biologie

stoffe wie Stickstoff- und Phosphorverbindungen liefert der Symbiosepartner. Im Gegenzug können die Korallenpolypen den Sauerstoff und den Traubenzucker verwenden. So erhalten sie eine Zusatznahrung. Biologische Experimente konnten außerdem zeigen, dass die Kalkbildung der Korallen von dem Vorhandensein der Algen abhängt: Korallen mit Algen erzeugen etwa zehnmal soviel Kalk wie Korallen ohne Symbiosepartner.

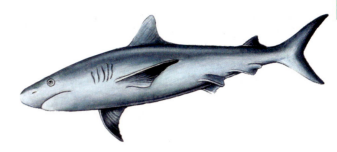

Auch der **Austausch von Informationen** ist ein Basiskonzept. Dabei ist ein Lebewesen der Sender und überträgt ein Signal an einen Empfänger. Diese Signale können ganz unterschiedlich sein. Viele Fische verständigen sich zum Beispiel über Töne.

Im Korallenriff spielen auch optische Signale eine große Rolle. Meeresnacktschnecken zeigen beispielsweise oft auffällige Färbungen mit Punkten, Streifen und Flecken. Diese Körperzeichnung warnt vor Giften und soll mögliche Fressfeinde abschrecken. Die Gifte nehmen viele Arten mit ihrer Nahrung auf. So frisst die Pyjama-Schnecke Feuerschwämme und speichert deren Gift in Drüsen auf ihrer Körperoberseite.

An Riffen leben auch verschiedene Haiarten. Der Graue Riffhai reagiert zum Beispiel sehr schnell auf chemische Signale. Kleinste Futtermengen eines Köders reichen aus, um ihn anzulocken. Auch bestimmte Verhaltensweisen spielen in der Verständigung von Riffhaien eine Rolle. Dringt ein fremder Hai oder ein Taucher in das Revier des Haies ein, zeigt dieser ein typisches Drohverhalten. Er buckelt mit dem Rücken, hebt den Kopf, senkt die Brustflossen und schwimmt mit übertriebenen Bewegungen. Werden diese Zeichen nicht beachtet, greift der Hai an und teilt Warnbisse aus. Die Übertragung von Informationen ist also eine wichtige Grundlage für das Verhalten der einzelnen Tierarten.

1. Wende die Basiskonzepte Struktur und Funktion sowie Angepasstheit auf einen Riffhai an.
2. Erläutere mögliche Ursachen für die enorme Artenvielfalt an einem Korallenriff.
3. Das Basiskonzept Information lässt sich auch auf Putzergarnelen und Putzerfische anwenden. Belege diese Aussage.
4. Informiere dich über die Fortpflanzung eines auf den Seite 8 bis 12 abgebildeten Fisches. Berichte in Form eines Kurzvortrages.

Grundlagen der Biologie

Methode: Arbeit mit dem Lehrbuch

Das vorliegende Biologiebuch gliedert sich in verschiedene Haupt- und Unterkapitel. Zusätzlich hat es eine Struktur, die das selbstständige Arbeiten und Lernen mit dem Buch erleichtern soll. Dabei wechseln sich Fachtexte mit anderen Elementen ab. Welche Bedeutung haben diese unterschiedlichen Elemente?

Die Fachtexte erklären meist an einem Beispiel die entsprechenden fachlichen Inhalte und Zusammenhänge. Wichtige Fachbegriffe, die neu eingeführt werden, sind **fett** hervorgehoben. Weitere Begriffe wie die Teile eines Tieres oder einer Pflanze sind oft *kursiv* gekennzeichnet. Um den Text zu verstehen, sollte man ihn zunächst vollständig lesen. Dann werden die einzelnen Abschnitte bearbeitet. Dazu liest man sie sorgfältig und notiert zum Beispiel wesentliche Stichpunkte zum Inhalt.

Die Texte werden durch Abbildungen oder Zeichnungen ergänzt. Diese sollten unbedingt in die Textanalyse einbezogen werden. Sie zeigen zum Beispiel wesentliche Merkmale eines Lebewesens oder Lebensraumes. Schematische Zeichnungen können darüber hinaus den inneren Bau, Funktionszusammenhänge oder mathematische Zusammenhänge verdeutlichen. Dazu dienen bestimmte Symbolfarben, die immer die gleiche Bedeutung haben.

So werden auf Schemazeichnungen von Tieren das Blutkreislaufsystem rot, das Nervensystem gelb, das Verdauungssystem grün und das Ausscheidungssystem violett dargestellt. Diese farbliche Kennzeichnung ermöglicht eine schnellere Zuordnung und einen besseren Vergleich zwischen unterschiedlichen Gruppen von Lebewesen. Die Textseiten schließen mit Aufgaben ab, die sich fast immer direkt auf das Textverständnis beziehen. Meist steigert sich der Schwierigkeitsgrad von reiner Wiedergabe bis zu Anwendungsaufgaben. Bei den Aufgabenstellungen sollte man auch auf die entsprechenden Arbeitsanweisungen achten. So wird beim Beschreiben und Erklären eine Antwort in Sätzen erwartet. Beim Vergleichen bietet sich eine Tabellenform mit Gemeinsamkeiten und Unterschieden an. Wertungen beinhalten dagegen immer eine eigene begründete Meinung.

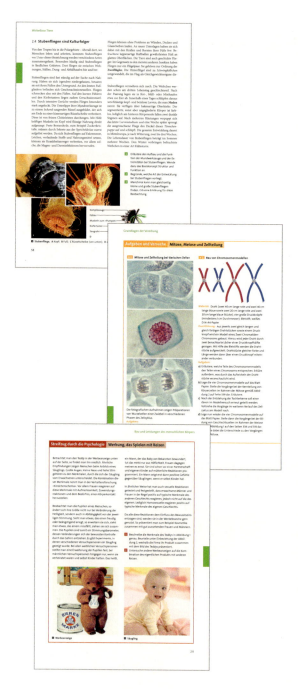

Grundlagen der Biologie

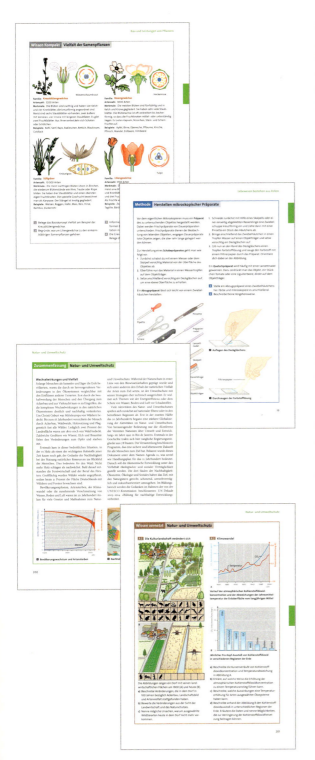

Ein weiteres Element sind spezielle Seiten mit Aufgaben und Versuchen. Hier werden Experimente und Modellversuche vorgeschlagen, die in Partner- oder Gruppenarbeit zu lösen sind. Dabei reichen die Angebote vom Mikroskopieren bis hin zum Herstellen von Sauerkraut. Materialgebundene Aufgaben ergänzen diese Seiten. Für sie braucht man oft ein komplexes Wissen, um die vorliegenden Tabellen, Diagramme oder Zeichnungen auszuwerten. Für solche Aufgaben können auch verschiedene Recherche- oder Darstellungsformen genutzt werden.

Die Biologie ist keine isolierte Naturwissenschaft. Moderne Anwendungen in der Medizin und Technik dürfen bei vielen Themen nicht fehlen. Solche fachübergreifenden Aspekte werden in Streifzügen vorgestellt.

Dass viele Themen an einem Beispiel vorgestellt werden, entspricht nicht der Vielfalt an Lebewesen weltweit. Deshalb vertiefen die Wissen-kompakt-Seiten vor allem die Artenvielfalt und stellen weitere Beispiele für eine Gruppe von Lebewesen vor. Hier können auch Basiskonzepte trainiert werden.

In der Biologie wendet man vielfältige Methoden an. Einige, wie das Anfertigen einer mikroskopischen Zeichnung und das Anlegen einer biologischen Sammlung, sind sehr fachspezifisch. Andere Methoden treffen auf mehrere Fächer zu, lassen sich aber auch gut in Biologie anwenden. Dazu zählen zum Beispiel das Protokollieren, das Lesen eines Fachtextes oder das Erstellen einer Mindmap. Das Präsentieren von Arbeitsergebnissen muss ebenfalls gut vorbereitet sein. Hier helfen Methodenseiten zum Erstellen von Folien, Fachreferaten und Computerpräsentationen.

Am Ende eines Kapitels werden die wesentlichen Inhalte noch einmal übersichtlich dargestellt. Diese Zusammenfassungen ermöglichen einen schnellen Überblick und eignen sich zur Wiederholung vor Leistungsüberprüfungen. Ihr folgen materialgebundene Aufgaben auf den Seiten »Wissen vernetzt«. Durch sie kann man selbstständig kontrollieren, ob die wesentlichen Inhalte des Kapitels verstanden wurden und ob das Wissen anwendungsbereit ist.

Lebewesen bestehen aus Zellen

1 Die Zelle – Grundbaustein aller Lebewesen

Sehr kleine Gegenstände und Lebewesen sind mit dem menschlichen Auge oder einer Lupe nicht mehr zu erkennen. Deshalb blieb die Welt des Mikrokosmos lange Zeit verborgen. Erst mit Hilfe von **Mikroskopen** gelang es, das bis dahin unsichtbare Winzige sichtbar zu machen.

Die ersten einfachen Mikroskope wurden von niederländischen Optikern gebaut. Um 1590 soll Zacharias Janssen als Kind zufällig zwei Glaslinsen so übereinander angeordnet haben, dass er ein vergrößertes Bild einer Spinne erhielt. Sein Vater, Optiker von Beruf, baute daraufhin einfache Mikroskope mit zwei hintereinander angeordneten Vergrößerungslinsen. Sie dienten noch keinen wissenschaftlichen Zwecken, sondern ausschließlich der Unterhaltung. Mit ihnen machte man sehr kleine Objekte wie zum Beispiel Flöhe sichtbar. Deshalb wurden die ersten Mikroskope bald als »Flohgläser« bekannt.

Die erste Nutzung von Mikroskopen zu naturwissenschaftlichen Zwecken wird dem Niederländer Antony van Leeuwenhoek zugeschrieben. In der ersten Hälfte des 17. Jahrhunderts baute er zahlreiche Mikroskope, die aus einer Metallplatte bestanden, in die eine Linse eingelassen war. Mit ihnen waren bis zu 270-fache Vergrößerungen möglich. Damit konnte Leeuwenhoek erstmals Regenwasser, Haare, Haut, Blut und Sperma untersuchen. Im Regenwasser entdeckte er zum Beispiel zahlreiche

1 Verwendung eines »Flohglases«

Kleinstlebewesen, im Blut die Roten Blutzellen und im Sperma die Spermienzellen.

Robert HOOKE, ein englischer Forscher, kombinierte mehrere Linsen miteinander und erreichte so stärkere Vergrößerungen. Bei der Untersuchung der Rinde von Korkeichen entdeckte er luftgefüllte Kammern, die er **Zellen** nannte. Seine Erkenntnisse fasste er zum ersten Lehrbuch der Zellbiologie zusammen. Es erschien bereits 1665 und enthielt zahlreiche Zeichnungen von Pflanzen- und Tierzellen.

In den folgenden Jahren wurden die Mikroskope immer leistungsfähiger, weil die Linsen stark verbessert wurden und verzerrungsfreie Bilder lieferten. Mit einem solchen Mikroskop entdeckte der britische Botaniker Robert BROWN 1831 den Zellkern von Pflanzenzellen.

Die deutschen Biologen Theodor SCHWANN und Matthias Jacob SCHLEIDEN arbeiteten sehr erfolgreich auf dem neu entstandenen Teilgebiet der Biologie, der **Zellbiologie**. Durch Vergleich verschiedener pflanzlicher und tierischer Objekte gelangten sie zu der Erkenntnis, dass alle Lebewesen aus den gleichen kleinsten Bauelementen, den Zellen, bestehen.

Die Teilung und Vermehrung von Zellen wurde erstmals 1855 von dem deutschen Arzt Rudolf VIRCHOW beschrieben. Er erkannte, dass sich Zellen zunächst teilen und danach zu ihrer endgültigen Größe heranwachsen.

Mit Lichtmikroskopen erreicht man heute bis zu 2000-fache Vergrößerungen. 1931 wurde von den deutschen Physikern Max KNOLL und Ernst RUSKA ein Mikroskop entwickelt, das nicht mit Lichtstrahlen sondern mit Elektronenstrahlen arbeitet. Mit diesem **Elektronenmikroskop** sind bis zu 100 000-fache Vergrößerungen möglich. Damit kann auch der Feinbau von Zellen untersucht werden. Bis heute wird das Elektronenmikroskop ständig verbessert und ist aus der Zellforschung nicht mehr wegzudenken.

1 Begründe, warum die Entwicklung des Mikroskops eine wesentliche Voraussetzung für die Entwicklung der Biologie gewesen ist.

2 Recherchiere nach den neuesten Mikroskopen, die momentan eingesetzt werden. Erstelle für jedes Mikroskop einen Steckbrief.

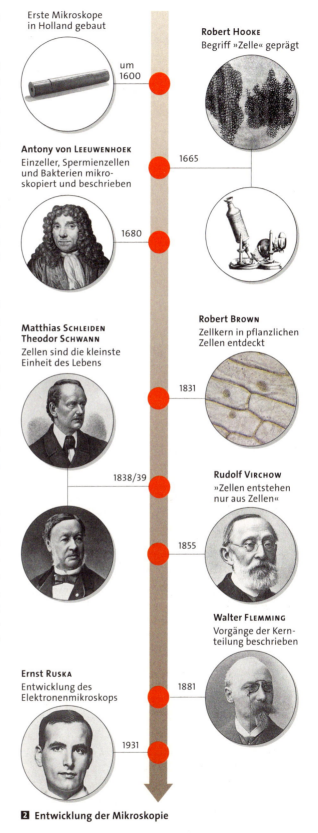

2 Entwicklung der Mikroskopie

Lebewesen bestehen aus Zellen

2 Bau und Funktion des Lichtmikroskops

Betrachtet man ein Blatt mit der Lupe, werden bereits Strukturen sichtbar, die mit dem Auge nicht zu sehen sind. Weitere Details werden sichtbar, wenn das Blatt unter einem Lichtmikroskop beobachtet wird. Durch ein Lichtmikroskop werden bis zu 2000-fache Vergrößerungen erreicht.

Das Lichtmikroskop besteht aus einem *Stativ,* das einen sicheren Stand garantiert und zur Befestigung der anderen Teile des Mikroskops dient. Wichtigster Bestandteil eines jeden Mikroskops sind die Linsen. Je hochwertiger sie sind, umso mehr Einzelheiten sind erkennbar. Eine der Linsen ist am oberen Ende eines Metallrohres angebracht, welches *Tubus* genannt wird. Da diese Seite des Rohres dem Auge des Betrachters zugewandt ist, bezeichnet man diese Linse als *Okular* (lat. *oculus,* Auge). Die andere Linse befindet sich am anderen Ende des Rohres und ist dem *Objekt* zugewandt. Sie wird deshalb als *Objektiv* bezeichnet. Das Objekt wird auf einen dünnen Glasstreifen, den Objektträger, gelegt und auf dem *Objekttisch* festgeklemmt.

Die gewünschte Vergrößerung erreicht man durch eine geeignete Kombination von Okular und Objektiv. Dabei ist der einzelne Vergrößerungsfaktor der einzelnen Linsen mit 5×, 10× oder 15× eingraviert. Die Gesamtvergrößerung erhält man, wenn man die Vergrößerungen von Okular und Objektiv multipliziert, 10 × 40 = 400-fach. Viele Mikroskope haben einen so genannten Objektivrevolver, an dem sich mehrere Objektive mit unterschiedlicher Vergrößerung befinden. Durch Drehen des Objektivrevolvers kann man das Objektiv wechseln.

Lichtmikroskope verfügen in der Regel über eine eingebaute *Lichtquelle* oder einen Spiegel, mit dessen Hilfe Licht gebündelt auf das Objekt geleitet werden kann. Durch eine *Blende* lässt sich die einfallende Lichtmenge regulieren und so der Kontrast verändern. Häufig ist das Objekt beim Blick durch das Okular nicht oder nur undeutlich zu erkennen. Das liegt daran, dass ein scharfes Bild nur dann entsteht, wenn Objekt und Objektiv einen bestimmten Abstand zueinander haben. Mit Hilfe von *Grob-* und *Feintrieb* kann ein scharfes Bild eingestllt werden.

1 Berechne die jeweiligen Vergrößerungen wenn man Okulare, die 5×, 10× und 15× vergrößern mit einem 75-fach vergrößernden Objektiv kombiniert.

1 Aufbau des Lichtmikroskops

Beschriftungen: Okular, Tubus, Objektivrevolver, Objektiv, Objekttisch, Blende, Triebrad, Beleuchtung, Stativ

Richtige Bedienung des Mikroskops
1. Zu Beginn des Mikroskopierens ist die kleinste Vergrößerung eingestellt.
2. Lege das Präparat mitten über die Objekttischöffnung und klammere es fest.
3. Schalte die Mikroskoplampe ein.
4. Schaue durch das Okular. Stelle durch vorsichtiges Drehen des Triebrades das Objekt scharf ein.
5. Reguliere gegebenenfalls mit der Blende Helligkeit und Kontrast.
6. Willst du die Vergrößerung ändern, vergrößere zunächst den Abstand zwischen Objektiv und Objekttisch.
7. Stelle eine stärkere Vergrößerung durch Drehen des Objektivrevolvers ein.
8. Bewege Objekttisch und Objektiv mit Hilfe des Triebrades vorsichtig aufeinander zu. Kontrolliere von der Seite, dass das Objektiv nicht das Präparat berührt. Verfahre weiter nach 5.
9. Schaue nun durch das Okular und drehe das Triebrad so lange nach unten, bis das Objekt scharf zu sehen ist.
10. Fasse nie mit den Fingern auf die Linsen. Säubere die Linsen mit einem weichen Lappen.
11. Stelle nach dem Mikroskopieren die kleinste Vergrößerung ein. Nimm das Präparat vom Objekttisch. Schalte die Lampe aus.

2 Grundregeln für das Mikroskopieren

Lebewesen bestehen aus Zellen

Methode: Herstellen mikroskopischer Präparate

Vor dem eigentlichen Mikroskopieren muss ein **Präparat** des zu untersuchenden Objektes hergestellt werden. Dabei werden Frischpräparate von Dauerpräparaten unterschieden. Frischpräparate dienen der Beobachtung von lebenden Objekten, wogegen Dauerpräparate tote Objekte zeigen, die aber sehr lange gelagert werden können.

Zur Herstellung eines **Schabepräparates** geht man wie folgt vor:
1. Zunächst schabst du mit einem Messer oder dem Skalpell vorsichtig Material von der Oberfläche des Objektes ab.
2. Überführe nun das Material in einen Wassertropfen auf dem Objektträger.
3. Setze anschließend vorsichtig ein Deckgläschen auf, um eine ebene Oberfläche zu erhalten.

Ein **Abzugspräparat** lässt sich leicht von einem Zwiebelhäutchen herstellen:

1. Schneide zunächst mit Hilfe eines Skalpells oder einer einseitig abgeklebten Rasierklinge eine Zwiebelschuppe kreuzförmig ein und ziehe dann mit einer Pinzette ein Stück des Häutchens ab.
2. Bringe anschließend das Zwiebelhäutchen in einen Tropfen Wasser auf einen Objektträger und setze vorsichtig ein Deckgläschen auf.
3. Gib nun an den Rand des Deckgläschens einen Tropfen Farbstofflösung und sauge den Farbstoff mit einem Filtrierpapier durch das Präparat. Orientiere dich dabei an der Abbildung.

Ein **Quetschpräparat** wird häufig mit einer Lanzettnadel gewonnen. Dazu zerdrückt man das Objekt, ein Stückchen Tomate oder eine Ligusterbeere, direkt auf dem Objektträger.

1 Stelle ein Abzugspräparat eines Zwiebelhäutchens her. Färbe und mikroskopiere es anschließend.
2 Beschreibe Deine Vorgehensweise.

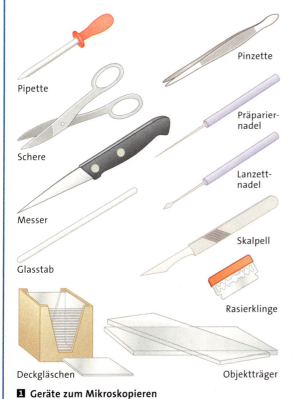

1 Geräte zum Mikroskopieren

2 Auflegen des Deckgläschens

3 Durchsaugen der Farbstofflösung

3 Zellen unterscheiden sich

3.1 Pflanzenzellen

Bringt man ein Blättchen der Wasserpest auf einen Objektträger und betrachtet dieses Präparat unter dem Mikroskop, kann man bereits bei kleiner Vergrößerung einzelne Zellen erkennen. Sie sehen gleichartig aus und liegen eng aneinander.

Nach außen ist jede Zelle durch eine starre **Zellwand** abgegrenzt. Sie dient der Festigung der Zelle und gibt ihr die charakteristische Form. Die Zellwand besteht aus dem Stoff Zellulose und ist durch winzige Poren, die Tüpfel, unterbrochen. Benachbarte Zellen stehen über diese Poren untereinander in Verbindung.

Nach innen schließt sich an die Zellwand die sehr dünne **Zellmembran** an. Durch sie können Wasser und darin gelöste Stoffe wie Traubenzucker oder Mineralstoffe in die Zelle aufgenommen werden.

Im Inneren der Zelle befindet sich das **Zellplasma**, eine zähe und klare Flüssigkeit. Es besteht hauptsächlich aus Eiweißstoffen und Wasser.

Jede Zelle enthält auch einen **Zellkern.** Er steuert alle Lebensvorgänge und ist Träger der Erbsubstanz. Solche Zellbestandteile, die ähnlich wie Organe eine klar umrissene Struktur und Funktion haben, werden auch als *Zellorganellen* bezeichnet.

Zu den Zellorganellen gehören die **Chloroplasten.** Sie enthalten den grünen Blattfarbstoff *Chlorophyll*. In den Chloroplasten läuft die Fotosynthese ab. Bei diesem Vorgang stellen Pflanzen mit Hilfe des Sonnenlichtes aus Kohlenstoffdioxid und Wasser Traubenzucker her. Dabei spielt Chlorophyll zur Aufnahme der Lichtenergie eine wichtige Rolle. Zellen mit Chloroplasten kommen vorwiegend in den Blättern vor.

In vielen älteren und ausgewachsenen Pflanzenzellen findet man große Hohlräume, die mit Zellsaft gefüllt und von einer Membran umgeben sind. Sie werden als **Vakuolen** bezeichnet. In den Vakuolen können Farbstoffe, Gifte oder Abfallprodukte des Zellstoffwechsels gespeichert werden.

Mit einem Lichtmikroskop erreicht man keine so starken Vergrößerungen, dass alle Einzelheiten der Pflanzenzelle entdeckt werden können. Erst das elektronenmikroskopische Bild einer Pflanzenzelle lässt weitere Details erkennen.

Dazu gehören sehr kleine ovale Gebilde, die als **Mitochondrien** bezeichnet werden. In ihnen findet die Zellatmung statt. Bei diesem Prozess werden energiereiche organische Stoffe zu energiearmen anorganischen Stoffen

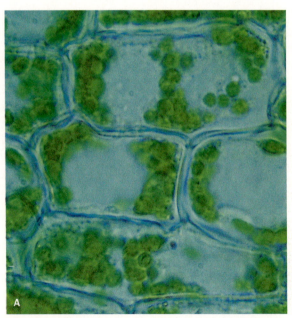
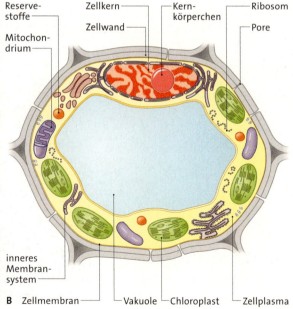

1 Pflanzenzellen. A Lichtmikroskopisches Bild; B Schema

abgebaut. Bei diesem Vorgang wird viel Energie frei, sodass man die Mitochondrien auch als »Kraftwerke der Zelle« bezeichnen kann.

Die ganze Zelle wird von feinen Membranen durchzogen und gegliedert. Die Membranen umschließen Räume, in denen bestimmte chemische Reaktionen und Stoffwechselvorgänge ablaufen. Deshalb spricht man auch von so genannten *Reaktionsräumen*. Zu den Stoffen, die dort gebildet werden, gehören zum Beispiel Membranbausteine, Vitamine und Farbstoffe. Auf der Oberfläche dieses Membransystems befinden sich häufig kleine Kügelchen, die **Ribosomen.** Sie spielen eine wichtige Rolle bei der Herstellung von Eiweißstoffen.

Alle Pflanzenzellen haben prinzipiell den gleichen Aufbau. Dennoch gibt es zahlreiche Abwandlungen von diesem Grundbauplan, da die Zellen unterschiedliche Aufgaben erfüllen müssen. Ein Beispiel dafür sind die Zellen der Wasserpest. Sie haben häufig große Vakuolen und viele Chloroplasten. Dadurch können sie intensiv Fotosynthese betreiben und somit viel Traubenzucker produzieren.

Andere Zellen dienen der Speicherung von Stoffen. Fette, Eiweißstoffe und Kohlenhydrate werden oft gespeichert. Ein Beispiel für die Speicherung von Stärke sind die Speicherzellen in der Kartoffelknolle. Sie sind prall mit Stärkekörnchen angefüllt.

Speicherzellen für Eiweiße findet man dagegen bei vielen Hülsenfrüchten wie zum Beispiel Bohnen und Erbsen. Öle werden beispielsweise in den Zellen von Raps oder Zitrusfrüchten gespeichert. Andere Zellformen dienen der Verbreitung von Samen. Ein Beispiel dafür sind die Haarzellen der Baumwollpflanze. Jedes etwa fünf Zentimeter lange Samenhaar ist eine einzelne, tote Zelle. Sie hat eine starre Zellwand aus Zellulose. Bis zu 5000 dieser Samenhaare befinden sich an einem Samen und dienen der Verbreitung durch den Wind.

Bei der Brennnessel findet man Brennhaare. Sie haben verdickte Zellwände und ein Köpfchen, das bei Berührung sehr leicht abbricht. Innen ist das Haar mit ätzender Ameisensäure gefüllt. Ist das Köpfchen abgebrochen, bohrt sich das Haar in die Haut und gibt die Ameisensäure frei. Zellen, die ständig der Sonneneinstrahlung ausgesetzt sind, benötigen oft einen Schutz gegen zu starke Verdunstung. Hier können zum Beispiel verdickte Zellwände den Wasserverlust eingrenzen. Die Abwandlungen bestimmter Zellen vom einheitlichen Grundbauplan zur Erfüllung bestimmter Aufgaben nennt man **Zelldifferenzierung.**

1 Beschreibe den Aufbau einer Pflanzenzelle. Nutze dazu Abbildung 1.
2 Stelle einen Struktur-Funktions-Zusammenhang für die Zellwand her.
3 Erläutere Beispiele für Zelldifferenzierungen bei Pflanzen. Nutze Abbildung 2.

2 Zelldifferenzierung. A Stärkespeicherzelle der Kartoffel; B Haarzelle der Baumwolle; C Brennhaar der Brennnessel

3.2 Zellen von Menschen und Tieren

Die Zellen der menschlichen Mundschleimhaut kleiden die Mundhöhle aus und schützen sie. Bringt man Mundschleimhautzellen in einen Wassertropfen auf einem Objektträger, färbt das Präparat mit einem Farbstoff an und betrachtet es unter dem Mikroskop, lassen sich erste Informationen über den Bau von tierischen Zellen erhalten.

Die Zellen bilden einen Zellverband und liegen flächig nebeneinander. Sie haben eine unregelmäßige Form und sind von einer *Zellmembran* umgeben. Diese begrenzt die Zelle nach außen. Da sie gleichzeitig fest und elastisch ist, schützt sie das Zellinnere. Eine starre Zellwand, wie sie Pflanzenzellen haben, findet man bei Tierzellen dagegen nicht.

Die gesamte Zelle ist von einer zähflüssigen Masse, dem *Zellplasma*, ausgefüllt. Hier laufen die Reaktionen des Zellstoffwechsels ab. Außerdem werden Stoffe wie Traubenzucker und Wasser transportiert. Tierzellen haben auch einen Zellkern. Außerdem findet man Mitochondrien sowie ein Membransystem. Chloroplasten und Vakuolen kommen dagegen in tierischen Zellen nicht vor.

Auch wenn alle Tierzellen prinzipiell den gleichen Grundbauplan haben, können sie sich doch im Aufbau unterscheiden und auf diese Weise unterschiedliche Aufgaben im Körper erfüllen.

Nervenzellen findet man nahezu im ganzen Körper. Besonders häufig sind sie im Gehirn vorhanden. Viele Nervenzellen sind lang gestreckt und an ihren Enden verzweigt. Im Gehirn liegen sie eng aneinander. Dadurch können sie Informationen in Form von elektrischen Impulsen von Nervenzelle zu Nervenzelle weiterleiten. Es ist aber auch möglich, die Information auf einen Muskel zu übertragen. Dieser führt dann eine gewünschte Reaktion aus.

Drüsenzellen findet man etwa in der Bauchspeicheldrüse. Dort werden die beiden Hormone Insulin und Glukagon produziert. Sie regulieren den Blutzuckerspiegel.

Muskelzellen sind lang gestreckt. Sie können sich aktiv verkürzen und so Bewegungen ausführen.

In der Netzhaut des menschlichen Auges findet man zwei weitere Zelltypen. Es handelt sich um die *Sinneszellen* Stäbchen und Zäpfchen. Sie können Hell-Dunkel-Reize sowie Farbreize registrieren und sind eng mit Nervenzellen verbunden.

Knochenzellen bestehen aus elastischen Eiweißfasern und festen, harten Kalziumverbindungen. Sie sind damit elastisch und gleichzeitig hart. Sie bilden das Skelett.

1 Vergleiche Pflanzen- und Tierzellen in einer Tabelle miteinander.

1 Mundschleimhautzellen.
A Lichtmikroskopisches Bild; **B** Schema

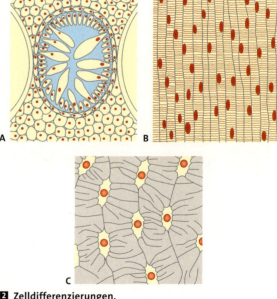

2 Zelldifferenzierungen.
A Drüse; **B** Muskel; **C** Knochen

Lebewesen bestehen aus Zellen

3.3 Von der Zelle zum Organismus

Eine einzelne Zelle ist nicht in der Lage, komplexe Aufgaben zu erfüllen. So kann zum Beispiel eine Drüsenzelle der Magenschleimhaut allein keine Verdauungsvorgänge durchführen. Erst im Verband mit vielen anderen Drüsenzellen kann die Verdauung ablaufen. Einen solchen Zellverband bezeichnet man als **Gewebe**. Schließen sich mehrere Gewebetypen zusammen, spricht man von einem **Organ**. Beim Magen arbeiten zum Beispiel Drüsen- und Bindegewebe und andere Gewebearten zusammen mit Blutgefäßen, Muskelgewebe und Bauchfellgewebe.

Auch die Mundhöhle mit den Speicheldrüsen, die Bauchspeicheldrüse, der Dick- und Dünndarm sind Organe, die Nährstoffe verdauen. Sie bilden zusammen mit dem Magen ein **Organsystem**, das Verdauungssystem.

In einem **Organismus** gibt es viele einzelne Organsysteme, die alle unterschiedliche Aufgaben erfüllen. Ein Beispiel dafür ist der Mensch. Er hat neben dem Verdauungssystem ein Nervensystem und ein Blutkreislaufsystem.

1 Nenne Aufgaben von Zellgeweben im menschlichen Körper und ordne sie einzelnen Organen zu.
2 Informiere dich in diesem Buch im Kapitel Ernährung und Verdauung oder im Internet, welche Aufgaben das Drüsengewebe in der Magenschleimhaut hat.

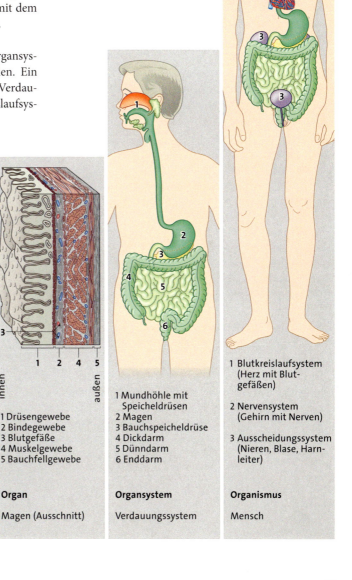

1 Drüsengewebe
2 Bindegewebe
3 Blutgefäße
4 Muskelgewebe
5 Bauchfellgewebe

1 Mundhöhle mit Speicheldrüsen
2 Magen
3 Bauchspeicheldrüse
4 Dickdarm
5 Dünndarm
6 Enddarm

1 Blutkreislaufsystem (Herz mit Blutgefäßen)
2 Nervensystem (Gehirn mit Nerven)
3 Ausscheidungssystem (Nieren, Blase, Harnleiter)

Zelle — Zelle der Magenschleimhaut
Gewebe — Drüsengewebe aus der Magenschleimhaut
Organ — Magen (Ausschnitt)
Organsystem — Verdauungssystem
Organismus — Mensch

1 Ebenen des Organismus Mensch

Methode — Lebewesen bestehen aus Zellen

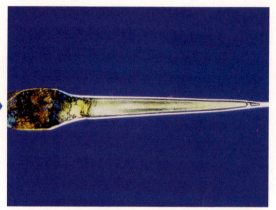

Mikroskopierst du bei geringer Vergrößerung die Oberfläche eines Brennnesselblattes, so siehst du viele borstenförmige Brennhaare. Sie bestehen aus Kieselsäure und dienen dem Schutz vor Fressfeinden. Bei stärkerer Vergrößerung erkennst du, dass sich jedes Brennhaar auf einem säulenförmigen Sockel befindet.

Das Brennhaar besteht nur aus einer einzigen, lang gestreckten Zelle, die nach oben hin schmaler wird. Die Haarzelle endet meist in einem kleinen, schräg aufgesetzten Köpfchen, welches bei Berührung abbricht. Das Haarende erhält so die Form einer Kanüle. Sie injiziert den Inhalt des Haares, z. B. ätzende Ameisensäure, in die Haut.

Beim Zeichnen eines Objektes müssen einige Regeln eingehalten werden.
- Zeichne das Objekt möglichst groß. Etwa ein Drittel des Blattes soll die Zeichnung einnehmen. Zeichne auf weißem Papier.
- Mikroskopische Zeichnungen werden vollständig mit Bleistift gezeichnet und beschriftet.
- Notiere als Überschrift die Bezeichnung für dein Objekt.
- Schreibe darunter, ob es sich um ein Frisch- oder Dauerpräparat handelt.
- Gib an, ob du dein Präparat gefärbt hast. Notiere dazu das Färbemittel (zum Beispiel blaue Tinte).
- Beschrifte deine Zeichnung rechts. Schreibe die Begriffe auf eine Höhe. Schreibe mit einer ordentlichen Schrift.
- Ziehe die Beschriftungsstriche mit dem Lineal.
- Vervollständige deine Zeichnung links unten mit Namen, Klasse, Datum. Vergiss nicht die Vergrößerung anzugeben (z. B. 10 × 10).
- Zeichne nur Strukturen, die du wirklich siehst. Unwichtige Details kannst du weglassen.

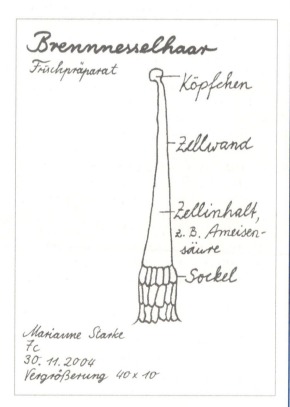

Lebewesen bestehen aus Zellen

Aufgaben und Versuche — Pflanzliche und tierische Zellen

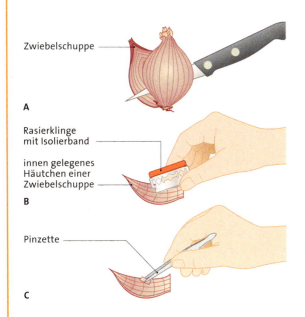

A — Zwiebelschuppe
B — Rasierklinge mit Isolierband; innen gelegenes Häutchen einer Zwiebelschuppe
C — Pinzette

V1 Wir mikroskopieren Zwiebelhautzellen

Material: Messer; Rasierklinge mit Korkhalterung; Pinzette; Objektträger; Deckglas; Pipette; Becherglas mit Wasser; Mikroskop; Zeichenmaterial; Küchenzwiebel

Durchführung: Zur Untersuchung von Zwiebelzellen eignet sich die Außenhaut des Zwiebelschuppenblattes. Du erhältst ein Stückchen Zwiebelschuppenblatt, wie in der Abbildung dargestellt.
Gib dann einen Tropfen Wasser mit der Pipette auf die Mitte eines Objektträgers. Lege das Zwiebelhautstück auf den Tropfen. Gib noch einen Tropfen Wasser darauf. Setze ein Deckgläschen seitlich an den Wassertropfen und lege es vorsichtig auf. Auf diese Weise soll verhindert werden, dass Luftblasen in das Präparat kommen.

Aufgabe: Gib das Präparat auf den Objekttisch deines Mikroskops. Betrachte das Objekt zunächst bei kleinster Vergrößerung. Fertige bei stärkerer Vergrößerung eine Zeichnung einer Zwiebelhautzelle an und beschrifte sie.

V2 Wir mikroskopieren Blattzellen

Material: Objektträger; Deckglas; Becherglas mit Wasser, Pipette; Pinzette; Mikroskop; Zeichenmaterial; Spross eines Sternmooses

Durchführung: Zupfe mit einer Pinzette von dem Stängel einer Sternmoospflanze ein Blättchen ab. Fertige ein Präparat an, wie es in V1 beschrieben wird.

Aufgabe: Lege das Präparat auf den Objekttisch deines Mikroskops. Betrachte das Objekt zunächst bei kleiner Vergrößerung. Fertige bei stärkerer Vergrößerung eine Zeichnung einer Blattzelle an. Beschrifte.

V3 Mikroskopieren von Mundschleimhautzellen

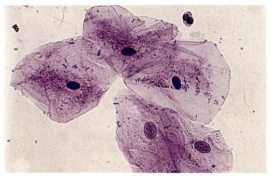

Material: Mikroskop und Zubehör; Zeichenpapier; Zeichenmaterial; steriler Holzspatel oder Teelöffel; Pipette; Glasstab; Methylenblau-Lösung (verdünnt); Filtrierpapierstreifen

Durchführung: Gib einen Tropfen Wasser auf einen Objektträger. Schabe mit einem sterilen Holzspatel von der Innenseite deiner Wange etwas Schleimhaut ab. Übertrage sie in den Wassertropfen auf dem Objektträger. Vermische mit einem Glasstab die Schleimhautstückchen vorsichtig mit dem Wasser. Lege ein Deckglas auf.

Aufgaben:
a) Mikroskopiere und zeichne das Präparat bei starker Vergrößerung und kleiner Blende.
b) Färbe das Objekt mit Methylenblau: Gib dazu mit einer Pipette einen Tropfen Methylenblau-Lösung an den Rand des Deckgläschens. Halte den Filtrierpapierstreifen an den gegenüberliegenden Rand. Sauge auf diese Weise den Farbstoff so lange durch das Präparat, bis es sichtbar angefärbt ist. Mikroskopiere bei starker Vergrößerung. Beschreibe den Unterschied zwischen dem gefärbten und dem ungefärbten Präparat.

4 Die Vielfalt einzelliger Lebenwesen

4.1 Bakterien gibt es überall

Wir sehen sie nicht, wir riechen sie nicht und sie sind auch nicht zu fassen. Trotzdem umgeben uns diese Lebewesen in einer unvorstellbaren Anzahl. Es sind **Bakterien.** Erst mit dem Mikroskop entdecken wir sie als winzige Stäbchen, Kugeln oder Spiralen, die nur aus einer Zelle bestehen. Wir finden sie in der Luft, im Wasser und im Erdboden. Sie gedeihen selbst dort, wo es Pflanzen und Tieren zu heiß, zu kalt, zu sauer oder zu salzig ist. Sogar in heißen Schwefelquellen und brodelnden Schlammlöchern von Geysiren kommen bestimmte Bakterienarten vor. Sie leben am und im Körper von Pflanzen, Tieren und Menschen.

Wenn wir uns die Hände geben oder einen Geldschein anfassen, denken wir meist nicht daran, dass dabei auch Bakterien übertragen werden. Man kann diese meist nur etwa 1/1000 mm großen Lebewesen jedoch auch »sichtbar« machen, indem man sie auf einem keimfreien Nährboden züchtet und sich stark vermehren lässt. Es entstehen dann Kolonien von Millionen von Bakterien. Sie werden so groß, dass man sie als Punkte auf dem Nährboden sehen kann.

Unter dem Mikroskop entdeckt man dann ganz unterschiedliche Formen. Neben *Stäbchen* in Stab-, Keulen- und Kommaform sieht man auch kugelförmige Bakterien, die *Kokken*. Letztere können einzeln, kettenförmig oder in Trauben angeordnet sein. Auch schraubenförmige

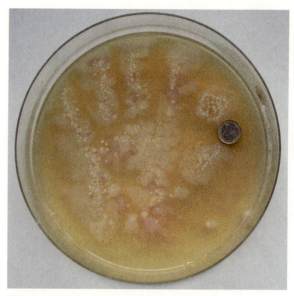

2 Bakterienkolonien nach einem Handabdruck auf einem Agarnährboden

Bakterien (*Spirillen*) kann man unter dem Mikroskop erkennen. Alle Bakterien zeigen jedoch einen gemeinsamen Bauplan. Eine Bakterienzelle wird nach außen von einer festen Zellwand begrenzt. Diese ist bei einigen Arten von einer Schleimhülle oder Kapsel umgeben. Nach innen folgt unterhalb der *Zellwand* die *Zellmembran*. Diese umschließt das *Zellplasma*.

Die *Erbsubstanz* liegt frei im Zellplasma und ist von keiner Kernmembran umschlossen. Bakterien haben also keinen gegen das Plasma abgegrenzten Zellkern. Viele Arten bewegen sich mit Hilfe von *Geißeln* fort.

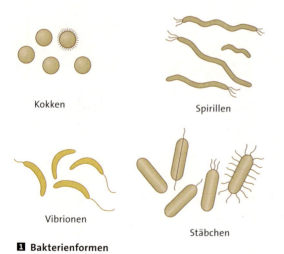

1 Bakterienformen

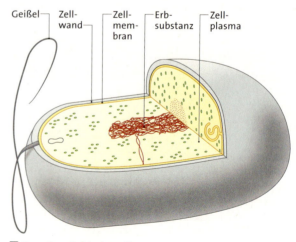

3 Bau einer Bakterienzelle

Bakterien vermehren sich durch Zellteilung. Innerhalb eines Tages können so aus einer Zelle mehr Bakterien entstehen, als es Menschen auf der Erde gibt. Manche Bakterien bilden auch Dauerstadien, die man *Sporen* nennt. In dieser Form können sie ungünstige Umweltbedingungen oft jahrelang überstehen.

Häufig denken wir bei Bakterien zuerst an Krankheitserreger. Tatsächlich verursacht nur eine ganz geringe Anzahl der zwischen 400 000 bis 4 000 000 geschätzten Arten Krankheiten beim Menschen. Die weitaus meisten Arten sind für Mensch, Tier und Pflanze nicht nur harmlos, sondern sie erfüllen wichtige Aufgaben. Beim Menschen siedeln zahlreiche Arten auf der Haut und in den Schleimhäuten und schützen uns vor Krankheitserregern. Auch im Darm leben einige Arten. Dort unterstützen sie die Verdauung. Im Pansen eines Rindes kommen in einem Milliliter Flüssigkeit etwa 100 Milliarden Bakterien vor. Nur mit ihrer Hilfe wird die aufgenommene Nahrung so weit aufbereitet, dass sie vom Rind weiter verdaut werden kann.

An den Wurzeln von Schmetterlingsblütengewächsen wie Lupine, Klee, Luzerne und Erbse verursachen Bakterien Wucherungen, die wie kleine Knollen aussehen. Die Bakterien leben in den Zellen dieser Knöllchen. Sie machen dort den Stickstoff der Bodenluft für die Ernährung der Wirtspflanze nutzbar. Im »Gegenzug« ernähren sich die Bakterien von Stoffen der Pflanze. Ein solches Zusammenleben zu gegenseitigem Nutzen nennt man *Symbiose*.

In Gewässern können sich unter bestimmten Bedingungen innerhalb kurzer Zeit gelbe, watteartige Überzüge bilden. Diese bestehen aus Milliarden von Bakterien, die an der Oberfläche schwimmen. Man nennt diese Erscheinung »Schwefelblüte«. Die Ursache dafür ist eine besonders starke Vermehrung von *Schwefelbakterien*, die ins Wasser eingeleiteten Schwefelwasserstoff verarbeiten und dabei kurzfristig gelben Schwefel in ihren Zellen bilden.

Ohne Bakterien wäre ein Leben auf der Erde nicht möglich. Bakterien stehen daher nicht ohne Grund am Beginn allen Lebens auf der Erde vor etwa vier Milliarden Jahren.

1 Vergleiche den Bau einer Bakterienzelle mit einer Pflanzenzelle.
2 Erläutere, wie Bakterien helfen können, den Boden zu düngen.
3 Nenne zwei Aufgaben, die Bakterien beim Menschen erfüllen.

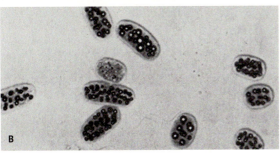

4 **Schwefelbakterien.** A »Blüte«; B Bakterien

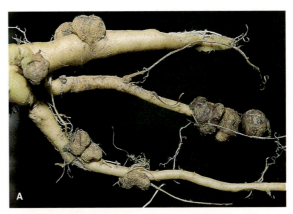

5 **Wurzelknöllchen.** A an der Wurzel; B Bakterien

Lebewesen bestehen aus Zellen

Streifzug durch die Technik | Bakterien als Helfer des Menschen

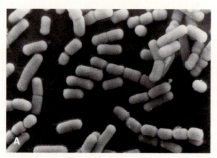  

1 Milchsäurebakterien und ihre Produkte. A Milchsäurebakterien; B Jogurt; C Sauerkraut

Seit Jahrtausenden helfen Bakterien Menschen bei der Produktion von Nahrungsmitteln. Vor etwa 10 000 Jahren benutzten die Chinesen **Milchsäurebakterien** zur Herstellung von Sauerkraut, ohne dass sie diese kleinen Helfer kannten. Die Milchsäurebakterien kommen natürlicherweise bereits auf den Kohlblättern vor und werden beim Waschen und Kleinschneiden nicht entfernt. Sie verwandeln den Zucker des Kohls in Milchsäure, sodass der Kohl angesäuert wird. In dieser sauren Umgebung können weder andere Bakterien noch Schimmelpilze wachsen, wodurch das Sauerkraut haltbar gemacht wird. Jogurt wurde bereits vor 2500 Jahren von den Thrakern, einem Volk aus dem Balkan und Kleinasien, aus Schafsmilch hergestellt. Dazu füllten sie Schafsmilch in einen Schlauch aus Lammfell, den sie wie einen Gürtel um ihren Leib oder den eines Pferdes banden. Durch die Körperwärme gefördert, entstand Jogurt. Der Prozess, an dem Milchsäurebakterien beteiligt sind, wird Milchsäuregärung genannt. Hierbei entsteht ein haltbares Milchprodukt mit einem neuen Geschmack. Heutzutage werden verschiedene Bakterienkulturen wie Lactobacillus oder Streptococcus zur großtechnischen Herstellung von Milchprodukten genutzt. Um zu verhindern, dass Bakterien Frischmilch unerwünscht zu Sauermilchprodukten umwandeln, wird Milch in den Molkereien fünf Minuten lang auf 75 Grad Celsius erhitzt. Man nennt dieses Verfahren nach seinem Entdecker Loius PASTEUR **pasteurisieren.** Dabei werden zwar die Bakterien abgetötet, aber ihre Sporen überleben. Erst bei 120 Grad Celsius werden auch diese sicher abgetötet. Erhitzen auf 120 Grad Celsius nennt man *Sterilisieren*. Frischmilch ist pasteurisiert und zum baldigen Verzehr bestimmt, haltbare Milch ist sterilisiert und kann über Monate gelagert werden.

Essig ist ein weiteres Produkt des bakteriellen Stoffwechsels. Die hier wirkenden Bakterien sind die **Essigsäurebakterien.** Während die Milchsäurebakterien den Zucker der Milch zu Milchsäure verarbeiten, wandeln die Essigsäurebakterien den Alkohol des Weins in Essigsäure um. Bei beiden Prozessen entsteht ein säuerliches Produkt. Durch die Essigsäure werden auch andere Lebensmittel haltbarer gemacht. Bekannte Produkte sind Saure Gurken.

2 Produkte von Essigsäurebakterien. A Elektronenmikroskopische Aufnahme; B Essig; C Saure Gurken

Lebewesen bestehen aus Zellen

Aufgaben und Versuche Bakterien

A1 Abhängigkeit der Vermehrung von der Temperatur

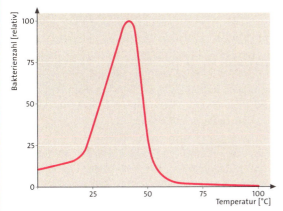

Aufgaben:
a) Beschreibe den Verlauf der Vermehrungskurve.
b) Erkläre den Einfluss der Temperatur auf die Vermehrung von Bakterien.
c) Begründe, warum Konserven und Milch zum Haltbarmachen gekocht werden.

V2 Herstellung von Essig

Material: flacher großer Teller; Wärmeschrank; Wasser; Wein; Weinessig

Durchführung: In dem Teller wird der Wein mit dem Weinessig und Wasser im Verhältnis 1:1:2 gemischt. Dann stellt man den Teller bei 30 Grad Celsius für 3 Tage in den Wärmeschrank. Die verdunstete Flüssigkeit wird regelmäßig durch Wein ersetzt.

Aufgabe: Prüfe den Geruch und die Beschaffenheit des entstandenen Produkts.

V3 Herstellung von Jogurt

Material: Einmachglas (1 l); mehrere kleine Glasbecher; Alufolie, langstieliger Löffel; 1 l H-Milch; Wärmeschrank oder Jogurtbereiter; Milchsäurebakterien (zum Beispiel Bioferment Sauermilch aus dem Reformhaus).

Durchführung: Die Milch wird in einem Becherglas im Wärmeschrank auf etwa 35 °C erwärmt. Dann wird das Bioferment gut in die Milch eingerührt. Die Milch wird auf Glasbecher verteilt, die jeweils mit einem Stück Alufolie bedeckt werden. Anschließend stellt man die Glasbecher für 8 bis 10 Stunden bei 40 °C in den Wärmeschrank, danach für drei bis fünf Stunden in den Kühlschrank.

Aufgabe: Prüfe Beschaffenheit und Geschmack des entstandenen Produkts.

V4 Herstellung von Sauerkraut

Material: zylinderförmiger Steinguttopf (Rumtopf, 10 l); Holzstampfer; rundes Holzbrett als Deckel (passend zum Durchmesser des Steinguttopfes); schwerer Stein (etwas kleiner als der Durchmesser des Brettes); sauberes Baumwolltuch; Krauthobel oder Messer; Weißkohlkopf; Salz.

Durchführung: Das Kraut wird mit dem Krauthobel in dünne Streifen geschnitten (1). Mit diesen wird der Steinguttopf etwa 5 cm hoch gefüllt (2). Diese erste Krautlage wird solange mit dem Holzstampfer festgestampft, bis sich oben Wasser ansammelt (3). Dann wird die Krautschicht mit einer dünnen Salzschicht bedeckt (4). Die Schritte 2, 3 und 4 werden so lange wiederholt, bis der Topf voll ist. Der volle Topf wird mit dem Tuch bedeckt. Dann werden das Brett und der Stein so darauf gelegt, dass das Kraut zusammengepresst wird. Anschließend stellt man den Topf an einen kühlen Platz. In den folgenden 4 bis 6 Wochen muss der Ansatz sorgfältig auf Schimmelbildung überprüft werden.

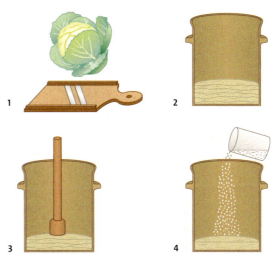

Arbeitsschritte zur Herstellung von Sauerkraut

4.2 Echte Einzeller besitzen einen Zellkern

Betrachtet man unter dem Mikroskop Proben eines Gewässergrundes oder von der Oberfläche eines Wasserpflanzenblattes, findet man manchmal farblose Einzeller. Unter ihnen befinden sich Amöben, die mit fließenden Bewegungen über den Untergrund gleiten. Dabei verändern sie ihre Gestalt, weshalb sie auch Wechseltierchen genannt werden. Diese echten Einzeller besitzen im Gegensatz zu den Bakterien einen Zellkern, in dem die Erbinformationen gespeichert sind.

1 Amöbe (Amoeba proteus)

Durch die Strömung des Plasmas in eine bestimmte Richtung entstehen in der Zellmembran Ausstülpungen, die Scheinfüßchen. Der übrige Teil der Zelle zieht sich zusammen, sodass sich die Amöbe langsam in eine bestimmte Richtung bewegen kann.

Trifft ein Scheinfüßchen auf Nahrungsteilchen wie Bakterien oder kleinere Einzeller, so erfolgt eine andere Reaktion: Die Nahrungsteilchen werden von der Zelle umflossen und in einer Blase aus Membranmaterial eingeschlossen. Diese Art der Nahrungsaufnahme wird **Phagocytose** (gr. *phagein,* essen; gr. *kytos,* Gefäß) genannt. Die Blase gelangt als Nahrungsvakuole in das Innere der Zelle. Mit Hilfe von Verdauungssäften wird die Nahrung in Nährstoffe zerlegt. Diese gelangen aus der Nahrungsvakuole in das Zellplasma. Unverwertbare Bestandteile werden nach außen abgegeben. Amöben sind Einzeller mit einem Zellkern.

In Teichen und Tümpeln sowie in abgestandenen Pfützen kommen Pantoffeltierchen vor. Diese Einzeller werden von einer Zellmembran und einer darunter liegenden zähen Zellplasmaschicht begrenzt. Hierdurch wird eine feste, jedoch elastische, pantoffelähnliche Gestalt erreicht. Auffallend sind die kleinen, beweglichen *Wimpern* oder *Cilien,* die die gesamte Oberfläche bedecken.

An Zeitlupenaufnahmen lässt sich die Bewegung der Cilien verfolgen: Rasch schlägt die Cilie nach unten, langsam streckt sie sich wieder. Der Schlag ist so abgestimmt, dass durch die zahlreichen Wimpern auf der Oberfläche eine Welle über die Zelle läuft, die das Pantoffeltierchen vorwärts treibt. Je nach Schlagrichtung kann es vorwärts oder rückwärts schwimmen. Dabei dreht es sich um seine Längsachse. Einzeller mit einem solchen Wimpernkleid gehören zu den *Wimperntierchen* oder *Ciliaten*.

Da die Wimperntierchen eine feste Gestalt haben, können sie ihre Nahrung nicht wie die Amöben umfließen, sondern benötigen einen Zellmund. Dieser besteht aus einer dicht mit Wimpern besetzten Vertiefung. Mit den Wimpern dieses Mundfeldes strudelt das Pantoffeltierchen Nahrungsteilchen, zum Beispiel Bakterien, heran und schließt sie in die Nahrungsvakuole ein. Diese bildet sich am Ende des Zellmundes. Dann bewegt sie sich auf einer festen Bahn durch das Plasma, wobei die Nahrung verdaut wird. Schließlich verschmilzt die Vakuole mit der Zellmembran, wodurch nicht verwertbare Stoffe ins Freie abgegeben werden. Ungenießbare Stoffe werden nicht aufgenommen, sondern wieder weggestrudelt. An den beiden Enden der Zelle befinden sich pulsierende Vakuolen. Über sternförmig angeordnete Kanälchen werden Wasser und gelöste Abfallstoffe aus dem Zellplasma gesammelt und über die rhythmisch pulsierende Vakuole ausgeschieden. Das Pantoffeltierchen besitzt zwei Zellkerne. Der Großkern steuert die Lebenserhaltung, etwa die Verdauung, der Kleinkern die sexuelle Fortpflanzung.

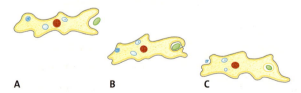

2 Phagocytose bei Amöben.
A Einschließen der Nahrung; **B** und **C** Verdauung

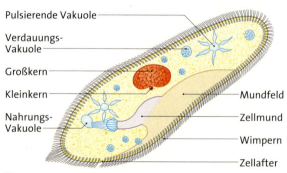

3 Pantoffeltierchen *Paramecium* (Aufbau)

Lebewesen bestehen aus Zellen

Mineralstoffreiche Teiche und Tümpel erscheinen im Sommer bisweilen grünlich getrübt. Untersucht man diese »**Wasserblüte**« mikroskopisch, entdeckt man neben anderen Einzellern vor allem das grün gefärbte, etwa 0,05 Millimeter große »Augentierchen« Euglena. Die grüne Färbung stammt vom Chlorophyll in den Chloroplasten. Mit ihnen kann Euglena durch Fotosynthese ihren Energiebedarf decken und einen Reservestoff bilden, der im Aufbau der Stärke der grünen Pflanzen ähnlich ist. Lebt Euglena längere Zeit im Dunkeln, baut sie ihr Chlorophyll ab. Sie ernährt sich dann, indem sie Nährstoffe von außen durch die Zellmembran aufnimmt. Setzt man die farblosen Zellen erneut dem Licht aus, ergrünen sie wieder. Die Zellbegrenzung von Euglena, besteht aus einer Zellmembran und einer Schicht aus verfestigten Eiweißen. Sie enthält schraubig um die Zelle verlaufende Streifen aus elastischen Eiweißfasern.

Zur Fortbewegung besitzt Euglena eine lange Geißel. Ähnlich einem Flugzeugpropeller zieht sie den Einzeller voran, kann ihn aber auch rückwärts bewegen. Einzeller mit Geißeln gehören zu den *Geißelträgern* oder *Flagellaten*. Auffallend ist der »Augenfleck« aus orangerot gefärbten Fetttröpfchen am Vorderende der Zelle. Hierbei handelt es sich um den Farbstoff Carotin, der auch der Karotte ihre Farbe verleiht. Versuche haben ergeben, dass Euglena hell und dunkel unterscheidet und sich gerichtet auf eine Lichtquelle zu bewegen kann. An der Geißel befindet sich eine sackförmige Ausstülpung, das *Geißelsäckchen*. Darin liegt der lichtempfindliche *Fotorezeptor*, der bei jeder Umdrehung vom Augenfleck kurzfristig beschattet wird. Euglena ändert daraufhin jedes Mal die Bewegungsrichtung der Geißel und schwimmt so auf die Lichtquelle zu.

Der Augenfleck ist also kein Auge, wie wir es von den Tieren kennen, sondern er beschattet den Fotorezeptor. Euglena kann sich durch Längsteilung vermehren.

Schaut man im frühen Sommer auf die Oberfläche eines Teiches, so sieht man manchmal bunte Schlieren wie Öltröpfchen auf dem Wasser. Obwohl tatsächlich viele Gewässer durch Öl verschmutzt sind, ist hier eine Gruppe von Einzellern für die Schlieren verantwortlich. Es handelt sich um Kieselalgen, die im Frühjahr in großer Anzahl in unseren Gewässern leben. Die Zellen der Kieselalgen sind von einer zweiteiligen Schale aus Kieselsäure umgeben. Die Schalen sind unterschiedlich groß und greifen wie die Ober- und Unterseite einer Schachtel ineinander. In der Mitte einer Schalenfläche befindet sich bei vielen Kieselalgen, den schiffchenförmigen, ein Spalt, aus dem heraus Schleim abgegeben wird, mit dem sich die Alge auf einer Unterlage, zum Beispiel auf einem Blatt, vorwärts bewegen kann. Kieselalgen besitzen keine Geißeln zum Schwimmen. Trotzdem müssen sie vom Boden des Teiches an die Oberfläche gelangen, wo genügend Licht für die Fotosynthese vorhanden ist. Um dies zu erreichen, bilden sie ein Öl aus, das ihre Dichte herabsetzt und ihnen die Möglichkeit gibt, nach oben zu schweben. Manchmal wird sehr viel von diesem Öl produziert, sodass es als Ölschlieren auf dem Wasser erscheint.

Wenn sich Kieselalgen vermehren, müssen sie beide Schalenhälften verdoppeln. Bei der ungeschlechtlichen Teilung weichen die beiden Hälften auseinander und bilden die jeweils fehlende Hälfte nach, wodurch wieder eine ganze Kieselalge entsteht. Dabei wird immer die kleinere Schale neu gebildet. Das bedeutet, dass eine der Tochterzellen die gleiche Größe besitzt wie die Mutterzelle. Die andere Tochterzelle ist kleiner.

1 Vergleiche den Aufbau von Amöbe und Pantoffeltierchen.

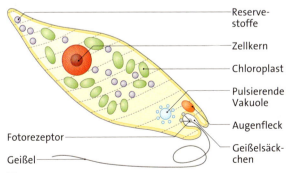

4 Augentierchen Euglena

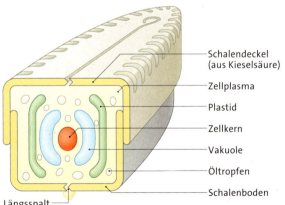

5 Aufbau einer schiffchenförmigen Kieselalge

Aufgaben und Versuche Einzeller

A1 Teilung von Kieselalgen

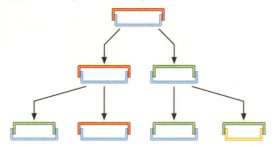

Aufgaben:
a) Kieselalgen teilen sich auf besondere Art und Weise. Beschreibe die Teilung von Kieselalgen mit eigenen Worten.
b) Leite ab, wie viele unterschiedliche Zellgrößen vorliegen, wenn sich eine Kieselalge dreimal geteilt hat.

V2 Euglena reagiert auf Licht

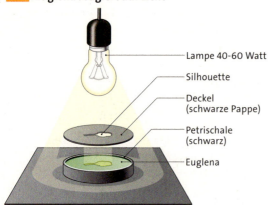

Material: Lampe (40 bis 60 Watt); Petrischale (Unterseite schwarz lackiert oder abgeklebt); Kulturlösung mit Euglena; Pipette; Pappe; Stereolupe
Durchführung: Schneide aus einer schwarzen Pappe einen Deckel. Schneide ein Lichtfenster zum Beispiel in Form einer Blume in den Deckel. Fülle die Euglena-Kultur in die Petrischale, bis der Boden bedeckt ist und verschließe sie mit dem Pappdeckel. Beleuchte die Petrischale mit der Lampe von oben 15 Minuten lang im Abstand von 50 cm. Stelle die Schale vorsichtig, ohne zu wackeln, unter die Stereolupe. Öffne vorsichtig den Deckel und betrachte die Euglena-Zellen.
Aufgabe: Protokolliere deine Beobachtungen und erläutere deine Beobachtungen.

V3 Bewegung und Nahrungsaufnahme beim Pantoffeltierchen

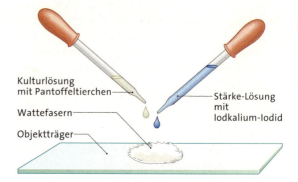

Material: Mikroskop; Objektträger; Deckgläschen; Pipette; Kulturlösung mit Pantoffeltierchen; Stärke-Lösung mit wenig Iodkalium-Iodid gefärbt; Filtrierpapier; Wattefasern
Durchführung: Tropfe Kulturlösung mit Pantoffeltierchen mit der Pipette auf den Objektträger und gib einige Wattefasern hinzu. Lege vorsichtig ein Deckgläschen auf. Beobachte die Pantoffeltierchen unter dem Mikroskop. Zur Fütterung der Pantoffeltierchen gib einen kleinen Tropfen Stärke-Lösung an den Rand des Deckgläschens und sauge die Flüssigkeit mit einem Stückchen Filtrierpapier von der gegenüberliegenden Seite unter das Deckgläschen.
Aufgaben:
a) Erkläre, was passiert, wenn ein Pantoffeltierchen auf ein Hindernis (Wattefasern) trifft.
b) Beschreibe die Nahrungsaufnahme beim Pantoffeltierchen.

A4 Zellteilung des Pantoffeltierchens

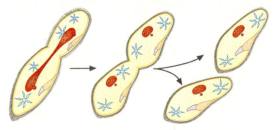

Pantoffeltierchen vermehren sich ungeschlechtlich.
Aufgabe: Erläutere mit Hilfe der Abbildung den Ablauf der Fortpflanzung.

Lebewesen bestehen aus Zellen

V5 Herstellung eines Heuaufgusses

Material: Glasgefäß (1 bis 2 l); Heu; Tümpel-, Regen- oder Pfützenwasser; Glasplatte; Folienstift

Durchführung: Zerteile eine kleine Handvoll Heu in kleine Stücke und gib sie in das Glas. Nicht zu viel Heu in den Ansatz geben, da sonst die Gefahr besteht, dass er verfault. Fülle das Glasgefäß mit Wasser, bis es zu zwei Drittel voll ist. Das Gefäß wird mit Datum und Herkunft des Wassers beschriftet und bei 20 °C bis 25 °C an einem hellen Ort ohne direkte Sonneneinstrahlung aufgestellt. Der Ansatz wird mit einer Glasplatte abgedeckt. Er darf während der Versuchszeit nicht bewegt werden.

Fertige Heuaufgüsse mit verschiedenen Wasserproben an, zum Beispiel aus einem Tümpel, einer Pfütze und einer Regentonne.

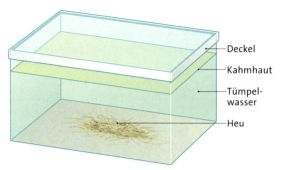

Aufgaben:

a) Beobachte und protokolliere die Veränderungen im Heuaufguss über mehrere Tage.

b) Nenne Organismen im Heuaufguss, die Chloroplasten besitzen.

c) Mikroskopiere Proben aus verschiedenen Bereichen des Heuaufgusses nach 10, 20, 30 Tagen und bestimme die Lebewesen mit Hilfe der Übersicht.

d) Im Laufe der Zeit ändert sich die Häufigkeit des Auftretens verschiedener Arten im Heuaufguss. Finde eine Erklärung für diese Beobachtung. Trage die gefundenen Arten in eine Tabelle ein.

e) Vergleiche die Heuaufgüsse mit den verschiedenen Wasserproben und nenne die Unterschiede. Stelle Vermutungen an, wie es zu den Unterschieden kommen kann.

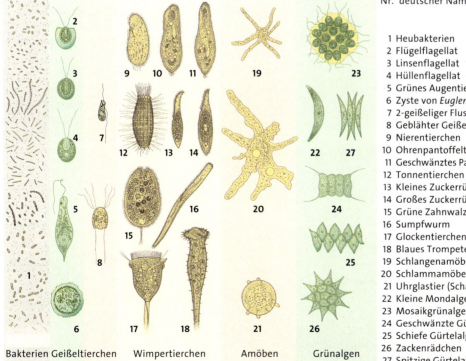

Nr.	deutscher Name	Größe in $\frac{1}{1000}$ mm
1	Heubakterien	5
2	Flügelflagellat	15
3	Linsenflagellat	17
4	Hüllenflagellat	18
5	Grünes Augentier (Euglena)	50
6	Zyste von Euglena	30
7	2-geißeliger Flussflagellat	19
8	Geblähter Geißelflagellat	19
9	Nierentierchen	60
10	Ohrenpantoffeltierchen	150
11	Geschwänztes Pantoffeltierchen	240
12	Tonnentierchen	58
13	Kleines Zuckerrüsseltierchen	100
14	Großes Zuckerrüsseltierchen	150
15	Grüne Zahnwalze	140
16	Sumpfwurm	650
17	Glockentierchen	75
18	Blaues Trompetentier	1400
19	Schlangenamöbe	100
20	Schlammamöbe	400
21	Uhrglastier (Schalenamöbe)	125
22	Kleine Mondalge	270
23	Mosaikgrünalge	10
24	Geschwänzte Gürtelalge	13
25	Schiefe Gürtelalge	10
26	Zackenrädchen	10
27	Spitzige Gürtelalge	22

Übersicht zum Bestimmen von Lebewesen im Heuaufguss. (Die Lebewesen sind nicht maßstabgerecht abgebildet.)

5 Vom Einzeller zum Vielzeller

5.1 Organisationsstufen bei Grünalgen

Die Formenvielfalt bei Grünalgen in Teichen und Seen ist beeindruckend. Unter ihnen befinden sich viele Einzeller, aber auch zahlreiche vielzellige Arten. Bei den Grünalgen gibt es eine Gruppe, deren Zellen alle nach dem gleichen Prinzip aufgebaut sind. Die einfachste Form ist der freischwimmende Einzeller Chlamydomonas. Er besitzt einen roten Augenfleck und zwei Geißeln, mit denen er sich ähnlich wie Euglena lichtabhängig fortbewegen kann. Ein großer Chloroplast übernimmt die Aufgabe der Fotosynthese. Bei der Vermehrung entstehen aus der Mutterzelle durch Zellteilung vier Tochterzellen. Diese vier Schwärmerzellen sind noch von der Hülle der Mutterzelle umgeben. Nachdem die Schwärmerzellen eine bestimmte Größe erreicht haben, platzt die Hülle auf und die vier neuen Zellen schwimmen fort. Somit sind aus einer Zelle durch Teilung vier neue entstanden.

Die Mosaikgrünalge Gonium kommt in vielen Teichen vor und sieht aus wie vier bis sechzehn eng beieinander liegende Chlamydomonas-Zellen. Sie ist tatsächlich auch sehr nahe mit diesen verwandt. Die Zellen von Gonium sind in einer gemeinsamen Schleimhülle scheibenförmig angeordnet und strecken ihre Geißeln nach außen. Diese Organisationsstufe bezeichnet man als *Kolonie*. Die einzelnen Zellen von Gonium verlassen diese gemeinsame Schleimhülle, die man **Gallerte** nennt, nicht. Würde man im Experiment eine Zelle aus dieser Kolonie herauslösen, so wäre sie aber alleine lebensfähig.

Wenn sich Gonium vermehrt, bildet jede einzelne Zelle der Kolonie wieder vier neue Tochterzellen aus, die dann als neue Kolonien die gemeinsame Gallerte verlassen. Manchmal teilen sich die Zellen mehrmals, so dass wieder acht bis sechzehn Zellen in einer Kolonie vorliegen.

In der Geißelkugel-Grünalge Eudorina bilden 32 Zellen, die wie Chlamydomonas aussehen, eine kugelförmige Kolonie aus. Die einzelnen Zellen liegen an der Oberfläche der Gallertkugel. Sie haben ihre Geißeln nach außen gestreckt, um schwimmen zu können. Die Augenflecken helfen ihnen, sich nach dem Licht zu orientieren. Auch hier teilt sich jede Zelle bei der Vermehrung in vier gleiche Tochterzellen, die sich mehrmals teilen, bis wiederum eine neue Kolonie von 32 Zellen entsteht. Im Unterschied zu vielen Kolonien teilen sich die Zellen dieser Grünalgen immer alle zur gleichen Zeit und in der gleichen Weise.

Von Chlamydomonas, Gonium und Eudorina findet man im Allgemeinen keine abgestorbenen Zellen oder Kolonien, da diese sich dadurch vermehren, dass sich die Zellen in Tochterzellen teilen. Das bedeutet, dass keine Zelle abstirbt.

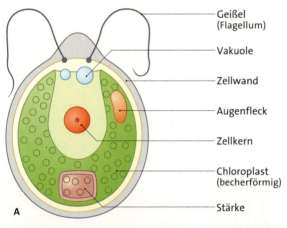

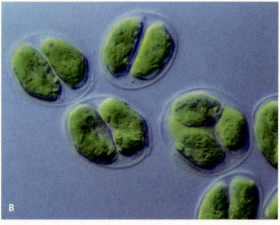

1 Der Einzeller Chlamydomonas. A ausgewachsene Zelle; B ungeschlechtliche Vermehrung

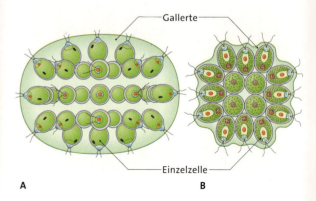

2 Zellkolonien von Grünalgen. A Gonium; B Eudorina

Lebewesen bestehen aus Zellen

Die Wimperkugel Volvox ist über einen Millimeter groß, sodass man sie bereits mit dem bloßen Auge erkennen kann. Sie besteht aus bis 64 000 Chlamydomonas-ähnlichen Zellen in einer gemeinsamen Gallertkugel. Die Zellen liegen an der Oberfläche der Kugel und sind untereinander durch Plasmafäden verbunden. Sie haben ihre Geißeln nach außen gerichtet. Mit ihrer Hilfe bewegt sich die Kugel rotierend im Wasser. Aber man findet auch Volvox-Kugeln, die aufgeplatzt sind, sich nicht mehr fortbewegen und abgestorbene Zellen besitzen. Bei Volvox haben nur noch wenige große Fortpflanzungszellen die Fähigkeit, sich wieder in zahlreiche Tochterzellen zu teilen und eine neue Tochterkugel auszubilden. Dieses geschieht entweder ungeschlechtlich durch viele Zellteilungen oder aber geschlechtlich. Dazu müssen männliche und weibliche Fortpflanzungszellen erst miteinander verschmelzen und dann durch zahlreiche Teilungen die neue Tochterkugel bilden. Die meisten Zellen der Kugel sind aber nicht teilungsfähige Körperzellen, die allgemeine Aufgaben wie Fortbewegung und Ernährung erfüllen: Zu diesem Zweck besitzen sie einen großen orange-gefärbten Augenfleck, der bei der Orientierung hilft und Chloroplasten, mit denen sie Fotosynthese betreiben. Auf diese Weise ernähren sie auch die Fortpflanzungszellen. Da sich bei der Bildung einer Tochterkugel nur die Fortpflanzungszellen teilen können, sterben die Körperzellen anschließend ab. Man kann also sagen, dass auf dem Weg zur Vielzelligkeit von Chlamydomonas bis zu Volvox hier das erste Mal Zellen absterben, also Leichen entstehen.

Es handelt sich bei Volvox somit um einen echten **Vielzeller**, den man daran erkennt, dass er verschiedene Zelltypen mit unterschiedlichen Aufgaben besitzt. Es liegt eine Arbeitsteilung vor: Die Fortpflanzung kann nur von wenigen besonderen Zellen übernommen werden. Nicht fortpflanzungsfähige Zellen sorgen zwar für die Ernährung und Orientierung, sterben aber nach Bildung der Tochterkugeln ab.

1 Übertrage die abgebildete Tabelle in dein Heft und ergänze die fehlenden Angaben.

	Chlamydomonas	Gonium	Eudorina	Volvox
	0,02 mm	0,1 mm	0,2 mm	1 mm
Anzahl der Zellen				
Arbeitsteilung				
Welche Zellen sterben ab?				

2 Erläutere die wesentlichen Unterschiede zwischen Einzellern und Vielzellern.

3 Begründe, warum bei Volvox eine Leiche auftritt, bei Zellkolonien jedoch nicht.

4 Beschreibe den Aufbau von Volvox mit Hilfe der Abbildungen 3 und 4.

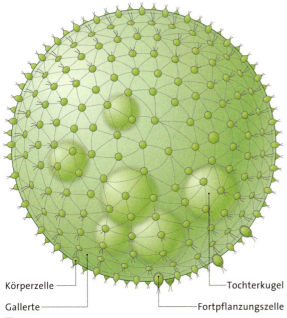

3 Volvox mit Tochterkugeln

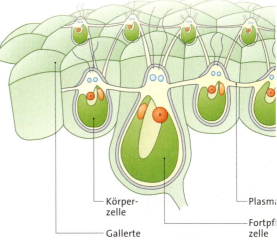

4 Aufbau von Volvox mit Fortpflanzungs- und Körperzellen

5.2 Tierische Vielzeller

In Fließgewässern und im Meer findet man auf Steinen oder anderen festen Unterlagen oft bunt gefärbte, polsterförmige Überzüge, Röhren oder Becher. Bei genauerer Betrachtung erkennt man, dass aus kleinen trichterförmigen Öffnungen ein Wasserstrom austritt. Es handelt sich dabei um die Wasserkanäle von festsitzenden, vielzelligen Tieren, den Schwämmen. Ihr Körper ist nach außen durch eine Schicht einheitlich geformter, fester Deckzellen begrenzt. Allgemein bezeichnet man Schichten aus gleichförmig gestalteten Zellen, die dieselben Aufgaben erfüllen, als Gewebe.

Begeißelte Zellen, die als innere Zellschicht den Zentralraum umschließen, bewirken einen regelmäßigen Einstrom von Wasser. Die Bewegung ihrer Geißeln erzeugt einen ständig von außen nach innen verlaufenden Wasserstrom in den Zentralraum hinein, über den auch Sauerstoff in das Innere des Schwammes gelangt. Zwischen den beiden Schichten befindet sich eine gallertartige Grundsubstanz. In diese sind zum einen amöbenartige, bewegliche Fresszellen eingebettet, die wie die begeißelten Zellen die Verdauung und zusätzlich den Transport der Nahrung übernehmen. Nicht verwertbare Nahrungsstoffe werden durch eine Ausströmöffnung nach außen abgegeben. Zum anderen sind auch Ei- und Spermazellen zur Fortpflanzung, sowie Hornfasern, Kalk- oder Kieselsäurenadeln zur Festigung in die gallertartige Grundsubstanz eingelagert. Schwämme ernähren sich im Gegensatz zu Algen heterotroph.

In stehenden oder schwach strömenden Gewässern kommt der **Süßwasserpolyp** Hydra vor. Er gehört zu den *Nesseltieren*, die deutlich weiter entwickelt sind als die Schwämme. Der schlauchförmige Körper wird sechs bis 13 Millimeter lang, ist fast durchsichtig und mit der Unterseite über eine Fußscheibe an Pflanzen oder Steine festgeheftet. Der Polyp ernährt sich von Wasserflöhen, Mückenlarven und Würmern. Die Körperzellen der Süßwasserpolypen sind im Gegensatz zu denen der Schwämme lückenlos aneinander gereiht und übernehmen ganz unterschiedliche Aufgaben. Die Körperwand besteht aus drei Schichten, die einen Magenraum umschließen. Im Gegensatz zu den Schwämmen findet die Verdauung im Magenraum statt und nicht in den Fresszellen. Die äußeren und inneren Gewebeschichten der Körperwand besitzen *Muskel-* und *Nervenzellen*. Zusätzlich hat die äußere Schicht *Sinneszellen* sowie in den Fangarmen *Nesselzellen* entwickelt. Zwischen den Schichten liegt eine gallertartige Stützschicht. Polypen besitzen eine Körperöffnung, die gleichzeitig als Mund und After dient und von einem Kranz aus dünnen Fangarmen, den *Tentakeln*, umgeben ist. Beutetiere wie Kleinkrebse lösen bei Kontakt eine blitzschnelle Fangreaktion aus, bei der die Beutetiere umwickelt und zum Mund geführt werden. Berührt dabei ein Beutetier die *Fühlborste* einer Nesselzelle, öffnet sich explosionsartig ein Deckel, wodurch ein mit Widerhaken besetzter Stilettapparat die Haut der Beute durchstößt. Anschließend wird ein lähmendes Gift durch einen Nesselfaden in die Wunde gespritzt. Im Magenraum wird das Beutetier schließlich verdaut.

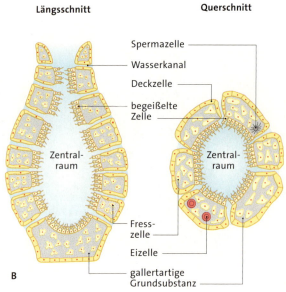

1 Schwämme sind einfache Vielzeller. **A** Röhrenschwamm; **B** schematischer Längs- und Querschnitt

Lebewesen bestehen aus Zellen

Quallen sind vielzellige, frei schwimmende Nesseltiere, die bereits einfache **Organe** entwickelt haben. Darunter versteht man größere Einheiten des Körpers aus Zellen und Geweben mit bestimmten Funktionen. Der Körper der Qualle ist wie bei Hydra in Innen- und Außenschicht gegliedert. Dazwischen liegen eine Stützschicht und die Schirmgallerte, die diesen Tieren ihre typische Form verleiht. Die Mundöffnung befindet sich unter dem Schirm. Sie wird durch vier Mundlappen erweitert, über die Beutetiere in den Magenraum transportiert werden. Auch Ohrenquallen ernähren sich von Einzellern, Larven und Würmern. Einige Quallen können ihre Beute nicht nur über einen mechanischen Reiz, sondern auch über die Lichtrezeptoren einfach gebauter Sinnesorgane, den **Augen,** wahrnehmen. Die wie bei Hydra aufgebauten Nesselzellen der Ohrenqualle können die menschliche Haut nicht durchdringen, daher ist diese Qualle ungefährlich. Quallen können sich abwechselnd geschlechtlich und ungeschlechtlich vermehren. Die frei im Wasser schwimmenden Quallen werden auch **Medusen** genannt. Sie sind männlich oder weiblich. Aus befruchteten Eizellen entwickeln sich schwimmfähige **Larven,** die sich verborgen am Meeresboden festsetzen und zu **Polypen** heranwachsen. Diese Polypen ähneln in ihrer Form den Süßwasserpolypen. Wenn die Polypen eine gewisse Größe erreicht haben, schnüren sie durch Querteilung scheibenförmige kleine Quallen ab, die wieder heranwachsen.

1 Begründe, warum Schwämme zu den Vielzellern gehören.

2 Wende das biologische Prinzip *Vielfalt* auf die Hohltiere an. Finde dazu Beispiele und präsentiere sie in geeigneter Form.

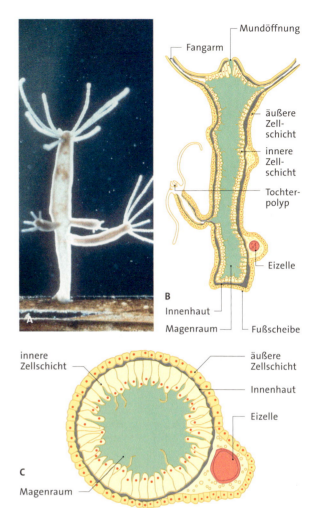

3 Süßwasserpolyp. A Knospung; B schematischer Schnitt; C Zellspezialisierungen

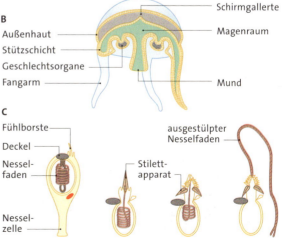

2 Ohrenqualle. A Fortbewegung im Meer; B Aufbau (schematischer Längsschnitt); C Funktion einer Nesselzelle

Zusammenfassung: Lebewesen bestehen aus Zellen

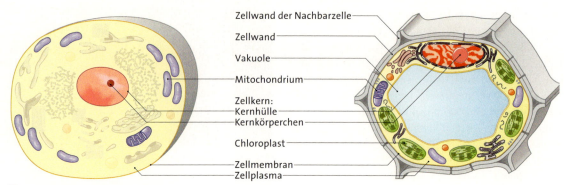

1 Bau von Tier- und Pflanzenzelle

Basiskonzept Vielfalt

Zellen sind die kleinsten lebens- und fortpflanzungsfähigen Grundbausteine aller Lebewesen. Mit den Fortschritten im Bau von Lichtmikroskopen und der Entwicklung der Elektronenmikroskopie ab 1931 wurden immer feinere Strukturen im Bau von Zellen entdeckt. Grundsätzlich lassen sich zwei Grundtypen von Zellen unterscheiden: Zum einen gibt es Zellen mit Zellkern, die darüber hinaus Zellorganellen mit abgegrenzten Zellräumen enthalten. Dieser Typ tritt bei Pflanzen, Pilzen, Tieren, dem Menschen und bestimmten einzelligen Lebewesen auf.

Zum anderen gibt es Zellen, die keinen abgegrenzten Zellkern besitzen. Dieser Zelltyp ist typisch für Bakterienzellen. Bakterien treten in unterschiedlichen Formen auf. Dabei lassen sich stäbchen-, kugel-, komma- oder spiralförmige Bakterien unterscheiden.

Der Bau einer Bakterienzelle ist jedoch immer recht ähnlich: Nach außen wird die Zelle von einer festen Zellwand begrenzt, der Schleimhüllen oder Kapseln aufgelagert sein können. Nach innen folgen die Zellmembran und das Zellplasma, in dem frei die Erbsubstanz liegt. Viele Bakterienzellen können sich aktiv durch eine Geißel fortbewegen. Im Zellplasma befinden sich noch Reservestoffe und Ribosomen zur Eiweißsynthese.

Alle Zellen, unabhängig davon welchem Grundtyp sie angehören, weisen bestimmte Gemeinsamkeiten wie das Zellplasma, die Zellmembran, das Vorhandensein von Erbmaterial und Reservestoffen auf. Daneben lassen sich bei Zellen auch zahlreiche Unterschiede finden. Zu ihnen zählen zum Beispiel die Zellgröße, die Zellform oder die Form der Ernährung. Zellen erfüllen bestimmte Funktionen und zeigen dazu passende Merkmale.

Basiskonzept Struktur und Funktion

Pflanzenzellen werden im Gegensatz zu tierischen Zellen zusätzlich durch eine Zellwand gestützt. Auffällig sind *Vakuolen*, die von einer Membran umschlossen

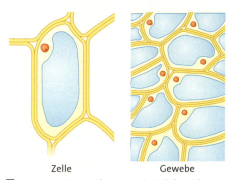

2 Organisationsstufen am Beispiel der Tulpe

sind und in denen Stoffe gespeichert werden können. Grüne Pflanzenzellen enthalten *Chloroplasten*. Nur mit Hilfe dieser Zellorganellen, die den Farbstoff Chlorophyll enthalten, sind Pflanzenzellen in der Lage, Lichtenergie in chemische Energie umzuwandeln und Glucose zu produzieren. Dazu weisen die ovalen Chloroplasten einen speziellen Bau auf. Ihre innere Membran ist stark vergrößert und geldrollenartig aufgebaut. So ergibt sich eine große innere Oberfläche im Chloroplasten und damit eine größere Effektivität bei der Fotosynthese. Hier wird deutlich, dass bestimmte Funktionen von bestimmten Strukturen abhängen.

Schaut man sich den Aufbau einer Tulpe an, wird man feststellen, dass dieser *Organismus* aus mehreren Organen und Organsystemen besteht. Die Tulpenblüte als *Organsystem* setzt sich zum Beispiel aus Kronblättern, Staubblättern und Fruchtblättern zusammen. Sie erfüllen gemeinsam die Aufgabe der Fortpflanzung, also Insekten anzulocken und nach Bestäubung und Befruchtung Früchte zu bilden. Ein Tulpenblatt ist dagegen ein *Organ*, das aus verschiedenen *Geweben* besteht. Ein solches Gewebe ist zum Beispiel das Abschlussgewebe, die Epidermis. Dabei handelt es sich um einen Verband gleichartiger *Zellen*, die eine bestimmte Aufgabe erfüllen. Das Abschlussgewebe dient der Begrenzung und dem Schutz. In Epidermiszellen fallen die großen Vakuolen und das Fehlen von Chloroplasten auf.

Basiskonzept Stoff und Energie
Alle Zellen nehmen aus ihrer Umgebung Stoffe auf, bauen diese im Zellstoffwechsel um und geben andere Stoffe ab. Dabei ernähren sich pflanzliche Zellen ebenso wie viele Einzeller autotroph. Sie nehmen anorganische Stoffe wie Kohlenstoffdioxid und Wasser aus der Umgebung auf und wandeln sie bei der Fotosynthese in organische Stoffe wie Glucose um. Dabei entsteht als Nebenprodukt Sauerstoff. Tierische Zellen, Zellen von Pilzen und Menschen, Einzeller wie Pantoffeltierchen und Amöbe sowie viele Bakterienzellen ernähren sich heterotroph. Sie nehmen körperfremde organische Stoffe auf und wandeln diese in körpereigene organische Stoffe um. Fast alle Zellen betreiben zur Energiegewinnung *Zellatmung*. Dabei werden in den Mitochondrien organische Stoffe wie Glucose unter Beteiligung von Sauerstoff abgebaut. Es entstehen

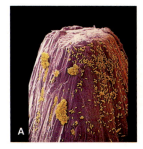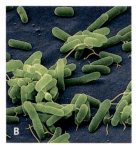

3 Bakterien. A auf einer Nadelspitze; **B** vergrößert im Elektronenmikroskop

die Reaktionsprodukte Kohlenstoffdioxid und Wasser. Die dabei freiwerdende Energie kann zum Beispiel für Wachstum, Transportprozesse oder als Wärmeenergie genutzt werden.

Bestimmte Bakterienzellen wie Milchsäurebakterien zeigen einen besonderen Abbauweg zur Energiegewinnung. Auch hier werden organische Stoffe wie Glucose abgebaut. Als Reaktionsprodukte erhält man jedoch noch relativ energiereiche organische Stoffe wie die Milchsäure. Dieser Stoffwechselweg wird als *Gärung* bezeichnet.

Basiskonzept Angepasstheit
Bakterien besiedeln alle Lebensräume und haben in der Natur vielfältige Funktionen. So können Bakterien zum Beispiel organische Stoffe im Wasser oder im Boden abbauen, sie sind Zersetzer (Destruenten).

Manche Bakterien leben in ganz extremen Lebensräumen wie Salzlagerstätten oder Geysiren. Es gibt zum Beispiel Bakterien, die in heißen, schwefelhaltigen Quellen leben können. Sie besitzen besondere bauliche Merkmale wie eine dicke Zellwand aus hitzestabilen Stoffen und besondere Enzyme, die ebenfalls sehr hitzeresistent sind. Zur autotrophen Ernährung können diese Bakterien sogar die schwefelhaltigen Verbindungen ihrer Umgebung nutzen.

Auch bei Pflanzen- und Tierzellen lassen sich solche Angepasstheiten an den Lebensraum finden. So können Pflanzen tote weiße Haarzellen mit dicken Zellwänden besitzen, die ihre Blätter und Stängel bedecken. Diese Zellen reflektieren das Sonnenlicht und dienen dem Verdunstungsschutz in heißen, trockenen Lebensräumen.

Lebewesen bestehen aus Zellen

Wissen vernetzt — Lebewesen bestehen aus Zellen

A1 Mikroskopische Zeichnung

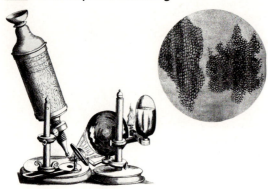

Die Abbildung zeigt ein Mikroskop und eine Zeichnung eines englischen Forschers.

Aufgaben:
a) Benenne den Forscher. Ordne das Mikroskop zeitlich ein.
b) Beschreibe kurz Mikroskop und Zeichnung. Erläutere die Bedeutung dieser Entdeckung.

A2 Tierische und pflanzliche Zellen

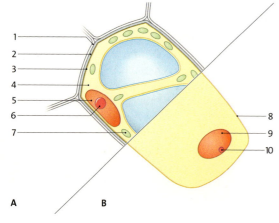

Die schematische Zeichnung zeigt Bestandteile tierischer und pflanzlicher Zellen.

Aufgaben:
a) Ordne den Buchstaben und Ziffern die richtigen Begriffe zu.
b) Vergleiche in Form einer Tabelle die Kennzeichen pflanzlicher und tierischer Zellen.
c) Erläutere das Basiskonzept Struktur und Funktion am Beispiel des Zellkerns.

A3 Wachstum von Pflanzenzellen

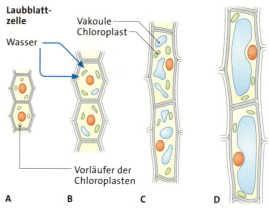

Die Abbildung zeigt schematisch das Wachstum von Pflanzenzellen.

Aufgabe: Beschreibe die dargestellten Veränderungen.

A4 Zelltypen

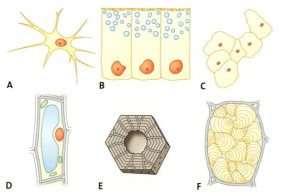

Die Abbildungen zeigen jeweils drei verschiedene Tier- und Pflanzenzellen.

Aufgaben:
a) Erstelle eine dreispaltige Tabelle, in der du die Namen, die Funktion und ein typisches bauliches Merkmal der sechs Zellen einträgst.
b) Wende auf die Zelle F das Basiskonzept Struktur und Funktion an.
c) Beschreibe, wie man den Speicherstoff in Zelle F in einem mikroskopischen Präparat nachweisen könnte.
d) Erläutere, welches Basiskonzept in der Abbildung veranschaulicht wird.
e) Zeichne jeweils eine weitere spezielle Pflanzen- und Tierzelle und benenne sie.

A5 Fotosynthese

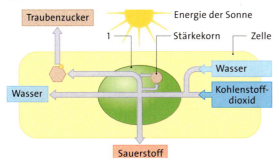

Die schematische Abbildung zeigt eine Zelle, die Fotosynthese betreibt.

Aufgaben:
a) Benenne und beschreibe das Zellorganell 1 für diesen Stoffwechselvorgang.
b) Begründe mit Hilfe der Abbildung, dass das Basiskonzept Stoff und Energie auch für eine Pflanzenzelle zutrifft.
c) Erläutere kurz, welche Bedeutung dieser Stoffwechselweg für den Menschen hat.

A6 Bakterien

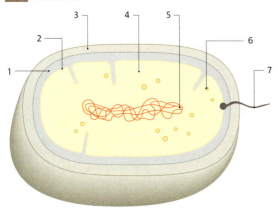

Aufgaben:
a) Ordne den Ziffern in der schematischen Zeichnung die entsprechenden Begriffe zu.
b) Begründe, warum es sich um eine Bakterienzelle handelt.
c) Nenne drei verschiedene Bakterienformen und gib für jede Form ein Beispiel an.

A7 Vielfalt von Bakterien

Aufgabe: Wende das Basiskonzept Vielfalt auf Bakterien an.

A8 Bakterielle Produkte

Aufgabe: Entscheide, welche der angegebenen Produkte mit Hilfe von Bakterien hergestellt werden.
a) Sauerkraut   e) Wein
b) Magermilch   f) Essig
c) Jogurt   g) Bier
d) Käse   h) Saure Gurken

A9 Einzellige Lebewesen

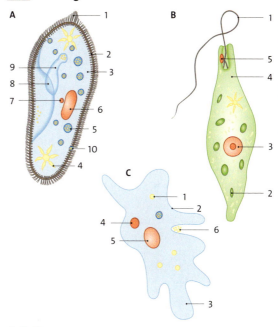

Aufgaben:
a) Benenne die Lebewesen.
b) Ordne den gekennzeichneten Zellbestandteilen die entsprechenden Begriffe zu.
c) Wende das Basiskonzept Struktur und Funktion auf A an.
d) Nutze die Basiskonzepte Information und Kommunikation sowie Stoff und Energie, um die Reaktion von B auf Licht zu erklären.
e) Erläutere am Beispiel C das Basiskonzept Fortpflanzung.

Wirbellose Tiere

1 Der Regenwurm – ein Ringelwurm

Nach starken Regenfällen findet man manchmal tote Regenwürmer an der Erdoberfläche. Wie ist diese Beobachtung zu erklären? Regenwürmer sind Bodentiere und halten sich tagsüber fast immer in einem Gangsystem auf, das bis zu zwei Metern tief reicht. Laufen diese Gänge bei starkem Regen mit Wasser voll, drohen die Würmer zu ersticken. Deshalb flüchten sie nach oben. Allerdings sind die Tiere gegenüber der energiereichen UV-Strahlung des Sonnenlichtes sehr empfindlich und sterben deshalb schnell bei direkter Sonneneinstrahlung.

Regenwürmer fühlen sich weich an und sind leicht verformbar. Sie werden zu den **wirbellosen Tieren** gezählt, weil sie kein knöchernes Skelett besitzen. Die Haut weist viele ringförmige Einkerbungen auf. Im Körper verlaufen an diesen Stellen dünne Scheidewände, die den Wurm in einzelne Kammern gliedern. Diese Körperabschnitte heißen **Segmente**. Tiere mit einer solchen Körpergliederung stellt man zum Tierstamm der **Ringelwürmer**.

Der Regenwurm hat keine Gliedmaßen. Beobachtet man ein kriechendes Tier, so erkennt man wellenförmige Bewegungen, die über den gesamten Körper laufen. Verursacht werden sie von zwei Muskelschichten, die mit der darüber liegenden Haut zu einem *Hautmuskelschlauch* verwachsen sind. Bewegt sich der Wurm vorwärts, zieht sich zunächst die außen liegende *Ringmuskelschicht* fortlaufend von vorn nach hinten zusammen. Dabei wird dieser Körperabschnitt länger und dünner und schiebt sich vor.

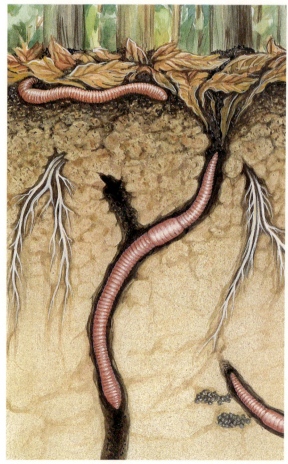

1 Regenwürmer in ihrem Lebensraum

Wirbellose Tiere

Mit Hilfe von Chitinborsten, die an jedem Körperring sitzen und nach hinten gerichtet sind, verankert der Regenwurm den Vorderkörper im Boden. Anschließend ziehen sich die Längsmuskeln zusammen. Der Wurm wird kürzer und dicker, der Hinterkörper gleitet nach vorn. Die Segmente des Regenwurms enthalten eine Flüssigkeit, die unter leichtem Überdruck steht. Durch dieses **Hydroskelett** erhält der Körper Form und Festigkeit. Ziehen sich Muskeln zusammen, verschiebt sich die Körperflüssigkeit und verformt dadurch den Wurmkörper.

Der Darm und die längs verlaufenden Blutgefäße, das Rücken- und das Bauchgefäß, durchziehen den gesamten Körper. Dabei durchbrechen sie an den Segmentgrenzen die Scheidewände. Ab dem siebten Segment sind die beiden längs verlaufenden Gefäße durch Ringgefäße miteinander verbunden. Ein Herz fehlt. An lebenden Würmern kann man dennoch beobachten, wie das Blut im Rückengefäß von hinten nach vorn fließt. Der Blutstrom wird durch die vorn liegenden Ringgefäße in Gang gehalten, die sich zusammenziehen können. Da das Blut im gesamten Körper in Gefäßen fließt, ist ein **geschlossenes Blutkreislaufsystem** ausgebildet. Der Regenwurm hat keine Atmungsorgane und nimmt Sauerstoff direkt über die feuchte Hautoberfläche auf. Deshalb darf er nicht austrocknen. Er ist ein *Feuchtlufttier*.

Mit Ausnahme der ersten Körperringe liegen in jedem Segment zwei Ausscheidungsorgane. Sie filtern durch einen Wimpertrichter Abfallstoffe aus der Körperflüssigkeit und scheiden diese durch einen Ausführgang im nachfolgenden Segment aus.

Regenwürmer haben keine äußerlich sichtbaren Sinnesorgane. Trotzdem können sie schmecken, Wärme und Kälte sowie Hell und Dunkel unterscheiden.

3 Fortbewegung (Schema)

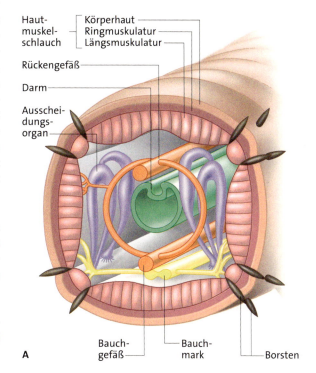

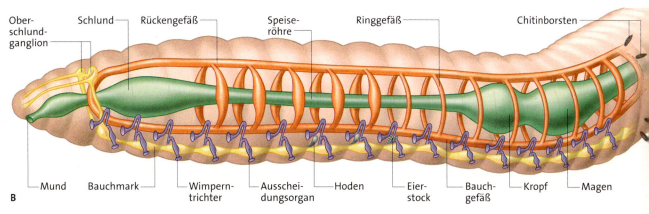

2 Regenwurm (Schema). A im Querschnitt; **B** in Durchsicht

Wirbellose Tiere

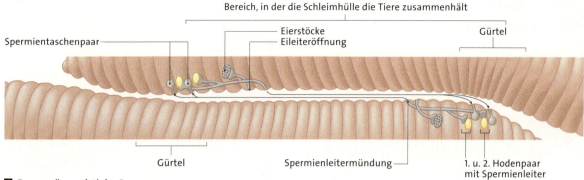

4 Regenwürmer bei der Paarung

Zur Aufnahme der Reize liegen Sinneszellen in der Haut, am dichtesten am Vorderende. Regenwürmer haben ein einfach gebautes Gehirn, das *Oberschlundganglion*. Auf der Bauchseite verläuft der Hauptstrang des Nervensystems als *Bauchmark*. Es besteht aus paarigen Nervenknoten in jedem Segment, den *Ganglien*. Diese sind durch längs und quer verlaufende Stränge miteinander verbunden. Wegen dieser Anordnung spricht man von einem **Strickleiternervensystem**.

Um neue Wohngänge anzulegen, fressen sich Regenwürmer durch den Boden. Festen Boden weichen sie mit Speichel auf und nehmen ihn dann durch den zahnlosen Mund auf. Im Darm werden dem Boden organische Stoffe als Nahrung entzogen. Bei Nacht ziehen die Würmer auch abgefallene Blätter und andere Pflanzenteile in ihre Wohnröhren. Diese werden dort durch Pilze und Bakterien so weit abgebaut, dass sie der Regenwurm ebenfalls als Nahrung aufnehmen kann. Unverdauliche Reste werden ausgeschieden. Wurmkot enthält viele Mineralstoffe und ist ein wichtiger Bestandteil des Humus. Regenwürmer leisten dadurch einen wichtigen Beitrag zur Bodenfruchtbarkeit. Die Wohnröhren durchlüften zudem den Boden und lassen Regen schnell versickern.

Regenwürmer besitzen Hoden und Eierstöcke. Sie sind **Zwitter**. Geschlechtsreife Tiere erkennt man an einem verdickten Bereich im vorderen Körperdrittel, der *Gürtel* heißt. Die Paarung erfolgt nachts an der Erdoberfläche. Dabei legen sich zwei Tiere mit der Bauchseite in entgegen gesetzter Richtung aneinander. Die beiden Gürtel erzeugen Schleimringe, die die Tiere umhüllen. Jedes Tier gibt nun Spermien ab, die über Rinnen in spezielle Spermientaschen des jeweils anderen Tieres gelangen und dort gespeichert werden. Nach der Paarung trennen sich die Würmer wieder. Einige Zeit später reifen die Eizellen. Jetzt bildet jedes Tier erneut eine Schleimhülle. Dann zieht sich der Wurm rückwärts aus der Hülle heraus und legt dabei eine Eizelle hinein, die anschließend aus dem Spermienvorrat der vorangegangenen Paarung befruchtet wird. Die Schleimhülle erhärtet zu einem *Kokon*, aus dem nach einigen Wochen ein junger Regenwurm schlüpft. Ein Wurm kann bis zu 90 Kokons pro Jahr ablegen.

Manchmal werden Regenwürmer beim Umgraben in zwei Teile zerteilt. Die verbreitete Meinung, aus diesen Teilen könnten zwei neue Tiere entstehen, trifft nicht zu. Meist stirbt das abgetrennte Hinterende ab, während der vordere Körperteil überlebt und ein neues Hinterende ausbildet. Diese Fähigkeit, verloren gegangene oder verletzte Körperteile zu ersetzen, nennt man **Regeneration**.

1. Erläutere anhand der Abbildung 2, warum der Regenwurm ein wirbelloses Tier ist.
2. Erkläre mit Hilfe der Abbildungen 2 und 3 die Fortbewegung.
3. Wende das Basiskonzept Fortpflanzung auf den Regenwurm an.
4. Erkläre, auf welche Weise Regenwürmer die Bodenqualität verbessern.

5 Fortpflanzung. **A** Paarung; **B** Schlüpfen

Wissen kompakt Ringelwürmer

Name: Wattwurm *(Arenicola marina)*
Länge: bis 35 cm
Lebensraum: Gezeitenzone, Wattenmeer

Merkmale: Der Körper des Wattwurms besteht aus 100 Segmenten. Er lebt in U-förmigen Röhren und frisst den am Trichterende in den Gang fallenden Sand. Der Wurm verdaut die anhaftenden Algen und Bakterien und stößt den ungenießbaren Sand in Form auffälliger Kothäufchen wieder aus. Dadurch schichtet er den Sand um und reichert Sauerstoff darin an. Wie der Regenwurm verfügt der Wattwurm über keinerlei Mundwerkzeuge.

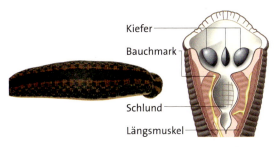

Kiefer
Bauchmark
Schlund
Längsmuskel

Name: Medizinischer Blutegel *(Hirudo medicinalis)*
Länge: bis 15 cm
Lebensraum: saubere Bäche, flache Flüsse und Seen

Merkmale: Der Blutegel besitzt am Vorder- und Hinterende jeweils einen Saugnapf. Damit kann er sich an Land schreitend fortbewegen. Überwiegend hält er sich jedoch im Wasser auf. Er ernährt sich vom Blut anderer Tiere, die er mit seinen zähnchenbesetzten Kiefern anbeißt. Beim Blutsaugen gibt der Blutegel einen Stoff ab, der die Blutgerinnung hemmt. Dieses Hirudin wird in der Medizin eingesetzt.

Name: Bachröhrenwurm *(Tubifex tubifex)*
Länge: bis 8,5 cm
Lebensraum: auf dem Grund von Bächen, Flüssen und Seen

Merkmale: Der Bachröhrenwurm lebt mit der Hälfte des Körpers in einer Schlammröhre. Mit seinem Hinterteil führt er schlängelnde Bewegungen aus, um Reste von abgestorbenen Pflanzen und Tieren in seine Röhre zu strudeln, die er dann verschlingt. Ein massenhaftes Auftreten des Wurms ist ein Kennzeichen für überdüngte Gewässer.

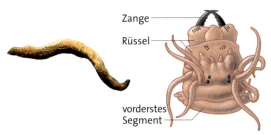

Zange
Rüssel
vorderstes Segment

Name: Schillernder Seeringelwurm *(Nereis diversicolor)*
Länge: 12 cm
Lebensraum: obere Sand- und Schlickböden in der Gezeitenzone aber auch in tieferen Bereichen

Merkmale: Der Wurm besteht aus 120 Segmenten. Das Rückengefäß scheint rot durch die farbig schillernde Haut hindurch. Er lebt im Sand, schwimmt aber auch frei im Wasser. Der Wurm frisst Plankton, weidet die Bodenoberfläche ab und erbeutet kleinere Watttiere.

1. Erläutere am Beispiel der gezeigten Ringelwürmer das Basiskonzept Vielfalt.
2. Vergleiche die Ernährungsweisen von Regenwurm, Blutegel und Seeringelwurm. Beziehe die Grafiken der Köpfe vom Blutegel und Seeringelwurm mit ein und wende das Basiskonzept Struktur und Funktion an.
3. Erläutere die Bezeichnung *Medizinischer Blutegel*. Recherchiere dazu die Anwendungsmöglichkeiten von Blutegeln und Hirudin in der Medizin.

Aufgaben und Versuche — Regenwurm

Nach Beendigung der Versuche werden die Regenwürmer stets in ihren Lebensraum zurückgesetzt!

V1 Bewegung des Regenwurms

Hinweis: Bei diesem Versuch sollte absolute Ruhe herrschen.

Material: Glasplatte; Pergamentpapier; 2 Regenwürmer

Durchführung: Reinige die Regenwürmer vorsichtig von anhaftenden Bodenresten unter fließendem Wasser. Lege einen Wurm auf die saubere Glasplatte, den anderen Wurm auf das Pergamentpapier.

Aufgaben:
a) Beobachte und beschreibe die Bewegungen der beiden Regenwürmer.
b) Achte auf Geräusche und erkläre, wie sie verursacht werden.
c) Vergleiche das Vorwärtskommen der beiden Tiere auf den verschiedenen Unterlagen.
d) Protokolliere die Ergebnisse und erkläre deine Beobachtungen.

V2 Tastempfindlichkeit des Regenwurms

Material: Glasschale; Pergamentpapier; Pinsel; Regenwurm

Durchführung: Lege die Glasschale mit Pergamentpapier aus und setze den Regenwurm ein. Sobald er beginnt sich zu bewegen, wird sein Vorderende leicht mit den Pinselhaaren berührt. Wiederhole den Vorgang nach einer kurzen Pause und übe dabei einen etwas stärkeren Druck aus.

Aufgaben:
a) Beschreibe das Verhalten des Regenwurms bei leichter und bei stärkerer Berührung.
b) Erkläre das beobachtete Verhalten.

V3 Reaktion auf Säure

Material: Glasschale; Pinsel; Speiseessig; Regenwurm

Durchführung: Lege den Wurm in die Glasschale und ziehe mit dem Pinsel einen Halbkreis mit Essig um das Vorderende. Achte darauf, dass der Essig *nicht* auf den Wurm tropft.

Aufgabe: Beschreibe die Reaktion des Wurms und begründe.

V4 Modellversuch zum Hydroskelett

Material: ein länglicher Luftballon; Wasser

Durchführung: Fülle den Luftballon mit Wasser und verknote ihn fest. Übe nun mit den Händen ringförmig Druck auf den Luftballon aus.

Aufgaben:
a) Beschreibe, wie sich das Wasser im Luftballon verteilt. Vergleiche deine Beobachtungen mit dem Bau und der Bewegung des Regenwurms.
b) Ein Modell gibt die Verhältnisse in der Natur nur unvollständig wieder. Erläutere diese Aussage am vorliegenden Beispiel.

V5 Lichtwahrnehmung beim Regenwurm

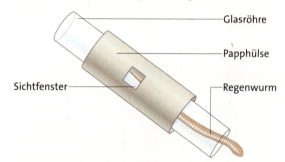

Material: ein größerer Regenwurm, der für mehrere Stunden im Dunkeln gehalten wurde; Glasröhre (d = 2 cm / l = 20 cm); Papphülse (d = 3 cm); Taschenlampe; Stoppuhr; Schere

Durchführung: Schneide in die Mitte der Papphülse ein kleines Sichtfenster und schiebe die Hülse über die Glasröhre. Spüle den Regenwurm vorsichtig ab, tupfe ihn trocken und lege ihn dann in die Glasröhre. Verschiebe die Papphülse so, dass das Sichtfenster über seinem Vorderende liegt. Richte den Lichtstrahl der Lampe auf das Sichtfenster und miss die Zeit, bis der Wurm eine Reaktion zeigt. Teste in gleicher Weise seine Körpermitte und sein Hinterende.

Aufgaben:
a) Beschreibe die Reaktionen, die der Regenwurm bei Beleuchtung seiner einzelnen Körperregionen zeigt.
b) Werte deine Beobachtungen aus.

Wirbellose Tiere

V6 Arbeitsleistung von Regenwürmern

Material: hohes Glasgefäß; Sand; Humusboden; Blätter; Haferflocken; 5 große Regenwürmer; Gaze

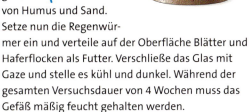

Durchführung: Fülle das Glas abwechselnd mit vier gleich dicken Schichten von Humus und Sand. Setze nun die Regenwürmer ein und verteile auf der Oberfläche Blätter und Haferflocken als Futter. Verschließe das Glas mit Gaze und stelle es kühl und dunkel. Während der gesamten Versuchsdauer von 4 Wochen muss das Gefäß mäßig feucht gehalten werden.

Aufgaben:
a) Markiere mit einem wasserfesten Stift die Ausgangslagen der Schichten.
b) Kontrolliere zweimal pro Woche den Versuchsansatz und halte die Veränderungen in Skizzen oder durch Fotos fest.
c) Übertrage deine Beobachtungen auf die Tätigkeit frei lebender Regenwürmer und leite daraus deren Bedeutung für den Boden ab.

A7 Regenwürmer im Ackerboden

Man hat auf 2 Versuchsflächen Weizen gezogen und die Ernteerträge miteinander verglichen. Testfeld 1 enthielt keine Regenwürmer im Boden, Testfeld 2 dagegen wies eine normale Anzahl an Regenwürmern auf. Die Ergebnisse sind in der folgenden Tabelle festgehalten.

Ernteertrag von Weizen	Testfeld 1	Testfeld 2
mittlere Masse eines Weizenhalmes	7,1 g	10,5 g
mittlere Zahl der Körner pro Ähre	60	110

Aufgaben:
a) Stelle die Werte in Form von Balkendiagrammen grafisch dar.
b) Berechne die prozentuale Zunahme bei der Masse des Halmgewichts und bei der Körnerzahl.
c) Erkläre die Unterschiede.

V8 Häufigkeit von Regenwürmern in unterschiedlichen Böden

Material: Spaten; Plastiktüten; Bechergläser; Waage; destilliertes Wasser; pH-Papier

Hinweis: Wenn man die Häufigkeit von Regenwürmern in verschiedenen Lebensräumen vergleicht, so findet man sehr unterschiedliche Werte. In einem Block Fichtenwaldboden von einem Quadratmeter Fläche und 30 Zentimeter Dicke sind durchschnittlich 10 Tiere, in Laubwaldboden sind 250 und auf einer Weide sind 500 Tiere vorhanden. Um eine Erklärung für die unterschiedliche Häufigkeit der Regenwürmer in diesen Böden zu bekommen, muss man Bodenproben dieser Lebensräume untersuchen.

Durchführung: Stich mit dem Spaten Proben aus den drei verschiedenen Böden ab. Um die Proben auf ihren Säuregehalt zu untersuchen, wiege gleiche Mengen ab und schlämme diese in Bechergläsern mit destilliertem Wasser auf. An kurz eingetauchtem pH-Papier kannst du durch einen Farbvergleich mit den vorgegebenen Farben eine Aussage über den pH-Wert und damit über den Säuregehalt des untersuchten Bodens machen.

Aufgaben:
a) Protokolliere deine Messergebnisse.
b) Erkläre mit Hilfe deiner Ergebnisse die unterschiedliche Häufigkeit der Regenwürmer in den untersuchten Lebensräumen.

A9 Bau des Regenwurms

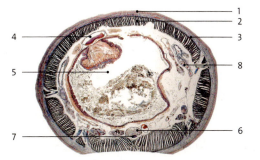

Aufgabe: Benenne die einzelnen Organe des Regenwurms im mikroskopischen Querschnitt. Nimm die Abbildung auf Seite 43 zu Hilfe.

2 Insekten

2.1 Der Maikäfer – ein Insekt

Ende April und Anfang Mai kann man in der Abenddämmerung mit etwas Glück Maikäfer beobachten. Die Tiere fliegen bevorzugt auf Eichen, um dort von den frisch ausgetriebenen Blättern zu fressen. Maikäfer gehören zu den größten einheimischen **Insekten.** An welchen Merkmalen kann man ein Insekt erkennen?

Die äußere Form eines Insektes wird vom harten **Chitinpanzer** bestimmt. Er stellt ein **Außenskelett** dar und verleiht den Tieren Form und Festigkeit. Der Körper ist deutlich in drei Abschnitte gegliedert: **Kopf, Brust** und **Hinterleib.** Alle Körperabschnitte sind aus Segmenten aufgebaut. An Kopf und Brust sind diese fest miteinander verwachsen, lediglich am Hinterleib kann man die einzelnen Segmente gut voneinander unterscheiden. Dort ist der Chitinpanzer an den Segmentgrenzen eingekerbt. An diesen Stellen sind die starren Teile des Chitinpanzers durch dünne Gelenkhäute beweglich miteinander verbunden. Sie verleihen dem Körper des Maikäfers die notwendige Beweglichkeit.

Am Kopf sitzen Fühler, Augen und Mundwerkzeuge. Die Fühler ähneln einem aufgeklappten Fächer und sind dicht mit Geruchssinneszellen bedeckt. An der Seite des Kopfes liegen die Augen als zwei kleine schwarze Halbkugeln. Ihre Oberfläche setzt sich aus vielen sechseckigen Feldern zusammen. Jedes dieser Sechsecke ist die Linse eines Einzelauges. Mehrere Tausend Einzelaugen bilden die Augen des Maikäfers. Diesen Bautyp, den man bei allen Insekten und auch bei Krebstieren findet, bezeichnet man als **Komplexaugen.**

An der Unterseite des Kopfes liegt der Mund mit den Mundwerkzeugen aus Chitin. Man unterscheidet eine *Oberlippe*, paarige *Ober-* und *Unterkiefer* und eine *Unterlippe*. Während die Oberkiefer eine breite Schneide und eine gerieftе Reibplatte besitzen, sind die Unterkiefer am Vorderende gezackt. Unterkiefer und Unterlippe tragen zusätzliche Anhänge, die *Kiefer-* und *Lippentaster*. Sie enthalten Geschmackssinneszellen, mit denen der Maikäfer die Nahrung prüfen kann. Die paarigen Teile von Ober- und Unterkiefer sind seitlich gegeneinander beweglich. Der Maikäfer ernährt sich von Blättern, die er mit Hilfe seiner Mundwerkzeuge wie mit einer Zange abbeißt und anschließend zerreibt. Mundwerkzeuge dieses Bautyps bezeichnet man als **beißend-kauende Mundwerkzeuge.**

Die Brust besteht aus drei Segmenten, die jeweils an der Bauchseite ein Paar kräftige Beine tragen. Ein einzelnes Bein setzt sich aus *Hüfte, Schenkelring, Schenkel, Schiene* und *Fuß* zusammen. Dieser gegliederte Beinaufbau und die Gesamtzahl von sechs Beinen sind charakteristisch für alle Insekten. Wegen der Gliederung der Beine fasst man Insekten und alle Tiere mit ähnlich gegliederten Beinen, wie *Tausendfüßer, Spinnentiere* und *Krebstiere* im Tierstamm der **Gliederfüßer** zusammen.

Am zweiten und dritten Brustsegment setzen je ein Paar Flügel an. Das erste Flügelpaar, die *Deckflügel*, sind beim Maikäfer hart und gewölbt. Sie dienen als Schutz für die häutigen *Hinterflügel*. Diese sind deutlich größer und liegen in Ruhe zusammengefaltet unter den Deckflügeln. Beim Fliegen entfalten sich die Hinterflügel, die Deckflügel werden wie Tragflächen schräg nach oben gestellt.

Bevor ein Maikäfer fliegt, hebt und senkt er die Rückendecke des Hinterleibs. Durch diese Muskelbewegungen

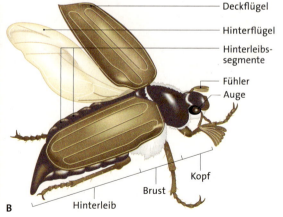

1 Maikäfer. **A** Kopf; **B** Körperbau

Wirbellose Tiere

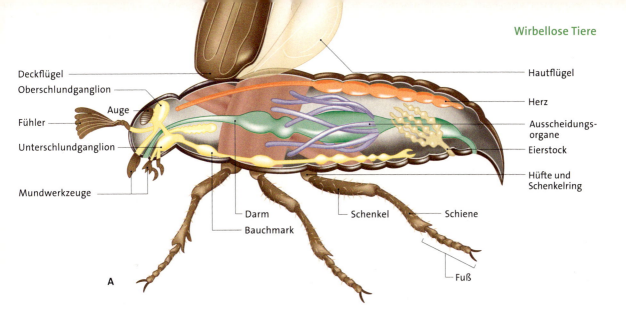

erwärmt er seinen Körper und pumpt gleichzeitig Luft in sein Atmungssystem. Es besteht aus einem Netz feiner Röhren, die durch Chitinspiralen versteift sind. Eine einzelne Röhre wird als **Trachee** und das gesamte System als **Tracheensystem** bezeichnet. Es ist das Atmungssystem aller Insekten. Die Tracheen sind ständig mit Luft gefüllt und erreichen alle inneren Organe. So werden diese mit Sauerstoff versorgt. Im Austausch dafür nimmt das Tracheensystem Kohlenstoffdioxid auf. Die Erneuerung der Atemluft erfolgt über kleine seitliche Öffnungen an Brust und Hinterleib, den **Stigmen.**

Das Blut des Maikäfers ist wie bei allen Insekten nicht am Gasaustausch beteiligt. Es dient lediglich der Verteilung von Nährstoffen und dem Transport von Abfallstoffen im Körper. Dabei werden die Nährstoffe aus dem Darm aufgenommen und an alle Zellen verteilt. Die Abfallstoffe gelangen dagegen zu den Ausscheidungsorganen, die in den Darm münden. Da das Blut keinen Blutfarbstoff enthält, ist es farblos. An der Rückenseite befindet sich ein schlauchförmiges Herz, das sich mit Hilfe von Muskeln zusammenziehen kann. Ist diese Muskulatur erschlafft, strömt Blut aus der Leibeshöhle durch seitliche Öffnungen in den Herzschlauch ein. Zieht sich der Muskel zusammen, schließen sich die Öffnungen und das Blut wird durch ein kurzes Gefäß nach vorn gepumpt und in die Leibeshöhle abgegeben. Dort strömt es frei zwischen den Organen. Ein solches Kreislaufsystem heißt deshalb **offenes Blutkreislaufsystem.**

Das Nervensystem des Maikäfers ist ein *Strickleiternervensystem*, das ähnlich wie beim Regenwurm gebaut ist. Das *Oberschlundganglion* der Insekten ist stark entwickelt und wird deshalb auch als Gehirn bezeichnet.

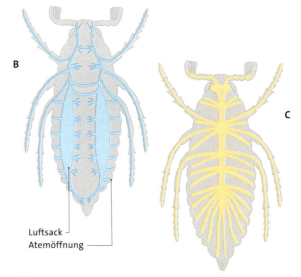

2 Bauplan des Maikäfers.
A Innerer Bau; **B** Tracheen; **C** Strickleiternervensystem

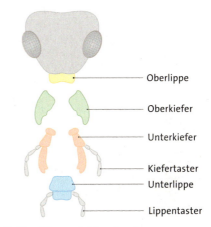

3 Beißend-kauende Mundwerkzeuge

49

Im Frühling pflanzen sich die Maikäfer fort. Um die Weibchen zu finden, orientieren sich die Männchen mit Hilfe ihrer Geruchssinneszellen. Dabei nehmen sie zuerst den Duft der angefressenen Pflanzen wahr, bei kurzer Entfernung zudem einen von den Weibchen abgegebenen Lockstoff. So sammeln sich beide Geschlechter an gemeinsamen Futterplätzen. Hier findet auch die Paarung statt. Einige Tage nach der Paarung graben die Weibchen ein etwa 30 Zentimeter tiefes Loch in lockeren Boden, in das sie bis zu 35 Eier legen. Während die Männchen bereits kurz nach der Paarung sterben, überleben die meisten Weibchen noch, bis die Eiablage abgeschlossen ist. Nur wenige Weibchen können sich ein zweites Mal paaren und nochmals Eier ablegen, deren Zahl dann höchstens 20 beträgt. Dazu müssen sie sich erneut mit einem noch unverpaarten Männchen treffen.

Aus den befruchteten Eiern schlüpfen nach vier bis sechs Wochen wurmförmige **Larven**, die *Engerlinge*. Sie sind weiß, besitzen keine Augen und ernähren sich von Wurzeln, die sie mit großen Fresszangen ihrer Oberkiefer zernagen. Das gesamte Larvenstadium dient dem Wachstum. Der starre Chitinpanzer wächst dabei nicht mit und wird einmal pro Jahr bei der *Häutung* durch einen neuen, größeren ersetzt. Die Larvenzeit dauert beim Maikäfer bis zu vier Jahre. In warmen Gegenden ist sie kürzer als in kälteren. Während dieser Zeit halten sich die Larven stets in Bodenschichten mit ausreichender Feuchtigkeit auf. Im Winter leben sie knapp unterhalb der Frostgrenze, während des Sommers sind sie in höher gelegenen Bodenschichten zu finden. Im August des letzten Entwicklungsjahres graben sich die nun sechs Zentimeter langen Engerlinge ungefähr einen Meter tief in den Boden ein. In einer selbstgebauten Höhle, der *Puppenwiege*, streift der Engerling die Larvenhaut zum letzten Mal ab. Das Tier sieht nun völlig anders aus – es ist zur **Puppe** geworden. Diese nimmt keine Nahrung mehr auf. In der Puppenhülle verwandelt sich der Engerling zum geschlechtsreifen Maikäfer, der **Imago**. Nach sechs bis acht Wochen, im Spätherbst, ist die Verwandlung abgeschlossen und die fertigen Käfer sprengen die Puppenhülle. Die jungen Käfer verbringen den Winter noch im Boden. Wenn im darauffolgenden Jahr die Temperaturen erstmals über 20 Grad Celsius liegen, verlassen sie ihn.

Damit hat der Maikäfer eine **vollkommene Metamorphose** über Ei, Larve, und Puppenstadium bis zur Imago abgeschlossen. Das Stadium als erwachsener Käfer dauert nur wenige Wochen und dient ausschließlich der Fortpflanzung.

1. Nenne Merkmale, an denen man Insekten erkennen kann.
2. Vergleiche in einer Tabelle den Bau von Regenwurm und Maikäfer. Ziehe Schlussfolgerungen.
3. Erläutere den Zusammenhang zwischen Bau und Funktion am Beispiel der Mundwerkzeuge des Maikäfers.
4. Erkläre die Begriffe Larve, Puppe und Imago.

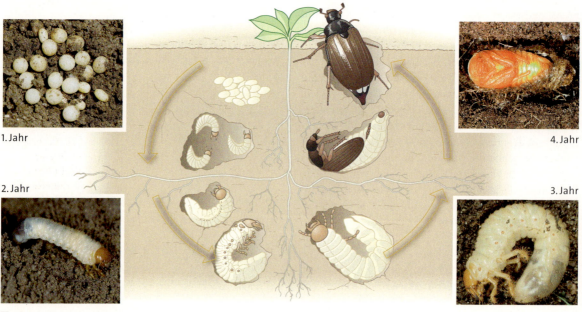

5 Entwicklung des Maikäfers

Wirbellose Tiere

Wissen kompakt — Heimische Käfer

Name: Gemeiner Mistkäfer *(Geotrupes stercorarius)*
Länge: 16 bis 25 mm
Vorkommen: Wiesen, Wälder, Felder und Wege

Merkmale: Der Käfer ist metallisch glänzend. Er ernährt sich vom Kot Pflanzen fressender Tiere. Nach der Paarung graben die Partner unter einem Kothaufen eine Röhre mit Seitengängen in den Boden. Das Weibchen legt in jeden Gang eine Kotkugel und darauf ein Ei. Dann wird der Gang mit Kot verschlossen, von dem sich die geschlüpfte Larve sofort ernähren kann. Sie verpuppt sich nach einem Jahr und der fertige Käfer verlässt den Boden im nächsten Frühjahr.

Name: Siebenpunkt-Marienkäfer *(Coccinella septempunctata)*
Länge: 5,5 bis 8 mm
Vorkommen: Gärten, Wälder, Hecken

Merkmale: Die Zahl der Punkte auf den Flügeldecken stellt ein Artmerkmal dar. Sowohl das erwachsene Tier als auch die Larven ernähren sich von Blattläusen. Dabei sind die Larven gefräßiger als die Käfer. Die Weibchen legen ihre Eier nach der Paarung in der Nähe von Blattlauskolonien ab. Jede Larve frisst bis zu ihrer Verpuppung etwa 600 Blattläuse. Die Puppen hängen unter den Blättern, aus ihnen schlüpfen die fertigen Käfer.

Name: Goldlaufkäfer *(Carabus auratus)*
Länge: 20 bis 27 mm
Vorkommen: Felder, Gebüsch, Gärten

Merkmale: Der Käfer ist flugunfähig, da seine häutigen Flügel verkümmert sind. Er ernährt sich von wirbellosen Tieren und Aas. Die Weibchen legen im Frühjahr nach der Paarung Eier in kleine Erdhöhlen. Die geschlüpften Larven leben vor allem räuberisch und jagen sofort selbstständig. Sie verpuppen sich im Boden und der Käfer schlüpft im Herbst des selben Jahres.

Name: Hirschkäfer *(Lucanus cervus)*
Länge: ♂ bis 75 mm, ♀ 30 bis 45 mm
Vorkommen: alte Eichen- und Buchenwälder mit abgestorbenen Altholz

Merkmale: Das Männchen trägt große, zu Zangen umgebildete Oberkiefer, die beim Kampf um Weibchen eingesetzt werden. Der Käfer ernährt sich von Baumsäften. Seine Larven leben von vermodernden Stämmen oder Stümpfen abgestorbener Eichen. Nachdem die Larven eine Größe von zehn Zentimeter erreicht haben, verpuppen sie sich im Boden. Die gesamte Entwicklung dauert bis zu fünf Jahre.

1 Beschreibe, in welcher Form die hier dargestellten Käferarten für ihre Nachkommen sorgen. Erläutere, auf welche Weise der Fortpflanzungserfolg jeweils gesichert wird.

2 Der Hirschkäfer ist eine vom Aussterben bedrohte Art. Informiere dich über mögliche Ursachen seiner Gefährdung und berichte.

Wirbellose Tiere

2.2 Aus Raupen werden Schmetterlinge

Eine der häufigsten heimischen Schmetterlingsarten ist das Tagpfauenauge. Man erkennt diese Tiere leicht an den auffälligen Augenflecken auf den Flügeln.

Die Musterung der Flügel wird bei allen Schmetterlingen durch winzige Chitinschuppen hervorgerufen, die überlappend wie Dachziegel angeordnet sind. Durch unterschiedliche Farbstoffe in den Schuppen entstehen die verschiedenen Muster auf den Flügeln. Im Gegensatz zu den farbenprächtigen Oberseiten sind die Unterseiten der Flügel beim Tagpfauenauge unscheinbar schwarzbraun gefärbt.

Wie die meisten Schmetterlinge finden sich Tagpfauenaugen regelmäßig auf Blüten ein. Nähert man sich den Tieren vorsichtig, kann man erkennen, wie sie mit ihrem **Rüssel** flüssige Nahrung in Form von Nektar aus den Blüten aufnehmen. Dieser Saugrüssel besteht aus den beiden stark verlängerten zusammengelegten Unterkieferhälften. In Ruhe ist der Rüssel wie ein Schlauch aufgerollt, zur Nahrungsaufnahme wird er ausgestreckt. Mundwerkzeuge dieses Bautyps bezeichnet man als **saugende Mundwerkzeuge**. Bei ihnen sind die restlichen Teile verkümmert.

Tagpfauenaugen durchlaufen wie alle Schmetterlinge eine vollkommene Metamorphose. Aus den befruchteten Eiern schlüpfen Larven, die **Raupen** genannt werden. Sie sind in Kopf, Brust und Hinterleib gegliedert. An den Brustsegmenten sitzen sechs Beine, am Hinterleib zusätzlich noch acht *Bauchfüße* und ein Paar *Nachschieber*. Bauchfüße und Nachschieber stellen ungegliederte Hautausstülpungen dar.

Mit ihren beißend-kauenden Mundwerkzeugen fressen die Schmetterlingsraupen verschiedene Pflanzenteile wie Blätter und Stängel. Dabei bevorzugen viele Arten ganz bestimmte Futterpflanzen. Beim Tagpfauenauge sind es Brennnesseln. Während der zwei- bis dreiwöchigen Larvenzeit wachsen die Raupen schnell heran und häuten sich mehrfach. Am Ende der Larvenzeit verpuppen sie sich. Dazu spinnen sie mit Hilfe einer Spinndrüse im Kopf einen Seidenfaden, den sie unter einem Blatt befestigen. Erst dann führen sie ihre letzte Häutung durch und werden zur Puppe, die man bei Schmetterlingen auch *Kokon* nennt.

Das Tagpfauenauge gehört zu den *Tagfaltern*. Zu dieser Gruppe zählen auch so bekannte Arten wie der Kleine

❶ Entwicklung des Tagpfauenauges

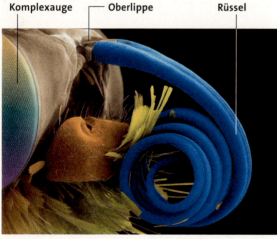

❷ Saugende Mundwerkzeuge (REM-Aufnahme)

Fuchs und der Zitronenfalter. Diese Schmetterlinge sind tagaktiv und zeigen einige weitere übereinstimmende Merkmale. Sie besitzen Fühler, deren Enden keulenförmig verdickt sind. Ihre Flügel klappen die Tiere in Ruhestellung senkrecht über dem Körper zusammen. Diese Ruhehaltung der Flügel unterscheidet die Tagfalter grundsätzlich von einer zweiten Schmetterlingsgruppe, den *Nachtfaltern*. Sie behalten ihre Flügel in Ruhe ausgebreitet oder legen sie über dem Rücken zusammen. Ihre Aktivität liegt hauptsächlich in der Dämmerung oder nachts.

Nachtfalter, wie zum Beispiel das Kleine Nachtpfauenauge, haben oft gedeckte Farben. Wenn die Tiere tagsüber auf einem Baumstamm sitzen, sind sie nur durch Zufall zu erkennen. Sie sind durch ihre Flügelfärbung an die Farbe des Untergrundes angepasst und damit relativ gut vor Beutegreifern geschützt.

Bei den Nachtfaltern fallen besonders die großen Fühler auf. Sie ähneln im Aussehen einem breiten Kamm und sind bei den Männchen etwas größer als bei den Weibchen. Hier ist der Geruchssinn lokalisiert. Er hilft den Nachtfaltermännchen auch, ihre Geschlechtspartner wahr zu nehmen. Dazu geben die Weibchen *Sexuallockstoffe ab*, die mit dem Wind verbreitet werden. Ein Männchen auf Partnersuche nimmt diese Stoffe mit den Geruchssinneszellen in seinen Fühlern wahr. Es folgt dem immer stärker werdenden Geruch und kann so das Weibchen punktgenau orten.

Wie die meisten Raupen sind auch die Larven der Nachtfalter Pflanzenfresser. Die Imagines besuchen Pflanzen, die ihre Blüten in der Nacht öffnen oder geöffnet lassen. Daneben dienen ihnen häufig auch faulende Früchte als Nahrung. Manche Arten wie der Apfelwickler legen ihre Eier an reifenden Früchten ab. Die geschlüpfte Raupe dringt in die Frucht ein und ernährt sich vom Fruchtfleisch. Ein Befall ist von außen durch ein Bohrloch mit ausgetretenem Kot der Raupe zu erkennen.

1 Vergleiche tabellarisch Tag- und Nachtfalter miteinander.

2 Erläutere den Größenunterschied der Fühler bei den Nachtfaltern. Nutze dazu das Basiskonzept Struktur und Funktion.

3 Jedes Entwicklungsstadium eines Schmetterlings ist durch bestimmte Aktivitäten des Tieres gekennzeichnet. Dazu gehören Nahrungsaufnahme, Bewegung, Verwandlung, Häutung, Fortpflanzung und Wachstum. Ordne jedem Stadium die passenden Aktivitäten zu. Begründe deine Zuordnung.

3 Schmetterlinge mit Raupen. **A** Kleiner Fuchs; **B** Zitronenfalter; **C** Kleines Nachtpfauenauge; **D** Apfelwickler

Wirbellose Tiere

2.3 Heuschrecken durchlaufen eine unvollkommene Metamorphose

Von Juli bis Oktober kann man in der Nähe von Wiesen, Feldern, Wäldern und sogar inmitten von Siedlungen zirpende Geräusche hören, die anscheinend keinem erkennbaren Rhythmus folgen. Die einzelnen Strophen werden immer wieder von unterschiedlich langen Pausen unterbrochen. Wer sind die Verursacher dieser »Gesänge«?

Die verschiedenen Tonfolgen stammen von unterschiedlichen Heuschreckenarten. Eine der größten einheimischen Arten ist die bis 35 Millimeter lange Grüne Laubheuschrecke. Ihr volkstümlicher Name Heupferd rührt von der Form des Kopfes her, die an einen Pferdekopf erinnert.

Bei den meisten Arten sind ausschließlich die Männchen in der Lage Töne zu erzeugen. Sie locken mit diesen Tönen Weibchen zur Fortpflanzung. Um diese Laute zu erzeugen, die in der Tonhöhe stark variieren, bewegt das Männchen der Grünen Laubheuschrecke die Flügeldecken gegeneinander. An der linken Flügeldecke erkennt man eine Flügelader mit kleinen Zähnchen, die *Schrillleiste*. Ihr gegenüber an der rechten Flügeldecke liegt die *Schrillkante*, eine aufgebogene Stelle des Flügels. Direkt neben der Schrillkante befindet sich eine straff gespannte Haut, die *Schrillhaut*. Werden Leiste und Kante gegeneinander gerieben, beginnt die Schrillkante zu schwingen und überträgt die Schwingungen auf die Schrillhaut. Die Bewegungen erzeugen Schallwellen, die als Ton hörbar werden. Dabei verstärkt die schwingende Schrillhaut wie der Resonanzkörper eines Saiteninstruments die Töne. Dies erklärt, warum das Zirpen der kleinen Insekten weit zu hören ist.

Heuschrecken nehmen die Töne über ihr Hörorgan wahr. Das Organ liegt in den Schienen des ersten Beinpaares. Hier sind Tracheen so zu einer Blase erweitert, dass ihre Außenwände Trommelfelle bilden. Die ankommenden Schallwellen versetzen die Trommelfelle in Schwingungen und erregen damit Hörsinneszellen, die in den Blasen liegen. Auf diese Weise können die Weibchen die Richtung bestimmen, aus der der Gesang kommt, und so die Männchen präzise orten.

Gegenüber anderen Insekten zeichnen sich Heuschrecken durch besonders lange, kräftige Hinterbeine aus. In Ruhestellung sind sie stark angewinkelt und ragen über den Körper hinaus. Mit Hilfe dieser *Sprungbeine* können die Tiere bis zu zwei Meter weit springen, was dem Dreißigfachen ihrer Körperlänge entspricht. Die Heuschrecken nutzen solche Weitsprünge, um sich vor Beutegreifern in Sicherheit zu bringen.

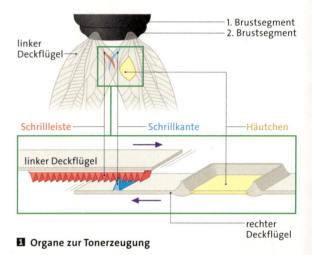

1 Organe zur Tonerzeugung

2 Grüne Laubheuschrecke.
A Imago; **B** Hörorgan im Vorderbein

Obwohl Heuschrecken sich hauptsächlich springend fortbewegen, sind sie auch gute Flieger. Sie besitzen vier Flügel, die bei den erwachsenen Tieren über den Hinterleib hinausragen. Im Flug bewegen sich nur die beiden häutigen Hinterflügel, die festen Vorderflügel werden wie Tragflächen schräg gestellt.

Auffällig sind bei der Grünen Laubheuschrecke die langen Fühler. Sie sind mindestens ebenso lang wie der gesamte Körper. Wie bei vielen anderen Insekten sind die Fühler der Sitz von Geruchs- und Tastsinneszellen.

Während sich die meisten Insekten von Pflanzen ernähren, besteht die Nahrung der Grünen Laubheuschrecke überwiegend aus verschiedenen Insekten. Sie fängt Fliegen, Raupen und kleinere Schmetterlinge, indem sie auf ihrer Beute landet. Dann zerteilt sie ihre Nahrung mit Hilfe beißend-kauender Mundwerkzeuge.

Weibchen und Männchen kann man bei der Grünen Laubheuschrecke leicht unterscheiden. Die Weibchen besitzen am Hinterleib eine *Legeröhre*, die fast so lang wie der gesamte Körper ist. Bei der Paarung, die im Juli stattfindet, besteigt das Weibchen der Grünen Laubheuschrecke das Männchen. Dabei klebt das männliche Tier ein Spermienpaket an die Geschlechtsöffnung des Weibchens. Die Spermien wandern ins Körperinnere und befruchten die Eizellen. Nach der Paarung legt das Weibchen mit Hilfe der Legeröhre bis zu 100 befruchtete Eier in feuchten, lockeren Boden, wo sie überwintern. Im darauffolgenden Frühling schlüpfen daraus die Larven. Sie sehen fast wie die erwachsenen Heuschrecken aus, sind allerdings noch flügellos. Die Larven ernähren sich von Pflanzen und von Blattläusen. Während sie wachsen, häuten sie sich insgesamt siebenmal. Die Flügel erscheinen zuerst als kleine Stummel, werden aber von Häutung zu Häutung größer. Bei den frisch gehäuteten Larven ist der Chitinpanzer noch nicht ausgehärtet. Deshalb werden sie besonders von Vögeln und anderen Beutegreifern gefressen. Mit der letzten Larvenhäutung im Juli ist die Entwicklung zur Imago abgeschlossen. Die Tiere sind nun geschlechtsreif.

Eine Entwicklung, bei der die Larven sich allmählich zur Imago verwandeln, ohne ein Puppenstadium zu durchlaufen, bezeichnet man als *unvollständige Verwandlung* oder **unvollkommene Metamorphose.**

1. Erläutere den Ablauf von vollkommener und unvollkommener Metamorphose bei Insekten. Stelle die Unterschiede heraus.
2. Vergleiche das Sprungbein einer Heuschrecke mit dem Laufbein eines Käfers. Wende das Basiskonzept Struktur und Funktion an.
3. Feldheuschrecken sind eine weitere einheimische Heuschreckenfamilie. Informiere dich mit Hilfe geeigneter Literatur über ihr Aussehen und ihre Lebensweise. Stelle in einer Tabelle Merkmale der Feldheuschrecke und der Grünen Laubheuschrecke gegenüber.
4. Recherchiere, welche Insektenordnungen ebenfalls eine unvollkommene Metamorphose durchlaufen.

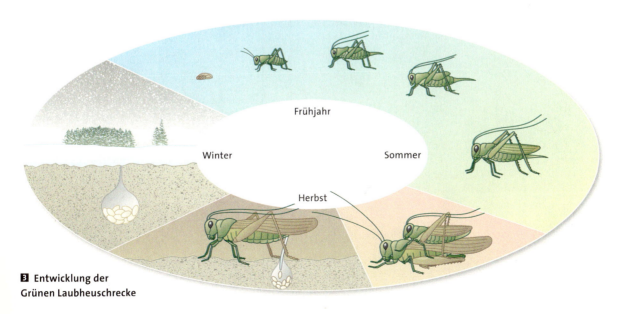

3 Entwicklung der Grünen Laubheuschrecke

Wirbellose Tiere

Aufgaben und Versuche — Entwicklung bei Insekten

V1 Zucht von Mehlkäfern

Material: Einmachglas; engmaschiger Gardinenstoff; Gummiring; unbehandelte Sägespäne; Speisemehl; Brotreste; Karotten- oder Kartoffelscheiben; Lappen; Sieb; Lupe; Zeitungspapier; Schreibmaterial; 20 Mehlwürmer aus einem Zoofachgeschäft

Durchführung: Fülle das Einmachglas zur Hälfte mit einem Gemisch aus Sägemehl, Brotresten, Karotten- oder Kartoffelscheiben, Speisemehl und dem leicht angefeuchteten Lappen. Der Lappen darf nicht tropfnass sein. Setze die Mehlwürmer in das Gemisch ein und decke das Glas mit dem Gardinenstoff ab. Verschließe den Ansatz mit dem Gummiring. Das Futter sollte alle zwei Wochen erneuert werden.

Aufgaben:

a) Kontrolliere die Mehlkäferzucht einmal pro Woche. Siebe dazu den Inhalt des Glases über eine ausgebreitete Zeitung. Identifiziere die verschiedenen Entwicklungsstadien.
b) Erstelle eine Tabelle mit den Daten und den Zahlen der jeweils gefundenen Entwicklungsstadien.
c) Setze nach jeder Kontrolle die lebenden Käfer, Mehlwürmer und Puppen wieder in das gesäuberte und mit Futter gefüllte Glas ein.
d) Fertige mit Hilfe der Lupe Zeichnungen an.

A2 Schmetterlinge und ihre Raupen

Man kann viele Raupen eindeutig einer Schmetterlingsart zuordnen, da die Farbe und Zeichnung der Raupen genauso arttypisch ist wie bei den erwachsenen Tieren.

Aufgaben:

a) Ordne die abgebildeten Raupen mit Hilfe geeigneter Bestimmungsliteratur dem entsprechenden Schmetterling zu.
b) Stelle eine Tabelle zusammen, die die Größe der erwachsenen Tiere, ihren Lebensraum und die Nahrung von Raupen und Imagines enthält.
c) Begründe, warum in einem eigenen Garten Brennnesseln und andere Wildkräuter wachsen sollten.

Wirbellose Tiere

V3 Zucht von Stabheuschrecken

Hinweis: Wenn man mit Stabheuschrecken arbeitet, sollte man sie immer am Körper festhalten und nicht an den Beinen. Da die Tiere bei Gefahr einzelne Beine abwerfen können.

Material: Glasterrarium 20 × 20 × 40 cm; Glasflasche; Sprühflasche; Thermometer mit Befestigungssaugnapf; Gaze; Brombeertriebe oder Himbeerranken; 5–6 Stabheuschrecken (aus einer Zoohandlung)

Durchführung: Fülle die Flasche mit Wasser und stelle sie, gefüllt mit den Brombeertrieben als Futter für die Stabheuschrecken, in das Terrarium. Auf diese Weise bleiben die Triebe länger frisch. Wenn die Blätter zu welken beginnen, musst du neue Triebe in die Flasche stellen, sodass die Tiere immer genügend frisches Futter haben. Bringe das Thermometer an der Innenseite des Beckens an. Setze die Stabheuschrecken ein und verschließe das Terrarium mit der Gaze.

Um die Luftfeuchtigkeit im Becken bei etwa 60 % zu halten, müssen die Zweige ein- bis zweimal pro Woche mit Wasser besprüht werden. Achte darauf, dass du nicht zuviel Wasser aufsprühst, da es sonst zu Schimmelbildung kommen kann. Die Temperatur im Terrarium sollte mindestens 20 °C betragen. Durch Ausprobieren kannst du den Standort ermitteln, an dem im Innenraum die richtige Temperatur herrscht Das Glasterrarium muss regelmäßig gereinigt werden.

Nach einiger Zeit legen die Stabheuschrecken ihre Eier auf den Boden des Terrariums. Du kannst sie entweder dort lassen oder sie in ein zweites Gefäß umsetzen. Damit sich die Eier hier entwickeln, musst du sie zweimal in der Woche mit Wasser besprühen. Auch hier gilt, dass zuviel Wasser die Schimmelbildung begünstigt. Je nachdem, welche Temperatur im Becken herrscht, benötigen die Eier eine unterschiedliche lange Zeit, bis aus ihnen Larven schlüpfen.

Aufgaben:
a) Beobachte die Stabheuschrecken und beschreibe ihr Verhalten.
b) Nimm ein erwachsenes Tier aus dem Terrarium und achte darauf, welche Reaktion es dabei zeigt. Begründe dieses Verhalten.
c) Protokolliere die Entwicklung der Stabheuschrecken. Fotografiere oder zeichne jedes Entwicklungsstadium.
d) Vergleiche die Entwicklung der Mehlkäfer mit der der Stabheuschrecke.

A4 Organentwicklung eines Schmetterlings

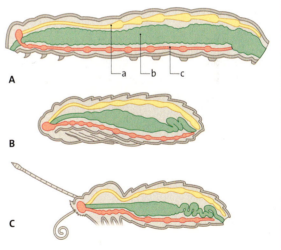

Aufgaben:
a) Benenne die drei Entwicklungsstadien (A, B, C) und die inneren Organe a und c.
b) Das mit b bezeichnete Organ ist der Darm des Tieres. Begründe, warum er im zweiten Entwicklungsstadium keine Verbindung zur Außenwelt hat, sondern »blind« endet.

Wirbellose Tiere

2.4 Stubenfliegen sind Kulturfolger

Von den Tropen bis in die Polargebiete – überall dort, wo Menschen leben und arbeiten, kommen Stubenfliegen vor. Unter dieser Bezeichnung werden verschiedene Arten zusammengefasst. Besonders häufig sind Stubenfliegen in ländlichen Gebieten. Dort fliegen sie zwischen Wohnungen, Ställen, Dung- und Abfallhaufen hin und her.

Stubenfliegen sind fast ständig auf der Suche nach Nahrung. Haben sie sich irgendwo niedergelassen, betasten sie mit ihren Füßen den Untergrund. An den letzten Fußgliedern befinden sich Geschmackssinneszellen. Fliegen schmecken also mit den Füßen. Auf den kurzen Fühlern und den Kiefertastern liegen zudem Geruchssinneszellen. Durch intensive Gerüche werden Fliegen besonders stark angelockt. Die Unterlippe ihrer Mundwerkzeuge ist zu einem *leckend-saugenden* Rüssel ausgebildet, der sich am Ende zu einer kissenartigen Rüsselscheibe verbreitert. Diese ist von feinen Chitinleisten durchzogen. Mit Hilfe kräftiger Muskeln im Kopf wird flüssige Nahrung direkt aufgesaugt. Feste Bestandteile, zum Beispiel Zuckerkristalle, müssen durch Sekrete aus der Speicheldrüse zuerst aufgelöst werden. Da sich Stubenfliegen auf Exkremente, Leichen, verfaulende Stoffe und Nahrungsmittel setzen, können sie Krankheitserreger verbreiten, vor allem solche, die Magen- und Darminfektionen hervorrufen.

Fliegen können ohne Probleme an Wänden, Decken und Glasscheiben laufen. An rauen Unterlagen halten sie sich dabei mit den Krallen und Borsten ihrer Füße fest. Befeuchtete lappenartige Haftballen gewährleisten Halt an glatten Oberflächen. Die Tiere sind auch geschickte Flieger. Im Gegensatz zu den meisten anderen Insekten haben Fliegen nur ein Flügelpaar. Sie gehören zur Ordnung der **Zweiflügler.** Die Hinterflügel sind zu *Schwingkölbchen* umgewandelt, die im Flug als Gleichgewichtsorgane dienen.

Stubenfliegen vermehren sich rasch. Die Weibchen werden schon am dritten Lebenstag geschlechtsreif. Nach der Paarung legen sie in Kot-, Müll- oder Misthaufen etwa 100 Eier ab. Innerhalb eines Tages schlüpfen daraus weichhäutige kopf- und beinlose Larven, die man **Maden** nennt. Sie verfügen über hakenartige Oberkiefer. Der segmentierte, sonst aber ungegliederte Körper ist farblos, lediglich am hinteren Körperende fallen zwei dunkle Stigmen auf. Nach mehreren Häutungen verpuppt sich das letzte Larvenstadium und eine Woche später sprengt die ausgewachsene Fliege den Deckel dieser *Tönnchenpuppe* auf und schlüpft. Die gesamte Entwicklung dauert in Mitteleuropa, je nach Witterung, zwei bis drei Wochen. Die Lebensdauer von Stubenfliegen beträgt im Sommer mehrere Wochen. Den Winter verbringen befruchtete Weibchen in einer Art Kältestarre.

1. Erläutere den Aufbau und die Funktion der Mundwerkzeuge und der Extremitäten bei Stubenfliegen. Wende dazu das Basiskonzept Struktur und Funktion an.
2. Begründe, welche Art der Entwicklung bei Stubenfliegen vorliegt.
3. Manchmal kann man gleichzeitig kleine und große Stubenfliegen finden. Gib eine Erklärung für diese Beobachtung.

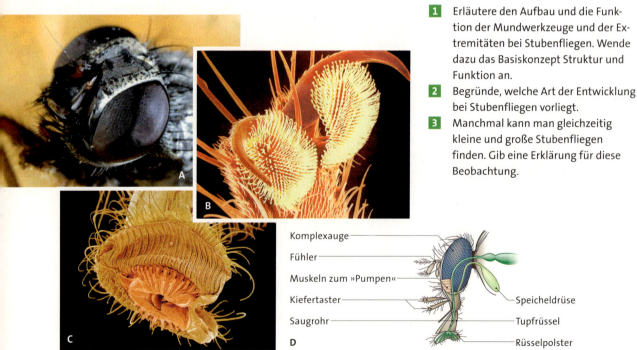

1 **Stubenfliege.** A Kopf; B Fuß; C Rüsselscheibe (von unten); D an der Nahrungsaufnahme beteiligte Organe

Wirbellose Tiere

2.5 Bienen leben in Gemeinschaften

Bereits vor mehreren tausend Jahren lieferten Bienen dem Menschen Honig und Wachs. Das Sammeln an schwer zugänglichen Baumhöhlen oder Felsspalten, in denen die Bienen ursprünglich ihre Nester bauten, war jedoch schwierig. Daher versuchten Menschen schon im Altertum, die Bienen in künstlichen Behausungen anzusiedeln. Die **Honigbiene** wurde so zu einem der ältesten Nutztiere. Heute werden Honigbienen von *Imkern* meist in Holzkästen gehalten. Dort leben Völker, die im Sommer 40 000 bis 80 000 Tiere zählen. Bei manchen Imkern oder in einigen Naturkundemuseen kann man durch eine Glasscheibe ein Bienenvolk beobachten: Dicht gedrängt hängen die *Waben*. Sie werden von den Bienen aus Wachs gebaut. Jede Wabe besteht aus einigen tausend sechseckigen *Zellen*. Als Hilfe für den Wabenbau setzt der Imker Holzrahmen ein. So lassen sich später die mit Honig gefüllten Waben leicht herausnehmen und auswechseln.

In einem Bienenvolk gibt es eine *Arbeitsteilung* zwischen den Tieren. Diese Ordnung erinnert bei oberflächlicher Betrachtung an die Organisation in einem Staat. Deshalb sprach man früher von einem »Bienenstaat«. Im Gegensatz zu Staatsgebilden beim Menschen, die auf Absprachen, Verträgen und Gesetzen beruhen, basiert die Arbeitsteilung bei Honigbienen und anderen in Gemeinschaften lebenden Insekten jedoch auf ererbten Verhaltensweisen.

In den Gemeinschaften der Honigbienen kommen drei verschiedene Bienenformen vor. Das größte Tier ist die **Bienenkönigin,** die auch *Weisel* genannt wird. Junge **Arbeitsbienen** halten sich ständig in der Nähe der Königin auf, füttern und pflegen sie. Die Königin ist das einzige fortpflanzungsfähige Weibchen in der Gemeinschaft. Vom Spätwinter bis in den Herbst hinein legt sie in bestimmten Brutwaben pro Zelle jeweils ein lang gestrecktes Ei ab. Dabei leistet sie Erstaunliches: An manchen Tagen

1 Bienenhaltung.
A Bienenwabe;
B Königin mit Arbeitsbienen;
C Brutwabe

legt sie bis zu 2000 Eier – das entspricht dem Doppeltem ihres eigenen Körpergewichtes. Aus den Eiern entwickeln sich Larven, die ähnlich wie die der Zweiflügler aussehen und deswegen auch Maden genannt werden. Sie werden von Arbeitsbienen zunächst mit einem Futtersaft, später mit Honig und Pollen gefüttert. Die Königin kann befruchtete oder unbefruchtete Eier ablegen. Aus befruchteten Eiern entwickeln sich in der Regel Arbeitsbienen. Dies sind unfruchtbare Weibchen. Ein Duftstoff, den die Königin abgibt, verhindert bei ihnen die Eientwicklung. Neue Königinnen wachsen in **Weiselzellen** aus Larven heran,

2 Die drei Bienenformen

59

Wirbellose Tiere

Entwicklung
1. Tag
Königin legt Ei

3. Tag
Larve schlüpft

10. Tag
Larve verpuppt sich

21. Tag
Biene schlüpft

Arbeitstage
1. - 4. Tag
Biene reinigt Waben und füttert ältere Larven

5. - 10. Tag
Biene füttert junge Larven und Königinnenlarven

11. - 20. Tag
Biene baut und verdeckelt Waben und verarbeitet anschließend Futter

20. Tag
Biene wacht am Flugloch

20. - 31. Tag
Biene sammelt Pollen und Nektar bis zu ihrem Tod

ca. 32. Tag
Biene stirbt

3 Lebenslauf einer Arbeitsbiene im Sommer

die mit einem besonders eiweißreichen Futtersaft ernährt werden. Aus unbefruchteten Eiern entstehen im Frühjahr einige hundert männliche Bienen, die **Drohnen.** Sie haben verkümmerte Mundwerkzeuge und müssen von Arbeitsbienen gefüttert werden.

In großen Gemeinschaften verlässt die alte Königin mit etwa der Hälfte des Volkes im Frühsommer das Nest. Die Bienen »schwärmen«. Sie sammeln sich meist an einem Baumzweig in einer Traube. Kundschafterbienen gehen auf die Suche nach einem neuen geeigneten Nistplatz. Der Imker muss die schwärmenden Bienen in einen neuen Nistkasten locken, sonst gehen ihm diese Tiere verloren. Im alten Nest schlüpft in der Zwischenzeit eine neue Königin. Auf ihrem Hochzeitsflug lässt sie sich von mehreren Drohnen begatten. Dabei empfängt sie einen ausreichenden Spermienvorrat für ihr vier- bis fünfjähriges Leben. Dann kehrt sie in das alte Nest zurück und beginnt mit der Eiablage. Die Drohnen werden nach dem Hochzeitsflug nicht mehr gefüttert und sterben.

Die überwiegende Mehrzahl der Larven entwickelt sich über eine vollkommene Metamorphose zu Arbeitsbienen. Sie leben im Sommer etwa fünf Wochen, lediglich überwinternde Tiere können ein halbes Jahr alt werden. Die Arbeitsbienen erfüllen im Laufe ihres Lebens unterschiedliche Aufgaben in der Gemeinschaft. Bei jungen Arbeitsbienen entwickeln sich zunächst im Kopf die Futtersaftdrüsen, mit deren Sekret sie als *Ammenbienen* die Bienenbrut füttern. Später reifen die auf der Bauchseite gelegenen Wachsdrüsen heran, aus denen Wachs austritt, mit dem *Baubienen* die Waben bauen. Weitere Tätigkeiten schließen sich an. So verteidigen *Wächterbienen* mit Hilfe ihres Giftstachels am Hinterleib das Einflugloch. Den größten Teil ihres Lebens verbringen Arbeitsbienen jedoch als *Sammelbienen* außerhalb des Nestes. Mit ihren vier Flügeln kann eine Biene ausdauernd fliegen und sich mehrere Kilometer von ihrem Nest entfernen. Die Flügel bestehen aus einer durchsichtigen festen Chitinhaut. Bienen gehören zur Ordnung der **Hautflügler.**

Während eines Sammelfluges besucht eine Biene oft über 100 Blüten. Dabei sammelt sie sowohl Pollen als auch Nektar. Pollen bleibt bei fast jedem Blütenbesuch im Haarpelz der Bienen hängen. Kommt die Biene auf einer Blüte in Kontakt mit der Narbe, können einige Pollenkörner daran kleben bleiben. Da die Bienen meist viele Blüten der gleichen Art nacheinander anfliegen, tragen sie auf diese Weise zur Bestäubung von Pflanzen bei. Der meiste Blütenstaub bleibt jedoch im Pelz der Biene haften. Mit Hilfe der Hinterbeine, die auch als *Sammelbeine* bezeichnet werden, kann er aus dem Pelz herausgebürstet und gesammelt werden. Dazu fährt die Biene mit der Innenseite der Ferse, die eine Pollenbürste aus mehreren Borstenreihen trägt, über ihren Körper. Durch Abstreifen der Hinterbeine aneinander gelangt der Pollen in den Pollenkamm am unteren Ende des Unterschenkels. Die Unterkante des Unterschenkels wirkt zusammen mit der breiten Oberkante der Ferse, dem Pollenschieber, wie eine Zange. Durch Bewegungen dieser Pollenzange zwischen Ferse und Unterschenkel wird der Pollen zusammengeballt und gelangt von der Innenseite des Sammelbeins auf die Außenseite, wo er durch den etwas vorstehenden Pollenschieber nach oben in das Körbchen gedrückt wird. Mit etwas Nektar verklebt trägt die Biene den Pollen als »Höschen« ins Nest.

Den Nektar saugt die Biene mit einem Saugrüssel auf, der durch das Zusammenlegen von Unterkiefer und Unterlippe gebildet wird. An der Unterlippe befindet sich das Löffelchen zum Auflecken kleiner Nektartröpfchen. Außer dem Saugrüssel verfügt die Biene noch über zangenartige Oberkiefer, mit denen sie beispielsweise Wachs formen kann. Die Mundwerkzeuge der Biene sind demnach *beißend-leckend-saugend*.

Der Nektar gelangt zunächst in einen besonderen Abschnitt der Verdauungsorgane, den *Honigmagen*. Dort wird er mit Drüsensekreten vermengt. Nur ein kleiner Teil des aufgenommenen Nektars dient der Sammelbiene zur eigenen Ernährung. Den Großteil gibt sie im Nest an andere Bienen ab. Diese *Honigmacher* setzen dem Nektar weitere Drüsensekrete zu und lassen die Flüssigkeit eindicken. So entsteht aus dem Nektar Honig, der als Nahrungsvorrat für den Winter in *Honigwaben* aufbewahrt wird. Von Zeit zu Zeit nimmt der Imker diese Honigwaben aus dem Nest und trennt in einer Honigschleuder den Honig vom Wachs. Als Ersatz für den entnommenen Honig erhalten die Bienen für den Winter Zuckerwasser. Die kalte Jahreszeit überdauern sie in einer dichten Traube in ihrem Nest. Durch Bewegungen der Flugmuskulatur erzeugen sie Wärme, um nicht zu erfrieren.

1 Erläutere die Arbeitsteilung in der Gemeinschaft von Honigbienen. Begründe, warum die Bezeichnung »Bienenstaat« missverständlich ist.
2 Vergleiche die Bienenformen miteinander. Erstelle dazu eine Tabelle.
3 Erläutere die biologische Bedeutung des »Schwärmens« der Bienen.
4 Wende das Basiskonzept Struktur und Funktion auf die Sammelbeine der Biene an.

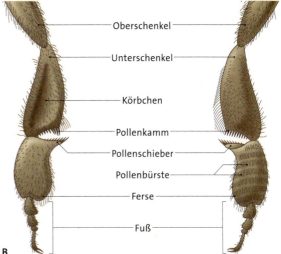

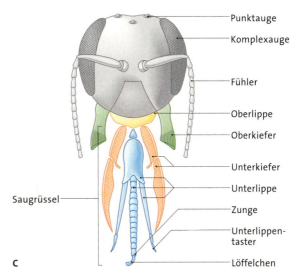

4 **Sammelbiene. A** beim Pollensammeln; **B** Sammelbein (links von außen, rechts von innen); **C** Mundwerkzeuge

Wirbellose Tiere

2.6 Orientierung und Kommunikation bei Honigbienen

Honigbienen auf einem Sammelflug: Zielstrebig steuern die Tiere eine Blüte nach der anderen an, um Nektar und Pollen zu sammeln. Welche Sinnesorgane helfen den Bienen bei der Orientierung?

Die meisten Sinnesorgane der Honigbiene konzentrieren sich an den Fühlern. Dort liegen Geruchssinnesorgane, mit denen die Tiere beispielsweise den Geruch des heimischen Nestes oder die Düfte verschiedener Blüten unterscheiden können. Mit ihrem Geschmackssinn können sie vor allem Zucker schmecken. Mit Hilfe der Fühler sind Bienen außerdem in der Lage, Wärme und Kälte, die Luftfeuchtigkeit sowie den Kohlenstoffdioxid-Gehalt der Luft zu bestimmen. Die zahlreichen Tastborsten machen die Fühler auch zu einem wichtigen Tastorgan. Schließlich können Bienen mit ihren Fühlern sogar hören.

Wie fast alle Insekten verfügen auch Bienen über zwei große gewölbte Komplexaugen seitlich am Kopf. Zusätzlich haben sie vorn noch drei kleine Punktaugen. Mit einer Lupe erkennt man, dass die Oberfläche eines Komplexauges in viele winzige Sechsecke gegliedert ist. Mikroskopische Schnittbilder zeigen, dass jedes dieser Sechsecke die Linse eines keilförmigen **Einzelauges** ist. Bei einer Arbeitsbiene setzt sich jedes Komplexauge aus etwa 5000 solcher weitgehend gleich aufgebauten Einzelaugen zusammen. Auf die außen liegende, starre Linse aus Chitin folgt ein von mehreren Zellen gebildeter Kristallkegel. Daran schließen sich acht Sehzellen mit lichtempfindlichen Sehzellen an. Benachbarte Einzelaugen sind durch dunkle Pigmentzellen gegeneinander abgeschirmt. Wie sieht die Biene mit den Komplexaugen ihre Umwelt, beispielsweise eine Blüte?

Fällt Licht auf ein Bienenauge, wird es durch die Linsen und Kristallkegel der Einzelaugen gebrochen und auf die wie eine Netzhaut wirkenden Sehstäbchen in den Sehzellen gelenkt. In jedem Einzelauge entsteht dabei lediglich ein winziger Bildpunkt aus der Umgebung. Diese Sinneseindrücke werden über Sehnerven zum Gehirn geleitet. Dort entsteht aus den Einzelbildern ein Gesamtbild, das ähnlich wie ein Zeitungsfoto aus vielen einzelnen Bildpunkten zusammengesetzt ist. Versuche haben ergeben, dass Bienen unterschiedliche Formen, etwa von Blütenblättern, gut erkennen können. Sie haben auch die Fähigkeit Farben zu sehen, allerdings unterscheidet sich ihre Farbwahrnehmung von der des Menschen. Bienen können Rot nicht als Farbe, sondern nur als Grauton erkennen. Dafür sind sie in der Lage, ultraviolettes Licht zu sehen, für das ein menschliches Auge blind ist. Man hat festgestellt, dass die meisten Blüten auch ultraviolettes Licht reflektieren. Bienen sehen eine für uns rote Blüte daher im ultravioletten Licht. Bienenaugen haben noch andere besondere Eigenschaften: Sie können durch eine geschlossene Wolkendecke die Position der Sonne am Himmel ausmachen. Außerdem können sie bei schnellen Bewegungsabläufen etwa zehnmal mehr Einzelheiten unterscheiden als der Mensch.

An blühenden Obstbäumen oder auf Rapsfeldern kann man manchmal Folgendes beobachten: Einzelne Bienen

1 Oberfläche eines Bienenauges (REM Bild)

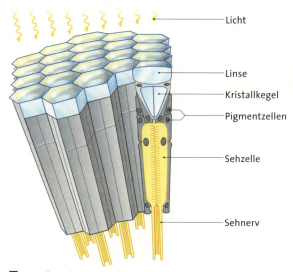

2 Bauplan eines Komplexauges

besuchen die Blüten, anschließend fliegen sie wieder zu ihrem Nest zurück. Wenig später treffen am gleichen Futterplatz mehrere Bienen fast gleichzeitig ein, als ob sie herbeigerufen wurden. Der Biologe und spätere Nobelpreisträger Karl von FRISCH (1886–1982) nahm solche Beobachtungen zum Anlass, das Verhalten der Bienen genauer zu erforschen. Nach jahrelangen Versuchen hatte er Gewissheit: Sammelbienen können sich tatsächlich untereinander verständigen, sie *kommunizieren* miteinander. Zur Kommunikation verwenden sie eine Art Zeichensprache, die **Bienentänze**.

Hat eine Sammelbiene im Umkreis von etwa 50 Metern um das Nest eine reiche Futterstelle gefunden, teilt sie dies auf einer leeren Wabe durch schnelles Laufen im Kreis mit. Andere Sammelbienen werden durch einen solchen *Rundtanz* sowie die von der tanzenden Biene abgegebenen Duft- und Futterproben angeregt, das Nest zu verlassen und beginnen nach der Futterstelle zu suchen. Bei weiter entfernten Futterplätzen führt die Biene Tanzbewegungen durch, bei denen sie den Hinterleib hin und her bewegt. Ein solcher *Schwänzeltanz* gibt auch Informationen über die genaue Lage und die Entfernung zum Futterplatz. Dabei werden die Lage von Futterstelle und Nest in Beziehung zum Sonnenstand gesetzt. Diese Lagebeziehungen müssen beim Schwänzeltanz auf der senkrecht hängenden Wabe in eine Art Code umgesetzt werden. Dies geschieht auf folgende Weise: Liegt die Futterquelle vom Nest aus gesehen genau in Richtung zur Sonne, so tanzt die Biene auf der Wabe in einer Linie senkrecht nach oben und schwänzelt dabei. Durch Bögen abwechselnd nach links oder nach rechts kehrt sie immer wieder an den Ausgangspunkt dieser Linie zurück. Dabei beschreibt sie die Form einer Acht. Liegt der Futterplatz vom Stock aus entgegengesetzt zur Sonne, schwänzelt die Biene in der Senkrechten mit dem Kopf nach unten. Ist das Futter um einen bestimmten Winkel von der Sonne entfernt zu finden, dreht die Biene die Schwänzellinie um genau diesen Winkelbetrag aus der Senkrechten heraus. Liegt der Futterplatz beispielsweise um 60 Grad rechts von der Sonne, wird auch die Schwänzellinie um 60 Grad aus der Senkrechten nach rechts gedreht. Bei einer nahe gelegenen Futterquelle tanzt die Biene schneller als bei einer weiter entfernten. Weil die Bienen im dunklen Nest die Tänzerin nicht sehen können, tasten sie nach ihr und folgen den Bewegungen, um die Information des Tanzes verstehen zu können. Geräusche und Schwingungen der Wabe, die die tanzende Biene mit ihrer Flugmuskulatur erzeugt, dienen ebenfalls der Informationsübermittlung. Die Fähigkeit der Honigbienen, Informationen auszutauschen, ist ein Beispiel für das Basiskonzept **Information** und **Kommunikation**.

1 Nenne Beispiele von Tätigkeiten im Leben einer Arbeitsbiene, in denen die verschiedenen Sinnesorgane von Bedeutung sind.

2 Erläutere den Aufbau und die Leistungen eines Komplexauges. Vergleiche mit dem menschlichen Auge.

3 Bienen und Menschen sehen ihre Umwelt unterschiedlich. Begründe diese Aussage anhand der Abbildung 4.

4 Wende das Basiskonzept Information und Kommunikation auf die Bienentänze an. Nenne weitere Beispiele für dieses Konzept aus anderen Tiergruppen.

A

B

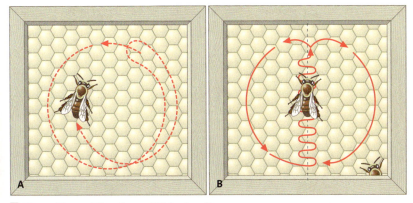

3 Bienentänze. **A** Rundtanz; **B** Schwänzeltanz

4 **A** Blüte im »normalen« Licht; **B** im ultravioletten Licht

Wirbellose Tiere

2.7 Die Gemeinschaften der Roten Waldameisen

In Nadelwäldern, seltener auch in Laubwäldern, findet man manchmal *Ameisenhügel*. Sie werden von mehreren Arten der Roten Waldameisen errichtet, die in ähnlichen Gemeinschaften wie Honigbienen leben. Die Völker setzten sich aus mehreren hunderttausend bis einigen Millionen Tieren zusammen. Die überwiegende Mehrheit sind dabei unfruchtbare Weibchen, die *Arbeiterinnen*. Zu ihren Aufgaben gehören der Bau und die Pflege des Nestes. Der oft weit über einen Meter hohe kuppelförmige Bau wird aus Pflanzenmaterial, beispielsweise Nadeln und Aststückchen, aufgehäuft. Dabei schichten die Ameisen das Material immer wieder um und verhindern auf diese Weise eine Verpilzung. Innen ist der Ameisenbau in ein Labyrinth von kleinen Kammern und Gängen gegliedert, die noch über einen Meter tief in die Erde reichen können. Durch Öffnen oder Verschließen der Ausgänge werden die Temperatur, die Luftfeuchtigkeit sowie der Kohlenstoffdioxid-Gehalt im Nest reguliert.

Untersucht man die Umgebung eines Ameisenhügels, so sieht man, dass sternförmig regelrechte Straßen auf ihn zuführen. Auf diesen »Ameisenstraßen«, die von Blättern und Zweigen freigehalten werden, schaffen lange Kolonnen von Arbeiterinnen Material für den Nestbau und Nahrung heran. Ein Teil der Nahrung besteht aus erbeuteten Insekten, vorwiegend Schmetterlingsraupen. Größere Beutetiere werden von mehreren Ameisen überwältigt. Dabei halten sie die Beute mit ihren Oberkiefern fest und spritzen anschließend aus einer Drüse am Hinterleib Gift in die Bisswunde. Das Ameisengift besteht größtenteils aus ätzender Ameisensäure. Die überwältigte Beute wird entweder zerteilt oder ganz ins Nest geschafft. Bei der Zusammenarbeit verständigen sich die Ameisen überwiegend durch Betasten und Betrillern mit den Fühlern. Eine wichtige Rolle bei der Verständigung spielen aber auch Duftstoffe. Waldameisen sorgen dafür, dass sich Pflanzen fressende Insektenlarven nicht übermäßig vermehren können. Ein großes Volk vertilgt am Tag bis zu 10 000 Larven.

Eine andere Nahrungsquelle der Ameisen ist der so genannte Honigtau von Blattläusen. Diese Insekten stechen mit ihren Mundwerkzeugen Blätter oder grüne Pflanzentriebe an und saugen den zuckerhaltigen Saft der Leitbündel. Die Ameisen betrillern die Blattläuse mit ihren Fühlern und regen sie dazu an, einen Kottropfen abzugeben. Dieser Honigtau enthält noch reich-

1 Nest der Roten Waldameise. **A** Arbeiterin mit Beute; **B** Honigtauernte in einer Blattlauskolonie;

64

lich unverdauten Zucker. Er wird mit Hilfe der als Zunge ausgebildeten leckenden Unterlippe aufgenommen. Blattläuse, die in dieser *Symbiose* leben, werden von den Ameisen vor Fressfeinden geschützt. Die Ameisen speichern den Honigtau in einer Art Kropf. Auf ihrem Weg zum Nest werden sie von hungrigen Nestgenossinnen mit den Fühlern betrillert. Daraufhin geben die satten Tiere einen Nahrungstropfen aus ihrem Vorrat im Kropf ab. Ameisen nehmen auch pflanzliche Nahrung zu sich, vorwiegend die Anhängsel bestimmter Samen und Früchte, zum Beispiel von Taubnesseln und Veilchen. Insgesamt sind etwa 150 verschiedene Pflanzenarten unserer Wälder auf die Verbreitung ihrer Samen durch Ameisen angewiesen.

Im Gegensatz zur Honigbiene ist die Aufgabenverteilung der Arbeiterinnen bei den Waldameisen nicht streng vom Lebensalter abhängig. Junge Arbeiterinnen übernehmen allerdings vorwiegend Aufgaben im Nest, während ältere Tiere meist außerhalb tätig sind.

In den Völkern der Roten Waldameisen leben oft mehrere hundert Königinnen. Den ganzen Sommer legen diese Tiere befruchtete Eier ab, aus denen sich über eine vollständige Metamorphose ungeflügelte Arbeiterinnen entwickeln. Die Larven werden von Pflegerinnen mit Nahrung aus einer Futtersaftdrüse ernährt. Damit Larven und Puppen jeweils optimale Temperatur- und Feuchtigkeitsverhältnisse haben, werden sie häufig an einen anderen Platz im Nest gebracht. Im Frühjahr legen die Königinnen besonders nährstoffreiche Eier ab. Sind diese unbefruchtet, entwickeln sich daraus geflügelte *männliche Geschlechtstiere,* aus befruchteten Eiern entstehen ebenfalls geflügelte *weibliche Geschlechtstiere*. Auf einem »Hochzeitsflug« werden die jungen Königinnen begattet. Sie erhalten dabei einen Spermienvorrat für ihr etwa zwanzigjähriges Leben. Männliche Tiere sterben nach der Begattung, Königinnen werfen ihre Flügel ab und suchen ein Volk, das sie aufnimmt. Wird ein Volk zu groß, gründen Arbeiterinnen, meist an einem Baumstumpf, ein neues Nest, in das ein Teil des Volkes mit Königinnen umzieht.

1. Beschreibe den Aufbau eines Ameisennestes und erläutere seine Bedeutung für die Gemeinschaft.
2. Vergleiche die Organisation der Gemeinschaften von Waldameisen und Honigbienen tabellarisch miteinander.
3. Begründe, warum Waldameisen unter Naturschutz stehen.

C Hochzeitsflug der geflügelten Geschlechtstiere; **D** Arbeiterinnen versorgen Larven und Puppen

Wissen kompakt — In Gemeinschaften lebende Insekten

Name: Hornisse *(Vespa crabra)*
Ordnung: Hautflügler
Größe: Arbeiterinnen bis 25 mm, Königin bis 40 mm
Vorkommen: große Teile Europas, vor allem in alten Wäldern, aber auch unter Hausdächern

Merkmale und Lebensweise: Der Körper ist nur spärlich behaart und gelbbraun gezeichnet. Die kugeligen bis 50 cm großen Nester werden in Baumhöhlen oder unter Dächern aus zerkautem und mit Speichel vermischtem Holz angelegt (Papiernester). Ein Volk besteht im Sommer aus mehreren hundert Arbeiterinnen und einer Königin. Im Spätsommer entwickeln sich männliche und weibliche Geschlechtstiere. Arbeiterinnen und männliche Hornissen sterben im Herbst, nur befruchtete Königinnen überwintern und gründen im nächsten Frühjahr ein neues Volk. Als Nahrung dienen erbeutete Insekten, Pflanzensäfte und Früchte.
Besonderheit: Stiche dieser größten einheimischen Wespenart sind sehr schmerzhaft, kommen aber kaum vor, weil die Tiere nicht aggressiv sind. Heute sind Hornissen so selten geworden, dass sie unter Naturschutz gestellt werden mussten.

Name: Termite (etwa 2000 verschiedene Arten)
Ordnung: Termiten
Größe: 10 mm, Königinnen einiger Arten bis 14 cm
Vorkommen: vorwiegend in tropischen und subtropischen Savannen

Merkmale und Lebensweise: Termitenbauten können mehrere Meter hoch sein. Sie bestehen aus Erde, zerkautem Pflanzenmaterial, Kot und Speichel. Das eigentliche Nest aus Kammern und Gängen liegt unter der Erdoberfläche. Mit Hilfe von Durchlüftungsgängen und Röhren zum Grundwasser können Temperatur und Luftfeuchtigkeit

1   2   3   4

gleich gehalten werden. Ein Volk besteht oft aus mehreren Millionen Einzeltieren. Die blinden und zeitlebens flügellosen Arbeiter (1) und die mit sehr kräftigen Kiefern ausgestatteten Soldaten (2) sind kleine, unfruchtbare Männchen und Weibchen. Zu jedem Volk gehört auch ein männliches (3) und ein weibliches Geschlechtstier (4). Bei manchen Arten ist der Hinterleib der Königin durch die Eierstöcke stark angeschwollen (4). Geflügelte Geschlechtstiere gründen neue Völker. Termiten sind lichtscheu und leben vorwiegend im Verborgenen. Als Nahrung dienen Holz, Humus und saftige Pflanzenteile, die von den Arbeitern gesammelt werden. Einige Termitenarten züchten in ihren Nestern auf Holz und Kot Pilze, mit denen junge Larven gefüttert werden.
Besonderheit: Termiten höhlen abgestorbene Bäume, Holzbauten, Möbel und Bücher von innen bis auf eine hauchdünne Außenschicht aus, die schließlich zu Staub zerfällt.

1. Auch Hummeln leben in Gemeinschaften. Informiere dich über die Lebensweise dieser Tiere.
2. Vergleiche die Gemeinschaften bei Bienen, Hummeln, Wespen und Termiten tabellarisch miteinander.
3. Wende das Basiskonzept Vielfalt auf die in Gemeinschaften lebenden Insekten an.

Wirbellose Tiere

Aufgaben und Versuche — In Gemeinschaften lebende Insekten

A1 Arbeitsbiene

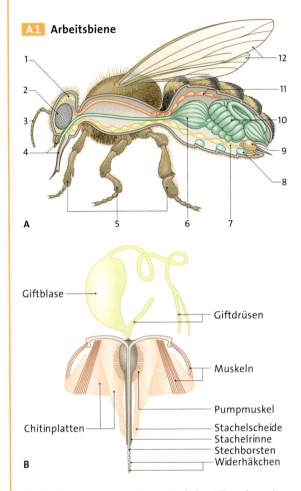

Die Abbildung A zeigt schematisch den Körperbau einer Arbeitsbiene, in Abbildung B ist der Stachelapparat zu sehen.

Aufgaben:

a) Lege in deinem Heft eine Tabelle an, in der du den Ziffern in Abbildung A die korrekten Begriffe zuordnest und die Funktion der einzelnen Körperteile benennst.

b) Erläutere Struktur und Funktion des Stachelapparates.

A2 Bienentänze

Aufgaben:

a) Erläutere die Funktion der Bienentänze unter Verwendung des Basiskonzepts Information und Kommunikation.

b) Begründe, um welche Form des Tanzes es sich bei den abgebildeten Beispielen handelt.

c) Zeichne in deinem Heft passende Geländeskizzen zu den Tänzen A bis D. Berücksichtige dabei die relative Lage zwischen Nest, Futterstelle und Sonnenstand.

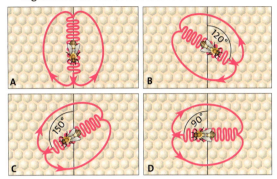

V3 Brutplätze für Erdhummeln

Material: Blumentopf aus Ton (12 bis 15 cm Durchmesser) mit Bodenloch; trockenes Moos; ein großer, flacher Stein (etwa 20 × 20 cm); mehrere kleine Steine zum Unterlegen; Schaufel, Feile

Durchführung: Erweitere, wenn nötig, mit der Feile das Bodenloch des Blumentopfes auf etwa 1,5 cm Durchmesser. Hebe mit der Schaufel an einer ruhigen sonnigen Stelle ein Loch aus, in das der Blumentopf umgekehrt hineinpasst. Fülle den Topf zu drei Vierteln locker mit Moos, halte die Öffnung mit der Hand zu und stelle den Topf mit dem Boden nach oben in das Loch. Fülle an den Rändern lockere Erde so an, dass der Topfboden noch etwa 1 cm über die Erde hinausragt. Ordne die kleinen Steine so um den Topf herum an, dass sie als Unterlage für den großen Stein dienen können. Lege nun den großen Stein auf und achte darauf, dass zwischen Blumentopf und Deckstein ein Spalt offen bleibt, durch den Hummeln einfliegen können.

Aufgabe: Protokolliere alle Beobachtungen, sobald das Nest bezogen worden ist.

2.8 Die Vielfalt der Insekten

Käfer, Schmetterlinge, Libellen und Hautflügler sind Insekten, die sich durch bestimmte Körpermerkmale sowie durch ihre Lebensweise eindeutig voneinander unterscheiden. Man spricht von **Ordnungen** innerhalb der Klasse der Insekten. Außer den genannten Ordnungen gibt es noch viele weitere.

Die Eintagsfliegen tragen am Hinterleib meist drei lange, fadenförmige Anhänge. Als Imago nehmen sie keine Nahrung auf. Dieser Abschnitt der Entwicklung dauert nur wenige Tage und dient ausschließlich der Fortpflanzung.

Ohrwürmer sind an den beiden kräftigen Zangen am Hinterleib leicht zu erkennen, die zur Verteidigung eingesetzt werden. Die Vorderflügel sind kurze, derbe Schuppen, unter denen die häutigen Hinterflügel verborgen sind. Ohrwürmer sind nachtaktive Insekten, die überwiegend von pflanzlicher Nahrung leben.

Einige Arten der Schaben sind als Wärme liebende Insekten Kulturfolger geworden und leben in Gebäuden. Dort vermehren sich diese auch als Kakerlaken bezeichneten Allesfresser manchmal massenhaft und können zu gefürchteten Hygieneschädlingen werden. Zu den Erkennungsmerkmalen der Schaben gehören derbe, deutlich geaderte Deckflügel und lange, sehr bewegliche Fühler.

Eine sehr artenreiche Insektenordnung sind die Wanzen. Sie haben als Mundwerkzeuge einen langen, einklappbaren Saugrüssel. Die Deckflügel sind vorn lederartig, an den Spitzen häutig. Viele Arten ernähren sich von Pflanzensäften, andere Wanzen sind Blut saugende Parasiten. Bei ihnen können die Flügel zurückgebildet sein.

Zur Ordnung der Netzflügler gehören als bekannteste Gruppe die Florfliegen. Diese Insekten haben lange Fühler sowie häutige, reich geaderte Flügel, die in Ruhe dachförmig zusammengelegt werden. Die nachtaktiven Tiere leben räuberisch. Im Winter suchen die grünlich schillernden Florfliegen oft Schutz in Wohnungen.

Nicht alle Insekten sind geflügelt. Flügellos sind beispielsweise die Silberfischchen aus der Ordnung Fischchen. Die lichtscheuen Tiere leben als Kulturfolger in menschlichen Behausungen und ernähren sich von Nahrungsresten. Der deutlich segmentierte Körper trägt am Hinterleib drei Anhänge.

Während die Florfliegen wie alle Netzflügler eine Entwicklung mit vollkommener Metamorphose durchmachen, entwickeln sich Eintagsfliegen, Ohrwürmer, Wanzen, Schaben und Fischchen über eine unvollkommene Metamorphose.

1 Stelle die Körpermerkmale der Insektenordnungen in Abbildung 1 tabellarisch zusammen.

2 Informiere dich über Lebensraum und Lebensweise einzelner Arten aus den Ordnungen in Abbildung 1. Nutze dazu das Ökologiekapitel im Lehrbuch, Fachbücher und das Internet. Stelle die Arten in Form einer Präsentation vor.

1 Insektenordnungen. **A** Eintagsfliegen; **B** Ohrwürmer; **C** Schaben; **D** Wanzen; **E** Netzflügler; **F** Fischchen

Wirbellose Tiere

Methode: Bestimmungsschlüssel für Insekten

Unbekannte Pflanzen- und Tierarten bestimmt man mit Hilfe eines **Bestimmungsschlüssels**. Mit dem folgenden Bestimmungsschlüssel können einige Arten aus der Ordnung der Käfer bestimmt werden. Zum Marienkäfer (9) gelangt man beispielsweise über die Ziffern 1 → 4 → 5.

Bestimmungsschlüssel für ausgewählte heimische Käfer

1 Käfer größer als 30 mm → 2
1* Käfer kleiner als 30 mm → 4

2 Käfer lebt im Wasser, schwarzer Körper mit gelbem Rand → **Gelbrandkäfer**
2* Käfer lebt im Wald, bevorzugt Totholz, brauner bis schwarzer Körper → 3

3 bis 90 mm groß, Männchen mit stark vergrößertem Oberkiefer → **Hirschkäfer**
3* bis 40 mm, trägt Kopfhorn → **Nashornkäfer**

4 Käfer kleiner als 10 mm → 5
4* Käfer größer als 10 mm → 6

5 Deckflügel rot mit schwarzen Punkten → **Marienkäfer**
5* Deckflügel gelb und schwarz gestreift → **Kartoffelkäfer**

6 goldfarbene bis grünschimmernde Deckflügel → 7
6* Deckflügel anders gefärbt → 8

7 rundlicher Käfer, bis 20 mm lang, häufig auf Blüten → **Rosenkäfer**
7* ovaler Käfer, bis 27 mm lang, häufig in Wäldern → **Goldlaufkäfer**

8 Deckflügel schwarz oder leicht bläulich, rundliche Gestalt → **Mistkäfer**
8* Deckflügel schwarz mit braun, längliche Gestalt → 9

9 bis 12 mm groß, Spitzen der Deckflügel dunkel → **Schnellkäfer**
9* bis 22 mm groß, Deckflügel mit schwarz-brauner Zeichnung → **Totenkäfer**

1   2

3

4

5

6

7

8

9

10

1 Erläutere den Aufbau des Bestimmungsschlüssels und seine Handhabung.

2 Bestimme mit Hilfe des Bestimmungsschlüssels die abgebildeten Käfer.

Wirbellose Tiere

3 Spinnentiere

3.1 Spinnen sind keine Insekten

An einem Rosenstrauch hat eine Gartenkreuzspinne ihr Netz gebaut. Die Spinne sitzt bewegungslos mit dem Kopf nach unten in der Mitte des Netzes, der *Warte*. Jetzt verfängt sich eine Fliege im Netz. Durch das Zappeln des Beutetiers wird die Spinne alarmiert. Sie verlässt ihre Warte, fesselt die Beute rasch mit einem Spinnfaden, tötet sie anschließend und bringt sie ins Netzzentrum. Die Gartenkreuzspinne ist eine der größten einheimischen Spinnenarten. Die Weibchen erreichen eine Körperlänge von zwölf bis 17 Millimetern.

1 Gartenkreuzspinne in ihrem Netz

Viele Menschen halten **Spinnen** für Insekten. Bereits eine oberflächliche Betrachtung zeigt aber, dass sich Spinnen trotz einiger Übereinstimmungen in wesentlichen Merkmalen von den Insekten unterscheiden. Wie Insekten haben auch Spinnen ein Außenskelett aus Chitin und gegliederte Laufbeine. Spinnen gehören demnach wie die Insekten zu den Gliederfüßern. Ihr Körper ist aber nur in zwei Abschnitte gegliedert, das *Kopfbruststück* und den *Hinterleib*.

Am Kopf der Kreuzspinne sitzen acht kleine *Punktaugen*, keine Komplexaugen. Die kräftigen Mundwerkzeuge, die *Chelizeren*, enden in nadelspitzen Giftklauen. Beißt die Spinne ihre Beute, sondern die Giftdrüsen im Vorderkörper über die Giftklauen ein lähmendes Gift ab. Anschließend gibt die Spinne ein Verdauungssekret in die Bisswunde und knetet dann die Beute mit ihren Chelizeren durch, wobei das Sekret weiter verteilt wird. Die Weichteile der Beute werden auf diese Weise außerhalb des Spinnenkörpers verdaut. Man spricht von *Außenverdauung*. Lediglich die unverdaulichen Reste, beispielsweise Chitinpanzer, bleiben übrig.

Hinter den Chelizeren sitzen zwei beinähnliche Kiefertaster sowie acht lange Laufbeine. Am Hinterleib befinden sich auf der Bauchseite sechs Spinnwarzen, die Ausführgänge der Spinndrüsen. Diese Drüsen erzeugen verschiedene Arten einer hauchdünnen, aus Eiweißstoffen bestehenden *Spinnseide*. Sie ist zunächst flüssig, erstarrt aber an der Luft sofort und vereinigt sich zu dickeren Fäden, die man dann mit bloßem Auge erkennen kann. Die Hinterbeine sind mit besonderen Borstenkämmen versehen, mit denen die Spinne die Fäden aus den Spinnwarzen herauskämmt. Bei einer Dicke von wenigen Tausendstel Millimetern haben die Fäden eine höhere Zugfestigkeit als Stahlseile gleicher Dicke, allerdings sind sie viel elastischer.

Die meiste Spinnseide benötigt die Kreuzspinne für den Bau ihres Netzes, das dem Beutefang dient. Wegen seiner Form wird es als *Radnetz* bezeichnet.

Zuerst erzeugt die Spinne einen Faden, dessen Anfang sie vom Wind davontragen lässt. Wenn dieser Faden irgendwo in der Nähe haften bleibt, läuft die Spinne auf die-

  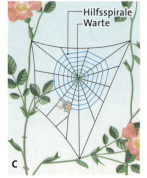 

2 Bau eines Radnetzes (Schema)

Wirbellose Tiere

ser Seilbrücke bis zur Mitte, befestigt dort einen weiteren Faden und lässt sich fallen. So entsteht ein Y-förmiges Grundgerüst. Nun zieht die Spinne die *Rahmenfäden* und dann die *Speichenfäden* ein. In der Netzmitte entsteht aus einigen ungeordneten Fäden die *Warte*. Als nächstes wird eine *Hilfsspirale* von innen nach außen gebaut. Erst dann entsteht das eigentliche Fangnetz aus klebenden Fäden. Dazu läuft die Spinne entlang der Hilfsspirale zurück, frisst diese dabei wieder auf und zieht zwischen den Speichen die Fäden der *Fangspirale* ein. Der Klebstoff auf den Fangfäden zieht sich an der Luft zu perlschnurartig aufgereihten Tröpfchen zusammen. Da der Leim nach einigen Tagen seine Klebkraft verliert, frisst die Spinne ihr Netz dann auf und baut, meist in den frühen Morgenstunden, ein neues. Manchmal hält sich die Spinne nicht in der Warte, sondern in einem Schlupfwinkel beim Netz auf, zu dem sie einen *Signalfaden* zieht. Bei Gefahr kann sich die Kreuzspinne an einem *Sicherheitsfaden* von ihrem Netz abseilen und später wieder dorthin zurückkehren.

Spinnen, die wie die Kreuzspinne Radnetze bauen, gehören zur Familie der *Radnetzspinnen*. Insgesamt unterscheidet man viele verschiedene Familien mit über 30 000 Arten. Alle Spinnentiere, die die Fähigkeit haben, Netze und Gespinste aus Spinnseide zu weben, werden zur Ordnung der **Webspinnen** zusammengefasst.

Im Hochsommer paaren sich die Kreuzspinnen. Dazu spinnt das Männchen einen *Begattungsfaden* zum Netzrand des Weibchens. Durch Zupfen an diesem Faden macht das Männchen auf sich aufmerksam. Ist das Weibchen paarungsbereit, überträgt das Männchen die Spermien mit Hilfe seiner Kiefertaster. Die Behauptung, dass das Männchen nach der Begattung vom Weibchen aufgefressen wird, trifft für die meisten Spinnenarten nicht zu. Bei der Eiablage umhüllt das Weibchen die Eier mit gelber Spinnseide. Ein solches Eipaket bezeichnet man als *Kokon*. Die Kreuzspinne legt mehrere solcher Kokons an geschützten Stellen ab. Die Jungtiere verlassen ihren Kokon erst nach einer Winterruhe. Beim Schlüpfen sind diese Larven noch sehr klein. Sie ähneln aber bereits den ausgewachsenen Tieren. Nach mehreren Häutungen werden die Spinnen geschlechtsreif und erreichen dann ihre endgültige Größe. Schon kurz nach dem Verlassen des Kokons beginnt die junge Spinne mit dem Bau eines eigenen Netzes. Es ist noch winzig klein, sieht aber genau so aus wie das Netz einer erwachsenen Spinne. Der Netzbau wird also nicht erlernt, sondern erfolgt nach einem angeborenen Verhaltensprogramm.

Die inneren Organe einer Spinne zeigen viele Übereinstimmungen mit den Insekten. Das Blutkreislaufsystem ist offen. Allerdings ist das Blut der Spinnen am Sauerstofftransport beteiligt. Der Sauerstoff wird über die taschenartigen Einstülpungen einer *Fächertrachee* auf der Unterseite des Hinterleibs aufgenommen und an das Blut weitergegeben. Zusätzlich verfügen Spinnen, ähnlich wie Insekten, auch noch über *Röhrentracheen* aus Chitin. Die Ganglienknoten des Strickleiternervensystems sind im Kopfbruststück konzentriert. Das Verdauungssystem weist verschiedene Ausstülpungen zur Nahrungsspeicherung auf. Spinnen können daher längere Zeit hungern.

1 Begründe, warum Spinnen und Insekten in unterschiedliche Tiergruppen gestellt werden. Stelle dazu Unterschiede im äußeren und inneren Körperbau tabellarisch gegenüber.

2 Beschreibe den Bau eines Radnetzes. Erläutere, welche Aufgaben die einzelnen Teile des Netzes für die Stabilität haben. Finde für die Abbildungen 2 A bis D sinnvolle Bildunterschriften

3 Begründe, warum die Spinne beim Bau der Fangspirale die Hilfsspirale nicht nur abbaut, sondern auch auffrisst.

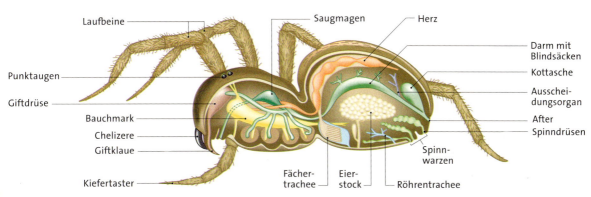

3 Bauplan einer Kreuzspinne (Schema)

3.2 Spinnen jagen unterschiedlich

Alle Spinnen leben räuberisch. Viele von ihnen sind *Fallensteller*, die Netze zum Beutefang bauen. Doch nicht alle Netze ähneln im Aufbau dem Radnetz der Kreuzspinne. Dreieckspinnen werden nur vier bis sieben Millimeter groß. Sie kommen ausschließlich in Fichtenwäldern vor, wo sie ihre Netze an den unteren, abgestorbenen Ästen der Bäume bauen. Das Netz besteht lediglich aus drei Sektoren eines vollständigen Radnetzes. Die Spinne sitzt in ihrem Versteck am Baum und hält das Netz mit den Beinen über einen Signalfaden straff. Gerät ein Insekt in das Netz, lässt die Spinne den Faden los, sodass das Netz über der Beute zusammenfällt. Man spricht von einer *Schlagfalle*. Nach jedem Beutefang muss die Dreieckspinne ihr Netz wieder neu bauen.

Außer den Radnetzen gibt es noch andere Netztypen. Trichterspinnen und Baldachinspinnen bauen so genannte *Deckennetze*. Die flachen, dichten Netze der zwölf Millimeter großen Trichterspinne werden direkt über dem Boden gebaut. Sie haben eine Vertiefung, die in einer Röhre endet. Dort wartet die Spinne auf Beute. Läuft ein Insekt über das Netz, eilt die Spinne hinaus und ergreift die Beute. Baldachinspinnen werden nur wenige Millimeter groß. Sie weben ihr Netz in Sträuchern. Über der eigentlichen Decke werden baldachinartig – ähnlich wie eine Kuppel – *Stolperfäden* gesponnen. In diesem Fadengewirr verfangen sich hauptsächlich fliegende Insekten. Die Spinne, die immer unter der Decke mit dem Bauch nach oben sitzt, schüttelt die Beute auf die Netzdecke und ergreift sie dort.

Nicht alle Spinnen bauen Netze zum Beutefang. Auf Blüten findet man manchmal Krabbenspinnen. Diesen Namen haben sie erhalten, weil die beiden vorderen Beinpaare wie bei Krabben stark verlängert sind. Die Tiere

1 Springspinne

haben oft die gleiche Farbe wie die Blüte, auf der sie leben. Landet ein Insekt auf der Blüte, wird es von der Spinne blitzschnell ergriffen.

Wolfsspinnen leben am Boden. Meist lauern sie bewegungslos auf Beute. Kommt ein Beutetier in ihre Nähe, wird es überwältigt und gefressen. Ähnlich ist die Jagdmethode der Springspinnen. Haben sie ein Beutetier wahrgenommen, verfolgen sie es und ergreifen es aus kurzer Entfernung durch einen Sprung. Stets verankern sich die Tiere vorher mit einem Sicherheitsfaden am Untergrund. So können sie auch an Felsen, Baumstämmen und Hausfassaden jagen, ohne abzustürzen. Wolfs- und Springspinnen erkennen ihre Beute mit den Augen. Bei den Springspinnen sind vier der acht Augen scheinwerferartig vergrößert. Die beiden Frontalaugen können wie das Objektiv eines Fotoapparates auf unterschiedliche Entfernungen scharf eingestellt werden.

1 Beschreibe die Unterschiede zwischen Radnetzen und Deckennetzen.
2 Erkläre, welchen Vorteil Krabbenspinnen daraus ziehen, dass sie ähnlich wie die Blüte gefärbt sind, auf der sie lauern. Nutze dazu das Basiskonzept Angepasstheit.

2 Dreieckspinne

3 Baldachinspinne

4 Krabbenspinne

Wirbellose Tiere

Streifzug durch die Medizin | Spinnengifte

Die Kinobesucher halten den Atem an. Auf der Leinwand schreitet eine ins Riesenhafte vergrößerte behaarte Vogelspinne auf ihr menschliches Opfer zu. Gleich wird sie zum tödlichen Biss ansetzen ... Derartige Szenen hat fast jeder schon einmal im Film gesehen. Manche Drehbuchautoren nutzen die Furcht vieler Menschen vor Spinnen, um dramatische Akzente zu setzen. Wie gefährlich sind Spinnen wirklich?

Alle Spinnen erzeugen Gifte, mit denen sie ihre Beute lähmen oder töten können. Die Gifte verschiedener Arten wirken unterschiedlich. Manche zählen zu den Nervengiften, andere schädigen oder zerstören bestimmte Gewebe. Meist bestehen die Gifte aus einer Mischung verschiedener Eiweißstoffe.

Für den Menschen sind nur sehr wenige Spinnen wirklich gefährlich. Die einzige in Deutschland lebende Spinne, die mit ihren kräftigen Giftklauen die menschliche Haut durchbeißen kann, ist die Dornfingerspinne. Das Gift bewirkt einen brennenden Schmerz und eine Hautrötung, manchmal auch Übelkeit und leichtes Fieber. Nach etwa einem Tag klingen die Beschwerden wieder ab. Vogelspinnen, von denen die größten Arten einschließlich der Beine etwa handtellergroß werden können, sind in der Regel harmlos. Sie verfügen nur über sehr kleine Giftdrüsen. Im Amazonasgebiet halten sich Indiokinder Vogelspinnen manchmal sogar als Haustiere. Menschen werden von diesen Spinnen nur gebissen, wenn diese sich angegriffen fühlen. Der Biss kann schmerzhaft sein, ist aber nicht schlimmer als ein Wespenstich. »Wie von der Tarantel gestochen«. Dieser Ausspruch geht auf die im Mittelmeerraum vorkommenden Taranteln zurück. Sie leben tagsüber in Erdröhren und gehen nachts auf Beutefang. Ihr Biss ist entgegen ihrem gefährlichen Ruf völlig harmlos.

Es gibt aber tatsächlich einige Spinnenarten, deren Biss zu ernsthaften Vergiftungen und in ganz seltenen Fällen sogar zum Tod führen kann. Dazu gehört die Schwarze Witwe, die in Nordamerika, aber auch im Mittelmeerraum vorkommt. »Witwen« heißen diese Spinnen, weil bei ihnen die kleineren Männchen nach der Paarung regelmäßig von den Weibchen aufgefressen werden. Die Tiere bauen unscheinbare Netze unter Steinen oder Zweigen. Wird ein Mensch gebissen, treten heftige Schmerzen und Muskelkrämpfe auf, die durch ein Nervengift verursacht werden. Heute gibt es wirksame Gegenmittel, doch ist der Biss auch ohne ärztliche Behandlung nur selten tödlich.

1 Spinnenarten. **A** Vogelspinne; **B** Dornfingerspinne; **C** Tarantel; **D** Schwarze Witwe

Wirbellose Tiere

3.3 Milben leben überall

Im Frühling und Sommer kann es vorkommen, dass man nach einem Aufenthalt in der Natur von einer Blut saugenden Zecke befallen ist. Diese Tiere, die auch Holzbock genannt werden, lauern auf Grashalmen oder an Zweigspitzen. Sobald eine Zecke mit ihren Geruchsorganen am ersten Laufbeinpaar ein Wirtstier erkannt hat, lässt sie sich fallen und sucht auf der Haut nach einem geeigneten Ort zum Blutsaugen. Zecken sind Außenparasiten, die außer Menschen beispielsweise auch Haustiere, andere Säugetiere und Vögel befallen. Mit Hilfe eines Stechrüssels bohrt sich die Zecke in die Haut und saugt sich mit Blut voll. Dabei kann ihr dehnbarer Körper, der normalerweise drei bis vier Millimeter lang ist, auf die Größe einer Erbse anschwellen. Durch Zeckenstiche können verschiedene Krankheitserreger wie Viren und Bakterien übertragen werden. Viren verursachen beim Menschen eine manchmal tödlich verlaufende Hirnhautentzündung, die *Frühsommer-Meningoencephalitis (FSME)*. Gegen diese Erkrankung kann man sich vorbeugend impfen lassen. Keinen Impfschutz gibt es bisher gegen die *Borreliose*, die durch Bakterien ausgelöst wird und Fieber, Nerven- und Gelenkbeschwerden verursacht. Zecken legen bis zu 3000 Eier an geschützten Stellen auf dem Erdboden ab. Die Larven ernähren sich vom Blut kleiner Wirbeltiere. Als geschlechtsreife Zecken sind nur noch die Weibchen Blutsauger, die Männchen nehmen keine Nahrung mehr auf.

Zecken gehören zu den **Milben.** Ihre vier Laufbeinpaare weisen sie als Spinnentiere aus. Im Gegensatz zu den Webspinnen ist ihr Körper aber ungegliedert und Spinndrüsen am Hinterleib fehlen. Fast alle Milbenarten haben eine geringe Körpergröße von oft weniger als einem Millimeter.

Die meisten der weltweit etwa 40 000 bekannten Milbenarten führen wegen ihrer geringen Größe ein Leben im Verborgenen. Manche Arten sind wie die Zecken Parasiten. So bohrt die bis zu 0,5 Millimeter große Krätzmilbe beim Menschen Gänge in die Haut, wo sie auch ihre Eier ablegt. Die Tiere ernähren sich von den Hautzellen. Der Befall mit Krätzmilben verursacht einen quälenden Juckreiz. Bei Hunden und anderen Haustieren rufen Milben die so genannte *Räude* hervor, die tödlich verlaufen kann. Große Schäden verursacht die Varroamilbe, ein Blutsauger an Honigbienen. Durch diese Parasiten ist in manchen Gebieten zeitweise die gesamte Bienenzucht zum Erliegen gekommen. Blutsauger sind auch die Vogelmilben, die vor allem Geflügel befallen.

Die Haarbälge eines jeden Menschen sind Lebensraum für die winzig kleinen Haarbalgmilben. Sie verursachen keine Beschwerden. In Teppichböden, Polstermöbeln und Matratzen leben die Hausstaubmilben. Sie ernähren sich von abgestoßenen Hautschuppen und sind keine Parasiten. Manche Menschen reagieren allergisch auf den mikroskopisch feinen Kot dieser Tiere. Durch besondere Materialien bei der Wohnungseinrichtung kann der Befall mit Hausstaubmilben stark begrenzt werden.

Viele Milbenarten sind Räuber oder Aasfresser. Sie ergreifen andere Kleintiere, beispielsweise Insekten, und zerbeißen sie. Andere Milben ernähren sich von vermoderndem Pflanzenmaterial. So zerkleinern Hornmilben abgefallene Blätter und bereiten sie für die endgültige Zersetzung durch Bakterien und Pilze vor. Die Zahl der Milben im Boden ist unvorstellbar hoch. In einem Quadratmeter Wiesenboden leben schätzungsweise 15 000 Milben. In humusreichen Waldböden ist ihre Zahl noch um ein Vielfaches höher. So kann aus dem Milbenbestand eines Bodens auf den Humusgehalt und die Boden-

1 Zecke in Lauerstellung

2 Stechrüssel der Zecke (mikroskopische Aufnahme)

qualität geschlossen werden. Anzahl und Art der Milben sind wichtige Hinweise auf Veränderungen eines Bodens durch Umwelteinflüsse. Wenn der Boden versauert, geht die Zahl der Regenwürmer und Asseln zurück, während die Milben zunehmen. Schwermetalle und andere Umweltgifte schädigen hingegen alle Bodentiere.

An Laubblättern findet man häufig pustelartige Auswüchse, so genannte *Gallen*. Sie können von Gallmilben hervorgerufen werden, die Pflanzensauger sind. Durch Enzyme im Speichel der Milben werden die Pflanzen zur Ausbildung der Wucherungen angeregt, in denen die Milben vor Feinden geschützt leben. Die Larven entstehen meist aus unbefruchteten Eizellen. Eine derartige Art der Fortpflanzung wird als *Jungfernzeugung* oder *Parthenogenese* bezeichnet. Die winzigen Jungtiere haben zunächst nur zwei Beinpaare. Entweder klettern sie auf benachbarte Blätter, wo sie sich ansiedeln, oder sie lassen sich vom Wind zu anderen Bäumen verfrachten. Spinnmilben sind ebenfalls Pflanzensauger, die mit Hilfe einer umgewandelten Speicheldrüse ein Gespinst herstellen können, unter dem sie sich verbergen.

Wegen ihrer geringen Größe können Milben keine großen Entfernungen zurücklegen. Manche Arten nutzen größere Tiere, beispielsweise Käfer, als Transportmittel. So lassen sich die Käfermilben von Mistkäfern zu frischen Kothaufen tragen, in denen sie nach Fadenwürmern und anderen Kleintieren jagen.

Manche Milbenarten sind an das Leben im Wasser angepasst. Sie klettern meist an den Wasserpflanzen umher, können aber auch schwimmen. Die meisten Arten leben als geschlechtsreife Tiere räuberisch, ihre Larven sind in der Regel Außenparasiten an Wasserinsekten.

1. Nenne unterschiedliche Ernährungsformen bei Milben.
2. Erläutere anhand der Abbildung 2, auf welche Weise Zecken in die Haut eindringen können.
Nutze das Basiskonzept Struktur und Funktion.
3. Begründe, warum es angebracht ist, bei einem Zeckenbefall den Arzt aufzusuchen.
4. Begründe, warum Hausstaubmilben keine Parasiten sind.

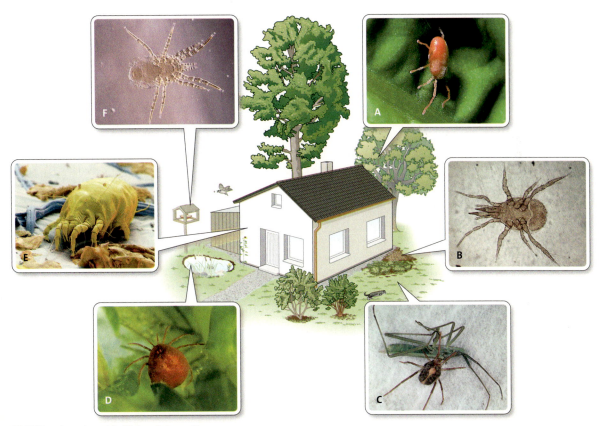

3 Milben in unterschiedlichen Lebensräumen.
A Gallmilbe; **B** Hornmilbe in der Laubstreu; **C** Raubmilbe; **D** Wassermilbe; **E** Hausstaubmilbe; **F** Vogelmilbe.

Wissen kompakt — Spinnentiere

Name: **Gelbschwänziger Skorpion** *(Euscorpius flavicaudis)*
Ordnung: Skorpione
Länge: bis 4 cm
Vorkommen: westliches Mittelmeergebiet
Merkmale und Lebensweise: Der schmale Hinterleib trägt einen Giftstachel. Die Kiefertaster sind mit kräftigen Scheren ausgestattet. Skorpione sind Räuber, die kleine Beute mit den Chelizeren töten, größere zuerst mit dem Giftstachel lähmen. Die Eier entwickeln sich im Körper des Weibchens. Nach der Geburt klettern die Jungtiere auf das Muttertier und werden von ihr eine Zeit lang getragen.

Name: **Bücherskorpion** *(Chelifer cancroides)*
Ordnung: Pseudoskorpione
Länge: bis 4,5 mm
Vorkommen: fast weltweit verbreitet; Kulturfolger
Merkmale und Lebensweise: Der breite, abgeflachte Körper hat keinen Giftstachel. Die Kiefertaster sind lang und haben große Scheren, an denen Giftdrüsen münden. Bücherskorpione ergreifen Beutetiere mit den Scheren der Kiefertaster. Die Embryonen entwickeln sich in einem Brutbeutel, den das Muttertier unter dem Hinterleib anlegt.

Name: **Weberknecht** *(Phalangium opilio)*
Ordnung: Weberknechte
Länge: bis 9 mm
Vorkommen: Mitteleuropa, Kulturfolger
Merkmale und Lebensweise: Der Körper ist ungegliedert und auf der Bauchseite am Hinterleib deutlich segmentiert. Die sehr langen Beine können als Abwehr gegen Feinde abgeworfen werden. Weberknechte sind Räuber, die sich vorwiegend von kleinen Insekten ernähren. Die Beute wird mit den Scheren tragenden Chelizeren zerkleinert, Giftdrüsen fehlen. Die Jungtiere, die sich im Boden aus Eiern entwickeln, haben noch kurze Beine und ein milbenähnliches Aussehen.

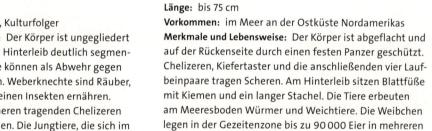

Name: **Pfeilschwanzkrebs** *(Limulus polyphemus)*
Klasse: Schwertschwänze
Länge: bis 75 cm
Vorkommen: im Meer an der Ostküste Nordamerikas
Merkmale und Lebensweise: Der Körper ist abgeflacht und auf der Rückenseite durch einen festen Panzer geschützt. Chelizeren, Kiefertaster und die anschließenden vier Laufbeinpaare tragen Scheren. Am Hinterleib sitzen Blattfüße mit Kiemen und ein langer Stachel. Die Tiere erbeuten am Meeresboden Würmer und Weichtiere. Die Weibchen legen in der Gezeitenzone bis zu 90 000 Eier in mehreren Gelegen ab. Verwandte der Pfeilschwanzkrebse lebten bereits vor mehr als 400 Millionen Jahren.

1. Liste gemeinsame Merkmale aller Spinnenverwandten auf. Berücksichtige dabei sowohl die Tiere auf dieser Seite als auch Webspinnen und Milben.
2. Begründe mit Hilfe der Körpermerkmale, warum die Pseudoskorpione in eine eigenständige Tiergruppe neben die echten Skorpione gestellt werden.
3. Informiere dich mit Hilfe von Fachbüchern oder im Internet über weitere Arten der Skorpione. Erstelle Steckbriefe dazu. Bereitet in Gruppen eine Präsentation vor.
4. Erkläre, warum die Bezeichnung Pfeilschwanzkrebs nicht ganz zutreffend ist.

Wirbellose Tiere

Aufgaben und Versuche — Spinnentiere

A1 Merkmale von Webspinnen

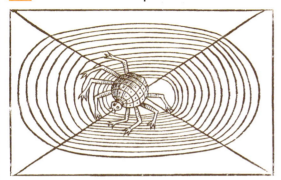

Historische Darstellung einer Spinne

Die Abbildung zeigt die Darstellung einer Spinne in ihrem Netz aus dem Jahr 1491.
Aufgabe: Erläutere, welche Merkmale einer Webspinne und eines Radnetzes in der Zeichnung richtig, welche falsch dargestellt sind. Gib jeweils den korrekten Sachverhalt an.

V2 Beobachtungen an Zitterspinnen

Zitterspinnen sind an ihren sehr langen, dünnen Beinen leicht zu erkennen. Sie sind häufig an Decken oder hinter Schränken zu finden.
Material: Karton (etwa 50 × 30 × 30 cm) mit abnehmbarem Deckel, eine Seite offen, mit Fliegengaze dicht abgedeckt; Zitterspinne
Durchführung: Suche im Haus oder in der Schule nach Zitterspinnen, fange vorsichtig ein Tier und setze es in den Karton. Stelle den Karton mit der Spinne für etwa eine Woche an einem ruhigen Ort auf, nicht direkt am Fenster. Während dieser Zeit benötigt die Spinne weder Nahrung noch Wasser. Wirf nach etwa einer Woche, wenn die Spinne ein Netz gebaut hat, eine lebende Fliege ins Netz.
Aufgaben:
a) Beschreibe den Aufbau des Netzes.
b) Beobachte und protokolliere den Beutefang und die Nahrungsaufnahme.
c) Puste die Spinne im Netz kurz und kräftig an. Stelle eine begründete Vermutung zur biologischen Bedeutung des beobachteten Verhaltens auf. Erläutere den Namen »Zitterspinne«.

A3 Spinnentiere

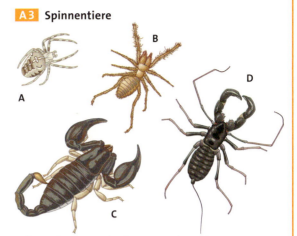

Spinnentiere. **A** Webspinne; **B** Walzenspinne; **C** Skorpion; **D** Geißelskorpion

Zwischen den Chelizeren und dem ersten Beinpaar sitzen bei den Spinnentieren die gegliederten Kiefertaster.
Aufgaben:
a) Vergleiche die Kiefertaster bei den abgebildeten Spinnentieren miteinander. Orientiere dich dabei am Basiskonzept Struktur und Funktion.
b) Walzenspinnen und Geißelskorpione sind weitere Ordnungen der Spinnentiere. Informiere dich über Merkmale, in denen sich diese Gruppen von den Webspinnen unterscheiden.

A4 Netzbewegungen

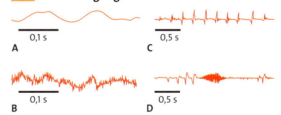

Netzbewegungen. **A** durch Wind ausgelöst; **B** durch Beute; **C** durch ein Männchen der gleichen Art; **D** durch ein artfremdes Männchen verursacht

Aufgaben:
a) Vergleiche die verschiedenen Netzbewegungen miteinander.
b) Erläutere, mit welchem Sinn sich die Spinne am Netz orientiert.

4 Weichtiere

4.1 Die Weinbergschnecke ist eine Gehäuseschnecke

Langsam gleitet eine Schnecke über den Gartenweg. Es ist eine Weinbergschnecke, die man an ihrem gelbbraunen *Gehäuse* erkennen kann. Mit einer Körperlänge von fast zehn Zentimetern und einem Gehäusedurchmesser von vier bis fünf Zentimetern ist die Weinbergschnecke die größte einheimische *Gehäuseschnecke*. Auf ihrem Weg durch den Garten hinterlässt sie ein silbrig glänzendes Schleimband. Warum bewegt sich die Schnecke so langsam und welche Bedeutung hat das Schleimband?

Betrachtet man eine Schnecke durch eine Glasscheibe von unten, so erkennt man, dass diese Tiere keine Gliedmaßen haben. Die gesamte Bauchseite wird von einer breiten, muskulösen Kriechsohle eingenommen, dem **Fuß.** Daher bezeichnet man die Schnecken auch als *Bauchfüßer*. Bei der Fortbewegung läuft ein Wellenmuster von hinten nach vorn über den Fuß. Dadurch schiebt sich der Körper langsam vorwärts. Die Bewegungswellen werden durch die abwechselnde Kontraktion von längs und quer im Fuß verlaufenden Muskeln hervorgerufen. Nahe der Mundöffnung mündet eine große Fußdrüse, aus der in der gesamten Breite des Fußes ein Schleimfilm abgegeben wird. Auf diesem Schleim gleitend bewegt sich die Schnecke wie auf einer Rutschbahn fort. Auf rauem, scharfkantigem Untergrund vermeidet sie zudem Verletzungen.

Der Kopf der Schnecke ist nur wenig vom Fuß abgesetzt. Besonders auffällig sind zwei Fühlerpaare, die ständig in Bewegung sind. Sie dienen der Orientierung. Stößt die Schnecke an ein Hindernis oder wird sie von einem anderen Lebewesen berührt, zieht sie die Fühler für kurze Zeit ein und ändert ihre Kriechrichtung. An den Spitzen des großen Fühlerpaares befinden sich schwarze, stecknadelgroße Punkte. Es sind Linsenaugen, mit denen die Schnecke nicht nur hell und dunkel unterscheiden, sondern auch Formen und Bewegungen erkennen kann.

An der Unterseite des Kopfes liegt die Mundöffnung. Weinbergschnecken sind Pflanzenfresser, die zarte, saftige Pflanzenteile bevorzugen. Ihre Nahrung nimmt die Schnecke mit Hilfe einer muskulösen Zunge auf. Außen ist diese Zunge von einer mit mehr als 20 000 Hornzähnchen dicht besetzten Reibplatte bedeckt, der **Radula.** Bei geöffnetem Mund raspelt die Radula Nahrungsteilchen ab und drückt sie gegen den harten Oberkiefer. Von dort gelangt die Nahrung über Magen und Darm zu einer großen Verdauungsdrüse, der *Mitteldarmdrüse*. Sie erzeugt nicht nur Verdauungsenzyme, sondern nimmt auch die verwertbaren Stoffe aus dem Nahrungsbrei auf. Unverdauliche Reste werden durch den After ausgeschieden, der am Schalenrand mündet.

Die Verdauungsorgane nehmen den größten Teil des *Eingeweidesacks* ein, der geschützt im spiralig gewundenen Gehäuse der Schnecke liegt. Blickt man von unten in das Gehäuse einer lebenden Schnecke hinein, erkennt man am Rand ein gelbliches Gewebe, das den Eingeweidesack umgibt und das gesamte Gehäuse innen auskleidet. Dieser **Mantel** bildet nach außen einen Hohlraum. Die Auskleidung dieser *Mantelhöhle* ist von vielen kleinen Blutgefäßen durchzogen. Da hier der Gasaustausch stattfindet, spricht man auch von einer *Atemhöhle*. Sie steht mit der Luft über ein *Atemloch* in Verbindung, das sich öffnen und schließen kann. Schnecken, die wie die Weinbergschnecke Sauerstoff aus der Luft atmen, werden *Lungenschnecken* genannt. Aus den Blutgefäßen der Mantelhöhle wird das mit Sauerstoff angereicherte Blut durch ein Herz in den Körper gepumpt, wo es die Organe frei umspült. Schnecken haben also ein offenes Blutkreislaufsystem.

1 Weinbergschnecke

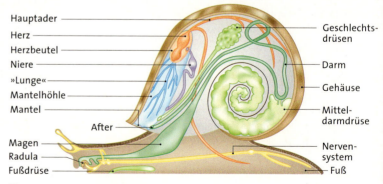

2 Bauplan einer Schnecke

Wirbellose Tiere

3 Kriechsohle

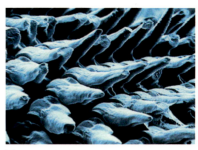

5 Radula (mikroskopische Aufnahme)

Weinbergschnecken sind im Alter von drei Jahren fortpflanzungsfähig. Die Tiere bilden sowohl Spermien als auch Eizellen, sie sind also Zwitter. Zur Paarung richten sich zwei Tiere mit den Kriechsohlen aneinander auf. Dabei lässt jede Schnecke einen etwa einen Zentimeter langen Kalkstachel, den so genannten »Liebespfeil«, aus einer Vertiefung des Fußes hervortreten und bohrt ihn in den Körper des Partners. Im Verlauf der mehrstündigen Paarung werden Spermien ausgetauscht und gespeichert. Wenn die reifen Eier später den Eileiter passieren, werden sie durch diese Fremdspermien befruchtet. Etwa einen Monat nach der Paarung gräbt die Weinbergschnecke mit ihrem Fuß eine bis zu 15 Zentimeter tiefe Grube und legt dort in ein bis zwei Tagen 60 bis 80 Eier ab. Nach wenigen Wochen schlüpfen die Jungschnecken, die bereits ein winziges Gehäuse besitzen. Mit dem weiteren Wachstum des Körpers muss auch das Gehäuse vergrößert werden. Als Baumaterial verwendet die Schnecke hauptsächlich Kalk, den sie mit der Nahrung aufnimmt. Am Mündungsrand des Gehäuses wird der Kalk von Drüsen ausgeschieden. Hierbei entstehen Wachstumsstreifen, die dem Gehäuse das gestreifte Aussehen verleihen. Im Herbst gräbt sich die Weinbergschnecke bis zu 30 Zentimeter tief in den Boden ein. Dann zieht sie sich vollständig in ihr Gehäuse zurück und verschließt es mit einem festen Kalkdeckel. Den Winter übersteht die Weinbergschnecke in einer *Kältestarre*.

Schnecken sind eine sehr artenreiche Tiergruppe mit mehr als 100 000 Arten. Viele davon leben im Wasser. Einige Süßwasserarten, wie zum Beispiel die Posthornschnecke, haben ähnliche Atmungsorgane wie die Landlungenschnecken. Sie müssen zum Atmen an die Wasseroberfläche kommen. Andere Wasserschnecken atmen über Kiemen. Zu diesen *Kiemenschnecken* gehören alle Meeresschnecken.

1 Nenne mit Hilfe der Abbildungen 1 bis 6 charakteristische Merkmale von Gehäuseschnecken.

2 Bei den meisten Tieren kann man eine gleich aufgebaute linke und rechte Körperseite unterscheiden. Sie sind zweiseitig-symmetrisch gebaut. Untersuche, ob dies auch für Gehäuseschnecken zutrifft.

3 Informiere dich über die Schneckenarten in Abbildung 6. Erstelle Steckbriefe nach dem Muster der Seiten »Wissen kompakt«.

4 Erkläre, warum Weinbergschnecken bevorzugt auf kalkreichen Böden vorkommen.

4 Weinbergschnecke bei der Eiablage

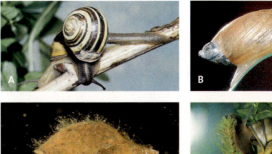

6 Schnecken. **A** Hain-Schnirkelschnecke; **B** Bernsteinschnecke; **C** Große Schlammschnecke; **D** Posthornschnecke

79

4.2 Nacktschnecken

Nach starken Regenfällen findet man im Sommer abends in Gärten, auf Wegen, an Hecken und Waldrändern zahlreiche Schnecken, die kein Gehäuse haben. Es sind *Nacktschnecken*. Besonders auffällig ist die rot, braun oder schwarz gefärbte 15 Zentimeter lange Große Wegschnecke. Deutlich erkennt man auf der rechten Seite am Vorderkörper die Atemöffnung, die sich regelmäßig öffnet und schließt.

Nacktschnecken sind wie alle übrigen Schnecken *Feuchtlufttiere*, die ihre Körperoberfläche ständig feucht halten müssen. Bei Trockenheit können sie sich allerdings nicht wie die Gehäuseschnecken in ein schützendes Haus zurückziehen. Tagsüber halten sie sich deshalb meist in kühlen, schattigen Verstecken auf. Dennoch verlieren sie bei warmem Wetter große Mengen an Körperflüssigkeit. Sobald sich in der Nacht Tau bildet oder wenn es geregnet hat, können die Schnecken diese Flüssigkeitsverluste wieder ausgleichen, indem sie Wasser über die gesamte Körperoberfläche und durch Trinken aufnehmen. In feuchten, nur mäßig warmen Sommern können Nacktschnecken in Gärten zur Plage werden. Ausgehöhlte Erdbeeren, zerfressenes Gemüse und abgeknickte Blumenstängel sind die unübersehbaren Spuren ihrer nächtlichen Nahrungsaufnahme. So können Wegschnecken innerhalb von zwei Tagen so viel Nahrung aufnehmen wie sie selbst wiegen.

Weit verbreitet sind neben Wegschnecken auch verschiedene Arten der bis sechs Zentimeter langen Ackerschnecke. Diese Tiere leben meist verborgen im Boden. Ihre Jungtiere ernähren sich von Wurzeln, ausgewachsene Schnecken fressen überirdische Pflanzenteile. Gegen Fressfeinde schützen sich Nacktschnecken durch die Abgabe eines zähen Körperschleims. Dennoch gehören sie regelmäßig zur Nahrung von Igeln, Maulwürfen, Kröten und einigen Vogelarten. Allerdings können diese natürlichen Feinde ein massenhaftes Vorkommen von Nacktschnecken in Gärten nur teilweise begrenzen. Manche Pflanzenarten erzeugen Duftstoffe, die Schnecken abschrecken. Pflanzt man zum Beispiel Thymian oder Salbei in ein Gemüsebeet, ist dies ein wirkungsvoller Schutz vor Schneckenfraß.

Auffällig bunt gefärbt sind die meisten Nacktschnecken des Meeres. Da sie keine Mantelhöhle haben, ragen ihre Kiemen frei ins Wasser. Deshalb nennt man diese Schnecken auch *Nacktkiemer*. Die häufig in Punkten, Flecken oder Streifen angeordnete Musterung des Körpers hat unterschiedliche Funktionen: Sie kann der Tarnung im natürlichen Lebensraum, als Warntracht oder als Signal für Geschlechtspartner dienen. Manche Nacktkiemer sind Bodenbewohner, andere halten sich auf Pflanzen auf, wieder andere schwimmen mit Hilfe ihres flossenartig verbreiterten Körpers. Einige Arten, die sich von Nesseltieren ernähren, haben eine ungewöhnliche Form des Schutzes vor Fressfeinden entwickelt. Sie hüllen die Nesselzellen ihrer Beute in einen Schleim, sodass diese sich nicht entladen können. Anschließend werden die Nesselzellen in die Haut der Schnecke transportiert. Fische, die solche Schnecken fressen wollen, kommen in Kontakt mit den Nesselzellen, die nun wieder explodieren können, und speien die Beute meist sofort wieder aus.

1 Nenne Merkmale, in denen sich Nacktschnecken von Gehäuseschnecken unterscheiden. Fasse deine Ergebnisse in einer Tabelle zusammen.

2 Beschreibe Körperform und Musterung der Schnecke in Abbildung 3. Erkläre die Bezeichnung »Nacktkiemer«.

1 Große Wegschnecke

2 Ackerschnecke

3 Nacktkiemer tropischer Meere

Wirbellose Tiere

Methode Anlegen einer Schneckensammlung

Der erste Schritt besteht in der **Sammlung** möglichst vieler verschiedener Schneckengehäuse aus unterschiedlichen Lebensräumen. Weil manche Arten selten sind und deshalb unter Naturschutz stehen, sollte man grundsätzlich keine lebenden Tiere sammeln, sondern nur leere Schneckenhäuser suchen. Um eine spätere Zuordnung der Fundstücke zu ermöglichen, werden die Gehäuse von jedem Fundort zusammen aufgehoben, beispielsweise in leeren Streichholzschachteln oder kleinen, verschließbaren Glasgefäßen, und sofort mit einem Zettel versehen, auf dem Fundort und Funddatum vermerkt sind.

In der Schule oder zu Hause müssen die gesammelten Gehäuse zunächst gesäubert werden. Sollten noch Reste der Tiere im Gehäuse enthalten sein, gibt man die Schnecken in kochendes Wasser und entfernt die Reste anschließend mit einer spitzen Pinzette oder einer Nadel. Dies ist notwendig, um später unangenehme Geruchsentwicklungen zu verhindern.

Wenn die Gehäuse gesäubert und getrocknet sind, erfolgt die **Bestimmung** mit Hilfe eines Bestimmungsbuches. Einige Begriffe zum Aufbau von Schneckengehäusen, die dabei eine Hilfe sein können, sind in der Abbildung 1 angegeben.

Nun geht es an die eigentliche **Anlage der Sammlung.** Sinnvoll ist es, aus Sperrholz oder fester Pappe einen Kasten zu bauen, der durch Längswände in mehrere Fächer unterteilt ist. In die Fächer kommen nun die Schachteln oder Gläschen mit den Schneckengehäusen, jeweils zusammen mit einem Etikett, auf dem der Artname, eventuell auch der Name der zugehörigen Schneckenfamilie, sowie Fundort, Funddatum und Sammler vermerkt sind. Nun ist noch zu überlegen, unter welchem Gesichtspunkt die Sammlung geordnet werden soll. Möglich ist ein **Ordnen** nach Lebensräumen oder nach systematischer Zugehörigkeit, wobei beispielsweise alle Schnecken aus einer Familie gemeinsam eingeordnet werden. Wählt man als Ordnungskriterium Lebensräume, kann man beispielsweise jeweils Schnecken aus Wäldern, von Hecken, Wiesen oder Bachufern zusammenfassen.

Die Sammlung sollte zunächst den engeren Raum um die Schule oder den Wohnort berücksichtigen. Eine Erweiterung kann später mit Fundstücken von Ausflügen oder Urlaubsreisen vorgenommen werden. In ähnlicher Weise wie für Schneckengehäuse kann auch eine Sammlung mit Muschelschalen angelegt werden.

1 Lege mit Hilfe der Informationen auf dieser Seite eine Sammlung von Schneckengehäusen aus dem Umfeld deiner Schule an.

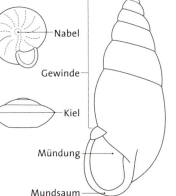

B
Name:	Weinbergschnecke (Helix pomatia)
Funddatum:	17. 6. 2006
Fundort:	Schwerte-Geisecke
Lebensraum:	Hausgarten
Sammler:	Roland Konopka

1 Aufbau eines Schneckengehäuses   **2** Sammlung. A Sammlungskasten; B Sammlungsetikett

Wirbellose Tiere

5 Übersicht über die wirbellosen Tiere

Vergleicht man verschiedene Tiere miteinander, so stellt man fest, dass manche von ihnen gleiche Merkmale im Körperbau aufweisen. Solche gemeinsamen Merkmale verwendet man, um die Vielfalt der Tiere in übersichtliche Gruppen einzuteilen. Tiere, die in ihrem Grundbauplan übereinstimmen, werden zu einem **Stamm** zusammengefasst. So gehören beispielsweise alle Tiere mit einem Außenskelett aus Chitin und in bestimmter Weise gegliederten Beinen zum Stamm der Gliederfüßer. Insgesamt unterscheidet man mehr als 20 verschiedene Stämme wirbelloser Tiere.

Jeder Stamm wird noch weiter unterteilt. Zum Stamm der Gliederfüßer gehören zum Beispiel so unterschiedliche Gruppen wie Spinnentiere und Insekten. Solche Untergruppen eines Stammes werden als **Klassen** bezeichnet. Auch die Klassen kann man weiter unterteilen, bei den Insekten etwa in Käfer, Schmetterlinge, Flöhe und viele andere. Diese **Ordnungen** werden noch weiter in **Familien** und **Gattungen** untergliedert. Zu einer Gattung gehören meist mehrere **Arten.** So sind unter den Schmetterlingen Admiral und Distelfalter zwei verschiedene Arten einer Gattung.

Stamm: Schwämme
Kennzeichen: einfach gebaute Vielzeller ohne innere Organe; fest sitzende Wassertiere, die ihre Nahrung durch Poren in den Köpfen einstrudeln

Klasse:
Kiesel- und Hornschwämme
(z.B. Badeschwamm)

Klasse:
Kalkschwämme
(z.B. Röhrenschwamm)

Stamm: Nesseltiere
Kennzeichen: im Wasser lebende einfach gebaute Vielzeller ohne innere Organe; der becherförmige Körper hat nur eine Öffnung, die gleichzeitig Mund und After ist

Klasse:
Hydratiere
(z.B. Süßwasserpolyp)

Klasse:
Blumentiere
(z.B. Seeanemone)

Klasse:
Schirmquallen
(z.B. Ohrenqualle)

Stamm: Plattwürmer
Kennzeichen: abgeplattete Körper; Darm mit nur einer Öffnung, die gleichzeitig Mund und After ist; Bandwürmer ohne Darm; viele Arten sind Parasiten

Klasse:
Strudelwürmer
(z.B. Alpenstrudelwurm)

Klasse:
Saugwürmer
(z.B. Leberegel)

Klasse:
Bandwürmer
(z.B. Schweinebandwurm)

Stamm: Rundwürmer
Kennzeichen: ungegliederte drehrunde Würmer mit durchgehendem Darm; Rädertiere mit großer Formenvielfalt

Klasse:
Rädertiere

Klasse:
Fadenwürmer
(z.B. Trichine)

Stamm: Tentakelträger
Kennzeichen: vorwiegend im Meer lebende festsitzende Tiere mit einem Tentakelkranz zum Strudeln und Filtrieren; Moostierchen bilden Kolonien, Armfüßer haben Kalkschalen ähnlich wie Muscheln

Klasse:
Moostierchen

Klasse:
Armfüßer

Stamm: Stachelhäuter
Kennzeichen: Meerestiere mit einem unter der Haut liegenden Kalkskelett; Körper mit fünf Symmetrieachsen

Klasse:
Seesterne
(z.B. Gemeiner Seestern)

Klasse:
Seeigel
(z.B. Essbarer Seeigel)

Klasse:
Seewalzen

Wirbellose Tiere

Stamm: Weichtiere
Kennzeichen: wenig gegliederter Körper; eine Hautfalte, der Mantel, scheidet eine äußere (Schnecken, Muscheln) oder innere Kalkschale (Kopffüßer) ab

Stamm: Ringelwürmer
Kennzeichen: lang gestreckter Körper in viele gleichartige Segmente gegliedert

Klasse: Schnecken (z.B. Weinbergschnecke)

Klasse: Muscheln (z.B. Miesmuschel)

Klasse: Kopffüßer (z.B. Gemeiner Tintenfisch)

Klasse: Vielborster (z.B. Seeringelwurm)

Klasse: Wenigborster (z.B. Regenwurm)

Stamm: Gliederfüßer
Kennzeichen: Körper aus unterschiedlichen Segmenten aufgebaut, die mehrere deutlich unterscheidbare Körperabschnitte bilden; Außenskelett aus Chitin; mehrere bis viele aus mehreren Gliedern bestehende Gliedmaßen zur Fortbewegung; mit Abstand artenreichster Tierstamm

Klasse: Spinnentiere (z.B. Kreuzspinne)

Klasse: Krebstiere (z.B. Flusskrebs)

Klasse: Insekten

Klasse: Tausendfüßer (z.B. Schnurfüßer)

Ordnung: Springschwänze

Ordnung: Fischchen

Ordnung: Termiten

Ordnung: Eintagsfliegen

Ordnung: Libellen

Ordnung: Netzflügler

Ordnung: Schaben

Ordnung: Steinfliegen

Ordnung: Ohrwürmer

Ordnung: Laubheuschrecken

Ordnung: Feldheuschrecken

Ordnung: Wanzen

Ordnung: Tierläuse

Ordnung: Pflanzenläuse

Ordnung: Flöhe

Ordnung: Köcherfliegen

Ordnung: Käfer

Ordnung: Hautflügler

Ordnung: Schmetterlinge

Ordnung: Zweiflügler

Zusammenfassung Wirbellose Tiere

Basiskonzept Vielfalt

Der artenreichste Tierstamm mit weit über einer Million Arten sind die Gliederfüßer. Sie haben ein Außenskelett aus Chitin und mehrfach gegliederte Extremitäten. Zu ihnen gehört die Klasse der Insekten, von der bisher über 900 000 Arten beschrieben worden sind. Man unterscheidet etwa 30 verschiedene Ordnungen, beispielsweise Käfer, Schmetterlinge, Hautflügler und Zweiflügler. Alle Insekten haben drei Laufbeinpaare. Sie kommen in fast allen Lebensräumen des Landes vor.

Zu den Spinnentieren gehören Webspinnen, Milben, Weberknechte und Skorpione. Man unterscheidet etwa 85 000 verschiedene Arten. Auch die Spinnentiere leben fast alle auf dem Land. Sie sind an ihren vier Laufbeinpaaren zu erkennen. Weitere Klassen der Gliederfüßer sind die Krebstiere und die Tausendfüßer.

Schnecken, Muscheln und Kopffüßer gehören zum Stamm der Weichtiere. Sie sind mit etwa 130 000 Arten die artenreichste Tiergruppe nach den Gliederfüßern.

Gliederfüßer und Weichtiere machen mehr als drei Viertel aller bekannten Tierarten aus. Die übrigen der zusammen mehr als 20 Stämme der Wirbellosen sind wesentlich artenärmer. Viele von ihnen sind reine Meeresbewohner, wie beispielsweise die Stachelhäuter. Sowohl im Meer als auch im Süßwasser leben unter anderem Nesseltiere und Schwämme. Viele wirbellose Tiere haben einen mehr oder weniger wurmförmigen Körper. Da sie sich in ihren Bauplänen jedoch stark voneinander unterscheiden, werden sie in unterschiedliche Stämme gestellt, zum Beispiel Ringelwürmer, Schlauchwürmer und Plattwürmer. Der Körper der Ringelwürmer ist, ähnlich wie bei den Gliederfüßern, segmentiert.

Basiskonzepte Struktur und Funktion sowie Angepasstheit

Diese Basiskonzepte lassen sich gut an den Beispielen der Nahrungsaufnahme und der Atmung verdeutlichen.

Viele Ringelwürmer, zum Beispiel der Regenwurm, verfügen über keinerlei Mundwerkzeuge. Sie fressen sich durch den Boden und nehmen dabei Nahrungsteilchen auf.

Bei den meisten Gliederfüßern dienen umgewandelte Extremitäten als Mundwerkzeuge zur Nahrungsaufnahme. Bei den Insekten bestehen die Mundwerkzeuge aus einer unpaaren Oberlippe und jeweils paarigen Ober- und Unterkiefern sowie der Unterlippe. Abhängig von der Art der Ernährung können die Mundwerkzeuge sehr unterschiedlich gestaltet sein. So gibt es zum Beispiel beißend-kauende, saugende, leckend-saugende und beißend-leckend-saugende Mundwerkzeuge.

Spinnentiere haben als Mundwerkzeuge Kiefertaster und Chelizeren. Bei den Webspinnen münden die Chelizeren in Giftklauen, mit denen die Beute getötet wird. Bei den übrigen Spinnentieren tragen die Chelizeren oder die Kiefertaster oft Scheren, mit denen Beute ergriffen und zerkleinert werden kann. Der Mund der Spinnentiere ist so klein, dass nur flüssige

1 Anteile verschiedener Tiergruppen

Legende:
- Käfer
- Schmetterlinge
- Hautflügler
- Zweiflügler
- übrige Insektengruppen
- Krebse
- Würmer
- übrige Tiergruppen
- Wirbeltiere
- Weichtiere
- Spinnentiere

2 Vielfalt an Schneckengehäusen

Nahrung aufgenommen werden kann. Die Nahrung wird deshalb durch Verdauungsenzyme zunächst in einer Außenverdauung verflüssigt und dann aufgesaugt.

Schnecken sind meist Weidegänger, die ihre Nahrung mit einer Raspelzunge, der Radula, abschaben.

Wie Wirbellose atmen, ist vor allem davon abhängig, ob sie an Land oder im Wasser leben. Feuchtlufttiere wie Regenwürmer atmen über die gesamte Hautoberfläche. Sie haben keine Atmungsorgane. Gliederfüßer des Landes atmen über ein verzweigtes Röhrensystem aus Chitin, die Tracheen. Im Wasser lebende Gliederfüßer haben meist Kiemen als Atmungsorgane. Auch im Wasser lebende Weichtiere atmen über Kiemen. Bei Landschnecken erfolgt die Atmung über den Mantel.

Basiskonzept Fortpflanzung

Die meisten wirbellosen Tiere pflanzen sich geschlechtlich fort. Insekten haben eine indirekte Entwicklung über Larven. Bei den Ordnungen mit vollkommener Metamorphose erfolgt die Verwandlung zur Imago in einer Puppenhülle. Insekten mit einer vollkommenen Metamorphose sind zum Beispiel Käfer, Schmetterlinge und Hautflügler. Heuschrecken und einige andere Ordnungen durchlaufen eine unvollkommene Metamorphose. Bei ihnen verändern sich die Larven allmählich und werden der Imago nach jeder Häutung ähnlicher. Ein Puppenstadium wird nicht ausgebildet.

Bei Spinnentieren ist die Entwicklung meist direkt: Aus den Eiern schlüpfen Jungtiere, die den geschlechtsreifen Tieren schon weitgehend ähneln. Auch sie müssen sich während des Wachstums häuten.

Ringelwürmer und Weichtiere, die am Land leben, haben ebenfalls eine direkte Entwicklung. Bei Arten des Süßwassers und der Meere gibt es in der Regel frei schwimmende Larvenformen.

Basiskonzept
Information und Kommunikation

Dieses Basiskonzept lässt sich beispielsweise auf das Paarungsverhalten anwenden. So machen sich die Männchen vieler Webspinnen durch Zupfen an den Netzen der Weibchen bemerkbar. Aus den dadurch verursachten charakteristischen Schwingungen des Netzes kann die weibliche Spinne erkennen, ob sich ein arteigenes Männchen nähert oder eine Beute ins Netz gegangen ist.

Besonders vielfältig sind die Kommunikationsmöglichkeiten bei den in Gemeinschaften lebenden Insekten, vor allem bei Bienen und Ameisen. Bei Ameisen dienen insbesondere Düfte und Berührungen der Kommunikation. Bienen verfügen über besonders komplexe Verhaltensweisen, die der Kommunikation dienen. Dazu gehören die Bienentänze. Mit Hilfe dieses Kommunikationssystem können Informationen über Art und Entfernung von Nahrungsquellen weitergegeben werden.

Voraussetzung für die Aufnahme von Informationen sind leistungsfähige Sinnesorgane. Diese sind in der Regel am Kopf konzentriert. Insekten haben Komplexaugen, mit denen sie sich in ihrer Umwelt gut orientieren können.

3 Wanderheuschrecken haben beißend-kauende Mundwerkzeuge

4 Vollkommene Metamorphose: Schlüpfender Schmetterling

Wissen vernetzt — Wirbellose Tiere

A1

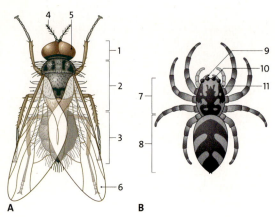

a) Benenne die in A und B abgebildeten Tiergruppen.
b) Ordne den Ziffern die passenden Fachbegriffe zu.
c) Nenne fünf Unterscheidungsmerkmale zwischen den beiden Tiergruppen.

A2

a) Benenne den Bautyp des abgebildeten Nervensystems und erläutere seinen Aufbau.
b) Nenne Stämme und Klassen, bei denen der abgebildete Bautyp vorkommt. Beschreibe die Lage des Nervensystems in diesen Tieren im Vergleich zum Zentralen Nervensystem bei Wirbeltieren.

A3

Eine Krankenkasse schreibt in einem Informationspapier: »Wer seinen Urlaub in Süddeutschland, Österreich, Tschechien, Slowenien, Russland, Südschweden oder Finnland verbringt, sollte sich gegen Zeckenbisse impfen lassen. Für Versicherte, die wegen eines Arbeitsplatzrisikos geimpft werden, trägt der Arbeitgeber die Kosten«.

Lies den Text aufmerksam. Begründe, welche Formulierung fehlerhaft ist.

A4

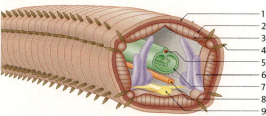

Der oben stehende Querschnitt gehört zu dem sechs bis zehn Zentimeter langen Mistwurm, einem Verwandten des Regenwurms.
a) Ordne den Ziffern die passenden Fachbegriffe zu. Begründe, ob es im Bauplan Unterschiede zum Regenwurm gibt.
b) Hinsichtlich des inneren Aufbaus könnte man Regenwurm und Mistwurm auch als »Hundertlinge« bezeichnen. Begründe diese Aussage.
c) Erkläre, aus welchem Grund Gartenbesitzer und Landwirte das zahlreiche Vorkommen von Regen- und Mistwürmern im Boden schätzen.

A5

Tausendfüßer bilden eine eigenständige Untergruppe der Gliederfüßer. Nenne sichtbare Unterschiede zu den Ringelwürmern.

A6

Ringelwürmer und Gliederfüßer werden manchmal als »Gliedertiere« zusammengefasst. Nenne gemeinsame Merkmale, die diese Zuordnung rechtfertigen.

Wirbellose Tiere

A 7

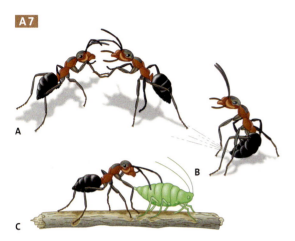

a) Erläutere, welche Vorgänge aus dem Leben von Ameisen in den Abbildungen A bis C dargestellt sind.
b) Vergleiche die Möglichkeiten der Kommunikation in den Gemeinschaften von Ameisen und Bienen.

A 8

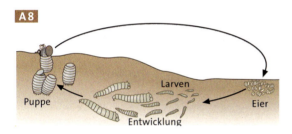

a) Beschreibe die Entwicklung bei Stubenfliegen. Ordne den Ziffern die passenden Fachbegriffe zu.
b) Nenne eine weitere Insektenordnung, bei der eine ähnliche Larvenform vorkommt.

A 9

In der Abbildung sind die Fraßspuren eines wirbellosen Tieres zu sehen. Nenne die Tiergruppe, die solche Fraßspuren erzeugt. Erläutere den Aufbau und die Funktion der an der Nahrungsaufnahme beteiligten Organe.

A 10

Die Abbildung zeigt eine Körperöffnung, wie sie seitlich an den Segmenten der meisten Insekten zu finden ist.

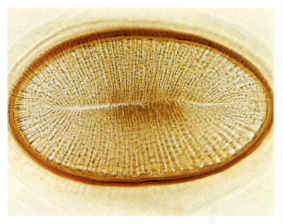

a) Benenne die Öffnungen und erläutere ihre Aufgaben. Gehe dabei auch auf die inneren Organe ein, mit denen die Öffnungen verbunden sind.
b) Am Rande der Öffnungen sitzen verzweigte Strukturen aus Chitin. Überlege, welche Aufgaben diese Strukturen haben könnten.

A 11

Ordne die abgebildeten Tiere den passenden Stämmen und Klassen des Tierreichs zu. Nenne für die Ziffern (4), (6) und (8) auch die jeweiligen Ordnungen. Begründe deine Entscheidungen.

87

Bau und Leistungen von Pflanzen

1 Aufbau von Samenpflanzen

1.1 Grundbauplan der Samenpflanzen

Eine Ameise läuft über den Erdboden und steuert eine Gruppe Gefleckter Taubnesseln an. Nach kurzem Suchen hat sie einen Samen mit einem kleinen weißen Anhängsel entdeckt. Sie schleppt ihn davon. Das Anhängsel wird die Ameise später fressen, da es vor allem Eiweiße und Fett enthält. Der Samen selbst wird einfach liegengelassen. Aus ihm kann sich später eine neue Pflanze entwickeln. Die Gefleckte Taubnessel ist somit eine Pflanze, deren Samen durch Ameisen verbreitet werden.

Solche Pflanzen, die Blüten tragen und Samen ausbilden, fasst man zu den **Blüten- oder Samenpflanzen** zusammen. Sie bilden mit über 250 000 verschiedenen Arten die größte heute lebende Pflanzengruppe. Gemeinsam ist allen, dass der Embryo gut geschützt im Samen liegt. So dienen die Samen nicht nur der Verbreitung, sondern auch dem Schutz. In Form ihrer Samen können diese Pflanzen auch ungünstige Umweltbedingungen wie Kälte und Trockenheit überdauern. Dies ist letztendlich der Grund für die weltweite Verbreitung der Samenpflanzen in fast allen Lebensräumen der Erde. Alle Samenpflanzen haben einen gemeinsamen Bauplan, der am Beispiel der Gefleckten Taubnessel gut zu erkennen ist.

Die unterirdischen **Wurzeln** sind verzweigt und verankern die Pflanze im Boden. Neben der Verankerung der Pflanze dienen sie außerdem der Aufnahme von Wasser und gelösten Mineralstoffen.

1 Gefleckte Taubnessel

Die oberirdische vierkantige **Sprossachse**, auch Stängel genannt, trägt die Laubblätter und Blüten. Sie ist innen hohl und verläuft bei Taubnesseln zum Teil unterirdisch. Man spricht bei diesem Abschnitt deshalb von einem Erdspross. Am Stängel sitzen die kreuzweise gegenständig angeordneten **Laubblätter.** Ihre Form erinnert an Brennnesselblätter. Sie besitzen jedoch keine Brennhaare und sind harmlos. Trotzdem reicht allein das Aussehen aus, um Fressfeinde wie Wildkaninchen zu täuschen.

Auch die **Blüten** bestehen aus umgewandelten Blättern, die jedoch der Fortpflanzung dienen. Von außen nach innen unterscheidet man *Kelchblätter, Kronblätter, Staubblätter* und *Fruchtblätter*. Besonders gut kann man die Anordnung der einzelnen Blütenteile erkennen, wenn man eine geschlossene Blüte etwa in der Mitte quer durchschneidet und daraus ein Blütendiagramm erstellt. Bei der Gefleckten Taubnessel zeigt dieses Diagramm, dass die fünf Kelchblätter miteinander verwachsen sind. Von den darauf folgenden fünf Kronblättern, die ebenfalls verwachsen sind, bilden zwei die Oberlippe und drei die Unterlippe. Nach dieser besonderen Blütenform hat man die Pflanzenfamilie benannt, es sind die **Lippenblütengewächse.** Ober- und Unterlippe bilden im unteren Blütenteil eine Röhre. In ihrem Inneren sieht man die Staubblätter. Bei der Taubnessel sind es zwei kürzere und zwei längere Staubblätter, die mit den Kronblättern verwachsen sind. Am Grunde der Blütenröhre bilden Fruchtblätter den viergeteilten Fruchtknoten, dem ein langer Griffel mit Narbe entspringt.

Solch ein Blütenbau und die Farbe Rot-Violett ziehen Bestäuber wie Hummeln an. Sie landen auf der Unterlippe der Blüte und können mit ihrem relativ langen Rüssel Nektar und Pollen aufnehmen. Ein Teil des Pollens bleibt in den pelzigen Haaren hängen und gelangt so zur Narbe der nächsten Blüte. Nach der Bestäubung kommt es zur Befruchtung, wobei Ei- und Spermiumzelle verschmelzen. Danach entwickeln sich im Fruchtknoten die Samen.

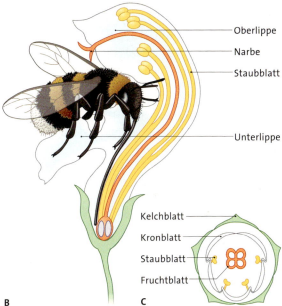

2 Gefleckte Taubnessel. A Bestäubung durch Hummeln; **B** Blütenschema im Längsschnitt; **C** Grundriss

1. Erläutere, warum die Gefleckte Taubnessel eine Samenpflanze ist.
2. Weltweit gibt es über 3000 verschiedene Arten der Lippenblütengewächse. Informiere dich über verschiedene Beispiele und belege dann das Basiskonzept Vielfalt.
3. Beschreibe die Bestäubung einer Taubnesselblüte. Nutze dazu auch die Abbildungen 1 A und B.
4. Stelle tabellarisch die einzelnen Teile einer Samenpflanze mit ihren wichtigsten Funktionen zusammen.

3 Früchte der Gefleckten Taubnessel

1.2 Samenpflanzen lassen sich ordnen

Um sich in der Vielzahl verschiedener Samenpflanzen schnell zurechtzufinden, hat man sie nach wesentlichen Merkmalen in Gruppen geordnet. In der ersten Gruppe werden Pflanzen zusammengefasst, bei denen männliche und weibliche Blüten getrennte Blütenstände bilden. In den weiblichen Blüten liegen die Samenanlagen frei auf speziellen Blättern oder Schuppen. Der Pollen hat dadurch direkten Zugang zu den Eizellen. Man bezeichnet diese Gruppe deshalb als **Nacktsamer.** Nach der Befruchtung schließt sich der weibliche Blütenstand. Bei vielen Arten wie Kiefer, Fichte und Tanne reifen die Samen in verholzten *Zapfen* heran. Zu den Nacktsamern zählen neben den Nadelgehölzen auch Ginkgo und Palmfarne.

99 Prozent aller Samenpflanzen zählen jedoch zur zweiten Gruppe. Sie besitzen Samenanlagen, die vom Fruchtknoten eingeschlossen im Fruchtblatt liegen. Daraus abgeleitet nennt man diese Gruppe **Bedecktsamer.** Nach der Befruchtung bilden die Pflanzen *Früchte* aus, die den Samen schützen und sehr oft zu seiner Verbreitung beitragen. Zu den Bedecktsamern zählen die Laubgehölze ebenso wie viele bekannte Pflanzenfamilien. Insgesamt sind es über 300 Familien. Rosengewächse wie die Kirsche, Kreuzblütengewächse wie der Raps und Lippenblütengewächse wie die Gefleckte Taubnessel gehören dazu.

Wenn man die Keimlinge bedecktsamiger Pflanzen vergleicht, bemerkt man einen Unterschied. Manche Pflanzen haben Keimlinge mit nur einem Keimblatt. Ihre vollentwickelten Laubblätter sind meist ganzrandig und haben parallele Blattadern. Auch der Stängelquerschnitt zeigt einen typischen Bau mit vielen kleinen Leitbündeln für den Stofftransport, die verstreut angeordnet sind. Pflanzen, die solche Merkmale aufweisen, gehören zu den **Einkeimblättrigen Samenpflanzen.** Weitere Besonderheiten sind der oft dreizählige Blütenbau und die häufig ausgebildeten Wurzelbüschel. Zu den Einkeimblättrigen zählen alle Gräser wie Mais, Weizen und Roggen sowie Palmen, Orchideen, Lilien und viele Frühblüher. **Zweikeimblättrige Samenpflanzen** haben dagegen Keimlinge mit zwei Keimblättern. Die Laubblätter sind vielgestaltig und zeigen fast immer netzartig verlaufende Blattadern. Die etwas größeren Leitbündel liegen kreisförmig im äußeren Stängelbereich. Oft findet man eine gut entwickelte Hauptwurzel mit Seitenwurzeln. Der Blütenbau ist eher vier- oder fünfzählig. Zu den Zweikeimblättrigen gehören viele Laubbäume, Sträucher und Kräuter.

1 Vergleiche ein- und zweikeimblättrige Samenpflanzen miteinander.

2 Ordne folgende Beispiele den genannten Gruppen zu: Kiefer, Schneeglöckchen, Rotbuche, Hafer, Königspalme, Weißkohl, Weiße Taubnessel.

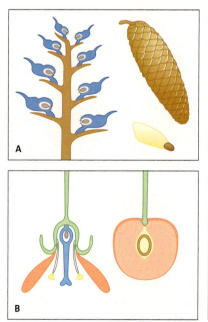
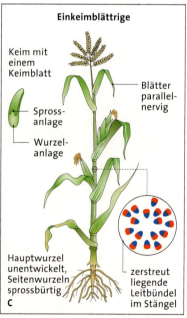
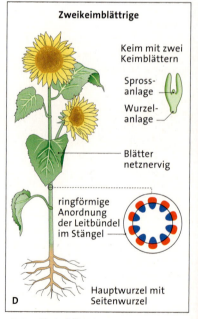

1 Gruppen der Samenpflanzen. **A** Nacktsamer; **B** Bedecktsamer; **C** Einkeimblättrige; **D** Zweikeimblättrige

Wissen Kompakt — Vielfalt der Samenpflanzen

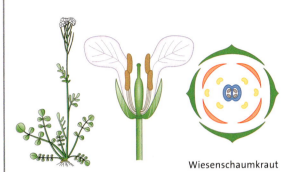
Wiesenschaumkraut

Familie: Kreuzblütengewächse
Artenzahl: 3200 Arten
Merkmale: Die Blüten sind zwittrig und haben vier Kelch- und vier Kronblätter, die kreuzförmig angeordnet sind. Meist sind sechs Staubblätter vorhanden, zwei äußere mit kürzeren, vier innere mit längeren Staubfäden. Es gibt zwei Fruchtblätter. Aus ihnen entwickeln sich Schoten oder Schötchen.
Beispiele: Kohl, Senf, Raps, Radieschen, Rettich, Blaukissen, Goldlack

Heckenrose

Familie: Rosengewächse
Artenzahl: 3000 Arten
Merkmale: Die meisten Blüten sind fünfzählig und in Kelch und Krone gegliedert. Sie haben sehr viele Staubblätter. Die Blütenachse ist oft verbreitert bis becherförmig, so dass die Fruchtknoten mittel- oder unterständig liegen. Es treten Kapseln, Nüsschen, Stein- und Scheinfrüchte auf.
Beispiele: Apfel, Birne, Eberesche, Pflaume, Kirsche, Pfirsich, Mandel, Erdbeere, Himbeere

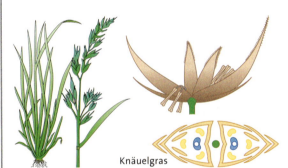
Knäuelgras

Familie: Süßgräser
Artenzahl: 10 000 Arten
Merkmale: Die meist zwittrigen Blüten sitzen in Ährchen, die wiederum Blütenstände wie Ähre, Traube oder Rispe bilden. Sie haben drei Staubblätter und einen oberständigen Fruchtknoten. Die spezielle Grasfrucht bezeichnet man als Karyopse. Der Stängel ist knotig gegliedert.
Beispiele: Weizen, Roggen, Hafer, Mais, Reis, Hirse, Bambus, Zuckerrohr

Tulpe

Familie: Liliengewächse
Artenzahl: 3700 Arten
Merkmale: Die zwittrigen, dreizähligen Blüten haben meist eine Blütenhülle aus zwei Kreisen. Dabei sind Kelch- und Kronblätter gleichartig. Es gibt sechs Staubblätter und drei Fruchtblätter mit oberständigem Fruchtknoten. Als Früchte werden Kapseln oder Beeren gebildet.
Beispiele: Zwiebel, Schnittlauch, Tulpe, Türkenbundlilie, Taglilie, Bärlauch

1. Belege das Basiskonzept Vielfalt am Beispiel der Kreuzblütengewächse.
2. Begründe, warum Liliengewächse zu den einkeimblättrigen Samenpflanzen gehören.
3. Informiere dich über die verschiedenen Fruchtformen bei Rosengewächsen. Gestalte eine Präsentation mit den verschiedenen Fruchtformen.
4. Die Grasblüte ist an Windbestäubung angepasst. Belege diese Aussage.

2 Stoffwechsel der Pflanzen

2.1 Grüne Pflanzen brauchen Licht

Eine einzelne hundertjährige Buche leistet wirklich Erstaunliches: Sie produziert an einem Sommertag pro Stunde rund 280 Liter Sauerstoff und zwölf Kilogramm Kohlenhydrate. Wie sind diese Leistungen möglich?

Mit ihren Wurzeln nehmen grüne Pflanzen wie die Buche aus dem Boden Wasser und Mineralstoffe auf. Dies sind *anorganische Stoffe*. Kohlenhydrate wie Traubenzucker oder Stärke sind dagegen Stoffe, die in Organismen vorkommen und Kohlenstoff enthalten. Man bezeichnet sie deshalb als *organische Stoffe*. Verbrennt man Teile einer Pflanze, bleibt unter anderem Kohlenstoff zurück. Das ist auch dann der Fall, wenn man eine Pflanze in einer Nährlösung anzieht, die überhaupt keinen Kohlenstoff enthält. Dies beweist, dass die Pflanzen eine andere Kohlenstoffquelle nutzen müssen. Sie nehmen den Kohlenstoff aus der Luft in Form der anorganische Verbindung Kohlenstoffdioxid auf. Dieses Gas ist zwar nur mit etwa 0,04 Prozent in der Luft vertreten, der geringe Anteil reicht jedoch aus, um die gesamte pflanzliche Biomasse auf der Erde zu bilden.

Da Pflanzen in der Lage sind, aus anorganischen Stoffen selbstständig organische Stoffe zu erzeugen, bezeichnet man sie als **autotroph** (gr. *auto,* selbst; *trophein,* ernähren).

Zu den wichtigsten Stoffwechselvorgängen autotropher Pflanzen gehört die **Fotosynthese.** Dabei werden aus Kohlenstoffdioxid und Wasser, Traubenzucker und Sauerstoff hergestellt. Für diesen Vorgang braucht die Pflanze eine Energiequelle, das Licht.

Die Lichtenergie wird vom *Chlorophyll* aufgenommen. Dieser grüne Blattfarbstoff befindet sich in den *Thylakoiden* der Chloroplasten. Das sind Membranstapel, die geldrollenartig übereinander liegen. Dort laufen diejenigen Reaktionen der Fotosynthese ab, bei denen die Energie des Sonnenlichtes in chemische Energie umgewandelt wird. Damit die Pflanze diese Energie später nutzen kann, wird sie in einer energiereichen chemischen Verbindung gespeichert, die in der Pflanze ohne Probleme transportiert werden kann. Diese chemische Verbindung ist das Adenosintriphosphat, abgekürzt **ATP.**

An den Membranstapeln läuft parallel zur ATP-Bildung eine weitere Reaktion ab, die Spaltung von Wasser. Auch für diese Reaktion ist Lichtenergie nötig. Bei der Spaltung von Wasser entstehen Wasserstoff und Sauerstoff. Der Wasserstoff wird chemisch gebunden, das Nebenprodukt Sauerstoff gibt die Pflanze über ihre Spaltöffnungen ab. Da diese Teilreaktionen nur im Licht ablaufen, fasst man sie als **lichtabhängige Reaktionen** der Fotosynthese zusammen.

Der zweite Teil der Fotosynthese findet in der Grundsubstanz des Chloroplasten, dem *Stroma* statt. Für diesen

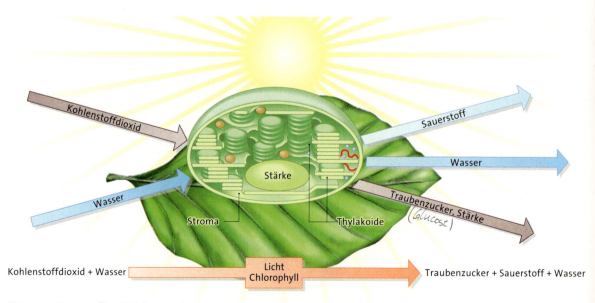

1 Fotosynthese im Überblick (Schema)

Vorgang wird kein Licht mehr benötigt, deshalb werden die Reaktionen auch als **lichtunabhängige Reaktionen** zusammengefasst. Voraussetzung ist, dass die Pflanze Kohlenstoffdioxid über die Spaltöffnungen aufgenommen hat. Dieses wird nun mit Hilfe des gebundenen Wasserstoffes verarbeitet. Es entsteht die energiereiche Verbindung **Traubenzucker** oder *Glucose*. Für diesen Vorgang wird Energie benötigt. Sie stammt aus den lichtabhängigen Reaktionen und wird durch den Energieüberträger ATP geliefert. Nach ihrem Entdecker heißen diese Prozesse auch Calvin-Zyklus.

Der gebildete Traubenzucker wird in Wasser gelöst und über die Leitungsbahnen der Pflanze überall dorthin transportiert, wo er gebraucht wird. Es ist auch möglich, aus Glucose und einem weiteren Zucker, der bei der Fotosynthese entsteht, der Fructose, Rohrzucker aufzubauen. Dieser Zucker kann ebenfalls gut transportiert werden. Um Traubenzucker speichern zu können, muss er in eine unlösliche Form umgewandelt werden. Dies geschieht, indem die Glucosemoleküle zu langen Ketten verknüpft werden. Auf diese Weise entsteht der Vielfachzucker **Stärke,** der sich gut speichern lässt. Wird in der Pflanze neuer Traubenzucker gebraucht, kann er durch Spaltung aus den Speicherstoffen wieder freigesetzt werden.

Geht man davon aus, dass die Pflanze 100 Prozent Lichtenergie aufgenommen hat, so weist die entstandene Glucose etwa 30 Prozent dieser Energiemenge auf. Die restliche Energie wird von der Pflanze für Transportvorgänge benötigt oder geht als Wärme »verloren«. Der Wirkungsgrad der Fotosynthese liegt damit bei rund 30 Prozent. Das ist immer noch mehr, als die meisten Verbrennungsmotoren liefern.

Da die grünen Pflanzen in der Fotosynthese ihre Nahrungsgrundlage selbst herstellen und gleichzeitig die Biomasse für fast alle übrigen Organismen bereitstellen, bezeichnet man sie als **Produzenten.** Somit liefern sie durch ihre Ernährung die Grundlage für alle **Konsumenten,** die sich direkt oder indirekt von Pflanzen ernähren. Auch das Nebenprodukt Sauerstoff, das die Pflanzen an die Umgebung abgeben, wird von den Organismen zur Atmung gebraucht. Ohne die Entwicklung der Fotosynthese vor etwa drei bis zwei Milliarden Jahren hätten wir heute keine sauerstoffhaltige Erdatmosphäre. Auch die Ozonschicht, die uns vor zu starker UV-Strahlung schützt, hat sich erst gebildet, als Sauerstoff vorhanden war.

1. Erläutere die Wortgleichung der Fotosynthese in Abbildung 1.
2. Beschreibe die Vorgänge, die bei den lichtabhängigen Reaktionen der Fotosynthese ablaufen.
3. Begründe, warum ohne die lichtabhängigen Reaktionen keine Glucose gebildet werden kann. Nutze dazu die Abbildung 2.
4. Grüne Pflanzen sind Produzenten. Begründe diese Aussage.
5. Entwickle ein Tafelbild oder eine Folie zur Bedeutung der Fotosynthese. Stelle es in der Klasse vor.

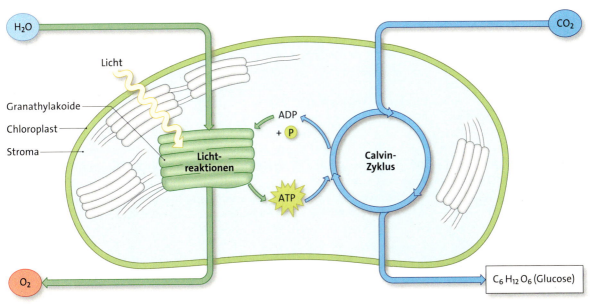

2 Reaktionen der Fotosynthese (Schema)

2.2 Entdeckung der Fotosynthese

Der griechische Philosoph und Naturforscher ARISTOTELES war einer der Ersten, der sich über die Ernährung der Pflanzen Gedanken machte. Er vermutete, dass die Pflanzen ihre Nahrung ausschließlich mit den Wurzeln aus dem Boden aufnehmen. Erst 2000 Jahre später begann man, den Stoffwechsel der Pflanzen genauer zu untersuchen und erste gezielte Experimente durchzuführen. So überprüfte um 1640 der flämische Arzt Johan Baptist van HELMONT die Bedeutung des Bodens für Pflanzen. Während die Pflanzen wuchsen und deutlich an Biomasse zunahmen, wurden aus dem Boden nur ganz wenige Stoffe aufgenommen. Es war vor allem Wasser, das immer wieder durch Gießen zugeführt werden musste. Die Menge an Mineralstoffen im Boden änderte sich dagegen kaum.

Im 18. Jahrhundert führte der englische Naturforscher Joseph PRIESTLEY Experimente durch, die zeigen konnten, dass grüne Pflanzen »verbrauchte« in »frische Luft« umwandeln können. Er setzte dazu Mäuse unter Glasglocken, die er entweder leer ließ oder mit verschiedenen grünen Topfpflanzen besetzte. Die Mäuse überlebten nur, wenn Pflanzen vorhanden waren. Einige Jahre später belegte der niederländische Arzt Jan INGENHOUSZ, dass Pflanzen für ihre Ernährung nicht nur Wasser, sondern auch Licht brauchen. Außerdem vermutete er, dass die Pflanzen bei diesen Vorgängen der Luft ein Gas entnehmen und ein anderes an sie wieder abgeben. Erst weiterführende Versuche von Chemikern konnten 1783 zeigen, dass es sich bei dem aufgenommen Gas um Kohlenstoffdioxid und bei dem abgegebenen um Sauerstoff handelte.

Die bisherigen Forschungsergebnisse wurden um 1800 in der ersten Wortgleichung der Fotosynthese zusammengefasst. Sie lautete:

Kohlenstoffdioxid + Wasser → Pflanzensubstanz + Sauerstoff

Außerdem kannte man als wichtige Voraussetzung für diesen Prozess die Energiequelle: das Licht.

Erst 60 Jahre später wurde die Pflanzensubstanz genauer ermittelt und der Ort der Fotosynthese herausgefunden. Es war der deutsche Botaniker Julius SACHS, der Stärke als Speicherprodukt der Fotosynthese in den Chloroplasten der Pflanzenzellen nachweisen konnte. Trotz dieses Durchbruchs sollten noch weitere 50 Jahre vergehen, ehe man die einzelnen biochemischen Schritte der Fotosynthese kannte. Der englische Chemiker Robert HILL zeigte 1937, dass der gebildete Sauerstoff aus einer fotochemischen Spaltung des aufgenommenen Wassers stammt. Der amerikanische Biochemiker Melvin CALVIN untersuchte 1949 den Verbleib des aufgenommenen Kohlenstoffdioxids genauer. Er konnte nachweisen, dass das Kohlenstoffdioxid in einem Kreislaufprozess in Traubenzucker umgewandelt wird. Aus diesem kann sich dann Stärke bilden. Für diesen Teilprozess, der ihm zu Ehren auch Calvin-Zyklus genannt wird, ist kein Licht notwendig.

Nun waren zwar alle wesentlichen Schritte der Fotosynthese bekannt, aber längst noch nicht jedes Rätsel gelöst. Später klärte man zum Beispiel die genauen Strukturen der beteiligten Farbstoffe und Enzyme auf. Auch viele energetische Daten und Transportvorgänge, die bei der Fotosynthese eine Rolle spielen, wurden erst vor wenigen Jahren bekannt.

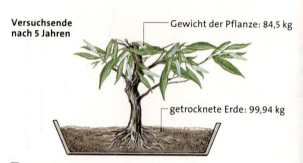

1 Versuche von HELMONT

1 Gestaltet in Partner- oder Gruppenarbeit eine Präsentation oder einen Zeitstrahl zur Geschichte der Fotosynthese. Stellt eure Ergebnisse in geeigneter Form in der Klasse vor.

Bau und Leistungen von Pflanzen

Methode: Experimente planen, durchführen und protokollieren

Wenn man herausfinden will, welche Bedingungen Pflanzen für die Fotosynthese brauchen, kann man geeignete **Experimente** durchführen. Dazu ist es wichtig, dass man sich vor dem eigentlichen Experimentieren Gedanken über die Fragestellung und den Ablauf des Versuches macht. Man erstellt eine Versuchsplanung.

Was wird benötigt? Zuerst wird überlegt, welche Geräte und Chemikalien für den Versuch erforderlich sind. Dann plant man den Versuchsaufbau.

Wie wird der Versuch aufgebaut? Handelt es sich um einen Langzeitversuch, muss auch geklärt werden, wo der Versuch ungestört stehen bleiben kann.

Alle Phasen des Experimentes müssen in einem Protokoll dokumentiert werden.

2 Fotosyntheseversuche mit Wasserpest

Material: Als Erstes werden Name, Klasse, Datum, Mitarbeiter/in und die Problemstellung notiert. Letztere kann auch als Aufgabe oder Hypothese formuliert werden. Als nächsten Schritt gibt man die Materialien an, die für den Versuch erforderlich sind.

Versuchsdurchführung: Die Durchführung kann in Form einer beschrifteten Skizze oder als Text festgehalten werden. Bei einem Text beschreibt man mit eigenen Worten, wie man den Versuch aufbaut. Die Durchführung muss genau formuliert werden, damit der Versuch später auch von einer anderen Person wiederholt werden könnte.

Durchführung und Beobachtungen: Ist die Planung abgeschlossen, kann man das eigentliche Experiment durchführen. Die Beobachtungen werden in Form von Stichpunkten, Sätzen oder als Tabelle festgehalten. In der Biologie finden sich auch häufig Zeichnungen oder Fotos, die Beobachtungen belegen.

Versuchsauswertung: Am Schluss werden die Beobachtungen ausgewertet. Bei dieser Auswertung kann man Stoffe benennen, Gleichungen aufstellen, Bedingungen zusammenfassen oder Verallgemeinerungen treffen. Die Auswertung klärt auch, ob die Problemstellung des Versuches gelöst wurde oder ob weitere Versuche nötig sind. Misslingt das Experiment, können an dieser Stelle Ursachen dafür aufgeschrieben werden.

Name: Lena Wenderoth Klasse: 8b Datum: 1.10.2008

Thema: Bedingungen der Fotosynthese

Problem: Wie beeinflusst die Kohlenstoffdioxidkonzentration die Fotosynthese?

Material: Bechergläser, frische Wasserpest, Schere, abgekochtes Wasser, Leitungswasser, kohlenstoffdioxidreiches Mineralwasser, Lichtquelle (z.B. Overheadprojektor)

Durchführung: ① abgekochtes Wasser ② Leitungswasser ③ Mineralwasser

alle gleich beleuchten, Raumtemperatur, Bläschen zählen am angeschnittenen Sprossteil der Wasserpflanzen

Beobachtungen:

Glas Nr.	①	②	③
	keine Gasentwicklung	farblose Gasblasen steigen auf	farblose Gasblasen steigen auf
pro Minute	0 Bläschen	5	16

Auswertung: Im abgekochten Wasser befindet sich kein Kohlenstoffdioxid. Hier läuft keine Fotosynthese ab. Je mehr Kohlenstoffdioxid im Wasser gelöst ist, desto höher ist die Fotosyntheserate und desto mehr Sauerstoff wird gebildet. Dabei läuft in den Zellen der Wasserpest folgende Reaktion ab:

$6 CO_2 + 6 H_2O \rightarrow C_6H_{12}O_6 + 6 O_2$

Der Sauerstoff ist in Form kleiner, farbloser Gasbläschen sichtbar.

1 Versuchsprotokoll (Beispiel)

Aufgaben und Versuche — Fotosynthese

V1 Die Fotosynthese ist lichtabhängig

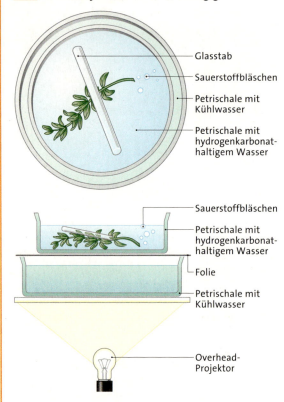

Aufgaben:
a) Zähle bei allen vier Teilversuchen die Anzahl der Sauerstoffbläschen pro Minute. Stelle deine Versuchsergebnisse tabellarisch zusammen.
b) Werte den Versuch aus.

V2 Pflanzen produzieren Traubenzucker

Material: Glucoseteststreifen (aus der Apotheke); grüne Blätter von Küchenzwiebel, Schnittlauch oder Tulpe (möglichst Topfpflanzen); Becherglas; Schere; heißes Wasser

Durchführung: Schneide zum Beispiel von einer Tulpenpflanze, die im Hellen gestanden hat, ein Blatt ab. Zerkleinere das Blatt mit der Schere und gib einige Blattstücke in das Becherglas. Übergieße diese dann mit etwas heißem Wasser und lass alles abkühlen. Anschließend tauchst du den Glucoseteststreifen in die Lösung und vergleichst die Farbe des Testfeldes mit der Farbskala auf der Verpackung. Protokolliere die Glucosekonzentration.
Wiederhole den Versuch mit einer Pflanze, die mindestens einen Tag abgedunkelt wurde. Achte auf eine vergleichbare Blattmenge.

Aufgaben:
a) Erläutere das Versuchsergebnis.
b) Begründe, warum die heiße Lösung vor dem Glucosetest abkühlen muss.

Material: Petrischalen (verschiedener Größe); kurzer Glasstab; kohlenstoffdioxidreiches Mineralwasser; frische Sprosse der Wasserpest; Leitungswasser; durchsichtige Folie in den Farben Rot, Grün und Blau; Overheadprojektor

Durchführung: Fülle eine größere Petrischale mit kühlem Leitungswasser und verschließe sie mit dem Deckel. Gib dann in die zweite Petrischale das kohlenstoffdioxidhaltige Mineralwasser und den frisch angeschnittenen Spross der Wasserpest. Beschwere die Pflanze mit dem Glasstab. Stelle diese Petrischale auf die erste mit dem vorbereiteten Kühlwasser. Beide Schalen bringst du zum Overheadprojektor. Beobachte den Spross bis regelmäßig Gasblasen aus dem angeschnittenen Ende entweichen. Schiebe dann nacheinander die verschiedenen farbigen Folien zwischen die beiden Petrischalen. Beobachte, ob sich die Anzahl der Gasblasen verändert. Zähle die Gasblasen jeweils pro Minute. Schalte den Overheadprojektor zum Schluss ab und beobachte erneut.

V3 Pflanzen enthalten Kohlenstoff

Material: grünes Blatt; Reagenzglas; Reagenzglasklammer; Gasbrenner; Glasstab; Waage; Abdampfschale

Durchführung: Stopfe das Blatt mit Hilfe des Glasstabes in den unteren Teil des Reagenzglases. Bestimme dann mit der Waage die Masse von Glas und Blatt. Stelle beim Gasbrenner eine nicht leuchtende Brennerflamme ein und erhitze das Reagenzglas vorsichtig. Bewege es dazu langsam in der Brennerflamme, bis auch die Wassertropfen an der Reagenzglaswand verschwunden sind und das Blatt völlig verkohlt ist. Nachdem das Glas abgekühlt ist, wird es erneut gewogen. Gibt die Rückstände in eine Abdampfschale und betrachte sie genau.

Aufgabe: Protokolliere den Versuch wie auf Seite 95 dargestellt.

Bau und Leistungen von Pflanzen

A4 Bestimmte Bedingungen ermöglichen die Fotosynthese

Die Abbildungen A bis C zeigen drei verschiedene Experimente zur Untersuchung der Fotosynthesefaktoren. Dabei werden jeweils die Ausgangsbedingungen des Experimentes und das Ergebnis eines anschließenden Stärkenachweises dargestellt.
Im ersten Versuch wurden panaschierte Efeublätter für etwa vier Stunden belichtet. Im zweiten Versuch verwendete man einen Fliederzweig. Von diesem drückte man ein Blatt mit seiner Unterseite auf ein Reagenzglas. Die Verbindung wurde durch Vaseline am Reagenzglasrand luftundurchlässig. Im Glas selbst befand sich konzentrierte Kalilauge, die der Luft Kohlenstoffdioxid entzieht. Auch dieser Versuchsansatz wurde für etwa vier Stunden belichtet.
Beim letzten Experiment verdunkelte man einen Teil eines Fliederblattes mit Alufolie. Anschließend belichtete man den Zweig wieder vier Stunden mit einer Lampe.

Aufgaben:
a) Werte die abgebildeten Versuche mit Hilfe der Fotos aus und erläutere die Ergebnisse.
b) Führe den dritten Versuch (Abbildung C) selbst durch. Recherchiere eine geeignete Durchführung und plane den Versuchsaufbau.

A5 Abhängigkeit der Fotosynthese von verschiedenen Umweltfaktoren

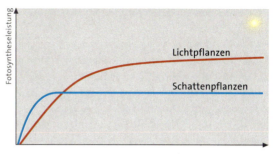

A

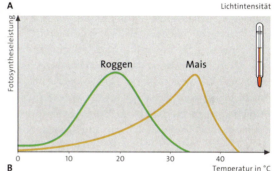

B

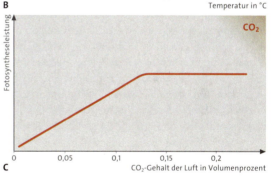

C

Die Diagramme A bis C zeigen die Fotosyntheseleistung in Abhängigkeit von verschiedenen Umweltfaktoren wie Lichtintensität, Temperatur und Kohlenstoffdioxidgehalt. Diese Zusammenhänge werden zum Beispiel beim Anbau von Kulturpflanzen im Gewächshaus oder im Freiland berücksichtigt.

Aufgaben:
a) Erläutere die dargestellten Zusammenhänge mit Hilfe dieser Diagramme.
b) Recherchiere drei konkrete Beispiele für heimische Licht- und Schattenpflanzen.
c) Wende das Basiskonzept Angepasstheit auf den Mais an. Nutze die entsprechenden Diagramme.

2.3 Traubenzucker wird weiter verarbeitet

Wer denkt schon bei einem leckeren Obstsalat mit Äpfeln, Ananas, Weintrauben und Birnen an die Fotosynthese? Trotzdem stammt zum Beispiel der süße Geschmack der Früchte vom Fruchtzucker. Der saure Geschmack könnte uns an Fruchtsäuren erinnern, Geruch und Farbe der Früchte stammen von Aroma- und Farbstoffen. Möglicherweise essen wir den Fruchtsalat auch wegen seiner vielen Vitamine und Ballaststoffe. Tatsächlich sind alle diese Stoffe direkte oder indirekte Produkte der Fotosynthese. Dazu zählen auch die klassischen Nährstoffe wie Proteine, Fette und Kohlenhydrate.

All diese Stoffe werden im sogenannten **Baustoffwechsel** von der Pflanze erzeugt. Die Zellen können dabei aus dem Ausgangsstoff Glucose eine Vielzahl weiterer Stoffe herstellen. So können die Glucosemoleküle zum Beispiel in den Chloroplasten zu *Stärke*, einer langkettigen Verbindung aus mehreren Hundert Einzelbausteinen, verknüpft werden. Da Stärke nicht wasserlöslich ist, lässt sie sich gut in Samen, Sprossknollen oder Wurzeln speichern. Beispiele für Stärke liefernde Pflanzen sind alle Getreidearten sowie Kartoffel, Süßkartoffel, Maniok und Mehlbanane.

Auch Zellulose besteht aus vielen Glucosemolekülen. Hier liegen die langen, verzweigten Ketten eng aneinander und bilden oft faserartige Strukturen. Zellulose wird von den Pflanzen zum Aufbau ihrer Zellwände genutzt. Durch Ein- und Auflagerungen lassen sich ihre Eigenschaften weiter abwandeln. So entsteht zum Beispiel gemeinsam mit eingelagertem Holzstoff eine sehr festes Material, das *Holz*. Auch für den Menschen ist Zellulose ein wichtiger Stoff. Wir stellen aus ihm Papier und Zellstoff her. Die weißen Samenhaare der Baumwolle liefern den Hauptrohstoff für die Textilindustrie.

Die Pflanze kann den Traubenzucker auch in *Fruchtzucker* umwandeln. Diesen findet man in reifen Früchten wie Äpfeln, Birnen oder Weintrauben. Verknüpfen sich im Stoffwechsel ein Traubenzucker- und ein Fruchtzuckermolekül miteinander, entsteht ein neuer, häufig genutzter Zucker. Die Pflanze stellt diesen *Rohrzucker* als **Speicherstoff** her. Nutzbare Mengen finden sich in den Zucker liefernden Pflanzen wie Zuckerrohr, Zuckerrübe und Zuckerahorn.

Für den Aufbau von *Proteinen* benötigt die Pflanze neben der Glucose auch stickstoffhaltige Mineralsalze aus dem Boden. Mit den gebildeten Eiweißen werden zum Beispiel Membranen oder Enzyme in der Pflanzenzelle aufgebaut. Außerdem dienen Proteine wieder als Speicherstoff in Samen und Früchten. Typische Eiweiß liefernde Pflanzen sind Erbsen, Bohnen, Sojabohnen und Linsen.

Fette bestehen aus den gleichen chemischen Elementen wie Kohlenhydrate. Sie enthalten Kohlenstoff, Wasserstoff und Sauerstoff und können durch Umbauprozesse aus Traubenzucker aufgebaut werden. Auch sie dienen vor allem der Stoff- und Energiespeicherung und sind oft in Samen und Früchten zu finden. Bekannte Beispiele, die auch vom Menschen genutzt werden, sind Öl liefernde Pflanzen wie Sonnenblume, Raps, Walnuss und Olive.

Neben Stoffen, die für den Bau und die Funktion von Zellen und Organen wichtig sind, produzieren Pflanzen noch weitere **sekundäre Pflanzenstoffe** mit Sonderfunktionen. Zu solchen Stoffen zählen zum Beispiel *Farb- und Duftstoffe*. Diese spielen bei Samenpflanzen eine große Rolle und locken potenzielle Bestäuber und Fruchtverbreiter an. Bekannte Beispiele sind duftende Rosen- und Lavendelsträucher. *Harze*, *Kautschuk* und *Gerbstoffe* dienen dagegen der Abwehr von Fressfeinden. Sie schrecken entweder durch ihren bitteren Geschmack ab oder verkleben die Mundwerkzeuge des Angreifers. Auch solche Stoffe werden vom Menschen zum Beispiel in der Textil- und Farbstoffindustrie genutzt. Naturkautschuk stammt fast ausschließlich vom Kautschukbaum. Der weiße Milchsaft wird, ähnlich wie unser Kiefernharz, durch Anritzen der Bäume gewonnen. Kautschuk wird weltweit zur Herstellung von Gummi genutzt. Einige *Bitter- und Scharfstoffe* sind in Heil- und Gewürzpflanzen wie Bitterklee, Kümmel, Pfeffer und Chili enthalten. Sie wirken oft Appetit und Verdauung fördernd.

Aus manchen *Pflanzengiften* wie den Stoffen im Roten Fingerhut, im Maiglöckchen oder in der Mistel lassen sich Medikamente herstellen. Sie werden zum Beispiel bei Herzbeschwerden oder in der Krebstherapie eingesetzt.

Kakao, Kaffee und Tee zählen zu den Genussmittel liefernden Pflanzen. Sie enthalten Stoffe wie Koffein oder Theobromin, die eine besondere Wirkung auf den Menschen haben. In vernünftigen Mengen konsumiert, machen sie uns zum Beispiel wacher und steigern Leistung und Wohlbefinden.

1 Nenne Speicherstoffe bei Pflanzen.
2 Recherchiert im Internet und in Fachbüchern konkrete Beispiele für Nutzpflanzen mit verschiedenen Inhaltsstoffen. Gestaltet mit eurem Material Steckbriefe oder Poster.

Bau und Leistungen von Pflanzen

1 Folgeprodukte der Fotosynthese

Bau und Leistungen von Pflanzen

2.4 Auch Pflanzen verbrauchen Sauerstoff

In artenreichen Buchen- und Auenwäldern wächst der Aronstab. Er blüht im April und Mai. Zuerst sieht man nur die grünen Hochblätter, die sich nach unten zu einem bauchigen Kessel erweitern. Jedes Hochblatt umschließt einen Blütenstand. An diesem befinden sich im unteren Teil die weiblichen und darüber die männlichen Blüten. Weiter oben folgen sterile Blüten, die zu Reusenhaaren umgebildet sind. Der Blütenstand endet in einem braunvioletten Kolben. Welchen Zweck erfüllt dieser komplexe Blütenstand?

Sind die weiblichen Blüten reif, öffnet sich das Hochblatt und gibt den Kesseleingang frei. Im Kessel entwickelt sich dann durch Stoffwechselaktivitäten eine beachtliche Wärme. Sie dient dazu, Geruchsstoffe aus dem Kolben zu verbreiten. Wärme und Aasgeruch locken Insekten wie kleine Fliegen und Mücken an. Diese rutschen von der glatten, wachsbeschichteten Oberfläche des Hochblattes ab und gelangen zum Grund des Kessels. Die Haarreuse verhindert die Flucht der Insekten. Diese krabbeln nun im Kessel herum. Tragen die Insekten Pollen eines anderen Aronstabes, werden die weiblichen Blüten bestäubt. In der darauf folgenden Nacht öffnen sich auch die männlichen Blüten. Die Insekten werden nun mit neuen Pollenkörnern bepudert. Kurz darauf vertrocknen die Reusenhaare, der Kesselausgang ist frei. Die Insekten gelangen ins Freie und fliegen weiter zur nächsten Aronstabpflanze. Für diese besondere Bestäubungsform ist relativ viel **Energie** nötig. Zum einen muss die Pflanze in kurzer Zeit das Hochblatt entwickeln und wachsen lassen, zum anderen wird Wärmeenergie gebraucht, um die Geruchsstoffe freizusetzen. Wie gelingt es Pflanzen, Energie zu erzeugen?

Ausgangsstoff für die Energiegewinnung ist Stärke, die in den Pflanzenzellen gespeichert ist. Diese muss jedoch zunächst wieder in Traubenzucker zerlegt werden. In den Zellen findet dann eine biologische Oxidation statt. Dabei wird Glucose zusammen mit Sauerstoff zu Kohlenstoffdioxid und Wasser umgewandelt.

Wie die Fotosynthese ist auch dieser Stoffwechselprozess recht kompliziert und läuft in mehreren Phasen ab. Zuerst wird die Glucose im Zellplasma zu kürzeren Kohlenstoffverbindungen abgebaut. Diese gelangen dann in den Citratzyklus und werden zu Kohlenstoffdioxid umgesetzt. Der Name Citratzyklus leitet sich von der Zitronensäure ab, die in diesem Reaktionszyklus vorkommt. Die letzte Phase ist die Atmungskette. Hier werden Wasserstoffionen, die aus der Glucose stammen, und Sauerstoff zu Wasser umgewandelt. Dieser Vorgang setzt stufenweise Energie frei, die als Wärme abgegeben oder in Form von

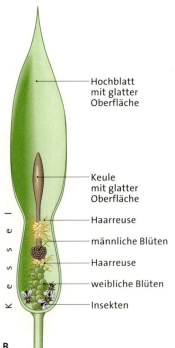
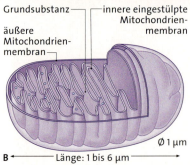

1 Aronstab. A Blütenstand; B Bestäubung

2 Mitochondrium. A elektronenmikroskopische Aufnahme; B Schema

ATP gespeichert wird. Die chemisch gebundene Energie kann die Pflanze für alle Lebensprozesse wie Wachstum, Bildung und Transport von Stoffen sowie Bewegungen nutzen.

Die beschriebenen Vorgänge zur Energiefreisetzung in Zellen nennt man **Zellatmung**. Der Prozess lässt sich mit folgender Wortgleichung zusammenfassen:
Glucose + Sauerstoff → Kohlenstoffdioxid + Wasser
Nicht nur der Aronstab sondern auch alle übrigen Pflanzen benötigen für die Zellatmung Sauerstoff, genauso wie Tiere, Menschen und andere Lebewesen.

Citratzyklus und Atmungskette finden in speziellen Zellorganellen, den **Mitochondrien** statt. Diese sind in Gestalt und Größe recht unterschiedlich. Sie können oval, kugelförmig, stäbchenförmig oder gekrümmt sein. Mitochondrien sind mit einer Länge von einem bis sechs Mikrometern recht klein, ihr Feinbau konnte deshalb erst mit einem Elektronenmikroskop genauer untersucht werden. Dabei fand man eine Doppelmembran, die das Mitochondrium umgibt. Die innere Membran ist mit vielen Einstülpungen versehen. So vergrößert sich der Reaktionsraum für die Zellatmung. In und auf der Membran befinden sich zum Beispiel die Enzyme für die Atmungskette und die Herstellung von ATP. Außerdem gibt es noch die Grundsubstanz, die vor allem Reaktionsraum ist und Transportfunktionen übernimmt. Bisher wurden über 100 verschiedene Enzyme in Mitochondrien entdeckt, die Stoffwechselprozesse steuern.

Zellatmung kommt nicht nur bei Pflanzen vor. Auch Tiere, Menschen, Pilze und andere Lebewesen gewinnen durch diesen Stoffwechselprozess ihre Energie. Deshalb findet man Mitochondrien, die »Kraftwerke« der Zelle, sowohl in pflanzlichen als auch in tierischen Zellen. Im Gegensatz zu den grünen Pflanzen können diese Lebewesen die für die Zellatmung nötigen Stoffe nicht selbst herstellen. Sie müssen also organische Stoffe mit der Nahrung aufnehmen und ernähren sich heterotroph. Damit liefert die Fotosynthese die stoffliche Grundlage für die Zellatmung aller Lebewesen. Der zum Abbau des Traubenzuckers nötige Sauerstoff stammt ebenfalls aus der Fotosynthese.

1 Finde Beispiele, wie Pflanzen die durch Zellatmung gewonnene Energie nutzen.
2 Beschreibe den Feinbau eines Mitochondriums mit Hilfe der Abbildung 2.
3 Erläutere mit Hilfe der Abbildung 3 den Ablauf der Zellatmung. Gib dabei auch an, woher die Ausgangsstoffe der Zellatmung kommen.
4 Erläutere den Zusammenhang zwischen Fotosynthese und Zellatmung. Entwickle dazu ein einfaches Schema zur Veranschaulichung.

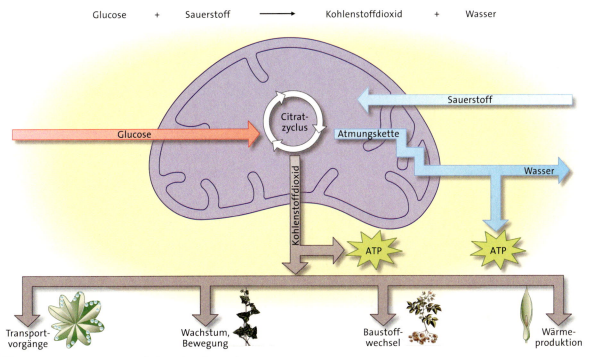

3 Reaktionen der Zellatmung (Schema) und Energienutzung

Aufgaben und Versuche — Zellatmung

V1 Zellatmung und Temperatur

Material: Erbsen; flache Schale; Jogurtglas; 2 Thermometer; Wasser; Watte oder aus Styropor geschnittener passender Deckel für das Glas

Durchführung: Lass 20 g getrocknete Erbsen für etwa 10 h in einer wassergefüllten, flachen Schale quellen. Fülle die gequollenen Erbsen in ein Jogurtglas und stecke vorsichtig ein Thermometer in die Mitte des Glases. Verschließe das Glas mit Watte oder einem Styropordeckel, in den du vorher noch ein kleines Loch für das Thermometer stechen musst. Lass das Glas stehen, bis die Erbsen zu keimen beginnen.

Aufgabe: Bestimme die Temperatur der keimenden Erbsen und vergleiche sie mit der Raumtemperatur. Erkläre das Ergebnis.

V2 Zellatmung und Sauerstoff

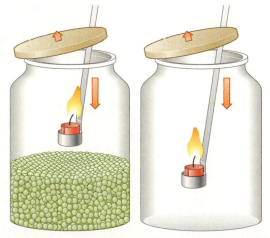

Material: Erbsen oder Bohnen; zwei hohe gleichgroße Gläser mit Deckel; Verbrennungslöffel mit Kerze; Wasser; flache Schale; Uhr mit Sekundenangabe

Durchführung: Lass die Erbsen oder Bohnen wie in V1 etwa 10 h quellen. Fülle dann etwa ein Drittel des ersten Glases mit den gequollenen Samen. Verschließe das Glas und lass es ein oder zwei Tage an einem warmen Ort stehen. Zünde dann die Kerze auf dem Verbrennungslöffel an. Öffne das Glas mit den gequollenen Samen vorsichtig, senke die Kerze hinein und bestimme die Zeit bis zu ihrem Erlöschen. Wiederhole den Versuch mit einem leeren Glas.

Aufgabe: Notiere und erkläre deine Beobachtungen.

V3 Kartoffelknollen atmen

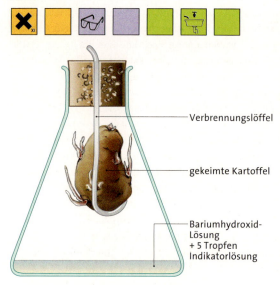

- Verbrennungslöffel
- gekeimte Kartoffel
- Bariumhydroxid-Lösung + 5 Tropfen Indikatorlösung

Material: Bariumhydroxid-Lösung (10 %ig, ätzend!); Weithalserlenmeyerkolben mit passendem Stopfen; Draht; Verbrennungslöffel oder Bindfaden mit Nadel; Universalindikatorlösung; keimende Kartoffel

Durchführung: Fülle in den Erlenmeyerkolben 1 cm hoch Bariumhydroxid-Lösung ein und gib einige Tropfen Indikatorlösung dazu. Befestige die keimende Kartoffel entweder auf dem Verbrennungslöffel oder ziehe sie mit der Nadel auf einen Bindfaden. Verschließe dann den Kolben wie in der Abbildung gezeigt. Lass den Versuchsansatz für 1 bis 2 Tage an einem warmen Ort stehen.

Aufgaben:

a) Fertige ein Versuchsprotokoll an. Orientiere dich dabei an der Methodenseite 95. Beachte, dass sich mit einem Universalindikator durch Farbveränderungen Basen und Säuren nachweisen lassen. Verbindet sich Kohlenstoffdioxid mit Wasser, so bildet sich dabei Kohlensäure, die die Base Bariumhydroxid neutralisieren kann.

b) Kartoffelknollen speichern einen Stoff, der erst zu Glucose für die Zellatmung abgebaut werden muss. Plane ein Experiment, mit dem du diesen Stoff nachweisen kannst. Führe das Experiment nach Bestätigung deiner Planung durch den Fachlehrer durch. Protokolliere deine Ergebnisse.

2.5 Pflanzen und Tiere sind voneinander abhängig

Eine kleine Maus hat eine Brombeerhecke erklommen und frisst von den reifen Früchten. Sie ernährt sich damit direkt von der energiereichen Biomasse, die von der Pflanze durch Fotosynthese und anschließende Stoffwechselprozesse erzeugt wurde. Wie lassen sich diese wechselseitigen Beziehungen genauer erklären?

Die pflanzliche Biomasse enthält Nährstoffe wie Kohlenhydrate, Proteine und Fette, die im Magen und Darm der Maus verdaut werden. So entstehen Bausteine, die wiederum zum Aufbau von körpereigenen Stoffen genutzt werden können. Man bezeichnet solche Stoffe deshalb auch als **Baustoffe**. Mit ihnen bildet der Körper der Maus zum Beispiel neue Eiweißstoffe, die als Muskeln, Enzyme oder zum Aufbau des Felles dienen. Ein großer Teil der Nährstoffe wird in der Zellatmung abgebaut und liefert Energie. Diese Energie kann die Maus zur Aufrechterhaltung ihrer Körpertemperatur, für Bewegungen oder die Fortpflanzung nutzen.

Alle Tiere, auch Menschen, sind auf energiereiche Nahrung angewiesen. Essen wir Brombeeren, nutzen wir ebenfalls die dort gespeicherten Zucker für unsere eigenen Lebensvorgänge. Auch wenn wir uns von Fleisch ernähren, steckt in diesem letztendlich die Energie, die das Tier beim Fressen von Gras, Kartoffeln oder anderen Futterpflanzen aufgenommen hat. Die Energie für alle Lebensvorgänge wird demnach bei Pflanzen, Tieren und Menschen gleichermaßen durch **Zellatmung** gewonnen.

Dabei wird die Energie immer aus Nährstoffen freigesetzt, die irgendwann in der Fotosynthese gebildet wurden. Auch der gesamte Sauerstoff in der Luft ist durch die Fotosynthese entstanden. Dieser Prozess begann schon vor über drei Milliarden Jahren, als chlorophyllhaltige Bakterien die Fotosynthese als Stoffwechselweg erstmals nutzten. Durch die sich später entwickelnden grünen Wasser- und Landpflanzen stieg der Sauerstoffgehalt in der Atmosphäre kontinuierlich an. Heute liegt er bei etwa 21 Volumenprozent. Pflanzen verbrauchen zwar ständig einen Teil des durch sie erzeugten Sauerstoffes für ihre eigene Zellatmung, sie produzieren jedoch durch Fotosynthese etwa die vierfache Menge. Dieser Sauerstoff wird von Tieren und Menschen eingeatmet. Die Blätter eines einzigen Laubbaumes erzeugen an einem Sommertag eine Sauerstoffmenge für über zwanzig Menschen.

Der Kreislauf schließt sich durch die Zellatmung. Hier entsteht Kohlenstoffdioxid, das wiederum von den Pflanzen für die Fotosynthese aufgenommen wird. Auch nicht verwertbare Stoffe, die von den Tieren und Menschen ausgeschieden werden, gehen wieder in den Kreislauf ein. Diese Stoffe werden von Bodenlebewesen abgebaut, die dabei Kohlenstoffdioxid, Wasser und Mineralstoffe freisetzen. Mineralstoffe wie Nitrate und Phosphate gelangen so in den Boden, wo sie von den Wurzeln der Pflanzen wieder aufgenommen werden können.

1 Erläutere die Zusammenhänge zwischen Fotosynthese und Zellatmung mit Hilfe der Abbildung 1.
2 Beschreibe an zwei Beispielen, wie der Mensch in die bestehenden Stoffkreisläufe eingreift.

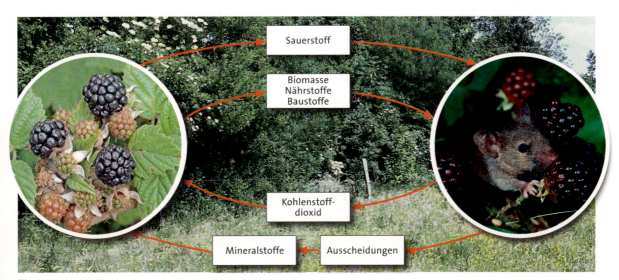

1 Pflanzen und Tiere einer Hecke sind voneinander abhängig

Zusammenfassung — Bau und Leistungen von Pflanzen

Vielfalt

Pflanzen, die Blüten tragen und Samen bilden, werden als Samenpflanzen bezeichnet. Sie sind mit über 250 000 verschiedenen Arten die größte heute lebende Pflanzengruppe. Neben Gemeinsamkeiten, wie ihrem Grundbauplan mit Wurzel und Spross, Blütenbildung und Vermehrung durch Samen, treten auch Unterschiede bei den Samenpflanzen auf. Diese betreffen zum Beispiel Größe und Form ihrer Pflanzenorgane oder die Blütenfarbe. Zudem unterscheidet man zwei Großgruppen: Bei den Nacktsamern liegen die Samenanlagen nackt auf einer Samenschuppe. Bei den Bedecktsamern sind sie im Fruchtknoten eingeschlossen.

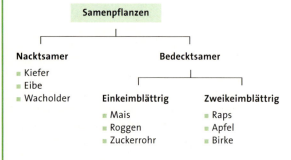

Struktur und Funktion

Pflanzenorgane zeigen einen bestimmten Bau, durch den sie entsprechende Funktionen erfüllen können. So haben die Blüten vieler Samenpflanzen auffällig gefärbte Kronblätter, die Insekten anlocken. Die Blüten produzieren außerdem Nektar und Duftstoffe für ihre Bestäuber. Diese transportieren bei ihrer Nahrungssuche den Pollen der einen Blüte auf die Narbe der anderen und tragen so zur geschlechtlichen Fortpflanzung der Samenpflanzen bei. Windblütige Arten haben dagegen unauffällige Blüten, die sehr viele, leichte Pollenkörner erzeugen.

Stoff- und Energiewechsel

Samenpflanzen zeigen wie alle Lebewesen das Merkmal des Stoff- und Energiewechsels. Sie nehmen Stoffe aus ihrer Umwelt auf, wandeln diese um und geben andere Stoffe wieder ab. Dabei unterscheidet man im Stoffwechsel von grünen Pflanzen zwei wesentliche Prozesse voneinander.

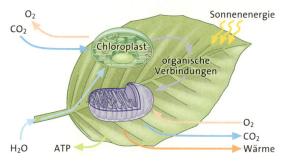

Die **Fotosynthese** dient dem Stoffaufbau. Dabei nimmt die Pflanze Kohlenstoffdioxid und Wasser auf und wandelt diese in Sauerstoff und Glucose um. Da aus anorganischen, energiearmen Ausgangsstoffen organische, energiereiche Reaktionsprodukte werden, handelt es sich um eine autotrophe Ernährungsform. Für diesen Stoffwechselweg sind Lichtenergie und Chlorophyll nötig. Die Fotosynthese findet in speziellen Zellorganellen, den Chloroplasten statt. Aus dem gebildeten Traubenzucker und weiteren Ausgangsstoffen kann die Pflanze Folgeprodukte herstellen. Zu diesen zählen zahlreiche organische Verbindungen wie Stärke, Cellulose, Eiweißstoffe und Fette.

Die **Zellatmung** ist ein abbauender Stoffwechselweg, der der Energiegewinnung dient. Für ihn wird Glucose mit Sauerstoff zu Kohlenstoffdioxid und Wasser umgewandelt. Diese Reaktion findet ebenfalls in speziellen Zellorganellen, den Mitochondrien statt. Die freiwerdende Energie kann als Wärmeenergie oder in Form von ATP von der Pflanze genutzt werden. Sie ist Grundlage für Wachstums-, Bewegungs- und Transportprozesse.

Fotosynthese und Zellatmung stehen in einem Zusammenhang. So liefert die Fotosynthese Biomasse und Sauerstoff für alle anderen Lebewesen. Bei der Zellatmung wird wiederum Kohlenstoffdioxid frei, das von den grünen Pflanzen für die Fotosynthese genutzt werden kann.

Wissen vernetzt — Bau und Leistungen der Pflanzen

A1 Schema einer Samenpflanze

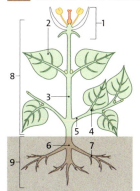

Aufgaben:
a) Benenne die gekennzeichneten Teile einer Samenpflanze und gib jeweils ihre Funktion an.
b) Erläutere am Beispiel der Sprossachse das Basiskonzept Struktur und Funktion.

A2 Walderdbeere

Aufgabe: Begründe, warum die abgebildete Walderdbeere eine Samenpflanze ist.

A3 Blattaufbau

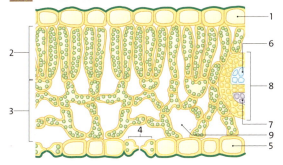

Die Abbildung zeigt den Querschnitt durch ein Buchenblatt.

Aufgaben:
a) Beschreibe den Blattaufbau mit Hilfe der nummerierten Blattteile.
b) Wende das Basiskonzept Struktur und Funktion auf die Spaltöffnung an.

A4 Transpiration

Die Abbildung zeigt einen Versuch zur Transpiration bei Pflanzen.

Aufgabe: Beschreibe das Experiment, indem du Material, Durchführung, zu erwartende Beobachtungen und eine Auswertung angibst.

A5 Fotosynthese und Zellatmung

Aufgabe: Vergleiche Fotosynthese und Zellatmung tabellarisch miteinander. Finde zwei Gemeinsamkeiten und fünf Unterschiede. Beachte dabei Ort des Stoffwechselprozesses, Ausgangsstoffe, Reaktionsprodukte, Teilreaktionen und Bedingungen.

A6 Sauerstoffproduktion

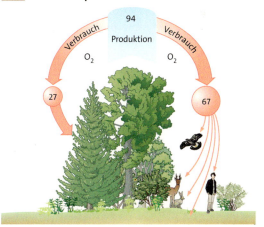

Die Abbildung zeigt die Sauerstoffproduktion der grünen Pflanzen in Milliarden Tonnen pro Jahr.

Aufgabe: Erläutere unter Verwendung der Grafik und des Basiskonzeptes Wechselwirkung den Zusammenhang zwischen Fotosynthese und Zellatmung.

Ökosyteme

1 Was ist ein Ökosystem?

Sommerwiesen sind ein Stück Natur, dem viele Menschen mit Freude und Wohlbehagen begegnen. Das samtig behaarte Wollige Honiggras lädt zum Berühren ein, der Geruch des Ruchgrases erinnert uns an duftendes Heu und Wiesenkerbel, Scharfer Hahnenfuß und Rotklee sind mit ihren weißen, gelben und roten Blüten ein Genuss für unsere Augen. Der Gesang der Lerche verzaubert unsere Ohren und der im Gras leuchtende Siebenpunktmarienkäfer vermittelt den Eindruck, besonderes Glück zu haben.

Biologen interessieren sich besonders für die Umweltbedingungen in der Wiese und suchen nach Gründen, weshalb bestimmte Lebewesen hier vorkommen. Mit Thermometer, Lichtstärkemessgerät, Regenmesser, Hygrometer, Barometer und anderen Geräten misst man Temperatur, Lichtstärke, Niederschlagsmenge, relative Luftfeuchtigkeit oder Luftdruck. Auch die Umweltfaktoren im Boden wie Struktur, Wasserdurchlässigkeit oder Säure-, Mineralstoff- und Humusgehalt werden für die genaue Beschreibung einer Wiese bestimmt. Alle diese **abiotischen Umweltfaktoren** (gr. *abios,* ohne Leben) gemeinsam kennzeichnen den Lebensraum, den man auch als **Biotop** bezeichnet.

Tiere und Pflanzen der Wiese bilden zusammen mit Bakterien und Pilzen eine Lebensgemeinschaft, die **Biozönose.** Alle Individuen einer Art, die in der Wiese leben, bezeichnet man als **Population.** So bilden alle Pflanzen des Scharfen Hahnenfuß eine Hahnenfußpopulation und alle Siebenpunktmarienkäfer eine Marienkäferpopulation. Die Gesamtheit aller Pflanzenpopulationen der Wiese bildet die *Pflanzengesellschaft*, während man die Gesamtheit aller Tierpopulationen als *Tiergesellschaft* bezeichnet. Da es sich hierbei um Lebewesen handelt, werden sie auch als **biotische Umweltfaktoren** bezeichnet. Biotop und Biozönose zusammen bilden ein **Ökosystem.**

Die Zusammensetzung der Pflanzen- und Tiergesellschaft der Wiese hängt von den hier herrschenden abiotischen Faktoren ab. Pflanzen und Tiere sind durch ihre Merkmale an die Umweltbedingungen angepasst. So hat jede Art eine Minimal- und Maximaltemperatur, bei der sie gerade noch überleben kann. Zwischen diesen Extremwerten im sogenannten Toleranzbereich liegen die Temperaturen, bei denen sich das Lebewesen mehr oder weniger gut entwickelt. Als Optimaltemperatur bezeichnet man die am besten geeignete Temperatur. Liegt ein Temperaturwert außerhalb des Toleranzbereichs, stirbt das Lebewesen. Für alle abiotischen Umweltfaktoren gibt es entsprechende Minimal-, Optimal- und Maximalwerte.

Zwischen den Lebewesen kann man Nahrungsbeziehungen beobachten. So ernähren sich Blattläuse vom Saft des Rispengrases. Marienkäfer fressen Blattläuse und werden selbst eventuell von einer Spitzmaus gefressen, die wiederum Beute des Mäusebussards ist. Die Nahrungsbeziehung Rispengras → Blattlaus → Marienkäfer → Spitzmaus → Mäusebussard bezeichnet man als *Nahrungskette*. Das Rispengras findet sich jedoch auch in der Nahrungskette Rispengras → Maikäferlarve → Maulwurf → Mäusebussard. Viele Nahrungsketten sind so miteinander vernetzt und bilden ein *Nahrungsnetz*.

Ökosysteme

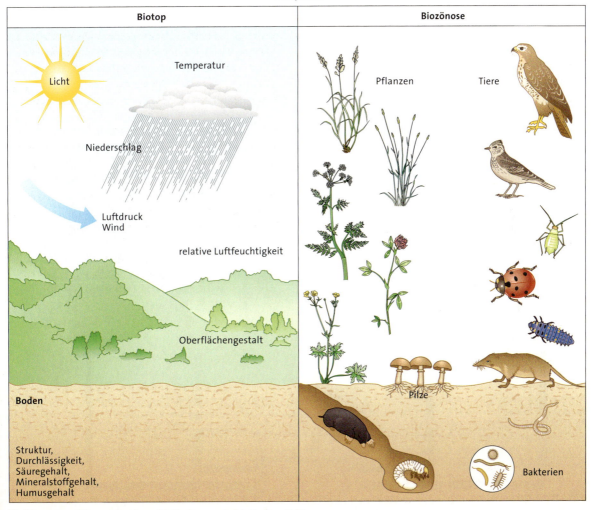

1 Ökosystem Wiese mit seinen biotischen und abiotischen Faktoren

Ökosysteme

Mit Hilfe des Sonnenlichtes erzeugen die Pflanzen als **Produzenten** Nährstoffe, die zum Aufbau von Biomasse genutzt werden. Die Pflanzen fressenden Tiere nehmen diese Nährstoffe mit der Nahrung auf und sind **Konsumenten**. Regenwürmer, Pilze und Bakterien verwerten die Reste toter Lebewesen sowie Ausscheidungen der Tiere. Sie zersetzen sie zu Mineralstoffen und werden als Zersetzer oder **Destruenten** bezeichnet.

Als ein weiteres Produkt der Fotosynthese geben die Pflanzen Sauerstoff an die Umgebung ab. Dieser wird von den meisten Lebewesen zur Zellatmung benötigt und daher von ihnen aufgenommen. Als Produkt der Atmung entsteht Kohlenstoffdioxid, das an die Umgebung abgegeben und von den grünen Pflanzen für die Fotosynthese wieder aufgenommen wird. Fotosynthese und Atmung der Lebewesen sorgen auf diese Weise für einen nie endenden Stoffaustausch. Verschiedene andere Stoffe sind in ähnlicher Form zwischen Produzenten, Konsumenten, Destruenten und der unbelebten Umwelt in Stoffkreisläufe eingebunden.

Verändert man die Umweltfaktoren in einem Ökosystem, so verschwinden bestimmte Arten und andere kommen neu dazu. Die Trockenlegung einer Wiese führt zum Beispiel zum Verschwinden von Sumpfdotterblume, Wiesenschaumkraut oder Großem Brachvogel. Stickstoffdüngung verdrängt seltene Arten wie Knabenkräuter und Sumpfschafgarbe und Kalkung führt zum Rückgang der Flatterbinse. Noch einschneidender sind die Veränderungen für die Lebensgemeinschaft bei einer grundlegenden Veränderung durch den Menschen. So hat die Umwandlung einer Wiese in einen Acker tiefgreifende Veränderungen der Lebensgemeinschaft zur Folge. Es entsteht ein anderes, artenärmeres Ökosystem.

1 Erkläre die Begriffe Biotop, Biozönose, Ökosystem, Population, Nahrungskette, Nahrungsnetz und Stoffkreislauf.

2 Nenne die Bedeutung einiger der in Abbildung 1 berücksichtigten abiotischen Faktoren für Lebewesen.

3 Erstelle drei Nahrungsketten der Wiese. Stelle durch Verknüpfungen ein Nahrungsnetz her.

4 Informiere dich über das Ökosystem Nasswiese. Welche besonderen abiotischen Bedingungen findet man hier im Vergleich zu einer normalen Wiese? Nenne Beispiele für hier lebende Pflanzen und Tiere und erläutere ihre Angepasstheiten an den nassen Lebensraum.

5 Nenne weitere Ökosysteme, die im Umfeld deiner Schule vorkommen und beschreibe sie kurz.

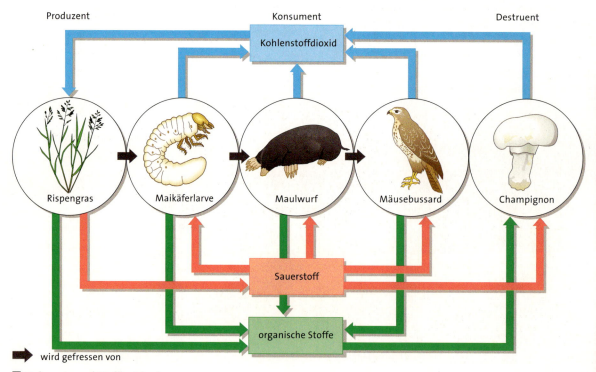

2 Nahrungs- und Stoffkreislauf

Ökosysteme

Methode: Exkursion

Das Wort **Exkursion** kommt aus dem Lateinischen und bedeutet Ausflug oder Streifzug. In der Biologie handelt es sich dabei meistens um einen Gang oder eine Fahrt in die Natur. Auf der Exkursion führt man Beobachtungen und Messungen durch und bestimmt zum Beispiel Tiere und Pflanzen.

Eine Exkursion muss gut vorbereitet werden. Zunächst werden der zu untersuchende Lebensraum, der Exkursionstermin und die Form der An- und Abreise festgelegt. Danach richtet sich die Auswahl der Geräte und Hilfsmittel. Wichtig sind eine witterungsgerechte Kleidung sowie die Mitnahme von Getränken und Proviant. Eine Flasche mit Mineralwasser eignet sich nicht nur als Durstlöscher, sondern durch das darin enthaltene Kohlenstoffdioxid auch zur Betäubung von zappelnden Insekten. Dazu verschließt man das Probenglas mit dem Insekt mit Verbandsmull und setzt es dann auf eine kurz zuvor geöffnete Mineralwasserflasche. Wenn die Luft im Probenglas durch Kohlenstoffdioxid ersetzt und das Tier betäubt ist, verschließt man das Glas wieder mit dem Deckel und untersucht das Insekt.

Protokollheft und Kartenmaterial sind wichtig für Dokumentation und Orientierung. Zum Schreiben benutzt man einen Bleistift, da die Schrift bei Regenwetter nicht verwischt. Zur üblichen Exkursionsausrüstung gehören auch eine Uhr, ein Meterstock, eine Digitalkamera, Haushaltstücher, Sammelgefäße sowie eine Handlupe.

Mit den meisten Digitalkameras kann man sehr einfach Fotos an einer Stereolupe oder einem Mikroskop machen. Man schaltet dazu den Blitz ab, zoomt in eine leichte Telestellung und setzt das Objektiv der Kamera auf das Okular von Stereolupe oder Mikroskop. Während man mit der einen Hand Objektiv und Okular fest miteinander verbindet, löst man mit der anderen Hand vorsichtig aus.

Abhängig von der Art des zu untersuchenden Lebensraumes und den geplanten Untersuchungen erfolgt die Auswahl der weiteren Geräte und Bestimmungsbücher.

Im Exkursionsgebiet werden Arbeitsgruppen gebildet. Im Protokollheft werden zunächst das Datum, die Namen der Gruppenmitglieder sowie der genaue Ort der Probestelle festgehalten. Das **Messen**, das **Beobachten** und das **Sammeln** müssen sehr sorgfältig und umsichtig erfolgen. Die **Naturschutzbestimmungen** sind dabei zu beachten und alles ist genau zu protokollieren oder zu beschriften.

1 Plane eine Exkursion an ein Gewässer in der Schulumgebung. Erstelle eine Liste der Ausrüstungsgegenstände. Verwende auch Abbildung 1.

Materialliste
Protokollbuch/-bögen und Bleistift
Bestimmungsbücher
Kartenmaterial
Getränk, Proviant
Sonnen- und Mückenschutz
Sammelgläser und -dosen
Fotoapparat
Meterstock/Messband
Lupe/Lupenglas
Thermometer
Käscher/Küchensieb
pH-Teststäbchen
Messgeräte für Licht, Windstärke usw.
Ersatzbatterien

1 Material für eine Exkursion in die Schulumgebung

Ökosysteme

Aufgaben und Versuche — Exkursion im Schulumfeld

V1 Untersuchung der Lichtstärke

Jahreszeit	relative Lichtstärke			
	Wiese	Eiche	Buche	Fichte
März	100 %	20 %	20 %	5 %
August	100 %	10 %	5 %	5 %

Relative Lichtstärke in einer Wiese und in verschiedenen Wäldern im Frühjahr und im Sommer

Material: Lichtstärkemessgerät oder Papprohr; Kopierpapier; Schere

Durchführung: (1) Messung mit dem Lichtstärkemessgerät: Bei Messungen mit dem Lichtstärkemessgerät muss der Messfühler während der Messung genau waagerecht angeordnet sein und er darf sich nicht im Schatten eines Schülers befinden.
(2) Messung mit dem Papprohr: Schneide zunächst drei Blätter des Kopierpapiers in jeweils sechs gleich große Stücke. Richte dann das Papprohr gegen den Himmel und lege nach und nach die Blätter auf die obere Öffnung des Rohres. Sobald kein Licht mehr durch das Papier scheint, zähle die Blätter. In einem dunklen Buchenwald erscheint die Papprohröffnung schon nach Auflegen weniger Blätter dunkel, auf einer sonnigen Wiese dagegen erst nach Auflegen von mehr als zehn Blättern. Ein Blatt entspricht einer Lichtstärke von einer relativen Einheit.

Aufgaben:
a) Miss die Lichtstärke in verschiedenen Lebensräumen im Schulumfeld. Berücksichtige Grünland- und Waldstandorte. Die im freien Gelände gemessenen Werte werden gleich 100 Prozent gesetzt und die an den anderen Standorten gemessenen Lichtstärken in prozentuale Anteile umgerechnet.
b) Stelle das Ergebnis im Säulendiagramm dar. Erläutere.

V2 Untersuchung von Temperatur und Luftfeuchte

Uhrzeit	Temperatur		relative Luftfeuchte	
	Wiese	Wald	Wiese	Wald
06:00	10 °C	12 °C	94 %	85 %
10:00	21 °C	18 °C	53 %	70 %
14:00	27 °C	24 °C	50 %	63 %
18:00	24 °C	22 °C	49 %	61 %
22:00	18 °C	19 °C	70 %	69 %

Lufttemperatur und relative Luftfeuchte über einer Wiese und im Wald im Verlauf eines Sommertags

Material: Thermometer; Hygrometer

Durchführung: Miss Temperatur und Luftfeuchte an den vorher festgelegten Probestellen. Wiederhole die Messungen zu verschiedenen Tageszeiten. Halte das Thermometer und das Hygrometer zur Messung jeweils etwa einen Meter über dem Boden in den Körperschatten. Lies die Messwerte immer erst ab, wenn die Anzeige annähernd konstant ist.

Aufgaben:
a) Stelle die Messwerte grafisch dar. Erläutere die Schwankungen der Werte innerhalb eines Lebensraumes und erkläre die Unterschiede in den verschiedenen Lebensräumen.
b) Vergleiche die Temperaturen in den verschiedenen Lebensräumen mit den jeweiligen Lichtverhältnissen. Erläutere.

V3 Bestimmung der Bodenart

Material: verschiedene Bodenproben

Durchführung: Bodenarten unterscheiden sich durch ihre Korngröße. Sie können mit Hilfe der Fingerprobe unterschieden werden. Reibe, rolle und quetsche dazu eine feuchte, gut durchgeknetete Bodenprobe zwischen den Fingerspitzen.

Ergebnis der Fingerprobe	Bezeichnung (Korndurchmesser)
klebrig, dünn ausrollbar, färbt	Ton (< 0,002 mm)
leicht körnig, formbar	Schluff (0,06–0,002 mm)
körnig, haftet nicht, nicht formbar	Sand (2,0–0,06 mm)

Aufgabe: Ermittle für die Bodenproben jeweils die Bodenart.

V4 Wasserdurchlässigkeit verschiedener Böden

Material: Messbecher (1 l); Konservendose ohne Boden oder Plastikrohrabschnitt (Ø ca. 10 cm); Uhr mit Sekundenzeiger; Wasser

Durchführung: Entferne an der Probestelle die Laubstreu oder kürze die Pflanzen. Drücke die Dose oder das Rohr einige Zentimeter in den Boden und gieße einen Liter Wasser gleichmäßig hinein, ohne dass die Dose überläuft oder leer läuft. Miss die Zeit in Sekunden, in der ein Liter Wasser versickert.

Aufgabe: Vergleiche die Wasserdurchlässigkeit jeweils mit der in V3 bestimmten Bodenart und stelle Zusammenhänge her. Erläutere.

V5 Bestimmung des pH-Wertes

Material: Bodenproben, Teelöffel, destilliertes Wasser, Bechergläser (breite Form, 100 ml), Messzylinder, Rundfilter (Ø 100 mm), pH-Stick oder pH-Teststäbchen (Messgenauigkeit 0,5 pH-Einheiten)

Durchführung: Gib drei gehäufte Teelöffel der Bodenprobe in das Becherglas, füge 50 ml destilliertes Wasser hinzu und rühre kräftig um. Falte nun einen Rundfilter zum Trichter und tauche ihn mit der Spitze nach unten in das Wasser, sodass das Wasser in den Filterkegel aufsteigt. Tauche den pH-Stick in das Wasser und lies die Anzeige ab, sobald der Messwert konstant ist.

pH-Wert	Bodenreaktion
bis 4,5	stark sauer
4,6 bis 6,9	sauer
7,0	neutral
7,1 bis 8,0	schwach alkalisch
8,1 bis 9,0	alkalisch

Aufgaben:
a) Vergleiche die Ergebnisse mit der Tabelle und beschreibe die Bodenreaktion.
b) Recherchiere, welche Pflanzenarten besonders saure oder basische Böden tolerieren.
c) Benenne in V6 bestimmte Pflanzenarten, die besonders gut an den pH-Wert des Standortes angepasst sind. Erläutere die Konsequenzen für diese Arten.

V6 Bestimmung von Pflanzen und Kleintieren

Material: Lupe; Pflanzenbestimmungsbücher; Tierbestimmungsbücher; zwei gleich große Joghurtbecher; Gummiband; Frischhaltefolie; spitze Schere

Durchführung: Betrachte blühende Pflanzen in deinem Untersuchungsgebiet genau. Finde unter Verwendung der Bestimmungsbücher ihre Namen heraus. Schneide aus einem der Joghurtbecher (Becher 1) den Boden heraus und verschließe den Boden dann mit Frischhaltefolie, die du mit einem Gummiband befestigst. Sammle mit diesem Kleintierkäfig Insekten und andere Kleintiere auf Pflanzen und an weiteren Orten. Streife sie mit dem Becher 1 ab und verschließe ihn sofort mit dem anderen Becher. Eingeklemmt zwischen Frischhaltefolie und Becherboden des zweiten Bechers kannst du das Tier jetzt mit der Lupe betrachten und unter Verwendung der Tierbestimmungsbücher seinen Namen herausfinden.

Aufgaben:
a) Schreibe die Namen der Pflanzen und Tiere in das Protokollheft. Gib die Häufigkeit ihres Vorkommens jeweils durch eines der folgenden Symbole an:
1 Einzelexemplar; 2 wenige Exemplare; 3 häufig; 4 massenhaft. Notiere auch, auf welchen Pflanzen du die Tiere jeweils gefunden hast und was sie dort gerade taten.
b) Informiere dich über die Ansprüche ausgewählter Pflanzen und Tiere an den Lebensraum und erkläre ihr Vorkommen an deiner Probestelle.
c) Erstelle eine Nahrungskette aus Lebewesen, die du gefunden hast.

2 Ökosystem Wald

2.1 Wälder unterscheiden sich

Fährt man mit dem Auto oder dem Zug durch bewaldete Gebiete Deutschlands, stellt man fest, dass viele Wälder überwiegend von *Rotbuchen* gebildet werden. In den meisten Regionen Deutschlands fällt über das Jahr verteilt so viel Niederschlag, dass der Boden nicht austrocknet. Auf solchen frischen Böden können die Wurzeln der Rotbuchen stets genügend Wasser aufnehmen. Unter diesen Bedingungen wachsen Rotbuchen vor allem in ihrer Jugendphase schneller als andere Bäume. Dadurch überwachsen sie diese Baumarten, die schließlich durch die Beschattung zu wenig Licht zum Wachsen erhalten. So werden die meisten anderen Bäume im Verlauf vieler Jahrzehnte verdrängt und es entsteht ein **Laubwald** mit der Rotbuche als einziger Baumart.

In manchen Gegenden Deutschlands findet sich sandiger Boden, der bei Regenfällen nur wenig Wasser speichern kann und schnell wieder austrocknet. In einigen Gebieten reicht auch der jährliche Niederschlag nicht aus, um Rotbuchenwälder wachsen zu lassen. Hier ist der *Kiefern-Eichen-Wald* der vorherrschende Waldtyp. Einen Wald, der zu ungefähr gleichen Teilen von Laub- und Nadelbäumen gebildet wird, bezeichnet man als **Laub-Nadel-Mischwald**.

An sehr trockenen Standorten geht der Kiefern-Eichen-Wald in einen nur von Kiefern gebildeten **Nadelwald** über. Die harten Nadeln der Kiefern sind vor Austrocknung besser geschützt als die weicheren Blätter der Laubbäume mit ihrer großen Oberfläche. Kiefern besitzen außerdem tief reichende Pfahlwurzeln, mit denen sie tiefer

1 Rotbuchenwald

gelegene, feuchte Bodenschichten erreichen können. So sind sie an trockene Standorte besser angepasst als die meisten Laubbäume.

Auch auf nassen Böden sucht man Rotbuchen vergeblich. Ihre Wurzeln sind empfindlich gegen Überflutungen und gegen hoch anstehendes Grundwasser. An den Ufern von Flüssen und Seen findet man daher Wälder aus anderen Baumarten, die längere Überschwemmungen und hohe Grundwasserstände gut ertragen können. Wälder, die im Überschwemmungsbereich von Flüssen wachsen, bezeichnet man als **Auenwälder**. An den nassesten Stellen dieser Wälder gedeihen *Weiden*, *Erlen* und *Pappeln*, an den weniger nassen *Eschen*, *Ulmen* und *Stieleichen*.

Wälder an den Ufern stehender Gewässer heißen **Bruchwälder**. In diesen Wäldern steht das Grundwasser dicht unterhalb der Bodenoberfläche. Dort wachsen vor allem *Schwarzerlen*, sofern genügend Mineralstoffe im Boden

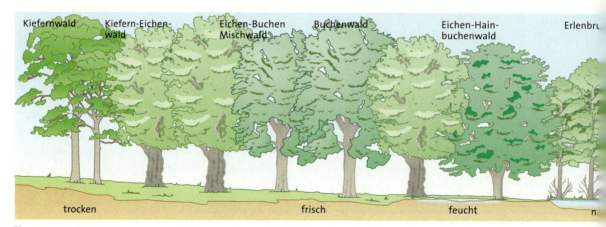

2 Waldtypen und ihr Vorkommen auf Böden mit unterschiedlicher Feuchtigkeit und in unterschiedlicher Höhenlage

Ökosysteme

3 Kiefernwald

chern. Bäume, die dort wachsen, müssen daher an eine schlechte Wasserversorgung angepasst und vor zu starker Austrocknung geschützt sein. Nadelbäume erfüllen diese Voraussetzungen besser als Laubbäume. Sie bilden in unseren Breiten in ungefähr 1500 Metern über dem Meeresspiegel auch die **Waldgrenze.** Noch weiter oben wird der Winter immer länger und die warme Jahreszeit immer kürzer. Hier ist der Sommer zu kurz, um hohe Bäume mit kräftigen Stämmen wachsen zu lassen. In dieser **Krummholzzone** gedeihen stattdessen die niedrig wachsenden *Latschenkiefern.* Bei etwa 2000 Metern über dem Meeresspiegel liegt die **Baumgrenze.** Oberhalb davon gedeihen überhaupt keine Bäume mehr, sondern lediglich kleine Sträucher und Gräser. Diese großen Höhen werden in Deutschland aber nur in den Alpen erreicht.

vorhanden sind. An Standorten mit schlechterer Mineralstoffversorgung gedeihen vorwiegend *Birken*.

Nicht nur die Bodenfeuchtigkeit des Standorts wirkt sich auf das Vorkommen von Waldtypen aus, sondern auch die Höhenlage. Im Flachland, wo die Temperaturen im Jahresmittel vergleichsweise mild sind, herrschen Rotbuchenwälder vor. In den kühleren Lagen der Mittelgebirge fallen oft mehr Niederschläge. Hier gesellen sich zu den Rotbuchen auch *Bergahorn, Bergulme* und *Esche*.

Steigt man im Gebirge noch höher, trifft man bald keine Laubbäume mehr an, sondern nur noch Nadelbäume wie *Fichten* und *Lärchen*. Deren Nadeln sind an die niedrigen Gebirgstemperaturen mit längerer Frostdauer, die heftigen Winde und die stärkere Sonnenstrahlung besser angepasst als die weicheren und empfindlicheren Laubblätter. An den steilen Gebirgshängen ist der Boden sehr flachgründig und kann deshalb wenig Wasser spei-

Wälder werden seit mehr als zwei Jahrtausenden intensiv von Menschen genutzt. Daher findet man in etlichen Regionen nicht mehr die Waldtypen, die man aufgrund des Standorts erwarten würde. Besonders auffällig sind die auch im Flachland angepflanzten **Fichtenforste.** Fichten, die natürlicherweise nur in höheren Berglagen vorkommen, wachsen schnell und können schon nach achtzig bis hundert Jahren geschlagen werden. So bilden sie eine wichtige Grundlage für die Forstwirtschaft.

1 Begründe, warum in vielen Regionen Deutschlands nahezu reine Rotbuchenwälder wachsen, in denen kaum eine andere Baumart vorkommt.

2 Entwickle mit Hilfe der Abbildung 2 eine tabellarische Übersicht über Waldtypen. Gib Umweltbedingungen und charakteristische Baumarten an.

3 Erläutere, warum bestimmte Baumarten in bestimmten Höhenlagen vorkommen. Beschreibe die Abhängigkeit von den Umweltbedingungen.

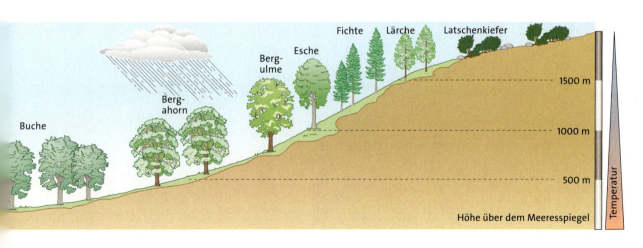

Ökosysteme

2.2 Der Wald ist in Stockwerken aufgebaut

Kommt man an einem heißen Sommertag in einen Laubwald, ist man von der angenehmen Kühle überrascht. Die Kronen der Bäume fangen den größten Teil des Sonnenlichtes auf. Die Baumkronen bilden das oberste Stockwerk des Waldes, die **Baumschicht.** Zu dieser Schicht gehören zum Beispiel Rotbuchen, Eichen, Fichten und Kiefern. Die Baumschicht kann in unseren Wäldern mehr als 30 Meter hoch werden. In lichteren Wäldern wie dem *Eichen-Hainbuchen-Wald* findet sich unter der obersten Baumschicht, die von Eichen gebildet wird, eine zweite Schicht aus Hainbuchen. Diese kann eine Höhe von bis zu 20 Metern erreichen. Dort, wo Licht durch das dichte Kronendach dringt, hat sich eine **Strauchschicht** entwickelt. An diesen Stellen wachsen Sträucher wie Faulbaum, Gemeine Hasel und Schwarzer Holunder, die bis zu sechs Meter hoch werden. Auch Klettersträucher wie die Waldrebe und junge Bäume gehören zur Strauchschicht. Am Waldrand bildet diese Schicht einen Windschutz, der das Austrocknen des Bodens verhindert.

1 Schichten eines Laubmischwaldes. **A** Foto; **B** Schema

Ökosysteme

In Laubmischwäldern erreicht oft noch so viel Licht den Waldboden, dass dort krautige Pflanzen wie *Waldbingelkraut* und *Waldmeister* gedeihen können. Sie bilden die **Krautschicht,** die eine Höhe von maximal einem Meter erreicht. Zur Krautschicht gehören auch Gräser und Baumsämlinge. Ist der Boden nicht zu stark durch Laub bedeckt, findet man selbst unterhalb der Krautschicht noch Pflanzen wie die Moose. Sie bilden die **Moosschicht.** Sie kann bis zu 20 Zentimeter hoch werden. Im Wald häufig vorkommende Moose sind das *Frauenhaarmoos* und das *Hornmoos*. Im Herbst kann man in der Moosschicht auch die Fruchtkörper vieler Pilze finden.

Nicht in allen Wäldern sind Strauch-, Kraut- und Moosschicht vorhanden. Vor allem in Rotbuchenwäldern mit dicht geschlossenem Kronendach und in den dunklen *Fichtenforsten* mit ihren dicht stehenden Bäumen dringt zu wenig Licht durch die Baumkronen. In diesen Wäldern findet man nur ganz vereinzelt Kräuter wie den *Waldsauerklee*, der auch bei sehr geringen Lichtstärken noch wachsen kann.

Unmittelbar am Waldboden sammeln sich Laub und Nadeln an, die von den Bäumen gefallen sind. Diese so genannte Streu bildet die **Streuschicht.** Sie kann mehrere Zentimeter mächtig sein. Wenn sie durch Regen genügend durchfeuchtet ist, wird sie von einem weißen Pilzgeflecht durchzogen. Die Pilze sorgen zusammen mit anderen Bodenlebewesen für den Abbau der Streu. Daher wird die Streuschicht nicht mit jedem Jahr mächtiger, sondern verändert über die Jahre ihre Stärke kaum.

Unterhalb der Streuschicht beginnt der Waldboden. Seine oberste Schicht wird durch eine grauschwarze **Humusschicht** gebildet. Je nach Wald- und Bodentyp ist sie unterschiedlich mächtig ausgeprägt. In dieser Schicht werden abgestorbene Pflanzenteile und tote Tiere von Kleinstlebewesen zersetzt. Die Stoffe, die bei diesen Zersetzungsvorgängen entstehen, bilden den grauschwarzen **Humus.** Zum Schluss der Zersetzung werden Mineralstoffe freigesetzt, die von den Pflanzen für deren Stoffwechsel und zum Wachstum benutzt werden. Daher ist die Humusschicht intensiv von Wurzeln durchzogen.

Vor allem die Wurzeln der Bäume beschränken sich nicht nur auf die Humusschicht. Sie wachsen auch in die tiefer im Boden liegenden Schichten hinein, die meist bräunlich gefärbt und arm an Humus sind. Auf diese Weise verankern sich die Bäume im Boden und können sogar Stürmen widerstehen. Mit ihren Wurzeln sind sie aber auch in der Lage, aus tieferen Bodenschichten Wasser aufzunehmen. Dadurch sind sie weniger abhängig von frisch gefallenem Regen und können ihre weit ausladenden Kronen auch in Trockenzeiten mit Wasser versorgen. Den Bereich des Bodens, der von Wurzeln durchzogen wird, bezeichnet man als **Wurzelraum.** Er kann weit mehr als einen Meter tief in den Boden hineinreichen.

1 Beschreibe die Stockwerke, die man in Laubwäldern finden kann. Nenne typische Arten für diese Stockwerke.

2 Informiere dich über die in Abbildung 2 dargestellten Pflanzen. Erstelle Steckbriefe.

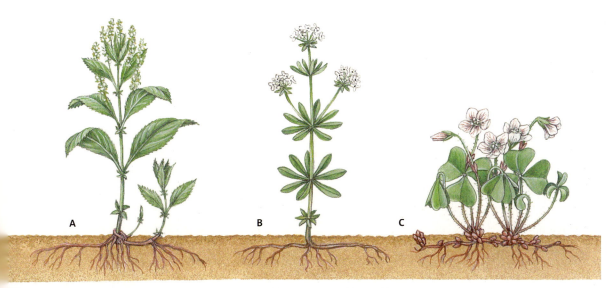

2 Pflanzen der Krautschicht. **A** Waldbingelkraut; **B** Waldmeister; **C** Waldsauerklee

Ökosysteme

2.3 Jahreszeitliche Aspekte eines Laubwaldes

Am Boden eines Buchenwaldes kann man schon im zeitigen Frühjahr die grünen Blattspitzen des Märzenbechers entdecken. Noch vor dem Laubaustrieb der Bäume ist der Waldboden von vielen weiteren blühenden Kräutern bedeckt. Durch einen Teppich aus weiß blühenden Buschwindröschen leuchten die gelben Blüten des Scharbockskrautes und die violetten Blütenstände des Hohlen Lerchensporns. Kommt man im Sommer an denselben Ort, ist von diesen **Frühblühern** nichts mehr zu sehen. An ihrer Stelle wachsen nun andere Kräuter wie die Goldnessel. Wie lassen sich diese Veränderungen erklären?

Im März und April tragen die Bäume noch Knospen. Durch die unbelaubten Baumkronen fällt viel Licht auf den Waldboden. Dieses Licht nutzen die Blätter der Frühblüher zur Fotosynthese. Dabei bauen sie Speicherstoffe wie Stärke und Fette auf, die sie während der kalten Jahreszeit in unterirdischen **Speicherorganen** lagern. Durch diese energiereichen Stoffe können die Pflanzen im nächsten Frühjahr wieder austreiben und sich zeitig fortpflanzen. Je nach Pflanzenart dienen unterschiedliche Organe zur Speicherung der Nährstoffe. Beim Märzenbecher ist es eine Zwiebel, die aus dicht gepackten, dickfleischigen Speicherblättern besteht. Beim Buschwindröschen werden die Nährstoffe in **Erdsprossen** gespeichert. Dies sind braune, etwa bleistiftdicke Sprossabschnitte, die im Boden waagerecht unter der Oberfläche wachsen. Andere Pflanzen wie der Lerchensporn speichern die Nährstoffe in einem verdickten unteren Teil des Sprosses, der **Sprossknolle.** Beim Scharbockskraut dienen verdickte Abschnitte der Wurzeln, die **Wurzelknollen,** als Nährstoffspeicher.

Schon bald nach der Entfaltung ihrer Blätter beginnen die Frühblüher zu blühen. Im Mai, wenn die Bäume ein dichtes Blätterdach ausbilden, erreicht nur noch wenig Licht den Waldboden. Dann beginnen die oberirdischen Organe der Frühblüher zu welken. Die Nährstoffe werden in die unterirdischen Speicherorgane verlagert. Dort bleiben sie gespeichert, bis sie im nächsten Jahr wieder zur Bildung der oberirdischen Pflanzenteile benötigt werden.

Im Sommer wird der Waldboden durch das Laub der Bäume stark beschattet. Am Waldboden können dann nur **Schattenpflanzen** wie der Waldsauerklee gedeihen, die mit wenig Licht auskommen. Stärker lichtbedürftige

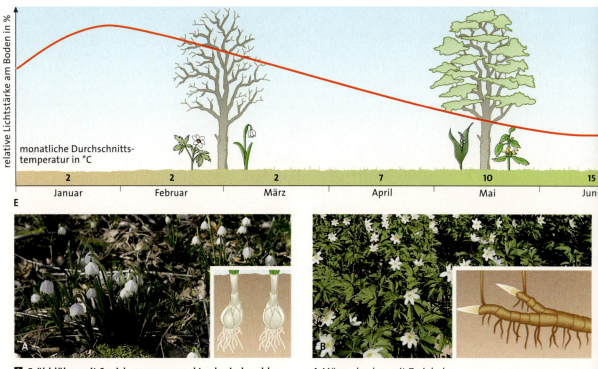

1 Frühblüher mit Speicherorganen und Laubmischwald im Jahresverlauf.

A Märzenbecher mit Zwiebel;
B Buschwindröschen mit Erdspross;

Pflanzen wie Roter Fingerhut und Waldgreiskraut wachsen dagegen nur auf Lichtungen, die durch gefällte oder umgestürzte Bäume entstanden sind.

In den Laubwäldern leiten im Herbst sinkende Temperaturen und kürzer werdende Tage die Verfärbung der Blätter ein. Schließlich sind in diesen *sommergrünen Wäldern* alle Blätter abgeworfen und buntes Laub bedeckt den Boden. Die Laubbäume stellen sich so auf die niedrigen Temperaturen des Winters ein. Ihre Blätter würden die Winterfröste nicht überstehen. Auch würden sie ständig Wasser durch Verdunstung verlieren, die Wurzeln könnten aber bei gefrorenem Boden kein neues Wasser aufnehmen. Mit den in dicken Knospen gut geschützten Blattanlagen können die Laubbäume den Winter jedoch in einem Ruhezustand unbeschadet überdauern.

So bieten Laubwälder in jeder Jahreszeit einen anderen Anblick. Diese unterschiedlichen Erscheinungsbilder im Jahresverlauf bezeichnet man als **Aspekte**.

Im Unterschied zu den sommergrünen Laubwäldern sehen die *immergrünen Nadelwälder* zu jeder Jahreszeit recht ähnlich aus. In den dunklen Fichtenwäldern mit ihren dicht stehenden Bäumen fällt das ganze Jahr über zu wenig Licht auf den Waldboden, um viele Kräuter gedeihen zu lassen. Frühblüher sucht man dort vergeblich. Nur sehr wenige, schattenverträgliche Pflanzenarten und Moose wachsen hier.

Im Gegensatz zu den Laubbäumen behalten Fichten, Kiefern und Tannen ihre Nadeln auch im Winter. Ihre harten, widerstandsfähigen Nadeln können Fröste ertragen. Vor zu starker Verdunstung sind sie durch eine geringe Oberfläche geschützt. Daher können Nadelbäume den Winter ohne Wasseraufnahme überstehen. Im Frühjahr bieten die ganzjährig am Baum bleibenden Nadeln den Vorteil, dass bereits die ersten warmen, sonnigen Tage zur Fotosynthese genutzt werden können. Nadelbäume sind daher besser als Laubbäume an Regionen mit niedrigen Temperaturen und einer kurzen warmen Jahreszeit angepasst.

1 Beschreibe den jahreszeitlichen Verlauf von relativer Lichtstärke, Temperatur und Wachstumsperioden in einem Laubwald.

2 Erläutere die Auswirkungen von Lichtstärke und Temperatur auf die Aspekte eines Laubwaldes.

3 Erläutere den Lebenszyklus eines Frühblühers am Beispiel des Buschwindröschen.

C Hohler Lerchensporn mit Sprossknolle;
D Scharbockskraut mit Wurzelknollen;

E relative Lichtstärke und Temperatur am Waldboden sowie Blühperiode bei Pflanzen der Krautschicht (Schema)

Ökosysteme

Wissen kompakt — Laubbäume und Nadelbäume

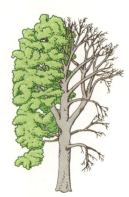

Name: Rotbuche
(Fagus sylvatica)
Höhe: bis 40 m
Lebensalter: bis 300 Jahre
Vorkommen: häufigste Laubbaumart in Deutschland; frische bis mäßig trockene Wälder

Name: Stieleiche
(Quercus robur)
Höhe: bis 40 m
Lebensalter: 500 bis 800 Jahre
Vorkommen: weit verbreitet; feuchte bis trockene Wälder

Sonnenblatt
Schattenblatt

Blätter: einfach, oval, glänzend mit leicht welligem Rand; kleine, dicke Sonnenblätter und große, dünne Schattenblätter, dazwischen Übergangsformen

Blätter: einfach, eiförmig mit gebuchtetem Rand und kurzem Stiel

Blütenstand: ♀ ♂

Blütenstand: ♂ ♀

Blüten: ♂ in lang gestielten Kätzchen, ♀ in aufrechten Köpfchen
Blütezeit: Mai
Bestäubung: windbestäubt

Blüten: ♂ Kätzchen grüngelb, ♀ Kätzchen lang gestielt, klein, kugelig
Blütezeit: April bis Mai
Bestäubung: windbestäubt

Buchecker

Eichel

Frucht: dreikantige Nüsschen (Bucheckern) in stacheligem Becher; essbar

Frucht: Eichel in Becher an langem Stiel (Name: Stieleiche!); wertvolle Nahrung für Tiere

Besonderheit: Sonnenblätter werden im äußeren Bereich der oberen Krone gebildet. Ihr chloroplastenreiches Palisadengewebe ist in zwei Lagen übereinander angeordnet. So können hohe Lichtstärken gut genutzt werden. Schattenblätter findet man im inneren und unteren Teil der Krone. Mit ihrer großen Oberfläche können sie das wenige Licht aufnehmen, das noch zu ihnen durchdringt.

Besonderheit: Das feste und dauerhafte Eichenholz ist ein wertvolles Bau- und Möbelholz. In früheren Jahrhunderten wurde Vieh in Eichenwälder getrieben, wo es sich von den nährstoffreichen Eicheln ernähren konnte.

1 Erläutere, wie Sonnen- und Schattenblätter an unterschiedliche Lichtverhältnisse angepasst sind. Nutze die Inhalte des Basiskonzepts Angepasstheit.

2 Begründe, warum Eichenwälder in früheren Jahrhunderten für den Menschen eine größere Bedeutung hatten als andere Wälder.

3 Stelle eine Hypothese auf, inwiefern die unscheinbare Blütenhülle bei Rotbuche und Stieleiche eine Angepasstheit an die Bestäubungsart darstellt.

Ökosysteme

Name: Gemeine Fichte
(Picea abies)
Höhe: 40 bis 50 m
Lebensalter: über 300 Jahre
Vorkommen: frische bis feuchte Gebirgswälder, in tieferen Lagen oft als Forst gepflanzt

Nadeln: stachelig spitz und steif, im Querschnitt vierkantig, einzeln am Zweig angeordnet; sitzen auf Nadelkissen, die nach dem Abfallen der Nadeln als warzenartige Erhöhung zurückbleiben

Blütenstand:
♀
♂

Blüten: ♂ Blütenstände klein, unscheinbar; ♀ Blütenstände entwickeln sich zu Zapfen
Blütezeit: Mai
Bestäubung: windbestäubt

Samen: Samenanlagen in Zapfen angeordnet; Samen geflügelt

Zapfen

Name: Waldkiefer
(Pinus sylvestris)
Höhe: bis 35 m
Lebensalter: bis 500 Jahre
Vorkommen: vorwiegend trockene Mischwälder, auch als Forst angepflanzt

Nadeln: bis 7 cm lang, paarig am Zweig angeordnet

Blütenstand:
♂
♀

Blüten: ♂ in kerzenartigen Blütenständen, gelb; ♀ Blütenstände gestielt, rötlich; entwickeln sich zu Zapfen
Blütezeit: Mai
Bestäubung: windbestäubt

Zapfen
Samenanlage
Samenschuppe
Deckschuppe

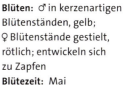

Samen: Samenanlagen in Zapfen angeordnet; Samen geflügelt

Samenschuppe
Samenanlage

Besonderheit: Als Angepasstheit an feuchte Standorte bildet die Rotfichte dort häufig ein flaches Wurzelsystem aus. Fichtenholz wird als Bauholz und zur Produktion von Möbeln und Holzgerätschaften verwendet. Es ist auch ein Rohstoff für die Papier- und Zellstoffindustrie.

Besonderheit: Mit ihren tief reichenden Pfahlwurzeln sind Waldkiefern an trockene Standorte angepasst. Das Holz der Waldkiefer wird als Bauholz und zur Möbelproduktion verwendet. Aus der Waldkiefer wird auch Harz gewonnen.

4 Informiere dich über die Merkmale der Weißtanne und vergleiche sie mit einer Gemeinen Fichte.

5 Erläutere, warum ein flaches Wurzelsystem eine Angepasstheit an feuchte Standorte darstellt. Berücksichtige dabei die Stoffwechselprozesse im Wurzelgewebe.

6 In Kiefernwäldern dringt viel mehr Licht an den Waldboden als in Fichtenwäldern. Begründe dies anhand der Kronenform und der Anordnung der Nadeln an den Zweigen.

7 Erläutere, warum Pfahlwurzeln eine Angepasstheit an trockene Standorte darstellen.

Ökosysteme

2.4 Moose

An feuchten Stellen des Waldes kann man an Orten, die nicht von Laub überdeckt sind, **Moose** finden. Sie gedeihen auch auf Baumstümpfen, auf Felsen und sogar an Stämmen und Ästen von Bäumen. Oft wachsen die Moospflänzchen, wie zum Beispiel beim Drehmoos, dicht gedrängt. Eine solche Wuchsform mit vielen Moospflanzen nennt man *Polster*. Es bildet einen Lebensraum für viele kleine Tiere wie Ameisen und Asseln.

Wenn in heißen Sommerwochen längere Zeit kein Regen fällt, trocknen die Moospolster völlig aus und werden braun und spröde. Doch die Moospflanzen sterben nicht ab. Nach einem kräftigen Regen saugen sie sich wie ein Schwamm mit Wasser voll und werden wieder frisch und grün. Die Eigenschaft, Austrocknung zu überstehen, unterscheidet Moose von Samenpflanzen und Farnen. Das im Gewebe gespeicherte Wasser geben die Moose im Laufe der Zeit an den Boden und die Luft ab. Auf diese Weise spielen sie eine bedeutende Rolle für den Wasserhaushalt des Waldes. Sie sind damit ein wichtiger Teil des Ökosystems Wald.

Betrachtet man ein Pflänzchen des Drehmooses genauer, stellt man fest, dass es aus einem Stängel mit spiralig angeordneten Blättchen besteht. Am unteren Ende des Stängels entspringen wurzelähnliche Zellfäden, die *Rhizoide*. Diese unterscheiden sich aber deutlich von den Wurzeln einer Samenpflanze: Mikroskopiert man Stängel und Blättchen, findet man keine Gefäße für den Wasser- und Stofftransport. Auch die Rhizoide können deshalb nicht der Aufnahme von Wasser und Mineralstoffen dienen. Sie befestigen das Moospflänzchen lediglich am Boden. Wasser und Mineralstoffe werden direkt über die Blättchen aufgenommen.

Im Frühsommer verändert sich das Aussehen einiger Moospflanzen. Die oberen Blättchen verbreitern sich und können sich rötlich färben. Untersucht man eine solche Moospflanze unter dem Mikroskop, entdeckt man eine Vielzahl keulenförmiger Säckchen. Dies sind die männlichen Fortpflanzungsorgane, die *Antheridien*.

Andere Moospflänzchen sehen an der Spitze anders aus. Hier umschließen Hüllblättchen die weiblichen Fortpflanzungsorgane, die winzigen, flaschenförmigen *Archegonien*. Jedes Archegonium enthält eine Eizelle. Wird das Moospolster von Regenwasser durchtränkt, quillt aus den Archegonien ein Schleim, der einen Lockstoff enthält. Die Antheridien öffnen sich ebenfalls bei starkem Re-

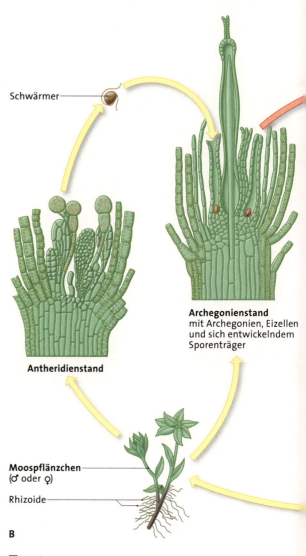

1 Drehmoos. **A** Foto; **B** Generationswechsel

Ökosysteme

2 Brunnenlebermoos

- Haube
- Sporenkapsel
- Spore
- keimende Spore
- Moosknospe
- Vorfaden

➡ Sporen bildende Generation
➡ Geschlechtszellen bildende Generation

gen und entlassen fadenförmige, zweigeißelige *Schwärmer*. In dem Wasserfilm, der sich durch den Regen auf den Moospflänzchen bildet, schwimmen die Schwärmer, chemisch angelockt, zu den Archegonien. Dort befruchten sie die Eizellen. Die Moospflänzchen mit Antheridien und Archegonien sind somit die *Geschlechtszellen bildende Generation*.

Aus der befruchteten Eizelle wächst ein gelblicher Stiel hervor, der an seiner Spitze eine Kapsel trägt. Dies ist der *Sporenträger* mit der *Sporenkapsel*. Der Stiel ist fest mit dem Moospflänzchen verwachsen und wird von diesem mit Nährstoffen versorgt. Der Sporenträger mit Sporenkapsel ist die *Sporen bildende Generation*. Eine Zeit lang trägt die Kapsel zum Schutz eine Haube aus den Resten des Archegoniums. Oben ist die Sporenkapsel durch einen Deckel verschlossen. Sind die Sporen reif, fällt der Deckel ab. Die Kapselöffnung ist aber noch durch einen Kranz von feinen Zähnchen versperrt. Erst bei Trockenheit spreizen sich die Zähnchen nach außen und die Sporen werden ausgestreut. Durch den Wind können sie verbreitet werden.

Auf feuchtem Boden keimen die Sporen zu einem männlichen und zu einem weiblichen Fadengeflecht. Aus diesen *Vorfäden* entstehen wieder männliche und weibliche Moospflänzchen mit Antheridien und Archegonien. Einen derartigen Wechsel von Generationen, die jeweils Geschlechtszellen oder Sporen hervorbringen, bezeichnet man als **Generationswechsel**.

Moose sind nicht nur für den Wasserhaushalt der Wälder wichtig. Einige besondere Laubmoosarten, die *Torfmoose*, sind wesentlicher Bestandteil der *Hochmoore*. Abgestorbene Torfmoose bilden den Torf, der vor allem in früheren Zeiten nach Entwässerung der Moore als Brennstoff und im Gartenbau verwendet wurde.

Moose wie Drehmoos und Torfmoose, die in Stängel und Blättchen gegliedert sind, gehören zu den *Laubmoosen*. Es gibt aber auch Moose, deren Geschlechtszellen bildende Generation lediglich aus grünen Gewebelappen besteht, auf denen die Antheridien und Archegonien gebildet werden. Diese Moose, zum Beispiel das Brunnenlebermoos, gehören zu den *Lebermoosen*. Auch sie durchlaufen einen Generationswechsel.

1 Nenne Unterschiede zwischen einem Laubmoos und einer Samenpflanze.
2 Begründe, warum man bei der Fortpflanzung der Moose von einem Generationswechsel spricht.

Ökosysteme

2.5 Farne

In feuchten schattigen Wäldern wächst im Sommer der *Frauenfarn*. Seine zusammengesetzten Blätter, die *Wedel*, stehen in einer Rosette. Die zarten Fiederblättchen eines Wedels sind dunkelgrün gefärbt. Untersucht man eine Farnpflanze genauer, entdeckt man eine unterirdische *Sprossachse*. Sie ist dick, steckt schräg im Boden und ist dicht mit den Stielresten abgestorbener Blätter bedeckt. An diesem *Erdspross* entspringen zahlreiche Wurzeln. Am Vorderende wächst der Erdspross in die Länge. Von hier bilden sich die Wedel aus. Diese sind zunächst wie eine Uhrfeder spiralig aufgerollt. Beim Wachstum entrollen sie sich. Wie bei den Moosen sucht man auch bei Farnen vergeblich nach Blüten. Wie pflanzt sich der Farn ohne Blüten fort?

An älteren Wedeln entdeckt man auf der Blattunterseite zahlreiche hufeisenförmige Häutchen, die anfangs grün, später braun gefärbt sind. Man nennt sie *Schleier*. Mit der Lupe kann man unter ihnen rundliche braune Kapseln erkennen. Jede Kapselwand enthält eine Reihe toter, mit Wasser gefüllter Ringzellen, deren Seitenwände stark verdickt sind. Bei trockener Witterung verdunstet das Wasser aus diesen Zellen. Die Kapsel reißt auf und es werden viele kleine braune Körnchen, die *Sporen*, ausgeschleudert. Sie bestehen aus einer einzigen Zelle und werden durch den Wind verbreitet. Fällt eine Spore auf den feuchten Waldboden, entwickelt sie sich zu einem centgroßen, herzförmigen *Vorkeim*. Dieser enthält Chlorophyll und liegt flach auf dem Erdboden.

An der Unterseite des Vorkeims entstehen mikroskopisch kleine Fortpflanzungsorgane. Im Bereich seines zugespitzten Endes liegen die kuppelförmigen Antheridien. In ihnen werden begeißelte Geschlechtszellen, die *Schwärmer*, gebildet. Unterhalb des herzförmigen Einschnitts sitzen flaschenförmige weibliche Organe, die *Archegonien*. In jedem Archegonium liegt eine *Eizelle*. Bei nassem Erdboden wird Schleim aus dem Flaschenhals abgegeben. Die Schwärmer schwimmen dorthin, wo der Schleim am stärksten konzentriert ist. So gelangen sie zur Eizelle und befruchten sie. Aus der befruchteten Eizelle entsteht eine junge Farnpflanze, die später wiederum Sporen erzeugen wird. Wie die Moose durchlaufen also auch die Farne einen *Generationswechsel*.

Während die meisten Farne unserer heimischen Wälder kaum höher als eineinhalb Meter werden, gibt es in den Tropen *Baumfarne*, die eine Höhe von 20 Metern erreichen können. Mit ihren bis zu drei Meter langen Wedeln, die der Spitze einer stammförmigen Sprossachse entspringen, erinnern sie eher an Palmen als an Farne. Doch auch diese Farne sind bei weitem nicht die größten, die jemals existierten.

Den Höhepunkt ihrer Entwicklung erreichten die Farne bereits im Erdaltertum vor 290 bis 355 Millionen Jahren, lange bevor es Dinosaurier gab. Zu dieser Zeit herrschte in Mitteleuropa ein feuchtwarmes, subtropisches Klima, das die Entwicklung der Farne förderte. Samenpflanzen gab es damals noch nicht. Stattdessen bedeckten **Farnpflanzen** in ausgedehnten Sumpfwäldern einen großen Teil der Landschaften. Zu ihnen zählen außer den eigentlichen Farnen auch *Bärlapp-* und *Schachtelhalmgewächse*, die heutzutage nur in krautiger Form vorkommen. Sie bildeten damals zum Teil riesige, mit Blattpolstern besetzte Bäume, die Höhen bis zu 40 Metern erreichten.

In den stehenden Sumpfgewässern wurde abgestorbenes Pflanzenmaterial unter den sauerstoffarmen Bedingungen nicht abgebaut. Es sammelten sich mächtige Schichten kaum zersetzter Pflanzenreste an. Diese wurden anschließend vom Meer überflutet und von Sedimenten, mitgeführtem Sand und Schlamm, bedeckt. Durch Bewegungen in der Erdkruste gelangte die Schicht mit den Pflanzenresten in große Tiefen und wurde schließlich von teilweise mehrere Kilometer mächtigen Sedimentschichten bedeckt. Durch den großen Druck und die damit verbundene Hitze wandelte sich das Pflanzenmaterial im Lauf einiger Jahrmillionen zunächst in **Braunkohle**, später in **Steinkohle** um. Dabei blieben manchmal Strukturen der Pflanzen wie zum Beispiel Blätter erhalten. Solche **Fossilien** kann man beim Abbau der Steinkohle finden. Dadurch erhält man eine recht gute Vorstellung von den *Steinkohlenwäldern* des Erdaltertums. Die Kohle, die heute im Bergbau gefördert und zum Beispiel in Kraftwerken zur Stromerzeugung verfeuert wird, stammt also von Pflanzen, die vor vielen Millionen Jahren gelebt haben. Daher bezeichnet man den Zeitraum, in dem diese Pflanzen wuchsen, als **Karbon** (lat. *carbo*, Kohle).

1 Begründe, warum man Moose und Farne im Gegensatz zu Samenpflanzen auch als Sporenpflanzen bezeichnet.

2 Nenne die Abschnitte des Generationswechsels, welche die Sporen bildende und die Geschlechtszellen bildende Generation des Frauenfarns darstellen. Ordne die Abbildungen diesen Generationen zu.

3 Recherchiere zum Thema Steinkohlenwald. Stelle die Informationen in einem Referat zusammen und präsentiere sie in geeigneter Form.

Ökosysteme

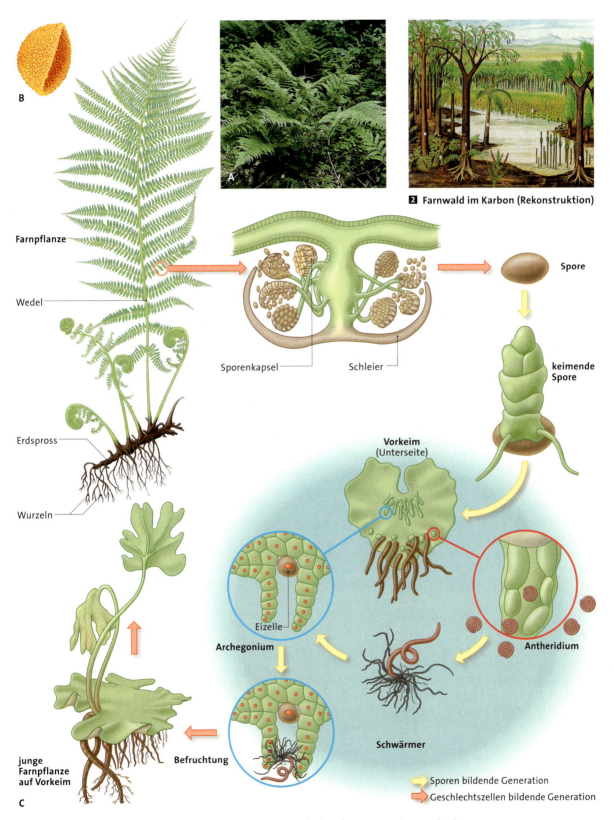

2 Farnwald im Karbon (Rekonstruktion)

1 Frauenfarn. **A** Foto; **B** Spore (elektronenmikroskopische Aufnahme); **C** Generationswechsel

2.6 Pilze

Im Herbst kann man in Wäldern Fliegenpilze finden. Auf dem weißen **Stiel** des Pilzes sitzt der leuchtend rote, weiß gesprenkelte **Hut.** An seiner Unterseite weist er **Lamellen** auf, die auch *Blätter* genannt werden. Daher bezeichnet man die Gruppe der Pilze, denen die Fliegenpilze angehören, als *Lamellen-* oder *Blätterpilze*. Der Stiel trägt unterhalb des Hutes einen schürzenartigen **Ring** und ist am unteren Ende knollenartig verdickt.

In anderen Jahreszeiten sind am Waldboden weder Fliegenpilze noch andere Pilzarten zu sehen. Wo befinden sich die Pilze dann?

Untersucht man die unteren Lagen der Streuschicht und den oberen Bereich des Waldbodens genauer, erkennt man sehr feine, weiße Fäden, die **Hyphen.** Diese bestehen aus vielen hintereinander angeordneten Zellen. Die Hyphen bilden ein weit verzweigtes Geflecht, das so genannte **Mycel.** Es lebt jahrelang am und im Boden und bildet das eigentliche Lebewesen »Pilz«. Die leicht erkennbaren oberirdischen Teile des Pilzes sind lediglich dessen Fortpflanzungsorgane, die **Fruchtkörper.** Auch sie bestehen vollständig aus Hyphen. Sie werden nur bei günstigen Umweltbedingungen gebildet. Diese sind im Herbst bei regenreichem Wetter mit etwas kühleren Temperaturen gegeben.

Unter dem Mikroskop sind in den Zellen des Mycels keine Chloroplasten zu erkennen. Der Pilz kann daher keine Fotosynthese betreiben. Stattdessen nehmen die Hyphen aus ihrer Umgebung energiereiche Stoffe auf. Beispielsweise gibt es etliche Pilzarten, die Holz abbauen. So wächst die Schmetterlings-Tramete vorzugsweise auf abgestorbenem Laubholz. Sie gehört zu den so genannten *Porlingen,* die an der Unterseite des Hutes Poren haben. Der Hallimasch, der Grünblättrige Schwefelkopf und der Rehbraune Dachpilz, die zu den Lamellenpilzen gehören, wachsen ebenfalls auf totem Holz. Der Hallimasch kann sogar lebende Bäume befallen, wenn diese – etwa durch eine längere Trockenperiode – geschwächt sind. Der zu den Porlingen gehörende Zunderschwamm lebt überwiegend an lebenden Rotbuchen oder Birken. Diese Holz zersetzenden Pilze ernähren sich also, wie auch die im Boden lebenden Pilze, heterotroph.

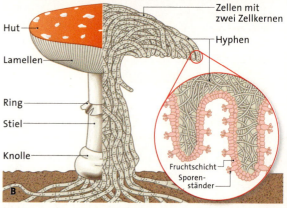

1 Fliegenpilz. **A** Foto; **B** Schema des Fruchtkörpers

Eine weitere Besonderheit der Pilze zeigt sich, wenn man die Zellwände ihrer Hyphen untersucht. Diese bestehen im Unterschied zu Pflanzen nicht aus Cellulose, sondern aus **Chitin,** einem Stoff, den man auch im Außenskelett von Insekten findet.

2 Holz zersetzende Pilze.
A Rehbrauner Dachpilz;
B Zunderschwamm;
C Schmetterlings-Tramete;
D Hallimasch;
E Grünblättriger Schwefelkopf

Ökosysteme

Die Fortpflanzung der Pilze weist ebenfalls besondere Merkmale auf. Betrachtet man die Oberfläche einer Lamelle des Fliegenpilzes unter dem Mikroskop, erkennt man die **Fruchtschicht.** Diese Schicht enthält an den Enden von besonderen Hyphen keulenförmig verdickte Zellen, die **Ständer.** Manche Ständer tragen an ihrem Ende vier Fortsätze. Am Ende der Fortsätze bilden sich die winzigen Fortpflanzungskörper, die **Sporen.** Pilze, deren Sporen an solchen Ständern entstehen, heißen **Ständerpilze.**

Die vier Sporen eines Ständers unterscheiden sich äußerlich nicht, gehören aber zwei verschiedenen Typen an: dem Plus- und dem Minus-Typ. Wenn sie reif sind, können die mikroskopisch kleinen Sporen vom Wind kilometerweit verbreitet werden. Gelangen sie auf einen geeigneten Untergrund, keimen sie bei ausreichender Feuchtigkeit zu Plus- und Minus-Hyphen. Treffen zwei Hyphen unterschiedlichen Typs aufeinander, verschmelzen eine Plus- und eine Minus-Zelle zu einer zweikernigen Zelle mit einem Plus- und einem Minus-Kern. Daraus entwickelt sich das Mycel eines neuen Pilzes.

Nach mehreren Jahren verflechten sich beim Fliegenpilz die Hyphen des Mycels und bilden Stiel und Hut aus. Bei jungen Fruchtkörpern ist der Hut noch über eine feine Haut mit dem unteren Ende des Stiels verbunden. Mit zunehmendem Wachstum reißt die Haut auf. Ihre Reste bleiben als Ring am Stiel und in Form weißer Pusteln auf der Oberseite des Hutes zurück.

Da Pilze eine Vielzahl besonderer Merkmale aufweisen, hat man sie zu einer eigenen *systematischen Gruppe* zusammengefasst. Sie bilden das **Reich** der Pilze.

Viele Pilze sind für den Menschen ungenießbar oder sogar giftig. Es gibt aber auch etliche Arten von Speisepilzen. Champignons zum Beispiel kann man das ganze Jahr über kaufen. Andere Speisepilze wie Maronen oder Steinpilze sind dagegen fast nur im Herbst erhältlich, wenn ihre Fruchtkörper im Wald zu finden sind. Woran liegt das?

Viele Waldpilze leben in einer besonderen Beziehung mit den Bäumen des Waldes. Die Pilzhyphen umschließen die dünnen Enden der Baumwurzeln dabei wie ein Mantel. Sie dringen auch zwischen die Zellen der Wurzelrinde vor und bilden dort ein dichtes Geflecht. Dieses Zusammenleben zum gegenseitigen Nutzen von Pilzen und Wurzeln bezeichnet man als **Mykorrhiza** (gr. *mykes,* Pilz; *rhiza,* Wurzel).

Die enge Verzahnung von Hyphen und Wurzelzellen ermöglicht einen lebhaften Stoffaustausch zwischen Pilz und Baum. Der Pilz gibt an den Baum Wasser und Mineralstoffe ab, die er bei der Zersetzung des Humus gewinnt. Er erhält vom Baum Kohlenhydrate, die der Baum im Verlauf der Fotosynthese gebildet hat. Ein enges Zusammenleben zweier Arten heißt **Symbiose** (gr. *symbioōn,* zusammen leben). Besonders für die Bildung von Fruchtkörpern benötigen Pilze große Mengen von Kohlenhydraten. Daher bilden die meisten Mykorrhiza-Pilze erst im Spätsommer oder Herbst Fruchtkörper, wenn die Bäume in den Wurzeln Nährstoffe speichern.

Bekannte Speisepilze wie Maronen und Steinpilze zählen zu den Mykorrhiza-Pilzen. Maronen leben mit Kiefern und Fichten zusammen, Steinpilze mit Eichen und Rotbuchen. Ohne die Bäume als Partner können sie nicht existieren. Diese Pilze lassen sich daher nicht massenhaft kultivieren. Andere Speisepilze wie Champignon und Austernsaitling leben nicht gemeinsam mit Pflanzen. Sie lassen sich daher auf geeignetem Substrat anbauen.

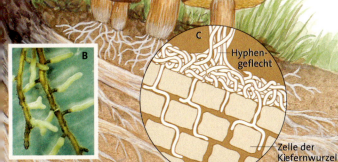

3 Mykorrhiza zwischen Marone und Kiefer.
A Fruchtkörper der Marone;
B Mykorrhiza-Pilz;
C in die Wurzel eindringendes Hyphengeflecht (Schema)

1 Begründe, warum Pilze weder Pflanzen noch Tiere sind.
2 Erläutere die Wechselwirkung zwischen Mykorrhiza-Pilzen und Bäumen.

Ökosysteme

Wissen kompakt — Giftpilze und Speisepilze

Name: Panterpilz
(Amanita pantherina)
Gruppe: Lamellenpilze
Fruchtkörper: Juli bis Oktober
Standort: auf Sandböden in Laub- und Nadelwäldern
Besonderheit: tödlich giftig; Mykorrhizapilz

Name: Großer Riesenschirmling oder Parasol
(Macrolepiota procera)
Gruppe: Lamellenpilze
Fruchtkörper: Juli bis November
Standort: Waldränder
Besonderheit: Speisepilz; erinnert in reifem Zustand an Sonnenschirm (Name!)

Name: Weißer Knollenblätterpilz *(Amanita phalloides)*
Gruppe: Lamellenpilze
Fruchtkörper: Juni bis August
Standort: Laubwälder, besonders unter Eichen; Parkanlagen
Besonderheit: tödlich giftig; Mykorrhizapilz

Name: Riesen-Champignon
(Agaricus augustus)
Gruppe: Lamellenpilze
Fruchtkörper: August bis Oktober
Standort: Laub- und Nadelwälder; Parkanlagen
Besonderheit: Speisepilz

Name: Satansröhrling
(Boletus satanas)
Gruppe: Röhrenpilze
Fruchtkörper: Juli bis September
Standort: auf Kalkböden in Laubwäldern
Besonderheit: giftig, erzeugt Magen- und Darmstörungen; Mykorrhizapilz

Name: Maronenröhrling
(Xerocomus badius)
Gruppe: Röhrenpilze
Fruchtkörper: August bis November
Standort: auf sauren Böden in Nadel- und Laubwäldern, oft unter Kiefern und Fichten
Besonderheit: sehr guter Speisepilz; Mykorrhizapilz

Große Gruppen der Ständerpilze

Lamellen- oder Blätterpilze: Die Sporen werden auf der Außenseite von Lamellen an der Unterseite des Hutes gebildet. Die Fruchtkörper sind nicht spröde.

Röhrenpilze: Die Sporen werden im Inneren von Röhren auf der Hutunterseite gebildet. Die Röhrenschicht ist leicht vom Hut ablösbar.

1. Erläutere, warum alle hier dargestellten Pilze zur Großgruppe der Ständerpilze gezählt werden.
2. Erstelle eine Tabelle, in der die hier dargestellten Pilze den Gruppen der Lamellenpilze, Röhrenpilze, Bauchpilze und Leistenpilze zugeordnet werden. Kennzeichne jeweils Gift- und Speisepilze.
3. Immer wieder kommt es bei Menschen zu Vergiftungserscheinungen nach dem Verzehr selbst gesammelter Pilze. Erkläre dies anhand der hier gegenübergestellten Gift- und Speisepilze.

Ökosysteme

Name: Gallen-Röhrling
(Tylopilus felleus)
Gruppe: Röhrenpilze
Fruchtkörper: Juni bis Oktober
Standort: Nadel- und Laubwälder
Besonderheit: durch stark bitteren Geschmack (Name!) ungenießbar; Mykorrhizapilz

Name: Steinpilz
(Boletus reticulatus)
Gruppe: Röhrenpilze
Fruchtkörper: Mai bis Oktober
Standort: Laub- und Mischwälder, unter Eichen und Rotbuchen; Parkanlagen
Besonderheit: Speisepilz; Mykorrhizapilz

Name: Falscher Pfifferling
(Hygrophoropsis aurantiaca)
Gruppe: Lamellenpilze
Fruchtkörper: September bis November
Standort: Nadel- und Mischwald, am Boden und auf Holz
Besonderheit: ungenießbar; führt zu Verdauungsstörungen

Name: Echter Pfifferling
(Cantharellus cibarius)
Gruppe: Leistenpilze
Fruchtkörper: Juni bis Oktober
Standort: Laub- und Nadelwälder, besonders an moosreichen Stellen
Besonderheit: sehr guter Speisepilz; Mykorrhizapilz

Name: Kartoffelbovist
(Scleroderma verrucosum)
Gruppe: Bauchpilze
Fruchtkörper: Juni bis Oktober
Standort: Laub- und Mischwälder
Besonderheit: alle Kartoffelboviste sind giftig; Mykorrhizapilz

Name: Eier-Bovist
(Bovista nigrescens)
Gruppe: Bauchpilze
Fruchtkörper: Juni bis September
Standort: Wälder
Besonderheit: in jungem Zustand essbar; Außenschicht bröckelt oft wie eine Eierschale ab (Name!)

Bauchpilze oder Stäublinge: Die Sporen werden im Inneren des Fruchtkörpers gebildet. Reife Fruchtkörper stäuben bei Berührung durch Freisetzen großer Mengen winziger Sporen (Name!).

Leistenpilze: Die Sporen werden an Leisten gebildet. Diese laufen von der Unterseite des Hutes bis zum Stiel herab.

4 Etliche Pilzarten der heimischen Wälder, die auch als Speisepilze genutzt werden können, sind selten geworden. Erörtere mögliche Gründe dafür. Diskutiere Möglichkeiten zum Schutz dieser Pilze.

5 Informiere dich über die Anzeichen und möglichen Folgen der Vergiftungen, die durch die hier dargestellten Giftpilze hervorgerufen werden können, sowie über Maßnahmen zur Ersten Hilfe. Beschaffe Informationen über die nächste Giftzentrale.

Ökosysteme

2.7 Flechten

Bei Spaziergängen durch einen Wald sieht man an Stämmen und Ästen von Bäumen, auf Felsen und manchmal auch auf dem Boden gelbliche, grüne, graue oder braune Überzüge, die weder wie Pflanzen noch wie Pilze aussehen. Bei näherer Betrachtung erkennt man krustige, blattartige und sogar strauchförmige Formen. Doch erst ein Blick durch das Mikroskop zeigt, dass diese Gebilde aus zwei unterschiedlichen Lebewesen bestehen.

Fertigt man einen Querschnitt durch den blattartigen Teil eines solchen Gebildes an, so ist der Aufbau dieser Lebensform gut zu erkennen. Die Gestalt wird durch *Pilzhyphen* geformt, die an den Außenseiten eine **Rinde** bilden. Im Inneren, dem **Mark,** sind die Hyphen locker angeordnet. Zwischen ihnen leben kugelförmige, einzellige oder auch fadenförmige *Algen*, die Fotosynthese betreiben. Pilz und Algen bilden auf diese Weise einen gemeinsamen Gewebeverband. Die Algen geben Sauerstoff und einen Teil der durch Fotosynthese gebildeten Nährstoffe an die Pilzhyphen ab. Der Pilz versorgt die Algen mit Wasser, Mineralstoffen und Kohlenstoffdioxid. Die Pilzhyphen können Wasser sogar aus der feuchten Luft aufnehmen und speichern. Dieses enge Zusammenleben zwischen Pilz und Alge, aus dem beide Arten Nutzen ziehen, stellt also eine *Symbiose* dar. Die Lebensform aus Pilz und Alge bezeichnet man als **Flechte.**

Es gibt etwa 20 000 Flechtenarten, die von verschiedenen Pilz- und Algenarten gebildet werden können. Im Gegensatz zu den Algen kommen die Pilzarten, die an der Symbiose beteiligt sind, in der Natur nicht als selbstständige Lebewesen vor. Doch sind es in den Flechten die Pilze, die den Aufbau und die Form bestimmen und für die geschlechtliche Fortpflanzung zuständig sind. Die Flechten lassen sich daher nach ihrer Wuchsform einteilen.

Strauchflechten bestehen aus schmalen, blattförmigen Gewebeabschnitten, die sich aufrichten oder strauchförmige Büsche bilden. Viele Strauchflechten hängen in Büscheln an Bäumen oder Felsen. Sind ihre Gewebeverbände fadenähnlich dünn und rund, werden sie **Bartflechten** genannt.

Liegen die blattförmigen Gewebeverbände von Flechten mehr oder weniger locker auf ihrem Untergrund, werden diese als **Blattflechten** bezeichnet. Manche Blattflechten sind nur an einem nabelartigen Bereich auf ihrer Unterlage festgewachsen. Man nennt sie **Nabelflechten.**

Ökosysteme

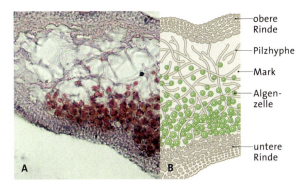

1 Schnitt durch eine Flechte. **A** Foto; **B** Schema

2 Wuchsformen von Flechten.
A Strauchflechte; **B** Blattflechte;
C Krustenflechte; **D** Gallertflechte;
E Bartflechte

Krustenflechten bestehen aus Gewebeverbänden, die in zusammenhängender, flächiger Form oder als kleine Schuppen oder Körner krustenartig auf dem Untergrund wachsen. Am Rand der Flechte kann der Gewebeverband auch blattartig ausgebildet sein.

Im Unterschied zu den übrigen Flechtenformen bilden bei den **Gallertflechten** die Algen den größten Teil des Gewebeverbandes. Sie scheiden verschiedene Gallerte aus. Die Gallertmasse wird von weit auseinander liegenden Pilzhyphen durchzogen.

Von den beiden Symbiosepartnern der Flechten pflanzt sich nur der Pilz geschlechtlich fort. Dabei bildet er die für die jeweilige Pilzart typischen Fruchtkörper. Diese erzeugen Pilzsporen, die beim Keimen die geeignete Algenart vorfinden müssen, um wieder eine Flechte entstehen zu lassen. Die geschlechtliche Fortpflanzung ist daher für Flechten in der Regel keine günstige Verbreitungsweise. Häufiger kommt dagegen die ungeschlechtliche Vermehrung vor. Dabei werden Teile des Gewebeverbandes, die aus Rinde und Mark bestehen, abgeschnürt und durch Wind, Wasser oder durch zufälliges Verschleppen durch Tiere verbreitet. Bei anderen Arten bricht die Rinde an bestimmten Stellen des Gewebeverbandes auf, sodass das Mark herausquillt. In diesen Markbereichen werden einzelne Gruppen von Algenzellen von Pilzhyphen umsponnen. Auf diese Weise entstehen kleine körnchenartige Gebilde. Diese lösen sich von der Flechte, werden vom Wind verbreitet und wachsen auf einem geeigneten Untergrund wieder zu einer Flechte heran.

Flechten trocknen leicht aus. Dann ist ihr Stoffwechsel fast vollständig eingestellt. So können sie mehrere Monate lang überdauern. Sie ertragen dabei auch Hitze von bis zu siebzig Grad Celsius und überleben sogar die niedrige Temperatur von flüssigem Stickstoff (–196 Grad Celsius). Werden ausgetrocknete Flechten befeuchtet, setzt die Fotosynthese bereits nach wenigen Minuten wieder ein. Da Flechten an ihren Standorten häufig austrocknen, wachsen sie nur langsam. Bei Krustenflechten beträgt die Flächenzunahme wenige Quadratmillimeter pro Jahr. Das größte Wachstum erreichen Flechten an dauerhaft feuchten und warmen Standorten. Manche Krustenflechten erreichen ein Alter von über hundert Jahren.

1 Erläutere die Symbiose zwischen Algen und Pilzen in Flechten.
2 Erläutere, wie Flechten an ihren Lebensraum angepasst sind. Begründe, warum sie auch in sehr kalten, heißen oder trockenen Lebensräumen vorkommen.

Ökosysteme

Methode: Flechtenkartierung

In ausgetrocknetem Zustand sind die meisten Flechten recht unempfindlich gegen Umwelteinflüsse. Bei normalem Wassergehalt werden ihre Stoffwechselvorgänge jedoch durch Schadstoffe schnell beeinträchtigt. Zahlreiche Flechtenarten werden vor allem durch Luftschadstoffe wie Staub und Schwefeldioxid geschädigt. Daher sind in den Zentren von Großstädten und in der Nähe großer Industrieanlagen viele Flechtenarten selten geworden. Manche Flechtenarten reagieren aber weniger empfindlich auf Luftverschmutzung. Das Vorkommen und die Häufigkeit von Flechtenarten, die bei einer **Flechtenkartierung** erfasst werden, erlauben daher Rückschlüsse auf die Luftqualität. Lebewesen, die durch ihr Vorkommen und ihre Häufigkeit die Umweltbedingungen eines Ortes anzeigen, nennt man **Indikatorlebewesen** oder **Zeigerarten**.

Bei der Auswertung der Flechtenkartierung werden sämtliche an einem Ort gefundenen Flechtenarten berücksichtigt. Eine große Anzahl deutet auf eine gute Luftqualität, eine geringe Zahl auf starke Luftverschmutzung hin. Da sich die Flechtenarten aber in ihrer Empfindlichkeit gegen Luftverschmutzung unterscheiden, wird von der Zahl der insgesamt vorgefundenen Arten die Anzahl der abgezogen, die unempfindlich gegen Luftverschmutzung sind. Die resultierende Artenzahl wird zur Ermittlung der Luftgüte eingesetzt.

Zusätzlich wird ausgewertet, ob gegen Luftverschmutzung unempfindliche Arten wie die *Kuchenflechte* gehäuft vorkommen und ob Gewebeschäden auftreten. Aus den Ergebnissen beurteilt man die Luftgüte nach den Stufen I (geringe Luftverschmutzung) bis V (extrem starke Luftverschmutzung).

Anzahl der Flechtenarten; ohne unempfindliche Arten	Vorkommen bestimmter Flechtenarten	Schäden am Flechtengewebe	Luftgütestufe	Stärke der Luftverschmutzung
> 17	fehlt	keine	I	gering
11 bis 17	Kuchenflechte fehlend oder spärlich	gering	II	mäßig
4 bis 10	Kuchenflechte häufig	stark bei empfindlichen Flechten	III	ziemlich stark
0 bis 3	Kuchenflechte häufig; Blattflechten höchstens vereinzelt	stark bei Blattflechten	IV	sehr stark
0	kaum lebende Flechten vorhanden	auch bei unempfindlichen Flechten	V	extrem stark

Standort (Ziffer auf der Karte)	Anzahl aller Flechtenarten	Artenzahl der Flechten ohne unempfindliche Arten	Luftgütestufe
Großer Stiefel (1)	27	22	I
Scheidt (2)	14	11	II
Bischmisheim (3)	9	8	III
Ludweiler (4)	4	1	IV
Alte Völklinger Hütte (5)	0	0	V

Um die Luftgüte über längere Zeiträume zu überprüfen und Veränderungen festzustellen, führt man in bestimmten Zeitabständen wiederholt Flechtenkartierungen am selben Ort nach stets demselben Muster durch.

Bei einer Flechtenkartierung wird auf einer Karte ein Rasternetz mit einem senkrechten und waagerechten Linienabstand von 1 km aufgetragen. An den Eckpunkten des Netzes werden fünf Bäume aufgesucht. Die dort vorkommenden Flechtenarten werden notiert. Außerdem wird verzeichnet, ob Schäden an der Flechte zu erkennen sind.

1 Stelle Hypothesen dazu auf, welche der auf der folgenden Seite dargestellten Flechtenarten an den Standorten vorkommen, die in der Tabelle aufgeführt sind. Begründe deine Hypothesen.

2 Suche in der Umgebung deiner Schule nach Flechten. Leite aus dem Vorkommen und der Häufigkeit der Flechten Hypothesen zur Luftgüte ab. Nutze dabei die Informationen auf der folgenden Seite.

Ökosysteme

Name: Bartflechte
(Usnea florida)
Gruppe: Strauchflechten
Erkennungsmerkmal: buschig verzweigt
Vorkommen: auf Borke und Gestein; weit verbreitet
Besonderheit: äußerst empfindlich gegen Luftverschmutzung

Name: Blaugraue Lungenflechte *(Lobaria scrobiculata)*
Gruppe: Blattflechten
Erkennungsmerkmal: Unterseite filzig behaart
Vorkommen: auf Borke und Gestein; in kühlen Regionen
Besonderheit: äußerst empfindlich gegen Luftverschmutzung

Name: Felsen-Schüsselflechte
(Parmelia perlata)
Gruppe: Blattflechten
Erkennungsmerkmal: »Blättchen« groß, grau, unten dunkel
Vorkommen: auf Borke; weit verbreitet
Besonderheit: sehr empfindlich gegen Luftverschmutzung

Name: Graue Wimpernflechte
(Anaptychia ciliaris)
Gruppe: Strauchflechten
Erkennungsmerkmal: »Blättchen« bandförmig; Äste grau
Vorkommen: auf Borke und Gestein; zunehmend selten
Besonderheit: sehr empfindlich gegen Luftverschmutzung

Name: Astflechte
(Ramalina fastigiata)
Gruppe: Strauchflechten
Erkennungsmerkmal: dichte Polster aus kurzen, kräftigen Gewebebändern
Vorkommen: auf Borke; weit verbreitet
Besonderheit: empfindlich gegen Luftverschmutzung

Name: Gemeine Gelbflechte
(Xanthoria parietina)
Gruppe: Blattflechten
Erkennungsmerkmal: großer gelber Gewebeverband
Vorkommen: auf Borke und Gestein; weit verbreitet
Besonderheit: mäßig empfindlich gegen Luftverschmutzung

Name: Lippen-Schüsselflechte
(Hypogymnia physodes)
Gruppe: Blattflechten
Erkennungsmerkmal: »Blättchen« hohl, bauchig
Vorkommen: auf Borke und Gestein; weit verbreitet
Besonderheit: gering empfindlich gegen Luftverschmutzung

Name: Kuchenflechte
(Lecanora conizaeoides)
Gruppe: Krustenflechten
Erkennungsmerkmal: Gewebeverband blaugrün; erscheint körnig
Vorkommen: auf Borke; weit verbreitet, häufig
Besonderheit: unempfindlich gegen Luftverschmutzung

2.8 Tiere im Wald

Im Frühjahr ist die beste Zeit für eine Exkursion in den Wald. Ausgestattet mit Exkursionsmaterial wie kleinen Gläschen, Lupen, Insektenkäschern, Ferngläsern, Bestimmungsbüchern und Protokollbögen untersuchen die Schüler verschiedene Stellen des Waldes. Schon auf dem Weg ins Waldinnere fallen ihnen durchwühlte Bodenbereiche auf. Vögel bewegen sich in den Baumkronen und ein Eichhörnchen verschwindet im Blätterdach. Der Wald ist Lebensraum für viele Tierarten. In einem der seltenen mitteleuropäischen Urwälder findet man über 8000 Insektenarten, 240 Vogel- und 57 Säugetierarten. An Eichen leben weit über tausend verschiedene Arten. Die meisten von ihnen kommen auf absterbenden Bäumen oder an totem Holz vor.

Die Blätter der Bäume bedeuten für viele Insekten Nahrung und Lebensraum. Die Raupen des Eichenwicklers ernähren sich ausschließlich von jungen Eichenblättern. In manchen Jahren sind es so viele Raupen, dass sie die Eichen völlig kahl fressen. Zu dieser Zeit ziehen gerade viele Singvögel ihre Jungen groß. Kohlmeisen und Blaumeisen füttern ihre Nachkommen mit den Raupen. Mit dem Fernglas kann man genau beobachten, wie sie die kleinen Insekten auf Blättern und Ästen sammeln und zu ihren Nestern tragen. Eichhörnchen ernähren sich hauptsächlich von Samen und Früchten. Im Herbst vergraben sie viele Samen als Wintervorrat. Da sie nur einen Teil davon wieder finden, tragen sie dazu bei, dass neue Bäume und Sträucher heranwachsen können.

Plötzlich hört man regelmäßige Klopfgeräusche. Ein Specht sucht nach Nahrung. Jede Spechtart hat ihr typisches Klopfgeräusch. Unter der Rinde mancher Baumarten leben Borkenkäfer und ihre Larven. Sie haben hier ihren Brut- und Fraßplatz. In Forstmonokulturen können sie sich unter günstigen klimatischen Bedingungen stark vermehren und große Schäden an den Bäumen anrichten. Der Sammeleifer der Spechte ist dem Förster daher äußerst willkommen. Beim Blick nach oben sieht man am Baumstamm der alten Eiche kreisrunde Löcher, die in das Stamminnere führen. Mit ihrem harten, meißelartigen Schnabel haben die Spechte ihre Bruthöhlen tief in den Stamm getrieben. Dort werden die Jungen aufgezogen und hauptsächlich mit Insekten und anderen Kleintieren gefüttert. Diese holen die Spechte mit Hilfe des Schnabels und der langen Zunge aus den Ritzen der Borke. Auch aus dem Nest der Waldameisen, die als »Müllabfuhr des Waldbodens« Reste gestorbener Tiere als Futter für ihre Larven in die unterirdische »Kinderstube« tragen, holt sich der Specht nahrhafte Eier und Larven.

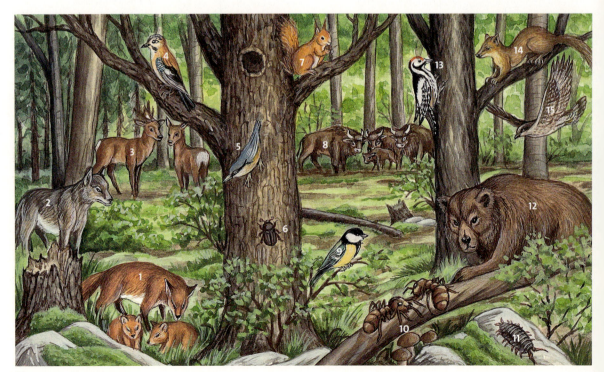

1 Tiere des Waldes am Tag

Ökosysteme

Im nächsten Jahr nisten in den Spechthöhlen oft andere Höhlenbrüter wie der Kleiber. Auch er ernährt sich von Insekten und Kleintieren, die auf und unter der Baumrinde leben. Beim Abziehen eines Stückchens Borke von einem vermodernden Ast kommen ein weißes Pilzgeflecht und zahlreiche Kellerasseln zum Vorschein. Die aufgeschreckten Tiere rennen schnell umher und verschwinden kurz darauf zwischen Ästen und im Laub. Plötzlich gibt es ein heftiges Geschrei unter den Singvögeln in der Umgebung. Ein Sperber hat sich genähert. Mit schnellen Flügelschlägen hat er eine Kohlmeise im Flug ergriffen und verschwindet mit der Beute im Geäst.

Einige Schüler finden die Erlebnisse im Wald so interessant, dass sie am Abend noch einmal zurückkehren. Schon auf dem Weg dorthin beobachten sie, wie an einer Straßenlaterne in Waldnähe einige dicke Käfer um das Licht kreisen. Ein Tier liegt am Boden und man erkennt einen Maikäfer. Diese Tiere hängen manchmal zu Tausenden in den Kronen der Laubbäume und nagen die Blätter bis auf die Rippen ab. In der Erde frisst derweil eine Heerschar ihrer Larven, die Engerlinge, an den Wurzeln. Für die Bäume bedeutet ein Massenbefall eine erhebliche Beeinträchtigung. Jetzt kommt eine Fledermaus am Waldrand entlanggeflogen, umkreist ein paar Mal die Laterne und fängt sich einen Käfer. In intakten Lebensräumen sind so die meisten der Maikäfer wieder Nahrung für andere Tiere. Ebenso werden die Engerlinge von größeren Tieren gefressen. Im Halbdunkel erkennen die Schüler einige Wildschweine, die im Waldboden wühlen. Diese Allesfresser verzehren neben pflanzlicher auch tierische Nahrung, darunter Engerlinge und andere Käferlarven. Igel und Feuersalamander suchen am Waldboden nach Schnecken und Würmern. Auf dem Rückweg sehen die Schüler einen Waldkauz, der fast lautlos durch die Baumwipfel fliegt.

Während am Tage Eichenwickler von Meisen und diese wiederum vom Sperber gefressen wurden, ernähren sich in der Nacht zum Beispiel Fledermäuse von Insekten und werden selbst vom Waldkauz gejagt. Die Art und Weise, wie Lebewesen in ihrer Umwelt für ihr Überleben und ihre Fortpflanzung sorgen, bezeichnet man als **ökologische Nische**. Die hier dargestellte unterschiedliche zeitliche Nutzung des Umweltfaktors Nahrung ist ein Beispiel für unterschiedliche ökologische Nischen.

1 Ordne den Ziffern in Abbildung 1 und 2 die Artnamen zu.

2 Recherchiere für eine der abgebildeten Arten Informationen zu ihrer ökologischen Nische. Stelle deine Ergebnisse in geeigneter Form vor.

2 Tiere des Waldes in der Nacht

Ökosysteme

2.9 Nahrungsbeziehungen

Grüne Pflanzen erzeugen mit Hilfe von Licht durch Fotosynthese aus Wasser und Kohlenstoffdioxid Traubenzucker. Sie sind **Erzeuger** oder **Produzenten.** Auf den Blättern vieler Pflanzen kann man häufig große Kolonien von Blattläusen finden. Beobachtet man das Leben dieser Tiere, hat es den Anschein, als lebe eine Blattlaus an der Pflanze wie im Schlaraffenland. Mit ihrem Stechrüssel sticht sie die unter Druck stehenden Siebröhren in den Leitbündeln der Pflanze an und lässt den Pflanzensaft in ihren Verdauungstrakt fließen. Die Blattlaus ernährt sich also von der Pflanze. Man bezeichnet sie daher als **Erstverbraucher** oder **Konsument 1. Ordnung.** Nach Herausfiltern der lebensnotwendigen Nährstoffe wird die überschüssige zuckerhaltige Flüssigkeit als Honigtau wieder ausgeschieden. Er lockt Ameisen an, die den nährstoffhaltigen Saft aufsaugen. Als Gegenleistung wehren die Ameisen manche Feinde der Blattläuse ab.

Schnell zeigt sich aber, dass den Blattläusen dennoch auch Gefahren drohen. Ein Marienkäfer hat seine Oberkieferzangen in den Körper einer strampelnden Blattlaus gebohrt und führt mit seinen Mundwerkzeugen nun Kaubewegungen aus, wobei er den flüssigen Inhalt der Blattlaus einsaugt. Auch die Larven der Marienkäfer ernähren sich von Blattläusen. Eine Larve des Siebenpunkt-Marienkäfers frisst bis zur Verpuppung 300 bis 500 Blattläuse, das erwachsene Tier dann noch einmal eine ähnlich große Zahl. Weitere Blattlausräuber sind die Larven der Florfliegen, die man deshalb als Blattlauslöwen bezeichnet, sowie die Larven von Schwebfliegen und Gallmücken. Auch Ohrwürmer findet man als Räuber in der Blattlauskolonie. Sie alle sind also in diesem Fall **Zweitverbraucher** oder **Konsumenten 2. Ordnung.**

Marienkäfer, Ohrwürmer oder Insektenlarven werden wiederum von Singvögeln oder Spinnen erbeutet. Dies sind dann **Drittverbraucher** oder **Konsumenten 3. Ordnung,** die selbst wiederum weiteren Arten als Nahrung dienen können. Es wird also deutlich, dass zwischen den Lebewesen des Waldes Nahrungsbeziehungen bestehen, die man in der hier beschriebenen einfachsten Form *Nahrungsketten* nennt. Das letzte Glied einer Nahrungskette wird als **Endverbraucher** oder **Endkonsument** bezeichnet.

In Wirklichkeit sind die Beziehungen zwischen den Lebewesen eines Waldes jedoch noch viel verzweigter. Die Blätter dienen nicht nur Blattläusen als Nahrung, sondern auch Raupen oder Rehen. Raupen werden von Singvögeln gefressen und diese wiederum vom Sperber oder Baummarder. Junge Rehe können vom Fuchs erbeutet werden und in einem Naturwald eventuell auch vom Luchs. Als Endverbraucher kann der Luchs sogar einen Fuchs als Beute greifen und verzehren. Die einzelnen Nahrungsketten sind so miteinander verknüpft, dass ein *Nahrungsnetz* entsteht. Eine solche Darstellung lässt ahnen, wie vielfältig und verzweigt die Beziehungen der Lebewesen untereinander in Wirklichkeit sind.

Die größte Zahl der Tierarten im Wald sind Pflanzenfresser. Blattlaus, Borkenkäfer, Reh oder Waldmaus gehören zu diesen Konsumenten 1. Ordnung. Manche Tiere wie das Wildschwein und das Eichhörnchen nutzen neben pflanzlicher auch tierische Nahrung. Man bezeichnet sie als Allesfresser. Zu den von Pflanzenfressern lebenden Konsumenten 2. Ordnung gehören zum Beispiel der Marienkäfer, der Buntspecht und die Kohlmeise. Diese werden wiederum von Konsumenten 3. Ordnung wie Radnetzspinne, Sperber oder Baummarder gefressen. Am

1 Nahrungskette. A Traubenkirsche; B Blattlaus; C Marienkäfer (▶ = … wird gefressen von …)

Ökosysteme

Ende der Nahrungskette stehen im Naturwald Endkonsumenten wie Wolf, Luchs oder Bär.

Die Konsumentenstufen können allerdings je nach Jahreszeit oder Alter bei bestimmten Konsumenten auch wechseln. Je höher eine Art in der Nahrungskette steht, umso geringer ist meistens ihre Individuenzahl. Diese Abnahme der Individuenzahl von Stufe zu Stufe ergibt eine **Nahrungspyramide.** Im Forst fehlen manche weiter oben in der Nahrungskette stehende Arten. Deshalb können sich hier manche Pflanzenfresser stark vermehren und dann große Schäden an den Pflanzen verursachen. Der Mensch greift daher als Jäger oder Förster immer wieder in die Forstökosysteme ein und ersetzt damit zum Teil fehlende Endkonsumenten.

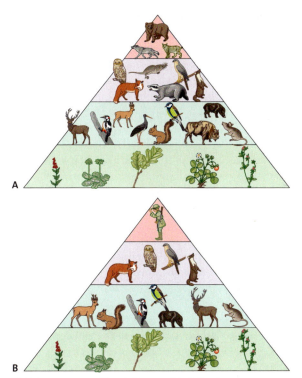

3 Nahrungspyramide. A Naturwald; B Forst

1 Ordne die Tiere im mittleren Teil der Abbildung 3 A nach Konsumenten erster, zweiter und dritter Ordnung. Begründe, warum die Zuordnung nicht immer eindeutig ist.
2 Erläutere, welche Folgen eintreten, wenn innerhalb einer Nahrungskette ein Glied ausfällt.
3 Wende das Basiskonzept Steuerung und Regelung auf das Nahrungsnetz in Abbildung 2 an.

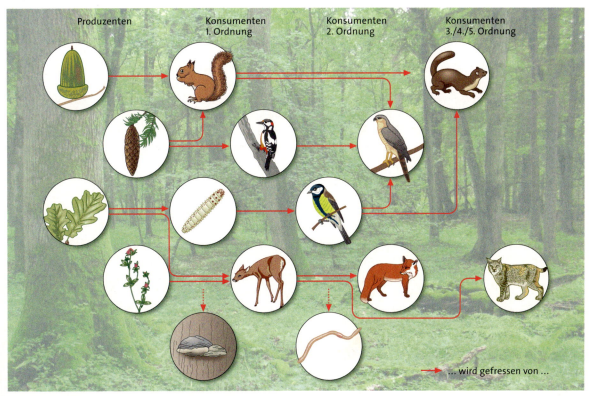

2 Nahrungsnetz

2.10 Leben auf und im Waldboden

Im Herbst fallen riesige Laubmengen auf den Boden der Wälder. Schon wenige Monate später sind sie teilweise kaum noch zu erkennen und nach zwei bis drei Jahren ist ein Buchenblatt komplett verschwunden. Woran liegt das?

Der Boden lebt! Neben Wasser, Luft und mineralischen Bestandteilen besteht er zu etwa fünf bis zehn Prozent aus Bodenlebewesen, Pflanzenwurzeln sowie ihren abgestorbenen Resten. Je nach Standort kann dieser Wert erheblich schwanken. Sehr viele Lebewesen des Waldbodens ernähren sich von abgefallenen Pflanzenteilen, von toten Pflanzen und Tieren sowie von den Ausscheidungen der Waldbewohner. Ohne die Tätigkeit dieser Zersetzer, der **Destruenten,** würde sich immer mehr tote Biomasse ansammeln.

Das im Herbst abgefallene Laub ist in der Regel trocken und wird deshalb nur von wenigen Bodentieren wie Asseln, Schnurfüßern und einige Käfern gefressen. Regen und Schnee sorgen jedoch bald für eine Durchfeuchtung der Laubstreu. Neben Pilzen und Bakterien finden jetzt Fliegenlarven, Milben, Springschwänze, Fadenwürmer und viele andere Tiergruppen ideale Lebensbedingungen. In den von den Erstzersetzern abgegebenen Ausscheidungen entwickelt sich eine reiche Lebensgemeinschaft von Kleinstlebewesen. Viele Milben und Insektenlarven fressen sich auch durch das Innere der Blätter und lassen nur die derbe Epidermis und die Blattadern stehen. Die Blatthülle ist dann mit Kot gefüllt und wird zum Beispiel von Regenwürmern gefressen, die diese Nahrung noch weiter zerlegen und verwerten können. Regenwürmer vermischen außerdem die Bodenschichten, indem sie die Blätter in ihre Gänge hineinziehen. Sie leisten damit einen wichtigen Beitrag zur Durchlüftung des Bodens. Durch das Zusammenwirken vieler verschiedener Bodentiere wird die gesamte Biomasse der Blätter schließlich zu Kot umgewandelt. Dieser wird von mineralisierenden Bakterien bis zu den pflanzenverfügbaren Mineralstoffen zerlegt. Als Abbauprodukte entstehen neben Wasser und Kohlenstoffdioxid zum Beispiel Nitrate und Phosphate.

Parallel zur Zersetzung der Blattsubstanz erfolgt der Abbau abgestorbener Lebewesen, deren meist stickstoffreiche Abbauprodukte dann ebenfalls den Pflanzen zur Verfügung stehen. Manche Destruenten sind auf den Abbau ganz bestimmter Stoffe spezialisiert. So sind einige Pilze wie der Zunderschwamm als einzige Waldbewohner in der Lage, den wichtigen Holzbaustoff Lignin

1 Pilzhyphen und Asseln auf einem Baumstamm

abzubauen. Das Holz wird dabei nach und nach weich, faserig und hell, es zeigt die so genannte Weißfäule. Andere Pilze verwerten die Zellulose aus den Zellwänden der Pflanzen. Hier bleiben ligninhaltige, kubische, braune Brocken zurück, die man als Braunfäule bezeichnet. Manche Insekten wie die Goldfliege legen ihre Eier an oder in tote Tiere, in denen ihre Larven eine optimale Nahrungsversorgung vorfinden und so zur Abfallverwertung im Wald beitragen. Auch der Kot der Waldbewohner wird schon in den ersten Tagen nach der Ausscheidung von verschiedenen Pilzarten, die man als Dungpilze bezeichnet, besiedelt oder Insekten legen ihre Eier hinein. Die leichte Zugänglichkeit von Fuchs- oder Pferdekot sowie ihr Nährstoffreichtum machen sie zu einem idealen Futterplatz für Käfer wie den Pillendreher oder für die Maden zahlreicher in der Umgangssprache als »Schmeißfliegen« bekannter Fliegenarten. Die Gesamtheit der Abbauprodukte im Waldboden nennt man **Humus.** In ihm sind die für die Pflanzen notwendigen Mineralstoffe enthalten.

Ausgehend von Aas, Kot sowie lebenden und toten Pflanzen und Pflanzenteilen lassen sich über Aas-, Kot-, Pflanzen- oder Abfallfresser sowie die räuberisch lebenden Bodenbewohner Nahrungsketten und Nahrungsnetze aufstellen. Sie funktionieren allerdings nur, wenn die Böden nicht geschädigt sind. Das kann durch Verdichtung und Versauerung ebenso passieren wie durch das Einbringen von Schwermetallen, Streusalz, Pflanzenschutzmitteln, Giftstoffen, Öl oder Dünger. Wind- und Wassererosion schädigen besonders Böden, auf denen die Pflanzendecke entfernt wurde.

Maßnahmen zum **Bodenschutz** gehören daher heute zu den wichtigen Aufgaben des Umweltschutzes. So darf in der Landwirtschaft nur dann Dünger auf die Felder ge-

Ökosysteme

bracht werden, wenn er auch von Pflanzen aufgenommen wird und nicht ins Grundwasser gelangt. Deshalb ist die auszubringende Düngermenge begrenzt. Viele Pflanzenschutzmittel wurden verboten. Der Streusalzeinsatz im Winter wird immer häufiger durch die Verwendung abstumpfender Mittel ersetzt. Gelangen bei Unfällen Giftstoffe oder Öl in den Boden, werden die Verschmutzungen mit großem Aufwand bekämpft und beseitigt.

1 Berechne die Biomasse der Bakterien und Pilze, der Regenwürmer und der Asseln in einem Hektar Waldboden anhand der Angaben in Abbildung 3. Berechne weiter den prozentualen Massenanteil an Regenwürmern im Boden. Nimm dabei an, dass die Regenwürmer in den oberen 30 Zentimetern Bodenauflage leben und der Boden eine Dichte von 2 g/cm³ aufweist.

2 Informiere dich über die Nahrungsansprüche ausgewählter Arten aus den Tiergruppen in Abbildung 3. Erstelle, ausgehend von abgestorbenen Blättern, ein Nahrungsnetz für den Boden.

3 Erstelle Steckbriefe für drei der in Abbildung 2 dargestellte Bodentiere.

Gruppe	Anzahl (pro m² Waldboden)	Biomasse (in g)
Bakterien	60 000 000 000 000	100
Pilze	1 000 000 000	100
Algen	1 000 000	1
Einzeller	500 000 000	10
Fadenwürmer	10 000 000	15
Milben	150 000	1,5
Springschwänze	100 000	1,2
Weiße Ringelwürmer	25 000	4
Regenwürmer	200	100
Schnecken	50	1
Spinnen	50	0,2
Asseln	50	0,5
Tausendfüßer	150	4
Hundertfüßer	50	0,4
Käfer	100	1,5
Fliegenlarven	200	2
Wirbeltiere	0,001	0,1

3 Bodenlebewesen

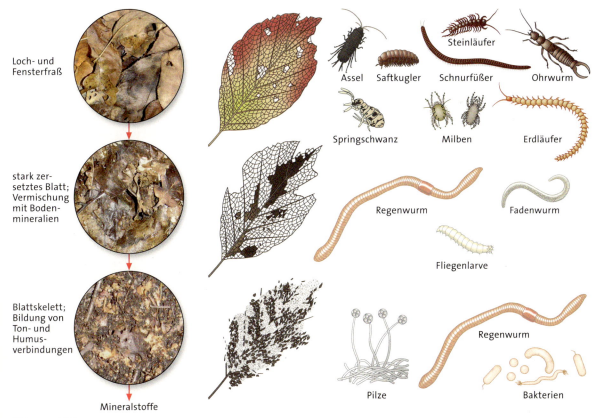

2 Humusbildung

Ökosysteme

2.11 Stoffkreisläufe

Fotosynthese und Atmung sowie Ernährung, Verdauung und Ausscheidung sind wichtige Stoffwechselvorgänge bei Lebewesen. Dabei werden Stoffe aufgenommen, umgewandelt und nicht verwertbare Reste abgegeben. Für Lebewesen besonders wichtig sind Wasser, Sauerstoff und Kohlenstoff sowie Stickstoff- und Phosphor. Diese Stoffe sind in kleine oder globale **Stoffkreisläufe** eingebunden, an denen außer den Lebewesen auch die unbelebte Umwelt beteiligt ist.

Wasser wird von den Lebewesen ständig aus der Umwelt aufgenommen und auch wieder an sie abgegeben. Im Rahmen von Fotosynthese und Zellatmung ist der **Wasserkreislauf** mit dem **Sauerstoffkreislauf** und dem **Kohlenstoffkreislauf** verknüpft. So reagiert das Wasser in der Fotosynthese der grünen Pflanzen mit Kohlenstoffdioxid zu Traubenzucker und Sauerstoff. Bei der Zellatmung reagieren Traubenzucker und Sauerstoff umgekehrt zu Kohlenstoffdioxid und Wasser. Die Pflanzen tauschen die Gase Kohlenstoffdioxid und Sauerstoff überwiegend über die Oberfläche ihrer Blätter mit der Luft aus. Tiere besitzen für den Austausch Atemorgane wie Lungen, Kiemen oder Tracheen. Da sich die Gase im Wasser lösen, tauschen Wasserbewohner Sauerstoff und Kohlenstoffdioxid teilweise auch im Wasser aus. In der Luft sind etwa 21 Prozent Sauerstoff und etwa 0,04 Prozent Kohlenstoffdioxid enthalten. Da auf der Nordhalbkugel der Erde im Sommerhalbjahr mehr Fotosynthese stattfindet als im Winterhalbjahr, sinkt im Sommer der Kohlenstoffdioxidgehalt der Atmosphäre. Der Kohlenstoff wird in Traubenzucker und andere Fotosyntheseprodukte eingebaut. Im Winterhalbjahr wird durch Atmung mehr Biomasse abgebaut als durch Fotosynthese entsteht. So steigt in dieser Zeit der Kohlenstoffdioxidgehalt der Atmosphäre wieder an.

Seit Beginn der industriellen Revolution nutzen Menschen in großem Maße fossile Brennstoffen wie Erdgas, Erdöl und Kohle zur Energiegewinnung. Dadurch steigen die mittleren Kohlenstoffdioxidkonzentrationen in der Luft kontinuierlich an. Da das Kohlenstoffdioxid ähnlich wie das Glasdach eines Treibhauses wirkt, hat dies in den vergangenen Jahrzehnten zu einem globalen Anstieg der durchschnittlichen Temperatur geführt.

Zum Aufbau ihrer körpereigenen Eiweiße benötigen die Lebewesen neben Kohlenstoff auch Stickstoffverbindungen. Der **Stickstoffkreislauf** gehört damit ebenfalls zu den wichtigen Stoffkreisläufen. Luft besteht zu 78 Prozent aus gasförmigem Stickstoff. Trotzdem ist Stickstoff in Ökosystemen oft ein wachstumsbegrenzender Faktor. Dies liegt daran, dass Pflanzen Luftstickstoff nicht in elementarer Form nutzen können. Fast alle Pflanzen müssen Stickstoff daher in Form von Ammonium- und Nitrationen aus dem Boden oder dem Wasser aufnehmen.

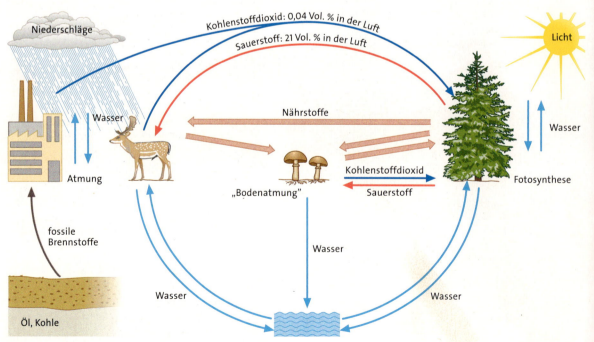

1 Kohlenstoff- und Sauerstoffkreislauf

Ökosysteme

Einige Pflanzenarten sind in besonderer Form an stickstoffarme Böden angepasst. Sie leben oft in enger Gemeinschaft mit Knöllchenbakterien. Diese findet man zum Beispiel in den Wurzeln von Schwarzerle oder Lupine. Sie sind in der Lage, gasförmigen Luftstickstoff in pflanzenverfügbare Ammoniumionen umzuwandeln. Die Pflanzen stellen den Bakterien im Gegenzug die erforderliche Energie zur Verfügung. Andere Pflanzen solcher Standorte wie der Sonnentau betätigen sich als »Fleischfresser«, indem sie mit speziellen Fangeinrichtungen Insekten und andere Tiere fangen und verdauen.

Die von den Pflanzen aufgenommenen stickstoffhaltigen Ionen werden von ihnen zum Aufbau von Eiweißen verwendet. Tiere benötigen ebenfalls Stickstoff zum Aufbau ihrer Eiweiße. Anders als Pflanzen können sie diese jedoch nicht direkt aus stickstoffhaltigen Ionen aufbauen, sondern müssen die Eiweiße mit ihrer Nahrung aufnehmen. Sie bauen diese aufgenommenen Eiweiße dann zu körpereigenen Eiweißen um. Wenn Pflanzen und Tiere sterben, werden ihre Eiweißstoffe von Destruenten abgebaut. Dabei entstehen wieder Ammonium- und Nitrationen.

Es gibt Bakterienarten, die Luftstickstoff zu Stickstoffsalzen umwandeln. Andere Bodenbakterien sind in der Lage, Ammoniumionen in andere stickstoffhaltige Ionen umzubauen oder sie wieder zu Luftstickstoff abzubauen. Damit ist der Stickstoffkreislauf geschlossen. Der **Phosphorkreislauf** ist ein weiterer für Lebewesen wichtiger Stoffkreislauf, weil sowohl die Erbsubstanz als auch wichtige Moleküle des Energietransports, zum Beispiel das ATP, zu den Phosphorverbindungen gehören. Pflanzen nehmen das Element als Phosphation auf. Mit der Nahrung wird es an Tiere weitergereicht und über deren Ausscheidungen sowie die Zersetzung von toter Biomasse durch Destruenten gelangt es zurück in Böden und Gewässer. Manche phosphatreiche Gesteine haben ebenfalls eine Bedeutung als Phosphorquelle. Sie werden zur Herstellung von Mineraldünger genutzt. Kontakt zur Luft hat der Phosphorkreislauf nicht.

1 Erläutere die in den Abbildungen 1 bis 3 dargestellten Stoffkreisläufe.

2 Die dargestellten Kreisläufe können als Recyclingsysteme bezeichnet werden. Erkläre.

3 Bei uns nimmt die Kohlenstoffdioxidkonzentration der Atmosphäre im Frühjahr und Sommer ab, im Herbst und Winter zu. Die Jahresmittelwerte steigen seit Jahrzehnten. Erläutere.

4 Ammoniak aus der Tierhaltung und Stickstoffoxide aus dem Kraftfahrzeugbetrieb gelangen in den letzten Jahrzehnten in großer Menge in die Atmosphäre. Erläutere den weiteren Weg dieser Stoffe im Stickstoffkreislauf und beurteile die Folgen für die Ökosysteme.

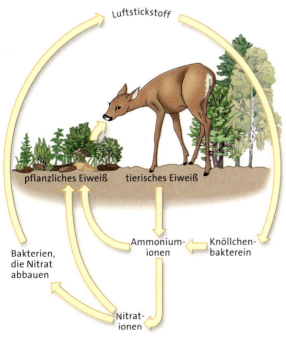

2 Stickstoffkreislauf

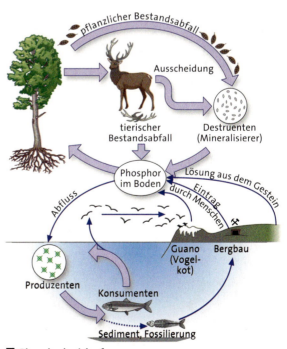

3 Phosphorkreislauf

Ökosysteme

1 Fotosynthese: Lichtenergie wird zu chemischer Energie

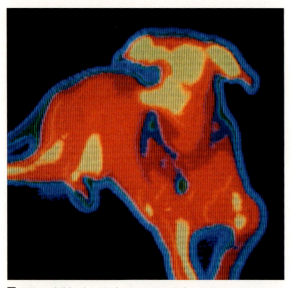

2 Wärmebild: Chemische Energie wird zu Wärmeenergie

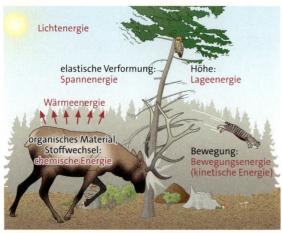

3 Energieformen

2.12 Der Weg der Energie

Beobachtet man Pflanzen, so stellt man fest, dass sie immer zum Licht wachsen. Licht wird in der Fotosynthese der grünen Pflanzen zum Aufbau energiereicher Biomasse wie Traubenzucker, Stärke und Cellulose verwendet und somit in chemische Energie umgewandelt. Diese wiederum können Lebewesen im Rahmen ihrer Stoffwechselprozesse in elektrische Energie, in Bewegungsenergie, in Lageenergie oder Wärmeenergie umwandeln. Bei Tieren entstehen so zum Beispiel elektrische Spannungen an Nervenzellen, Bewegungen in Muskelzellen oder im Vergleich zur Umgebungstemperatur höhere Körpertemperaturen. Bei der Verbrennung von einem Gramm Traubenzucker zu Kohlenstoffdioxid und Wasser werden etwa 17,2 Kilojoule an Energie frei. Bei der Umwandlung der verschiedenen **Energieformen** ineinander gilt das Prinzip der Energieerhaltung. Das bedeutet, bei der Energieumwandlung kommt weder Energie hinzu noch geht Energie verloren. Allerdings werden bei der Zellatmung etwa 60 Prozent der Energie als Wärme freigesetzt. Diese kann nicht mehr in andere Energieformen umgewandelt und somit nicht mehr für Stoffwechselvorgänge verwendet werden, sodass zur Aufrechterhaltung des Lebens auf der Erde ständig Energie von der Sonne nachgeliefert werden muss.

Der Energiegehalt einer chemischen Verbindung ist ein relativer Wert, genauso wie die Höhe eines Berges ein relativer Wert ist. Bezugsgröße für die Höhe eines Berges ist die Meereshöhe. Man hat festgelegt, dass man sie mit null Metern angibt. Bei chemischen Stoffen verfährt man ähnlich und setzt den Energiegehalt der Elemente in ihrer stabilsten Form gleich Null. Der Energiegehalt der Elemente Sauerstoff, Wasserstoff und Kohlenstoff wird also definitionsgemäß mit null Joule angegeben. Energiereiche Biomasse wie Traubenzucker oder Cellulose enthält somit mehr Energie als die Elemente, aus denen sie aufgebaut ist. Verbrennt man Kohlenhydrate, so wird die in ihnen enthaltene chemische Energie überwiegend in Wärmeenergie umgewandelt. Der Mensch kann mit chemischer Energie aus Cellulose in Form von Brennholz also zum Beispiel eine Wohnung heizen. Lebewesen übertragen etwa 40 Prozent der in Traubenzucker gespeicherten chemischen Energie schrittweise auf ATP, das sie für Stoffwechselvorgänge nutzen. Der Rest wird zur Produktion von Körperwärme verwendet.

Etwa ein Prozent der auf die Erde treffenden Lichtenergie der Sonne wird von Produzenten im Rahmen der Fotosynthese in chemische Energie umgewandelt. Setzt man

Ökosysteme

die in dieser Biomasse enthaltene Energie gleich 100 Prozent, so werden davon etwa zehn Prozent über die Nahrungskette an Konsumenten 1. Ordnung weitergereicht, während 90 Prozent von den Pflanzen für Stoffwechselprozesse verwertet werden oder als tote pflanzliche Biomasse übrigbleiben. Diese wird von Destruenten genutzt oder in Form von Holz und anderen nachwachsenden Rohstoffen vom Menschen verwertet. Die von den Pflanzenfressern aufgenommene Biomasse wird zu etwa zehn Prozent an Konsumenten 2. Ordnung weitergegeben. Etwa 90 Prozent werden auch hier für die körpereigene Zellatmung genutzt oder als tote Biomasse an Destruenten beziehungsweise in der Landwirtschaft als Nahrungsmittel weitergereicht. Ähnlich sind die Verhältnisse auf den nächsten Nahrungsstufen, sodass bei den Konsumenten 3. Ordnung nur noch etwa 0,1 Prozent der ursprünglich von den Produzenten in Biomasse gebundenen Energie ankommen. So fließt die gespeicherte Energie von einem Glied der Nahrungskette zum nächsten, bis sie zur Aufrechterhaltung der Lebensvorgänge genutzt wird. Dieser in Form einer Einbahnstraße ablaufende **Energiefluss** im Ökosystem hat seine Quelle in der Sonne. Die von den Produzenten gebundene Energiemenge nimmt von Nahrungsstufe zu Nahrungsstufe um den Faktor 10 ab. Wegen dieser hohen Verluste ist die Zahl der Nahrungsstufen in einem Ökosystem begrenzt. Mehr als fünf oder sechs Stufen findet man selten in einer Nahrungskette. Ordnet man diese Nahrungsebenen aufeinander folgend an, so erhält man eine Pyramidenform. Legt man die mit jeder Stufe abnehmende Energie zugrunde, so spricht man von einer **Energiepyramide**.

1 Erläutere unter Einbeziehung der Abbildung 4, weshalb man von einem Kreislauf der Stoffe und einem Fluss der Energie spricht.

2 Auch der Mensch ist Mitglied der Energiepyramide. Erläutere, welche Stufe ein Mensch einnehmen kann.

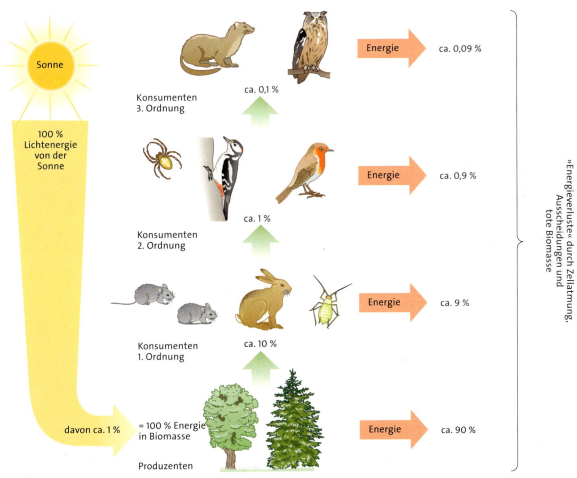

4 Weg der Energie

Ökosysteme

Aufgaben und Versuche — Untersuchungen im Wald

V1 Vegetationsaufnahme

Protokollblatt Vegetationsaufnahme

Ort: Börsteler Wald Datum: 15. 5. 2008
Flächengröße: 100 m² Höhe über NN: 25 m
Waldtyp: Stieleichen-Hainbuchen-Wald

Schichtung	Baumschicht	Strauchschicht	Krautschicht	Moosschicht
Höhe	25 m	3,5 m	max. 0,9 m	max. 0,1 m
Deckung	70%	15%	55%	1%

Gefundene Pflanzenarten		Deckungsgrad
Baumschicht	Stieleiche	3
	Hainbuche	3
	Rotbuche	2
Strauchschicht	Schwarzer Holunder	2
	Faulbaum	1
Krautschicht	Sternmiere	2
	Wald-Flattergras	2
	Buschwindröschen	1
	Efeu	1
	Goldnessel	1
	Maiglöckchen	1
	Sauerklee	1
	Wald-Frauenfarn	1
Moosschicht	Frauenhaarmoos	+

Material: Maßband; Paketschnur; Holzpflöcke; Schreibwerkzeug; Klemmbrett; Pflanzenbestimmungsbücher

Durchführung: Grenze im Wald eine als Probefläche geeignete quadratische Fläche mit 10 m Kantenlänge ab. Erstelle eine Vegetationsaufnahme. Fertige weitere Vegetationsaufnahmen auf anderen Flächen an.

Aufgaben:
a) Notiere zunächst, wie im Protokollblatt angegeben, die Angaben zur Probefläche. Schätze dann die prozentualen Deckungsgrade der einzelnen Schichten.
b) Bestimme die Pflanzenarten und erstelle für jede Schicht getrennt eine vollständige Artenliste.
c) Gib für jede Pflanzenart den Deckungsgrad entsprechend folgender Vorgaben an:
  + die Art kommt nur vereinzelt vor
  1 die Art bedeckt weniger als 5 % der Fläche
  2 die Art bedeckt 5 bis 25 % der Fläche
  3 die Art bedeckt 25 bis 50 % der Fläche
  4 die Art bedeckt 50 bis 75 % der Fläche
  5 die Art bedeckt mehr als 75 % der Fläche

V2 Blattläuse in der Nahrungskette

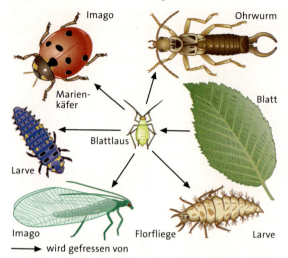

→ wird gefressen von

Material: Handlupe; Stereolupe; Petrischale; spitze Pinzette; Präpariernadel; Marmeladengläser

Durchführung: Suche an Sträuchern oder Bäumen nach Blattläusen und deren Eiern. Untersuche Blattlauskolonien unter Einbeziehung folgender Fragestellungen:
– Wie groß sind die Blattlauskolonien?
– Wie dicht sitzen die Tiere in einer Kolonie?
– Unterscheiden sich die Tiere einer Kolonie in der Größe? Werden Jungtiere geboren?
– Wie viele geflügelte Tiere sind vorhanden?
– Gibt es unterschiedlich gefärbte Tiere?
– Sind Blattlauseier vorhanden?
– Wo und wie saugen die Tiere?
– Welche Farbe haben die befallenen Pflanzenteile?
– Welche Blattlausräuber sind in der Nähe oder in der Kolonie und wie verhalten sie sich?
– Sind Ameisen vorhanden und wie verhalten sie sich gegenüber den Blattläusen?

Entnimm ein Blatt mit einer Blattlauskolonie und betrachte Einzeltiere unter der Stereolupe. Betrachte auch die Mundwerkzeuge einer Blattlaus.

Aufgaben:
a) Protokolliere deine Beobachtungen in der Blattlauskolonie.
b) Zeichne eine Blattlaus, die auf einem Blatt sitzt, unter der Stereolupe und beschrifte die Zeichnung.
c) Werte deine Beobachtungen unter der Überschrift »Blattläuse in der Nahrungskette« aus.

Ökosysteme

V3 Tiere unter der Borke

Material: Malpinsel; Schraubenzieher; Pillengläser; Gummiband; Verbandsmull; Mineralwasser mit Kohlenstoffdioxid in Flasche; Handlupe; Stereolupe; 4-Well-Kammer oder kleine Petrischale; Bestimmungsbücher für Bodentiere

Durchführung: Hebe mit dem Schraubenzieher Borkenteile von Bäumen ab. Besonders geeignet sind kranke oder tote Bäume. Bringe mit Hilfe des Pinsels Tiere, die du unter der Borke findest, in ein Pillenglas und verschließe es. Bewegen sich die Tiere stark, so kannst du sie mit Hilfe von Kohlenstoffdioxid betäuben. Hierzu kannst du das Pillendöschen mit dem Tier mittels Verbandmull und Gummiband verschließen und dann umgedreht auf den Flaschenhals der geöffneten Mineralwasserflasche halten. Das ausperlende Kohlenstoffdioxidgas ersetzt jetzt nach und nach die Luft im Pillendöschen und betäubt die Tiere. Verschließe das Pillendöschen nun schnell mit dem Verschluss und beobachte die Tiere mit der Lupe. Gib die Tiere zur genauen Untersuchung mit der Stereolupe in eine Petrischale oder eine Well-Kammer.

Aufgaben:
a) Finde unter Verwendung der Bestimmungsbücher die Namen der gefangenen Tiere heraus. Informiere dich über die Lebensweise der Tiere und erstelle für zwei Arten einen Steckbrief.
b) Ermittle die Häufigkeit der Bodentiere unter Verwendung folgender Angaben: 1 Einzelexemplar; 2 wenige Exemplare; 3 häufig; 4 massenhaft
c) Zeichne zwei Tiere und beschrifte deine Zeichnungen.

V4 Untersuchung von Bodentieren

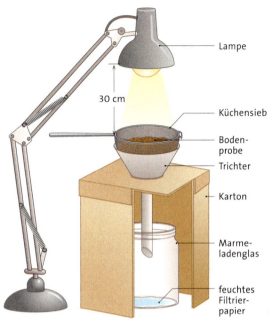

Material: Karton (Höhe 20 cm, Kantenlänge 15 cm); Küchensieb (Maschenweite 2 bis 3 mm); Trichter (passend zum Küchensieb); Marmeladenglas; Schere; Filtrierpapier; Wasser; Schreibtischlampe (25 Watt); feuchte Bodenprobe aus dem Wald; Stereolupe; Bestimmungsbücher

Durchführung: Schneide in den Boden des Kartons eine runde Öffnung, die etwas kleiner ist als der Durchmesser des Trichters. Bedecke den Boden des Marmeladenglases mit feuchtem Filterpapier. Stülpe den Karton mit dem Trichter so über das Glas, dass die Trichtermündung in das Glas ragt. Lege das Küchensieb auf die Trichteröffnung. Bedecke das Sieb 4 bis 5 cm hoch mit der Bodenprobe. Bestrahle die Probe mit der Lampe eine Stunde lang aus etwa 30 cm Höhe über dem Sieb. Nach dem Versuch werden die Tiere wieder im Wald ausgesetzt.

Aufgaben:
a) Das Vorkommen der Bodentiere hängt von Feuchtigkeit, Temperatur und Lichtstärke ab. Beschreibe ihr Verhalten während des Versuchs. Erkläre.
b) Kontrolliere das Glas eine Stunde nach Versuchsbeginn. Notiere deine Beobachtungen.
c) Bestimme die Namen der Tiere im Fangglas. Erstelle für zwei Arten einen Steckbrief.

Ökosysteme

2.13 Bedeutung des Waldes

Ohne den Einfluss des Menschen wären weite Bereiche Mitteleuropas von Wald bedeckt und auch heute nehmen die Wälder in Deutschland noch 31 Prozent der Fläche ein. Oft sind sie bei uns auch das Herzstück von Schutzgebieten. Wälder gehören daher zu den wichtigsten Ökosystemen in Mitteleuropa.

Die Einflüsse des Waldes auf das **Mikroklima** sind jedem Waldbesucher bekannt. An einem heißen Sommertag empfindet man den Wald als angenehm kühl. Selbst in Trockenzeiten erhalten die Pflanzen über die Wurzeln genügend Wasser, das sie bei der Transpiration über die Blätter wieder an die Luft abgeben. Hierbei erhöht sich die Luftfeuchtigkeit und durch die Verdunstungskälte vermindert sich die Lufttemperatur. So gibt eine 100jährige Buche täglich bis zu 400 Liter Wasser ab und kann dadurch die Luftfeuchtigkeit in unmittelbarer Umgebung um bis zu zehn Prozent erhöhen. Außerdem bremsen Wälder den Wind. Die Windgeschwindigkeit wird schon 100 Meter vor und bis zu 700 Meter hinter dem Wald um bis zu 40 Prozent gesenkt. Neben dem Einfluss auf das Mikroklima sind die Verminderung der Bodenerosion und die Wirkung als Staubfilter weitere positive Einflüsse der Wälder. Ein Hektar Waldfläche vermag bis zu 70 Tonnen Staub pro Jahr aus der Luft zu filtern. **Windschutz** und **Immissionschutz** kommen auch den landwirtschaftlichen Nutzflächen und den menschlichen Siedlungen im Umfeld der Wälder zugute. Für menschliche Siedlungen ist außerdem der durch den Wald zu erreichende **Lärmschutz** von Bedeutung. So kann ein 100 Meter breiter stark geschichteter Mischwald den Lärmpegel halbieren.

Wälder dienen zudem als Wasserspeicher. Der Teil der Niederschläge, der nicht von den Blättern festgehalten wird, fällt auf den Waldboden. Über die Moosschicht, die das Wasser wie ein Schwamm aufsaugt, gelangt es nach und nach in den Boden. Unter einem Quadratmeter Waldboden können 50 bis 200 Liter Wasser gespeichert werden. Hier wird es auch gefiltert und biologisch gereinigt, bevor es schließlich als sauberes Wasser das Grundwasser erreicht. Grundwasser aus Waldgebieten wird bevorzugt zur Trinkwasseraufbereitung genutzt. Der verzögerte Abfluss bewirkt, dass es nach starken Niederschlägen in waldreichen Regionen seltener zu Hochwassersituationen in den Bach- und Flussauen kommt. Auch Schlamm- und Gerölllawinen sind in waldreichen Gebieten seltener, da die Wurzeln der Bäume die Waldböden wie ein Geflecht durchziehen und den Boden festhalten. Ebenso werden Schneelawinen durch die Sprossachsen der Gehölze gebremst.

Wälder sind auch ein **Rohstofflieferant** für Holz. Es wird vielseitig in der Bau- und Möbelindustrie verwendet und ist Grundstoff für die Papierproduktion. Als Baustoff erlebt Holz gerade eine Renaissance. Ökologisches Bauen und Wohnen mit heimischem Holz wird immer wichtiger, weil Holz sowohl bei der Erzeugung als auch bei der Entsorgung umweltfreundlich ist. Ein anderer Teil des Holzes dient als Brennholz zur Energiegewinnung in Privathaushalten und Heizkraftwerken. Holz ist damit ein wichtiger nachwachsender Rohstoff.

Aufgrund ihrer Fähigkeit Kohlenstoffdioxid zu binden werden Wälder im Rahmen der internationalen Klimaschutzabkommen als Klimafaktoren angesehen. Durch

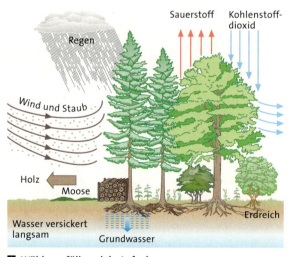

1 Wälder erfüllen viele Aufgaben

2 Essbare Pilze aus dem Wald

die Fotosynthese der Pflanzen binden sie in der Wachstumsphase in großem Umfang das Treibhausgas Kohlenstoffdioxid und haben somit die Funktion einer Kohlenstoffsenke. Für die Produktion von einem Kilogramm Holz entnimmt ein Baum etwa 1,5 Kilogramm Kohlenstoffdioxid aus der Luft. Am effektivsten sind die im Wachstum befindlichen Wälder, während ältere Wälder durch den höheren Stoffabbau erheblich größere Kohlenstoffdioxidmengen wieder freisetzen. Die Fotosynthese sorgt neben der Kohlenstoffdioxidfixierung für die Freisetzung des für alle aeroben Lebewesen lebenswichtigen Sauerstoffes.

Wälder werden immer wieder auch als Orte der Forschung genutzt. Oft sind es Naturwissenschaftler, die auf der Suche nach neuen Medikamenten oder Chemikalien auch in den entlegensten Winkeln der Erde nach unbekannten und im Verborgenen lebenden Arten mit besonderen Inhaltsstoffen suchen. Manche Erfolgsstory der Pharma- und Chemiekonzerne hat hier in den letzten Jahren begonnen. So entdeckten Pilzexperten, dass kleine zu den Zapfenrüblingen gehörende Pilze auf Kiefern- und Fichtenzapfen in der Lage sind, das Wachstum anderer Pilze in ihrer Umgebung zu verhindern und sich so vor Konkurrenten zu schützen. Als man nach den Ursachen forschte, fand man einen Inhaltsstoff mit pilztötender Wirkung, ein Fungizid, das Strobilurin genannt wurde. Pharmakonzerne wandelten diesen Naturstoff geringfügig ab und ließen ihn als Fungizid patentieren. Heute haben diese synthetischen Strobilurine im Pflanzenschutz eine große Bedeutung. Bereits 1999 entsprach ihr Anteil am weltweiten Fungizidmarkt, mit einem Umsatz von 600 Millionen Dollar, ca. 10 Prozent.

Neben der Bedeutung als Ökosystem und als Rohstofflieferant haben Wälder aus Sicht der Menschen noch weitere Aufgaben. So sind sie heute ein wichtiger Ort der Erholung. Wandern, Naturbeobachtung, Sport und Spiel sind begehrte Freizeitaktivitäten, die oft im Wald stattfinden. Hierzu wurden in vielen Wäldern markierte Wanderwege, Waldlehrpfade, Schutzhütten, Waldsportpfade oder Kinderspielplätze angelegt. Für Schüler werden Wälder hin und wieder im Biologieunterricht auch zum Lernort. Waldjugendspiele oder Exkursionen in den Wald gehören zu den verbreiteten Angeboten der Forstämter und Umweltbildungszentren. Die jungen Menschen erleben mit allen Sinnen die vielfältigen Umweltfaktoren und ihre Wechselbeziehungen in einem Ökosystem. Gleichzeitig können sie ein Gespür dafür entwickeln, wie Eingriffe des Menschen ein Waldökosystem nachhaltig verändern können. Das Erleben der Holzernte mit schweren Maschinen wie dem Harvester oder des großflächigen Absterbens von Bäumen in einem Nationalpark durch sauren Regen und Schädlingsbefall beeindrucken jeden Beobachter. Aus solchen authentischen Erfahrungen mit emotionalen Anteilen entwickelt sich nicht selten auch das Bedürfnis, selbst etwas für den Schutz der Wälder zu tun.

1 Erläutere an fünf Beispielen die Bedeutung des Waldes für dich selbst.
2 Recherchiere Beispiele für zwei Naturstoffe aus dem Wald, die als Ausgangssubstanz für die Entwicklung von Medikamenten oder Pflanzenschutzmitteln von Bedeutung sind.
3 Im Nationalpark findet man teilweise auf großen Flächen abgestorbene Bäume, in anderen Waldgebieten dagegen selten. Erläutere.

3 Erfolgsstory Strobilurine

4 Wald als Lernort

Ökosysteme

2.14 Gefährdung des Waldes

Jedes Jahr im Herbst veröffentlicht die Bundesregierung einen *Bericht zum Zustand des Waldes in Deutschland*. Warum wird dieser Bericht verfasst?

Seit Ende der siebziger Jahre des zwanzigsten Jahrhunderts wurden vermehrt Schäden an Waldbäumen beobachtet. Betroffen waren vor allem Nadelwälder in höheren Lagen des Mittelgebirges. Die Nadeln vieler Bäume vergilbten und fielen ab, sodass die Kronen immer schütterer wurden. Auch Teile des Wurzelsystems waren geschädigt. Ähnliche **Schadsymptome** fand man auch bei Laubbäumen. In manchen Hochlagen der Mittelgebirge starben ganze Baumbestände innerhalb weniger Jahre ab.

Diese Beobachtungen führten zur Furcht vor einem umfassenden **Waldsterben**. Um das Ausmaß der Schäden zu erkennen, wurden sie in ganz Deutschland systematisch erfasst. An bestimmten Beobachtungspunkten registrierte man, wie stark die Kronen der Bäume vergilbt und durch das Absterben von Laubblättern oder Nadeln verlichtet waren. Die Ergebnisse wurden jährlich in einem Bericht veröffentlicht. Diese *Waldzustandserhebung* wird auch heute noch regelmäßig durchgeführt. Zusätzlich startete man umfangreiche Forschungsprogramme, um die Ursachen dieser »neuartigen Waldschäden« aufzuklären.

Die Ergebnisse zeigten, dass die Schäden nicht nur eine, sondern mehrere Ursachen haben, die miteinander in Wechselwirkung stehen. Vor allem aus Autoabgasen entsteht im Sonnenlicht Ozon, das in höheren Konzentrationen Blattzellen schädigt. Durch Verbrennungsprozesse in Industrie, Haushalten und Verkehr werden gasförmige

1 Geschädigter Bergwald

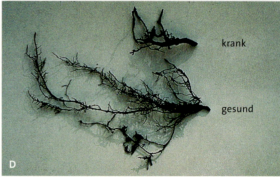

2 Schadsymptome gesunder und geschädigter Fichten.
A Gesunde Krone (0–10 % Nadelverlust); **B** schwach geschädigte Krone (11–25 % Nadelverlust); **C** stark geschädigte Krone (> 60 % Nadelverlust); **D** gesunder und geschädigter Abschnitt des Wurzelsystems

Ökosysteme

3 Ursachen der Gefährdung des Waldes.
A Luftverschmutzung durch Abgase; **B** Schädlingsbefall;
C Flächenverbrauch; **D** Wildverbiss

Luftschadstoffe wie Schwefeldioxid und Stickstoffoxide freigesetzt. Sie reagieren mit dem Wasserdampf der Atmosphäre und bilden Schweflige Säure und Salpetersäure. Durch Wind können sie weit von ihrem Entstehungsort verfrachtet werden. Besonders in den Berglagen gelangen sie mit Niederschlägen auf die Erde zurück. Vor allem die Nadelbäume mit ihren ganzjährig benadelten Kronen kämmen die Säuretröpfchen regelrecht aus der Luft aus. Hohe Säurekonzentrationen schädigen Blätter und Nadeln direkt. Eine größere Rolle spielt aber der jahrelange Eintrag der Säuren in die Böden der Wälder. Dadurch werden Mineralstoffe, die für Wachstum und Stoffwechsel der Bäume nötig sind, aus dem Boden gelöst und mit dem Sickerwasser ausgewaschen. Den Bäumen fehlen dann diese Mineralstoffe. Sie entwickeln **Mangelsymptome,** die an vergilbenden Blättern und Nadeln erkennbar sind. Die Säuren setzen im Boden außerdem Verbindungen frei, welche die Wurzeln schädigen können. Stickstoffverbindungen stehen dagegen oft im Überfluss zur Verfügung. Diese stammen nicht nur aus Industrie und Verkehr, sondern auch aus Dünger, der in großen Mengen in der Landwirtschaft eingesetzt wird, und aus den Ausscheidungen von Nutztieren in der Massentierhaltung. Bäume, die auf diese Weise mit viel Stickstoff »gedüngt« werden, wachsen zwar zunächst schneller. Doch sind sie anfälliger für Krankheiten und Schädlinge wie zum Beispiel Borkenkäfer, da ihnen andere wichtige Mineralstoffe fehlen. Auch gegen extreme Witterungsereignisse wie tiefe Winterfröste und starke sommerliche Trockenheit sind sie empfindlicher. Ist das Wurzelsystem durch ungünstige Bodenverhältnisse geschädigt, werden die Bäume auch leichter durch Stürme umgeworfen.

Durch umfangreiche Maßnahmen zur Reinhaltung der Luft hat der Ausstoß von Schwefeldioxid stark abgenommen. Das befürchtete großflächige Waldsterben ist ausgeblieben. Dennoch sind die Wälder durch Stickstoffverbindungen und Ozon weiterhin belastet. Weitere Gefährdungen des Waldes entstehen aus der dichten Besiedlung durch den Menschen: Waldflächen werden zum Bau von Straßen und Siedlungen gerodet. Wild, das sich wegen Mangels an natürlichen Feinden stark vermehrt, behindert die Verjüngung des Waldes durch Verbiss von Jungbäumen. Daher sind zur Erhaltung des Waldes weiterhin umfangreiche Schutzmaßnahmen notwendig.

1 Recherchiere nach einem aktuellen Waldzustandsbericht deines Bundeslandes.
2 Unterscheide zwischen »natürliche Ursachen« und »vom Menschen verursacht«. Erörtere Wechselbeziehungen zwischen beiden Ursachengruppen.

Ökosysteme

1 See im Sommer

2 Pflanzen und Tiere des Sees.
1 Erle, **2** Rohrkolben, **3** Wasserschwertlilie, **4** Pfeilkraut, **5** Krebsschere, **6** Seerose, **7** Wasserpest, **8** Wasserlinse, **9** Hornblatt, **10** Wasserfrosch, **11** Kaulquappe vom Wasserfrosch, **12** Rückenschwimmer, **13** Schleie, **14** Schlammschnecke, **15** Teichmolch, **16** Mosaikjungfer

3 Ökosystem See

3.1 Zonierung des Sees

Langsam bewegt sich das Schlauchboot auf das Seeufer zu. Unter dem Boot sind im klaren Wasser grüne Pflanzen zu erkennen. Sie bewegen sich gemächlich mit der Strömung. Zieht man einige Pflanzen mit dem Ruder auf das Boot, hängen die Stängel und Blätter schlaff nach unten. Es sind Unterwasserpflanzen, wie Wasserpest und Hornblatt, die der **Tauchblattpflanzenzone** des Sees zugeordnet werden. Wie unterscheiden sich diese Pflanzen im Bau von den Landpflanzen?

Ein Festigungsgewebe ist bei den Wasserpflanzen nicht vorhanden. Daher können sie sich elastisch mit der Wasserströmung bewegen, ohne abzuknicken. Ihre Blätter sind klein, sodass auch diese dem Wasser wenig Strömungswiderstand entgegensetzen. Ein ausgeprägtes Wurzelsystem fehlt den Unterwasserpflanzen. Sie nehmen Mineralstoffe und Kohlenstoffdioxid mit ihren Blättern aus dem Wasser auf und geben Sauerstoff auf diesem Wege wieder ab. Spaltöffnungen und Leitungsbahnen fehlen deshalb, während ein luftgefülltes interzellulares Hohlraumsystem für den Gasaustausch im Inneren und für den Auftrieb im Wasser sorgt. Um genügend Stoffe mit der Umgebung austauschen zu können, ist eine möglichst große Blattoberfläche erforderlich. Wasserpflanzen verfügen daher über viele, zarte, meist geteilte Blätter, sodass eine große Oberfläche entsteht. Die kleinen Wurzeln dieser Pflanzen dienen nur der Verankerung im Seegrund.

Fährt man mit dem Boot weiter in Richtung Ufer, erreicht man einen Teppich Weißer Seerosen, deren Blätter sich auf der Wasseroberfläche schwimmend mit den Wellen auf und ab bewegen. Es sind Pflanzen der **Schwimmblattpflanzenzone**. Ihre großen Schwimmblätter und die weißen Blüten sind über sehr lange, elastische Stängel mit dem im Boden verankerten Wurzelstock verbunden. Diese Pflanzen besitzen ein ausgeprägtes Durchlüftungsgewebe, das über die auf der Blattoberfläche liegenden Spaltöffnungen mit der Außenluft verbunden ist. Ein Festigungsgewebe haben die meisten Schwimmblattpflanzen nicht.

Nachdem man sich mit dem Boot vorsichtig durch die zahllosen Schwimmblätter geschoben hat, ragen zunächst einzelne peitschenartige Halme der Gemeinen Teichsimse aus dem Wasser. Kurz darauf erreicht man die teilweise meterhohen Pflanzen der **Röhrichtzone**. Das für das Röhricht charakteristische Schilfrohr dringt bis zu einer Wassertiefe von einem Meter in den See vor. Ein weit verzweigter Erdspross und kleine daraus hervorgehende Wurzeln verankern die Pflanze im weichen Grund und geben ihr Standfestigkeit. Die Sprossachse ist hohl. Um den zentralen Hohlraum herum liegt ein Ring von Festigungsgewebe, der das Brechen des Halmes verhindert. Durch die Biegsamkeit der Halme bleiben die Pflanzen auch bei starkem Wind oder Wellenschlag unbeschädigt. Rohrkolben, Blutweiderich, Froschlöffel und andere Sumpfpflanzen kommen in den flacheren Röhrichtbereichen vor.

Am Ende der Röhrichtzone stößt man auf einen **Erlenbruchwald**. Nur wenig Licht fällt durch das dichte Blätterdach auf den nassen Boden. In der Strauchschicht dieses Waldes wachsen Schwarze Johannisbeere und Himbeere. Lianenartige Pflanzen wie Hopfen und Bittersüßer Nachtschatten klettern an Bäumen und Sträuchern empor. Zusammen mit der aus Seggen, Wasserschwertlilien, Sumpfdotterblumen und weiteren Arten bestehenden Krautschicht bilden sie ein kaum zu durchdringendes Dickicht. In diesem Bereich des Seeufers ist der Boden ständig durchnässt. Durch diese Nässe befindet sich im Boden nicht genügend Sauerstoff für die Zellatmung der Wurzeln.

Nur angepasste Arten wie Erlen, Weiden und Faulbaum können hier überleben. Um den geringen Sauerstoffanteil aufnehmen zu können, hat die Erle zusätzlich feine Wasserwurzeln. So kann sie auch längere Überflutungen des Wurzelbereichs während eines Hochwassers überdauern. Bei anderen Arten wie der Wasserschwertlilie durchziehen luftgefüllte Röhren die Pflanze. Sie versorgen die Wurzeln mit Sauerstoff.

Eine weitere Zone des Sees ist die **Tiefenalgenzone.** Hier findet man Arten wie Armleuchteralgen und Quellmoos. Die Tiefenalgenzone kommt nur in über zehn Meter tiefen, klaren Seen vor. Im Wasser des Sees findet man außerdem viele Tiere wie Schlammschnecke, Teichmolch, Wasserfrosch und Schleie.

1 Erläutere die Zonierung des Ökosystems See. Nutze die Abbildung 3.

2 Erstelle eine dreispaltige Tabelle. Schreibe in die erste Spalte die Pflanzenzonen eines Sees. Ordne diesen in der zweiten Spalte die Namen der jeweils typischen Pflanzen zu. Nenne in der dritten Spalte Angepasstheiten der Pflanzen an den jeweiligen Standort.

3 Erläutere, wie sich der abiotische Umweltfaktor Licht in den einzelnen Pflanzenzonen verändert.

4 Ordne den einzelnen Pflanzenzonen verschiedene Tiere zu.

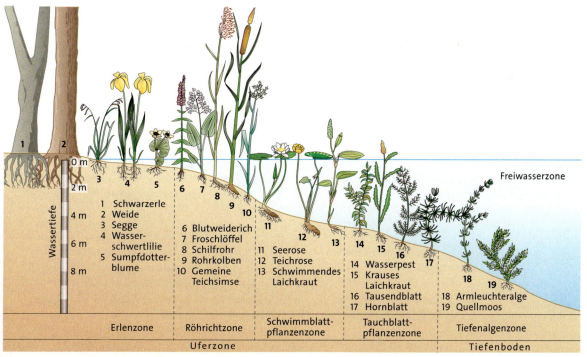

3 Pflanzenzonen eines Sees

Ökosysteme

Wissen kompakt — Pflanzen des Sees

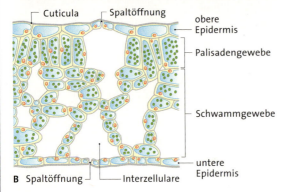

Name: **Sumpfdotterblume** (Caltha palustris)
Blütezeit: Mai bis Juni
Vorkommen: Erlenbruchwälder und Auenwälder, nasse Wiesen, Ufer, Gräben

Merkmale: Die Sumpfdotterblume ist eine Feuchtpflanze mit dickem, hohlem Stängel, der der Durchlüftung dient. Die großflächigen Blätter tragen leicht vorgewölbte Spaltöffnungen auf der Ober- und Unterseite. So kann auch bei hoher Luftfeuchtigkeit Wasserdampf abgegeben werden. Auf diese Weise wird der Wasser- und Mineralstofftransport aufrecht erhalten. Auch die Fotosynthese wird an lichtarmen Standorten durch die große Blattoberfläche begünstigt. Ein kurzer, dicker Erdspross mit langen, dünnen Wurzeln verankert die Pflanze im Boden.

Name: **Gemeines Schilf** (Phragmites australis)
Blütezeit: Juli bis September
Vorkommen: Röhrichtzone

Merkmale: Das Gemeine Schilf ist mit einer Höhe von maximal vier Metern das größte einheimische Süßgras. Die Pflanze bevorzugt mineralstoffreiche Flachwasserzonen und bildet dort große, ausgedehnte Bestände. Schilf verbreitet sich schnell durch kriechende Erdsprosse. Sie sind wie die oberirdischen Sprosse durch Knoten unterteilt. An den Knoten entspringen entweder die Blätter oder im Bereich des Erdsprosses die federartig verzweigten Wurzeln und die in den Luftraum strebenden neuen Schilfhalme. Die Erdsprosse schieben sich vergleichbar einem Tunnelbau in das Wasser oder Erdreich vor.

1. Erstelle Steckbriefe für folgende Pflanzenarten: Schwarzerle, Breitblättriger Rohrkolben, Wasserhahnenfuß.
2. Vergleiche den Aufbau des Blattes der Sumpfdotterblume mit dem Blatt einer Landpflanze. Nimm die Seiten 88 bis 90 zu Hilfe.
3. Vergleiche den Aufbau der Sprossachse der Weißen Seerose mit dem Aufbau der Sprossachse der Landpflanze. Nimm die Seiten 88 und 89 zu Hilfe.
4. Erläutere am Beispiel der Weißen Seerose die Vernetzung der Basiskonzepte Struktur und Funktion sowie Angepasstheit.

Ökosysteme

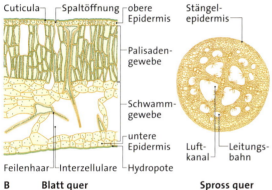

B Blatt quer   Spross quer

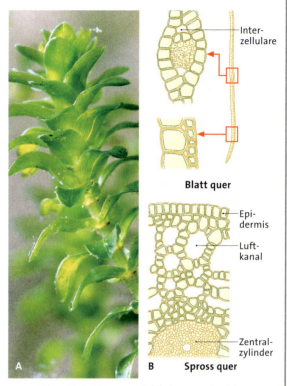

Name: **Weiße Seerose** *(Nymphea alba)*
Blütezeit: Juni bis September
Vorkommen: in stehenden und langsam fließenden Gewässern

Merkmale: Die Weiße Seerose ist eine Schwimmblattpflanze mit bis zu fünf Meter langen Blatt- und Blütenstielen. Sie lebt in mäßig mineralstoffreichen Gewässern mit schlammigem und zumeist sauerstoffarmem Boden. Um den dicken Wurzelstock im Gewässerboden mit Sauerstoff für die Atmung zu versorgen, besitzt die Seerose Spaltöffnungen auf der Oberseite der Blätter. Die hier aufgenommene Luft gelangt über die Interzellularen in den Blättern und die Luftkanäle in den Sprossachsen nach unten. So entsteht ein kontinuierlicher Luftstrom durch die gesamte Pflanze, der auch die Wurzeln mit Sauerstoff versorgt. Die Wurzeln dienen zur Verankerung und nicht der Wasseraufnahme. In der unteren Epidermis des Blattes liegen besondere Zellen, die Hydropoten, die der Wasseraufnahme dienen. Eine Wasser abstoßende Cuticula liegt über der oberen Epidermis. Die Feilenhaare in den Blättern sorgen für Stabilität.

Name: **Kanadische Wasserpest** *(Elodea canadensis)*
Blütezeit: Mai bis August
Vorkommen: wurde 1850 nach Deutschland eingeschleppt und entwickelte sich in Massen in stehenden und langsam fließenden Gewässern (Name!); bei uns kommen nur weibliche Pflanzen vor, die Bestandsdichte nimmt ab

Merkmale: Die Kanadische Wasserpest ist eine bis 60 Zentimeter lange Unterwasserpflanze. Stängel und Blätter sind an das Leben unter Wasser angepasst. Da die Pflanze vom Wasser umgeben und getragen wird, fehlen eine Cuticula als Verdunstungsschutz, ein Festigungsgewebe zur Stabilisierung und Leitgefäße zum Wasser- und Stofftransport. Das Blatt ist nur zwei Zellschichten dick. Die Interzellularräume im Blatt und die Luftkanäle im Spross ermöglichen den Gasaustausch in der Pflanze und verleihen ihr Auftrieb. Spaltöffnungen fehlen, weil der Gas- und Mineralstoffaustausch mit der Umgebung direkt über die Blattoberfläche erfolgt. Die Gesamtoberfläche der vielen Blätter ist daher groß, während die Einzelblätter klein sind, um dem Wasser wenig Strömungswiderstand entgegenzusetzen.

3.2 Insekten am und im See

Libellen haben keinen Stechapparat. Sie besitzen aber als räuberisch lebende Insekten beißende Mundwerkzeuge, um ihre Beutetiere zu zerlegen. Die menschliche Haut können sie jedoch nicht durchdringen.

Die etwa 80 heimischen Libellenarten werden zwei Verwandtschaftsgruppen zugeordnet. Die *Kleinlibellen* sind mittelgroße Insekten mit schlankem Hinterleib, breitem Kopf und weit auseinander liegenden Komplexaugen. Ihr Flug ist träge, die Vorder- und Hinterflügel sind annähernd gleich groß. Sie werden in Ruhestellung über dem Hinterleib zusammengeklappt. Kleinlibellenlarven erkennt man an den drei blattförmigen Hinterleibsanhängen. Die *Großlibellen* sind kräftiger gebaut und fliegen sehr geschickt und schnell. Ihre Vorderflügel sind kleiner als die Hinterflügel und alle Flügel werden in Ruhe ausgebreitet. Am Kopf fallen die großen Komplexaugen auf, die aus bis zu 30 000 Einzelaugen bestehen. Großlibellenlarven haben einen gedrungenen, kräftigen Körperbau.

Alle Libellenlarven besitzen besonders gestaltete Mundwerkzeuge. Ihre Unterlippe besteht aus einem mehrgliedrigen Fangapparat, der *Fangmaske*. Diese lässt sich gut mit dem menschlichen Arm vergleichen. In Ruhe liegt der »Arm« an den Körper gepresst. Entdeckt eine Larve ein Beutetier, lässt sie es nicht mehr aus den Augen. Langsam, kaum wahrnehmbar, schiebt sich die Larve an die Beute heran. Befindet sich das Opfer in Reichweite, schnellt der Arm in Bruchteilen einer Sekunde vor und ergreift die Beute mit den messerscharfen Greifzangen.

Im Sommer kann man die Paarung der Libellen beobachten. Sie ist bei dieser Tiergruppe sehr ungewöhnlich. Zunächst fasst das Männchen mit seinen Hinterleibsanhängen ein Weibchen hinter dem Kopf. Dieses biegt seinen Hinterleib mit dem am Ende sitzenden Eilegeapparat nach unten und dann nach vorn, um ihn an den am zweiten Hinterleibssegment des Männchens sitzenden Begattungsapparat anzudocken. Beide Tiere bilden so ein *Paarungsrad* und bleiben in dieser Haltung eine Weile beisammen. Dabei überträgt das Männchen die Sper-

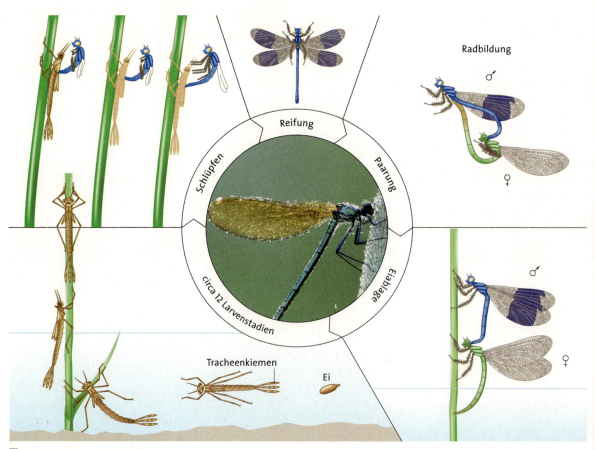

1 Lebenszyklus einer Kleinlibelle

Ökosysteme

mien. Anschließend legt das Weibchen seine Eier in eine Wasserpflanze oder auf die Wasseroberfläche. Aus den Eiern schlüpfen die Larven, die im Wasser leben. In den folgenden ein bis zwei Jahren häuten sich die Larven acht bis sechzehn Mal. Der Gasaustausch der Kleinlibellenlarven erfolgt im Wasser über die blattförmigen *Tracheenkiemen* am Hinterleib, bei Großlibellenlarven über Tracheenkiemen im Enddarm.

Zwischen April und September verlassen die ausgewachsenen Larven das Wasser zur letzten Häutung. An einer Wasserpflanze in Ufernähe verankern sie sich. Bei dem nun folgenden Schlüpfvorgang reißt zunächst die Larvenhülle auf dem Rücken. Das erwachsene Tier, die *Imago*, wird sichtbar. Unterbrochen durch eine Ruhepause zieht es schließlich auch den Hinterleib aus der Larvenhülle, streckt ihn und entfaltet die Flügel. Nach einer weiteren Phase der Aushärtung des Körpers fliegt die erwachsene Libelle dann davon. Nach der Paarung leben die Tiere nur noch Tage oder Wochen und sterben spätestens mit den ersten Nachtfrösten im Oktober.

Außer Libellenlarven leben die Larven zahlreicher weiterer Insekten im Wasser. Auch Eintagsfliegenlarven, Steinfliegenlarven und Köcherfliegenlarven atmen über Tracheenkiemen. Kleinere Larven wie Büschelmückenlarven betreiben *Hautatmung*. Andere Insekten versorgen sich an der Wasseroberfläche mit Luftsauerstoff. Der Gelbrandkäfer durchstößt dazu mit seinem Hinterleib den Wasserspiegel, sodass Luft in eine Öffnung zwischen Körper und Flügeldecken einströmen kann. Mit diesem Luftvorrat tauchen die Tiere dann ab. Über die Stigmen am Hinterleib gelangt die Luft in das verzweigte Tracheensystem und wird im Körper verteilt. Rückenschwimmer versorgen sich ebenfalls an der Wasseroberfläche mit Luft, die sie unter den unbenetzbaren Haaren und am Körper mit unter die Wasseroberfläche nehmen. Manche Insekten wie der Wasserskorpion nehmen die Luft an der Wasseroberfläche über ein Atemrohr auf.

1 Beschreibe die verschiedenen Atemtechniken bei Wasserinsekten. Nutze Abbildung 2.

2 Libellenlarven, Steinfliegenlarven und Eintagsfliegenlarven sind sehr empfindlich gegen Sauerstoffarmut in ihren Wohngewässern. Wasserkäfer und Wasserwanzen leben hingegen auch in stärker verschmutzten, zeitweise sauerstoffarmen Gewässern. Begründe.

3 Begründe, warum es sich bei der Entwicklung der Libelle um eine unvollständige Metamorphose handelt.

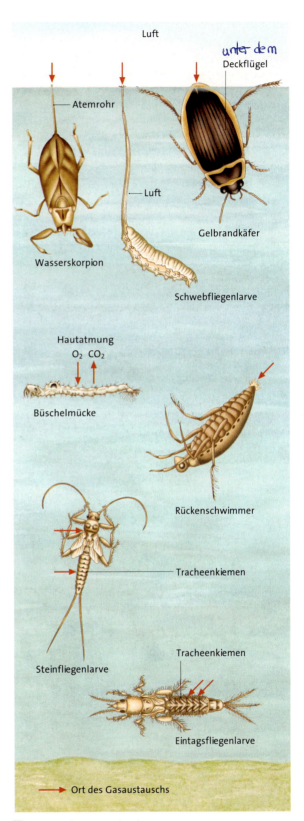

2 Atmung der Wasserinsekten

Ökosysteme

3.3 Fische im stehenden Gewässer

Beim Blick vom Steg ins Wasser wecken im Sonnenschein silbrig aufblitzende Fischkörper das Interesse. Es ist ein Schwarm junger Plötzen. Die Plötze ist ein in der bewachsenen Uferzone lebender, etwa 20 bis 25 Zentimeter langer *Schwarmfisch*. Wegen seiner roten Iris heißt er auch Rotauge. Der strömungsgünstige torpedoförmige Körper bietet dem Wasser nur wenig Widerstand. Wenn ein Raubfisch in einen solchen Schwarm eindringt, wird er von den Blitzen der sich schnell bewegenden Tiere verwirrt. Dadurch fällt es ihm schwer, einen Einzelfisch zu erkennen und zu fangen. Plötzen ernähren sich von Wasserpflanzen und Kleintieren aller Art. Fische mit einem solchen Nahrungsspektrum nennt man *Friedfische*. Ober- und Unterkiefer sind bei ihnen gleich lang. Mit diesem endständigen Maul nehmen sie ihre Nahrung von vorne auf.

Der oft langsam unter der Wasseroberfläche entlanggleitende Karpfen fällt besonders durch seinen seitlich zusammengedrückten Körper mit hohem Rücken auf. Damit kann er sich als Bewohner der Uferzone leicht zwischen den Stängeln und Blättern der Wasserpflanzen bewegen. Seine Nahrung, Wasserpflanzen und kleine Wassertiere, sucht der Karpfen auf dem Grund und in den Uferbereichen. Als Angepasstheit an diese Nahrungsaufnahme vom Gewässerboden, das so genannte *Gründeln*, ist sein Unterkiefer kürzer als der Oberkiefer. Man spricht hier von einem unterständigen Maul. Mit den fadenartigen Sinnesorganen im Bereich des Maules, den Barteln, wird der Boden nach Essbarem abgetastet. Karpfen können ihr Maul rüsselförmig nach vorne ausstülpen und so ihre Nahrung aus dem Schlamm saugen. Füttert man Karpfen in einem Dorfteich mit Brot, so kommen sie auch an die Wasseroberfläche und man kann die saugende Nahrungs-

1 Süßwasserfische. **A** Plötze; **B** Karpfen; **C** Hecht; **D** Wels; **E** Aal

Ökosysteme

aufnahme beobachten. Im Unterschied zum Karpfen sind Fische wie die Rotfeder, bei denen der Oberkiefer kürzer als der Unterkiefer ist gut an die Nahrungsaufnahme von der Wasseroberfläche angepasst. Sie haben ein oberständiges Maul.

Der **Hecht** ist ein räuberisch lebender Einzelgänger. Versteckt zwischen Wasserpflanzen lauert er seinen Beutetieren, meist Fischen, auf. Mit seinem grünlichen, dunkel gestreiften Körper ist er im Pflanzengewirr kaum auszumachen. Wegen dieser Tarnfärbung können ihn seine Beutetiere schlecht erkennen. Mit dem pfeilförmigen Körper und der großen Schwanzflosse kann er auf kurzer Strecke eine hohe Beschleunigung erreichen, um dann mit seinem sehr weiten, entenschnabelförmigen Maul das Beutetier zu ergreifen. Der Hecht hat große, spitz und nach hinten ins Maul gerichtete Fangzähne, mit denen er die Nahrung festhält.

Der **Wels** lebt überwiegend am Grund des Sees. Mit seinem auf der Bauchseite abgeplatteten Körper ist er hier gut angepasst. Tagsüber liegt dieser größte heimische Süßwasserfisch versteckt zwischen Wasserpflanzen oder in Höhlen. Nachts wird er aktiv, um mit seinen sechs Barteln am Kopf Beutetiere aufzuspüren. Mit seinem weiten Maul kann er Fische, Frösche, Wasservögel und Kleinsäuger aufnehmen und fressen. Wie der Hecht ist er ein *Raubfisch*.

Auch der **Aal** bewegt sich mit seinem schlangenförmigen Körper mit fast rundem Querschnitt bevorzugt am Boden der Gewässer. Tagsüber vergräbt er sich im Schlamm, nachts geht er auf Nahrungssuche und fängt überwiegend am Boden lebende Kleintiere. Der Aal ist die einzige heimische Fischart, die im Süßwasser aufwächst und im Meer laicht. Von der Sargassosee zur europäischen Küste brauchen die Larven etwa drei Jahre.

1 Betrachte die Fische in Abbildung 2 genau. Ziehe für Brachse, Flussbarsch, Rotfeder und Zander begründete Schlussfolgerungen bezüglich Nahrung und bevorzugtem Aufenthaltsort.

2 Ein Angler möchte Aale und Hechte fangen. In seinem Gepäck befinden sich unter anderem silbermetallisch glänzende Kunstköder mit Haken, so genannte Blinker, sowie Angelhaken und Regenwürmer. Erkläre, zu welcher Tageszeit er welche Hilfsmittel beim Angeln verwenden müsste.

2 Häufige Fischarten der Seen und ihre bevorzugten Aufenthaltsorte

3.4 Wasservögel in ihrer ökologischen Nische

An einem See kann man mit ein bisschen Glück verschiedene **Wasservögel** beobachten: Enten- und Rallenarten halten sich in Ufernähe oder im freien Wasser auf. Etwas weiter entfernt schwimmt ein Haubentaucher, der immer wieder unter der Wasseroberfläche verschwindet. Am Schilfgürtel steht ein Graureiher, der ruhig im flachen Wasser auf Beute lauert.

Die Angepasstheit der Wasservögel an ihren Lebensraum und ihre Nahrungsaufnahme kommt im gesamten Körperbau, insbesondere in der Anordnung und Gestalt der Beine und Füße sowie in der Form ihrer Schnäbel zum Ausdruck. Der Graureiher zeigt als **Stelzvogel** eine relativ geringe Angepasstheit an das Wasser. Mit seinen langen Stelzbeinen schreitet er langsam mit steifen Schritten durch das flache Wasser. Die kleinen Häute zwischen den spreizbaren Zehen und die abstehende Hinterzehe verhindern das Einsinken im schlammigen Grund. Erspäht der Reiher mit seinen scharfen Augen einen Fisch, erstarrt der Vogel und stößt mit seinem langen Hals den dolchartigen Schnabel blitzschnell in das Wasser. Der Reiher harpuniert auf diese Weise seine Beute. Dabei taucht er nur selten tiefer als 15 Zentimeter ein.

Enten und Taucher haben als **Schwimmvögel** einen breiten, flachen Rumpf, der wie ein Kahn vom Wasser getragen wird. Ihre Beine sind kurz und kräftig. Die Schwimmfüße haben bei Stock- und Reiherente Schwimmhäute zwischen den Vorderzehen. Der Spaltschwimmfuß des Haubentauchers trägt einen ganzrandigen Hautsaum an den Vorderzehen, die so genannten Lappen. Beim Vorziehen des Laufes im Wasser werden die Zehen zusammengelegt, beim Ausstrecken werden sie gespreizt, sodass auf diese Weise die Schubkraft vergrößert wird. Während Schwimmhäute die schwimmende Fortbewegung im Wasser begünstigen, erlauben Schwimmsäume zusätzlich eine schreitende Fortbewegung, zum Beispiel zwischen den Halmen im Röhricht.

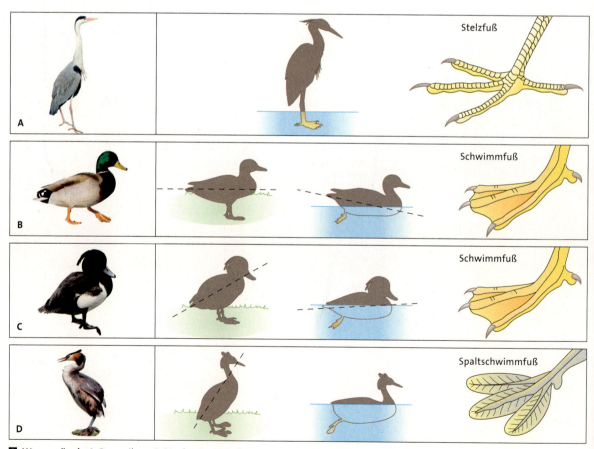

1 Wasservögel. A Graureiher; B Stockente; C Reiherente; D Haubentaucher

Vergleicht man Körperbau und Körperhaltung von Stockente, Reiherente und Haubentaucher, so fällt auf, dass die Beine immer weiter hinten am Körper ansetzen. Beim Haubentaucher spricht man sogar von Steißfüßen. Die Schwanzfedern werden in der genannten Reihenfolge immer kürzer und die Vögel liegen beim Schwimmen zunehmend tiefer im Wasser. Welche Auswirkungen haben diese Unterschiede? Der watschelnde Gang der Enten zeigt, dass die kurzen Beine für die Fortbewegung an Land wenig geeignet sind. Je weiter hinten sie ansetzen, umso schwerer fällt das Laufen. Das Tauchen wird hingegen durch hinten ansetzende Beine und einen kürzeren Schwanz begünstigt. Auch eine durch schwerere Knochen, kleinere Luftsäcke und Benetzung des Gefieders bedingte tiefere Lage des Körpers im Wasser erleichtert das Tauchen. Am wenigsten geeignet für das Tauchen ist somit die Stockente. Als Schwimmente nimmt sie mit ihrem löffelförmigen Schnabel bevorzugt Wasserlinsen von der Wasseroberfläche auf oder sie gründelt im flachen Wasser nach Pflanzenresten und Kleintieren. Die Hornlamellen des Entenschnabels wirken dabei wie ein Sieb. Die Reiherente taucht als Tauchente mehrere Meter tief und sammelt am Gewässerboden Muscheln, Schnecken und Würmer. Der beste Taucher ist der Haubentaucher. Er taucht bis zu 40 Meter tief, um mit seinem langen, schlanken Schnabel Fische zu fangen.

Auch bei den Brutplätzen besetzen die Wasservögel unterschiedliche ökologische Nischen. So bauen Blässralle und Haubentaucher Schwimmnester im flachen Wasser des Schilfgürtels, während zum Beispiel der Eisvogel etwa einen Meter lange, waagerechte Gänge in ein Steilufer gräbt. Hier zieht er in einer Höhle seine Jungvögel auf.

1 Beschreibe den Körperbau von Eisvogel und Blässralle möglichst genau. Ziehe dann Rückschlüsse bezüglich Tauchfähigkeit und Nahrung beider Arten und begründe. Nutze das Basiskonzept Angepasstheit und die Abbildung 2.

2 Erläutere, auf welche Weise bei den in Abbildung 2 dargestellten Vogelarten Nahrungskonkurrenz vermieden wird.

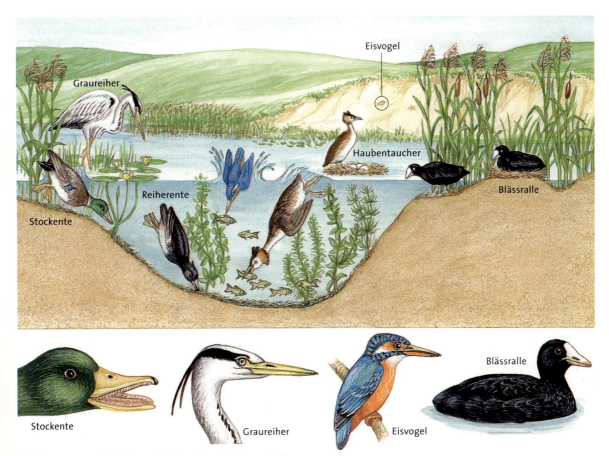

2 Nahrungs- und Buträume der Sumpf- und Wasservögel

Ökosysteme

Aufgaben und Versuche — Leben im See

A1 Pflanzengesellschaften am Seeufer

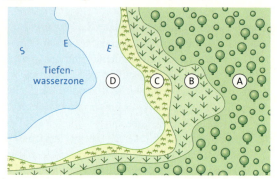

Aufgaben:
a) Die Abbildung zeigt die Pflanzengesellschaften der Uferzone eines Sees. Benenne die Zonen A bis D und beschreibe die jeweiligen Umweltbedingungen in den vier Zonen.
b) Informiere dich über zwei bisher nicht bearbeitete Pflanzenarten aus jeder Zone und erstelle Steckbriefe. Arbeite dabei mit deinem Lehrbuch und anderen Fachbüchern. Orientiere dich an den Steckbriefen auf den Seiten 150 und 151.
c) Das Umfeld der Seen ist heute vielfach nicht mehr durch die Erlenzone geprägt, sondern durch Grünland oder Bebauung. In diesen Uferbereichen findet man oft eine zerstörte oder stark veränderte Röhricht- und Schwimmblattpflanzenzone. Erläutere diesen Zusammenhang.

A2 Pflanzen sind an ihren Standort angepasst

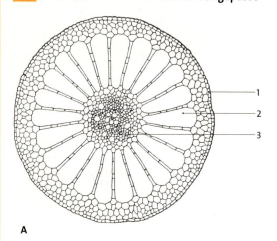

A

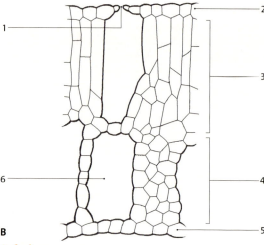

B

Aufgaben:
a) Die Zeichnungen A und B zeigen Organquerschnitte von Schwimmendem Laichkraut und Tausendblatt. Gib jeweils eine Bildunterschrift und eine Beschriftung für die Zeichnungen an. Begründe deine Zuordnung zu den beiden Arten.
b) Erläutere die biologische Funktion der in den Abbildungen gekennzeichneten Gewebe.

V3 Beobachtung von Wasservögeln

Material: Fernglas; Vogelbestimmungsbuch; Protokollheft; Armbanduhr

Aufgaben:
a) Bestimme Wasservogelarten nach den Abbildungen in einem Bestimmungsbuch.
b) Zähle die Individuen jeder Art.
c) Beschreibe das Schwimmen und Tauchen bei einem Wasservogel deiner Wahl. Beachte Eintauchtiefe des Körpers, Schwanzhaltung, Häufigkeit und Dauer der Tauchvorgänge.
d) Beobachte, was die jeweiligen Arten fressen. Beschreibe ihre Nahrungsaufnahme.
e) Beobachte und protokolliere, welche Gewässerbereiche die einzelnen Vogelarten bei der Nahrungssuche, beim Ruhen und Putzen, bei Gefahr, bei der Balz, für ihre Nistplätze und beim Führen der Jungen bevorzugen. Erstelle auch eine Lageskizze des Sees und trage die Daten dort ein.

Ökosysteme

A4 Tauchfähigkeit bei Wasservögeln

A B C

Aufgabe: Die Abbildungen zeigen ein Teichhuhn (A), eine Lachmöwe (B) und eine Blässralle (C). Beurteile die Tauchfähigkeit der drei Tiere im Vergleich.

A5 Stechmückenplage auf der Terrasse

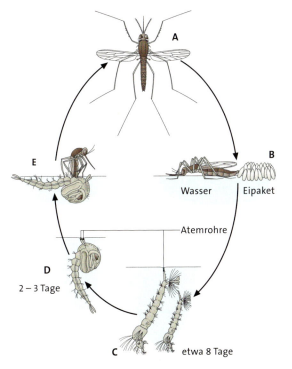

Georg und Rolf sind Gartennachbarn und gute Freunde. Wie so oft sitzen sie auch an diesem lauen Sommerabend gemütlich auf der Terrasse im Garten. Heute werden sie allerdings, wie schon mehrfach in den letzten Tagen, von scheinbar zahllosen Stechmücken geplagt. »Das liegt nur an dem blöden Gartenteich, den du im letzten Jahr angelegt hast«, platzt es plötzlich aus Georg heraus. »Der ist ein reines Mückenparadies!«. »Nun mach mal halblang«, entrüstet sich jetzt Rolf: »Mein Gartenteich ist inzwischen ein artenreiches Ökosystem. Selbst Libellen habe ich dort in den letzten Tagen beobachtet. Die Mücken kommen aus deiner stinkenden Regentonne, in der noch immer die Blätter, die im letzten Herbst hineingefallen sind, vermodern. Du solltest sie mal reinigen und mit einem Deckel versehen. Dann können wir auch wieder gemütlich unsere Abende auf der Terrasse genießen.«

Aufgaben:

a) Beschreibe die Entwicklung der Stechmücke anhand der Abbildung. Vergleiche sie mit der Entwicklung bei Kleinlibellen.

b) Erkläre, in welchem Lebensraum sich vermutlich die Mückenplage entwickelt. Berücksichtige bei deiner Argumentation Nahrungsbeziehungen und Sauerstoffverhältnisse in den beiden Gewässern.

A6 Wasseratmung bei Großlibellenlarven

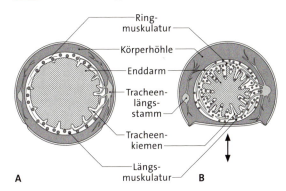

Aufgaben:

a) Großlibellenlarven atmen, indem sie Wasser über den After in den Enddarm aufnehmen und wieder abgeben. Die Abbildung zeigt einen Querschnitt durch den Enddarm der Großlibelle beim Einatmen (A) und beim Ausatmen (B). Beschreibe die Atmung und vergleiche sie mit der Atmung des Gelbrandkäfers.

b) Erläutere Vor- und Nachteile beider Formen der Atmung.

Ökosysteme

3.5 Nahrungsbeziehungen im See

Betrachtet man im Frühjahr oder Sommer die Wasserfläche von Seen, ist die sonst blaue Färbung meist verschwunden und Gelb- oder Grüntöne bestimmen das Bild. Grund dafür ist die Massenentwicklungen von Algen und Fotosynthese treibenden Bakterien. Durch die Fotosynthese erzeugen diese Lebewesen große Nährstoffmengen. Sie sind *Produzenten*.

Bereits wenige Wochen später ist das Grün des Seewassers wieder verschwunden. Die Planktonuntersuchung zeigt jetzt viele kleine Tiere wie Wasserflöhe, Hüpferlinge oder Rädertiere, die als *Konsumenten 1. Ordnung* die Algen fressen. Die Konsumenten 1. Ordnung sind Nahrung für *Konsumenten 2. Ordnung* wie Plötzen oder Larven von Libellen und Gelbrandkäfern. Diese dienen wiederum *Konsumenten 3. Ordnung* wie Hecht oder Graureiher als Nahrung. Ausscheidungen der Tiere und abgestorbene Lebewesen sinken im Gewässer zum Boden. Dort werden sie von am Boden lebenden Tieren wie Schlammröhrenwürmern und Wasserasseln gefressen. Die Bakterien und Pilze des Seebodens vollenden dann den Abbau der Biomasse und setzen dabei Mineralstoffe frei. Solche Lebewesen bezeichnet man als *Destruenten*.

Die Lebewesen sind also über Nahrungsbeziehungen wie Kettenglieder miteinander verbunden. Sie bilden eine **Nahrungskette** im See. Da viele Tierarten, wie zum Beispiel die Plötze, sich von verschiedenen Gewässertieren und manchmal auch von Pflanzen ernähren, sind sie Glieder in verschiedenen Nahrungsketten. Sie können dabei sogar unterschiedliche Konsumentenstufen einnehmen. Aus der Verflechtung verschiedener Nahrungsketten entsteht so ein **Nahrungsnetz.**

Neben verschiedenen Stoffen wird auch Energie durch eine Nahrungskette transportiert. Dieser **Energiefluss** kann in der Nahrungskette des Sees von Stufe zu Stufe verfolgt werden. Die Menge der Energie wird in Joule angegeben. In der vom Licht durchfluteten obersten Wasserschicht wird Sonnenenergie von Produzenten bei der Fotosynthese in chemische Energie umgewandelt. Nur 0,5 Prozent der eingestrahlten Sonnenenergie können von den Produzenten genutzt werden. Treffen also beispielsweise zwei Millionen Joule Lichtenergie auf der Erde auf, so werden davon nur 10 000 Joule als chemische Energie von den Produzenten gespeichert. Der Rest wird ins Weltall reflektiert oder in andere Energieformen wie Wärmeenergie umgewandelt. Von der gespeicherten chemischen Energie werden 90 Prozent von den Pflanzen selbst veratmet und als Atmungswärme abgegeben oder sinken als organischer Abfall zu Boden. Die verbleibenden zehn Prozent nehmen Pflanzenfresser wie Wasserflöhe oder Rädertiere mit ihrer Nahrung auf. Sie nutzen die in der Biomasse gespeicherte Energie zur Aufrechterhaltung

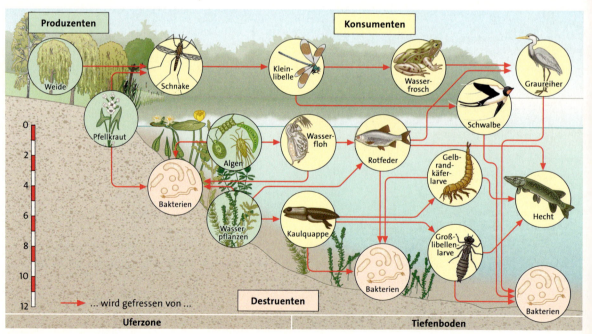

1 Nahrungsbeziehungen im See

ihrer eigenen Lebensvorgänge sowie zum Aufbau körpereigener Stoffe. Auch bei den Pflanzenfressern werden etwa 90 Prozent der in der Nahrung gespeicherten Energie durch Abbau des Traubenzuckers in der Zellatmung veratmet oder verbleiben in organischen Abfällen. Die restlichen zehn Prozent werden von den Konsumenten 2. Ordnung mit der Nahrung aufgenommen. Auf jeder weiteren Stufe der Nahrungskette gehen ebenfalls etwa 90 Prozent der aufgenommenen Biomasse als Wärmeenergie und organischer Abfall verloren und nur etwa zehn Prozent werden in die folgende Stufe der Nahrungskette weitergegeben. Absterbende Lebewesen und ihre Ausscheidungen sinken im See zu Boden. Diese organischen Abfälle werden dort von Destruenten wie Bakterien und Pilzen für ihren Stoffwechsel verwendet und damit letztlich auch in Wärmeenergie umgewandelt. Nahrungsketten können nicht beliebig lang sein, da es beim Übergang von einer zur nächsten Ernährungsstufe zu einem erheblichen »Energieverlust« kommt. Von den zwei Millionen Joule der eingestrahlten Sonnenenergie kommen bei den Endkonsumenten auf der vierten Stufe nur noch etwa zehn Joule an.

Durch den Menschen können Schadstoffe wie die Schwermetalle Cadmium und Quecksilber in den See gelangen. Beim Stofftransport durch die Nahrungskette werden auch diese von einer Stufe zur nächsten weitergereicht. Nimmt ein Konsument einen solchen Schadstoff auf, den er weder abbauen noch ausscheiden kann, so lagert er sich im Körpergewebe des Tieres ab. Konsumenten höherer Stufen nehmen jeweils die gesamte Schadstoffmenge ihrer Beutetiere auf und reichern sie so immer mehr an. Bei den Endgliedern der Nahrungskette können dann derart hohe Konzentrationen erreicht werden, dass sie erkranken oder sogar sterben.

1 Erläutere mit Hilfe von Abbildung 1 die unterschiedliche Ernährung der einzelnen Glieder einer Nahrungskette.

2 Dem großen Quellsee in Florida wird mit der Sonnenstrahlung eine Energiemenge von 7 116 000 Kilojoule pro Quadratmeter und Jahr zugestrahlt. Hiervon werden 87 100 Kilojoule von Produzenten aufgenommen, 14 100 Kilojoule von Konsumenten 1. Ordnung, 1600 Kilojoule von Konsumenten 2. Ordnung und 90 Kilojoule von Konsumenten 3. Ordnung. Berechne, wie viel Prozent der eingestrahlten Energie von den Produzenten gespeichert wird und wie viel Prozent von jeder Stufe der Nahrungskette in die folgende weitergegeben wird.

3 Der Hecht ist ein schmackhafter Speisefisch. Betrachte die Abbildungen 1 bis 3 und diskutiere unter Berücksichtigung der Energie- und Schadstoffproblematik, ob der Hecht der Rotfeder in jedem Fall als Speisefisch vorzuziehen ist.

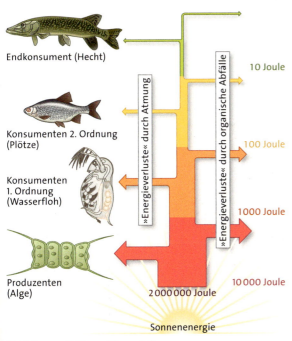

2 Nahrungskette und Energiefluss

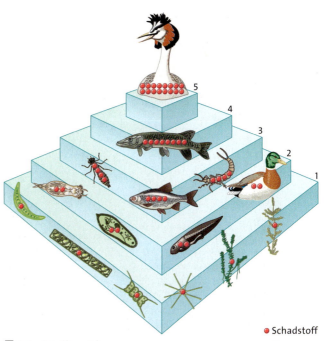

3 Schadstoffanreicherung

Ökosysteme

3.6 Der See im Jahresverlauf

Ein vereister See im Winter scheint nahezu unbelebt zu sein. Unter der Eisdecke verbringen allerdings sehr viele Lebewesen die kalte Jahreszeit. Weshalb sind sie hier so gut vor der Kälte geschützt?

Die physikalischen Eigenschaften des Wassers machen den See im Winter zu einem wichtigen Rückzugsgebiet für Lebewesen. Auf einem Sandstrand am See merkt man im Sommer, dass sich Sand in der Sonne sehr viel schneller aufheizt als Wasser. Nachts kühlt er sich allerdings auch viel schneller wieder ab. Wasser kann bei gleicher Temperaturerhöhung etwa sechsmal mehr Wärmeenergie aufnehmen und speichern als Sand. Das Wasser des Sees hat also zu Beginn des Winters noch viel Wärmeenergie aus den warmen Monaten gespeichert. Außerdem hat Wasser eine geringe Wärmeleitfähigkeit, sodass die Wärmeenergie im Wasser nur langsam weitergeleitet und erst dann an die kältere Luft abgegeben wird.

Gefrorenes Wasser hat eine deutlich geringere Dichte als flüssiges Wasser; daher schwimmt Eis an der Wasseroberfläche. Unter dieser isolierenden Eisschicht sind die Lebewesen gut vor der eisigen Winterluft geschützt. Hier befindet sich Wasser von ein bis vier Grad Celsius. Seine größte Dichte hat Wasser bei vier Grad Celsius. Diese ungewöhnliche Eigenschaft heißt *Dichteanomalie*. Wasser mit einer Temperatur von vier Grad Celsius sinkt deshalb immer in die tiefsten Schichten des Sees ab und sowohl kälteres als auch wärmeres Wasser liegt in Schichten darüber.

Im Winter schwimmt also das Eis an der Wasseroberfläche und es folgt darunter in Schichten das zunehmend wärmere Wasser. Man nennt diesen Zustand im See **Winterschichtung.** Obwohl nur wenig Fotosynthese betrieben wird, ist der Sauerstoffgehalt fast überall im See hoch. Dies liegt an der höheren Löslichkeit von Gasen bei niedrigen Wassertemperaturen. Lediglich am Seeboden wird bei der Zersetzung von Biomasse durch Bodenlebewesen Sauerstoff verbraucht und die Werte sinken ab.

Mit der Erwärmung des Wassers im Frühjahr gleichen sich die Temperaturen in den einzelnen Schichten und damit auch die Dichte an. Es kommt zur vollständigen Durchmischung des Wassers und damit zur **Frühjahrszirkulation.** Chemische Werte wie der Sauerstoffgehalt sind jetzt in allen Schichten des Sees gleich. Im Sommer ist das **Oberflächenwasser** im See relativ warm und dehnt sich aus. Dabei nimmt die Dichte des Wassers ab. In einigen Metern Tiefe wird es plötzlich kälter. Wasser mit einer Temperatur von vier Grad Celsius bildet das **Tiefenwasser,** das unten im See ruht. Das warme und leichte Oberflächenwasser wird durch Wind und den Tag-Nacht-Wechsel der Lufttemperatur ständig durchmischt und ist annähernd gleich warm. Zwischen beiden Schichten befindet sich eine relativ dünne Wasserschicht, deren Temperatur nach unten schnell absinkt. Man nennt sie **Sprungschicht.** Das Wasser des Sees ist somit in drei

1 See im Winter

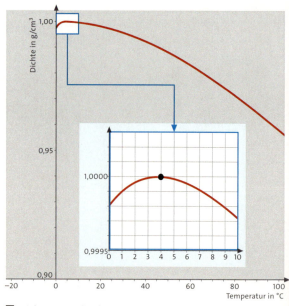

2 Dichteanomalie des Wassers

Schichten angeordnet. Man spricht von **Sommerschichtung**. Während im Oberflächenwasser durch die intensive Fotosynthese sehr viel Sauerstoff im Wasser entsteht, hat das Absinken abgestorbener Lebewesen und die intensive Veratmung der toten Biomasse durch Kleinstlebewesen in tieferen Schichten eine Sauerstoffarmut zur Folge.

Im Herbst können Stürme das Wasser wieder bis zum Grund umwälzen. In dieser **Herbstzirkulation** gleichen sich die Temperaturen und alle chemischen Werte in den einzelnen Schichten wieder einander an.

1 Berechne das Volumen von einem Kilogramm Eis. Welche Masse hätte das berechnete Volumen, wenn es sich um Wasser mit der Temperatur von 1 °C handeln würde? Nutze Abbildung 2. Weshalb friert der See von oben zu?

2 Erkläre unter Einbeziehung der Dichte, weshalb sich im Sommer das Oberflächenwasser durchmischt. Weshalb verändert sich die Dicke der Oberflächenwasserschicht ständig? Ziehe Schlussfolgerungen für die Lebensbedingungen im See.

3 Erkläre, weshalb sich die Lufttemperatur über einem flächenmäßig großen See im Jahresverlauf nicht so stark ändert wie über dem Festland.

4 Erläutere, wie sich die Kohlenstoffdioxidkonzentration in den verschiedenen Schichten des Sees im Jahresverlauf verändert. Stelle deine Überlegungen auch in Grafiken dar. Verwende die Abbildung 3.

5 Erläutere unter Berücksichtigung der Faktoren Temperatur und Sauerstoffversorgung, weshalb viele Tiere wie Libellen- und Lurcharten die kalte Jahreszeit im Wasser überdauern.

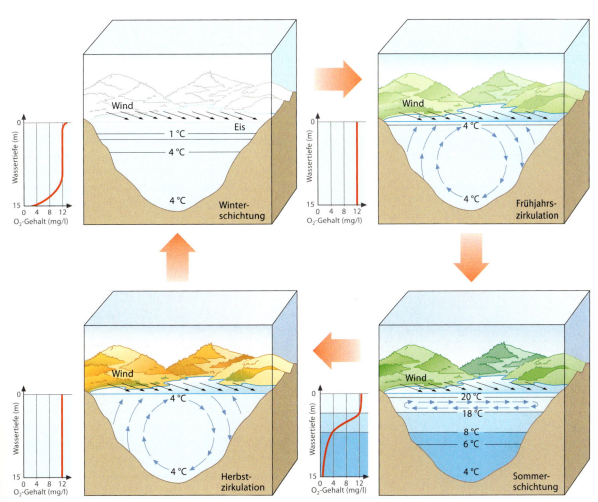

3 Die Jahreszeiten im See

Ökosysteme

3.7 Nährstoffkreislauf und Eutrophierung

Lebewesen sind über Nahrungsbeziehungen wie Kettenglieder miteinander verbunden. Dabei werden Stoffe und Energie durch die Nahrungsnetze transportiert. In der oberen Schicht des Sees reicht die Lichtstärke für Algen und Wasserpflanzen aus, um über die Fotosynthese Nährstoffe aufzubauen. In dieser **Nährschicht** entziehen sie dem Wasser Kohlenstoffdioxid und erzeugen Sauerstoff. Zum Aufbau ihrer körpereigenen Biomasse nehmen die Pflanzen außerdem *Mineralstoffe* wie Phosphate und Nitrate aus dem Wasser auf. Die Konsumenten nehmen die Biomasse mit der Nahrung auf. Die Nährstoffe werden in körpereigene Stoffe umgebaut oder zur Energiegewinnung veratmet. Dabei wird Sauerstoff verbraucht und Kohlenstoffdioxid und Wasser entstehen. Ausscheidungen und abgestorbene Biomasse sinken im See zu Boden. Hier und auf ihrem Weg in die Tiefe werden sie von Destruenten zerlegt. Da viele Destruenten für den Stoffabbau Sauerstoff verbrauchen, nimmt in tieferen Bereichen des Sees die Sauerstoffmenge schnell ab. Man nennt diesen Bereich die **Zehrschicht.** Mineralstoffe und Kohlenstoffdioxid werden von den Destruenten bei der Zersetzung ins Wasser abgegeben. Fehlt Sauerstoff am Gewässerboden, so können bei der Zersetzung der Biomasse durch spezielle Bakterien auch Methan, Schwefelwasserstoff und andere teilweise giftige Abbauprodukte entstehen. Manche von ihnen steigen als deutlich sichtbare Gasblasen im Wasser auf.

In einem natürlichen Gewässer laufen die beschriebenen Prozesse über lange Zeiträume immer in ähnlicher Weise ab. Über die Jahrhunderte lagert sich am Boden in jeweils kleinen Mengen nicht zersetzte Biomasse ab und der See verlandet sehr langsam. Ein solcher See ist mineralstoffarm oder **oligotroph.** Eine große Zahl verschiedener Pflanzen- und Tierarten besiedelt in meist geringer Individuenzahl diese Gewässer.

Heute gelangen allerdings durch den Menschen in die meisten Gewässer zusätzliche Nährstoffe, Dünger und Abfallstoffe. Durch die landwirtschaftliche Nutzung wird zum Beispiel auf manchen Feldern mehr Gülle verteilt, als von den Pflanzen aufgenommen werden kann. Dieser Dünger kann mit dem Regenwasser in die Seen gespült werden. Auch aus defekten Kläranlagen und mit dem Oberflächenwasser aus Städten und Gemeinden können Mineralstoffe und Schadstoffe in die Seen eingeleitet werden. Der See wird dadurch mineralstoffreich oder **eutroph.** Zunächst kommt es durch das gute Mineralstoffangebot zu einem stärkeren Pflanzenwachstum. Tiere, die von den Pflanzen leben, vermehren sich ebenfalls und ihre Individuendichte steigt. Ihre Ausscheidungen und die abgestorbenen Lebewesen werden von Destruenten unter deutlich höherem Sauerstoffverbrauch zersetzt. Außerdem kann das Sonnenlicht durch die stärkere Trübung nicht mehr in tiefere Gewässerschichten eindringen. Hier ist nun kaum noch Fotosynthese möglich. Durch beide Prozesse sinkt der Sauerstoffgehalt im Tiefenwasser stark. Außerdem lagern sich größere Mengen unverbrauchter Biomasse am Boden ab. Manche Tierarten mit hohem Anspruch an den Sauerstoffgehalt ihrer Wohngewässer werden selten oder verschwinden ganz. Dasselbe gilt für Pflanzenarten, die an Gewässer mit niedrigen Mineralstoffkonzentrationen angepasst sind.

Wird der Eintrag der Nähr- und Schadstoffe noch größer, reicht der Sauerstoff im Wasser zum Abbau nicht mehr aus. Viele Lebewesen, die Sauerstoff zur Atmung benötigen, sterben jetzt. Man sagt, der See kippt um. Destruenten, die ohne Sauerstoff leben können, vermehren sich. Sie zerlegen einen Teil der Biomasse unter Abgabe giftiger Faulgase. Der Rest setzt sich als Faulschlamm ab. Ein solcher See verlandet schon in wenigen Jahrzehnten.

1 Stoffkreisläufe im See

Ökosysteme

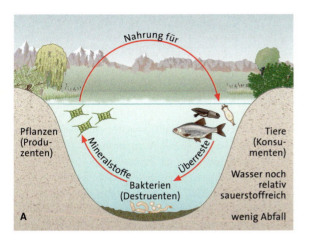
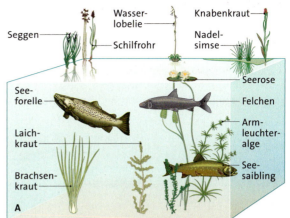
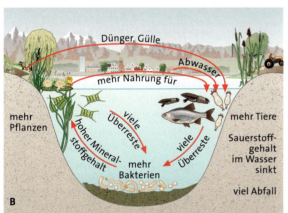
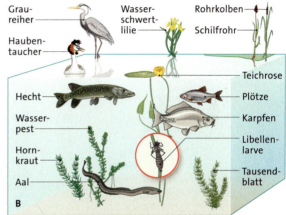
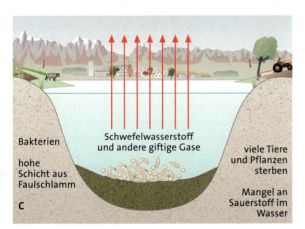
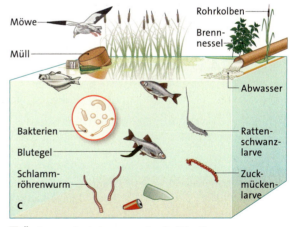

2 Eutrophierung im See. **A** oligotrop; **B** eutroph; **C** umgekippt

3 Änderung der Lebensgemeinschaft im See. **A** oligotrop; **B** eutroph; **C** umgekippt

1 Erläutere, warum man das Umkippen von Seen vorwiegend im Spätsommer beobachtet. Verwende auch die Abbildung 2.

2 Um einige Seen sind Gräben gebaut oder Gewässerrandstreifen angelegt, die nicht landwirtschaftlich genutzt werden. Erkläre die Auswirkung dieser Maßnahmen.

Ökosysteme

Aufgaben und Versuche — Messdaten erfassen und auswerten

V1 Untersuchung eines Sees

Protokollblatt zur Gewässeruntersuchung

Name des Gewässers: *Hasesee*

Lage der Probestelle: *Südufer*

Name des Probenehmers: *Naturkunde-Arbeitsgemeinschaft*

Datum: *6. 6. 2006*   Uhrzeit: *15.00 Uhr*

Wetter:
☐ Regen   ☒ bewölkt   ☐ heiter-bewölkt   ☐ sonnig

Lufttemperatur: *14,5 °C*   Wassertemperatur: *16,3 °C*

pH-Wert: *7,8*   Leitfähigkeit: *480 µS/cm*

Sichttiefe: *0,2 m*

Farbstärke:
☐ farblos   ☒ schwach gefärbt   ☐ stark gefärbt

Farbton:
☒ gelblich   ☐ grünlich   ☐ bräunlich

Trübung:
☒ klar   ☐ schwach getrübt   ☐ stark getrübt

Schaumbildung:
☒ kaum   ☐ schwach   ☐ stark

Geruchsintensität:
☐ geruchlos   ☒ schwacher Geruch   ☐ starker Geruch

Art des Geruchs:
☐ frisch   ☐ chemisch   ☒ aromatisch
☐ jauchig   ☐ modrig   ☐ faulig

Verunreinigungen: *leere Bierflaschen und Plastiktüten am Ufer*

Material: Marmeladenglas; Wasserschöpfbecher; Multiparameter-Tester für Temperatur, Leitfähigkeit und pH-Wert; Secchi-Scheibe, Bestimmungsbücher; Lupen; Sammelgläser; Küchensieb oder Wasserkäscher; weiße Kunststoffschale; Malkastenpinsel; Protokollblätter; Bleistift

Durchführung:

Lufttemperatur: Halte das Thermometer drei Minuten lang in einem Meter Höhe in den Körperschatten und lies die Temperatur ab.

Sichttiefe: Versenke die Secchi-Scheibe so tief, bis sie gerade noch zu sehen ist. Lies die Sichttiefe ab.

Wasseruntersuchung: Entnimm eine Wasserprobe, gib sie in das Marmeladenglas und führe sofort die Untersuchungen durch. Halte zunächst den Multiparameter-Tester drei Minuten lang in die Wasserprobe und lies die Temperatur, die Leitfähigkeit und den pH-Wert ab. Beurteile Färbung und Trübung des Wassers. Schüttle das Wasser kräftig im verschlossenen Marmeladenglas und beurteile die Schaumbildung. Schüttle das Wasser erneut kräftig im verschlossenen Glas, halte das Glas an die Nase und öffne den Deckel. Beurteile den Geruch.

Erfassung der Kleintiere im Wasser: Sammle mit dem Sieb jeweils zehn Minuten lang Wassertiere zwischen Wasserpflanzen, unter Steinen und im Bodensediment. Übertrage die Tiere mit dem Pinsel in die mit etwas Wasser gefüllte Schale. Halte sie stets kühl und setze die Tiere nach der Untersuchung umgehend an der Probestelle wieder aus. Das gilt auch, wenn die Untersuchungen im Unterrichtsraum stattfinden. Die Naturschutzbestimmungen sind in jedem Fall zu beachten.

Aufgaben:

a) Erstelle Protokollblätter zur Gewässeruntersuchung entsprechend dem nebenstehenden Muster.

b) Informiere dich über Naturschutzbestimmungen, die in deinem Untersuchungsgebiet zu beachten sind.

c) Erstelle Gewässeruntersuchungsprotokolle unterschiedlicher Seen oder eines Sees zu verschiedenen Jahreszeiten. Trage jeweils die Ergebnisse deiner Untersuchungen sowie Einleitungen, Verunreinigungen und sonstige Bemerkungen zum Gewässer in das Protokollblatt ein. Werte die Daten aus.

d) Bestimme ausgewählte Pflanzen sowie die gefangenen Kleintiere. Verwende auch den Bestimmungsschlüssel rechts. Schreibe Namen und Häufigkeit der Arten auf die Rückseite des Erfassungsbogens. Notiere die Häufigkeit durch folgende Ziffern: 1 Einzelexemplar; 2 wenig Exemplare; 3 häufig; 4 massenhaft. Werte die Daten aus.

e) Formuliere, ausgehend von den ermittelten Daten und deren Auswertung, Schutzmaßnahmen oder Renaturierungskonzepte für die untersuchten Gewässer. Stelle sie in der Klasse und gegebenenfalls auch bei den zuständigen Naturschutzbehörden oder Politikern vor.

Ökosysteme

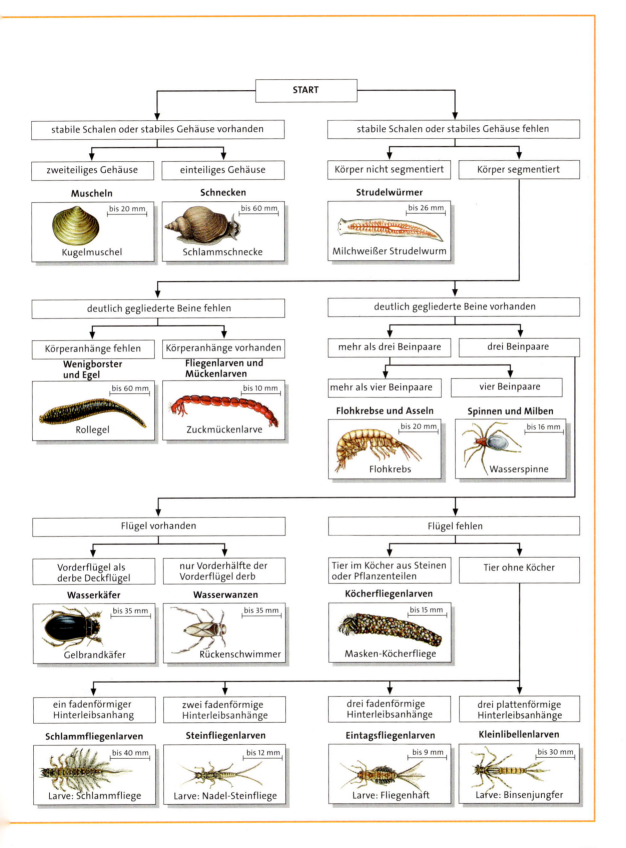

Ökosysteme

Aufgaben und Versuche — Untersuchung eines Gewässers

A1 Nahrungsketten am See

(Pflanzensaft, Nektar); Köcherfliegenlarve (zersetztes Pflanzenmaterial); Wasserläufer (Insekten); Kleinlibelle (Insekten); Posthornschnecke (Pflanzen); Wasserassel (Falllaub); Radnetzspinne (Insekten); Wasserfrosch (Insekten, Spinnen); Blässralle (Schilf, Kleintiere); Hecht (Plötze, Kaulquappe); Algen; Rauchschwalbe (Insekten).

Aufgaben:
a) Benenne die Gewässertiere, indem du die Ziffern aus der Abbildung in dein Heft überträgst und jeweils den zugehörigen Namen dahinter schreibst.
b) Stelle anhand der Abbildung Nahrungsketten zusammen.
c) Ordne die einzelnen Arten nach Produzenten, Konsumenten 1. Ordnung und Konsumenten höherer Ordnung.

A2 Eutrophierung eines Sees

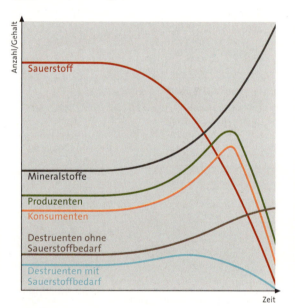

Die Abbildung oben zeigt verschiedene Lebewesen des Sees. In Klammern ist jeweils die Nahrung angegeben: Kleinlibellenlarve (Wasserfloh); Wasserspinne (Wasserassel, Kleinlibellenlarve); Spitzschlammschnecke (Pflanzen); Schilf; Plötze (Pflanzen, Schnecken, Insektenlarven); Gelbrandkäferlarve (Kleinlibellenlarve, Kaulquappe); Großlibellenlarve (Kleinlibellenlarve); Wasserfloh (Algen); Graureiher (Wasserfrosch, Fische, Gelbrandkäferlarve); Kaulquappe (Pflanzen); Schnake

Aufgaben:
a) Beschreibe die Eutrophierung eines Sees anhand der dargestellten Kurvenverläufe.
b) Erläutere die Kurvenverläufe einzeln und im Zusammenhang.
c) Zwecks Sanierung wird in die Tiefenschicht mancher stark eutrophierter Seen mit so genannten Limnoaggregaten Luft eingeblasen. Beurteile diese Maßnahme.

Ökosysteme

A3 Eutropher und oligotropher See im Sommer

Merkmal	Eutropher See	Oligotropher See
Wasserfarbe		
maximale Sichttiefe		
minimale Sichttiefe		
Sauerstoffgehalt (Deckschicht)		
Sauerstoffgehalt (Tiefenwasser)		
Sediment		
Bakterien (Anzahl/cm³)		
Beispiel		

Aufgaben:
a) Übertrage die vorstehende Tabelle in dein Heft. Ordne dann die folgenden Merkmale den beiden Seen richtig zu: grünlich, blau; 15 bis 20 m; 2 bis 3 m; 1 bis 2 m; weniger als 1 m; im Bereich der Sauerstoffsättigung; Sauerstoffüberschuss; kein Sauerstoff; im Bereich der Sauerstoffsättigung; Kalkgestein oder Sand; Faulschlamm; 100 000 bis 1 000 000 Bakterien pro cm³; 10 bis 100 Bakterien pro cm³; Hochgebirgssee; See mit Abwasserbelastung.
b) Ziehe Schlussfolgerungen auf die zu erwartenden Lebensgemeinschaften.

A4 Vielfalt bei Wassertieren

Aufgaben:
a) Bestimme die Namen der Wassertiere (1) bis (15) unter Verwendung der Seiten 152 bis 167.
b) Wähle eigene Ordnungskriterien und ordne die Wassertiere anhand ihres Körperbaus.
c) Entwickelt in Gruppen für die abgebildeten Tiere einen Bestimmungsschlüssel. Es sollen Ja/Nein-Entscheidungen zur Identifizierung eines einzelnen Tieres führen.
d) Präsentiert die verschiedenen Bestimmungsschlüssel vor der Klasse und erläutert, welcher Schlüssel für die Anwendung im Gelände am geeignetsten ist.

3.8 Seen können verlanden – ein Moor entsteht

Gemessen am Alter der Erde sind Seen relativ jung. Die meisten Seen in Deutschland haben sich im Laufe der letzten Eiszeit gebildet und sind wenige tausend Jahre alt. Viele von ihnen sind bereits wieder verlandet und haben sich zu Mooren weiterentwickelt. Wie erfolgt die Verlandung von Seen?

Am Boden eines eutrophen Sees setzen sich eingeschwemmte Bodenteilchen und abgestorbene Biomasse, die *Mudde*, ab. Im Laufe von Jahrhunderten bis einigen tausend Jahren wird der See daher immer flacher. Die Pflanzenzonen des Seeufers schieben sich langsam zur Seemitte vor, bis schließlich Röhricht und Erlenbruchwald das gesamte Gebiet überwachsen. Die wenig zersetzten, abgestorbenen Reste von Seggen, Schilf und anderen ehemaligen Uferpflanzen bilden eine dicke Auflage aus toter organischer Substanz, den *Flachmoortorf*. Unter dem Einfluss mineralstoffreichen Grundwassers bildet sich ein **Flach- oder Niedermoor** mit Erlenbruchwald.

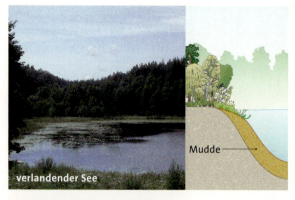

Bei weiterer Anhäufung von organischen Resten können die Bäume das Grundwasser nicht mehr erreichen und sterben. Jetzt breiten sich Torfmoose und andere lichtbedürftige Pflanzen aus. Das erforderliche Wasser beziehen sie aus dem mineralstoffarmen Regen. Der Boden wird in diesen Gebieten immer saurer und die abgestorbenen Pflanzen werden konserviert, wie eine Gurke im Essigwasser. Jedes Jahr bilden die abgestorbenen Pflanzen eine neue etwa einen Millimeter dicke Torfschicht. Das Moor wächst jetzt uhrglasförmig über die Umgebung hinaus und wird deshalb **Hochmoor** genannt. Beim Hochmoortorf lassen sich der ältere und stärker zersetzte Schwarztorf und der jüngere, schwächer zersetzte Weißtorf unterscheiden.

Geht man über ein intaktes Hochmoor, hat man eine weite Sicht und der weiche Torfuntergrund federt sanft unter den Füßen. Die Mooroberfläche besteht aus einem Mosaik aus trockeneren, warmen Erhebungen, den *Bulten* und nasseren, kälteren Vertiefungen, den *Schlenken*. Charakteristische Pflanzen der Bulten sind die Besenheide und das Wollgras, während man in den Schlenken eher das Schnabelried und den Sonnentau findet. Manchmal trifft man auf kleine Gewässer, die *Kolke*.

Im Vergleich zu anderen Feuchtbiotopen herrscht im Hochmoor eine ausgesprochene Artenarmut. Nur wenige Pflanzen können die extreme Mineralstoffarmut und

1 Die Entwicklung vom See zum Hochmoor

Ökosysteme

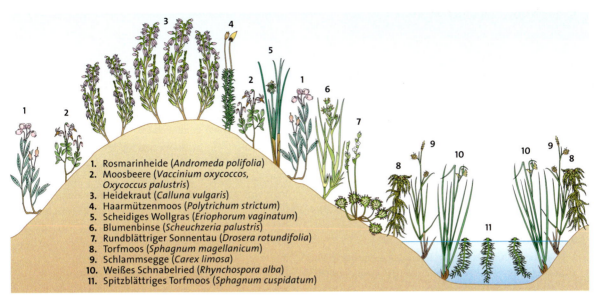

2 Pflanzen auf Bulten und in Schlenken des Hochmoores

1. Rosmarinheide (*Andromeda polifolia*)
2. Moosbeere (*Vaccinium oxycoccos*, *Oxycoccus palustris*)
3. Heidekraut (*Calluna vulgaris*)
4. Haarmützenmoos (*Polytrichum strictum*)
5. Scheidiges Wollgras (*Eriophorum vaginatum*)
6. Blumenbinse (*Scheuchzeria palustris*)
7. Rundblättriger Sonnentau (*Drosera rotundifolia*)
8. Torfmoos (*Sphagnum magellanicum*)
9. Schlammsegge (*Carex limosa*)
10. Weißes Schnabelried (*Rhynchospora alba*)
11. Spitzblättriges Torfmoos (*Sphagnum cuspidatum*)

den hohen Säuregrad ertragen. Ebenso gibt es nur wenige Tierarten. In den letzten Jahrhunderten wurde der Schwarztorf vom Menschen abgebaut und als Brennmaterial genutzt. Seit der zweiten Hälfte des 20. Jahrhunderts wurden die Hochmoore großflächig entwässert und mit Maschinen abgetorft. Der Weißtorf wird noch heute, vermischt mit Mineralstoffen, überwiegend in Gärten genutzt. So wurden in Deutschland fast alle Hochmoore zerstört und die meisten der hier lebenden Pflanzen und Tiere zu seltenen oder vom Aussterben bedrohten Arten.

Nachdem zunächst viele der abgetorften Hochmoorflächen zu landwirtschaftlichen Nutzflächen wurden, wandelt man sie heute überwiegend wieder in wachsende Moore um. Diese **Renaturierung** soll den ursprünglichen Moorbewohnern ihren Lebensraum zurückgeben.

1 Erläutere die Entwicklung des Hochmoores.

2 Beschreibe die unterschiedlichen Lebensbedingungen auf Bulten und in Schlenken anhand der Abbildung 2 sowie die Angepasstheiten der Pflanzen.

3 Abgetorfte Moore werden heute renaturiert. Hierzu werden zunächst die Entwässerungsgräben geschlossen. Außerdem entfernt man Gehölze und beweidet die Flächen mit Schafherden. Man treibt die Tiere morgens ins Moor, bringt sie mittags zum Abkoten an den Moorrand und wiederholt das Ganze am Nachmittag. Erkläre die genannten Renaturierungsmaßnahmen im Hinblick auf ihre Bedeutung für den Wasserhaushalt, den Mineralstoffgehalt und das Licht im Moor. Schätze ab, in wieviel Jahren nach Beginn der Renaturierung sich wieder eine fünf Meter dicke Torfschicht gebildet hat.

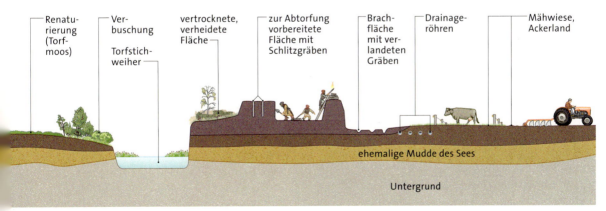

3 Heutige Nutzung ehemaliger Hochmoorgebiete

Zusammenfassung Ökosysteme

Wechselwirkungen

Wiesen, Wälder, Binnengewässer, Moore, Hecken und Gärten sind Ökosysteme. Biologen interessieren sich für die Umweltbedingungen in diesen Ökosystemen und suchen nach Gründen, weshalb bestimmte Lebewesen in einem Lebensraum vorkommen und andere nicht. Mit Messgeräten wie Thermometer, Lichtstärkemessgerät oder Regenmesser erfassen sie die Umweltbedingungen. Alle diese abiotischen Umweltfaktoren gemeinsam kennzeichnen den Lebensraum, den man auch Biotop nennt.

Tiere und Pflanzen bilden zusammen mit Bakterien und Pilzen eine Lebensgemeinschaft, die Biozönose. Da es sich hierbei um Lebewesen handelt, werden sie auch als biotische Umweltfaktoren bezeichnet. Biotop und Biozönose zusammen bilden ein Ökosystem.

Bei den einheimischen Waldökosystemen unterscheidet man zunächst zwischen Laubwäldern, Laub-Nadel-Mischwäldern und Nadelwäldern. Wälder im Überschwemmungsbereich von Flüssen bezeichnet man als Auenwälder, Wälder an den Ufern stehender Gewässer heißen Bruchwälder. Wälder zeigen eine typische räumliche Schichtung: Die Baumkronen bilden das oberste Stockwerk des Waldes, die Baumschicht. Dort, wo Licht durch das Kronendach dringt, findet man eine Strauchschicht und am Waldboden zusätzlich eine Krautschicht und eventuell eine Moosschicht. Bevor die Bäume im Frühjahr ein dichtes Laubdach ausbilden, entwickeln sich am Waldboden schon erste krautige Pflanzen, die Frühblüher. Sie besitzen unterirdische Speicherorgane, in denen sie in wenigen Wochen Speicherstoffe wie Stärke und Fette einlagern, um den Rest des Jahres mit diesen unterirdischen Organen zu überdauern. Moose, Pilze und Flechten findet man besonders am Waldboden sowie auf lebenden und abgestorbenen Gehölzen.

Gemeinsames Merkmal aller aquatischen Ökosysteme ist das Wasser als prägender abiotischer Umweltfaktor. Gewässertypen aus dem Umfeld vieler Schulen sind Seen, Teiche, Weiher und Tümpel. Als Seen bezeichnet man stehende Gewässer, die mehr als zwei Meter tief sind. Ihr Boden ist in der Regel nicht durchgängig mit Pflanzen bewachsen, da ab etwa fünf Meter Wassertiefe nicht genug Licht vorhanden ist. Eher flach sind Teiche, Weiher und Tümpel, wobei Teiche künstlich angelegt wurden, während Weiher natürlichen Ursprungs sind. Tümpel zeichnen sich durch ihr zeitweiliges Austrocknen aus, weshalb hier alle Arten fehlen, die eine Austrocknung nicht überleben.

In der Uferzone größerer naturnaher Seen findet man eine charakteristische Abfolge von Pflanzengesellschaften. Vom Bruchwald über die Röhricht- und Schwimmblattpflanzenzone bis zur Tauchblattpflanzenzone trifft man sie immer wieder in ähnlicher Ausprägung an.

Abhängig vom Mineralstoffgehalt unterscheidet man mineralstoffreiche eutrophe und mineralstoffarme oligotrophe Gewässer. Durch abgestorbene Biomasse, die sich im Laufe der Jahre am Boden eines stehenden Gewässers absetzt, kommt es zur Verlandung. Das Gewässer wird so zum Flachmoor und in regenreichen Gebieten schließlich zum Hochmoor.

Zwischen den Lebewesen sowie zwischen Lebewesen und ihrer abiotischen Umwelt bestehen vielfältige

1 Biotop und Biozönose bilden ein Ökosystem

Wechselwirkungen. Jede Art hat ihre spezifischen Ansprüche an Temperatur, Licht oder chemische Faktoren wie Sauerstoff, Kohlenstoffdioxid und die verschiedenen Mineral- oder Nährstoffe. So benötigen Pflanzen zur Fotosynthese in jedem Falle Licht und Kohlenstoffdioxid, während aerobe Tiere und Kleinlebewesen auf Sauerstoff zur Atmung angewiesen sind. Mineralstoffe sind für das Wachstum der Pflanzen erforderlich. Kommen sie in großen Mengen im Wasser vor, kann sich die Pflanzenmasse in kurzer Zeit enorm vermehren und beim späteren Absterben der Pflanzen zum »Umkippen« des Gewässers führen. Die besonderen Eigenschaften des Wassers, insbesondere seine Dichteanomalie, führen zu charakteristischen Veränderungen eines Sees im Jahresverlauf. Diese durch die Begriffe Stagnations- beziehungsweise Zirkulationsphase gekennzeichneten Unterschiede haben durch die vielfältigen Wechselwirkungen im See großen Einfluss auf die abiotischen Faktoren und damit auf die gesamte Lebensgemeinschaft.

Angepasstheit

Lebewesen sind an ihren Lebensraum angepasst. So besitzen Landpflanzen Festigungsgewebe, um gegen die Schwerkraft in die Höhe wachsen zu können. Leitungsbahnen transportieren Wasser, Mineral- und Nährstoffe zwischen den verschiedenen Pflanzenteilen hin und her. Abschlussgewebe sorgen für einen geregelten Gas- und Wasseraustausch. Wasserpflanzen haben elastische Stängel mit vielen kleinen Blättern. Festigungsgewebe und Abschlussgewebe fehlen oder sind nur schwach ausgebildet, während ein umfangreiches Durchlüftungsgewebe den Gasaustausch mit der Luft begünstigt. Sie können so flexibel der Wasserbewegung folgen und über die insgesamt große Oberfläche Stoffe mit dem umgebenden Wasser austauschen. Diese Fähigkeiten haben bei vielen Wasserpflanzen zur Reduzierung oder zum Verlust der Wurzeln geführt.

Auch Wassertiere sind bezüglich ihrer Form und ihres Gasaustausches an das Wasserleben angepasst. Strömungsgünstige Körper, Schwimmflossen, Schwebeeinrichtungen, Saugnäpfe und Gewichte dienen dazu, ihre Position im Wasser gezielt den jeweiligen Erfordernissen entsprechend einzunehmen. Der Gasaustausch im Wasser erfolgt über die gesamte Körperoberflächen oder über Kiemen, die einen engen Kontakt des inneren Gastransportsystems mit dem Wasser herstellen. Bei Fischen werden die Kiemen vom Blut durchströmt, bei vielen Insektenlarven werden sie vom Tracheensystem durchzogen. Manche Wassertiere müssen von Zeit zu Zeit an die Wasseroberfläche schwimmen, um dort Luft aufzunehmen.

Stoff- und Energieaustausch

In den Nahrungsketten und Nahrungsnetzen der Ökosysteme findet ein intensiver Stoff- und Energieaustausch statt. Die Produzenten nutzen die Energie des Sonnenlichtes in der Fotosynthese zum Aufbau energiereicher organischer Stoffe wie Traubenzucker. Über Primär-, Sekundär- und Tertiärkonsumenten werden diese Stoffe und die in ihnen gespeicherte Energie schließlich bis zu den Destruenten weitergereicht oder von den jeweiligen Lebewesen für körpereigene Stoffe und Energie verbrauchende Prozesse genutzt.

Vielfalt

Die natürliche Vielfalt der Arten in unseren Ökosystemen ist enorm. In einem der seltenen mitteleuropäischen Urwälder, dem Nationalpark Bialowicca im Nordosten Polens, findet man über 8000 Insektenarten, 240 Vogel- und 57 Säugetierarten. Allein an Stieleichen leben weit über tausend verschiedene Arten. Die meisten von ihnen kommen auf absterbenden Bäumen oder am toten Holz vor. Durch die zahlreichen Veränderungen der Lebensräume durch den Menschen ist die Artenzahl jedoch in den meisten heutigen Waldökosystemen wesentlich niedriger. Auch in Gewässerökosystemen ist sie besonders im letzten Jahrhundert dramatisch gesunken. In manchen Tier- und Pflanzengruppen, die die heimischen Süßgewässer bewohnen, sind heute weit über die Hälfte der Arten gefährdet oder schon ausgestorben. Zahlreiche Gewässer, besonders kleinere Tümpel und Weiher, wurden im Rahmen der intensiveren Nutzung der Landschaft völlig vernichtet. Auch die Einleitung von Nähr- und Schadstoffen oder die Nutzung der Gewässer zur Erholung gehören zu den Einflüssen, die für den Artenschwund verantwortlich sind.

Andererseits versucht man heute durch Renaturierungsmaßnahmen, Artenschutzprojekte und Wiederansiedlung die Vielfalt der in natürlichen Ökosystemen vorkommenden Arten wieder zu erhöhen

Ökosysteme

Wissen vernetzt Ökosysteme

A1 Lebensgemeinschaft im Wald

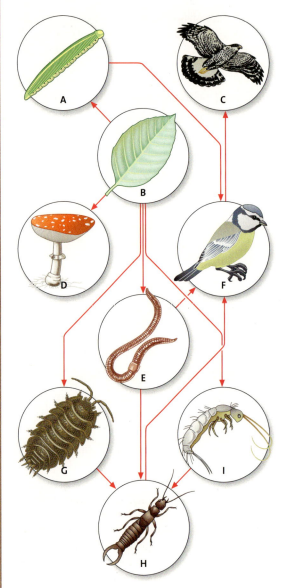

A2 Wasserflöhe im See

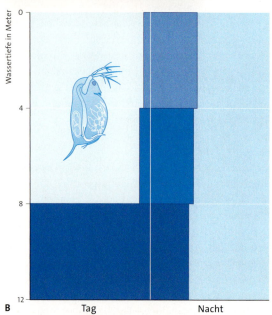

a) Benenne die in den Abbildungen A bis I dargestellten Lebewesen, informiere dich über ihre Ernährung und ordne sie den Ernährungsstufen in der Nahrungskette zu.
b) Erläutere anhand der Abbildung die Begriffe Nahrungskette und Nahrungsnetz.
c) Erläutere mit Hilfe der Abbildung einen Stoffkreislauf für das Ökosystem Wald.

a) Abbildung A zeigt eine mikroskopische Aufnahme des Filterkamms am Bein eines Wasserflohs. Informiere dich über die Ernährung des Wasserflohs. Beschreibe unter Verwendung dieser Informationen, der Abbildung sowie der Informationen auf Seite 161 die Nahrungsaufnahme des Wasserflohs. Begründe, weshalb sich in Seen mit vielen Wasserflöhen ein kaum noch durch Algen gefärbtes Klarwasserstadium einstellt.
b) Abbildung B zeigt die relative Verteilung der Wasserflöhe im Tiefenprofil des Sees am Tag und in der Nacht. Erkläre die unterschiedliche Verteilung unter Verwendung deiner Kenntnisse über die Stellung des Wasserflohs in der Nahrungskette.

A3 Nahrungskettensteuerung durch Raubfischbesatz

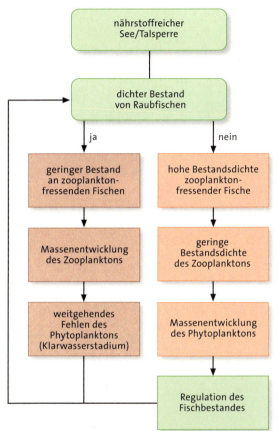

A4 Feuchtigkeitsanpassung bei Moorpflanzen

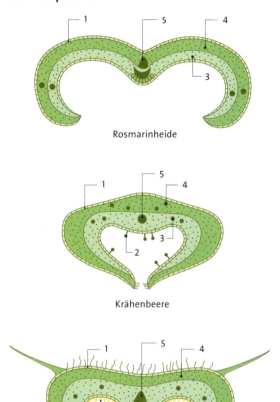

Rosmarinheide

Krähenbeere

Glockenheide

Massenentwicklungen von Algen können die Nutzung von Gewässern erheblich stören. So sind zum Beispiel als Erholungsgebiet genutzte Badeseen durch die vielen Algen und deren teilweise giftigen Ausscheidungen nicht mehr für den Badebetrieb geeignet. Auch in Seen, die Rohwasser für die Trinkwassergewinnung liefern, stellen Algen ein Problem dar. Sie müssen aufwändig und teuer durch Filter entfernt werden. Der Mensch versucht daher, Massenentwicklungen von Algen und Bakterien in den Seen entgegenzuwirken. Eine dieser Maßnahmen ist der Besatz mit Raubfischen.

a) Beschreibe die Folgen des Raubfischbesatzes anhand der Grafik.
b) Betrachte Seite 161 Abbildung 2 und erläutere die Folgen eines Hechtbesatzes im See für Wasserflöhe und Algen.

a) Die Abbildung zeigt Blattquerschnitte von Rosmarinheide, Krähenbeere und Glockenheide. Erstelle eine dreispaltige Tabelle. Schreibe in die erste Spalte die Ziffern aus der Abbildung und die Namen der Gewebe oder Strukturen, in die zweite Spalte deren Aufgaben und in die dritte Spalte die Angepasstheit an die jeweilige Aufgabe.
b) Im Bulten-Schlenken-Bereich steht die Glockenheide über der Rosmarinheide. Betrachte Abbildung 2 auf Seite 171 und begründe die Unterschiede im Blattaufbau von Rosmarinheide und Glockenheide.
c) Formuliere eine begründete Vermutung über den Standort der Krähenbeere im Bulten-Schlenken-Bereich.

Natur- und Umweltschutz

1 Von der Natur- zur Kulturlandschaft

1.1 Landschaft hat Geschichte

Wie sah die Landschaft im Umfeld meiner Heimat vor 200 Jahren aus, welches Bild hätte ich vor 2000 Jahren gehabt und was werde ich in 200 Jahren sehen? Mit ähnlichen Fragen wird sich jeder schon einmal beschäftigt haben. Für die Vergangenheit lassen sie sich recht genau beantworten. Manche Antworten von Experten überraschen uns allerdings. Wer hätte zum Beispiel gedacht, dass es um 1800 in Deutschland kaum Wälder gab?

Vor 2000 Jahren war Mitteleuropa großflächig von Laubwäldern bedeckt. Im Gebirge gab es auch Nadelwälder. Waldfrei waren nur Hochmoore und Hochgebirge. Zur **Naturlandschaft** gehörten außerdem Seen, Weiher, Bäche und Flüsse. Das wäre auch heute noch so, wenn nicht der Mensch **Kulturlandschaften** aus einem bunten Mosaik von Äckern, Heiden, Wiesen, Weiden, Hecken und bebauten Flächen geschaffen hätte.

Solange die Menschen als Sammler und Jäger lebten, durchstreiften sie in kleinen Gruppen das Land und veränderten die natürlichen Lebensräume kaum. Mit dem Wechsel zum Ackerbau und zur Viehzucht vor etwa 7000 Jahren wurden sie sesshaft. Jetzt bauten sie feste Behausungen und rodeten den Wald in der Nähe ihrer Siedlungen, um Holz zu gewinnen und um Platz zu schaffen.

1 Ansicht des Waldes im 17. Jahrhundert

Natur- und Umweltschutz

Große Landschaftsveränderungen traten in unserem Gebiet vor allem im Mittelalter auf. Die Bevölkerung wuchs und es wurde immer mehr Ackerland gebraucht. Man nannte den Acker Esch, Kamp oder Hagen. Während Häuser und Äcker eines solchen Dorfes meistens im Besitz einzelner Bauern oder Gutsherren waren, nutzen die Siedler die Landschaft zwischen den Dörfern gemeinschaftlich. Auch in diesen zwischen den Siedlungen liegenden Gebieten rodete man Bäume, um das Holz für den Hausbau und als Brennmaterial zu verwenden. Die Haustiere trieb man im Umfeld der Siedlungen in die Wälder, damit sie sich Nahrung suchten. Sie fraßen besonders gern die Triebe der jungen Gehölze, wie man es noch heute bei Rehen und anderen Pflanzenfressern beobachten kann. So gab es immer weniger junge Bäume, die bis zu stattlichen Baumriesen heranwuchsen. Hinzu kam ein weiteres Problem für die Wälder: Da es kaum Dünger für die Äcker gab, stachen die Bauern im Wald regelmäßig die oberste mit Pflanzen und Humus durchsetzte Bodenschicht ab und brachten diese Erdstücke als Dünger auf ihre Äcker. Da man sich bei dieser Arbeit sehr plagen musste, nannte man die Erdstücke Plaggen. Diese Bewirtschaftung führte zu einer weiteren Verminderung der Baumkeimlinge und die Mineralstoffversorgung für die Bäume verschlechterte sich. Auch zur Herstellung von Holzkohle, zur Salzgewinnung und zur Glasschmelze sowie in Hochöfen und als Grubenholz wurden große Holzmengen benötigt.

Im Laufe der Jahrhunderte lichteten sich die Wälder und wandelten sich schließlich in weitgehend baumfreie Heidelandschaften um. Durch diesen Raubbau gab es in Deutschland um 1800 nur noch einen Waldanteil von zwei Prozent. Holz, einer der wichtigsten Rohstoffe, war kaum noch verfügbar. Zur Brennstoffgewinnung wurde jetzt der Schwarztorf aus den Hochmooren genutzt. Außerdem überführte man die bis dahin gemeinschaftlich genutzten Ländereien zwischen den Dörfern in Privatbesitz. Dies führte dazu, dass die Besitzer für ihre nunmehr eigenen Flächen wesentlich langfristiger planten. Man grenzte sie durch natürliche Zäune, die Hecken, von Nachbarflächen ab und nutzte sie schonender und nachhaltiger. Oft pflanzte man auch wieder Bäume an. Heute beträgt der Waldanteil etwa 30 Prozent.

1 Vergleiche die Bedeutung des Waldes für die Menschen im Mittelalter und heute. Benenne Unterschiede.

2 Erkundige dich nach Flurstücksbezeichnungen oder Straßennamen mit dem Wort »Esch«, »Kamp« oder »Hagen« und informiere dich über die Nutzung der jeweiligen Bereiche früher und heute. Erkläre.

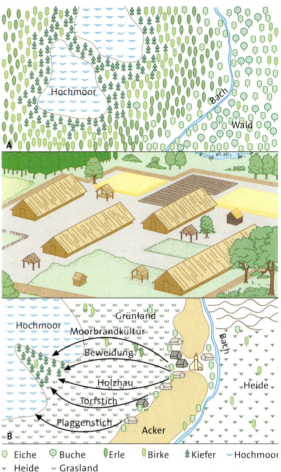

 Eiche   Buche   Erle   Birke   Kiefer   Hochmoor
 Heide   Grasland

2 Von der Naturlandschaft zur Kulturlandschaft. **A** Waldland; **B** erste Siedlungen; **C** heutige Kulturlandschaft

Natur- und Umweltschutz

Streifzug durch die Geschichte — Pollenanalyse

Bei den Samenpflanzen enthalten die Pollenkörner die Spermienzellen mit der männlichen Erbinformation. Sie sind somit Voraussetzung für die Befruchtung. Windblütige Pflanzen wie Birke, Erle, Hasel, Kiefer oder Grasarten entlassen jedes Jahr zur Blütezeit große Mengen dieses Blütenstaubes in die Luft. Von hier gelangt er auf die Narben der weiblichen Blüten. Die meisten Pollenkörner landen jedoch nicht auf Blüten, sondern an anderen Orten, wo sie vom Wind hingeweht werden. Als gelben Belag sieht man sie dann auf Wasserpfützen, Tümpeln, Seen oder Autodächern. Hinweise zum Pollenflug gehören heute im Frühjahr und Sommer zum Inhalt der Nachrichtensendungen, weil viele Menschen auf die Pollenkörner in der Atemluft allergisch reagieren und sich daher vor ihnen schützen müssen.

Für Biologen ist der Pollenflug hingegen eine hervorragende Möglichkeit zur Erforschung der Landschaftsgeschichte. Jede Pflanzenart hat ihre charakteristische Pollenform, sodass man sie durch eine mikroskopische Untersuchung ihrer Pollen genauso sicher erkennen kann wie an der Form ihrer Blüten oder Blätter. Fallen die Pollenkörner in ein Hochmoor, werden sie unter Luftabschluss in die saure obere Torfschicht eingebettet und konserviert. Noch nach Jahrtausenden kann man sie hier finden und identifizieren. Mit jedem Jahr wächst die Torfschicht und mit ihr werden jedes Jahr Pollenkörner aus der Umgebung konserviert.

So ist die mehrere Meter dicke Torfauflage eines Hochmoores ein Geschichtsbuch der Natur. Durch Untersuchung der Pollenkörner in den verschiedenen Schichten kann man genau erkennen, welche Pflanzenarten zur jeweiligen Zeit in der Umgebung wuchsen. So findet man in den untersten mehr als 10 000 Jahre alten Torfschichten die Pollenkörner von Pflanzen der Tundren und Nadelwälder. Es folgen Schichten, die Laubwaldbestände anzeigen und seit 3000 bis 4000 Jahren findet man auch Getreidepollen und Pollen von Ackerbegleitpflanzen. Dies ist ein Hinweis darauf, dass die Menschen im Umfeld des untersuchten Hochmoores nicht mehr Jäger und Sammler waren, sondern von Ackerbau und Viehzucht lebten. In der obersten Torfschicht finden sich wieder viele Nadelbaumpollen, ein Zeichen für die im 19. Jahrhundert beginnende Aufforstung mit Nadelbäumen.

1 Beschreibe die Veränderungen der Pflanzenwelt in den letzten 15 000 Jahren anhand der Abbildung 1. Nenne mögliche Gründe für die Veränderungen.

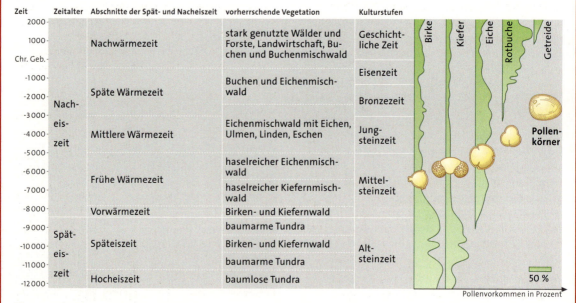

1 Waldentwicklung seit der letzten Eiszeit

Wissen kompakt — Moderne Fortwirtschaft

Ökologische Waldentwicklung
Zielsetzung der modernen Forstwirtschaft ist die Umwandlung der Forste in naturnahe, ertragskräftige und dauerhafte Wälder. Die Waldböden und Klimabedingungen der jeweiligen Waldstandorte geben vor, welche Baumarten sich anbauen lassen. Die Forstsaatgutkontrolle gewährleistet die Verwendung hochwertiger Pflanzen. Sie zeichnen sich durch hohe Erträge, gute Holzqualität, Gesundheit und genetische Vielfalt aus. Die Entwicklung von Laub- und Mischwäldern soll die Artenvielfalt sichern und damit die Stabilität des Waldökosystems erhöhen. Natürliche Waldverjüngung durch Aussamung der Waldbäume hat Vorrang vor der Pflanzung. Bei der Holzernte wird auf Kahlschläge weitgehend verzichtet. Der Aufbau eines Netzes von Waldschutzgebieten, die Förderung einer artenreichen Kraut-, Strauch- und Baumschicht besonders in den Waldrandzonen und der Einsatz einer schonenden und an ökologischen Erfordernissen ausgerichteten Forsttechnik sind weitere Aspekte der modernen Forstwirtschaft. Neben der Schutzfunktion des Waldes für Boden, Luft und Wasser und seiner Bedeutung als Rohstofflieferant werden auch die Erholungsfunktion und sein Potenzial als Lernort von den Forstbehörden gefördert. Verschiedene Formen der Umweltbildung im Wald gewinnen an Beliebtheit und sind Ausdruck des Wunsches nach mehr Naturnähe und nach bewusster Begegnung mit der Natur. Waldbesitzer und Forstverwaltung unterstützen diesen Wunsch durch Lehr- und Wanderpfade, Jugendwaldheime sowie Waldbildungs- und Walderlebnisangebote.

1 Gestaltet ein Plakat zur Bedeutung des Waldes und zur modernen Waldwirtschaft. Stellt euer Plakat in der Klasse vor.

Moderne Technik
In den letzten Jahren hat bei der Bewirtschaftung der Wälder immer mehr moderne Technik Einzug gehalten. So verwendet der Forstwirt den Harvester, eine multifunktionale Vollerntemaschine für Holz. Während früher die zur Verarbeitung vorgesehenen Bäume mit Handsägen, später mit Motorsägen gefällt und durch Arbeitspferde abtransportiert wurden, werden die Bäume vom Harvester in einem Gang abgesägt, entastet, in verkaufslange Stücke geschnitten und zu Stapeln aufgeschichtet.

Moderne Schädlingsbekämpfung
In Nadelwaldmonokulturen, wie sie bis vor wenigen Jahrzehnten häufig von der Forstwirtschaft angelegt wurden, finden Borkenkäfer ideale Vermehrungsmöglichkeiten. Besonders in warmen und trockenen Jahren kommt es zu Massenvermehrungen, die ganze Waldbestände vernichten können. Um hier regulierend einzugreifen, werden Borkenkäferfallen aufgestellt. Von diesen Fallen werden Borkenkäfer durch Sexuallockstoffe angelockt und durch Insektengift getötet. Für andere Tierarten geht von der Methode keine Gefahr aus.

1.2 Landwirtschaft verändert die Umwelt

Noch vor wenigen Jahrzehnten glichen viele Gebiete einer parkartigen Landschaft. Von Gehölzen umgebene Bauernhöfe, bunte Wiesen, saftige Weiden mit Kühen oder sich suhlenden Schweinen, ein Mosaik von Kartoffel-, Rüben- und Getreideäckern, Wälder, Feldgehölze und Hecken, Sandwege und Straßen mit Kopfsteinpflaster, Bäche und Weiher gehörten zum typischen Landschaftsbild. Handarbeit und der Einsatz einfacher Geräte bestimmten den Alltag der Bauern.

Heute prägen Mastställe mit industrieller Tierhaltung, großflächige Mais- und Getreideäcker, Entwässerungskanäle und geteerte Straßen das Bild vieler ländlicher Kulturlandschaften. Feuchtgebiete, Hecken und Feldgehölze sind hier selten geworden.

Mit der Industrialisierung der Landwirtschaft sind über Jahrhunderte gewachsene Strukturen der Landschaft in wenigen Jahrzehnten wieder verschwunden. Die Tierhaltung wurde in große Mastställe verlegt, um die Bestandszahlen unabhängig von der Hoffläche zu vergrößern. Durch Zukauf von Futter konnte man die Futterzusammensetzung optimieren. Durch Entwässerungsmaßnahmen, wie die Vertiefung und Begradigung von Bächen, konnten viele früher nasse und feuchte Grünlandflächen für den Ackerbau nutzbar gemacht werden. Trockene, mineralstoffarme Lebensräume wurden durch Bewässerung und Düngung ebenfalls zu fruchtbaren Äckern. Die Beseitigung von Hecken und Feldgehölzen war Voraussetzung für den Einsatz großer Maschinen. Häufig erfolgten die Maßnahmen großflächig im Rahmen behördlich geplanter Flurbereinigungsverfahren. Durch häufiges Düngen und Spritzen von Pflanzenschutzmitteln wurden die Felder immer öfter mit Maschinen befahren.

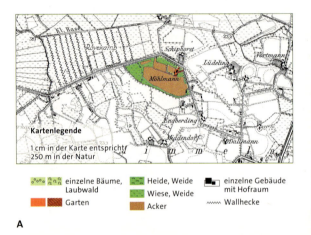

A

B

1 Landschaftsveränderung und Artenschwund. **A** um 1950; **B** heute

Natur- und Umweltschutz

Für viele Wildtiere und Wildpflanzen brachten diese Veränderungen große Probleme. Besonders Arten, die an Extremstandorte wie Feucht- und Trockenbiotope angepasst sind, wurden immer seltener oder verschwanden ganz. Deshalb sind Pflanzen wie Sonnentau- und Orchideenarten oder Tiere wie Fischotter, Weißstorch, Zauneidechse und Laubfrosch, denen man noch vor 100 Jahren häufig in unserer Kulturlandschaft begegnete, heute sehr selten geworden. Auch Feuchtwiesenbewohner wie den Großen Brachvogel und den Kiebitz findet man in der heutigen Agrarsteppe kaum noch. Bodenverdichtung behindert ihre Nahrungssuche im ehemals feuchten Wiesenboden und frühzeitiges Mähen des Grünlandes zerstört ihre Gelege.

Der Einsatz von Insekten- und Unkrautvernichtungsmitteln schädigt wildlebende Tier- und Pflanzenarten ebenfalls. Etwa die Hälfte aller Tierarten in Deutschland ist gefährdet, bei Lurchen und Kriechtieren sind es sogar mehr als zwei Drittel. Auch bei den heimischen Pflanzenarten gelten etwa 40 Prozent als gefährdet. Hauptursachen für ihren Rückgang sind Nutzungsintensivierung der Flächen, Entwässerung und Mineralstoffanreicherung. Durch den Regen gelangt heute jährlich eine Stickstoffmenge auf die Böden in Mitteleuropa, wie sie vor 50 Jahren ein Bauer als Dünger auf seine Äcker brachte. Ursache dafür sind Luftschadstoffe wie Stickstoffoxide aus Autoabgasen oder Ammoniakgase aus der Tierhaltung. Sie reagieren in der Luft mit dem Regenwasser zu Nitrat- und Ammoniumionen und gelangen dann als Mineralsalzlösung auf den Boden. Dieser Eintrag erfolgt flächendeckend in allen Lebensräumen. Hinzu kommen in den landwirtschaftlich genutzten Gebieten Einträge von Dünger aus der Massentierhaltung in Form von Gülle.

Die Stickstoffüberschüsse gelangen zum Teil in das Grundwasser und in angrenzende Lebensräume. Hier verbreiten sich dann wenige durchsetzungsfähige Stickstoff liebende Pflanzenarten wie Brennnessel, Giersch und Wiesenkerbel.

Einige Bauern haben in den letzten Jahren den Weg der Massentierhaltung und des intensiven Ackerbaus wieder verlassen und setzen auf eine ökologisch orientierte Landwirtschaft mit umweltverträglicher Produktion. Artgerechte Tierhaltung, Fütterung der Tiere mit Produkten aus dem eigenen Anbau, Verzicht auf Pflanzenschutzmittel und chemisch erzeugten Dünger und eine Vermarktung vor Ort sind wichtige Kennzeichen des Biolandbaus. Es gibt verschiedene Gütesiegel, die Lebensmittel aus dem biologischen Anbau kennzeichnen und konkrete Vorgaben für die Produktion beinhalten.

1. Beschreibe mit Hilfe der Abbildungen 1 und 2 die Landschaftsveränderungen der letzten 150 Jahre sowie die Folgen für die wildlebenden Arten.
2. Bestimme anhand der Karten A und B in Abbildung 1 die Heckenlängen um 1950 und heute, berechne den Heckenverlust in Prozent und erläutere die Folgen dieser Veränderungen.
3. Suche in Fotoalben, Büchern oder Postkartensammlungen nach alten Landschaftsfotos aus deinem Wohnort. Suche die jeweiligen Örtlichkeiten auf und vergleiche mit dem aktuellen Zustand. Beschreibe die Veränderungen und dokumentiere sie, indem du den in den alten Fotos gezeigten Bildausschnitten aktuelle Fotos gegenüberstellst.

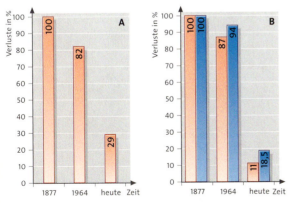

2 Landschaftsveränderungen in einem Flurbereinigungsgebiet. **A** Heckenverluste; **B** Fließgewässer ■ und Kleingewässerverluste ■ (Flurbereinigung ab 1964)

3 Gülledüngung

Natur- und Umweltschutz

1.3 Hecken

Den Namen »Hagen« kennt man als Städtenamen, Familiennamen oder als Bezeichnung für Ackerstücke in der Kulturlandschaft. Der Begriff leitet sich vom Altdeutschen »hag« ab und bedeutet Hecke. Als **Hecken** bezeichnet man heute geradlinige, überwiegend aus Sträuchern bestehende Gehölzstreifen. Sie kamen früher und zum Teil auch heute noch an Orten vor, wo die Bezeichnung »Hagen« als Ortsbezeichnung zu finden ist.

Als Gestaltungselement, Grenzmarkierung und Sichtschutz im Siedlungsbereich werden **Schnitthecken** angepflanzt. Sie bestehen aus dichtwachsenden Gehölzen, die in Reihen gepflanzt und regelmäßig geschnitten werden. Nicht selten werden die Pflanzen dabei zu kunstvollen Figuren umgestaltet. Zum Teil wählt man für Schnitthecken nicht heimische, immergrüne Gehölze, da sie auch im Winter einen Sichtschutz bieten. Gern wird dieser Heckentyp von Vögeln als Brutplatz angenommen.

Bereits seit vielen Jahrhunderten werden Hecken von Menschen als natürliche Zäune in der Feldflur angepflanzt. Dort, wo heute Stacheldraht und Elektrozaun Verwendung finden, um das Weidevieh von Gärten und Äckern fernzuhalten, hob man damals Gräben aus. Den Aushub warf der Bauer zu einem Wall auf, der anschließend mit überwiegend dornigen und dicht wachsenden Gehölzen bepflanzt wurde. So entstand eine für Kühe, Schafe und Schweine kaum zu überwindende **Wallhecke.** Wallhecken stehen auch heute noch auf kleinen Wällen, die nicht selten von Gräben begrenzt sind. Dieser artenreiche Heckentyp ist geschützt und darf ohne behördliche Genehmigung nicht beseitigt werden.

Feldhecken sind Gehölzstreifen von mehreren Metern Breite. Zur Anlage einer Feldhecke kann man auf lockerem Boden Reisigholz etwa einen Meter hoch aufschichten. Hier wachsen gut geschützt sowohl angepflanzte Sträucher als auch die durch Vögel verbreiteten Samen der Gehölze aus der Umgebung. Die meisten Feldhecken entstehen allerdings durch Anpflanzung der Gehölze hinter einem Wildschutzzaun. Im Abstand von ein bis zwei Metern werden die jungen Heckenpflanzen gesetzt. In den ersten Jahren muss man die Anpflanzung regelmäßig pflegen, indem man krautige Pflanzen mäht und die Heckensträucher zurückschneidet, damit sie einen dichten Wuchs bekommen.

Auf engstem Raum gibt es in einer Feldhecke sehr unterschiedliche Bedingungen bezüglich Licht, Temperatur,

1 Schnitthecke

2 Feldhecken – Lebensadern in der Landschaft

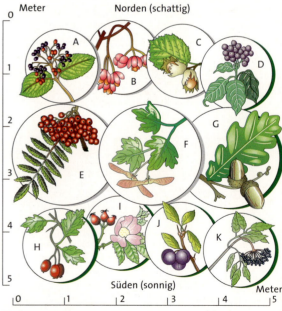

3 Pflanzen einer Feldhecke. A Gemeiner Schneeball; **B** Pfaffenhütchen; **C** Hasel; **D** Hartriegel; **E** Eberesche; **F** Feldahorn; **G** Stieleiche; **H** Weißdorn; **I** Heckenrose; **J** Schlehe; **K** Schwarzer Holunder

Natur- und Umweltschutz

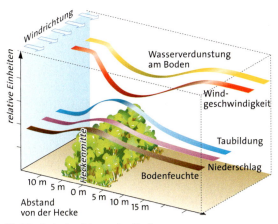

4 Windschutzwirkung der Hecke

Bedeutung einer Hecke für Tiere mit Beispielen
1 Deckung und Nahrung für Niederwild (Hase)
2 Kinderstube für Kleinsäuger (Igel)
3 Winterquartier und Versteck für Lurche (Erdkröte)
4 Schlaf- und Nistplatz für Bodenbrüter (Rebhuhn)
5 Wohn- und Jagdplatz für Säugetiere (Hermelin)
6 Pollen und Nektar für Insekten (Perlmutterfalter)
7 Nahrung für Pflanzensauger (Blattlaus)
8 Nistplatz für Buschbrüter (Zaunkönig)
9 Früchte und Samen für Vögel (Blaumeise)
10 Sitzplatz und Nahrung für Lauerjäger (Neuntöter)
11 Schlafplatz für Tagaktive (Ringeltaube)
12 Lebensraum für räuberische Insekten (Marienkäfer)
13 Sitzplatz für Beutegreifer aus der Luft (Turmfalke)

5 Bedeutung einer Hecke für Tiere

Windgeschwindigkeit sowie Luft- und Bodenfeuchtigkeit. Diese Vielfalt der Lebensbedingungen ist Ursache für eine Artenvielfalt, wie wir sie auch aus dem Randbereich des Waldes kennen. Ameise, Erdkröte, Hermelin, Spitzmaus, Igel und Fuchs gehören zu den Heckenbewohnern, die sich von anderen Tieren ernähren. Diese erbeuten sie vielfach auf landwirtschaftlichen Nutzflächen im Umfeld der Hecke. Sie verhindern so eine Massenvermehrung der für die Landwirtschaft schädlichen Arten.

Sieht man sich das Profil einer älteren Hecke an, so findet man in der **Kernzone** überwiegend Bäume. Das Bild der **Mantelzone** wird durch verschiedene Sträucher bestimmt. In der **Saumzone** leben Kräuter und Gräser. Feldhecken bieten für die angrenzenden Freiflächen **Windschutz**. Da der Wind zur Verdunstung des Wassers aus dem Boden und zur erhöhten Transpiration der Pflanzen beiträgt, bedeutet Windschutz durch Hecken auch **Verdunstungsschutz**. Hecken verhindern darüber hinaus, dass ausgetrocknete Bodenteilchen verweht werden und bieten daher zusätzlich einen **Erosionsschutz**. Über Jahrhunderte waren die Hecken wertvolle Bestandteile einer vielfältigen Kulturlandschaft. Mit der Industrialisierung der Landwirtschaft wurden immer größere Maschinen zur Bewirtschaftung der Felder eingesetzt. Die Hecken wurden unter diesen Bedingungen für die Landwirte zu Hindernissen und man hat sie an vielen Stellen beseitigt. Oft geschah dies zusammen mit dem Ausbau der Fließgewässer, der Zusammenlegung landwirtschaftlicher Nutzflächen und der Umwandlung von Grünland in Acker. Diese Flurbereinigungsmaßnahmen führten für die Wildtiere zu einer Zerschneidung ihrer Lebensräume. Auch verstärkte Bodenerosion und Massenvermehrungen von landwirtschaftlichen Schädlingen waren Folgen der Heckenbeseitigung.

Mit dem Aufblühen der Biolandwirtschaft und der Erkenntnis, dass Hecken auch für den modernen Landwirt wirtschaftliche Vorteile bringen, pflanzte man in den letzten Jahren wieder vermehrt Hecken an und trug so gleichzeitig zum Erhalt einer artenreichen Kulturlandschaft bei. Auch Schulklassen können durch ihre Beteiligung an Heckenpflanzaktionen einen Beitrag für den Naturschutz leisten und gleichzeitig viel über den Lebensraum Hecke lernen.

1 Erläutere unter Verwendung der Abbildungen 4 und 5 die Bedeutung einer Hecke.

2 In welchem Heckentyp herrscht eine besonders hohe Artenvielfalt? Erkläre.

Aufgaben und Versuche — Hecken

V1 Abiotische Faktoren in der Hecke

Messort	Strecke (m)	Lufttemperatur (°C)	Lichtstärke (Lux)	rel. Luftfeuchte (%)
Schulhof	0	14,7	12 200	86
Schulhof	2	14,5	11 300	88
Hecke	4	14,3	4 600	91
Hecke	6	13,8	680	93
Hecke	8	13,8	560	94
Hecke	10	13,7	680	95
Hecke	12	13,9	1 030	95
Hecke	14	14,1	2 200	94
Grasweg	16	14,2	6 000	95
Grasweg	18	14,2	9 600	96
Grabenrand	20	14,5	10 400	96

Material: Zollstock; Thermometer (Messgenauigkeit 0,1 °C); Lichtstärkemessgerät; Hygrometer

Durchführung: Miss im Querprofil der Hecke sowie im nächsten Umfeld der Hecke im Abstand von jeweils 2 Metern wichtige abiotische Faktoren. Wähle hierzu einen sonnigen Tag.
Lufttemperatur: Das Thermometer wird etwa drei Minuten lang in einem Meter Höhe in den Schatten des eigenen Körpers gehalten und die Temperatur dann abgelesen.
Lichtstärke: Der Messfühler des Luxmeters wird absolut waagerecht auf den Boden gestellt und abgelesen. Dabei darf auf keinen Fall der Schatten eines Schülers auf den Messfühler fallen.
Luftfeuchtigkeit: Das Hygrometer wird etwa drei Minuten lang in einem Meter Höhe gehalten und die Luftfeuchtigkeit dann abgelesen.

Aufgabe: Erfasse die Messwerte tabellarisch und stelle sie grafisch dar. Orientiere dich an vorstehender Tabelle und an Abbildung 4 auf Seite 183. Erläutere die Grafiken.

V2 Bestimmung von Heckenpflanzen

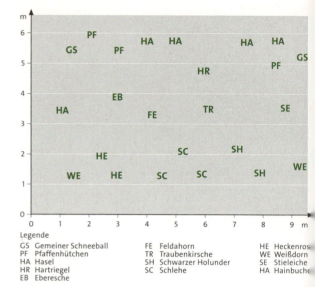

Kartierung der Gehölze in einer Hecke

Material: Bestimmungsbücher; Handlupen, ggf. Stereolupen; Zollstock; Schnur; 4 Holzpflöcke; Notizblock; Bleistift

Durchführung: Stecke in der Hecke mit Hilfe der Pflöcke und der Schnur eine Probefläche ab. Sie soll eine Länge von 10 m haben und über die gesamte Breite der Hecke reichen. Bestimme zunächst die Pflanzen dieses Heckenabschnitts.
Fertige dann eine Grundrisszeichnung des Heckenabschnitts an. Wähle für einen Abstand von 1 m in der Hecke 2 cm in deiner Karte.

Aufgaben:
a) Erstelle eine Übersicht der Heckengehölze entsprechend dem oben abgebildeten Muster. Schreibe zunächst in die Legende zur Kartierung die Namen aller Heckengehölze. Kennzeichne dann, wie in der Abbildung zu sehen, jede Gehölzart durch zwei Großbuchstaben. Trage zum Schluss die Standorte der Gehölze in die Grundrisszeichnung ein.
b) Fertige eine Vegetationsaufnahme in der Kernzone und eine weitere in der Mantelzone der Hecke an.

V3 Messung der Höhe von Kraut-, Strauch- und Baumschicht

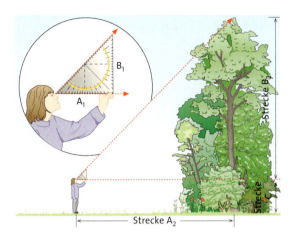

Material: großes rechtwinkliges Dreieck; Zollstock

Durchführung: Bestimme die durchschnittliche Höhe der Kraut-, Strauch- und Baumschicht in der Hecke. Die Höhe der Bäume und Sträucher wird indirekt mit Hilfe des rechtwinkligen Dreiecks ermittelt. Hierzu hält man das Dreieck waagerecht und entfernt sich soweit von der Hecke, bis man beim Blick über die Hypotenuse des Dreiecks die Baum- bzw. Strauchspitze sieht. Aus den bekannten Längen der Dreieckskatheten A_1 und B_1 und der mit dem Zollstock gemessenen Entfernung vom Baum bis zum Messpunkt (Strecke A_2) kann die Strecke B_2 berechnet werden. Die Höhe des Gehölzes erhält man, wenn man zur Strecke B_2 noch die Augenhöhe der Messperson (Strecke C) addiert.

Aufgabe: Zeichne das Querprofil der Hecke im Maßstab 1:100 (1 m in der Hecke entspricht 1 cm in der Zeichnung).

V4 Herstellung eines Blattherbariums

Material: alte Zeitungen; Bestimmungsbücher; durchsichtiges Klebeband; Zeichenkarton

Durchführung: Sammle Blätter der von dir bestimmten Bäume und Sträucher einer Hecke. Schreibe ihre Namen auf kleine Zettel und lege diese zusammen mit den Blättern jeweils zwischen zwei Zeitungen. Beschwere den Papierstapel gleichmäßig mit Büchern und warte zwei Tage. Ersetze das Zeitungspapier sooft durch andere Zeitungen, bis die Blätter trocken sind. Klebe die getrockneten Blätter mit dem Klebeband auf weißen Zeichenkarton.

Aufgabe: Beschrifte die Seiten mit dem Namen der Pflanze, dem Namen der Familie, dem Fundort und dem Funddatum. Erstelle eine nach Pflanzenfamilien geordnete Übersicht über dein Blattherbarium.

V5 Kleintiere der Hecke

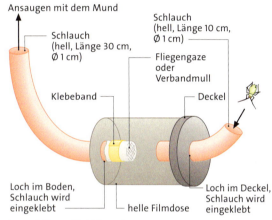

Bauanleitung für Exhaustor

Material: Bestimmungsbücher; Insektenkäscher; Glasröhrchen mit Deckel; Lupen; Wundgaze; Mineralwasserflasche; Exhaustor entsprechend folgender Bauanleitung

Durchführung: Fange Kleintiere aus der Hecke und gib sie in Glasröhrchen. Bestimme die Namen der Tiere. Häufig kannst du nur den Namen der Tiergruppe herausfinden. Zur kurzfristigen Betäubung von Kleintieren verschließe das Glasröhrchen mit Wundgaze und lasse Kohlenstoffdioxid aus einer Mineralwasserflasche einströmen. Verschließe das Glas danach sofort wieder mit dem Deckel. Beachte bei deinen Untersuchungen die jeweils gültige Naturschutzgesetzgebung.

Aufgaben:

a) Fertige eine Tabelle mit Namen, Fundorten und Häufigkeit der Tiere an (vgl. V6 auf Seite 111).

b) Informiere dich über die Lebensweise der gefundenen Arten. Fertige Steckbriefe für 5 Arten an, in denen du Name und Lebensweise festhältst.

2 Biotop- und Artenschutz

Eine Obstwiese mit alten Apfelbäumen ist ein wertvoller Lebensraum für viele Tier- und Pflanzenarten. Er wurde von Menschen angelegt und muss durch Pflegemaßnahmen wie den regelmäßigen Schnitt der Obstbäume, biologischen Pflanzenschutz oder die Mahd der krautigen Pflanzen unter den Bäumen erhalten werden. Obwohl der Ökologe unter einem Biotop nur die abiotischen Faktoren eines Lebensraumes versteht, bezeichnet man die Pflege eines solchen Ökosystems als Maßnahme, die dem **Biotopschutz** dient. Entsprechend werden alle Maßnahmen, die dem Schutz und der Pflege der Landschaft dienen, dem Biotopschutz zugeordnet.

Baut man ein »Insektenhotel«, das Wildbienen- und Wespenarten als Eiablageplatz dient, so gehört diese Maßnahme zum **Artenschutz.** Dasselbe gilt für den Bau von Nisthilfen für Vögel, Fledermäuse oder Hornissen oder die Auswilderung von Luchs und Biber. Maßnahmen des Artenschutzes dienen somit gezielt der Unterstützung einzelner, meistens gefährdeter Arten.

In unserer Kulturlandschaft sind, bedingt durch die menschliche Nutzung, viele Lebensräume zu isolierten Inseln geworden. Straßen, Kanäle, Industriegebiete oder große Äckerflächen erlauben es vielen Tierarten nicht mehr, von einem Teillebensraum in den anderen zu wandern. Daher gehören Maßnahmen zur Biotopvernetzung ebenfalls zu den wichtigen Projekten des Naturschutzes.

Die Anlage einer Hecke kann zum Beispiel zwei voneinander isolierte Feldgehölze wieder miteinander verbinden und der Bau eines Krötentunnels unter einer vielbefahrenen Straße sorgt dafür, dass Erdkröten ohne große Gefährdung von ihrem Winterlebensraum im Wald zu ihrem Laichgewässer auf der anderen Straßenseite gelangen.

Das Wissen über die Gesamtzahl der heute auf der Erde lebenden Arten ist ungenau. Nirgendwo auf der Welt gibt es bisher ein Zentralarchiv, das alle Beobachtungen der Freilandbiologen amtlich erfasst. Die Schätzungen der Fachleute gehen deshalb weit auseinander und liegen zwischen drei und dreißig Millionen Arten. Oft werden Hochrechnungen durchgeführt, wobei man von gut untersuchten Gebieten auf andere schließt. So werden zum Beispiel seit etwa 25 Jahren sehr genaue Erfassungen der Käferarten in der Kronenschicht tropischer Regenwälder durchgeführt. Man fand etwa 160 Käferarten pro Baumart. Da rund 40 Prozent aller Insekten Käfer sind, bedeutet dies etwa 400 Insektenarten pro Baumart, was bei etwa 50 000 tropischen Baumarten etwa 20 Millionen Insektenarten allein in den Tropen bedeuten würde. Während derartige Schätzwerte noch erhebliche Korrekturen erfahren können, ist heute sicher, dass sich die **Biodiversität,** das heißt die biologische Vielfalt an Ökosystemen auf der Erde sowie an Arten einschließlich der Sorten oder Rassen, in den letzten Jahrzehnten verringert hat. Der Rückgang der Biodiversität in Deutschland ist eng verknüpft mit den Veränderungen unserer Kulturlandschaft besonders in den letzten 150 Jahren. In Deutschland sind heute rund 28 000 Pflanzenarten und 45 000 Tierarten bekannt. Drei bis vier Prozent von ihnen gelten derzeit als ausgestorben und etwa 40 Prozent als gefährdet.

1 Rote Listen gefährdeter Pflanzen und Tiere – Beispiele und Gefährdungskategorien

Natur- und Umweltschutz

Die ausgestorbenen, verschollenen und gefährdeten Arten fasst man seit Anfang der siebziger Jahre des 20. Jahrhunderts in **Roten Listen** zusammen. Sie werden verschiedenen Gefährdungskategorien zugeordnet. Die ausgestorbenen oder verschollenen Arten gehören demnach zur **Kategorie 0**. Hierzu zählen bei den Wirbeltieren alle Arten, die seit zehn und mehr Jahren nicht mehr nachgewiesen wurden. Etliche Großtierarten sind in Deutschland ausgestorben: Der Auerochse seit dem Mittelalter und Braunbär, Wisent und Elch im 17. bis 19. Jahrhundert.

Zur **Kategorie 1** zählt man die vom Aussterben bedrohten Arten. Das Überleben dieser Arten ist unwahrscheinlich, wenn die Gefährdungsursachen weiterhin einwirken oder bestandserhaltende Schutz- und Hilfsmaßnahmen fehlen beziehungsweise wegfallen. Fischotter, Birkhuhn oder Sumpfschildkröte gehören ebenso dazu wie weniger bekannte Arten, zum Beispiel Späte Adonislibelle, Kornrade und Acker-Leinkraut. Zur **Kategorie 2** zählt man stark gefährdete Arten. Sie kommen national nur in kleinen Beständen vor, gehen nahezu im gesamten Verbreitungsgebiet zurück und sind in vielen Landesteilen selten geworden oder verschwunden. Dies gilt für Laubfrosch, Steinkauz, Edelweiß, Bienen-Ragwurz und Langblättrigen Sonnentau. Zu den gefährdeten Arten, **Kategorie 3**, gehören solche, deren Bestände regional niedrig sind, lokal zurückgehen oder an manchen Orten verschwunden sind. Feldhase, Weißstorch, Lungenenzian und Fieberklee werden hier derzeit eingeordnet.

Die Ursachen des Artenrückgangs sind vielfältig. Ein Verursacher des Artenrückgangs bei Pflanzen ist die Landwirtschaft. Sie hat besonders durch Stickstoffeintrag und Entwässerung die Standortfaktoren für viele Pflanzenarten verändert und damit ihren Rückgang gefördert. Da an jede Pflanzenart im Mittel zehn Insektenarten gebunden sind, hatte dies auch Folgen für die Biodiversität bei Tieren. Verschwindet zum Beispiel der Lungenenzian durch Stickstoffdüngung, so kann auch der Lungenenzian-Ameisenbläuling nicht überleben, da seine Raupen den Enzian als Futterpflanze benötigen. Die Kornrade ist mit der Saatgutreinigung aus unserer Kulturlandschaft verschwunden und wandernde Fischarten wie Stör und Lachs verloren ihren Lebensraum mit dem Einbau von Schleusen und Staustufen in die Flüsse. Wolf und Bär wurden durch die Jagd ausgerottet, der Steinkauz verschwand mit alten Obstbäumen, in denen er brütet.

1 Erläutere, durch welche Aktivitäten des Menschen die in Abbildung 1 berücksichtigten Arten gefährdet sind.

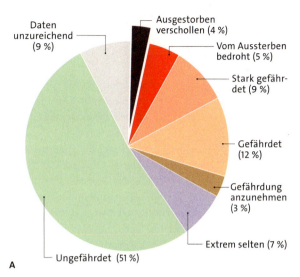
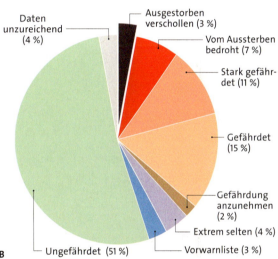

2 Prozentualer Anteil der Gefährdungskategorien. **A** Farn- und Blütenpflanzen; **B** Tiere (Legende siehe Abbildung 1)

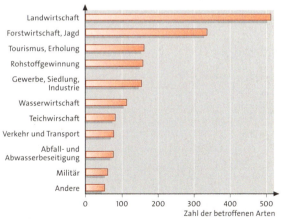

3 Ursachen der Gefährdung bei Farn- und Blütenpflanzen

Natur- und Umweltschutz

Streifzug durch die Politik | Schutzgebiete

Das **Wattenmeer** ist eine der letzten großräumigen Naturlandschaften Mitteleuropas. In den letzten Jahrzehnten wurde immer deutlicher, wie einzigartig und wertvoll das Wattenmeer als Ökosystem ist. Gleichzeitig nahm der Druck auf den Lebensraum durch neue Siedlungen, Häfen, Deichanlagen, Leitungstrassen und Ölbohrinseln zu. Ein breit angelegtes Forschungsprogramm brachte Gewissheit. Nährstoffeinleitungen über die Flüsse, Schadstoffeinleitungen, Abfallentsorgung, selbst Küstenfischerei und Tourismus zerstören das Wattenmeer immer stärker. Während die einen am liebsten alles unter strengen Schutz gestellt hätten, wehrten sich die Nutzer teilweise heftig und sahen ihre Existenz gefährdet. Ein Kompromiss musste gefunden werden. Man entschied sich schließlich für die Schutzgebietskategorie des **Nationalparks.** Zwischen 1985 und 1990 wurden die Wattenmeernationalparks in Schleswig-Holstein, Niedersachsen und Hamburg rechtsverbindlich ausgewiesen. Damit die Ziele zum Schutz der Küstenregion Wattenmeer auch für alle Menschen nachvollziehbar sind, wurden zahlreiche Ausstellungen in so genannten Nationalpark-Häusern eingerichtet.

Nationalparks sind die ältesten bestehenden Großschutzgebiete. Der Yellowstone-Nationalpark in den USA war 1872 der erste Nationalpark weltweit. Erst 100 Jahre später wurde der Nationalpark Bayerischer Wald als erstes deutsches Großschutzgebiet gegründet. Heute gibt es 15 Nationalparks in Deutschland und über 5000 weltweit.

1 Nationalparks und Biosphärenreservate

Natur- und Umweltschutz

Das **Naturschutzrecht** umfasst die zahlreichen Regeln, die sich mit dem Einwirken des Menschen auf die Biosphäre befassen. Die Resolution »Man and Biosphere« aus dem Jahre 1970 hat für das Weltnaturschutzrecht besondere Bedeutung. Mit diesem Programm reagierte die UNESCO auf die zunehmende Zerstörung der Lebensgrundlagen auf der Erde. Seither hat sie über 440 Gebiete in etwa 100 Staaten als **Biosphärenreservate** anerkannt. Während in Nationalparks möglichst keine menschliche Nutzung stattfinden soll, gehört sie in einem Biospärenreservat sogar zum Konzept. Der Mensch und die von ihm geschaffene Kulturlandschaft stehen hier im Mittelpunkt. Oft ist es eine ganz bestimmte Form der Landwirtschaft, die eine Kulturlandschaft geprägt hat, und die daher auch Voraussetzung für ihren Erhalt ist.

Seit der Weltkonferenz über Umwelt und Entwicklung 1992 in Rio de Janeiro gilt die Bewahrung der biologischen Vielfalt als gemeinsames Anliegen der Menschheit. Internationale Institutionen organisieren die Umsetzung der von der Staatengemeinschaft getroffenen Vereinbarungen, erarbeiten Richtlinien für die Praxis und unterstützen beziehungsweise überwachen die Realisierung auf nationaler Ebene. Mit der **Flora-Fauna-Habitat-Richtlinie** (FFH-Richtlinie) von 1992 hat die Europäische Union den europaweiten Schutz hunderter Tier- und Pflanzenarten sowie die Schaffung eines europaweiten Netzes von Schutzgebieten unter dem Namen »**Natura 2000**« beschlossen.

In Deutschland bildet das **Bundesnaturschutzgesetz** (BNatSchG) die gemeinsame rechtliche Basis für den Naturschutz in den Bundesländern. Diese verabschieden innerhalb dieses Rahmens eigene **Landesnaturschutzgesetze** und treffen detailliertere Regelungen. Die oberste Bundesbehörde für Umweltangelegenheiten ist das 1986 gegründete Bundesministerium für Umwelt, Naturschutz und Reaktorsicherheit. Es wird vom Umweltbundesamt, dem Bundesamt für Naturschutz und dem Bundesamt für Strahlenschutz fachlich unterstützt. Als Bürger oder Schule wendet man sich in Naturschutzangelegenheiten in der Regel an die Untere Behörde für Naturschutz und Landschaftspflege, die in der Verwaltung des Kreises oder der Stadt angesiedelt ist. Auch in manchen Gemeinden gibt es Mitarbeiter, die für Naturschutzangelegenheiten vor Ort zuständig sind.

1 Sammelt für ein Schutzgebiet aus der Umgebung eurer Schule Informationen und Material und stellt das Gebiet in einem Kurzvortrag vor. Berücksichtigt in den Vorträgen alle Schutzgebietskategorien aus Abbildung 2.

Schutzgebietskategorie	Merkmale
Biosphärenreservat	großflächig; Zonierung nach Intensität menschlichen Eingriffs in Kernzone, Pufferzone und Entwicklungszone; Erhalt von Natur und Kulturlandschaft; Erhalt der natürlichen Entwicklungsfähigkeit; eingebunden in ein globales Netz; Verbote entsprechend dem Schutzzweck
Natura 2000 (FFH-Gebiete)	europäisches Netz von Schutzgebieten; Ziel aller Schutzbemühungen ist der günstigste Erhaltungszustand; die Flora-Fauna-Habitat (FFH)-Gebietsliste ist noch in der Bearbeitung
Nationalpark	Größe in der Regel über 10 000 Hektar; Erhalt eines möglichst artenreichen heimischen Tier- und Pflanzenbestandes; vom Menschen nicht oder wenig beeinflusst; verboten sind Zerstörung, Beschädigung, Veränderung und nachhaltige Störung
Naturschutzgebiet (NSG)	keine Mindestgröße, aber oft über 50 Hektar; Erhalt von lebensgemeinschaften oder Biotopen heimischer Tier- und Pflanzenarten; Verbote wie im Nationalpark
Naturdenkmal (ND)	Einzelschöpfung mit besonderer Seltenheit, Eigenart oder Schönheit; Verbote wie im Nationalpark
Landschaftsschutzgebiet (LSG)	keine Mindestgröße; Erhalt der Leistungsfähigkeit des Naturhaushaltes, Nutzungsfähigkeit der Naturgüter, Landschaftsbild; es ist verboten, den Charakter des Gebietes zu verändern
Naturpark	Größe etwas 10 000 bis 20 000 Hektar; überwiegend Landschaftsschutzgebiet; Erhalt und Entwicklung der landschaftlichen Voraussetzung für Erholung; außerhalb von LSG und NSG keine Verbote

2 Schutzgebietskategorien

3 Globale Probleme

3.1 Bevölkerungswachstum ohne Ende?

Um 1900 lebten etwa 1,6 Milliarden Menschen auf der Erde, 1950 waren es bereits 2,5 Milliarden, 1999 wurde die Sechs-Milliarden-Grenze überschritten. Welche Ursachen und welche Auswirkungen hat dieses explosionsartige Wachstum der Bevölkerung?

Die Bevölkerungsentwicklung ist abhängig von der Zahl der Geburten und Todesfälle. Um die *Wachstumsrate* zu bestimmen, subtrahiert man die Todesfälle pro Jahr und bezogen auf 1000 Einwohner, die so genannte *Sterberate*, von der *Geburtenrate*, der entsprechenden Zahl der Geburten. Liegt die Geburtenrate für einen längeren Zeitraum über der Sterberate, nimmt die Bevölkerungszahl zu. Die Wachstumsrate von Ländern kann auch durch Wanderungsbewegungen beeinflusst werden. Die Bevölkerungsentwicklung nennt man auch *demographische* Entwicklung (gr. *demos*, Volk; *graphein*, beschreiben).

Jahrtausendelang wuchs die Menschheit nur sehr langsam, Geburten- und Sterberate waren annähernd gleich. Erst vor etwa 250 Jahren, mit dem Beginn der Industrialisierung in Europa, beschleunigte sich dort das Bevölkerungswachstum zunehmend. Ursachen für diesen demographischen Wandel waren Fortschritte in der Hygiene und in der Medizin, die vor allem die Kindersterblichkeit verringerten, sowie politische Maßnahmen zur Förderung der Geburtenzahlen. In den meisten Staaten Europas und fast allen anderen Industriestaaten erreichte das Bevölkerungswachstum im ausgehenden 19. Jahrhundert oder in der ersten Hälfte des 20. Jahrhunderts seinen Höhepunkt. Heute nimmt die Bevölkerungszahl in Europa und beispielsweise in Japan kaum noch zu.

Ganz anders ist die gegenwärtige Situation in den meisten Entwicklungs- und Schwellenländern. In diesen Staaten Afrikas, Asiens und Lateinamerikas setzte das explosionsartige Wachstum der Bevölkerung erst im 20. Jahrhundert ein und wird noch einige Jahrzehnte anhalten. In einigen dieser Staaten verdoppelt sich die Einwohnerzahl in weniger als 30 Jahren. Das Wachstum der Weltbevölkerung findet in der Gegenwart also vorwiegend statt.

Früher war man der Überzeugung, dass die Versorgung mit Nahrungsmitteln das größte Problem bei einer wachsenden Weltbevölkerung sein würde. Tatsächlich gibt es auch heute noch Gebiete, in denen Menschen nicht genügend zu essen haben. Allerdings hat die Nahrungsmittelproduktion in den letzten Jahrzehnten stärker zugenommen als das Bevölkerungswachstum. Gäbe es eine gerechte Verteilung der Nahrungsmittel, könnten auf absehbare Zeit alle satt werden. Der Hunger ist also ein Problem, das auf politischem Wege gelöst werden könnte. Wie eine wachsende Weltbevölkerung bei steigenden Ansprüchen an den Lebensstandard in Zukunft mit Energie, sauberem Trinkwasser und bestimmten seltenen Rohstoffen versorgt werden kann, gehört jedoch zu den drängenden Problemen unserer Zeit, auf die es noch keine schlüssigen Antworten gibt.

Um das gegenwärtige Bevölkerungswachstum abzuschwächen, ist in vielen Ländern eine deutliche Senkung der Geburtenrate durch konsequente Familienplanung und

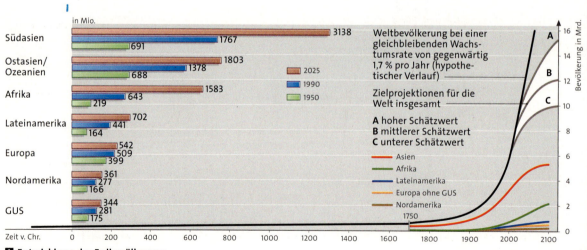

1 Entwicklung der Erdbevölkerung

Natur- und Umweltschutz

2 Zu wenig Raum für zu viele Menschen?

Empfängnisverhütung notwendig. Tatsächlich hat die Wachstumsrate in vielen Staaten in den letzten 30 Jahren bereits spürbar abgenommen. Dennoch wird die Erdbevölkerung noch über mehrere Jahrzehnte weiter wachsen, weil die vielen Kinder und Jugendlichen, die zurzeit in den Entwicklungs- und Schwellenländern leben, erst dann eigene Familien und Kinder haben werden.

In einigen Staaten, beispielsweise in Deutschland, ist der Übergang von einer wachsenden zu einer gleich bleibenden oder sogar sinkenden Bevölkerungszahl bereits eingetreten. Auch dies führt zu gesellschaftlichen Problemen. In vielen Ländern Europas sowie in China und Japan droht in den nächsten Jahrzehnten eine Vergreisung, das heißt, immer mehr alten Menschen stehen immer weniger junge Leute gegenüber. So stellt sich in Deutschland gegenwärtig die Frage, wie in Zukunft die Renten für die vielen alten Menschen finanziert werden können.

1 Erläutere mit Hilfe von Abbildung 1 die Entwicklung der Weltbevölkerung. Nenne Ursachen für das Wachstum und die regionalen Unterschiede.

2 Nenne Gründe dafür, warum die Schätzungen über die weitere Entwicklung der Bevölkerung auf der Erde weit auseinander gehen.

3 Bevölkerungspyramiden zeigen die Zusammensetzung der Bevölkerung nach Altersgruppen. Vergleiche die Pyramiden von Niger, Bangladesh und Deutschland miteinander. Nenne Probleme, die sich aus dem jeweiligen Altersaufbau ergeben.

4 Führt weitere Recherchen über die demographische Entwicklung in China, Indien und Japan durch.

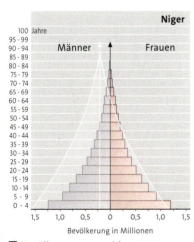
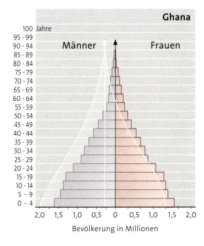
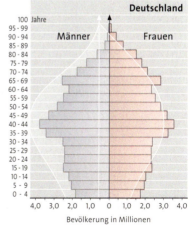

3 Bevölkerungspyramiden 2006

3.2 Vernichtung natürlicher Lebensgrundlagen

Fallbeispiel 1: Trinkwasser. Das Bevölkerungswachstum, der zunehmende Lebensstandard vieler Menschen sowie unbedachte Verschwendung sind verantwortlich dafür, dass einige Ressourcen auf der Erde bereits knapp werden. Dazu gehört sauberes Wasser, ein unersetzlicher Rohstoff für alle Lebewesen.

In Deutschland verbraucht jeder Einwohner durchschnittlich knapp 130 Liter pro Tag im Haushalt, zum Beispiel zum Kochen, Spülen, Putzen und für die Hygiene. Viel größer sind jedoch die Wassermengen, die zur Herstellung von Lebensmitteln und Industrieerzeugnissen erforderlich sind. So werden zur Erzeugung von einem Kilogramm Getreide 1000 bis 2000 Liter Wasser benötigt, die Herstellung von einem Kilogramm Papier erfordert 250 Liter und der gesamte Produktionsablauf für einen Pkw kann bis zu 300 000 Liter Wasser verschlingen. Insgesamt benötigt jeder Einwohner in den Industriestaaten derzeit mindestens 1500 Kubikmeter Wasser im Jahr, in den USA sogar doppelt so viel.

Die Süßwasserreserven auf der Erde sind sehr ungleich verteilt. Bereits heute leiden etwa zwei Milliarden Menschen unter Wasserknappheit, 2025 sollen es Schätzungen zufolge mehr als drei Milliarden sein. Viele Gebiete, in denen Wasser schon heute knapp ist, haben zudem auch noch ein hohes Bevölkerungswachstum. Bereits in der Vergangenheit führten Dürren, etwa in den Randgebieten der südlichen Sahara, zu Hungersnöten, weil Ernten verdorrten und Viehherden verdursteten. Wasser kann nur in wenigen Regionen und dann mit hohem technischen Aufwand und unter immensen Kosten aus Überschussgebieten in Mangelgebiete gebracht werden, zum Beispiel über Kanäle. Der vermehrte Bau von Stauseen könnte mancherorts die Wasserversorgung verbessern.

In einigen Regionen hängt die Wasserversorgung ganzer Staaten von einem einzigen Fluss ab. Beispiele dafür sind Nil und Jordan. Wenn es in Zukunft nicht zu Kriegen um das Wasser kommen soll, sind in solchen Gebieten grenzüberschreitende Verträge zur gerechten Verteilung der Ressource Wasser nötig.

Unter dem hohen Bedarf an Süßwasser leiden auch viele Ökosysteme. Trockenlegung von Feuchtgebieten und die Verschmutzung von Seen und Flüssen sind Ursachen dafür, dass bereits viele Arten ausgerottet oder selten geworden sind.

1. Nenne mit Hilfe von Abbildung 1 Gebiete, die bereits heute unter Wassermangel leiden.
2. Begründe, warum in großen Teilen der Erde mit zunehmender Wasserknappheit gerechnet werden muss.
3. Erläutere, warum die zunehmende Nutzung der Ressource Wasser durch den Menschen auch negative Folgen für die Natur hat.
4. Begründe, warum das Wasser der Meere keine Lösung für die Wasserknappheit sein kann.

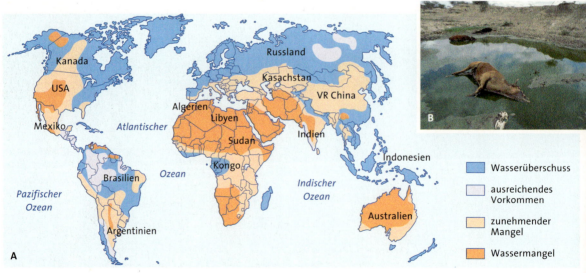

1 Knappe Ressource Wasser. **A** Weltkarte der Wasservorräte; **B** Folge von verschmutztem Wasser

Natur- und Umweltschutz

Fallbeispiel 2: Ausbreitung von Wüsten. »Der Aralsee trocknet aus« – solche oder ähnliche Meldungen findet man immer wieder in den Zeitungen. Die Zuflüsse dieses mittelasiatischen Sees werden seit Jahrzehnten zur Bewässerung von Feldern genutzt. In den See selbst gelangt nur noch wenig Wasser. Als Folge davon sank der Wasserspiegel des Aralsees drastisch, die Fläche schrumpfte bereits um mehr als die Hälfte. Das Wasser im Restsee versalzt zunehmend, Fischerei ist nicht mehr möglich. Aus dem trocken gefallenen ehemaligen Seeboden bläst der Wind Salze und Schadstoffe aus und verteilt sie über große Strecken. Riesige Flächen wurden bereits zu Ödland.

Führen durch den Menschen verursachte großräumige Umweltzerstörungen zur Entstehung von wüstenartigem Ödland, spricht man von **Desertifikation** (lat. *desertus*, wüst). Davon betroffen sind vor allem die Randzonen der Wüsten. In vielen Gebieten ist die *Überweidung* durch Kamele, Schafe und Ziegen die wichtigste Ursache. Wenn sich zu viele Nutztiere von der spärlichen Vegetation ernähren müssen, wird die Pflanzendecke schließlich vollständig zerstört. Ziegen steigen sogar auf Sträucher und Bäume und fressen sie kahl. Zusätzliche Schäden verursacht der Brennholzeinschlag.

Ist die Vegetation erst einmal zerstört, trocknet der Boden tiefgründig aus. Zudem fehlen jetzt die Wurzeln, die die Bodenteilchen bis dahin zusammengehalten hatten. Der Boden ist nun der Abtragung durch Wind und Wasser schutzlos ausgesetzt. Bei starken Winden kommt es zu Staubstürmen, heftige Regenfälle spülen den Boden fort und bilden tiefe Abflussrinnen. Die natürliche Regeneration solcher durch **Bodenerosion** zerstörten Gebiete dauert Jahrzehnte bis Jahrhunderte.

Bodenerosion ist nicht nur in Entwicklungsländern, sondern auch in manchen Industriestaaten ein Problem. Wenn der Ackerboden nach der Ernte brach liegt, können auch dort Austrocknung, Wind oder Regen zu bedeutenden Bodenverlusten führen. Durch Bodenerosion und Desertifikation gehen jährlich weltweit fünf bis sieben Millionen Hektar Acker- und Weideland verloren.

Ein weiteres Problem besteht in Trockenräumen, in denen landwirtschaftliche Nutzflächen bewässert werden. Sorgt man nicht dafür, dass überschüssiges Bewässerungswasser wieder abgeleitet wird, verdunstet es. Dabei kristallisieren Salze aus, die sich im Laufe der Zeit im Boden ansammeln. Hat diese *Bodenversalzung* einen bestimmten Grad erreicht, können keine Pflanzen mehr wachsen. Versalzung ist eine weitere Ursache dafür, dass jedes Jahr beträchtliche Flächen für den Anbau verloren gehen.

5 Viele Gebiete mit Wassermangel sind gleichzeitig auch von Desertifikation betroffen. Erläutere diesen Zusammenhang.

6 Begründe, warum Desertifikation oft eine Folge des Bevölkerungswachstums ist.

7 Erkläre, warum versalzte Böden nicht mehr als Ackerland zu nutzen sind. Berücksichtige dabei den Mechanismus der Wasseraufnahme bei Pflanzen.

8 Recherchiere über die Austrocknung des Aralsees sowie die Desertifikation in den Sahelländern. Berichte.

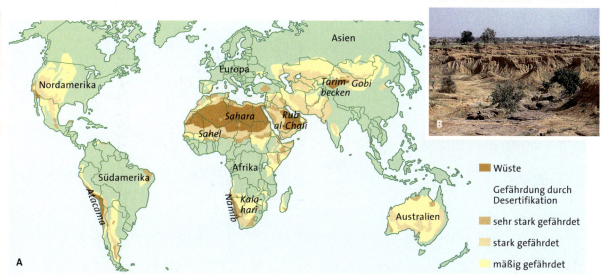

2 Bedrohung der Ressource Boden. A Von Desertifikation bedrohte Gebiete; **B** Folgen von Bodenerosion

Natur- und Umweltschutz

Fallbeispiel 3: Tropische Regenwälder – Verlust an Lebensraum. Wälder umfassen etwa 90 Prozent der pflanzlichen Biomasse an Land. In Abhängigkeit von den Klimabedingungen haben sich sehr unterschiedliche Waldökosysteme entwickelt. In den feuchten Tropen wachsen die *immergrünen Regenwälder*. Kein anderes Ökosystem ist so artenreich wie der tropische Regenwald. Etwa 50 bis 75 Prozent aller Arten auf der Erde leben dort. So findet man bis zu 600 verschiedene Baumarten auf einem Hektar, während es in europäischen Laubwäldern meist nur fünf sind. Mehrere tausend Käferarten können auf einem einzigen Urwaldriesen vorkommen. Die Artenvielfalt der Regenwälder ist erst teilweise erforscht.

Schneller als die Erforschung geht die Zerstörung der Regenwälder voran. Jährlich werden etwa 13 Millionen Hektar vernichtet, in den nächsten 20 Jahren wird der Regenwald in vielen Staaten verschwunden sein. Verursacht wird diese Zerstörung einerseits durch das Bevölkerungswachstum in den Tropen, andererseits hat auch die Globalisierung der Wirtschaft ihren Anteil daran. In vielen Gebieten werden große Flächen gerodet, um neues Ackerland für eine wachsende Zahl an Menschen zu gewinnen. Regenwald wird aber auch zerstört, um Plantagen für Kakao, Kautschuk, Palmöl und andere Welthandelsgüter anzulegen. In Brasilien wurden riesige Regenwaldgebiete gerodet, um Rinderfarmen zu errichten. Das dort erzeugte Rindfleisch, zum Beispiel für FastfoodHamburger, war lange Zeit eines der wichtigsten Exportgüter des Landes. Zusätzliche großräumige Zerstörungen werden durch den Holzeinschlag verursacht. Der Schwund tropischer Regenwälder hat sowohl regional als auch global negative Auswirkungen auf die Klimaentwicklung.

Mit den Regenwäldern verliert der Mensch einen unwiederbringlichen Reichtum – die Artenvielfalt. So werden viele Pflanzenarten bereits ausgestorben sein, bevor man sie zum Beispiel auf medizinisch nutzbare Inhaltsstoffe untersuchen konnte. Viele Tiere des Regenwaldes sind bereits ausgerottet, andere leben nur noch in kleinen Restpopulationen. So kommen Berggorillas lediglich in zwei kleinen Rückzugsgebieten im Dreiländereck zwischen Ruanda, Kongo und Uganda vor. Nicht mehr als 700 dieser größten Menschenaffen haben dort überlebt.

In manchen Staaten gibt es Bestrebungen, der rücksichtslosen Zerstörung der Regenwälder Einhalt zu gebieten. Die Ausweisung von Schutzgebieten kann helfen, einen Teil der Artenvielfalt zu bewahren. Da aber nur wenige Wälder ganz unter Schutz gestellt werden können, muss die Nutzung der übrigen Regenwaldgebiete in Zukunft behutsamer erfolgen als bisher.

9 Vergleiche die Verbreitung tropischer Regenwälder früher und heute. Nenne Gründe für den Rückgang.

10 Zerstörte tropische Regenwälder kann man nicht wieder anpflanzen. Begründe diese Aussage.

11 Informiere dich über den Lebensraum und die Lebensweise des Gorillas. Erläutere, warum das Überleben dieser Tiere akut gefährdet ist.

12 Recherchiert nach weiteren Beispielen für die Zerstörung natürlicher Lebensgrundlagen. Präsentiert die Ergebnisse in einer Ausstellung.

A Tropische Regenwälder um 1900

A Tropische Regenwälder um 2005

3 Tropischer Regenwald. **A** Verbreitung um 1900 und 2005; **B** Berggorilla – eine bedrohte Art des Regenwaldes

Natur- und Umweltschutz

Streifzug durch Wirtschaft und Politik — Massentourismus

Zu den Kennzeichen der Globalisierung gehört auch der *Massentourismus*. Vom Nordpol bis zur Antarktis, vom Mount Everest bis zur Osterinsel – Pauschalangebote gibt es zu fast jedem beliebigen Ziel auf der Erde. Der Tourismus gehört heute zu den wichtigsten Wirtschaftszweigen, der weltweit etwa zwölf Prozent aller Arbeitsplätze sichert. Für manche Inselstaaten, zum Beispiel in der Karibik oder im Indischen Ozean, ist er die wichtigste Einnahmequelle. Doch auch manche Regionen in Industriestaaten leben vorwiegend vom Fremdenverkehr, etwa die Balearen, die Kanarischen Inseln oder einige Gebiete in den Alpen. Nicht alle Menschen können reisen – 55 Prozent aller Ausgaben für Auslandsreisen stammen aus Europa.

1 Hotelburgen an einer Küste

Mit dem Tourismus gehen erhebliche Belastungen der Umwelt einher. So sind bereits viele einstmals einsame und landschaftlich schön gelegene Küstenabschnitte durch endlose Hotelkomplexe zerstört worden. Die Anlage von Straßen, Flughäfen und anderen Verkehrseinrichtungen hat fast immer die Zerschneidung oder Zerstörung von Ökosystemen zur Folge. Die Anreise in die Feriengebiete mit dem Auto oder Flugzeug verstärkt die ohnehin bereits große Belastung der Luft mit Schadstoffen. In den Feriengebieten selbst tritt ein hoher Bedarf an Wasser auf, der oft aus entlegenen Landesteilen gedeckt werden muss. Abwässer werden mancherorts noch immer ungeklärt ins Meer abgegeben und belasten dort die Küstenlebensräume. Auch viele Korallenriffe sind durch den Tourismus in ihrem Bestand gefährdet.

2 Albtraum Massentourismus?

In Wintersportgebieten wurden vielfach Schutzwälder abgeholzt, sodass die Lawinengefahr zunahm. An intensiv genutzten Skihängen leidet die Grasnarbe. Dort kann es im Sommer zu verstärkter Bodenerosion kommen. Ein Versuch, die Umweltbelastungen durch den Tourismus zu reduzieren, ist der *Ökotourismus*. Dabei versucht man, Reisen umweltverträglich durchzuführen.

Tourismus hat nicht ausschließlich negative Auswirkungen. So kann das Überleben vieler Großsäuger in den afrikanischen Savannen nur in Nationalparks gesichert werden. Die Kosten dafür müssen von Touristen aufgebracht werden.

3 Safaritourismus in einem afrikanischen Nationalpark

3.3 Klimawandel

Lange Hitzewellen in den Sommern 2003 und 2006, ungewöhnliche milde Wintertemperaturen wie 2006/2007, rapides Abschmelzen der Alpengletscher, Zunahme von Stürmen und Platzregen – nicht nur in Deutschland, überall auf der Erde gibt es Anzeichen für einen **globalen Klimawandel,** eine Erwärmung auf der Erde.

Lebewesen reagieren sehr sensibel auf Umweltveränderungen. So hängt beispielsweise der Termin des ersten Blattaustriebs oder der Beginn der Blüte bei vielen Pflanzen davon ab, wie lang und wie kalt der Winter war. Auch das erstmalige Erscheinen bestimmter Schmetterlingsarten, der Laichbeginn von Amphibien sowie Ankunft und Abflug von Zugvögeln können als Indikatoren für die Entwicklung des Klimas dienen. Untersuchungen, wann bestimmte Tierarten im Jahr erstmals oder letztmalig in der Natur beobachtet werden konnten und wann Pflanzen austreiben, blühen und zur Fruchtreife kommen, werden *phänologische Beobachtungen* genannt. Die Ergebnisse zeigen, dass beispielsweise Blattentfaltung und Blüte vieler heimischer Pflanzen in den letzten 30 Jahren im Mittel etwa sechs Tage früher begonnen haben und die Laubverfärbung im Herbst etwa fünf Tage später einsetzt. Die Vegetationsperiode hat also um etwa elf Tage zugenommen. Gegen Pollen bestimmter Pflanzen allergische Menschen leiden seit einigen Jahren bereits viel früher an den Symptomen von Heuschnupfen. Viele Vogelarten beginnen mit dem Brüten heute sechs bis 14 Tage früher als noch vor 30 Jahren, manche Zugvögel ziehen zur Überwinterung weniger weit weg, andere überwintern neuerdings sogar in ihren Brutgebieten. Diese Beobachtungen stimmen mit den Messergebnissen der Meteorologen überein, die in den letzten Jahrzehnten ebenfalls steigende Temperaturen ergaben. Welche Auswirkungen wird der Klimawandel in Zukunft haben und wo liegen die Ursachen für die Erwärmung?

In einem 2007 veröffentlichten Weltklimabericht, der im Auftrag der Vereinten Nationen (UN) erarbeitet wurde, gehen Klimaforscher davon aus, dass die Durchschnittstemperatur auf der Erde bis zum Jahr 2100 um einen Betrag von etwa 1,8 bis 4 Grad Celsius zunehmen wird. Im vergangenen Jahrhundert betrug die Erwärmung im Vergleich dazu weniger als ein Grad. Vom Klimawandel sind nicht alle Gebiete gleich betroffen. Besonders stark wird sich die Erwärmung in den höheren geographischen Breiten auswirken, zum Beispiel in der Arktis. Dort wird sich das bereits heute zu beobachtende Abschmelzen des Polareises um den Nordpol beschleunigen. Am Ende dieses Jahrhunderts könnte das Nordpolarmeer im Sommer bereits weitgehend eisfrei sein. Die Erwärmung des Meerwassers und das Abschmelzen von Gletschern, werden zu einem Anstieg des Meeresspiegels um bis zu einem halben Meter in den nächsten hundert Jahren führen. Auf die Meeresanrainerstaaten kommen somit enorme Kosten für die Erhöhung und Festigung von Deichen zu, um die Küsten vor Überschwemmungen zu schützen. Ob dies in den armen Entwicklungsländern, die ebenfalls betroffen sind, geleistet werden kann, ist ungewiss. Eine zusätzliche Bedrohung mancher Küstengebiete liegt darin, dass dort eine Zunahme von heftigen Stürmen und Sturmfluten erwartet wird. Einigen flachen Atollen im Indischen und Pazifischen Ozean droht durch den Anstieg des Meeresspiegels die vollständige Überflutung.

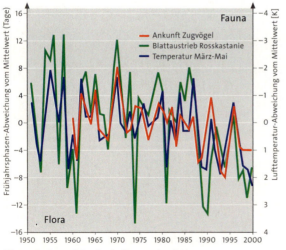

1 Ergebnisse phänologischer Beobachtungen

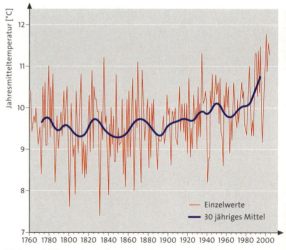

2 Entwicklung der Jahresmitteltemperatur in Europa

Natur- und Umweltschutz

Mit dem Klimawandel verändern sich auch die Lebensbedingungen für Pflanzen und Tiere. Wärmeliebende Arten können sich in Gebiete ausbreiten, in denen es bislang zu kalt war. Es ändern sich jedoch nicht nur die Temperaturen, sondern auch die Niederschlagsverhältnisse. So wird prognostiziert, dass sich die Trockengebiete ausbreiten werden. In weiten Teilen Mitteleuropas wird sich in 100 Jahren vielleicht ein ähnliches Klima einstellen wie heute im Mittelmeerraum. Entsprechend wird sich auch die natürliche Vegetation verändern. Der Klimawandel wird auch Auswirkungen auf die Landwirtschaft haben. In einigen Gebieten wird es zu trocken und zu heiß für den Ackerbau werden, während sich die Kältegrenze des Anbaus weiter nach Norden verlagern wird.

Klimaänderungen hat es in der Erdgeschichte immer gegeben. Noch vor 12 000 Jahren waren große Teile Nordeuropas vollständig vereist, die letzte Eiszeit ging gerade zu Ende. Die Entstehung von wärmeren oder kälteren Perioden des Erdklimas wird mit Schwankungen der Sonnenaktivität und Änderungen der Stellung der Erde zur Sonne, etwa der Neigung der Erdachse, in Zusammenhang gebracht. Für den gegenwärtigen Klimawandel machen die meisten Klimaforscher allerdings vorwiegend den Menschen verantwortlich. Eine besondere Bedeutung wird dem hohen Ausstoß von Kohlenstoffdioxid in die Atmosphäre zugeschrieben. Dieses Gas entsteht nicht nur bei der Zellatmung, sondern auch bei der Verbrennung fossiler Energieträger, zu denen in erster Linie Kohle, Erdöl und Erdgas gehören.

Zusammen mit einigen anderen Spurengasen behindert das Kohlenstoffdioxid die Ausstrahlung von Wärme in den Weltraum. Die Wirkung ist ähnlich wie in einem Treibhaus. Deshalb spricht man auch vom *Treibhauseffekt,* der durch die zunehmende Konzentration von *Treibhausgasen* in der Atmosphäre verstärkt wird. Ein Ende der Erderwärmung soll nach Meinung von Experten langfristig durch eine Verminderung des Ausstoßes von Kohlenstoffdioxid zu erreichen sein.

Ein anderes, sehr wirksames Treibhausgas ist das Methan. Riesige Mengen dieses Gases lagern unter hohem Druck, als Methanhydrat in einer Art Eis gebunden, am Meeresboden. Wenn ein Teil dieses Eises durch die Erwärmung der Meere schmilzt und das Methan in die Atmosphäre freigesetzt werden sollte, wird sich die Erwärmung der Erde noch beschleunigen. Auch beim Auftauen von Dauerfrostböden in Sibirien und Nordamerika könnten erhebliche Mengen an Methan entstehen. Der Klimawandel setzt also eine Reihe weiterer Veränderungen in Gang, über deren Zusammenhänge und Auswirkungen wir heute noch wenig wissen.

1 Erläutere den Klimawandel anhand der Abbildungen 1 und 2.

2 Beschreibe die Temperaturprognosen in Abbildung 3. Nenne mögliche Gründe dafür, warum die verschiedenen Vorhersagen so weit auseinander gehen.

3 Recherchiere mit Hilfe von Erdkundebüchern, Lexika und dem Internet, wie sich Klima und Pflanzenwelt in Deutschland im kommenden Jahrhundert verändern könnten, wenn die Prognose in Abbildung 4 zutreffen sollte.

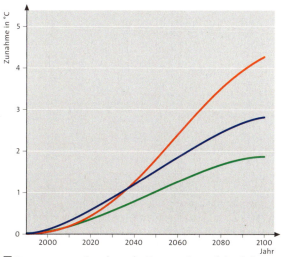

3 Prognosen zur Zunahme der Temperatur auf der Erde

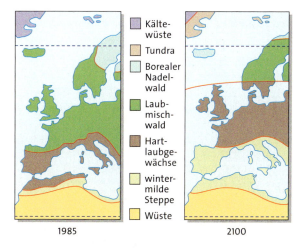

4 Mögliche Verschiebung der Vegetationszonen in Europa

3.4 Agenda 21 und Nachhaltige Entwicklung

Bevölkerungswachstum, Endlichkeit vieler Ressourcen, Zerstörung von Lebensräumen, Artensterben, Klimawandel: Die Liste der globalen Probleme und Herausforderungen ist lang. Wird es gelingen, im 21. Jahrhundert alle Menschen mit Nahrung, Trinkwasser, Energie und Rohstoffen zu versorgen? Kann die Umweltzerstörung durch den Menschen aufgehalten werden?

Viele Ressourcen auf der Erde sind endlich und können daher nur innerhalb bestimmter Grenzen genutzt werden. Dies wird am Beispiel der Energieversorgung besonders deutlich. Seit Jahrzehnten steigt der weltweite Bedarf an Energie. Gedeckt wird die Nachfrage noch immer vorwiegend über die fossilen Energieträger Erdöl, Erdgas und Kohle. Schätzungen zufolge reichen die Vorräte an Kohle immerhin noch 200 Jahre, an Erdöl aber höchstens noch 50 Jahre. Besonders stark ist die Nachfrage nach Erdöl gestiegen, weil sich beispielsweise in Indien und China, wo in den letzten Jahren ein starkes Wirtschaftswachstum stattgefunden hat, immer mehr Menschen ein eigenes Auto leisten können. Die erhöhte Nachfrage hat zu einem erheblichen Anstieg der Rohölpreise auf dem Weltmarkt geführt, der sich auch auf den heimischen Benzinpreis auswirkt.

Erdöl ist nicht nur ein wichtiger Energieträger, sondern auch ein unersetzlicher Rohstoff für die chemische Industrie. Deshalb muss der Mensch mit den noch vorhandenen Reserven in Zukunft besser haushalten. In vielen Industriestaaten hat bereits ein Umdenken eingesetzt. Um den Verbrauch an fossilen Energieträgern einzuschränken, bemüht man sich um Energiesparmaßnahmen und den verstärkten Einsatz von *erneuerbaren Energiequellen*.

Zu den Energiesparmaßnahmen gehört zum Beispiel die Nutzung öffentlicher Verkehrsmittel statt des eigenen Autos oder die Wärmedämmung an Gebäuden. Erneuerbare Energiequellen sind unter anderem Wind, Wasserkraft, Sonnenenergie, Erdwärme und Biomasse. In Deutschland wird die verstärkte Nutzung dieser Energiequellen staatlich gefördert.

Versuche einzelner Staaten, sich den globalen Herausforderungen zu stellen, können nur ein Anfang sein. Sollen Maßnahmen wirklich greifen, müssen internationale Vereinbarungen angestrebt werden. Im Jahr 1992 trafen sich erstmals in der Geschichte ranghohe Regierungsmitglieder aus 178 Staaten zur »Konferenz der Vereinten Nationen über Umwelt und Entwicklung« in Rio de Janeiro. Die Versammlung beschloss ein Programm, das eine sichere und lebenswerte Zukunft für alle Menschen zum Ziel hat. Bekannt wurde dieses Dokument unter dem Namen **Agenda 21**, was soviel wie Handlungsplan für das 21. Jahrhundert bedeutet.

Ein wesentlicher Leitgedanke der Agenda 21 ist das Konzept der **Nachhaltigkeit** oder der **Nachhaltigen Entwicklung**. Darin wird gefordert, bei der Nutzung der vorhandenen Ressourcen auf kurzfristige Gewinne zu verzichten und stattdessen langfristige Erträge anzustreben. Bei der Nutzung ist eine möglichst umfassende Schonung der Umwelt zu berücksichtigen. Schließlich soll allen Menschen der Zugang zu den Ressourcen und Reichtümern der Erde ermöglicht werden. Insgesamt verfolgt das Prinzip der Nachhaltigkeit also das Ziel, mit den Naturgütern gerecht, schonend, umweltverträglich und zukunftsorientiert umzugehen. Kein Land der Erde soll auf Kosten der Natur, anderer Länder und zukünftiger Generationen leben und wirtschaften.

1 Wichtige Inhalte der Agenda 21

Natur- und Umweltschutz

Die Umsetzung des Nachhaltigkeitskonzeptes steckt noch in den Anfängen. 1997 wurde im japanischen Kyoto ein Vertragswerk vorbereitet, um den Verbrauch fossiler Energieträger weltweit einzuschränken und dadurch den Ausstoß des Treibhausgases Kohlenstoffdioxid zu vermindern. Ziel des Kyoto-Protokolls ist es, zwischen 2008 und 2012 die Kohlenstoffdioxid-Mengen gegenüber dem Wert von 1990 weltweit um mehr als fünf Prozent zu verringern. Damit soll gleichzeitig ein nachhaltiger Umgang mit der Ressource Erdöl eingeleitet und ein Beitrag zum Klimaschutz geleistet werden. Einige große Staaten, allen voran die USA, sind diesem Vertrag allerdings bisher nicht beigetreten.

Die Ziele der Agenda 21 sind sehr vielfältig und umfangreich. Insgesamt umfasst das Aktionsprogramm 40 Kapitel, die in vier übergeordnete Themenbereiche gegliedert sind. Die Vorgaben zielen auf die Entwicklung neuer Wertvorstellungen und Konsumgewohnheiten und erfordern grundlegende gesamtgesellschaftliche Wandlungsprozesse, insbesondere in den reichen Industriestaaten. Dabei geht es nicht nur um Umwelt- und Ressourcenschutz, sondern auch um eine gerechtere Weltordnung.

Die Umsetzung der Agenda 21 erfordert Maßnahmen und Aktivitäten auf allen politischen Ebenen. Die gesetzlichen Grundlagen müssen von den Regierungen gelegt werden. Für den einzelnen Bürger sind jedoch Aktionspläne auf kommunaler Ebene, also am Wohnort, viel wichtiger, weil sie eine aktive Mitarbeit ermöglichen. Eine der wichtigsten Forderungen der Agenda 21 lautet deshalb »Global denken – lokal handeln«. Dazu kann beispielsweise ein Kohlenstoffdioxid-Vermeidungskonzept durch Verbesserungen im öffentlichen Nahverkehr oder ein Ausbau des Fahrradwegenetzes gehören. Sehr wichtig sind auch Projekte zur Umwelterziehung, um das Problembewusstsein möglichst vieler Menschen zu schärfen.

1 Erläutere die Bedeutung der in Abbildung 3 dargestellten globalen Probleme.

2 Recherchiert zu einigen Stichworten der Agenda 21 konkrete Beispiele und Projekte. Stellt die Ergebnisse in der Klasse vor und diskutiert über die Zielsetzungen.

3 Recherchiere bei den kommunalen Behörden, welche Ziele in der lokalen Agenda deines Schulortes festgeschrieben sind.

4 Nur eine weltweite Partnerschaft kann die Zukunft der Erde sichern. Diskutiert in der Klasse über diese These.

2 Weltweite Partnerschaft – Ziel der Agenda 21

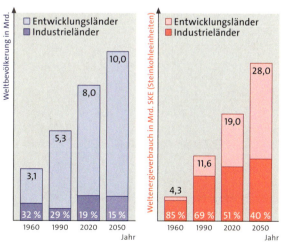

3 Globale Probleme (Prognosen für 2050)

Zusammenfassung: Natur- und Umweltschutz

Wechselwirkungen und Vielfalt

Solange Menschen als Sammler und Jäger die Erde bevölkerten, waren die durch sie hervorgerufenen Veränderungen in den Ökosystemen vergleichbar mit den Einflüssen anderer Tierarten. Erst durch die Sesshaftwerdung der Menschen und den Übergang zum Ackerbau und zur Viehzucht kam es zu Eingriffen, die die komplexen Wechselwirkungen in den natürlichen Ökosystemen deutlich und nachhaltig veränderten. Um Christi Geburt war Mitteleuropa von Wäldern bedeckt. Bis zum 18. Jahrhundert vernichtete der Mensch durch Ackerbau, Waldweide, Holznutzung und Plaggenstich fast alle Wälder. Lediglich zwei Prozent der Landesfläche waren um 1800 noch von Wald bedeckt. Zahlreiche Großtiere wie Wisent, Elch und Braunbär fielen den Veränderungen zum Opfer und starben aus.

Erstmals kam in dieser bedrohlichen Situation, in der es Holz als einen der wichtigsten Rohstoffe jener Zeit kaum noch gab, der Gedanke der Nachhaltigkeit bei der Nutzung natürlicher Ressourcen ins Blickfeld der Menschen. Dies bedeutete für den Wald: Nicht mehr Holz schlagen als nachwächst. Bald darauf entstanden die Forstwirtschaft und der Beruf des Försters. Großflächig wurden Wälder wieder angepflanzt, sodass heute 31 Prozent der Fläche Deutschlands mit Wäldern und Forsten bewachsen sind.

Bevölkerungsexplosion, Artensterben, der Klimawandel oder die zunehmende Verschmutzung von Wasser, Boden und Luft waren im 20. Jahrhundert Anlass für viele Gesetze und Maßnahmen zum Natur- und Umweltschutz. Während der Naturschutz in erster Linie von den Biowissenschaften geprägt wurde und sich unter anderem den Erhalt der natürlichen Vielfalt der Arten zum Ziel setzte, ist der Umweltschutz mit seinen Strategien eher technisch ausgerichtet. Er widmet sich Themen wie der Energieeffizienz oder dem Schutz von Wasser, Boden und Luft vor Schadstoffen.

Viele Aktivitäten des Natur- und Umweltschutzes spielten sich zunächst auf nationaler Ebene oder in den betroffenen Regionen ab. Erst in der zweiten Hälfte des 20. Jahrhunderts begann eine stärkere Globalisierung der Aktivitäten im Natur- und Umweltschutz. Von herausragender Bedeutung war die »Konferenz der Vereinten Nationen über Umwelt und Entwicklung« im Jahre 1992 in Rio de Janeiro. Erstmals in der Geschichte trafen sich hier ranghohe Regierungsmitglieder aus 178 Staaten. Die Versammlung beschloss ein Programm, das eine sichere und lebenswerte Zukunft für alle Menschen zum Ziel hat. Bekannt wurde dieses Dokument unter dem Namen Agenda 21, was soviel wie Handlungsplan für das 21. Jahrhundert bedeutet. Danach soll die ökonomische Entwicklung unter den Vorbehalt ökologischer und sozialer Verträglichkeit gestellt werden. Die drei Säulen der Nachhaltigkeit: Ökonomie, Ökologie und Soziales haben das Ziel, mit den Naturgütern gerecht, schonend, umweltverträglich und zukunftsorientiert umzugehen. Im Bildungsbereich werden die Gedanken im Rahmen der von der UNESCO-Kommission beschlossenen UN-Dekade 2005–2014 »Bildung für nachhaltige Entwicklung« verbreitet.

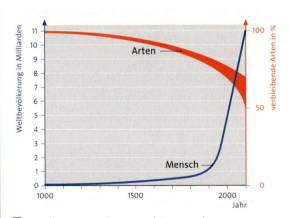

1 Bevölkerungswachstum und Artensterben

2 Nachhaltigkeitsprojekte in Schulen

Wissen vernetzt — Natur- und Umweltschutz

A1 Die Kulturlandschaft verändert sich

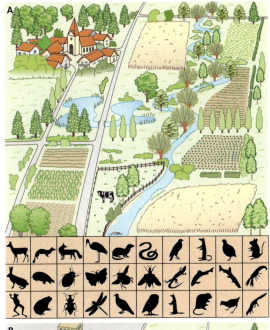

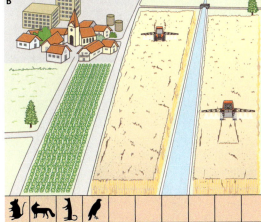

Die Abbildungen zeigen ein Dorf mit seinen landwirtschaftlichen Flächen um 1900 (A) und heute (B).

a) Beschreibe Veränderungen, die in dem Dorf in 100 Jahren bezüglich Ackerbau, Landschaftsbild und Artenvielfalt stattgefunden haben.
b) Bewerte die Veränderungen aus der Sicht der Landwirtschaft und des Naturschutzes.
c) Nenne mögliche Ursachen, warum ausgewählte Wildtierarten heute in dem Dorf nicht mehr vorkommen.

A2 Klimawandel

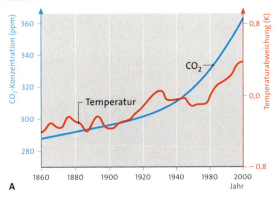

Verlauf der atmosphärischen Kohlenstoffdioxidkonzentration und der Abweichungen der Jahresmitteltemperatur der Erdoberfläche vom langjährigen Mittel

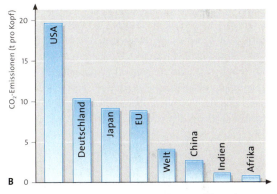

Jährlicher Pro-Kopf-Ausstoß von Kohlenstoffdioxid in verschiedenen Regionen der Erde

a) Beschreibe die Kurvenverläufe von Kohlenstoffdioxidkonzentration und Temperaturabweichung in Abbildung A.
b) Erkläre, auf welche Weise die Erhöhung der atmosphärischen Kohlenstoffdioxidkonzentration zu einem Temperaturanstieg führen kann.
c) Beschreibe, welche Auswirkungen eine Temperaturerhöhung für Arten ausgewählter Ökosysteme haben kann.
d) Beschreibe anhand der Abbildung B den Kohlenstoffdioxidausstoß in unterschiedlichen Regionen der Erde. Erläutere die Daten und nenne Möglichkeiten, die zur Verringerung der Kohlenstoffdioxidfreisetzung beitragen können.

Bau und Leistungen des menschlichen Körpers

1 Sinnesorgane – Tor zur Umwelt

1.1 Der Körper reagiert auf viele Reize

Der Computer erleichtert die Arbeit in der Schule und bei den Hausaufgaben. Dennoch ist der Umgang mit dem PC anstrengend. Viele Informationen müssen gleichzeitig aufgenommen und verarbeitet werden. Texte und Bilder auf dem Monitor gelangen über die Augen zum **Gehirn**, hörbarer Schall aus dem Lautsprecher wird über die Ohren aufgenommen, und der Tastsinn in der Haut informiert über die Positionen der Maus und der Tastatur.

Bilder, Töne und Berührungen sind **Reize.** Organe, die solche Reize aus der Umwelt aufnehmen können, werden **Sinnesorgane** genannt. Die für ein bestimmtes Sinnesorgan passenden Reize heißen **adäquate** Reize. Die Augen können zum Beispiel Bildinformation aufnehmen und in elektrische Signale, die **Erregungen,** umwandeln. Die Verarbeitung der Informationen erfolgt im **Gehirn,** von dem auch die **Reaktion** gesteuert wird. Nachdem eine Information über sensorische Nervenbahnen als Erregung im Gehirn angekommen ist, wird sie hier mit gespeicherten Informationen verglichen und bewertet. Dabei spielen auch Informationen über den inneren Zustand des Körpers eine Rolle und beeinflussen mögliche Reaktionen. Jetzt wird entschieden, ob eine Reaktion erfolgen soll und wie diese gegebenenfalls aussehen muss. Über eine motorische Nervenbahn wird diese Information wiederum als Erregung an ein **Erfolgsorgan** gesendet. Man spricht vom **Reiz-Reaktions-Zusammenhang.** So wird bei der Arbeit am Computer zum Beispiel der Befehl an

1 Viele Reize wirken auf unsere Sinnesorgane

die Muskeln übertragen, einen bestimmten Finger zu senken und dadurch eine Taste auf der Computertastatur niederzudrücken.

Während der Arbeit am Computer wirken viele weitere Reize aus der Umgebung auf den Körper ein. Die Temperatur, der Geschmack und der Geruch des Getränks, welches man bei der Arbeit trinkt, werden dem Gehirn über Sinneszellen in Haut, Mund und Nase mitgeteilt. Gefühle wie Hunger oder Durst können im Gehirn zu der Entscheidung führen, etwas zu essen oder zu trinken, bevor weitergearbeitet wird. Auch die Position unseres Kopfes oder eine Erschütterung des Körpers werden gemeldet. Dies ist beispielsweise bei der Koordination der Nahrungsaufnahme wichtig.

Aus der Vielzahl von Umwelteinflüssen filtern die Sinne immer nur die wichtigsten heraus. Sie bestimmen das Bild, das man sich von seiner Umwelt macht, und die Reaktionen, die man zeigt. Manche Reize, die eine Gefahr signalisieren, werden zunächst nicht zum Gehirn, sondern über das **Rückenmark** direkt zum Erfolgsorgan geleitet. Dieses führt dann in kürzester Zeit zu einer Reaktion, die das Ziel hat, der Gefahr zu entgehen. Man nennt eine solche schnelle, immer gleich verlaufende Reaktion **Reflex**. Andere Reaktionen sind in diesem Moment von untergeordneter Bedeutung.

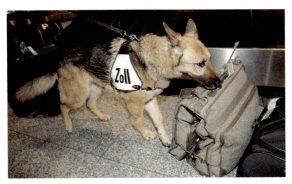

3 Drogenspürhund schlägt an

Für einige Umwelteinflüsse besitzt der Mensch keine Sinnesorgane. Dies gilt beispielsweise für energiereiche Strahlen, Radiowellen und Magnetfelder. Sie sind deshalb für ihn keine adäquaten Reize. Durch geeignete Geräte wie Geigerzähler, Fernseher oder Kompass kann man sie sichtbar machen. Besonders wichtig ist dies bei Umwelteinflüssen, die für den Menschen gefährlich sind. Da manche dieser Reize für bestimmte Tierarten zu den adäquaten Reizen gehören, versuchen Menschen, sie auch indirekt durch Beobachtung des Verhaltens dieser Tiere zu erkennen. So können Hunde mit ihrer sehr empfindlichen Nase Düfte wahrnehmen, auf die die menschliche Nase nicht reagiert. Jäger machen sich diese bemerkenswerten Fähigkeiten seit Jahrtausenden bei der Spurensuche zunutze. Auch Polizei, Zollfahnder und andere Ermittlungsbeamte setzen Spürhunde bei der Suche nach Leichen, Drogen, Schmuggelware oder Sprengstoff ein. Wenn wir über das Sehen sprechen, meinen wir das für das menschliche Auge sichtbare Licht. Viele Tiere sind dagegen in der Lage, auch ultraviolettes oder infrarotes Licht wahrzunehmen. Bienen und andere bestäubende Insekten erkennen ultraviolette Muster in Blüten, die für uns nur sichtbar werden, wenn wir sie mit einem UV-empfindlichen Film fotografieren. Klapperschlangen können über Infrarotstrahlen, die wir als Wärme wahrnehmen, ihre Beutetiere besser erkennen.

Reiz	Sinnesorgan/Messgerät	Wahrnehmung
Licht	Auge	Helligkeit, Farben
Schall	Ohr	Töne, Geräusche
Schwerkraft	Lagesinnesorgan	Lage des Kopfes
Zentrifugalkraft	Drehsinnesorgan	Bewegung des Kopfes
Geschmacksstoffe	Zunge	Geschmack (süß, sauer, bitter, salzig)
Temperatur	Haut (Wärme- und Kälterezeptoren)	Wärme, Kälte
Berührung	Haut (Tastkörperchen)	Tastempfindung
Geruchsstoffe	Nase	Geruch
Radiowellen	Radio, Fernseher	Töne, Bilder

2 Reize und ihre Wahrnehmung

1 Es gibt Nah- und Fernsinne. Erstelle eine zweispaltige Tabelle und ordne die in Abbildung 1 dargestellten Reizarten zu.

2 Ergänze die Abbildung 2, indem du weitere von den Sinnesorganen des Menschen nicht wahrnehmbare Umwelteinflüsse sowie die entsprechenden Messgeräte und ihre Anzeigen nennst.

3 Tiere können manche vom Menschen nicht wahrnehmbare Umwelteinflüsse als Reize erkennen. Recherchiere und erläutere dann an zwei konkreten Beispielen.

1.2 Das Auge nimmt Lichtreize auf

Die **Augen** sind Lichtsinnesorgane. Sie liegen durch Fettgewebe gut geschützt in den knöchernen Augenhöhlen des Schädels. Tränenflüssigkeit aus den Tränendrüsen hält sie ständig feucht und spült Schmutzpartikel in den Tränensack, um ein Verkratzen der Augenoberfläche zu verhindern. Die **Augenbraue** und das **Augenlid** mit den Wimpern schützen das Auge im vorderen Bereich.

Das Auge selbst ist ein annähernd kugelförmiges Organ, das deshalb auch Augapfel genannt wird. Betrachtet man es von außen, erkennt man in der Mitte die schwarze **Pupille,** durch die Licht in das Augeninnere fällt. Umgeben wird sie von einem farbigen Ring, der **Iris.** In der Dunkelheit ist die Pupille weit geöffnet, damit möglichst viel Licht ins Auge fallen kann. Bei grellem Licht dagegen verengt sich die Pupille, sodass das Auge vor zu starker Helligkeit geschützt wird. Man nennt diese Anpassung des Auges an die Lichtverhältnisse **Adaptation.** Die weiter außen sichtbare weiße **Lederhaut** umgibt das gesamte Auge als derbe Schutzschicht. Im vorderen Bereich ist sie durchsichtig und heißt **Hornhaut.** In der Augenhöhle verborgen liegen, seitlich an der Lederhaut ansetzend, die Augenmuskeln. Mit ihnen kann der Augapfel bewegt werden. Auf der Rückseite verlässt der **Sehnerv** das Auge.

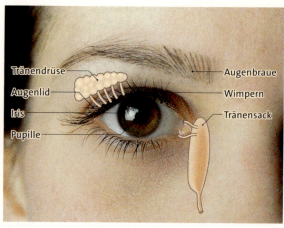

1 Äußerer Bau des Auges

Ein Querschnitt des Auges zeigt weitere Bauteile: Geht man von der Pupille weiter nach hinten, so folgt zunächst die **Augenlinse.** Sie ist durch Linsenbänder mit einem Ringmuskel, dem Ziliarmuskel, verbunden. Auf die Linse folgt der **Glaskörper,** eine lichtdurchlässige gallertige Masse, die das Innere des Auges ausfüllt und bis an die **Netzhaut** reicht. Diese enthält die lichtempfindlichen **Sehzellen,** wobei man die für das Farbensehen zuständigen **Zapfen** und die **Stäbchen** für das Hell-Dunkel-Sehen unterscheidet. In der Netzhaut jedes Auges sind etwa 120 Millionen Stäbchen und etwa sechs Millionen Zapfen untergebracht. Im Zentrum der Netzhaut, der **Sehgrube,** stehen etwa 300 000 Zapfen sehr eng beieinander. Der

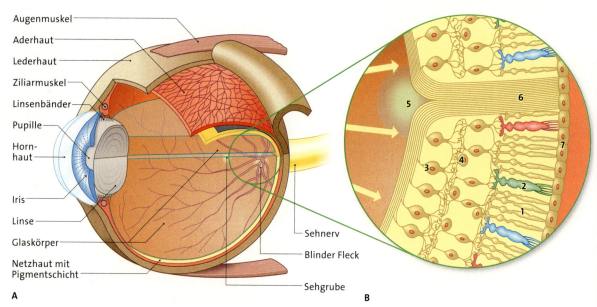

2 Bau des Auges. A Blockbild, **B** Netzhaut; **1** Stäbchen, **2** Zapfen, **3** Nervenzelle, **4** Schaltzelle, **5** Nervenfasern, **6** Sehnerv, **7** Pigmentschicht

Durchmesser der Sehgrube beträgt etwa 0,2 Millimeter, sodass nur ein kleiner Teil des Bildes auf diesen Bereich fällt. Weiter außen werden die Zapfen von Stäbchen abgelöst. Auf jedem Quadratmillimeter Netzhautfläche befinden sich durchschnittlich 140 000 Sehzellen. Wo der Sehnerv das Auge verlässt, liegen allerdings keine Sehzellen. Man nennt diese Stelle deshalb den **Blinden Fleck.** Hinter der Netzhaut liegt eine lichtundurchlässige **Pigmentschicht.** Sie bildet die Grenze zur jetzt folgenden und von Blutgefäßen durchzogenen **Aderhaut,** die die umliegenden Schichten mit Nährstoffen und Sauerstoff versorgt. Den Abschluss des Auges bildet auf der Rückseite die Lederhaut.

Die von den Sehzellen durch das Licht verursachten elektrischen Impulse werden von den *Schaltzellen* in der Netzhaut an die ableitenden Nervenzellen weitergeleitet. Von hier wandern sie über die Nervenfasern im Sehnerv zum Gehirn. Den Teil der Umgebung, den man mit einem unbewegten Auge überschaut, nennt man das einäugige **Gesichtsfeld.** Es umfasst in der Horizontalen einen Winkel von etwa 150 Grad, in der Vertikalen etwa 120 Grad. Da sich die Gesichtsfelder beider Augen stark überlappen, beträgt das gesamte horizontale Gesichtsfeld nur etwa 180 Grad. Durch Hornhaut und Linse werden die von außen in das Auge eintretenden Lichtstrahlen gebrochen. Die Umwelt wird auf der Netzhaut seitenverkehrt, reell und auf dem Kopf stehend abgebildet.

Das optische System des Auges kann man mit einem Fotoapparat vergleichen. Der Film oder der Bildchip entspricht hier dem Augenhintergrund mit der Netzhaut. Erst durch Auswertung der Information im Gehirn entsteht ein unseren Erfahrungen entsprechendes, aufrechtes Bild. Gegenstände, die wir genau betrachten, also *fixieren,* werden in der Sehgrube abgebildet. Die Sehzellen der Sehgrube sind ausschließlich für das Farbensehen geeignete Zapfen. Da die Information jedes Zapfens auf einer eigenen Nervenfaser zum Gehirn übermittelt wird, besitzt das farbige Bild eine hohe Auflösung. Der Mindestabstand zweier Punkte, die das Auge im Bereich der Sehgrube noch als getrennte Punkte wahrnimmt, beträgt 0,017 Grad. Demgegenüber ist die Bildauflösung außerhalb der Sehgrube weniger gut. Dies liegt daran, dass die Informationen mehrerer Stäbchen zu einem gemeinsamen Signal auf einer Nervenzelle zusammengefasst werden. Je weiter die Stäbchen in den Außenbezirken der Netzhaut liegen, desto mehr benachbarte Zellen sind zusammengeschlossen. Auf diese Weise können auch besonders lichtschwache Objekte noch erkannt werden. Einen schwach leuchtenden Stern sieht man nachts also am besten, wenn man ihn nicht fixiert, sondern auf den Randbereichen der Netzhaut abbildet. Ein auf den Blinden Fleck fallender Bildausschnitt kann gar nicht wahrgenommen werden. Dennoch zeigt sich im Normalfall kein Loch in unserer Bildwahrnehmung, weil das Auge die Umgebung mit schnellen, ruckartigen Bewegungen abtastet und die Bildausschnitte in beiden Augen geringfügig unterschiedlich sind.

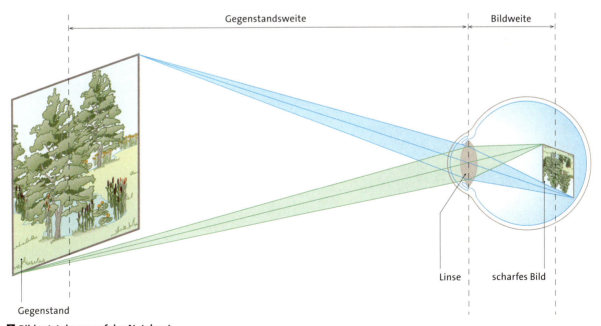

3 Bildentstehung auf der Netzhaut

Bau und Leistungen des menschlichen Körpers

Wenn man mit einem Auge beispielsweise eine dicht vor dem Auge befindliche Blüte fixiert, erscheint diese scharf, der entfernte Hintergrund jedoch unscharf. Blickt man dagegen an der Blüte vorbei in die Ferne, wird die Blüte unscharf und die Gegenstände in der Ferne scharf. Das Auge kann sich also auf unterschiedliche Entfernungen von Gegenständen, die betrachtet werden sollen, einstellen. Man spricht von **Nah-** und **Fernakkommodation.** Wie funktioniert diese Anpassung?

Anders als die Linse einer Lupe ist die Augenlinse elastisch. Spannt sich der Ziliarmuskel an, wird der Durchmesser des Muskelringes kleiner. Die Linsenbänder, an denen die Linse aufgehängt ist, lockern sich und die elastische Linse nimmt eine stärkere Krümmung an. Die Lichtstrahlen werden stärker gebrochen. Ein entspannter Ziliarmuskel zieht dagegen, unterstützt durch sich anspannende Linsenbänder, die Linse in eine flachere Form, sodass die Lichtstrahlen weniger stark gebrochen werden. Entfernte Gegenstände werden so auf der Netzhaut scharf abgebildet. Da der Ziliarmuskel bei der Fernakkommodation weniger stark beansprucht wird, ist das Sehen in die Ferne nicht so anstrengend wie zum Beispiel das lange Arbeiten am Computerbildschirm.

Da die Augen die wichtigsten Sinnesorgane des Menschen sind, sollten sie möglichst lange gesund bleiben. Beim Arbeiten mit Chemikalien, bei Funkenflug oder ähnlichen Gefahren muss daher immer eine Schutzbrille getragen werden. Auch vor starker Lichteinwirkung müssen die Augen geschützt werden. Eine Sonnenbrille kann helles Licht, Insekten und Zugluft fernhalten. Spürt man Fremdkörper im Auge, müssen sie vorsichtig entfernt werden.

1 Erstelle eine dreispaltige Tabelle. Trage in die erste Spalte die Namen aller Bauteile des Auges aus den Abbildungen 1 und 2 ein. Ergänze dann in der zweiten Spalte ihre Funktion(en). Nenne in der dritten Spalte die Bauteile einer Fotokamera mit der entsprechenden Funktion.

2 Wende das Basiskonzept Struktur und Funktion auf die Linse des Auges an.

3 Ein Baum wird durch das optische System des Auges in den verschiedenen Bereichen der Netzhaut farbig und sehr scharf abgebildet. Fällt sein Bild auf die Sehgrube, so nimmt das Auge-Gehirn-System ihn farbig und sehr scharf, aber ziemlich lichtschwach wahr. Wird sein Bild auf den Randbereich der Netzhaut geworfen, erscheint es uns grau und unscharf, aber sehr lichtstark. Fällt das Bild auf den blinden Fleck und betrachtet man den Gegenstand mit nur einem Auge, das den Gegenstand fixiert, so nimmt man ihn gar nicht wahr. Erkläre die unterschiedliche Wahrnehmung desselben Baumes.

4 Um nachts einen lichtschwachen Stern erkennen zu können, darf man ihn nicht fixieren. Begründe.

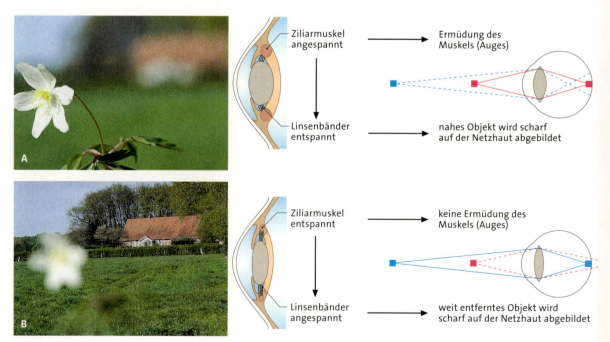

4 Akkommodation des Auges. **A** Nahakkommodation; **B** Fernakkommodation

Bau und Leistungen des menschlichen Körpers

Streifzug durch die Physik — Licht und Linsen

Legt man eine Münze an den Rand einer undurchsichtigen Schale und betrachtet die Schale von der Seite, so kann man die Münze nicht sehen. Füllt man jedoch Wasser ein, so wird die Münze bei einem bestimmten Blickwinkel wie durch Zauberei sichtbar.

Dies liegt an der Brechung der Lichtstrahlen beim Übergang vom Wasser in die Luft. Auch beim Übergang von Glas und vielen anderen lichtdurchlässigen Stoffen in Luft erfahren Lichtstrahlen, soweit sie nicht senkrecht auf die Grenzfläche auftreffen, eine Richtungsänderung. Diese Eigenschaft macht man sich bei der Verwendung von Linsen zunutze.

So durchlaufen die Lichtstrahlen auf ihrem Weg ins Auge Hornhaut, Pupille und Linse. Durch Lichtbrechung an Hornhaut und Linse wird der Strahlengang verändert. Sie wirken dabei als **Sammellinse**. Eine Sammellinse ist in der Mitte dicker als am Rand. Sie sammelt alle parallel einfallenden Lichtstrahlen, zum Beispiel Sonnenstrahlen, in einem Punkt. Man nennt diesen Punkt **Brennpunkt** (F). Hält man die Sammellinse in einem bestimmten Abstand über Papier, so kann man es durch die gebündelten Sonnenstrahlen entzünden. Diesen Abstand zwischen Linse und Brennpunkt nennt man **Brennweite** (f). Je stärker die Sammellinse gewölbt ist, desto größer ist ihre Brechkraft (D) und desto kleiner ist ihre Brennweite. Die Brechkraft ist der Kehrwert der Brennweite, also $D = 1/f$. Sie wird in der Maßeinheit **Dioptrie** (dpt = 1/m) angegeben.

Durch die Augenlinse wird das Bild auf der Netzhaut heller, ist jedoch zunächst noch unscharf. Ein Gegenstand wird nur dann scharf abgebildet, wenn zwischen dem Abstand des Gegenstandes bis zur Linse, also der Gegenstandsweite (g), und dem Abstand der Linse bis zur Mattscheibe, also der Bildweite (b), folgende Beziehung gilt: $1/f = 1/b + 1/g$. Diese Gleichung heißt Linsengleichung. Kennt man die Brennweite einer Linse, kann man mit der Linsengleichung berechnen, wie weit die Netzhaut von der Linse entfernt sein muss, um einen Gegenstand scharf abzubilden.

Da sich die Bildweite im Auge nicht verändern lässt, man jedoch unterschiedlich weit vom Auge entfernte Gegenstände scharf auf der Netzhaut abbilden möchte, muss die Brechkraft der Augenlinse verändert werden. Sie liegt zwischen 18 und 32 Dioptrien. Zusammen mit der Brechkraft der Hornhaut, die etwa 40 Dioptrien beträgt, können Gegenstände mit einer Gegenstandsweite von knapp 10 Zentimeter bis Unendlich scharf auf der Netzhaut abgebildet werden.

1 In einem Versuch wird die Wirkung einer Linse untersucht. Die Brennweite (f) der Linse beträgt 0,1 m. Eine Kerze wird 0,23 m vor der Linse aufgestellt. Berechne die Brechkraft der Linse sowie die Bildweite (b), bei der ein scharfes Bild der Kerze auf einer Mattscheibe entsteht.

2 Recherchiere, was eine Zerstreuungslinse ist und vergleiche sie mit einer Sammellinse.

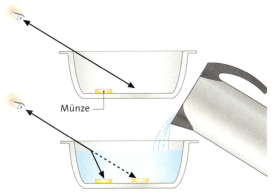

1 Lichtbrechung beim Übergang von Wasser in Luft

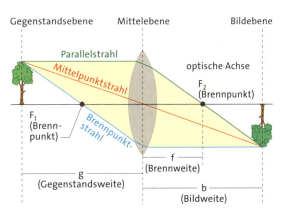

2 Strahlengang an einer Sammellinse

1.3 Sehen mit Auge und Gehirn

Betrachtet man ein Bild, wird es seitenverkehrt und auf dem Kopf stehend auf der Netzhaut abgebildet. Dennoch nehmen wir das Bild aufrecht und nicht seitenverkehrt wahr. Zwischen der Bildentstehung auf der Netzhaut und der Wahrnehmung der optischen Information steht also offenbar eine Verarbeitung durch das Gehirn. In welcher Weise Auge und Gehirn zusammenarbeiten, lässt sich an einigen einfachen Versuchen verdeutlichen.

In der Abbildung 1 A nimmt die Zahl der Bildpunkte zu. Bereits aus relativ wenigen Bildpunkten kann das Gehirn die ihm bekannte »Mona Lisa« erkennen. Dies bestätigt auch Abbildung 1 B. Für den Gesamteindruck »Mona Lisa« reicht im Wesentlichen das Abtasten von Augen, Nase und Mund des Gesichtes aus. Ein möglicher Weg des Auges über das Bild ist in der Abbildung nachgezeichnet. Einen weiteren Beleg für die Bedeutung weniger ausgewählter Informationen für die Bildentstehung liefert Abbildung 1 C. Bei ihrer Betrachtung bemerkt man kaum einen Unterschied zwischen den beiden Bildern. Dieser wird dem Betrachter erst deutlich, wenn er die Bilder um 180 Grad dreht. Man erkennt jetzt, dass Augen und Mund im linken Bild durch Fotomontage auf dem Kopf stehen.

Dreht man das Buch wieder in die korrekte Position, nimmt unser Gehirn die für die Erkennung entscheidenden Merkmale Augen und Mund links genauso wie im normalen aufrechten Bild der Mona Lisa wahr und registriert deshalb deren falsche Anordnung im Gesicht kaum.

Hält man den Buchrücken eines Buches im Abstand von etwa 30 Zentimeter vor die Augen und betrachtet es abwechselnd nur mit dem rechten beziehungsweise dem linken Auge, so sieht man zwei etwas unterschiedliche Bilder. Beim normalen Sehen fällt dies nicht auf. Das Gehirn ist auch hier beteiligt und errechnet aus den beiden etwas unterschiedlichen Seheindrücken ein gemeinsames, räumlich erscheinendes Bild. Welchen Vorteil dieser aus zwei Bildern errechnete Seheindruck hat, erkennt man, wenn man ein Reagenzglas etwa 30 Zentimeter vor ein Auge hält und versucht, aus einem zweiten Glas Wasser einzufüllen. Das gelingt oft erst nach mehreren Versuchen. Mit einem Auge kann man den Abstand der Gläser nur schwer einschätzen. Derselbe Versuch gelingt beim Betrachten mit beiden Augen problemlos. Auch aus zwei im Augenabstand aufgenommenen Fotos desselben Gegenstandes errechnet unser Gehirn ein räumliches Bild. Hierzu muss man das linke Bild über das linke Auge und das rechte Bild über das rechte Auge ansehen.

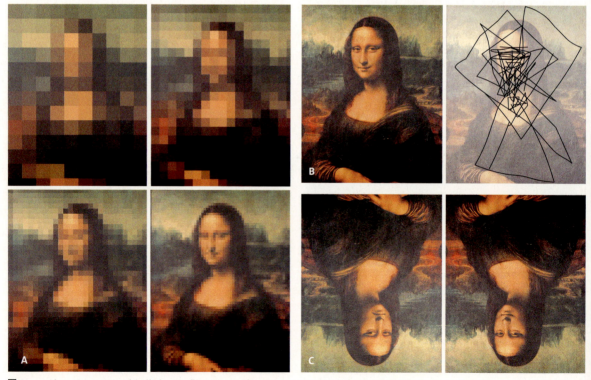

1 Mona Lisa. **A** In unterschiedlicher Auflösung; **B** Abtastvorgangs durch das Auge; **C** Veränderte Anordnung von Bildteilen

Bau und Leistungen des menschlichen Körpers

2 Stereoaufnahmen einer Orchidee

Menschen können bis zu 600 000 verschiedene Farben und Farbtöne unterscheiden. Welche Eigenschaften des Auges ermöglichen diese erstaunliche Leistung? In der Netzhaut liegen drei verschiedene Zapfentypen. Sie sind durch blaues, grünes oder rotes Licht erregbar und unterscheiden sich nur im Aufbau ihres lichtempfindlichen Stoffes, des Sehpurpurs. Wird ein Zapfen von dem Licht getroffen, für das er empfindlich ist, verändert sich der Sehpurpur und erzeugt einen Nervimpuls, der zum Gehirn gesendet wird. Werden nun ein rotempfindlicher und ein direkt daneben liegender grünempfindlicher Zapfen gleich stark gereizt, so errechnet unser Gehirn daraus die Farbe Gelb. Werden alle drei Zapfentypen in einem eng umgrenzten Netzhautgebiet gereizt, so erscheint der Gegenstand weiß. Aus der unterschiedlich starken Erregung aller drei Zapfentypen kann das Gehirn Tausende Farbabstufungen ermitteln.

Sind die beiden Zapfentypen für die Farben Rot und Grün in ihrer Funktionstüchtigkeit beeinträchtigt, können Betroffene diese Farben nur noch unzureichend oder gar nicht unterscheiden. Man spricht von einer *Rotgrünschwäche*. Stäbchen werden normalerweise auch noch von sehr schwachem Licht gereizt, sodass sie besonders für das Sehen in der Dämmerung geeignet sind. Bei einer Schwäche der Stäbchenempfindlichkeit spricht man von *Nachtblindheit*.

1 Eigentlich sehen wir mit dem Gehirn und nicht mit den Augen. Nimm begründet Stellung zu dieser Behauptung.

2 Halte zur Betrachtung der Abbildung 2 eine 15 Zentimeter hohe weiße Pappe zwischen die Fotos und beuge dich mit der Nasenspitze auf die Oberkante der Pappe. Betrachte mit dem linken Auge das linke Foto und mit dem rechten Auge das rechte Bild. Mit etwas Geduld gelingt es dir, die Fotos zu einem Bild zu verschmelzen. Erläutere deine Wahrnehmung.

3 Menschen mit einer Rotgrünschwäche sehen in der Abbildung 4 keine Ziffer. Erläutere.

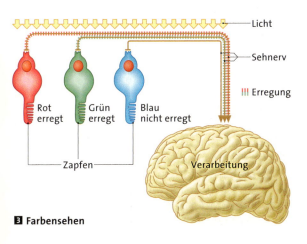

3 Farbensehen

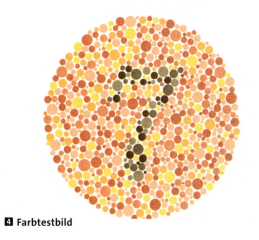

4 Farbtestbild

1.4 Optische Täuschungen

1 Tiefenwahrnehmung und Schattenwirkung

Unser Gehirn geht bei der Deutung eines Bildes davon aus, dass das Licht von oben kommt. Der rote Punkt in Abbildung 1 liegt daher scheinbar am Fuß einer Sanddüne. Dreht man das Bild um, scheint der Punkt auf dem Dünenkamm zu liegen.

Betrachtet man die Gitarren in Abbildung 2, so erscheint die untere kürzer als die obere. Prüft man mit dem Lineal, sind beide Gitarren gleich lang. Grund für diese geometrisch-optische Täuschung ist die Tatsache, dass der Betrachter das zweidimensionale Bild dreidimensional interpretiert. Durch die räumliche Tiefe des Bildes scheint die untere Gitarre vor der oberen zu liegen. Bei einer derartigen Anordnung gleich großer Gegenstände hat das Gehirn gelernt, dass der hintere kleiner auf der Netzhaut erscheint. Es korrigiert deshalb seine Größenwahrnehmung und vergrößert diese Gitarre.

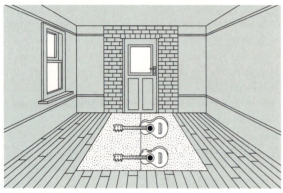

2 Geometrisch-optische Täuschungen

In Abbildung 3A erkennt man je nach Vorinformationen zum Beispiel Blütenblätter, Bananen oder Bumerangs. Weist man eine Versuchsperson auf die ebenfalls erkennbare Ziffer 5 hin, so sieht sie die Zahl sofort und kann diese neue Information anschließend nicht wieder aus dem Gehirn löschen. In Abbildung 3B sieht man in der Mitte der oberen Zeile den Buchstaben B. Das Gehirn interpretiert den Seheindruck hier im Zusammenhang mit den anderen Buchstaben.

3 Kennen und erkennen

Das Umklappbild in Abbildung 4 zeigt entweder einen nach links blickenden Hasen oder eine nach rechts blickende Ente. Welche Darstellung man eher sieht, hängt von den eigenen Vorerfahrungen ab.

Im Gehirn werden Bildern bekannte Bedeutungen zugeordnet. Ist ein Bild ungenau oder unvollständig, so wird es bearbeitet oder ergänzt. Oft wird das Gehirn auch zu Deutungen veranlasst. Unter Einbeziehung der gespeicherten Informationen versucht es, sinnvolle Bilder zu erkennen. Diese können jedoch fehlerhaft sein. Man bezeichnet sie dann als **optische Täuschungen** oder Wahrnehmungsfehler. Insgesamt sind weit über hundert optische Täuschungen bekannt.

4 Umklappbild

1 Bestimme mit einem Lineal die Länge der unteren Teppichkante und die Länge der vollständig sichtbaren Raumwand in Abbildung 2. Erläutere.

2 Lies, was in Abbildung 3B in der Mitte der unteren Zeile geschrieben steht. Vergleiche mit der oberen Zeile und erläutere.

Bau und Leistungen des menschlichen Körpers

Streifzug durch die Psychologie | Werbung, das Spielen mit Reizen

Betrachtet man den Teddy in der Werbeanzeige unten auf der Seite, so findet man ihn niedlich. Ähnliche Empfindungen zeigen Menschen beim Anblick eines Säuglings. Große Augen, kleine Nase und hohe Stirn gehören zu den Merkmalen, durch die sich der Säugling vom Erwachsenen unterscheidet. Die Kombination dieser Merkmale nennt man in der Verhaltensforschung »Kindchenschema«. Vor allem Frauen reagieren auf diese Merkmale mit Aufmerksamkeit, Zuwendungsreaktionen und dem Bedürfnis, einen Körperkontakt herzustellen.

Beobachtet man die Pupillen eines Menschen, so ändert sich ihre Größe nicht nur bei Veränderung der Helligkeit, sondern auch in Abhängigkeit von der jeweiligen Stimmung. Sieht man etwas, das einen freudig oder beängstigend erregt, so erweitern sie sich, sieht man etwas, das einem missfällt, ziehen sie sich zusammen. Die Pupillen sind somit ein Stimmungsbarometer, dessen Veränderungen sich der bewussten Kontrolle durch das Gehirn entziehen. Es gibt Experimente, in denen verschiedenen Versuchspersonen ein Säugling gezeigt wurde. Bei allen weiblichen Versuchspersonen stellte man eine Erweiterung der Pupillen fest, bei männlichen Versuchspersonen hingegen nur, wenn sie verheiratet waren und selbst Kinder hatten. Das heißt, ein Mann, der das Baby von Bekannten bewundert, tut das meist nur aus Höflichkeit. Frauen dagegen meinen es ernst. Sie sind schon vor einer Partnerschaft und eigenen Kinder auf mütterliche Reaktionen programmiert. Ein Mann zeigt erst dann positive Gefühle gegenüber Säuglingen, wenn er selbst Kinder hat.

In ähnlicher Weise hat man auch sexuelle Reaktionen getestet und festgestellt, dass erwachsene Männer und Frauen in der Regel positiv auf typische Merkmale des anderen Geschlechts reagieren, jedoch nicht auf die des eigenen. Lediglich Homosexuelle reagieren positiv auf typische Merkmale des eigenen Geschlechts.

Da alle diese Reaktionen dem Einfluss des Bewusstseins entzogen sind, werden sie in der Werbebranche gern genutzt. So präsentiert man zum Beispiel Kosmetika zusammen mit gut aussehenden Frauen und Männern.

1 Beschreibe die Merkmale des Teddys in Abbildung 1 genau. Beurteile unter Einbeziehung der Abbildung 2, weshalb die Firma ihr Produkt zusammen mit dem Bild des Teddys präsentiert.

2 Untersuche andere Werbeanzeigen auf die Kombination des eigentlichen Produkts mit anderen Reizen.

1 Werbeanzeige

2 Säugling

Aufgaben und Versuche — Das Auge

A1 Kurz- und Weitsichtigkeit

Kurzsichtigkeit

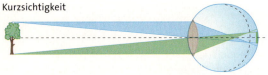

unscharfes Netzhautbild

korrigierte Kurzsichtigkeit

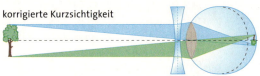

scharfes Netzhautbild

Manche Menschen können entfernte Gegenstände nicht scharf sehen. Sie sehen jedoch auf kurze Entfernung gut, sie sind kurzsichtig. Ursache ist ein zu langer Augapfel und dadurch bedingt ein zu großer Abstand zwischen Augenlinse und Netzhaut. Bei Fernakkomodation entsteht daher das scharfe Bild des Gegenstandes bereits vor der Netzhaut. Durch eine Brille mit Zerstreuungslinsen lässt sich dieser Fehler ausgleichen. Weitsichtige Menschen dagegen sehen Gegenstände in der Nähe nicht scharf. Kurz- und Weitsichtigkeit sind in der Regel erblich. Diese Fehlsichtigkeiten entwickeln sich meist während der Kindheit oder in der Pubertät. Bei älteren Menschen tritt nach und nach ebenfalls eine Weitsichtigkeit auf. Man spricht hier von Alterweitsichtigkeit. Ursache ist eine abnehmende Elastizität der Augenlinse, deren Brechkraft dadurch geringer wird. Durch eine Lesebrille wird dieser Mangel ausgeglichen.

Weitsichtigkeit

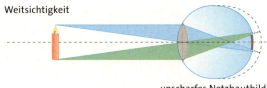

unscharfes Netzhautbild

korrigierte Weitsichtigkeit

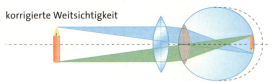

scharfes Netzhautbild

Aufgabe: Erläutere anhand der Abbildung die Ursache der Weitsichtigkeit sowie die Merkmale einer Lesebrille.

V2 Messung des Nahpunktes

Material: Lineal mit Millimetereinteilung; Bleistift
Durchführung: Halte das Lineal mit der Nullmarke an ein Auge und schaue daran entlang. Halte den Bleistift mit der Spitze nach oben an das Ende des Lineals und bewege ihn langsam auf das Auge zu. Notiere den Abstand des Bleistifts vom Auge, bei dem die Bleistiftspitze gerade noch scharf zu sehen ist. Wiederhole den Versuch mit anderen Personen, beispielsweise mit deinen Eltern und Großeltern. Notiere auch hier jeweils den Messwert sowie das Alter der Versuchsperson.

Aufgaben:
a) Erkläre, warum die Bleistiftspitze unterhalb einer bestimmten Entfernung verschwimmt.
b) Stelle die Messwerte grafisch dar, indem du das Alter der Versuchspersonen auf der x-Achse und die gemessenen Entfernungen des Nahpunktes auf der y-Achse aufträgst. Erläutere die Grafik.

V3 Pupillenreaktion

Durchführung: Schaue im weitgehend abgedunkelten Raum deinem Nachbarn in die Augen und beobachte seine gerade noch sichtbaren Pupillen. Beobachte die Veränderung, während das Licht im Raum eingeschaltet wird. Schalte nach 15 Sekunden das Licht wieder aus und beobachte erneut.
Aufgabe: Beschreibe und erkläre die Beobachtungen.

V4 Lichtempfindlichkeit von Zapfen und Stäbchen

Material: schwarzer Karton; weißes Blatt Papier; Locher; Schere; Klebstoff
Durchführung: Schneide ein schwarzes Pappquadrat von 20 cm Kantenlänge aus. Stanze mit dem Locher Papierpunkte aus dem weißen Papier und klebe sie im Abstand von 1 cm auf die schwarze Pappe. Verdunkle jetzt den Raum so weit, dass du die weißen Punkte gerade noch erkennen kannst. Lege das Pappquadrat auf den Tisch und fixiere im Abstand von etwa 20 cm mit einem Auge und ohne den Kopf zu bewegen einen in der Bildmitte liegenden weißen Punkt. Hinweis: Zapfen und Stäbchen sind unterschiedlich lichtempfindlich.
Aufgabe: Beschreibe und erkläre die Beobachtung.

Bau und Leistungen des menschlichen Körpers

V5 Blinder Fleck

Material: weißes Blatt Papier; schwarzer Filzstift; Lineal

Durchführung: Zeichne auf ein Stück Papier ein schwarzes Dreieck von 0,5 cm Kantenlänge und im Abstand von 10 cm rechts daneben einen Kreis mit 1 cm Durchmesser. Halte nun das Papier in Armlänge vor die Augen, schließe das rechte Auge und fixiere die Kreisfläche mit dem linken. Bewege das Papier, während du den Kreis ständig fixierst, langsam auf das Auge zu und entferne es wieder.

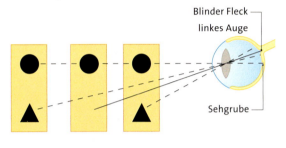

Aufgabe: Beschreibe und erkläre deine Beobachtung unter Verwendung der Abbildung.

V6 Bestimmung des Gesichtskreises

Material: Pappe 1 (80 cm lang und 40 cm breit); Pappe 2 (125 cm lang und 30 cm breit); kleine Pappscheiben mit 3 cm Durchmesser; Reagenzglashalter; Lineal 30 cm; Winkelmesser; Filzstifte; Bleistift; Klebeband

Durchführung: Schneide aus der Pappe 1 einen Halbkreis von 40 cm Radius aus. Markiere darauf mit dem Winkelmesser von der Mitte aus jeweils in Zehnerschritten 90° nach rechts und 90° nach links. Stelle Pappe 2 senkrecht um den Halbkreis herum auf, befestige sie mit Klebeband und übertrage die Gradmarken auf die Außenseite dieser Pappe. Beschrifte sie dann so, wie es die Abbildung zeigt. Bringe auf der Seite, die der 0°-Markierung gegenüberliegt, einen Punkt an. Bemale die Pappscheiben in den Farben rot, blau, grün und schwarz.

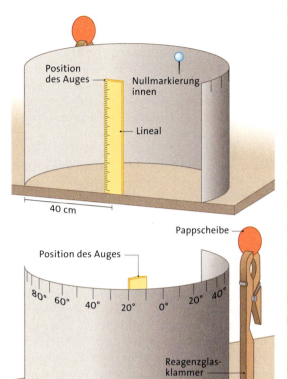

Versuchsaufbau zur Bestimmung des Gesichtskreises

Die Versuche werden jetzt von jeweils zwei Schülern durchgeführt.
Stelle die Versuchsanordnung so auf den Tisch, dass die halbkreisförmige Pappe mit der Tischkante abschließt. Setze dich vor die Versuchsanordnung und halte das Lineal senkrecht in die Mitte des Halbkreises. Bringe ein Auge an die Oberkante des Lineals und fixiere während des gesamten Versuchs die Nullmarkierung. Das zweite Auge wird geschlossen. Die zweite Person spannt nun jeweils eine Pappscheibe in die Reagenzglasklammer und führt sie außen am Halbkreis entlang vom Rand zur Mitte. Die Versuchsperson meldet, wann sie die Pappscheibe sieht. Die zweite Person notiert in einer Tabelle jeweils Kartenfarbe und Winkel, bei dem die Karte sichtbar wurde. Der Versuch wird mit dem zweiten Auge wiederholt. Anschließend wechseln beide Personen ihre Rollen.

Aufgabe: Beschreibe und erkläre die Versuchsergebnisse.

1.5 Das Ohr nimmt akustische Reize auf

Beim Betrieb eines MP3-Players erzeugt eine schwingende Membran im Lautsprecher Töne. Wir empfinden sie als Sprache oder Musik. Wie funktioniert dieses Hören?

Von der Schallquelle werden Teilchen der Luft in schwingende Bewegungen versetzt. Diese Schwingungen breiten sich als *Schallwellen* aus und erreichen so die Ohren. Über die *Ohrmuscheln*, die wie Schalltrichter wirken, gelangen die Schallwellen in den *Gehörgang*. Hier treffen sie auf eine dünne Haut, das *Trommelfell*. Das Trommelfell ist die Grenze zwischen **Außenohr** und **Mittelohr**. Das Mittelohr wird von einem erbsengroßen, luftgefüllten Raum, der *Paukenhöhle*, gebildet. Darin liegen drei gelenkig miteinander verbundene Gehörknöchelchen, die aufgrund ihres Aussehens als *Hammer*, *Amboss* und *Steigbügel* bezeichnet werden. Der Hammer ist mit dem Trommelfell und der Steigbügel mit einer anderen Membran, dem *ovalen Fenster*, verwachsen. Das ovale Fenster begrenzt die *Schnecke* des **Innenohres**. Sie wird durch dünne Häute in drei Längsgänge unterteilt. Oben liegt der *Vorhofgang*, in der Mitte der *Schneckengang* und unten der *Paukengang*. Am Ende des Paukenganges befindet sich das ebenfalls von einer Membran gebildete *runde Fenster*. Vorhofgang und Paukengang sind an der Spitze der Schnecke durch eine kleine Öffnung, das *Schneckentor*, miteinander verbunden. Die Membran zwischen Schneckengang und Paukengang wird *Grundmembran* genannt. Auf ihr sind

1 Schüler mit MP3-Player

über die ganze Länge der Schnecke verteilt vier Reihen von *Hörsinneszellen* aufgereiht. Sie bilden zusammen mit einer auf ihre Oberseite drückenden *Deckmembran* das eigentliche Hörorgan. Es heißt nach seinem Entdecker CORTI auch CORTIsches Organ.

Treffen Schallwellen auf das Trommelfell, üben die schwingenden Teilchen der Luft einen Druck aus. Das Trommelfell beginnt jetzt auch zu schwingen. Je stärker die Schwingungen sind, um so lauter wird das Geräusch wahrgenommen. Durch diese Schwingungen werden die Gehörknöchelchen in Bewegung versetzt. Sie sind so miteinander verbunden, dass sie wie ein Hebelsystem wirken. Hierdurch wird der Schalldruck verstärkt auf das ovale

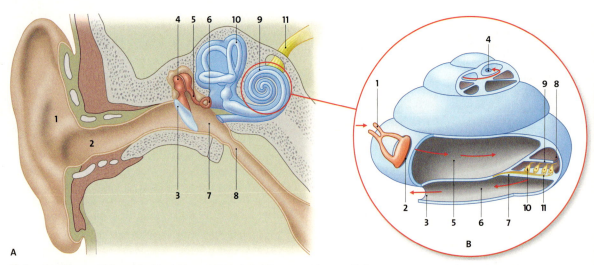

2 Bau des Ohres. **A Längsschnitt:** 1 Ohrmuschel; 2 Gehörgang; 3 Trommelfell; 4 Hammer; 5 Amboss; 6 Steigbügel; 7 Paukenhöhle; 8 Ohrtrompete; 9 Schnecke; 10 Bogengänge; 11 Hörnerv. **B Schnecke:** 1 Steigbügel; 2 ovales Fenster; 3 rundes Fenster; 4 Schneckentor; 5 Vorhofgang; 6 Paukengang; 7 Grundmembran; 8 Schneckengang; 9 Deckmembran; 10 Hörsinneszelle; 11 Hörnerv

Fenster übertragen. Die Flüssigkeit in der Schnecke gerät in Schwingungen und damit auch die Grundmembran. Die Höhe des Tons ist von der Zahl der Druckänderungen pro Zeiteinheit, der *Frequenz,* abhängig. Ein Ton von 1000 Schwingungen pro Sekunde hat eine Frequenz von 1000 Hertz. Menschen können Frequenzen zwischen etwa 20 Hertz (sehr tiefe Töne) und 18 000 Hertz (sehr hohe Töne) wahrnehmen. Hohe Töne setzen auf der Grundmembran Bereiche in der Nähe des ovalen Fensters in Bewegung, während tiefe Töne im Bereich des Schneckentores wirksam werden. Durch die Schwingungen der Grundmembran stoßen die Hörsinneszellen gegen die Deckmembran und werden gereizt. Es entstehen Nervenimpulse, die über den *Hörnerv* zum Gehirn wandern.

Maßeinheit der Lautstärke eines Geräusches ist das Dezibel (dB). Jede Zunahme der Lautstärke um zehn Dezibel bedeutet eine Verzehnfachung der Lautstärke. Bei einem lauten Knall müssen die starken Luftdruckunterschiede zwischen Außenohr und Mittelohr ausgeglichen werden. Dies geschieht über die *Ohrtrompete,* die die Paukenhöhle mit dem Rachenraum verbindet.

Werden Geräusche vom Menschen als störend empfunden, spricht man von **Lärm.** Sehr hohe Schalldrücke wie zum Beispiel bei Explosionen oder auch lauter Dauerbeschallung durch Musikabspielgeräte schädigen das Trommelfell oder das CORTISCHE Organ. Aber auch Stress, Konzentrationsschwäche, Nervosität oder Kopfschmerzen können Auswirkungen von Lärm sein.

dB	Geräusch	Wirkung				
0	Hörschwelle					
20	Blätterrauschen	ruhig				
40	leises Sprechen					
60	Staubsauger	laut				
80	verkehrsreiche Straße		Schlafstörungen	Konzentrationsstörungen	Verständigungsschwierigkeiten	Gehörschäden
100	Autohupe	unerträglich				
120	Presslufthammer	schmerzhaft				

❹ Schalldruck von Geräuschen

Durch das Hören mit zwei Ohren kann man die Richtung einer Schallquelle auch bei geschlossenen Augen bestimmen. Liegt die Schallquelle zum Beispiel links vom Kopf, erreicht der Schall das linke Ohr etwas eher als das rechte. Aus dem Zeitunterschied berechnet das Gehirn die Position der Schallquelle.

1. Beschreibe die Übertragung der Schwingungen einer Stimmgabel bis zu den Hörsinneszellen. Nenne Stellen, an denen der Hörprozess gestört werden könnte.
2. Bei der Landung eines Flugzeugs spüren die Passagiere einen Druck auf den Ohren. Öffnet man den Mund und schluckt, ist der Druck verschwunden. Erkläre diesen Vorgang.
3. Erläutere anhand der Abbildung 5 die Ursachen eines Hörschadens, der durch ein krankes CORTISCHES Organ verursacht wird.

❸ Die Entstehung des Schalls

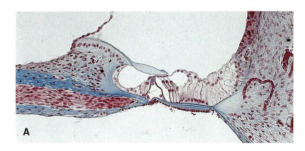
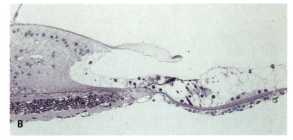

❺ CORTISCHES Organ. A gesund; B krank

1.6 Im Innenohr liegt das Dreh- und Lagesinnesorgan

Beim Fußballspiel müssen Körperlage und Bewegungen genau koordiniert werden. Dazu dienen zwei Sinnesorgane im Innenohr, das **Lagesinnesorgan** und das **Drehsinnesorgan**.

Am vorderen Ende der Gehörschnecke liegt das Lagesinnesorgan in zwei bläschenförmigen Erweiterungen. Es besteht aus Sinneszellen, deren härchenartige Fortsätze in Gallerte eingebettet sind. In diesen Gallertkappen sind oberhalb der Härchen Kalkkristalle eingeschlossen. Durch die Schwerkraft drücken sie auf die Härchen. Neigt man den Kopf nach rechts, so rutschen die Kalkkristalle ebenfalls nach rechts. Dadurch verbiegen sich die unter ihnen liegenden Härchen der Sinneszellen in die gleiche Richtung. Es kommt zu einer Erregung, die über Nerven zum Gehirn gelangt. Hier kann unter Einbeziehung der vom zweiten Lagesinnesorgan kommenden Erregung jede Lage des Kopfes ermittelt werden.

Oberhalb des Lagesinnesorgans liegt das Drehsinnesorgan. Es besteht aus drei mit Flüssigkeit gefüllten *Bogengängen*. Einer der Bogengänge liegt waagerecht, die beiden anderen stehen senkrecht in einem Winkel von 90 Grad zueinander. Jeder von ihnen enthält eine blasenförmige Erweiterung, die *Ampulle*. Auch in den Ampullen befinden sich Gallertkappen, in die die Härchen von Sinneszellen hineinragen. Dreht man nun den Kopf nach rechts, so bleibt die Flüssigkeit des waagerechten Bogengangs aufgrund ihrer Trägheit hinter der Drehung zurück. Sie strömt somit entgegen der Drehrichtung durch den Bogengang. Hierdurch wird die Gallertkappe mit den Sinneshärchen abgebogen und in den Sinneszellen entstehen Nervimpulse, die zum Gehirn geleitet werden. Bei anhaltender Drehung um die eigene Achse wird nach und nach auch die Flüssigkeit in Bewegung versetzt. Schließlich dreht sie sich genauso schnell wie der Kopf. Die Gallertkappe steht jetzt wieder aufrecht in der Ampulle, sodass dem Gehirn keine Kreisbewegung mehr gemeldet wird. Hört die Kreisbewegung auf, strömt die Flüssigkeit zunächst noch weiter durch den Bogengang. Dies führt zum Abbiegen der Sinneshärchen in die Gegenrichtung, wobei ein Schwindelgefühl entstehen kann. Die drei Bogengänge ermöglichen die Orientierung im Raum. Mit dem waagerechten Gang werden Drehungen um die Längsachse wahrgenommen, mit den beiden anderen Bewegungen zur Seite, nach vorn oder nach hinten. So werden also die drei Dimensionen des Raumes erfasst.

1 In Abbildung 2 ist das Lagesinnesorgan bei waagerechter Kopfhaltung dargestellt. Zeichne es bei nach rechts geneigtem Kopf und beschrifte die Zeichnung.

1 Koordination von Lage und Bewegung beim Fußballspiel

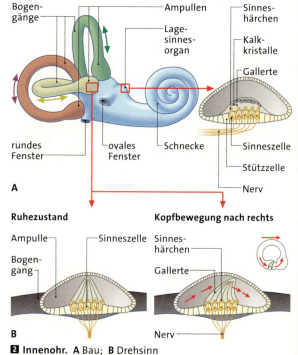

2 Innenohr. **A** Bau; **B** Drehsinn

Bau und Leistungen des menschlichen Körpers

Aufgaben und Versuche — Das Ohr

V1 Versuch zum Richtungshören

Material: Aquarienschlauch mit 1 cm Durchmesser und 1,5 m Länge; Folienstift permanent; Lineal

Durchführung: Markiere den Schlauch genau in der Mitte. Ein Mitschüler setzt sich mit dem Rücken an einen Tisch und hält beide Enden des Schlauches an seine Ohren. Der Schlauch liegt hinter ihm flach auf dem Tisch. Klopfe mit dem Stift seitlich von der Mitte auf den Schlauch. Der Abstand von der Mitte sollte maximal 10 Zentimeter betragen. Die Versuchsperson gibt an, ob rechts oder links von der Mitte geklopft wird. Wiederhole den Versuch einige Male, wobei du den Abstand von der Mitte immer wieder veränderst.

Aufgaben:

a) Erstelle eine Tabelle nach folgendem Muster und trage die Versuchsbeobachtungen ein.

Lage der Klopfstelle (rechts oder links)	Abstand der Klopfstelle von der Mitte (cm)	mitgeteilte Hörrichtung (rechts oder links)

b) Stelle den geringsten Abstand von der Mitte fest, bei dem die Hörrichtung »links« oder »rechts« sicher angegeben werden kann. Erkläre.

A2 Hörschäden durch Lärm

Erläutere den dargestellten Hörschaden.

V3 Untersuchungen zum Drehsinn

Material: Drehstuhl; runde Glasschale; Wollfäden, Knetgummi; Schere; Wasser

Durchführung: Setze dich so auf den Drehstuhl, dass die Füße nicht den Boden berühren. Lege die Hände auf die Knie, halte den Kopf senkrecht und schließe die Augen. Der Stuhl wird jetzt von einem Mitschüler langsam nach links gedreht und wieder abgestoppt. Stelle anschließend die Glasschale auf den Drehstuhl. Schneide etwa 20 Wollfäden mit 2 cm Länge ab und klebe sie in der Nähe des Glasschalenrandes mit Knetgummi auf den Boden. Fülle die Schale etwa bis zur Hälfte mit Wasser, dass die Fäden senkrecht stehen. Drehe den Stuhl mit der Schale nach links und stoppe dann wieder.

Aufgaben:

a) Protokolliere die Versuchsbeobachtungen. Erkläre mit Hilfe des Modellversuchs deine eigenen Empfindungen beim Drehen und Abstoppen des Stuhls.

b) Ordne den Teilen des Drehsinns der Versuchsperson die entsprechenden Bauteile des Modellversuchs zu. Was wird im Modellversuch nicht dargestellt?

c) Erkläre, warum jemandem während einer Karussellfahrt nicht schwindelig wird, manchmal jedoch direkt nach der Fahrt.

1.7 Geruchs- und Geschmackssinn

Ein sonniger Tag im Frühling. Im Garten blühen viele Pflanzen. Einige von ihnen verströmen einen angenehmen Duft und erzeugen Wohlbefinden. Während einer starken Erkältung riecht man allerdings kaum etwas. Selbst der Duft des Lieblingsgerichtes wird nicht wahrgenommen und die Mahlzeit schmeckt auch nicht. Wie funktionieren nun Riechen und Schmecken?

Geruchs- und Geschmackssinn sind als einzige Sinne an chemische Substanzen als stoffliche Überträger gekoppelt. Bei jedem einzelnen der etwa 23 000 Atemzüge pro Tag strömen mit der eingeatmeten Luft geringe Mengen der Geruchsstoffe in unsere Nase. Die Riechschleimhäute, unsere **Geruchsorgane** in der oberen Nasenhöhle, enthalten viele Sinneszellen. In jedem Riechfeld befinden sich etwa 30 Millionen Riechsinneszellen. Umgeben werden sie von Stütz- und Schleimzellen. An der Oberseite spalten sich die Sinneszellen zu acht bis zwölf Riechhärchen auf. Diese nehmen Reize auf und leiten die dadurch ausgelösten Erregungen über eine Nervenfaser an das Gehirn weiter.

Obwohl unser Gehirn ungefähr 10 000 Gerüche unterscheiden kann, lassen sich diese nur wenigen Grundgerüchen wie »blumig«, »faulig« oder »würzig« zuordnen. Oft werden Vergleiche gezogen: Etwas riecht wie eine Rose oder stinkt nach faulen Eiern. Viele Gerüche werden nur unbewusst wahrgenommen. Dennoch speichert unser Gehirn die damit verbundenen Erlebnisse und Stimmungen oft ein Leben lang. Wenige Duftmoleküle genügen, um längst vergangene Bilder ins Bewusstsein zu rufen. Diese Verknüpfung des Riechens mit Stimmungen wird heute auch zur Beeinflussung des Kaufverhaltens in Geschäften genutzt. Gemäß dem Motto »Was duftet, bleibt in Erinnerung«, verströmt man Duftstoffe, die als angenehm empfunden werden, und versucht dadurch, die Kunden zum Kauf der Produkte anzuregen.

Die Zungenoberfläche enthält die **Geschmacksorgane**. Sie sprechen auf Stoffe an, die im Speichel gelöst sind. Kleine warzenförmige Erhebungen unterschiedlicher Größe auf der Zungenoberfläche, die *Papillen*, enthalten die Geschmacksknospen. Jede dieser Knospen enthält wiederum bis zu 50 Sinneszellen, die verschiedene Geschmacksstoffe registrieren. Lange unterschied man vier Geschmacksrichtungen: süß, sauer, salzig und bitter. Inzwischen wurde mit umami eine fünfte Geschmacksqualität identifiziert, die durch den in eiweißhaltigen Nahrungsmitteln enthaltenen Stoff Glutamat ausgelöst wird. Glutamat zeigt somit Fleisch, Milch oder Käse an und wird manchen Speisen auch als »Geschmacksverstärker« zugesetzt.

Bei Erkältung ist häufig die Nase verstopft und wir nehmen nur den von der Zunge vermittelten Geschmack wahr. Das feine Geschmacksempfinden kommt aber erst durch das Zusammenwirken von Geruch und Geschmack zustande. Ob wir den Geschmack einer Speise als angenehm oder unangenehm empfinden, hängt auch mit unseren Erfahrungen zusammen. So fällt es uns schwer, manche Nahrungsmittel anderer Kulturkreise wie beispielsweise Insekten zu essen. Auch wenn uns nach einer gut schmeckenden Speise einmal übel geworden ist, kann es sein, dass wir sie danach nicht mehr mögen.

1 Erkläre das Zustandekommen einer Geruchsempfindung.

2 In Blumenläden verwendet man häufig Duftsprays mit Blütendüften. Erläutere an diesem Beispiel das Basiskonzept Information und Kommunikation.

1 Schöne Düfte erzeugen Wohlbefinden

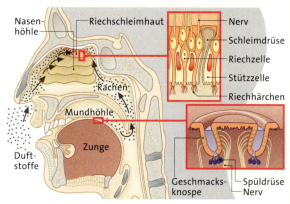

2 Geruchs- und Geschmackssinn

1.8 Sinne der Haut

In der Haut liegen verschiedene Strukturen zur Aufnahme von Umweltreizen, die man Rezeptoren nennt. So gibt es zum Beispiel unterschiedliche **Druckrezeptoren**. Direkt unter der Oberhaut der Fingerspitzen liegen in besonders großer Zahl die für Berührungsreize sehr empfindlichen *Tastkörperchen*. Wird die Haut an einer Stelle etwas eingedrückt, fließt eine kurze Erregung zum Gehirn. Tastkörperchen und die ähnlich arbeitenden *Haarbalgnerven* befinden sich in der gesamten Körperoberfläche in unterschiedlicher Dichte. Weil sich in den Fingerkuppen und in den Lippen besonders viele Tastkörperchen befinden, kann man mit ihnen wesentlich besser tasten als zum Beispiel mit der Haut auf der Handoberseite. Neben den Tastkörperchen liegen in der Haut die *Tastscheiben*. Von diesen werden solange Erregungen an das Gehirn übertragen, wie ein Druck auf sie ausgeübt wird. Ein zu enger Schuh wird also zum Beispiel dauerhaft wahrgenommen. Hautverschiebungen werden durch die Lamellenkörperchen registriert.

1 In der Haut liegen wichtige Sinnesrezeptoren

Kälte- und Wärmeeinwirkungen werden von **Temperaturrezeptoren** in der Haut registriert. Eine Abkühlung wird durch *Kälterezeptoren*, die auf Abkühlung unter 36 Grad Celsius reagieren, wahrgenommen. Sie liegen als *freie Nervenendigungen* in und dicht unter der Oberhaut. Erwärmungen über 36 Grad Celsius registrieren die in der Lederhaut liegenden *Wärmerezeptoren*. Dass die Kälte oder Wärme des Badewassers beim Eintauchen des Körpers nur kurz empfunden wird, hat folgenden Grund: Im Temperaturbereich von 20 bis 40 Grad Celsius führen Erwärmung und Abkühlung nur vorübergehend zur Warm- oder Kaltempfindung. Gefahren für den Körper bestehen hier kurzfristig nicht. Erst bei stärkeren oder lange anhaltenden Abweichungen von der normalen Körpertemperatur spürt man die Kälte oder Wärme dauerhaft und beginnt zu frieren oder zu schwitzen.

Besonders starke Reizungen der Haut werden von **Schmerzrezeptoren** wahrgenommen. Dies sind freie Nervenendigungen, die auf schädliche mechanische Reize, Temperaturen oder chemische Stoffe reagieren. Man findet sie in der Oberhaut und in der Lederhaut. Die von ihnen kommenden Erregungen werden im Gehirn als Schmerz empfunden.

1 Geht man in einem See baden, so spürt man zunächst nur kurz die Kälte. Bald erscheint das Wasser angenehm warm. Nach einiger Zeit kehrt die Kälteempfindung jedoch dauerhaft zurück. Erkläre.

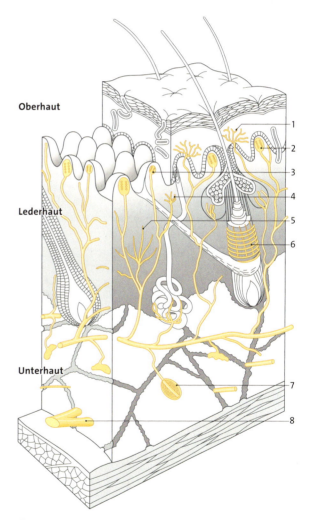

2 Nerven und Sinneskörperchen der Haut. **1** freie Nervenendigung; **2** Tastkörperchen; **3** Tastscheibe; **4** Kälterezeptor; **5** Wärmerezeptor; **6** Haarbalgnerv; **7** Lamellenkörperchen; **8** Nerv

Aufgaben und Versuche — Riechen, Schmecken, Fühlen

V1 Geruch und Geschmack

Material: verschiedene Obst- und Gemüsesäfte; mehrere Teelöffel; Augenbinde; Glas mit Wasser

Durchführung: Verschließe einer Versuchsperson die Augen, reiche ihr nacheinander die verschiedenen Säfte und lasse sie beurteilen, um welchen Saft es sich handelt. Nach jedem Geschmackstest wird der Mund mit Wasser gespült. Wiederhole die Versuchsreihe mit veränderter Abfolge der Säfte, während sich die Versuchsperson zusätzlich ihre Nase zuhält.

Aufgabe: Protokolliere die Versuchsbeobachtungen. Erkläre unter Verwendung der Abbildung 2 auf Seite 218, mit welchen Sinnesorganen man Speisen und Getränke erkennt.

V2 Riechen nach Farben

Material: verschließbare, undurchsichtige Filmdöschen; Duftstoffe wie Lavendel, Zimt, Zitrone, Orange und Vanille; Watte

Durchführung: Nummeriere die Filmdöschen und gib jeweils etwas Watte und einige Tropfen eines Duftstoffes hinein. Anschließend öffnet die Versuchsperson die Döschen nacheinander, schnuppert jeweils und notiert hinter jeder Nummer den bekannten Geruch und die passende Farbe.

Aufgabe: Erläutere deine Beobachtungen unter Einbeziehung der Abbildung.

V3 Duft-Memory

Material: 20 Filmdosen mit perforiertem Deckel; Duftstoffe, Parfüms, Gewürze, Blätter von Duftpflanzen oder aromatische Lebensmittel; Watte

Durchführung: Gib in die Filmdöschen jeweils etwas Watte. Verteile jede Geruchsprobe auf zwei Filmdöschen, verschließe die Döschen und schreibe auf die Unterseiten die gleiche Zahl. Zahlen und dazugehörige Gerüche werden notiert. Stelle dann alle Filmdosen bunt gemischt auf den Tisch. Die Spieler setzen sich um den Tisch und schnuppern der Reihe nach an jeweils zwei Döschen. Wenn man ein Duftpaar gefunden hat, darf man es behalten; sonst stellt man die Döschen an dieselbe Stelle zurück. Sieger ist derjenige, der die meisten Duftdosenpaare findet.

V4 Verteilung der Tastkörperchen in der Haut

Material: aufgebogene Büroklammer; Lineal

Durchführung: Biege die Enden der Büroklammer auf 20 mm Abstand. Drücke sie leicht auf die Haut einer Versuchsperson, die während des Versuchs die Augen geschlossen hält. Verringere den Abstand der Enden stufenweise und berühre zwischendurch auch nur mit einem Ende. Notiere den Abstand, bei dem nur noch ein Tastreiz wahrgenommen wird. Untersuche auf diese Weise Fingerkuppe, Handfläche, Handrücken, Arme, Wangen usw.

Aufgaben:
a) Stelle die Ergebnisse in Form einer Tabelle dar.
b) Ordne die Hautstellen nach ihrer Empfindlichkeit und formuliere eine Begründung.

V5 Versuch zum Temperatursinn

Material: 3 Schalen; Wasser verschiedener Temperaturen; Thermometer

Durchführung: Fülle drei Schalen mit heißem, lauwarmem und eiskaltem Wasser. Miss die Temperaturen. Tauche die rechte Hand für eine Minute in das eiskalte Wasser und gleichzeitig die linke Hand in das heiße Wasser. Tauche anschließend beide Hände in das lauwarme Wasser.

Aufgabe: Beschreibe und erkläre deine Temperaturempfindungen in den beiden Versuchsschritten.

Bau und Leistungen des menschlichen Körpers

Wissen kompakt | Sinne bei Mensch und Tier

Sinneswelten. A Sehwelt; B Riechwelt; C Hörwelt; D Tastwelt

Am Rand des Weizenfeldes greift der **Mäusebussard** eine Feldmaus. Er hat das kleine Tier hoch aus der Luft entdeckt und sich im Sturzflug herabfallen lassen. Die Bussardaugen sind so groß wie die des Menschen. Die große Sehschärfe erklärt sich aus dem Bau der Netzhaut. Die Zahl der Sehzellen pro Flächeneinheit ist wesentlich größer als beim Menschen. Auch in den Randbereichen der Netzhaut befinden sich Zapfen in hoher Dichte, sodass ein überall farbiges und scharfes Panoramabild der Umwelt entsteht. Außerdem kann der Vogel bis zu 150 Bilder pro Sekunde getrennt wahrnehmen. Hierdurch ist er in der Lage, selbst im Sturzflug noch die kleinsten Bewegungen der Feldmaus zeitlupenartig zu erkennen. Der Bussard lebt in einer **Sehwelt**, in der die Augen eine größere Bedeutung haben als beim Menschen.

Ein **Hund** läuft über den Feldweg. Die Nase eng am Boden verfolgt er die Spur einer Katze. Die Katze hat Geruchsstoffe in der Luft und auf dem Boden zurückgelassen. Kommen nur wenige Teilchen davon mit der Nasenschleimhaut des Hundes in Berührung, werden sie wahrgenommen. Seine Geruchsschleimhaut ist etwa 30-mal so groß wie die des Menschen. So weist ihm die sehr empfindliche Nase den Weg der Katze. Da viele Gegenstände einen charakteristischen Geruch besitzen, vermittelt die Hundenase dem Tier einen detaillierten Eindruck seiner Umwelt. Deshalb werden manche Hunde vom Menschen als Spürhunde zur Suche von Drogen, Waffen oder Verschütteten eingesetzt. Der Geruchssinn hat für den Hund eine besondere Bedeutung. Er lebt in einer **Riechwelt**.

Mit Beginn der Dämmerung verlassen **Fledermäuse** ihr Tagesversteck in der Hohlwand eines Einfamilienhauses. Während ihres Fluges zwischen den Häusern stoßen sie in regelmäßigen Abständen kurze Ultraschallrufe aus, die für den Menschen nicht hörbar sind. Treffen die Schallwellen auf ein Hindernis, beispielsweise auf einen Nachtfalter, so kehren sie von dort als Echo zurück. Mit ihren großen Ohren und ihrem feinen Gehör kann die Fledermaus dieses Echo wahrnehmen. Stärke und Art des Echos liefern Informationen über Geschwindigkeit und Größe des angepeilten Objekts. Aus dem zeitlichen Unterschied zwischen Ruf und Rückkehr des Schalls zu den Ohren bestimmt die Fledermaus Entfernung und Richtung des Gegenstandes. Fledermäuse sind nachtaktive Tiere, die in einer **Hörwelt** leben.

Der **Maulwurf** muss bei der Jagd in seinem unterirdischen Lebensraum ohne Licht auskommen. Neben dem Gehör- und dem Geruchssinn benutzt er den Tastsinn. Die Rüsselspitze der unbehaarten Nase weist etwa 150 000 freie Nervenendigungen und 25 000 Tastrezeptoren auf. An der Nase und um den Mund herum sowie an den Handwurzeln befinden sich zusätzliche Tasthaare, die ihn bei der Orientierung unterstützen Der Maulwurf orientiert sich somit in einer **Tastwelt**.

1. Welcher der dargestellten Sinne hat die größte Reichweite, welcher die geringste. Begründe.
2. Die besonderen Sinnesleistungen der beschriebenen Tiere erlangt der Mensch durch technische Hilfsmittel. Erläutere dies an drei Beispielen.

2 Informationsleitung und -verarbeitung

2.1 Das Nervensystem – ein Nachrichtennetz

Der Fußballspieler schaut auf seinen Mitspieler. Ein Schuss – und der Ball wird perfekt weitergespielt. Solche zielgerichteten Bewegungen zeigen die Fähigkeit des Körpers, Reize aufzunehmen, Information weiterzuleiten und zu verarbeiten. Das *Auge* empfängt Reize von Ball und Mitspieler. Es leitet Informationen darüber über den Sehnerv an das *Gehirn* weiter. Ein geübter Sportler hat das Passen von Bällen häufig trainiert. Deswegen verfügt sein Gehirn über gespeicherte Erfahrungen, die nun genutzt werden, um Muskeln gezielt zu bewegen. Die entsprechenden Befehle werden vom Gehirn über das *Rückenmark* und schließlich über *Nerven* an die *Muskeln* im Bein übermittelt. Diese ziehen sich zusammen und der Fuß lenkt den Ball in Richtung des Mitspielers.

Die Weiterleitung und Verarbeitung von Informationen erfolgt im **Nervensystem,** das aus **Nervenzellen** besteht. Allein im Gehirn sind es 100 Milliarden Zellen.

Gehirn und Rückenmark bilden zusammen das **Zentralnervensystem, das ZNS.** Von diesem ausgehend durchziehen Nerven den ganzen Körper und bilden so das **periphere Nervensystem, das PNS.** Nerven sind Bündel von *Nervenfasern*, die von Bindegewebshüllen umschlossen sind. Es gibt *sensorische Fasern*, die Informationen von den Sinnesorganen an das ZNS liefern, und *motorische Fasern*, über die das ZNS die Bewegung von Muskeln bewirkt. In den meisten Nerven verlaufen sowohl sensorische als auch motorische Nervenfasern. Nachdem Reize von Ball und Mitspieler verarbeitet wurden, bewirkt dies über motorische Nervenfasern das Anspannen, die *Kontraktion*, bestimmter Muskeln. Die dadurch hervorgerufenen Veränderungen in der Muskulatur werden durch *Rezeptoren* gemessen und über sensorische Nervenfasern an das Gehirn gemeldet. Hier wird nun verglichen, ob die beabsichtigten Bewegungsabläufe mit den tatsächlich stattfindenden übereinstimmen. Bei Abweichungen kann das Gehirn Korrekturen vornehmen, die wiederum kontrolliert werden.

Das Nervensystem regelt nicht nur die Muskeltätigkeit, sondern es beeinflusst auch die Funktion der inneren Organe. Dies erfolgt in der Regel *unwillkürlich*. Unter anderem werden die Atmung, die Bewegungen von Magen und Darm sowie die Tätigkeit der Nieren durch Nerven des **vegetativen Nervensystems** reguliert.

1 Erläutere die Informationsleitung im menschlichen Körper anhand von Abbildung 1.

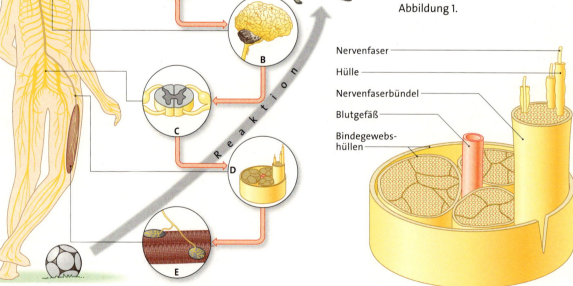

1 Informationsverarbeitung im menschlichen Körper.
A Auge; **B** Gehirn; **C** Rückenmark; **D** Nerv; **E** Muskel

2 Bau eines Nervs

Wissen kompakt — Nervensysteme im Tierreich

Polypen gehören zu den im Wasser lebenden Nesseltieren. Mit Hilfe einer Fußscheibe heften sie sich am Untergrund fest. Ihre Mundöffnung ist von Tentakeln umgeben. Berührt ein Beutetier diese Fangarme, wird es durch ein Gift gelähmt. Dann befördert der Polyp sein Beutetier durch Bewegungen der Tentakel über die Mundöffnung in den *Verdauungsraum*. Nahrung und Verdauungsenzyme werden mit Hilfe von Muskeln durchmischt. Diese Bewegungen werden durch Nervenzellen gesteuert, die winzige Zwischenräume der äußeren Zellschicht des Polypen wie ein Netz durchziehen. Man spricht daher von einem **Netznervensystem.** Darin breiten sich Erregungen nach allen Seiten hin gleich aus und nehmen an Intensität ab, je weiter sie vom Ort ihrer Entstehung entfernt sind.

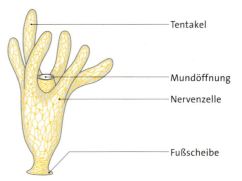

1 Nesseltier

Die Weinbergschnecke, ein Weichtier, gliedert sich in einen mit Sinnesorganen besetzten Kopf, einen muskulösen Fuß und einen Eingeweidesack. Im Kopf befinden sich zwei benachbarte Ansammlungen von Nervenzellen, die *Cerebralganglien*. Sie bilden das *Gehirn*. Durch Nervenzellen ist es mit untergeordneten Ganglien in Mantel, Fuß und Eingeweidesack verbunden. Diese steuern Bewegungen und Körperfunktionen direkt vor Ort. Die Weinbergschnecke besitzt ein **Zentralnervensystem** mit Ganglien in wichtigen Körperteilen.

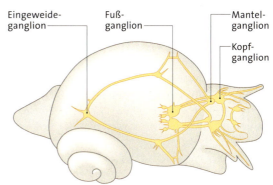

2 Weichtier

Insekten weisen im Vergleich zu Nesseltieren und den meisten Weichtieren komplexere Verhaltensweisen auf. So besitzt eine Libelle Komplexaugen, die aus bis zu 30 000 Einzelaugen bestehen. Diese vielen Bildpunkte müssen während eines rasanten Flugs schnell verarbeitet werden. Im Kopf befindet sich eine dichte Ansammlung von Nervenzellen oberhalb des Verdauungstrakts, das *Oberschlundganglion* oder Gehirn. Dieses ist durch seitliche Nervenstränge mit dem auf der Bauchseite liegenden *Unterschlundganglion* verbunden. Von dort aus ziehen sich zwei parallele Nervenstränge durch den gesamten Körper. In jedem Segment bilden sie paarige Ganglienknoten. Der erste Knoten wird aufgrund seiner Lage *Unterschlundganglion* genannt. Diese Ganglien sind quer durch *Kommissuren* und längs durch *Konnektive* miteinander verbunden. Der Aufbau des Nervensystems erinnert an eine Strickleiter, weshalb man von einem **Strickleiternervensystem** spricht.

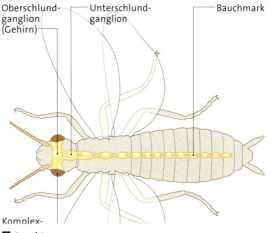

3 Insekt

1 Vergleiche die abgebildeten Nervensysteme und ziehe Schlussfolgerungen, inwiefern ihr Aufbau mit der Lebensweise der Tiere in Verbindung steht.

2.2 Bau und Funktion von Nervenzellen

Bausteine eines Nervensystems sind die **Nervenzellen**, die auch **Neurone** genannt werden. Im mikroskopischen Bild erkennt man sie daran, dass vom *Zellkörper*, der den Zellkern enthält, Fortsätze ausgehen. Bei einer motorischen Nervenzelle, einem *Motoneuron*, gehen vom Zellkörper viele verzweigte Fortsätze aus, die höchstens einen Millimeter lang sind. Da sie in ihrer Gesamtheit an eine Baumkrone erinnern, werden sie *Dendriten* (gr. *dendrón*, Baum) genannt.

Am Zellkörper eines Motoneurons gibt es neben den Dendriten einen Fortsatz, der mehr als einen Meter lang werden kann. Er heißt **Axon** und entspringt am *Axonhügel*. Das Axon wird in regelmäßigen Abständen von Schwannschen Zellen umgeben. Sie wickeln sich während des Wachstums wie eine Rolle Klebeband auf und isolieren das Axon elektrisch. Man spricht auch von einer *Markscheide*. Zwischen zwei benachbarten Schwannschen Zellen bleibt ein schmaler Spalt frei, der wie eine Einschnürung erscheint. Diese Ranvierschen *Schnürringe* treten in Abständen von ein bis zwei Millimetern auf. Axon und Markscheiden bilden zusammen eine **Nervenfaser**. Am Ende ist das Axon verzweigt. Bei Motoneuronen endet jede Abzweigung mit einer Verbreiterung an der Muskelfaser, der *motorischen Endplatte*.

Erhält ein Motoneuron von anderen Nervenzellen oder von Sinneszellen Informationen, baut sich eine elektrische Erregung auf. Sie beruht auf Spannungsunterschieden zwischen dem Zellinneren und dem Zelläußeren. Diese Spannungsunterschiede entstehen, indem verschiedene positiv oder negativ geladene Ionen durch die Zellmembran des Motoneurons wandern. Ist die Erregung stark genug, entsteht am Axonhügel ein elektrischer Impuls. Dieser Impuls löst am nächsten Schnürring einen neuen Impuls aus. Er »springt« von Schnürring zu Schnürring das Axon entlang. Dabei werden bei der Informationsleitung Geschwindigkeiten von bis zu 130 Metern pro Sekunde erreicht.

Ist der Impuls am Ende des Axons angelangt, trifft er auf die motorische Endplatte. Er kann aber nicht direkt auf die Muskelfaser weitergeleitet werden: Zwischen der motorischen Endplatte und der Muskelfaser befindet sich ein winziger Spalt, den der elektrische Impuls nicht überwinden kann. Er bewirkt aber, dass an der motorischen Endplatte ein *Botenstoff* freigesetzt wird. Dieser durchwandert den Spalt, erreicht die Muskelfaser und führt hier ebenfalls zu einer Spannungsänderung. Daraufhin zieht sich die Muskelfaser zusammen.

1 Beschreibe den Aufbau einer Nervenzelle.
2 Erläutere, wie Informationen vom Zellkörper eines Motoneurons zu einer Muskelfaser gelangen.

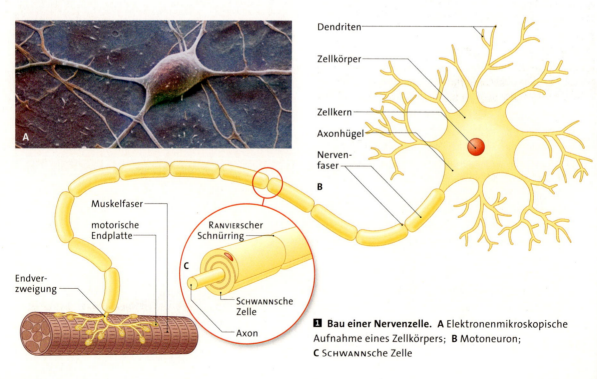

1 Bau einer Nervenzelle. A Elektronenmikroskopische Aufnahme eines Zellkörpers; **B** Motoneuron; **C** Schwannsche Zelle

2.3 Nervenzellen in Kontakt – Synapsen

Eine Nervenzelle bildet selbst bis zu 1000 Kontakte aus und empfängt Impulse von bis zu 150 000 anderen Nervenzellen. Die Stelle, an der die Informationsübertragung zwischen zwei Nervenzellen erfolgt, heißt **Synapse** (gr. *sýnapsis*, Verbindung). Die meisten Synapsen bestehen aus drei Teilen: dem *Endknöpfchen* der »Senderzelle«, einem Teil der Zellmembran der nachgeschalteten »Empfängerzelle« sowie dem *synaptischen Spalt*, der beide Zellen voneinander trennt. Die Empfängerzelle kann eine weitere Nervenzelle, eine Muskelzelle oder eine Drüsenzelle sein. Die motorische Endplatte ist eine Sonderform der Synapse.

Gelangt ein Impuls an ein Endknöpfchen der Senderzelle, so bewirkt er, dass ein Botenstoff in den synaptischen Spalt freigesetzt wird. Die Substanz wird im Zellkörper der Nervenzelle hergestellt, in *Bläschen* verpackt und innerhalb des Axons bis in die Endknöpfchen geleitet. Beim Eintreffen eines Impulses verschmelzen die Bläschen mit der Zellmembran und setzen den enthaltenen Botenstoff nach außen in den synaptischen Spalt frei.

Der synaptische Spalt ist mit einer wässrigen Lösung gefüllt, in der sich der Botenstoff frei verteilt. Nach etwa ein bis fünf Millisekunden gelangt er an die Membran der Empfängerzelle. Diese ist von *Ionenkanälen* durchzogen, von denen die meisten geschlossen sind. Trifft der Überträgerstoff auf einen geschlossenen Ionenkanal, bewirkt er, dass dieser sich öffnet. Nun wandern Ionen durch diesen Kanal, wodurch sich der Spannungsunterschied zwischen dem Zellinneren und Zelläußeren verändert.

Übersteigt die Spannungsänderung einen Schwellenwert, wird die Empfängerzelle erregt. Handelt es sich um eine Nervenzelle, so entsteht an deren Axonhügel wieder ein Impuls, der entlang des Axons fortgeleitet wird. Ist die Empfängerzelle eine Muskelzelle, so löst die Erregung eine Kontraktion aus. Wird eine Drüsenzelle erregt, entlässt diese zum Beispiel ein Hormon in die Blutbahn.

1 Beschreibe, wie Information im Nervensystem weitergeleitet wird. Nutze das Basiskonzept Information.

2 Stelle Hypothesen auf, wie Arzneimittel oder Gifte die Erregungsweiterleitung beeinflussen könnten.

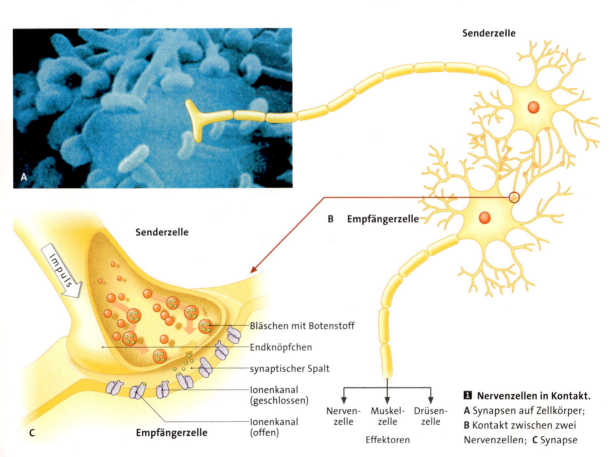

1 Nervenzellen in Kontakt. **A** Synapsen auf Zellkörper; **B** Kontakt zwischen zwei Nervenzellen; **C** Synapse

2.4 Das Rückenmark – Hauptnervenbahn und Schaltzentrale

Alle Nervenverbindungen zwischen dem Gehirn und den Organen in Rumpf und Gliedmaßen verlaufen durch das **Rückenmark**. Es ist Teil des ZNS und liegt innerhalb der Wirbelsäule im *Wirbelkanal*, wo es von einer Flüssigkeit umgeben vor mechanischen Einflüssen geschützt ist. Im Querschnitt erkennt man einen grauen, schmetterlingsförmigen Innenbereich, die **graue Substanz.** Sie ist von einem weißen Außenbereich, der **weißen Substanz,** eingeschlossen. Die graue Substanz besteht überwiegend aus Zellkörpern von Neuronen. Die weiße Substanz wird von Axonen gebildet, die eine Verbindung zum Gehirn herstellen. Jeweils zwischen den Wirbeln verlässt ein Paar *Rückenmarksnerven* den Wirbelkanal. Sie sind die Verlängerung der Nervenwurzeln. Die *sensorische Nervenwurzel* enthält Nervenzellen, die elektrische Impulse von Rezeptoren zum Rückenmark leitet. Die *motorische Nervenwurzel* besteht aus Neuronen, die wiederum elektrische Impulse vom Rückenmark zu Effektoren fortleitet. Die Rückenmarksnerven treten seitlich aus dem Wirbelkanal in der Nähe der elastischen Bandscheiben aus, die Bewegungen der Wirbelsäule abpuffern.

Wer schon einmal barfuß auf einen spitzen Stein getreten ist, weiß, dass man als Reaktion auf den Schmerz *unwillkürlich* und schnell das betroffene Bein anzieht. Eine solche Reaktion nennt man einen **Reflex.** Er schützt den Fuß vor einer schlimmeren Verletzung. Durch die Verletzung werden Schmerzrezeptoren gereizt, die ihre elektrische Erregung über sensorische Nervenfasern zum Rückenmark leiten. In der grauen Substanz wird die einlaufende Erregung über zwischengeschaltete Nervenzellen auf motorische Nervenfasern übertragen. Deren Axone verlaufen zu den Beugemuskeln des Oberschenkels. Diese ziehen sich dann zusammen, so dass der Fuß angehoben wird. Da Reiz und Reaktion nicht im selben Organ erfolgen, spricht man von einem **Fremdreflex**. Damit man beim Heben des Fußes nicht stürzt, gibt es eine weitere neuronale Verschaltung: Die von den Schmerzrezeptoren des rechten Fußes einlaufende Erregung wird durch Verzweigungen auf motorische Nervenfasern der linken Hälfte des Rückenmarks »kopiert«. Diese aktivieren zeitgleich die Streckmuskeln des linken Beins, wodurch das Knie durchgedrückt wird. Die Verletzung und der Schmerz werden bewusst, indem die Information zum Gehirn weitergeleitet wird. Dies geschieht durch Nervenfasern, die innerhalb der weißen Substanz zum Gehirn aufsteigen. Vorher ist jedoch schon die Reaktion erfolgt. Hier zeigt sich die biologische Funktion von Reflexen: In einer gefährlichen Situation zählt jeder Bruchteil einer Sekunde, um Gefahren abzuwenden. Durch einen Reflex wird die Information über einen Reiz durch kurze Leitungswege schnell verarbeitet und eine Reaktion eingeleitet.

1 Beschreibe die Lage und den Bau des Rückenmarks anhand der Abbildungen 1 und 2.

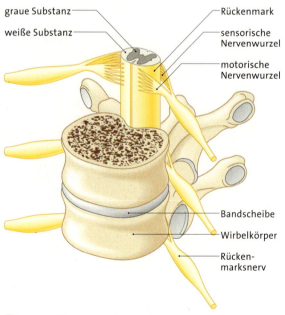

1 Lage und Bau des Rückenmarks

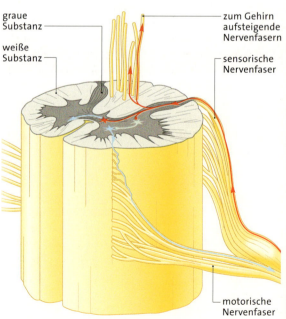

2 Verschaltung eines Fremdreflexes im Rückenmark

Streifzug durch die Medizin — Untersuchungsmethoden

Die **Neurologie** ist ein Fachgebiet der Medizin, das sich mit Erkrankungen des ZNS und PNS beschäftigt. Heute verfügen Neurologen über verschiedene Methoden, mit denen sie die Struktur und Funktion des Gehirns untersuchen. So können zum Beispiel Tumore diagnostiziert und andere Schädigungen des Gehirns erkannt werden. Auch kann man beobachten, welche Regionen des Gehirns bei Wahrnehmungs- und Denkaufgaben aktiv sind.

Die **Positronenemissionstomografie** (PET) nutzt die Beobachtung, dass sich die Blutgefäße um aktivierte Neuronen erweitern und diese mit mehr Betriebsstoffen wie Glucose versorgen. Injiziert man einem Patienten radioaktiv markierte Glucose, reichert sie sich in den aktivierten Neuronen stärker an als in den inaktiven. Die radioaktiv markierte Glucose zerfällt mit der Zeit und emittiert (lat. *emittere*, aussenden) letztlich Strahlung. Diese wird durch einen Detektorring gemessen, in dem sich der Patient befindet. Ein Computer berechnet dann den Ursprung und die Intensität der Strahlung. Die Ergebnisse führen zu einem farblich codierten Schnittbild (gr. *tomós*, Schnitt), einer Karte der Gehirnaktivität. Aktivität kann auf wenige Millimeter genau bestimmt werden. Eine Messung dauert wenige Minuten.

Die neuere **funktionale Magnetresonanztomografie** (fMRT) nutzt ebenso den örtlich erhöhten Blutfluss um aktivierte Neuronen. Allerdings wird keine radioaktiv markierte Substanz benötigt. Stattdessen werden unterschiedliche magnetische Eigenschaften des sauerstoffreichen und -armen Blutfarbstoffes Hämoglobin in verschiedenen Geweben genutzt. Hierzu befindet sich der Patient in einem Gerät, das Magnetfelder erzeugt und durch Spulen elektromagnetische Wellen als »Antworten« (Resonanz) der Hämoglobin-Moleküle empfängt. Ein Computer berechnet aus den Messdaten dreidimensionale Karten, die beliebig drehbar und einsehbar sind. Eine Messung dauert wenige Sekunden und kann die Stoffwechselaktivität des Gehirns örtlich bis auf einen Kubikmillimeter darstellen. Forscher des Forschungszentrums Jülich haben 2008 PET und fMRT in einem Gerät kombiniert. Hierdurch erhoffen sie sich viel genauere Messungen. Das erzeugte Magnetfeld ist so stark, dass es mit 870 Tonnen Metall von der Umgebung abgeschirmt wird.

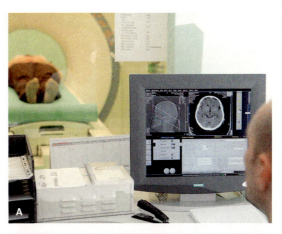
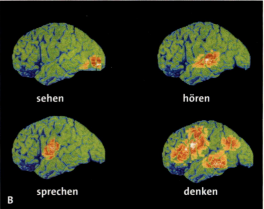

1 Positronenemissionstomografie. **A** Blick aus dem Kontrollraum in den Untersuchungsraum; **B** Messergebnis

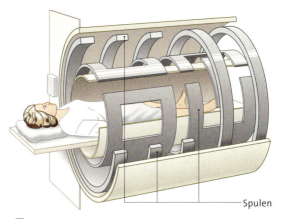

2 Funktionale Magnetresonanztomografie

Aufgaben und Versuche — Nervensystem – Nerven

A1 Curare – das Pfeilgift der Indianer

Curare ist eine Substanz, die einige Naturvölker in Südamerika aus Pflanzenrinde und Blättern gewinnen, indem sie diese in Wasser auskochen. Die Jäger bestreichen ihre Pfeile mit dem giftigen Sud und benutzen sie zur Jagd. Dabei pirschen sie sich an Tiere an und schießen ihre Pfeile durch lange Blasrohre. Der Tod der Tiere tritt durch Atemlähmung ein, weil ihre gesamte Muskulatur erschlafft.

Aufgabe: Stelle Hypothesen zur Wirkung von Curare im Nervensystem auf.

A2 Bandscheibenvorfall

Durch fortwährende Fehlbelastungen der Wirbelsäule werden die Bandscheiben im Laufe von Jahren immer spröder, insbesondere im Bereich der Hals- und Lendenwirbelsäule. Bei einer plötzlichen Belastung, wie beim Heben eines schweren Gegenstandes, kann es dazu kommen, dass der Bandscheibenkern aus seiner ursprünglichen Position seitlich herausgequetscht wird. Ein solcher Bandscheibenvorfall kann zu starken Schmerzen und sogar zu Lähmungen führen.

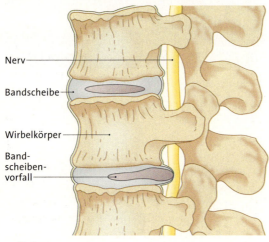

Aufgaben:
a) Erkläre anhand der schematischen Darstellung, weshalb ein Bandscheibenvorfall zu solch gravierenden Krankheitsbildern führen kann.
b) Beschreibe Alltagssituationen, in denen die Wirbelsäule – womöglich unbemerkt – Fehlbelastungen ausgesetzt ist. Entwickle Vorschläge, wie sie sich vermeiden lassen.

A3 Reaktion bei Verbrennung

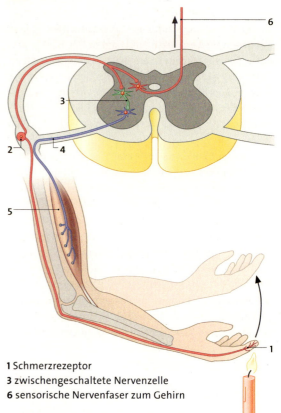

1 Schmerzrezeptor
3 zwischengeschaltete Nervenzelle
6 sensorische Nervenfaser zum Gehirn

Aufgaben:
a) Ordne den mit (2), (4) und (5) gekennzeichneten Strukturen Fachbegriffe zu.
b) Beschreibe den Ablauf der Reaktion. Verwende dabei auch die entsprechenden Fachbegriffe.
c) Erläutere die biologische Bedeutung eines Reflexes anhand des vorliegendes Beispiels.

V4 Reaktion der Armmuskulatur auf Belastung

Durchführung: Bitte einen Mitschüler, sich vor dich hinzustellen und einen Arm so zu beugen, dass die Hand mit der Handfläche nach oben zeigt. Fordere ihn auf, die Armstellung unverändert beizubehalten. Schlage dann nicht zu heftig mit der Faust in die offene Hand. Beobachte genau.

Aufgabe: Erkläre die beobachteten Bewegungen des Arms. Beachte dabei Reaktionen von Beuger und Strecker.

Bau und Leistungen des menschlichen Körpers

V5 Lidschlussreflex

Material: dünner Gummischlauch

Durchführung: Bitte einen Mitschüler, dir sein Gesicht zuzuwenden und die Augen weit geöffnet zu halten. Puste dann durch den Schlauch aus etwa 5 cm Entfernung auf den Innenwinkel eines seiner Augen. Du kannst den Versuch auch selbst vor einem Spiegel durchführen.

Aufgabe: Beschreibe deine Beobachtung und deute sie.

V6 Kniesehnenreflex

Material: Stuhl; Bleistift

Durchführung: Ein Mitschüler sitzt auf einem Stuhl und schlägt ein Bein über das andere. Schlage mit der Handkante leicht auf den weichen Teil unterhalb der Kniescheibe des übergeschlagenen Beins. Dort befindet sich die Kniesehne.

Aufgaben:

a) Beobachte und beschreibe die Reaktion deines Mitschülers.

b) Erläutere die Reaktion deines Mitschülers mit Hilfe der Abbildung.

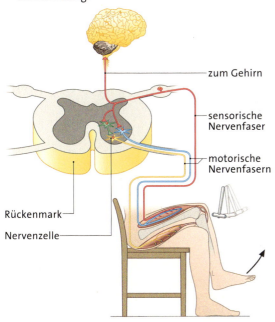

c) Übertrage die schematische Darstellung des Reflexbogens in dein Heft. Ordne den Ziffern die richtigen Begriffe zu. Nimm die Abbildung oben zu Hilfe.

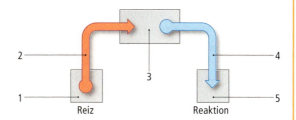

A7 Reflex – ja oder nein?

Beurteile, bei welchen der folgenden Situationen es sich um Reflexe handelt.

1) Ohne zu überlegen tritt der Autofahrer auf die Bremse, als ihm ein Reh vor das Auto springt.
2) Wenn man Pfeffer in die Nase bekommt, niest man, ob man will oder nicht.
3) Kaum hat der Elfmeterschütze gegen den Ball getreten, hechtet der Torwart in die richtige Ecke.
4) Bei einem unerwarteten kalten Guss auf den Rücken atmet man unwillkürlich tief ein.
5) Nähert sich plötzlich ein Gegenstand auf Augenhöhe, kneift man sofort die Augen zu.

A8 Recherche zur Wirkungsweise von Neurotoxinen

Manche Lebewesen enthalten Gifte, die die Funktion des Nervensystems stören. Recherchiert in arbeitsteiliger Gruppenarbeit, wie folgende Neurotoxine wirken:

1) Tetrodotoxin (TTX) – Kugelfisch (»Fugu«)
2) Botulinumtoxin (BTX) – Botulinus-Bakterium
3) Atropin – Tollkirsche
4) Saxitoxin (STX) – verschiedene Algen
5) Nikotin – Tabakpflanze
6) Muscarin – Fliegenpilz

Stellt eure Ergebnisse anschließend in Stichworten und Schemazeichnungen auf einer Overhead-Folie zusammen und bereitet ein Kurzreferat vor.

A9 Unterstützung von Menschen mit Behinderungen

Recherchiere, inwiefern eine Querschnittslähmung das Leben eines Menschen beeinträchtigt. Informiere dich darüber, durch welche Maßnahmen und Einrichtungen Betroffene in deinem Lebensumfeld Hilfe erfahren.

2.5 Bau und Funktion des Gehirns

Das Gehirn liegt geschützt in der Schädelkapsel und ist von drei Hirnhäuten umgeben. Die *harte Hirnhaut* ist über die innere Knochenhaut mit dem Schädelknochen verwachsen und von Bluträumen durchzogen. Die *weiche Hirnhaut* liegt dem Gehirn an. Zwischen diesen beiden Hirnhäuten befindet sich ein Spalt, den ein dichtes Geflecht aus feinen Bindegewebsfäden durchzieht. Die Zwischenräume dieser *Spinngewebshaut* sind mit zirkulierender *Hirnflüssigkeit* gefüllt. Dieses Flüssigkeitskissen fängt Stöße zwischen dem empfindlichen Gehirn und dem Schädelknochen ab. Schwerere Einwirkungen führen zu einer *Gehirnerschütterung*. Es wird vermutet, dass die Hirnflüssigkeit durch in ihr gelöste Substanzen auch zur Übermittlung von Signalen beiträgt. Bakterien oder Viren können zu einer Entzündung der harten Hirnhaut und der Spinngewebshaut führen. Eine solche *Hirnhautentzündung* ist lebensbedrohlich.

Das Gehirn eines Menschen wiegt etwa 1,5 Kilogramm und macht damit ungefähr zwei Prozent der Körpermasse aus. Dennoch benötigt es rund 20 Prozent der aufgenommenen Energie. Dies liegt an seiner hohen Stoffwechselaktivität. Im Gehirn sind 100 Milliarden Neuronen konzentriert, wobei jedes Neuron durchschnittlich mit 10 000 anderen vernetzt ist. Somit enthält das Gehirn insgesamt eine Billiarde Synapsen. Jedes Neuron ist über höchstens vier zwischengeschaltete Neuronen mit einem beliebigen anderen verbunden. Trotz der Vielzahl an Neuronen und Synapsen weist das Gehirn eine geordnete Struktur auf. Es ist in fünf Teile gegliedert: *Großhirn*, *Zwischenhirn*, *Mittelhirn*, *Kleinhirn* und *Hirnstamm*.

Das **Großhirn** macht fast 90 Prozent des Gehirnvolumens aus und überdeckt die anderen Gehirnteile fast vollständig. Von oben betrachtet erkennt man zwei Großhirnhälften, die *Hemisphären* (gr. *hēmi*, halb; *sphaīra*, Kugel). Sie sind durch den *Balken* miteinander verbunden. Beide Hemisphären lassen sich in Lappen gliedern, die wegen ihrer Lage *Stirnlappen*, *Scheitellappen*, *Schläfenlappen* und *Hinterhauptslappen* heißen. Die Oberfläche des Großhirns beträgt etwa einen halben Quadratmeter. Es weist zahlreiche Windungen und Furchen auf. In der drei bis vier Millimeter dicken Großhirnrinde, dem *Cortex* (lat. *cortex*, Rinde), befinden sich die Zellkörper, in dem darunter liegenden Großhirnmark deren Axone. Das Großhirn vermittelt Denken, Fühlen und Handeln. Dies geschieht in verschiedenen Bereichen des Cortex, den *Arealen*. *Sensorische Areale* empfangen Informationen aus verschiedenen Sinneskanälen. So gibt es Areale, die dem Hören oder dem Riechen zugeordnet werden. Dabei existiert ein Zusammenhang zwischen der Dichte der Rezeptoren eines Sinnesorgans und der jeweils beanspruchten Fläche des Cortex. So werden Körperempfindungen der sehr tastgenauen Finger durch jeweils größere Areale vermittelt als Körperempfindungen, die von dem viel größeren Rumpf ausgehen. Im übertragenen Sinn entsteht eine verzerrte Landkarte, die die Dichte und Anordnung der Rezeptoren auf der Körperoberfläche widerspiegelt. *Motorische Areale* vermitteln die Ausführung von Bewegungen. So sendet das motorische Sprachzentrum Befehle an den motorischen Cortex. Dieser steuert dann die Kontraktion der Muskeln, die an der Spracherzeugung beteiligt sind. Der motorische Cortex ist jedoch nur die letzte Stufe nach einem langen Weg der Informationsverarbeitung.

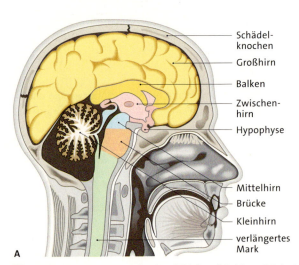
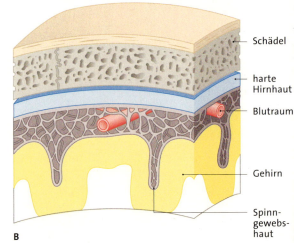

1 Gehirn. **A** Längsschnitt durch Schädel und Gehirn; **B** Schutz des Gehirns

Psychische und intellektuelle Leistungen wie Einfühlungsvermögen oder Selbstlosigkeit werden durch *Assoziationsareale* vermittelt, die sich unter anderem im vorderen Stirnlappen befinden. Solche Assoziationsareale sind keinem Sinneskanal zugeordnet, sie stehen aber mit anderen cortikalen Arealen in Verbindung. Die verschiedenen Areale können nicht als alleinige Funktionszentren angesehen werden. Vielmehr ergibt sich das Verhalten des Menschen wie bei einem Konzert aus dem Zusammenspiel aller Areale. Dabei gibt es jedoch keinen Dirigenten: Die Informationsverarbeitung im Gehirn geschieht zeitgleich, arbeitsteilig und örtlich verteilt.

Informationen von den Sinnesorganen gelangen durch das Zwischenhirn zu den einzelnen Arealen. Unwichtige Informationen werden herausgefiltert, wodurch das Großhirn entlastet wird. Ein Teil des Zwischenhirns, das *Limbische System*, vermittelt zusammen mit anderen Teilen des Gehirns Emotionen und Lernprozesse. Vom Boden des Zwischenhirns, dem *Hypothalamus*, werden lebenswichtige Funktionen wie die Regulation der Körpertemperatur, der Atmung, des Wasserhaushaltes und der Nahrungsaufnahme gesteuert. Am Hypothalamus sitzt die Hirnanhangdrüse, die *Hypophyse*. Sie entlässt Hormone in die Blutbahn, die in den Neuronen des Hypothalamus entstehen. Diese Substanzen beeinflussen zum Beispiel die Funktion der Schilddrüse.

Das **Mittelhirn** ist eine Umschaltstelle für optische und akustische Informationen. Es kontrolliert unter anderem unwillkürliche Augenbewegungen, wie sie zum Beispiel unbemerkt beim Lesen dieser Textzeilen auftreten.

Das **Kleinhirn** trägt zur Steuerung und präzisen Ausführung von Bewegungen bei, die im Großhirn geplant werden. Es ermöglicht das Lernen komplizierter Bewegungsabläufe wie das Jonglieren oder das Tanzen.

Die **Brücke** und das **verlängerte Mark** bilden zusammen den **Hirnstamm** und damit den Übergang zum Rückenmark. Zu den Funktionen des Hirnstamms zählen die Koordination von Bewegungen sowie die Steuerung von Atmung, Kreislauf, Schlucken, Husten und Niesen.

1. Stelle in einer Tabelle die verschiedenen Teile des Gehirns und ihre Funktionen zusammen.
2. Erläutere Schutzeinrichtungen des Gehirns. Nutze dazu die Abbildung 1.
3. Beschreibe die Abbildung von Körperempfindungen auf dem Cortex der linken Hemisphäre. Erläutere, warum die Abbildung nicht maßstabsgerecht ist.

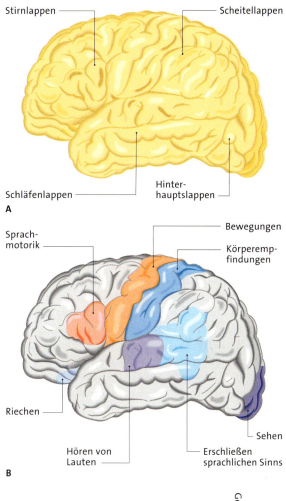

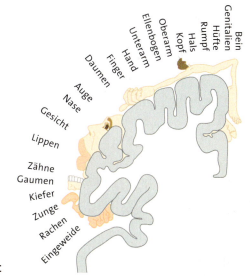

2 **Cortex der linken Hemisphäre. A** Einteilung in Lappen; **B** Funktion ausgewählter Areale; **C** Abbildung von Körperempfindungen (Querschnitt)

2.6 Lernen und Gedächtnis

»Anlauf, Sprung – und Treffer!« Aufmerksam verfolgen die Schüler, wie ihr Sportlehrer mit dem Basketball einen Korbleger demonstriert. Danach versuchen sie es selbst und haben erste Erfolge. Die Hinweise des Lehrers helfen zusätzlich, die Bewegungsabläufe zu koordinieren. Doch vor allem macht die Übung den Meister. Nebenbei erläutert der Sportlehrer die Spielregeln. Nach einiger Zeit haben die Schüler gelernt, wie man Basketball spielt.

Ein Prozess wie dieser, bei dem ein Mensch oder ein Tier Informationen aus seiner Umwelt aufnimmt, speichert und später wieder abruft, wird als **Lernen** definiert. Das Speichern von Informationen ist eine Fähigkeit des Gehirns, die man als **Gedächtnis** bezeichnet. Wie das Beispiel zeigt, existieren verschiedene Gedächtnisformen. Trainierte Fertigkeiten wie Bewegungsabläufe beim Sport zählen zu den *motorischen Gedächtnisinhalten* und werden dem **Können** zugerechnet. Es ist schwierig, das Können in Worte zu fassen – man muss es eben tun. Das Kennen der Spielregeln hingegen zählt zu den *faktenbezogenen Gedächtnisinhalten* und ist Teil des **Wissens.** Wissen kann man leicht in Worte fassen und weitergeben. Eine weitere Gedächtnisform basiert auf den Gefühlen, die man zum Beispiel mit Lebenssituationen in Verbindung bringt. Diese *emotionalen Gedächtnisinhalte* lassen gespeicherte Ereignisse nicht nur als schlichtes Wissen über eine Situation erscheinen, sondern färben sie mit Gefühlen. Daher erinnert man sich zum Beispiel besonders gut an die erste große Liebe. Die neuronale Grundlage für diese Leistung des Gehirns bildet der *Mandelkern*.

Gedächtnisinhalte können durch verschiedene **Lernstrategien** erworben werden. Beim Basketballspiel beispielsweise lernen die Schüler vor allem, indem sie die Bewegungsabläufe ihres Sportlehrers beobachten und nachahmen. Man spricht von Lernen durch **Nachahmung.** Eine andere Strategie verfolgen zum Beispiel Kinder, die »das Haus vom Nikolaus« zeichnen: Wer mit seinem Stift einen falschen Weg entlang fährt, kann die Figur des Hauses nicht in einem Zug zeichnen. Hier hilft nur mehrmaliges Probieren, bis sich der Erfolg einstellt. So lernen die Kinder durch **Versuch und Irrtum,** die Figur zu zeichnen. Diese Lernstrategie beruht also auf dem Testen verschiedener Lösungswege, um so nach und nach Fehler auszuschalten.

Das Gedächtnis kann nicht einer einzigen Stelle des Gehirns zugeordnet werden. Vielmehr entsteht es, indem verschiedene Regionen des Gehirns zusammenarbeiten. Wie dies genau geschieht, ist erst in Ansätzen bekannt. Experimente mit PET und fMRT tragen dazu bei, dass man Lernen und Gedächtnis bestimmten Regionen des Gehirns zuordnen kann. Diese Experimente werden auch durch lernpsychologische Tests bei Patienten ergänzt, die Hirnverletzungen erlitten haben. Daher weiß man, dass je nach Ort der Verletzung bestimmte Gedächtnisleistungen ausfallen können. Eine wichtige Funktion besitzt eine als *Hippocampus* bezeichnete Struktur, die den *Thalamus* umsäumt. Wird der Hippocampus verletzt oder operativ entfernt, kann man kein neues Wissen mehr erwerben. Dennoch ist es weiterhin möglich, sein Können zu erweitern. Man weiß heute, dass Wissen in vielen Arealen des Cortex verteilt gespeichert wird. Vorher durchläuft die Information den Hippocampus, der somit eine Zwischenstation darstellt. Dieser Umweg gilt jedoch nicht für motorische Gedächtnisinhalte. Diese werden direkt an das *Kleinhirn*, kortikale Areale sowie andere Regionen unterhalb des Cortex übermittelt.

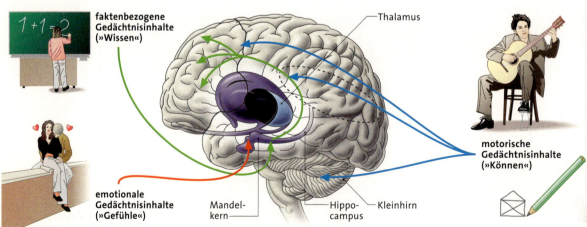

1 Wichtige Speicherorte für verschiedene Gedächnisformen

Beim Menschen lassen sich Gedächtnisvorgänge mit Modellen erklären, die verschiedene Stufen der Informationsverarbeitung unterscheiden. Ein Modell des menschlichen Gedächtnisses sieht vor, dass die über die Sinneszellen einlaufenden Informationen zunächst an das **sensorische Gedächtnis** übermittelt werden. Das sensorische Gedächtnis behält Informationen nur für wenige Sekunden. Dann werden sie in das **Arbeitsgedächtnis** übertragen. Die Informationsmenge, die man im Arbeitsgedächtnis vorübergehend behalten kann, ist begrenzt und wird als *Gedächtnisspanne* bezeichnet. So hat jeder schon einmal eine neue Telefonnummer auf der Suche nach Stift und Papier immer wieder aufgesagt, um sie nicht zwischenzeitlich zu vergessen. Die Gedächtnisspanne ist je nach Art der Informationen unterschiedlich hoch. So können Versuchspersonen nach einmaligem Lesen die Wortfolge »Kopf, Spuk, Bein, Holz, Tisch« besser wiedergeben als die Wortfolge »Installation, Marionette, Koriander, Chrysanthemen, Indonesien«. Dieser Effekt wird dadurch hervorgerufen, dass die einzelnen Wörter unterschiedlich lang sind.

Auch wenn Informationen teilweise im sensorischen Gedächtnis und im Arbeitsgedächtnis verloren gehen können, wird ein Großteil in eine dauerhafte Speicherform überführt, das **Langzeitgedächtnis.** Dieses scheint eine vergleichsweise unbegrenzte Speicherkapazität zu besitzen, obwohl seine Inhalte ebenfalls verfallen können. Ob und wie schnell eine Information aus dem Langzeitgedächtnis abgerufen werden kann, wird zum einen dadurch bestimmt, wie häufig diese Information bisher abgerufen wurde. Zum anderen ist entscheidend, wie lange der letzte Abruf dieser Information zurückliegt. Dies bedeutet, dass einmal Gelerntes regelmäßig abgerufen werden muss, damit es dauerhaft verfügbar bleibt.

Heute erforschen Psychologen und Neurologen gemeinsam, welche Strukturen des Gehirns für welche Leistungen des Gedächtnisses verantwortlich sind. Hierzu werden auch Bild gebende Untersuchungsmethoden eingesetzt, die meist mit Lerntests verbunden werden. Auf diese Weise lässt sich zum Beispiel während einer fMRT verfolgen, welche Strukturen des Gehirns bei einer bestimmten Testaufgabe aktiviert werden. Auch Tierversuche tragen dazu bei, besser zu verstehen, wie einzelne Neuronen miteinander verschaltet werden, so dass Informationen in einem Netz aus Neuronen gespeichert werden. Heute weiß man zum Beispiel, dass eine wiederkehrende elektrische Aktivität an ein und derselben Synapse bewirkt, dass beim Senderneuron am Ende des Axons weitere Verzweigungen in Richtung des Empfängerneurons wachsen. Diese neuen Verzweigungen bilden weitere Synapsen mit der Empfängerzelle, so dass die ursprünglich relativ schwache Verbindung zwischen diesen beiden Neuronen mit der Zeit verstärkt wird. Ein solcher Mechanismus war bereits 1949 von dem Psychologen Donald HEBB vermutet worden. Daher spricht man heute vom **HEBBschen Lernen.** Dieser neuronale Mechanismus scheint eine Basis für das Langzeitgedächtnis zu sein. Allerdings darf der Begriff Lernen auf neuronaler Ebene nicht mit der alltäglichen Verwendung des Begriffs Lernen verwechselt werden. So wird eine gelernte Vokabel sicher nicht durch eine für sie gebildete Synapse gespeichert. Vielmehr werden Gedächtnisinhalte in einem weit verzweigten Netzwerk verteilt gespeichert.

1 Erläutere die verschiedenen Gedächtnisformen jeweils anhand eines selbst gewählten Beispiels.

2 Beschreibe das vorgestellte Modell des menschlichen Gedächtnisses mit Hilfe der Abbildung 2.

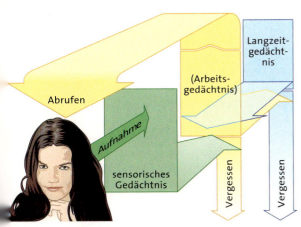

2 Ein Modell des menschlichen Gedächtnisses

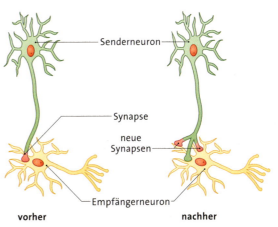

3 HEBBsches Lernen

Aufgaben und Versuche — Lernen

V1 Bildliches Gedächtnis

Durchführung: Die Klasse teilt sich zur Hälfte in Versuchsleiter und Versuchspersonen auf. Die Versuchsleiter schneiden ein leeres Blatt Papier so aus, dass die Abbildung sichtbar bleibt, aber die übrige Seite abgedeckt wird. Die Versuchspersonen halten ihr Buch geschlossen. In Partnerarbeit präsentieren nun die Versuchsleiter die Abbildung zehn Sekunden lang den Versuchspersonen. Dann schließen sie das Buch. Sofort danach stellen die Versuchsleiter den Versuchspersonen die Fragen 1 bis 3. Dabei notieren die Versuchsleiter, ob die Fragen richtig oder falsch beantwortet wurden. Unsichere Antworten gelten als falsch. Anschließend sammelt die Klasse die Ergebnisse aller Versuchsgruppen an der Tafel und berechnet dann für jede der Fragen den Mittelwert für jeweils richtige und falsche Antworten.

Frage 1: Was hält der Junge ganz rechts außen in der Abbildung in seinen Händen?

Frage 2: Wer oder was befindet sich unterhalb des großen Wagenrades des Zuckerwatte-Standes?

Frage 3: Hält der sich verneigende Mann seinen Hut in der rechten oder in der linken Hand?

Aufgabe: Interpretiere die Versuchsergebnisse. Berücksichtige dabei das Gedächtnismodell auf Seite 233.

V2 Gedächtnisspanne des Arbeitsgedächtnisses

Durchführung: Jeweils ein Versuchsleiter und eine Versuchsperson bilden eine Versuchsgruppe. Der Versuchsleiter nennt der Versuchsperson eine beliebige Zahl und notiert diese nur für sich sichtbar. Nach drei Sekunden Stille wiederholt die Versuchsperson diese Zahl. Dann nennt der Versuchsleiter eine zweite Zahl. Wiederum nach drei Sekunden Stille wiederholt die Versuchsperson die erste und zweite Zahl. Auf diese Weise wird eine wachsende Zahlenkette gebildet. Dabei wiederholt die Versuchsperson nach jeder hinzugefügten Zahl und drei Sekunden Stille die gesamte Zahlenkette. Dies geschieht solange, bis der Versuchsleiter einen Fehler bei der Wiedergabe feststellt. Dann notiert er die Kettenlänge, die die Versuchsperson richtig wiedergeben kann. Dieser Wert ist die Gedächtnisspanne des Arbeitsgedächtnisses der Versuchsperson. Anschließend trägt die Klasse die Ergebnisse aller Versuchsgruppen zusammen.

Aufgabe: Berechne für deine Klasse die gemittelte Gedächtnisspanne des Arbeitsgedächtnisses.

V3 Beeinflussung der Gedächtnisspanne (1)

Durchführung: wie in V2; Allerdings soll die Versuchsperson jetzt innerhalb der drei Sekunden möglichst viele verschiedene dreisilbige Wörter nennen.

Aufgaben:

a) Berechne erneut für deine Klasse die gemittelte Gedächtnisspanne des Arbeitsgedächtnisses.

b) Vergleiche dieses Ergebnis mit dem aus V2. Stelle Vermutungen an, worauf mögliche Abweichungen zurückgeführt werden können.

V4 Beeinflussung der Gedächtnisspanne (2)

Durchführung: Betrachte die folgende Zahlenreihe: 19141918193919451972198 9. Versuche, die einzelnen Ziffern auswendig wiederzugeben.

Aufgaben:

a) Finde ein System innerhalb der Zahlenreihe, das dir die Wiedergabe der Zahlen erleichtert. Erläutere.

b) Beurteile, inwiefern die in V2 ermittelte Gedächtnisspanne als allgemein gültiger Wert angegeben werden kann. Beziehe die Ergebnisse aus V3 in deine Überlegungen ein.

A5 Aufbau des semantischen Gedächtnisses

Der Aufbau des Gedächtnisses für Wörter und deren Bedeutungen, das semantische Gedächtnis, ist nur in Ansätzen bekannt. Aufgrund vieler Experimente nähert man sich heute modellhaft einer Erklärung, indem man das semantische Gedächtnis mit einem Netzwerk vergleicht. Die Knoten dieses Netzwerkes sowie Verbindungen zwischen solchen Knoten stellen Wörter und deren Bedeutungen dar. Je näher einzelne Knoten miteinander verbunden sind, desto näher sind auch die durch sie dargestellten Wörter und Bedeutungen miteinander verbunden. Wird nun ein Knoten aktiviert, so breitet sich die Aktivierung von dort in Richtung benachbarter Knoten aus und kann diese ebenfalls aktivieren. Somit steigt die Wahrscheinlichkeit, dass beim Satzbau ein Wort gewählt wird, das sich in der näheren Umgebung des aktivierten Knotens befindet. Die Abbildung zeigt ein solches semantisches Netzwerk. Die Zahlen geben die prozentuale Häufigkeit an, mit der Testpersonen Verbindungen zwischen zwei Knoten herstellten.

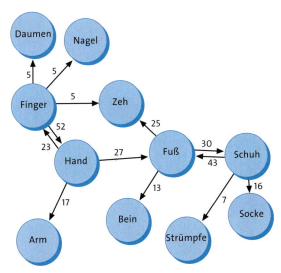

Aufgaben:
a) Erläutere den Aufbau des dargestellten Netzwerkes.
b) Verärgert rät der Chefkoch einem Mitarbeiter: »Schau dem Lehrling beim Kochen auf die Finger! Was er macht, hat weder Hand noch Fuß!« Erkläre die Wortwahl anhand der Textinformation zu dieser Aufgabe. Finde ähnliche Beispiele aus dem Bereich der Alltagssprache.

V6 Projektarbeit mit Wortassoziations-Tests

Durchführung: Alle Schüler deiner Klasse fragen in den Pausen andere Mitschüler, welche Begriffe ihnen nach folgenden Signalwörtern spontan einfallen: 1. Kopf, 2. Salz, 3. Finger, 4. Buch, 5. laut, 6. nass, 7. Schüler, 8. Tisch, 9. Gabel, 10. Schuh. Notiert die Antworten. Achtet darauf, dass sich keine Versuchsperson ein zweites Mal beteiligt, indem ihr vorher nachfragt.

Aufgaben:
a) Führt eure Daten mit Hilfe von Programmen zur Textverarbeitung und Tabellenkalkulation zusammen. Ermittelt für jedes Signalwort die jeweils damit verbundenen (assoziierten) Begriffe und bestimmt deren prozentuale Häufigkeit bei den Antworten eurer Mitschüler.
b) Stellt die Ergebnisse für jedes Signalwort in einer geeigneten Tabelle oder Grafik dar.
c) Interpretiert die Ergebnisse. Nutzt euer Wissen aus A5, um mögliche prozentuale Häufungen zu erklären.

V7 Serieller Positionseffekt

Durchführung: Ein Versuchsleiter erstellt eine Wortliste mit fünfzehn beliebigen, aber ähnlich langen Wörtern. Eine Versuchsperson lernt diese Liste auswendig und sagt dann die Wörter der Reihe nach (seriell) auf. Der Versuchsleiter überprüft, ob für die jeweilige Listenposition das richtige Wort genannt wurde.

Aufgaben:
a) Die Klasse trägt ihre Ergebnisse für jede Listenposition in einer Tabelle zusammen und berechnet so jeweils einen Mittelwert der prozentualen Richtigkeit.
b) Zeichne ein Koordinatensystem, auf dessen x-Achse du die einzelnen Listenpositionen angibst und auf dessen y-Achse du die Skala für die prozentuale Richtigkeit aufträgst. Übertrage nun die Mittelwerte für jede Listenposition aus der Tabelle in das Koordinatensystem und zeichne einen Graphen durch die einzelnen Punkte.
c) Erläutere den Verlauf des Graphen und ziehe Rückschlüsse für Empfehlungen zum Lernverhalten.

2.7 Das vegetative Nervensystem

Der Surfer hält sich fest auf seinem Surfbrett, während über ihm die Wellen brechen. Hoch konzentriert korrigiert er sofort seine Haltung und seinen Kurs, wenn er zu kentern droht. Sein gesamter Körper ist auf *Aktivierung* eingestellt. Sein Herzschlag ist beschleunigt, die Atmung vertieft. So kann mehr Sauerstoff vom Blut aufgenommen werden. Der erhöhte Blutdruck befördert mehr Sauerstoff und Glucose zur Muskulatur. Dort wird die Glucose abgebaut und die in ihr gespeicherte Energie zur Kontraktion der Muskeln genutzt. Gleichzeitig werden solche Vorgänge im Körper gehemmt, die für die notwendige Leistungssteigerung bedeutungslos oder sogar hinderlich sind. So wird die Tätigkeit der Verdauungsorgane, der Bauchspeicheldrüse und der Nieren vermindert. Nach dem Wellenreiten verlangt der Körper nach *Erholung*. Der Surfer legt sein Sportgerät beiseite, genießt eine kühle Dusche und setzt sich bequem angelehnt in eine Strandhütte. Sein Herzschlag und seine Atmung haben sich wieder verlangsamt. Nun kommen die Vorgänge wieder in Gang, die während des Surfens gehemmt waren. So setzt allmählich ein Hunger- und Durstgefühl ein. Die verbrauchten Ressourcen müssen wieder aufgefüllt werden.

Sowohl die Aktivierung als auch die Erholung können nicht willentlich beeinflusst werden und laufen daher unbewusst ab. Für die Steuerung und die gegenseitige Abstimmung der vielen verschiedenen Organfunktionen sind spezielle Nerven verantwortlich. Diese Nerven bilden das **vegetative Nervensystem** (lat. *vegetare*, beleben). Es besteht aus Teilen des Zwischenhirns, des Mittelhirns, des Rückenmarks sowie aus peripheren Nervengeflechten, die auch zahlreiche Ganglien enthalten.

Das vegetative Nervensystem besteht aus zwei Teilen, die entgegengesetzte Wirkungen auf viele Organe ausüben. Hierdurch kann ein Gleichgewicht zwischen Aktivierung und Erholung erreicht werden.

Der **Sympathicus** ist für die Aktivierung des Körpers zuständig. Hierdurch wird der Organismus auf das Erbringen von Leistung eingestellt und auf körperliche und psychische Belastungen vorbereitet. Man spricht daher auch vom »Alarmsystem« des Körpers. Der Sympathicus besteht aus zwei Nervensträngen, die beidseits parallel zur Wirbelsäule verlaufen. Auf der Höhe eines jeden Wirbelkörpers bilden diese Nervenstränge jeweils ein Ganglion aus. Von diesen Ganglien ziehen Nerven zu fast allen Organen.

Die Erholung des Körpers wird durch den **Parasympathicus** bewirkt. Nach der Bewältigung körperlicher und psychischer Belastungen werden neue Energiereserven aufgebaut. Hierzu werden zum Beispiel die Herzschlagfrequenz gesenkt und die Freisetzung von Glucose aus der Leber vermindert. Gleichzeitig werden unterdrückte Vorgänge im Körper wieder angeregt. Dazu zählen beispielsweise Verdauungsprozesse. Der Parasympathicus besteht aus einem Paar Gehirnnerven sowie aus paarigen Nerven, die beidseits auf der Höhe des Kreuzbeins vom Rückenmark ausgehen. Wie der Sympathicus erreicht so auch der Parasympathicus fast alle Organe.

1 Beschreibe den Aufbau und die Funktion des vegetativen Nervensystems.

2 Nenne drei alltägliche Situationen, in denen das Zusammenspiel von Sympathicus und Parasympathicus deutlich wird.

1 **Vegetatives Nervensystem.** **A** Aktivierung; **B** Erholung

Wissen kompakt — Erkrankungen des Nervensystems

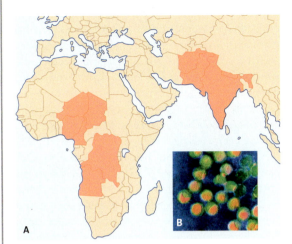

1 Kinderlähmung. **A** Verbreitung bis 2007 (rot); **B** Polioviren

Diagnose: Kinderlähmung (Poliomyelitis)
Häufigkeit und Erkrankungsalter: Im Jahr 2006 weltweit 2000 Fälle vor allem in Afrika und Indien; Erkrankung meist bis zum fünften Lebensjahr
Ursache: Durch Entzündungen werden Motoneuronen im vorderen Horn des Rückenmarks zerstört. Daraufhin können Teile der Muskulatur gelähmt werden.
Erreger: Polioviren verschiedener Typen, die über den Verdauungstrakt in das neuronale Gewebe gelangen
Inkubationszeit: 5 bis 35 Tage
Krankheitsverlauf: Man unterscheidet drei Verlaufsformen. Bei der *subklinischen Form* treten kaum Anzeichen auf. Es kann lediglich zu kurzem Unwohlsein, Kopfschmerzen, Halsschmerzen und Erbrechen kommen. 95 Prozent der Infektionen zählen zu dieser oft unentdeckten Verlaufsform. Bei der *nicht-lähmenden Form* treten für ein bis zwei Wochen die oben genannten Anzeichen auf. Hinzu kommen jedoch Steifheit und Krämpfe in Muskeln. Bei der *lähmenden Form* treten die Anzeichen der nicht-lähmenden Form in besonderer Stärke und in größerem Umfang auf. So können Erkrankte schwer oder nicht mehr atmen und schlucken. Insgesamt genesen Erkrankte in 90 Prozent der Fälle. Bei ihnen wurde das Gehirn und Rückenmark nicht geschädigt. In den übrigen Fällen bleiben Lähmungen zeitlebens bestehen.
Therapie: Es können nur die Symptome der Erkrankung, nicht aber ihre Ursache behandelt werden. Flächendeckende Impfungen und Hygiene können das Virus eindämmen. Nachlässiges Impfverhalten führt seit einigen Jahren zur erneuten Ausbreitung des Virus. Dies kann auch europäische Länder betreffen, die bisher als sicher gelten.

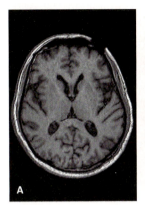 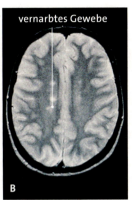

2 MRT des Gehirns. **A** normal; **B** mit vernarbten Regionen

Diagnose: Multiple Sklerose (MS)
Häufigkeit und Erkrankungsalter: In Europa 3 bis 7 Erkrankte pro 10 000 Einwohner; auf der Nordhalbkugel in Richtung des Äquators seltener; Frauen sind häufiger betroffen als Männer; erste Anzeichen meist zwischen dem 20. und 40. Lebensjahr
Ursache: Die Markscheiden der Nervenzellen werden zerstört, wodurch elektrische Erregungen nicht mehr weitergeleitet werden. Vermutlich greift das Immunsystem körpereigene Proteine der Markscheiden an, was zu entzündlichen Reaktionen führt. Man spricht von einer *Autoimmunerkrankung* (gr. *autós*, selbst).
Auslöser: vermutlich Zusammenspiel aus genetischen und umweltbedingten Faktoren
Krankheitsverlauf: Es treten Muskelschwäche, Ermattung, Sprach- und Sehstörungen, Einschränkungen des Gedächtnisses und der Wahrnehmung auf. Man unterscheidet verschiedene Verlaufsformen. So existieren eine sich stetig verschlechternde Form und eine weitere, die zwischen Entzündungsschüben eine Phase der Wiederherstellung aufweist. Nach einem Schub können die Entzündungen im Nervengewebe abheilen oder vernarben (gr. *sklērós*, spröde).
Therapie: MS ist nicht heilbar. Es gibt jedoch Medikamente, die das Immunsystem günstig beeinflussen. Gymnastische Übungen und Sprachtherapien können zu einer verbesserten Lebenssituation beitragen.

1 Bildet Arbeitsgruppen und erstellt Steckbriefe zu folgenden Erkrankungen: Epilepsie, Frühsommer-Meningokokken-Enzephalitis (FSME), Alzheimer-, Parkinson- und Creutzfeldt-Jakob-Krankheit.

2.8 Das Hormonsystem im Überblick

Basketballprofis sind meist überdurchschnittlich groß. Viele Menschen erreichen die Körpergröße solcher Sportler nicht. Wie lassen sich unterschiedliche Körpergrößen erklären? Vor allem während der Pubertät wachsen junge Menschen besonders schnell. Das Längenwachstum der Knochen wird durch den Stoff *Somatotropin* beeinflusst. Es wird in der Hypophyse, der Hirnanhangsdrüse, gebildet und regt unter anderem das Knochenwachstum an. Da nicht bei jedem die gleiche Menge dieser Substanz gebildet wird, haben Menschen unter anderem deshalb verschiedene Körpergrößen.

Substanzen wie das Somatotropin entstehen in besonderen Körpergeweben. Sie wirken gezielt an anderen Orten im Körper, indem sie Stoffwechselprozesse beeinflussen. Solche Substanzen nennt man **Hormone** (gr. *hormān*, antreiben). Sie können in *Hormondrüsen* entstehen, die sich von anderen Drüsen wie Speichel- oder Schweißdrüsen dadurch unterscheiden, dass sie ihre Produkte direkt an das Blut abgeben. Es transportiert die Hormone zu allen Organen des Körpers. In bestimmten Organen lagern sich die Hormone an Zellen an und entfalten bereits in sehr geringen Mengen eine spezifische Wirkung. Dies ist möglich, weil jedes Hormon eine besondere Molekülform aufweist, die mit einem Schlüssel verglichen werden kann. Auf den Zellen von Organen befinden sich Andockstellen, die *Rezeptoren*. Diese Rezeptoren können mit einem Schloss verglichen werden. Passen nun Hormon und Rezeptor zueinander wie ein Schlüssel in ein Schloss, so wird als Reaktion der Stoffwechsel der betreffenden Zelle beeinflusst. Im Blutstrom können deshalb gleichzeitig viele verschiedene Hormone zum Einsatz kommen.

Innerhalb des Hormonsystems verlaufen jedoch nicht alle Wege direkt von einer Hormondrüse zu einem Zielorgan. Das Wachstumshormon Somatotropin kann nämlich auf zwei unterschiedliche Weisen wirken: Einerseits fördert es das Wachstum von Knochen- und Knorpelzellen direkt. Andererseits wirkt es indirekt auf Zellen der Leber, die wiederum Botenstoffe in den Blutstrom abgeben. Diese stimulieren dann ebenfalls das Knochen- und Knorpelwachstum.

Bei einigen Wachstumsstörungen ist das Hormonsystem aus dem Gleichgewicht geraten. Wird zum Beispiel infolge eines Tumors der Hypophyse zu viel Somatotropin gebildet, kommt es bei Heranwachsenden zu einem übersteigerten Wachstum der Knochen. Man spricht von Riesenwuchs oder Gigantismus. Es kann aber auch vorkommen, dass zu wenig Somatotropin gebildet wird. Als Folge sind die betroffenen Menschen kleinwüchsig. Heute lässt sich diese Form der Kleinwüchsigkeit durch eine Behandlung mit Wachstumshormonen vermeiden. Hierzu hat vor allem die Gentechnik beigetragen: Wachstumshormone können heute günstig und in großen Mengen produziert werden. Dabei fügt man das menschliche Gen für Somatotropin in das Erbgut von Kolibakterien ein. Nun erzeugen die Bakterien dieses Wachstumshormon, das dann isoliert und als Medikament verkauft wird.

1 Nenne und erläutere Kennzeichen der Hormone und ihrer Wirkungen. Beziehe dich hierbei auf den Text sowie die Abbildungen 2 und 3.

2 Erstelle mit Hilfe der Abbildung 3 eine tabellarische Übersicht über die dort aufgeführten Hormone. Strukturiere die Information, indem du sinnvolle Oberbegriffe wählst.

1 Basketballer

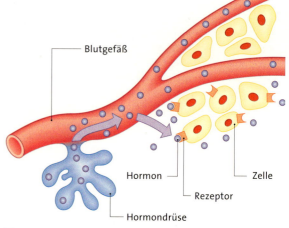

2 Informationsübertragung durch Hormone

Bau und Leistungen des menschlichen Körpers

(1) Epiphyse (Zirbeldrüse)

liegt im Zwischenhirn und hat etwa die Größe einer Haselnuss; produziert Melatonin, das an der Steuerung des Tag-Nacht-Rhythmus beteiligt ist; hemmt die Entwicklung der Keimdrüsen im Kindesalter; wird im Erwachsenenalter verkleinert

(2) Hypophyse (Hirnanhangsdrüse)

befindet sich an der Unterseite des Zwischenhirns und hat etwa die Größe einer Erbse; produziert verschiedene Hormone: hierzu zählen das Wachstumshormon Somatotropin und Steuerungshormone, die andere Hormondrüsen anregen

(3) Schilddrüse

liegt unter dem Kehlkopf; produziert mehrere Hormone, von denen das Thyroxin das Wachstum und die Stoffwechselvorgänge im Körper reguliert

(4) Thymus

zweilappiges Organ (keine Drüse), liegt hinter dem Brustbein; produziert Thymosin; beeinflusst das Immunsystem; wird während der Pubertät zurückgebildet

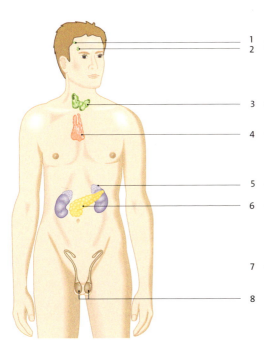
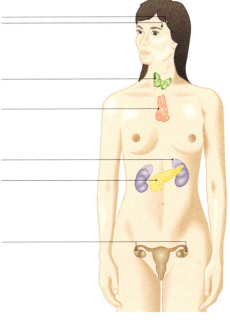

(5) Nebennieren

sitzen auf den Nieren; Hormone beeinflussen den Wasserhaushalt sowie den Zucker-, Fett- und Eiweißstoffwechsel, Androgene und Östrogene tragen zur Entwicklung der Geschlechtsmerkmale bei; Adrenalin und Noradrenalin beeinflussen die körperliche Leistungsbereitschaft

(6) LANGERHANSsche Inselzellen

liegen in der Bauchspeicheldrüse; bilden die Hormone Insulin und Glukagon, die den Blutzuckerspiegel regulieren

(7) Eierstöcke

liegen im Bauchraum der Frau; produzieren Östrogene, die die weiblichen Geschlechtsmerkmale beeinflussen; produzieren Gestagene, die zusammen mit den Östrogenen den weiblichen Zyklus steuern

(8) Hoden

liegen im Hodensack außerhalb des Bauchraums; produzieren Androgene, von denen vor allem das Testosteron für die Ausbildung der männlichen Geschlechtsmerkmale und die Bildung von Spermienzellen verantwortlich ist

3 Das menschliche Hormonsystem

2.9 Regulation und Steuerung des Blutzuckerspiegels

Der Zucker Glucose ist ein wichtiger Betriebsstoff der Körperzellen, der mit dem Blutstrom transportiert wird. Die Konzentration der Glucose im Blut, der *Blutzuckerspiegel*, darf nur wenig schwanken, damit alle Körperfunktionen optimal ablaufen. Daher wird in der Regel ein Blutzuckerspiegel zwischen 0,7 und 1,0 Gramm pro Liter eingehalten. Man spricht von einer **Regulation** des Blutzuckerspiegels. Steigt jedoch der Blutzuckerspiegel des Blutes auf mehr als zwei Gramm pro Liter an, so scheidet der Körper Glucose über die Niere aus. Als Spätfolgen eines dauerhaft erhöhten Blutzuckerspiegels treten beispielsweise Schädigungen der Blutgefäße auf. Sinkt hingegen der Blutzuckerspiegel auf unter 0,2 Gramm pro Liter ab, ist unter anderem die Energieversorgung der Neuronen gefährdet. Eine solche Unterzuckerung kann sich durch Zittern, Benommenheit, Erbrechen und Ohnmacht bemerkbar machen.

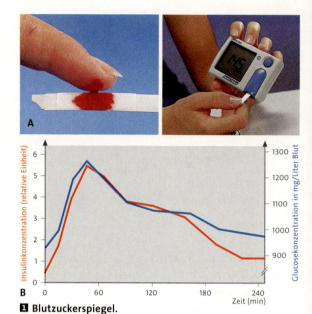

1 Blutzuckerspiegel.
A Messung; **B** Ergebnis eines Glucose-Belastungstests

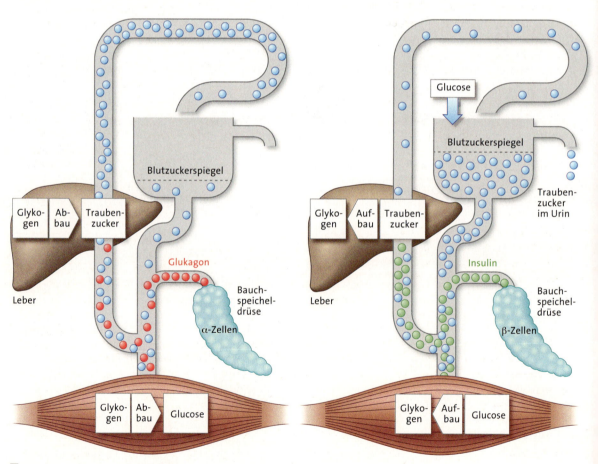

2 Regulation des Blutzuckerspiegels

Regulations- und Steuerungsvorgänge lassen sich schematisch durch ein **Regelkreisschema** darstellen, wie ein Beispiel aus der Technik zeigt: Ein Wasserbad eines Labors soll auf einer bestimmten Temperatur konstant gehalten werden. Die Temperatur ist die zu regelnde Größe, die *Regelgröße*. Ein Thermometer, der *Messfühler*, misst die aktuelle Temperatur, den *Istwert*. Dieser Wert wird an den *Regler* übermittelt, der den Istwert mit dem vom *Führungsglied* eingestellten *Sollwert* vergleicht. Weicht der Istwert vom Sollwert ab, so übermittelt der Regler diese Differenz als *Stellwert* an das *Stellglied*, den Heizstab. Der Stellwert entsteht dadurch, dass die Temperatur des Wasserbades durch eine *Störgröße* sinkt. Hier ist die Störgröße die Wärmeabgabe an die Umgebung.

Das Prinzip des Regelkreises spiegelt sich in vielen biologischen Vorgängen wider: In einem Glucose-Belastungstest werden einer Person 50 Gramm Glucose-Lösung verabreicht. Danach werden in regelmäßigen Zeitabständen der Glucosespiegel und die Konzentration der Hormone **Insulin** und **Glukagon** im Blut bestimmt. Diese Hormone werden von verschiedenen Zelltypen im Gewebe der Bauchspeicheldrüse gebildet. Glukagon entsteht in den *α-Zellen*, Insulin in den *β-Zellen*. Nach Verabreichung der Glucose steigt der Blutzuckerspiegel erwartungsgemäß an. Zellen im Zwischenhirn reagieren auf diesen Anstieg und veranlassen die Bauchspeicheldrüse, Insulin in den Blutstrom abzugeben. Das Insulin bewirkt daraufhin, dass Leber und Muskulatur Glucose aus dem Blut aufnehmen und in die Speicherform *Glykogen* umwandeln. Hierdurch sinkt der Blutzuckerspiegel. Zellen des Zwischenhirns registrieren diese Veränderung und regen die Bauchspeicheldrüse an, Glukagon in den Blutstrom abzugeben. Glukagon fungiert als Gegenspieler des Insulins. Es bewirkt, dass die Leber und die Muskulatur das eingelagerte Glykogen wieder zu Glucose umwandeln und in den Blutstrom abgeben. In Folge dessen steigt der Blutzuckerspiegel wieder an. Durch die ständige Wechselwirkung von Insulin und Glukagon wird der Blutzuckerspiegel konstant gehalten.

1. Erläutere anhand der Abbildungen 1 und 2, wie der Blutzuckerspiegel konstant gehalten wird.
2. Übertrage mit Hilfe der Abbildung 3 die Begriffe des Regelkreisschemas auf die Regulation des Blutzuckerspiegels. Lege hierzu eine Tabelle an.
3. Erläutere mit Hilfe der Abbildung 3 die Regulation des Schilddrüsenhormons Thyroxin im Blut.
4. Informiere dich über das Krankheitsbild Diabetes. Erstelle dann einen Kurzvortrag und gehe insbesondere auf Ursachen und Folgen der Diabetes ein.

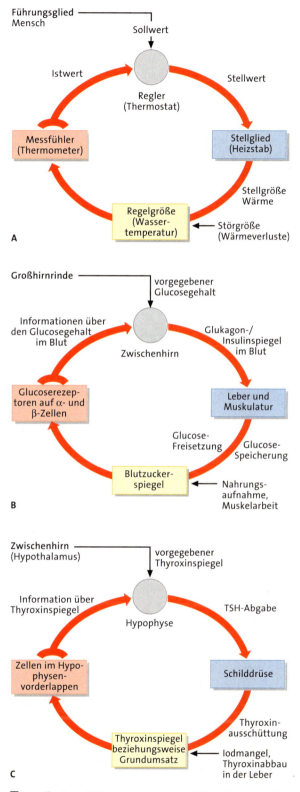

3 Regelkreise. **A** Wassertemperatur; **B** Blutzuckerspiegel; **C** Thyroxinspiegel im Blut

2.10 Nerven- und Hormonsystem arbeiten zusammen

Eine Klassenarbeit beginnt, die Aufgabenblätter werden ausgeteilt. Werde ich die Aufgaben lösen können? Hoffentlich kommt nicht so viel dran, was ich nicht kann – Herzklopfen, der Puls steigt, unwillkürlich atmet man schneller und fühlt sich hell wach. Situationen wie diese kennt jeder. Psychologen bezeichnen die Auswirkungen psychisch und körperlich belastender Situationen als **Stress**. Normalerweise erfolgt auf eine Stresssituation entweder eine Fluchtreaktion oder eine Reaktion, durch die man sich der Stresssituation stellt. Im Falle der Klassenarbeit sind die Nachteile des Fernbleibens bekannt, weshalb man die Herausforderung annimmt und versucht, die Aufgaben bestmöglich zu lösen. Meist klingen die Symptome der Aufregung schon im Laufe der Arbeitszeit ab, auf jeden Fall jedoch nach der Abgabe der Arbeit. »Wie war's? Stress gehabt?«, fragt ein Mitschüler später. »Halb so wild …«, schließlich will man ›locker‹ erscheinen und fühlt sich allmählich auch wieder so. Die einsetzende Entspannung beweist, dass es sich bei der Prüfungssituation um eine zeitlich begrenzte Stresssituation gehandelt hat. Man spricht in solchen Situationen von **akutem Stress**. Im Gegensatz hierzu leiden manche Menschen unter Stress, der über sehr lange Zeit anhalten kann. Hierbei handelt es sich um **chronischen** Stress (gr. *chronikós*, zeitlich lang), der zum Beispiel durch ständigen Zeitdruck am Arbeitsplatz, schulischen oder beruflichen Erfolgsdruck, unausweichlichen Lärm oder ungelöste zwischenmenschliche Probleme entstehen kann.

Gleich, ob eine Stresssituation eine Fluchtreaktion oder ein Herangehen hervorruft, der Körper wird stets auf die erhöhte psychische und körperliche Beanspruchung vorbereitet. Dies geschieht unwillkürlich, nachdem das Gehirn in Bruchteilen von Sekunden eine Situation als Stresssituation bewertet hat. Bei akutem Stress werden Nervenzellen des Hypothalamus aktiviert. Diese senden als Teile des vegetativen Nervensystems elektrische Impulse über das Rückenmark zum Nebennierenmark. Die Zellen des Nebennierenmarks werden hierdurch angeregt, die Hormone **Adrenalin** und **Noradrenalin** zu bilden. Beide *Hormone* werden in die Blutbahn abgegeben. Adrenalin bewirkt die schnelle Bereitstellung von Energie in Form von Glucose, die Weitung der Bronchien, die Erhöhung der Herzschlagfrequenz sowie die Senkung der Aktivität des Verdauungssystems und der Nieren. Noradrenalin führt zu einer Verengung der Arterien und trägt so zur Erhöhung des Blutdrucks bei.

Bei chronischem Stress bilden spezialisierte Zellen des Hypothalamus ein **Releasing Hormon** (engl. *to release*, freisetzen), das in die *Hirnanhangsdrüse* gelangt. Dort bewirkt es, dass das Adrenocorticotrope Hormon, kurz ACTH, gebildet und in die Blutbahn abgegeben wird. So gelangt ACTH zur Nebennierenrinde. Dort stellen Zellen verschiedene Hormone her, die wieder in die Blutbahn abgegeben werden. Ist durch chronischen Stress die Konzentration dieser Hormone im Blut dauerhaft erhöht, rufen sie im Vergleich zu akutem Stress ähnliche Effekte hervor oder verstärken diese. Durch die anhaltende Alarmierung des Körpers kommt es zu Erschöpfungszuständen, die von anderen Krankheitsbildern begleitet werden. So können Störungen der Regulation des Blutzuckerspiegels auftreten. Des Weiteren begünstigt ein erhöhter Blutdruck Herz-Kreislauf-Erkrankungen. Es wird auch darüber berichtet, dass chronischer Stress Neuronen des ZNS schädigen kann und die Neigung zu Magen-Darm-Erkrankungen erhöht. Letztlich steigt auch die Neigung zu Infektionskrankheiten, weil das Immunsystem gehemmt wird.

Vergleicht man die Auswirkungen von akutem und chronischem Stress auf den Körper, lässt sich schlussfolgern: Akuter Stress ist eine nützliche und in manchen Situationen überlebenswichtige Reaktion des Körpers, um kurzfristig Höchstleistungen zu erbringen. Das Beispiel der Klassenarbeit bezieht sich vor allem auf Stress wegen des Erfolgsdrucks, der individuell verschieden stark erlebt wird. Man denke jedoch an lebensgefährliche Situationen wie im Straßenverkehr oder bei einem Feueralarm. Hier wird man durch ein unbemerkt herannahendes Auto oder ein lautes Alarmsignal plötzlich aufgeschreckt und bringt sich schnell in Sicherheit. Chronischer Stress hingegen schadet dem Körper. Daher ist es wichtig, regelmäßig für Entspannung zu sorgen. Dies kann zum Beispiel durch Meditation, Sport oder Musizieren geschehen. Zudem bieten Krankenkassen Kurse zur so genannten Progressiven Muskelentspannung an.

1 Erläutere den Unterschied zwischen akutem und chronischem Stress.
2 Erläutere mit Hilfe der Abbildung 1 das Zusammenspiel des Nerven- und Hormonsystems bei akutem und chronischem Stress.
3 Beschreibe drei alltägliche Situationen, in denen akuter Stress für den Körper vorteilhaft sein kann.
4 Nenne drei alltägliche Ursachen für chronischen Stress und entwickle jeweils Lösungsmöglichkeiten diesen zu vermeiden.

Bau und Leistungen des menschlichen Körpers

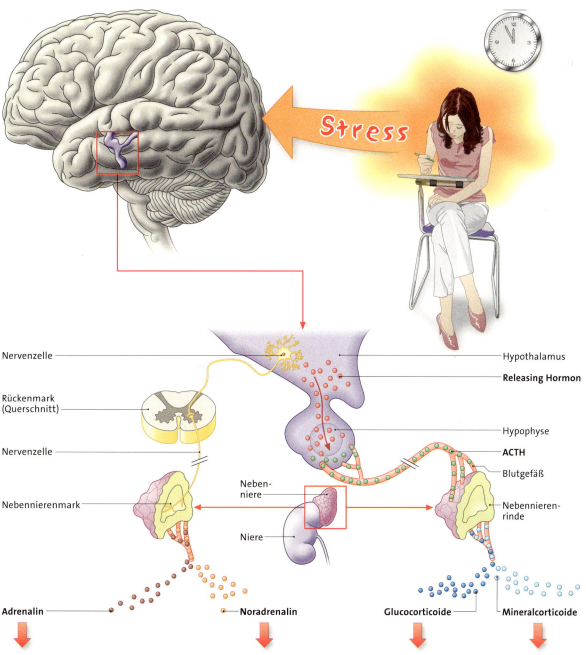

Reaktionen auf akuten Stress

1. Erhöhung des Blutzuckerspiegels
2. Weitung der Bronchien und Erhöhung der Atemfrequenz
3. Erhöhung der Herzschlagfrequenz und des Blutdrucks
4. Erhöhung des Wachheitszustandes und der geistigen Leistungsfähigkeit
5. Senkung der Aktivität des Verdauungssystems und der Nieren
6. Hemmung des Immunsystems

Reaktionen auf und Folgen von chronischem Stress

1. Muskelerkrankungen, Müdigkeit und Stress-Diabetes wegen erhöhten Blutzuckerspiegels
2. Herz-Kreislauf-Erkrankungen durch anhaltenden Bluthochdruck
3. Schädigung von Neuronen durch anhaltende Steigerung der geistigen Leistungsfähigkeit
4. Neigung zu Magen-Darm-Erkrankungen, zum Beispiel durch anhaltende Hemmung der Verdauungsprozesse
5. Neigung zu Infektionskrankheiten durch Hemmung des Immunsystems

1 Zusammenspiel des Nerven- und Hormonsystems bei Stress

3 Ernährung und Verdauung

3.1 Die drei Nährstoffgruppen

Definition:
Die vielfältigen Nahrungsmittel liefern alle Stoffe, die der Mensch zur Deckung des Energiebedarfs und zum Auf- und Abbau körpereigener Substanzen braucht. Die Hauptbestandteile dieser Lebensmittel gehören zu drei Stoffgruppen: Kohlenhydrate, Fette und Eiweiße. Da sie einen wichtigen Beitrag zur Ernährung leisten, bezeichnet man sie als **Nährstoffe**.

Kohlenhydrate nehmen wir in verschiedenen Formen auf, vorwiegend als Zucker oder als Stärke. Die Bausteine aller Kohlenhydrate sind Einfachzucker oder Monosaccharide. Diese setzen sich aus den Elementen Kohlenstoff, Sauerstoff und Wasserstoff zusammen, die in einer annähernd ringförmigen Struktur miteinander verknüpft sind. Traubenzucker oder Glucose wird als Sechserring dargestellt, der Fruchtzucker, die Fructose, hingegen als Fünferring. Diese wichtigen Monosaccharide kommen in vielen Früchten vor. Durch die Verknüpfung von zwei Zuckerbausteinen entstehen Zweifachzucker, die Disaccharide. Malzzucker oder Maltose besteht aus zwei Molekülen Glucose und kommt in keimenden Getreidekörnern vor. Der Rohrzucker, die Saccharose, setzt sich aus Glucose und Fructose zusammen. Haushaltszucker ist industriell aufgereinigter Rohrzucker, der zum Beispiel aus Zuckerrüben oder Zuckerrohr stammt.

Bei komplexen Kohlenhydraten, den Vielfachzuckern oder Polysacchariden, werden sehr lange Ketten von Zuckerbausteinen gebildet, die auch Verzeigungen enthalten können. Pflanzliche Stärke besteht aus langen, unverzweigten Ketten von Glucosemolekülen, die schraubig aufgewunden sind. Für Pflanzen ist Stärke ein Speicherstoff und deshalb in Speicherorganen wie Kartoffeln und Getreidekörnern enthalten. Das Reservepolysaccharid der Tiere ist Glykogen, dessen Glucosebausteine auch zu langen Ketten verbunden sind, die aber viele Verzweigungen enthalten. Während der Verdauung baut unser Körper Stärke zu Glucose ab, kann diese als Energielieferant nutzen oder in der Leber daraus Glykogen als Speicherstoff aufbauen. Da Monosaccharide bei der Verdauung ohne weitere Zerlegung direkt ins Blut übertreten können, stehen sie sofort als Energielieferanten zur Verfügung und werden schnell verbraucht. Stärke hingegen sorgt für eine länger anhaltende Sättigung und gleichmäßigere Versorgung mit Glucose, da die langen Ketten erst in kleinere Bausteine aufgespalten werden müssen.

Bei den **Fetten** oder Lipiden unterscheidet man feste Fette und flüssige Öle, die tierischer oder pflanzlicher Herkunft sein können. Fette bestehen aus den Bausteinen Glycerin und Fettsäuren. Wie die Kohlenhydrate sind sie aus den Elementen Kohlenstoff, Sauerstoff und Wasserstoff aufgebaut. Dabei ist jedes Glycerinmolekül mit drei kettenförmigen Fettsäuremolekülen verbunden.

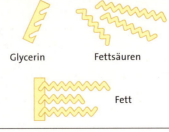
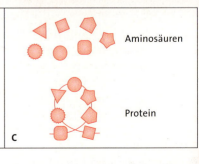

1 Die drei Nährstoffgruppen. A Kohlenhydrate; B Fette; C Proteine

In pflanzlichen und tierischen Fetten kommen elf verschiedene Fettsäuren vor. Aufgrund ihres chemischen Aufbaus unterscheidet man gesättigte oder ungesättigte Fettsäuren. Je nach Art und Menge der gebundenen Fettsäuren sind die Fette bei Raumtemperatur flüssig oder fest. Bei flüssigen Ölen ist der Anteil an ungesättigten Fettsäuren höher. Einige dieser Fettsäuren kann der Körper nicht selbst herstellen, sondern muss sie mit der Nahrung aufnehmen. Sie bezeichnet man als **essenzielle Fettsäuren.** Diese sind vorwiegend in pflanzlichen Ölen wie Distel-, Walnuss-, Lein- oder Sonnenblumenöl vorhanden. Pflanzliche Fette findet man vor allem in Samen oder Früchten, da sie die Funktion von Speicherlipiden haben. Tierische Fette sind in Lebensmitteln wie Butter, Sahne, Käse oder Wurst und fettem Fisch enthalten. Fette werden langsamer verdaut als Kohlenhydrate, so dass ihre Energie über einen längeren Zeitraum freigesetzt wird. Im menschlichen Körper dienen Fette auch als Energiespeicher und zur Wärmeisolation.

In der Nahrung sind außerdem Eiweißstoffe enthalten, die man auch als **Proteine** bezeichnet. Ihre Bausteine sind 20 verschiedene Aminosäuren, die zu langen Ketten verbunden sind. Neben den Elementen Kohlenstoff, Wasserstoff und Sauerstoff enthalten die Aminosäuren auch die Elemente Stickstoff und Schwefel. Die Vielfalt der im Körper vorhandenen Proteine wird durch unterschiedliche Kombinationen der Aminosäuren in den Ketten erreicht, die dann spezifische räumliche Strukturen annehmen.

Die Nahrungsproteine werden hauptsächlich als Baustoffe für körpereigene Eiweiße verwendet. Zur Energiegewinnung dienen sie nur, wenn die anderen Energiequellen erschöpft sind. Proteine sind in tierischen Produkten wie Fleisch, Fisch, Wurst, Eiern, Milch und Milchprodukten enthalten. Reich an pflanzlichen Proteinen sind vor allem Sojabohnen, Erbsen, Linsen, Mais, Nüsse und Mandeln.

Die Proteine der Nahrung sind für den Menschen verschieden gut verwertbar. Je ähnlicher die Zusammensetzung des aufgenommenen Proteins zu der des Menschen ist, desto effizienter kann der Aufbau von Körperproteinen erfolgen. Deshalb haben die Nahrungsproteine eine unterschiedliche biologische Wertigkeit für den Menschen. Von den 20 Aminosäuren kann der menschliche Stoffwechsel zwölf ineinander umwandeln und selbst herstellen. Acht Aminosäuren hingegen müssen über die Nahrung aufgenommen werden. Diese werden als **essenzielle Aminosäuren** bezeichnet und kommen häufiger und ausgewogener in tierischen als in pflanzlichen Proteinen vor.

1 Erstelle eine Liste von Lebensmitteln, die besonders reich an Fett sind. Verwende dazu die Abbildungen 1 und 2.

2 Vergleiche die Zusammensetzung der Nahrungsmittel in Abbildung 2 miteinander.

3 Untersuche die Zutatenlisten von Fruchtjogurt, Müsliriegeln und Schokolade. Nenne die dort zu findenden Bezeichnungen für »Zucker«?

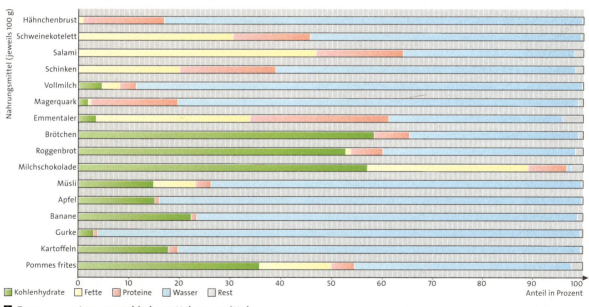

2 Zusammensetzung verschiedener Nahrungsmittel

Aufgaben und Versuche — Nährstoffnachweise

V1 Kohlenhydrat/Stärkenachweis

Material: Petrischalen; Iod-Kaliumiodid-Lösung; Pipette; Spatel; Speisestärke; verschiedene Lebensmittel

Durchführung: Gib 2 bis 3 Spatelspitzen Speisestärke in eine Petrischale. Tropfe mit der Pipette etwas Iod-Kaliumiodid-Lösung auf die Speisestärke und beobachte die Veränderung.

Aufgabe: Überprüfe, welche Lebensmittel Stärke enthalten. Protokolliere die Ergebnisse.

V2 Glucose-Nachweis mit der Fehlingprobe

Material: Reagenzgläser; 1 großes Becherglas für das Wasserbad; Heizplatte oder Brenner mit Dreifuß und Drahtnetz; Spatel; Fehling-I- und Fehling-II-Lösung; Traubenzucker; Birne; Traubensaft; Milch

Durchführung: Gib 1 ml Fehling-I- und 1 ml Fehling-II-Lösung in ein Reagenzglas, schüttle etwas und füge eine Spatelspitze Traubenzucker hinzu. Stelle das Reagenzglas in ein Wasserbad und erhitze es vorsichtig.

Aufgabe: Protokolliere deine Beobachtungen. Wiederhole das Experiment mit den oben genannten Lebensmitteln und ergänze das Protokoll.

V3 Fettnachweis mit der Fettfleckprobe

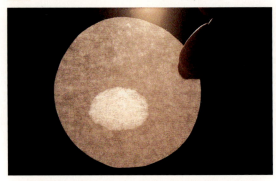

Material: Filtrierpapier; Pipette; Wasser; Öl; Mörser und Pistill; Fön; verschiedene Lebensmittel

Durchführung: Gib auf ein Filtrierpapier einen Tropfen Wasser und in einigem Abstand einen Tropfen Öl. Umrande jeden Fleck mit Bleistift und beschrifte ihn. Halte nun das Filtrierpapier gegen das Licht. Trockne anschließend das Papier mit dem Fön und halte es erneut gegen das Licht. Zerreibe in einem Mörser verschiedene Nahrungsmittel (z. B. Nüsse, Nudeln, Käse) und gib ein wenig der Masse auf ein Filtrierpapier und wiederhole das Experiment.

Aufgabe: Notiere und erkläre deine Beobachtungen. Stelle die Ergebnisse in einer Tabelle dar.

V4 Eiweiß-Nachweis (Biuret-Reaktion)

Material: Vollmilch; etwas Eiklar; Wasser; verdünnte Natronlauge (10 %); Kupfersulfatlösung (1 %); 3 Reagenzgläser; Brenner; Reagenzglasklammer; Siedesteinchen

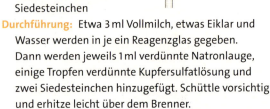

Durchführung: Etwa 3 ml Vollmilch, etwas Eiklar und Wasser werden in je ein Reagenzglas gegeben. Dann werden jeweils 1 ml verdünnte Natronlauge, einige Tropfen verdünnte Kupfersulfatlösung und zwei Siedesteinchen hinzugefügt. Schüttle vorsichtig und erhitze leicht über dem Brenner.

Aufgabe: Notiere und erkläre deine Beobachtungen.

3.2 Die Nahrung enthält weitere wichtige Stoffe

Von Nährstoffen allein kann man nicht leben. Für den Stoffwechsel benötigt der Mensch verschiedene zusätzliche Substanzen, die der Körper selbst nicht aufbauen kann. Diese Stoffe müssen mit der Nahrung regelmäßig zugeführt werden. Bei einigen Stoffen reichen schon geringe Mengen in der täglichen Nahrung aus, um den Bedarf zu decken.

Vitamine sind organische Verbindungen, die unser Körper nicht selbst bilden kann. Eine ausgewogene Ernährung enthält alle Vitamine in ausreichender Menge. Ohne Vitamine läuft in unserem Körper nichts: Sie sind für den reibungslosen Ablauf biochemischer Prozesse im Körper wie beispielsweise den Aufbau unterschiedlicher Zelltypen und den Energiestoffwechsel zuständig. Bei einer Unterversorgung kommt es zu Stoffwechselstörungen. Überdosierungen sind dagegen nur in wenigen Fällen gefährlich. Man kennt heute 13 verschiedene Vitamine, die vorwiegend in pflanzlicher Kost enthalten sind. Sie werden mit Großbuchstaben gekennzeichnet, denen teilweise eine Ziffer angefügt ist. Die meisten Vitamine sind wasserlöslich, nur wenige sind fettlöslich. Vitamine sind empfindlich. Sie können durch Hitze, Sauerstoff, UV-Licht oder durch Säuren zerstört werden.

Mineralstoffe werden von Pflanzen mit dem Wasser aus dem Boden aufgenommen, sind somit vorwiegend in pflanzlicher Nahrung vorhanden. Unser Körper benötigt Mineralstoffe nur in geringen Mengen. Bei einem Bedarf von etwa einem Gramm pro Tag spricht man von **Mengenelementen** (Kalium, Chlor, Natrium, Phosphor, Calcium und Magnesium), bei einem Tagesbedarf im Milligrammbereich von **Spurenelementen** (Eisen, Iod und Fluor). Alle diese Elemente werden in Form ihrer Ionen aufgenommen. Die Aufgaben der Mineralstoffe im Körper sind vielfältig: Natrium-Ionen sind notwendig für die Erregbarkeit von Muskeln und Nerven, ebenso Kalium-, Calcium- und Chlorid-Ionen. Calcium-Ionen sind zudem wichtig für den Knochen- und Zahnaufbau, Iodid-Ionen für das Wachstum und Eisen-Ionen für die Blutbildung.

Ballaststoffe sind unverdauliche Bestandteile pflanzlicher Nahrung. Sie bestehen zum Beispiel aus Cellulose, dem Hauptbestandteil der Zellwände. Ballaststoffreiche Nahrung muss länger gekaut werden, dadurch werden mehr Verdauungssäfte gebildet. Die Nahrung verweilt länger im Magen, und man ist deshalb länger satt. Ballaststoffe werden von Bakterien im Dickdarm teilweise abgebaut. Dabei entstehen die Vitamine B_2, H und K. Um eine gesunde Darmbewegung aufrechtzuerhalten, sollten täglich 30 bis 50 Gramm Ballaststoffe mit der Nahrung aufgenommen werden.

1 Vervollständige die unten abgebildete Tabelle mit den entsprechenden Angaben zu den Vitaminen B_6 und B_{12} sowie den Mineralstoffen Phosphor, Natrium und Magnesium.

Stoff	Funktion	Vorkommen	Tagesbedarf	Mangelerscheinung
Vitamin A	notwendig für den Sehvorgang, hält Haut und Schleimhäute gesund, stärkt das Immunsystem	Leber, Butter, Eier, Vollmilch; Provitamin A (Carotinoide) in Karotten, Kohl, Tomaten	1 mg	trockene Haut, spröde Haare und Nägel, Nachtblindheit, Wachstumsstörungen
Vitamin B_1	notwendig für den Kohlenhydratstoffwechsel und die Funktion des Nervensystems, des Herzens sowie der Verdauung	Schweinefleisch, Leber, Fisch, Vollkornbrot, Hülsenfrüchte, Kartoffeln	1,2 mg	Appetitlosigkeit, Reizbarkeit, Entzündung des Nervensystems (Beri-Beri), Herzmuskelschwäche
Vitamin C	Aufbau von Bindegewebe und Knochen, fördert die Wundheilung, verbessert die Eisenaufnahme, Antioxiddationsmittel	Obst (Zitrusfrüchte, Kiwi), Gemüse (Paprika, Broccoli)	75 mg	Müdigkeit, Leistungsabfall, schlechte Wundheilung, erhöhte Krankheitsanfälligkeit, Skorbut
Vitamin D	fördert Entwicklung von Knochen und Zähnen	fetter Fisch (Hering, Lachs), Ei, Leber, Milchprodukte; wird unter UV-Licht in der Haut gebildet	0,005 mg	Knochen werden weich und biegsam (Rachitis, Osteomalazie)
Vitamin E	hemmt Entzündungen, schützt Zellwände und DNS, Antioxidationsmittel	hochwertige Pflanzenöle, Nüsse, Eidotter, Butter, Blattgemüse	13 mg	nur bei krankhafter Störung der Fettaufnahme und bei Frühgeborenen: Müdigkeit, schlechte Wundheilung, Arteriosklerose
Calcium (Ca^{2+})	Aufbau und Erhalt von Knochen und Zähnen, Nerven- und Muskelfunktion	Milchprodukte, dunkelgrünes Gemüse, Hülsenfrüchte	1200 mg	vermindertes Wachstum, Verlust von Knochensubstanz, Muskelkrämpfe
Eisen (Fe^{2+})	Bestandteil des Blutfarbstoffs Hämoglobin	Fleisch, Eier, Hülsenfrüchte, Getreidekörner	15 mg	Blutarmut, erhöhtes Infarktrisiko, Müdigkeit

2 Lebensnotwendige Vitamine und Mineralstoffe

3.3 Die Bedeutung der Nährstoffe

Nach einer langen Wanderung ist man müde und hungrig. Woran liegt das? Für die ständige Bewegung braucht der Körper Energie. Das Hungergefühl nach der Wanderung zeigt an, dass die Energiereserven des Körpers aufgebraucht sind und mit Nahrung wieder aufgefüllt werden müssen. Es gibt aber auch Menschen, die sich bereits morgens nach dem Aufstehen mit gutem Appetit an den Frühstückstisch setzen. Obwohl sie die ganze Nacht geschlafen haben, also »nichts« getan haben, sind sie beim Aufwachen hungrig. Wie lässt sich das erklären?

Viele Körperfunktionen laufen auch ab, wenn man sich in völliger Ruhe befindet. Atmung, Blutkreislauf und Aufrechterhaltung der Körpertemperatur sind Vorgänge, die auch während des Schlafes aufrecht erhalten werden müssen. Diese Lebensfunktionen benötigen ständig Energie, die von außen zugeführt werden muss. Energie ist an einen Energieträger gebunden und kommt in verschiedenen Energieformen vor, wie zum Beispiel Wärmeenergie, Bewegungsenergie oder chemischer Energie. Alle Energieformen lassen sich ineinander umwandeln, dabei geht ein Teil der enthaltenen Energie als Wärme verloren. Die Maßeinheit für Energie ist das Joule (J) oder Kilojoule (kJ). Die Energiemenge, die ein Mensch im Liegen in einem Raum mit einer Temperatur von 20 Grad Celsius durchschnittlich benötigt, wird **Grundumsatz** genannt. Er liegt zwischen 5000 und 8000 Kilojoule pro Tag und ist unter anderem abhängig vom Alter und Geschlecht.

Für jede weitere Leistung, die ein Mensch vollbringt, braucht er zusätzliche Energie. Diese Energiemenge, die über den Grundumsatz hinaus benötigt wird, bezeichnet man als **Arbeits-** oder **Leistungsumsatz.** Er wird vor allem durch die Muskeltätigkeit bestimmt, zum Beispiel beim Wandern. Mit jeder Muskeltätigkeit ist ein zusätzlicher Energiebedarf verbunden. Der Leistungsumsatz ist bei verschiedenen Tätigkeiten sehr unterschiedlich: Beim Spazierengehen beträgt er ungefähr 500, beim Lauftraining hingegen 2650 Kilojoule pro Stunde.

Der **Gesamtenergiebedarf** setzt sich aus Grund- und Leistungsumsatz zusammen. Die benötigte Energie

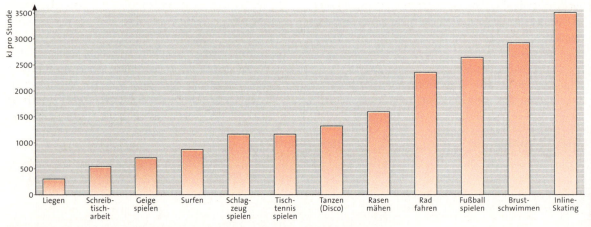

1 Energieaufwand eines Erwachsenen (70 Kilogramm) für verschiedene Tätigkeiten

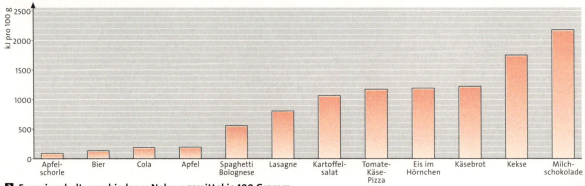

2 Energiegehalt verschiedener Nahrungsmittel je 100 Gramm

stammt aus der Nahrung. Sie wird in den Zellen aus Kohlenhydraten und Fetten durch Energieumwandlung für die Körperfunktionen nutzbar gemacht. Fette und Kohlenhydrate sind also Brennstoffe oder Betriebsstoffe.

Muskelbewegungen benötigen besonders viel Energie. Bei der Verbrennung von Glucose zu Kohlenstoffdioxid und Wasser in der Zellatmung wird die gespeicherte chemische Energie in den Muskeln in Bewegungsenergie umgewandelt. Die Bewegungsvorgänge werden von den Nervenzellen im Gehirn gesteuert. Diese Zellen benötigen für ihre Tätigkeit ebenfalls Energie, die der Körper durch die Verbrennung von Kohlenhydraten liefert. Ein Teil der Energie wird als Wärme frei, die einerseits zur Aufrechterhaltung der Körpertemperatur verwendet wird, andererseits aber ungenutzt in die Umgebung abstrahlt. Der Körper kann nur eine sehr begrenzte Menge an Kohlenhydraten speichern. Sind die Speicher aufgefüllt, werden die überschüssig aufgenommenen Kohlenhydrate in der Leber zu Fett umgebaut und im Fettgewebe gespeichert. Auch mit der Nahrung über den Energiebedarf hinaus aufgenommene Fette werden im Fettgewebe als Energiereserven gespeichert. Bei Bedarf können Fette wieder mobilisiert werden. Sie gehen in den Körperstoffwechsel als körpereigene Fette ein oder werden im Energiestoffwechsel verbraucht.

Um den Energiegehalt von Stoffen zu ermitteln, wird eine bestimmte Stoffmenge vollständig mit Sauerstoff oxidiert und die dabei freiwerdende Wärmemenge gemessen. Daraus resultiert der **physikalische Brennwert** dieses Stoffes. Der **physiologische Brennwert** eines Stoffes ergibt sich aus der Energiemenge, die im Körper beim vollständigen Abbau frei wird. Für Kohlenhydrate und Fette sind physikalischer und physiologischer Brennwert gleich, wobei der Energiegehalt von Fetten bei gleicher Masse mehr als doppelt so groß ist wie bei Kohlenhydraten. Proteine werden nicht vollständig zu Kohlenstoffdioxid und Wasser abgebaut. Stattdessen entsteht der noch Energie enthaltende Harnstoff, sodass der physiologische Brennwert von Proteinen geringer als der physikalische Brennwert ist.

Ein Baby braucht für sein Wachstum und seine Entwicklung ebenfalls Energie, die es über die Nahrung erhält. Nach etwa fünf Monaten hat es sein Geburtsgewicht verdoppelt, nach zwölf Monaten verdreifacht. Alle Organe haben im Wachstum an Größe und Gewicht zugenommen. Aber auch bei Erwachsenen finden vergleichbare Vorgänge statt: Man kann am eigenen Körper beobachten, wie Haare und Nägel wachsen, wie die Haut sich schuppt. Genauso werden Blut und Muskelsubstanz ständig erneuert. Dazu benötigt der Organismus **Baustoffe.** Im Baustoffwechsel werden aus den Nährstoffen dann körpereigene Stoffe aufgebaut. Kohlenhydrate sind zum Beispiel am Aufbau von Sehnen, Bändern und Knorpel beteiligt. Fette sind notwendig, um neue Zellmembranen herzustellen. Der größte Teil des menschlichen Körpers besteht jedoch aus Proteinen, zum Beispiel die Muskulatur, Nägel und Haare. Eiweißstoffe aus den Nahrungsmitteln werden zu körpereigenen Proteinen umgewandelt. Diese dienen vorwiegend als Baustoffe und werden nur im Energiestoffwechsel verwendet, wenn alle anderen Energiereserven ausgeschöpft worden sind. Auch der Baustoffwechsel benötigt Energie, denn bei der Umwandlung von körperfremden zu körpereigenen Substanzen wird chemische Energie genutzt, die ebenfalls aus der Nahrung stammt.

1 Berechne den Energiegehalt typischer Portionen der in Abbildung 2 aufgeführten Nahrungsmittel und vergleiche mit den Energieaufwänden aus Abbildung 1.

2 Erläutere Abbildung 3.

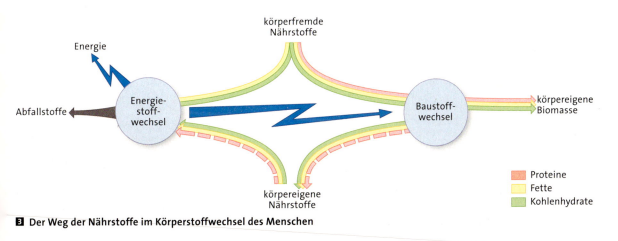

3 Der Weg der Nährstoffe im Körperstoffwechsel des Menschen

3.4 Gesunde Ernährung

An vielen Schulen werden Projekte zum Thema »Gesunde Ernährung« durchgeführt. Kinder erfahren dort, wie man mit einfachen Mitteln schmackhafte und gesunde Speisen zubereiten kann. Warum sind solche Unterrichtsinhalte erforderlich? Heute ist das Angebot an Lebensmitteln riesig – aber nicht alles, was in den Supermarktregalen liegt, trägt zu einer gesunden Ernährung bei, auch wenn die Werbung anderes verspricht.

Wie sollte denn die »richtige« Ernährung aussehen? Unsere Lebensmittel enthalten in der Regel Kohlenhydrate, Fette, Eiweißstoffe sowie Vitamine und Mineralstoffe. Bei Erwachsenen gilt ein Verhältnis von 60 Prozent Kohlenhydraten, 10 Prozent Eiweißstoffen und nicht mehr als 30 Prozent Fett als günstig, um dem Körper sowohl Baustoffe als auch energiereiche Stoffe im richtigen Maß zuzuführen. Außerdem sollte die Kost ballaststoffreich sein und alle nötigen Vitamine und Mineralstoffe in ausreichender Menge enthalten. Dies alles wird am besten durch eine vielfältige und abwechslungsreiche Ernährung erreicht, die verschiedene Nahrungsmittel geschickt kombiniert. Eine solche Ernährung nennt man auch **ausgewogen**. Der Ernährungskreis bietet eine gute Hilfe bei der Zusammensetzung abwechslungsreicher und ausgewogener Speisen. Man wird jedoch auch nicht krank, wenn man einmal an einem Tag nur Käsebrote isst und sich an einem anderen nur von Kuchen ernährt. Die Wochenbilanz sollte allerdings stimmen.

Die Basis einer gesunden Ernährung sind Kartoffeln und Getreideprodukte. Vollkornprodukte sollten bevorzugt werden, weil sie viele Ballaststoffe und reichlich Vitamine und Mineralstoffe enthalten. Wichtig ist daneben ein großer Anteil von Obst und Gemüse, möglichst als Rohkost. Viele Vitamine sind zum Beispiel gegenüber Wärme, Licht und Sauerstoff empfindlich und deshalb in den stark verarbeiteten industriellen Fertigprodukten verloren gegangen. Vielfach werden sie dann wieder künstlich zugesetzt, doch sind sie in naturbelassenen Nahrungsmitteln in ihrem biologischen Umfeld für den Körper besser verwertbar. Zusammen sollten diese pflanzlichen Lebensmittel rund drei Viertel der Nahrungsmenge ausmachen.

Nur das restliche Viertel sollten Lebensmittel tierischer Herkunft sein: täglich Milch und Milchprodukte, ein- bis zweimal wöchentlich Fisch und Fleisch, Wurst und Eier nur in Maßen. Diese Lebensmittel enthalten zwar wertvolle Mineralstoffe, wie zum Beispiel Calcium in Milch, Iod in Seefisch, Eisen und B-Vitamine in Fleisch und Wurst, doch ist der Bedarf an diesen Stoffen schnell gedeckt.

Um alle Stoffwechselvorgänge optimal zu gewährleisten, müssen dem Körper täglich etwa 1,5 Liter Flüssigkeit zugeführt werden, am besten als Mineralwasser. Bei Genuss zuckerhaltiger Getränke treten Probleme mit der Zahnhygiene auf, so dass schnell Karies entsteht. Außerdem werden die enthaltenen, zusätzlichen Kohlenhydrate oft nicht benötigt und dann als Fett abgelagert.

1 Selbst gemacht und stolz darauf

2 Der Ernährungskreis.
Anteile in Massenprozenten ohne Getränke

Bau und Leistungen des menschlichen Körpers

Verzehrt man regelmäßig ein Übermaß an Süßigkeiten, Chips, Pommes frites und Cola-Getränken, so werden mehr Kohlenhydrate und Fette aufgenommen als verbraucht. Der Körper speichert diese Stoffe, und das Fett wird als energiereiche Reserve für Notzeiten eingelagert. Im Laufe der Zeit entsteht dadurch Übergewicht. Starkes Übergewicht belastet den Kreislauf und das Herz. Durch Ablagerungen verengen sich Blutgefäße und die Durchblutung wird erschwert.

Esssucht ist durch regelmäßiges Zuvielessen mit zwanghaften und unkontrollierbaren Heißhungeranfällen gekennzeichnet. Das Essen ist bei Esssüchtigen keine Reaktion auf Hunger, sondern meist auf unangenehme Gefühle wie Angst, Ärger und Langeweile.

Auch bei anderen **Essstörungen** kreisen die Gedanken der Betroffenen ständig um die Themen »Essen« und »Körpergewicht«. Viele junge Mädchen haben in einem bestimmten Alter das Problem, sich zu dick zu fühlen. Durch die Hormone in der Pubertät werden die Hüften breiter und das Fettgewebe am Gesäß und den Oberschenkeln nimmt zu. Das ist ein ganz normaler Vorgang. Doch in Modezeitschriften und in der Werbung werden nur superschlanke Models gezeigt, denen viele junge Leute nacheifern. Schlankheit wird oft gleichgesetzt mit Schönheit, Erfolg und Beliebtheit. Häufig versuchen Jugendliche mit Radikaldiäten den hormonell bedingten Fettansatz zu verhindern. Doch der Körper stellt sich schnell auf geringe Nahrungsmengen ein und nutzt sie besser aus. Isst man dann nach der **Diät** normal weiter, ist das Anfangsgewicht schnell wieder erreicht und wird oft sogar überschritten.

Dieser *Jo-Jo-Effekt* führt zu weiteren Diäten und erneuter Gewichtszunahme. Manchmal führt der Wunsch, schlank zu sein, zu einem extremen Essverhalten. Die Betroffenen verweigern weitgehend die Nahrungsaufnahme und vermindern zusätzlich durch extreme sportliche Betätigung ihr Körpergewicht. Hierbei handelt es sich um eine ernst zu nehmende Erkrankung, die **Magersucht**, bei der es wegen des starken Untergewichts zu lebensbedrohlichen Komplikationen kommen kann.

Das gilt auch für die **Bulimie**. Bulimiker legen große Vorräte an Lebensmitteln an, die sie dann bei Fressanfällen unkontrolliert in unvorstellbaren Mengen in sich hineinstopfen. Danach wird alles wieder erbrochen – möglichst so, dass niemand etwas davon bemerkt. Solche Menschen leiden seelisch und körperlich sehr unter ihrer Ess- und Brechsucht. Sie brauchen genau wie Magersüchtige fachliche Hilfe, um ihre Probleme zu verarbeiten und zu einem gesunden Essverhalten zurückzufinden.

Durch abwechslungsreiches und ausgewogenes Essverhalten und regelmäßigen Sport kann jeder dazu beitragen, sein individuelles Wohlfühlgewicht zu erreichen und damit seine eigene Gesundheit zu unterstützen.

1. Erläutere Abbildung 3. Berechne und bewerte deinen persönlichen Body Mass Index (BMI).
2. Diskutiert in der Klasse, ob jeder Vierzehnjährige mit einem Body Mass Index über 24 oder unter 16 ess- oder magersüchtig ist.
3. Informiere dich im Internet über Ziele und Aktivitäten der Slow Food-Bewegung. Diskutiert in der Klasse.

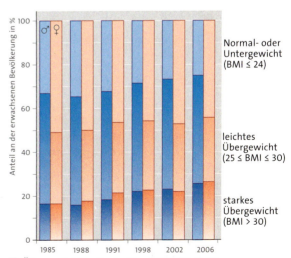

$$BMI = \frac{Körpermasse\,[kg]}{(Körpergröße\,[m])^2}$$

3 Bewertung des Body Mass Index (BMI) für etwa 14jährige Jugendliche

4 Übergewicht in Deutschland 1985 bis 2006

3.5 Verdauung

Ein Käsebrot enthält alle Nährstoffe. Das Brot selbst besteht aus Getreide, also aus Kohlenhydraten. Butter oder Margarine liefern Fette und der Käse Proteine. Was passiert mit den Nährstoffen im Körper, nachdem ein Stück von dem Käsebrot abgebissen wurde?

Zunächst wird der Bissen mit den Zähnen zerkleinert. Beim anschließenden Kauen entsteht ein Nahrungsbrei. Hierzu tragen verschiedene Speicheldrüsen bei, indem sie eine Flüssigkeit, den **Speichel,** absondern. Schon beim Anblick oder Geruch guten Essens »läuft einem das Wasser im Mund zusammen«. Dabei können pro Tag bis zu eineinhalb Liter Speichel gebildet werden. Kaut man Brot über eine längere Zeit, schmeckt es süß. Untersucht man den Speichel auf seine Inhaltsstoffe, so findet man ein **Enzym,** das Stärke in kleinere Zuckerbausteine zerlegt. Das Enzym nennt man *Amylase,* den entstehenden Zucker Malzzucker. Die Zerlegung von Nährstoffen wie der Stärke durch Enzyme bezeichnet man als Verdauung. Sie beginnt also schon in der Mundhöhle.

Durch den Speichel gleitfähig gemacht, lässt sich der Speisebrei leicht hinunterschlucken. Dabei gelangt er in die **Speiseröhre.** Beim Schlucken legt sich der Kehldeckel auf den Kehlkopfeingang und verschließt dadurch die Luftröhre. Gleichzeitig wird die Atmung für den Moment unterbrochen. Auf diese Weise wird verhindert, dass Nahrungsteilchen in die vor der Speiseröhre liegende Luftröhre geraten. Durch die Speiseröhre gelangt der Nahrungsbrei – selbst wenn man sich auf den Kopf stellen würde – in den Magen. Muskeln, die sich in der Wand der Speiseröhre befinden, werden in bestimmten Abständen zusammengezogen, so dass der Nahrungsbrei sogar gegen die Schwerkraft bewegt wird. Die Speiseröhre durchquert das Zwerchfell und mündet in den Magen.

Der **Magen** ist ein muskulöser schlauchförmiger Hohlraum. Er ist dehnbar und hat ein Fassungsvermögen von bis zu zwei Litern. Eine kräftige Muskulatur erzeugt wellenförmige Bewegungen, die **Peristaltik** genannt werden. Hierdurch wird der Nahrungsbrei durchmischt und die Nahrungsteilchen aneinander zerrieben. Wenn die Nahrung nicht genügend gekaut wurde, dauert das Zerkleinern im Magen wesentlich länger. Kohlenhydrate halten sich nur ein bis zwei Stunden im Magen auf, Proteine verlassen den Magen erst nach etwa vier Stunden und größere Fettmengen brauchen sechs bis acht Stunden, ehe sie an den Darm weitergegeben werden.

1 Guten Appetit!

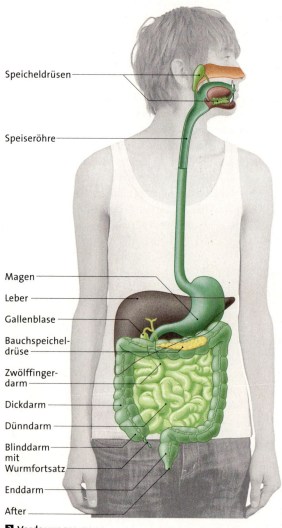

2 Verdauungsorgane

Noch bevor der Nahrungsbrei den Magen erreicht, ist **Magensaft** gebildet worden. Seine Produktion wird wie die des Speichels durch Geruch und Geschmack der Speisen ausgelöst. Magensaft besteht aus Salzsäure und Eiweiß spaltenden Enzymen. Diese Stoffe werden von zahlreichen Drüsenzellen abgesondert, die sich in der innersten Schicht des Magens, der Magenschleimhaut, befinden. Salzsäure wird in den Belegzellen gebildet. Sie wird in das Mageninnere abgegeben, so dass das gesamte Milieu einen sauren pH-Wert aufweist. Dabei werden die meisten Bakterien und andere Kleinstlebewesen abgetötet, die mit der Nahrung in den Magen gelangt sind.

Die Salzsäure verändert auch die im Nahrungsbrei vorhandenen Proteine, so dass diese leichter verdaut werden können. Hierfür produzieren die Hauptzellen das zunächst unwirksame *Pepsinogen*. Erst im Magen wird es durch die Wirkung von Salzsäure in das funktionsfähige Enzym *Pepsin* umgewandelt. Dieses spaltet nun Proteine in kürzere Aminosäureketten. Wieso verdaut der Magen sich nicht selbst? In der Magenwand befinden sich neben den Beleg- und Hauptzellen auch noch Nebenzellen. Sie sondern einen zähflüssigen Schleim ab, der den gesamten Mageninnenraum überzieht. Da dieser gegen Salzsäure unempfindlich ist, verhindert die Schleimschicht eine Selbstverdauung des Magens.

Wenn alle Nahrungsteilchen einen Durchmesser von etwa einem halben Millimeter aufweisen und der Nahrungsbrei gut durchmischt ist, öffnet sich am Magenausgang ein ringförmiger Muskel, der Magenpförtner. Er reguliert die Weitergabe des Nahrungsbreies, indem er stets nur kleine Portionen des Mageninhaltes an den drei bis vier Meter langen **Dünndarm** weiterleitet. Der Dünndarm ist innen mit einer Schleimhaut ausgekleidet. Diese weist viele bis zu einem Zentimeter hohe Falten auf, die ringförmig in das Darminnere hineinragen. Durch das periodisch erfolgende Zusammenziehen zweier Muskelschichten entsteht die Darmperistaltik. Sie sorgt dafür, dass der Nahrungsbrei langsam weiter bewegt wird.

Der Dünndarm ist der Ort des endgültigen Abbaus der Nährstoffe. Die hierfür erforderlichen Enzyme werden größtenteils von der **Bauchspeicheldrüse** gebildet. Sie liegt unterhalb des Magens und mündet zusammen mit dem Gallengang in den **Zwölffingerdarm,** den ersten Abschnitt des Dünndarms. Die Bauchspeicheldrüse liefert pro Tag etwa eineinhalb bis zwei Liter **Bauchspeichelsaft.** Dieser enthält einen Stoff, der die Salzsäure des Magens im Speisebrei neutralisiert und eine schwach alkalische Reaktion bewirkt. Alle Enzyme des Darms können nur bei dem hier vorliegenden basischen pH-Wert wirksam sein. Die im Bauchspeichelsaft enthaltenen Enzyme *Tryp-*

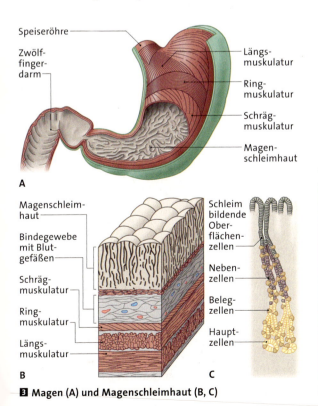

3 Magen (A) und Magenschleimhaut (B, C)

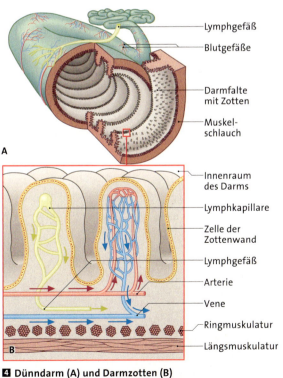

4 Dünndarm (A) und Darmzotten (B)

Bau und Leistungen des menschlichen Körpers

sin und *Chymotrypsin* zerlegen Proteine in kurze Peptidketten. Der Bauchspeichelsaft enthält auch das Enzym *Amylase,* das noch nicht verdaute Stärke in Malzzucker spaltet. Für den Fettabbau produziert die Bauchspeicheldrüse *Lipasen.* Sie zerlegen Fette in Glycerin und Fettsäuren. Zu diesem Verdauungsvorgang wird **Gallenflüssigkeit** benötigt, die von der Leber hergestellt wird. Sie sorgt dafür, dass die Fette in feinste Tröpfchen aufgeteilt werden, wodurch die Oberfläche extrem vergrößert wird. Man nennt diesen Vorgang Emulgierung. Emulgierte Fetttröpfchen können von den Lipasen besser angegriffen und schneller zerlegt werden.

Die Bauchspeicheldrüse liefert aber nicht alle Enzyme für die Verdauung im Darm. Auf den zahlreichen Querfalten der inneren Dünndarmwand befinden sich Millionen von kleinen Ausstülpungen, die **Darmzotten.** Dadurch wird eine enorme Oberflächenvergrößerung erreicht. In Vertiefungen zwischen den Zotten liegen zahlreiche Drüsenzellen. Sie bilden täglich bis zu drei Liter Verdauungssaft, der verschiedene Enzyme enthält. Diese zerlegen nun alle noch unvollkommen abgebauten Nährstoffe in ihre Bausteine. Einige von ihnen spalten die kurzen Peptidketten in Aminosäuren auf, andere zerlegen die Zweifachzucker.

Im Dünndarm nimmt der Körper schließlich die Grundbausteine der Nahrung auf. Diesen Vorgang nennt man **Resorption.** Die Darmzotten durchzieht ein dichtes Kapillarnetz von Blut- und Lymphgefäßen. Während Kohlenhydrate, Aminosäuren, Mineralstoffe und wasserlösliche Vitamine direkt in die Blutgefäße gelangen, werden Glycerin, Fettsäuren und fettlösliche Vitamine zunächst vom Lymphsystem aufgenommen und gelangen erst später in den Blutkreislauf. Die Blutgefäße, die vom Dünndarm abzweigen, münden in die Pfortader. Diese Vene führt die resorbierten Nährstoffbausteine zur Leber.

Der Dünndarm mündet in den **Dickdarm.** Der unterhalb der Einmündungsstelle liegende Dickdarmteil endet blind und heißt **Blinddarm.** An ihm befindet sich ein wurmartiger Fortsatz. In den Dickdarm gelangen unverdauliche Nahrungsreste, zu denen auch die Ballaststoffe gehören. Beim Eintritt in den Dickdarm ist der Darminhalt sehr dünnflüssig. Allein über die Verdauungssäfte werden dem Nahrungsbrei mehr als acht Liter Wasser täglich zugesetzt. Damit dieses Wasser dem Körper nicht verloren geht, wird es hier zurückgeführt und der Nahrungsbrei stark eingedickt.

Der verfestigte Kot wird im **Enddarm** gesammelt und von Zeit zu Zeit ausgeschieden. Der After ist ein ringförmiger Schließmuskel, über den diese Kotausscheidung gesteuert wird.

1 Erstelle eine Tabelle, in der du die einzelnen Verdauungsabschnitte den Enzymen und Verdauungsprozessen zuordnest.

2 Erläutere am Beispiel der Darmzotten das Basiskonzept Struktur und Funktion.

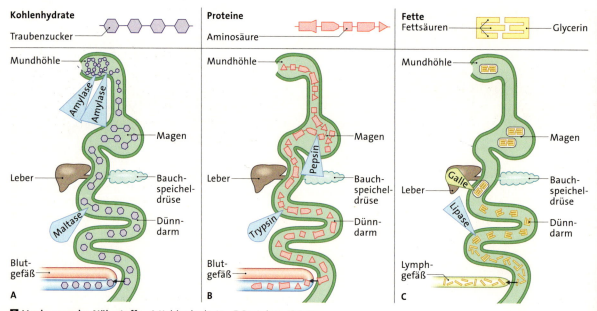

5 **Verdauung der Nährstoffe.** **A** Kohlenhydrate; **B** Proteine; **C** Fette

Streifzug durch die Chemie — Enzyme

Kohlenhydrate, Proteine und Fette sind komplexe Verbindungen, die aus vielen kleinen Bausteinen zusammengesetzt sind. Im Laufe der Verdauung werden diese Verbindungen in bestimmte Einheiten zerlegt. Dafür sind in den Verdauungssäften ganz spezielle Proteine enthalten, die man **Enzyme** nennt.

Oft wird für den Abbau eines Stoffes mehr als ein Enzym benötigt. So zerlegt zum Beispiel die *Amylase* die Riesenketten der Stärke zunächst in Malzzuckermoleküle. Jedes Malzzuckermolekül besteht aus zwei Bausteinen Traubenzucker. Zur Zerlegung des Malzzuckers wird ein anderes Enzym, die *Maltase,* benötigt. Warum kann die Amylase Stärke nicht sofort in die Traubenzuckermoleküle zerlegen?

Jedes Enzym hat einen besonders gestalteten räumlichen Aufbau, der von der Mineralsalzkonzentration, Temperatur und dem sauren oder alkalischen pH-Wert der Umgebung abhängt. Für eine besonders gute Wirkungsweise des Enzyms sind deshalb optimale Bedingungen notwendig. Zur räumlichen Struktur der Amylase passt nur die Stärkekette als *Substrat,* so wie ein Schlüssel in das Schloss. Jedes Enzym ist demnach spezifisch für sein Substrat. Sobald der »Schlüssel im Schloss« steckt, verändert sich die Raumstruktur des »Schlosses« vorübergehend. Es hat sich ein *Enzym-Substrat-Komplex* aus Amylase und Stärke gebildet.

Dabei wird die Kette an zwei Stellen zerteilt. Das geschieht so lange, bis die gesamte Stärkekette in alle ihre Malzzuckermoleküle zerlegt ist. Im Dünndarm erfolgt die Zerlegung des Malzzuckers. Das Enzym Maltase ist spezifisch für das Substrat Malzzucker. Es spaltet die Malzzuckermoleküle in die beiden Traubenzuckermoleküle, aus denen dieser Zweifachzucker aufgebaut ist. Die Traubenzuckermoleküle werden vom Blut aufgenommen und in die Körperzellen transportiert. Hier wird Traubenzucker zur Freisetzung von Energie benötigt. Dabei entstehen Kohlenstoffdioxid und Wasser. Auch an diesem Vorgang, der Zellatmung, sind Enzyme beteiligt. Andere Enzyme können die Traubenzuckermoleküle aber auch zu einem Reservestoff, dem Glykogen, zusammensetzen, der in der Muskulatur und in der Leber gespeichert wird.

Für jede Reaktion, die im Stoffwechsel von Lebewesen stattfindet, ist ein bestimmtes Enzym zuständig. Es ist immer nur an einer der möglichen Umwandlungen des Substrates beteiligt und deshalb spezifisch in seiner Wirkung. Das Enzym wirkt als Katalysator für diese spezielle Reaktion. Enzyme ermöglichen Reaktionen bei Körpertemperatur und werden deshalb auch als *Biokatalysatoren* bezeichnet.

1 Erläutere mit Hilfe der Abbildung 1 den Stärkeabbau im menschlichen Körper.

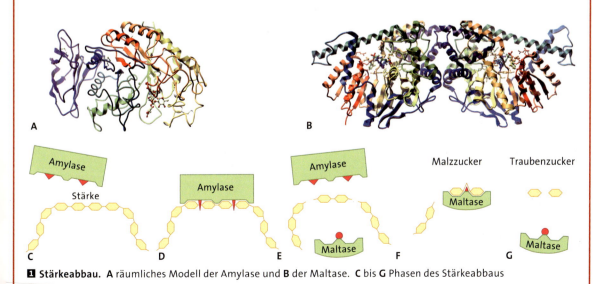

1 Stärkeabbau. A räumliches Modell der Amylase und B der Maltase. C bis G Phasen des Stärkeabbaus

Streifzug durch die Medizin — Magenerkrankungen

Ärger, Kummer, Schulstress oder auch berufliche Belastungen schlagen manchen Menschen auf den Magen. Was heißt das? Der Magen reagiert auf Stress mit ganz unterschiedlichen Beschwerden wie Appetitlosigkeit, Völlegefühl, Aufstoßen, Unbehagen oder Übelkeit und Schmerzen. Der Arzt spricht von einem nervösen Magen oder einem Reizmagen, wenn noch keine Schädigungen erkennbar sind.

Manchmal treten Schmerzen im Oberbauch auf, aber auch Appetitlosigkeit und Übelkeit, die bis zum Erbrechen führen können. Dies können Anzeichen einer **Magenschleimhautentzündung** sein, die auch **Gastritis** genannt wird. Diese Erkrankung kann mehrere Ursachen haben: Verzehr verdorbener Speisen, schnelles Trinken eiskalter Getränke, übermäßiger Alkoholgenuss oder die Einnahme mancher Medikamente. Sobald man die schädigenden Ursachen vermeidet, klingen die Beschwerden meist nach wenigen Tagen wieder ab.

Zu den bekanntesten Magenerkrankungen gehört das **Magengeschwür.** Zugrunde liegt eine Schleimhautverletzung, die aber nicht wie bei der Gastritis auf die Oberfläche begrenzt bleibt, sondern kraterförmig in die tiefer liegenden Schichten der Magenwand eindringt. Diese Schleimhautschädigungen werden meist auf Infektionen mit dem Bakterium *Helicobacter pylori* zurückgeführt. *Helicobacter* nistet sich in und unter der Magenschleimhaut ein und bleibt so vor dem sauren Mageninhalt weitgehend geschützt. Durch seine Stoffwechselprodukte werden die Schleimhautzellen geschädigt, die Immunabwehr geschwächt und vermehrt Salzsäure produziert. Stress, Rauchen, übermäßiger Alkoholgenuss und auch die Einnahme bestimmter Medikamente können die körpereigene Abwehr schädigen, so dass häufiger Infektionen mit *Helicobacter pylori* auftreten, die dann zu den oben genannten Folgen führen. Chronische Erkrankungen mit *Helicobacter pylori* sind ein deutlicher Risikofaktor für **Magenkrebs,** da einige Stoffwechselprodukte dieser Bakterien die Schleimhautzellen massiv und dauerhaft schädigen. Zur Diagnose dieser Infektion stehen verschiedene Tests zur Verfügung. Im Verdachtsfall kann man die Atemluft des Patienten auf Stoffwechselprodukte der Bakterien untersuchen. Der endgültige Nachweis erfolgt mikroskopisch mittels einer Gewebeprobe, die bei einer Magenspiegelung entnommen wurde. Die Behandlung besteht aus einer Kombination eines die Magensäuresekretion hemmenden Medikamentes und zweier Antibiotika.

Magenkrebs kündigt sich durch Symptome wie Völlegefühl, Appetitlosigkeit, Widerwillen gegen Fleisch, Aufstoßen, Erbrechen und Abmagerung an. Seit man Lebensmittel in Kühlschränken längere Zeit aufbewahren kann und diese, um sie haltbar zu machen, nicht mehr stark räuchern oder pökeln muss, ist Magenkrebs seltener geworden.

1 Informiere dich über Untersuchungsmethoden des Magens wie zum Beispiel die Magenspiegelung.

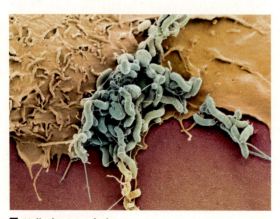

1 *Helicobacter pylori*

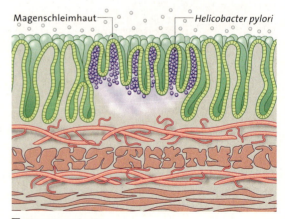

2 Magengeschwür

Bau und Leistungen des menschlichen Körpers

Streifzug durch die Medizin — Bewohner des Darms

Im Darm eines gesunden Erwachsenen leben etwa 1000 Bakterienarten mit rund zehnmal mehr Bakterienzellen, als der Mensch Körperzellen enthält. Der vor der Geburt sterile Darm wird bereits im Verlauf des natürlichen Geburtsvorganges durch Bakterien besiedelt, die von der Mutter stammen, während sich die Bakteriengesellschaft des heranwachsenden Menschen erst allmählich entwickelt. Die **Darmbakterien** und der Mensch bilden eine Lebensgemeinschaft zu beiderseitigem Nutzen. Die Bakterien können aufgrund der Vielseitigkeit der zugeführten Nährstoffe und der konstanten Lebensbedingungen eine stabile, vielfältige Gesellschaft ausbilden. Gegen diese Nahrungskonkurrenten können sich krankmachende, fremde Keime oft nicht durchsetzen und werden so abgewehrt. Außerdem fördern die Darmbakterien beim Menschen die Aktivität des Immunsystems, produzieren Vitamine und bauen viele Körperfremdstoffe ab.

Daneben können aber auch unerwünschte Darmbewohner auftreten, die sich vom Nahrungsbrei ernähren und dem Menschen dabei schaden. Zu diesen **Parasiten** gehören vorwiegend verschiedene Wurmarten.

Der **Spulwurm** des Menschen ist ein Fadenwurm von 15 bis 35 Zentimetern Länge. Diese Würmer besitzen eine kräftige Muskulatur, mit der sie sich schlängelnd gegen das Abdriften durch die Darmperistaltik schützen. Die zahlreichen Eier des Weibchens werden mit dem Kot ins Freie abgegeben. Wenn Fäkalien zur Düngung verwendet werden, können die Eier zum Beispiel auf Gemüse, Salat oder Erdbeeren gelangen. Werden solche Nahrungsmittel vor dem Verzehr nicht gründlich gereinigt, gelangen die Eier wieder in den menschlichen Körper. Bei einem Massenbefall kann es zu Leibschmerzen, einem Darmverschluss oder anderen Beschwerden kommen.

Sehr flache, oftmals mehrere Meter lange Wurmparasiten sind die **Bandwürmer.** Am Kopf tragen sie Saugnäpfe, manchmal auch Haken, mit denen sie sich an der Darmwand festhalten. Bandwürmer sind Zwitter, die sich selbst befruchten können. Ihre Eier werden mit dem Kot ausgeschieden. Werden diese zum Beispiel von einem Rind oder Schwein bei der Nahrungssuche aufgenommen, entwickeln sich zunächst Larven. Diese durchbohren den Darm und setzen sich in der Muskulatur und anderen Organen fest. Dort bilden sich in einer kugelförmigen Kapsel die *Finnen*. Isst der Mensch finniges Fleisch, so entwickelt sich in seinem Darm aus der Finne ein Bandwurm. Durch hygienische Stallhaltung und Fleischbeschau nach der Schlachtung kommt es in Europa heute seltener zu einer Bandwurmerkrankung. Einen absoluten Schutz bietet aber nur der Verzicht auf rohes Schweine-, Rind- und Fischfleisch.

1 Wende die Basiskonzepte Angepasstheit und Fortpflanzung auf den Schweinebandwurm an. Recherchiere dazu im Internet.

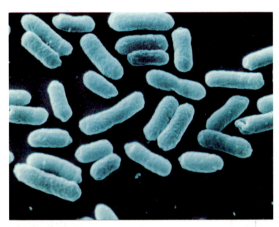

1 Darmbakterien

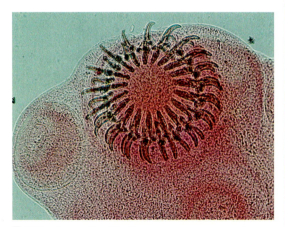

2 Hakenkranz eines Bandwurmes

3.6 Die Leber

Im rechten Oberbauch, geschützt durch Rippen, liegt die größte Drüse des menschlichen Körpers, die **Leber.** Sie hat eine Masse von etwa 1500 Gramm. Äußerlich wird sie durch eine Furche in einen rechten größeren und einen linken kleineren Lappen gegliedert. Innen bilden die Leberzellen kleinere Einheiten, die sechseckigen **Leberläppchen.** Die Blutversorgung der Leber erfolgt über eine Arterie und eine besondere Vene, die **Pfortader.** Die Pfortader ist die Verbindung zwischen Darm und Leber. Ihr Blut enthält die resorbierten Nährstoffe. Diese werden von den Leberzellen in körpereigene Stoffe umgebaut.

Hierzu verfügt die Leber über besondere Enzyme. So wird zum Beispiel Traubenzucker zu Glykogen zusammengesetzt. Dies ist ein Polysaccharid, das nur bei Tieren und Menschen vorkommt. Glykogen wird in Leber- und Muskelzellen gelagert und dient als Energiespeicher. Aus Aminosäuren stellt die Leber Bluteiweißstoffe und den Blutgerinnungsstoff Fibrinogen her. Außerdem kann sie Aminosäuren auch in Traubenzucker oder in Fettsäuren umwandeln. Aus einem Teil der ihr zugeführten Fettsäuren baut die Leber Cholesterin auf. Es wird zum Beispiel für den Aufbau einiger Hormone, von Zellmembranen und **Gallensaft** benötigt. Der Gallensaft wird in den Leberzellen gebildet, über den Gallengang der Gallenblase zugeführt und dort eingedickt und gespeichert.

Einige Stoffe werden in der Leber auch abgebaut, zum Beispiel Rote Blutzellen, überschüssige Aminosäuren, Alkohol und Medikamente. Beim Abbau von Aminosäuren entsteht giftiges Ammoniak. Es wird von den Leberzellen in einen ungiftigen Stoff, den Harnstoff, umgewandelt und dann über die Nieren ausgeschieden. Abbauprodukte der Roten Blutzellen und einiger Medikamente werden nicht über die Niere, sondern über den Gallensaft in den Darm entsorgt. Darüber hinaus ist die Leber auch noch Speicherorgan, nicht nur für das Glykogen, sondern auch für einige Vitamine und Mineralstoffe, zum Beispiel Eisen. Da die Leber an vielen Stoffwechselvorgängen beteiligt ist, wird sie häufig als »Zentrallabor« des Körpers bezeichnet.

Entzündet sich die Leber, tritt ein Teil des Gallensaftes in das Blut über. Es kommt zur Gelbfärbung der Haut, zur Gelbsucht.

Ständiger Alkoholmissbrauch fügt der Leber schweren Schaden zu. Dabei lagert die Leber zunächst Fett ein. Sie vergrößert sich und nimmt eine gelbe Farbe an. Man bezeichnet sie jetzt als Fettleber. Wird weiterhin Alkohol getrunken, sterben Leberzellen ab. Es kommt zur Schrumpfleber. Allmählich setzt dann eine Leberverhärtung ein, die zur Leberzirrhose führt. Dieses Stadium kann sich unbemerkt über viele Jahre hinziehen, ehe es zum völligen Zusammenbruch der Leberfunktion kommt. Schwere Lebererkrankungen können auch durch verschiedene Hepatitis-Viren verursacht werden und zu Leberzirrhose oder Leberkrebs führen.

1 Erstelle eine Skizze, die die Aufnahme, Verteilung, Speicherung und Abgabe von Stoffen aus der Leber zeigt.

2 Erläutere am Beispiel der Leber den Begriff »Stoffwechsel«.

3 Informiere dich über die verschiedenen Typen von Hepatitis-Viren und ihre Verbreitung.

1 Lage von Leber, Gallenblase und Bauchspeicheldrüse

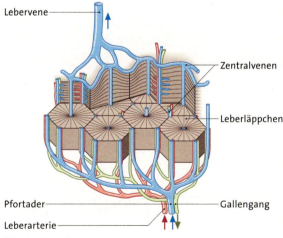

2 Leberläppchen

Bau und Leistungen des menschlichen Körpers

Aufgaben und Versuche Verdauung

V1 Die Verdauung von Eiweiß

Material: frisches Hühnerei; Pepsinlösung (1 %); Salzsäure (1 %); Gasbrenner; Rundkolben (200 ml); 4 Reagenzgläser; Reagenzglasständer; Pipetten; Petrischale; Schere; Pinzette; Wasserbad (37 °C)

Durchführung: Schlage das Ei auf, trenne das Eigelb ab und fange das Eiklar in einer Petrischale auf. Entferne mit Hilfe von Pinzette und Schere die Hagelschnüre. Gib das Eiklar in den Rundkolben, füge 30 ml Wasser hinzu und erhitze unter ständigem Schütteln über einer Gasflamme, bis eine milchige Trübung auftritt. Kühle den Kolben mit der trüben Eiweißlösung unter Leitungswasser ab. Beschrifte vier Reagenzgläser mit Zahlen. Gib in alle vier Reagenzgläser 5 ml der trüben Eiweißlösung und in das erste 5 ml Wasser, in das zweite 3 ml Wasser und 2 ml Pepsinlösung, in das dritte 2 ml Wasser und 3 ml Salzsäure und in das vierte 2 ml Pepsinlösung und 3 ml Salzsäure. Verschließe alle Reagenzgläser mit einem Stopfen und schüttele sie gut durch. Stelle sie für 30 bis 45 Minuten in ein auf etwa 37 °C erwärmtes Wasserbad oder in einen Wärmeschrank.

Aufgabe: Protokolliere und erläutere deine Beobachtungen.

V2 Galle wirkt auf Fett ein

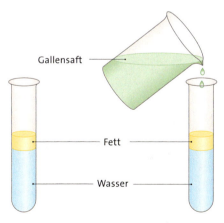

Material: Speiseöl; Ochsengalle (aus der Apotheke); 2 Reagenzgläser; Reagenzglasständer; Reagenzglasstopfen; Messzylinder; Pasteurpipette

Durchführung: Fülle in beide Reagenzgläser jeweils zehn Tropfen Speiseöl und ca. 5 ml Wasser. Gib in eines der Reagenzgläser zusätzlich 5 ml Gallensaft. Verschließe beide Reagenzgläser mit einem Stopfen und schüttele sie kräftig. Stelle sie dann für ca. fünf Minuten in einen Reagenzglasständer.

Aufgabe: Vergleiche das Versuchsergebnis in den beiden Reagenzgläsern. Welche Bedeutung hat Galle bei der Verdauung von Fett?

V3 Stärkeverdauung im Dünndarm

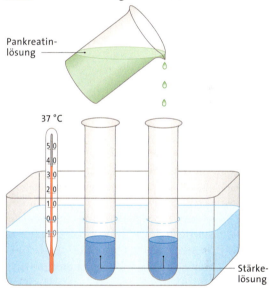

Material: 1 %ige Pankreatinlösung (aus der Apotheke); 1 %ige Stärkelösung Iod-Kaliumiodid-Lösung; 5 %ige Sodalösung; 2 Reagenzgläser; Reagenzglasständer; Pasteurpipetten; Wasserbad

Durchführung: Fülle zwei Reagenzgläser mit je 5 ml Stärkelösung und 2 ml Sodalösung; füge bis zur Blaufärbung ein bis zwei Tropfen Iod-Kaliumiodid-Lösung hinzu. Gib in eines der Reagenzgläser zusätzlich 3 ml Pankreatinlösung, in das andere 3 ml Wasser. Stelle die Gläser in ein Wasserbad von 37 °C.

Aufgaben:

a) Erkläre, warum die Blaufärbung in einem der Reagenzgläser immer schwächer wird, bis sie schließlich verschwunden ist.

b) Vergleiche die Wirkung des Pankreatins mit der des Mundspeichels.

4 Blut und Blutkreislauf

4.1 Blut – eine besondere Flüssigkeit

Bis zum heutigen Tag ist es nicht gelungen, einen technischen Ersatz für Blut herzustellen. Künstliches Blut gibt es nicht. Deshalb wird regelmäßig zu Blutspenden aufgerufen, um gespendetes Blut für Notfälle in Blutbanken bereitzuhalten. Allein in Deutschland werden fünf Millionen Blutspenden pro Jahr benötigt. Was sind die Bestandteile des Blutes, die es so besonders machen?

2 Blutbank

Lässt man Blut einige Zeit in einem Reagenzglas stehen, trennt es sich in drei Phasen auf. Die unterste Phase besteht aus **Roten Blutzellen,** den *Erythrozyten*. Die dünne mittlere Phase enthält **Weiße Blutzellen,** die *Leukozyten*, sowie **Blutplättchen** oder *Thrombozyten*. Darüber befindet sich eine wässrige Flüssigkeit, das **Blutplasma.** Der Anteil des Blutplasmas an den fünf bis sechs Litern Blut eines Erwachsenen beträgt 55 Prozent, die restlichen 45 Prozent sind Blutzellen.

Ein Mensch besitzt bis zu 30 Billionen Rote Blutzellen, die dem Blut seine rote Farbe geben. Etwa zwei Millionen dieser Erythrozyten entstehen pro Sekunde neu im Knochenmark. Nach einer Lebensdauer von drei Monaten sterben sie ab. Rote Blutzellen haben die Form einer Scheibe, die in der Mitte von beiden Seiten eingedellt ist. Die kernlosen Erythrozyten enthalten den eisenhaltigen Farbstoff *Hämoglobin*, der Sauerstoff in der Lunge bindet und zu den Zellen transportiert, wo er für die Zellatmung benötigt wird. Dabei entsteht Kohlenstoffdioxid, das über das Blut zur Lunge zurück transportiert wird.

Weiße Blutzellen besitzen einen Zellkern. Man unterscheidet verschiedene Formen, die sich unter anderem in ihrer Lebensdauer unterscheiden. Zu den Weißen Blutzellen gehören beispielsweise die *Fresszellen*. Sobald ein Krankheitserreger in den Körper eindringt, werden sie aktiv. Fresszellen können mit Hilfe von kleinen Zellausstülpungen sogar die Blutgefäße verlassen. Direkt an der infizierten Stelle im Gewebe können sie die Krankheitserreger umschließen und mit Hilfe von Enzymen zerlegen.

Blutplättchen sind kleine Zellbruchstücke ohne Zellkern. Sie spielen zusammen mit dem flüssigen Blutplasma eine entscheidende Rolle bei der Blutgerinnung. Verletzungen werden schnell verschlossen, indem die *Thrombozyten* miteinander und mit den Wundrändern verkleben. Zudem wird aus dem Plasmaeiweiß *Fibrinogen* ein Netz aus Fibrinfäden gebildet, das die Blutzellen auffängt. Blutplasma, dem Fibrinogen entzogen wurde, heißt *Blutserum*.

1 Erstelle zu den festen Bestandteilen des Blutes jeweils einen Steckbrief.

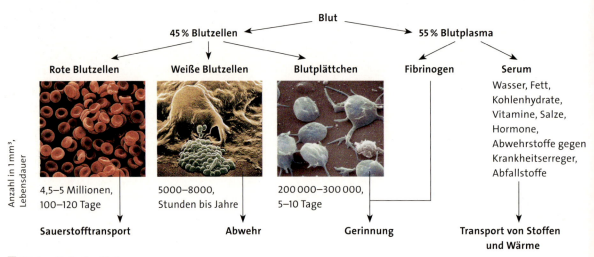

1 Bestandteile des Blutes

4.2 Die Blutgruppen

Mischt man Blut von verschiedenen Personen, kann es zur Verklumpung kommen. Früher glaubte man, dass dieses Phänomen die Folge einer Krankheit sei. Erst 1901 entdeckte der Wiener Arzt Karl LANDSTEINER, dass die Verklumpung auf unterschiedliche Blutgruppen zurückzuführen ist. Zum Beweis untersuchte er sein Blut und das seiner fünf Mitarbeiter. Er trennte dazu die Erythrozyten vom Blutserum und mischte sie wechselseitig. Das Ergebnis ließ auf die Existenz von drei **Blutgruppen** schließen. Kurz darauf wurde eine weitere gefunden. Diese vier Blutgruppen A, B, AB und 0 (Null) spielen bei Bluttransfusionen eine entscheidende Rolle. 1930 erhielt Karl LANDSTEINER für die Entdeckung des **AB0-Blutgruppensystems** den Nobelpreis für Medizin.

Von zentraler Bedeutung für die Verklumpung von unterschiedlichen Blutproben sind bestimmte Eiweiße auf der Erythrozytenoberfläche. Sie werden *Antigene* genannt. Menschen mit Blutgruppe A besitzen Antigen A auf der Membran ihrer Roten Blutzellen. Bei Blutgruppe B findet man Antigen B und bei Blutgruppe AB sind beide Antigene vorhanden. Erythrozyten der Blutgruppe 0 haben keine Antigene.

Im Blutserum findet man Antikörper gegen die Antigene anderer Blutgruppen. Antigen und Antikörper passen so zusammen wie ein Schlüssel und sein Schloss. Die Antikörper haben zwei Andockstellen für Antigene, sodass sich ein Antikörper immer mit zwei Roten Blutzellen verbindet.

Menschen der Blutgruppe A besitzen Antikörper B (Anti-B), das mit Antigen B zur Verklumpung führt. Im Blutserum der Blutgruppe B sind Antikörper A (Anti-A). Menschen der Blutgruppe 0 besitzen beide Antikörper (Anti-A und Anti-B), während das Blut der Blutgruppe AB keine Antikörper enthält.

Vor Operationen ist es notwendig, die Blutgruppe des Patienten zu bestimmen, falls eine Bluttransfusion notwendig werden sollte. Dazu wird eine Blutprobe des Patienten genommen. Aus Sicherheitsgründen werden bei der Blutgruppenbestimmung immer zwei unabhängige Untersuchungen durchgeführt. Zuerst werden auf einer Tüpfelplatte die drei Testseren Anti-A, Anti-B und Anti AB mit Patientenerythrozyten vermischt. Als Gegenprobe werden zusätzlich die Testblutzellen A-, B- und 0-Erythrozyten auf der Tüpfelplatte mit dem Patientenserum vermischt.

In Deutschland haben 43 Prozent der Menschen Blutgruppe A, 41 Prozent Blutgruppe 0, elf Prozent Blutgruppe B und nur fünf Prozent Blutgruppe AB.

1 Marco hat vermutlich die seltene Blutgruppe AB, Lena die Blutgruppe B. Zur Blutgruppenbestimmung stehen die Testseren Anti-A und Anti-B zur Verfügung. Beschreibe, wie man herausfindet, ob die Angaben stimmen.

2 Neben dem AB0-Blutgruppensystem gibt es beim Menschen auch das Rhesus-System. Recherchiere Merkmale des Rhesus-Systems.

1 Blutgruppen und ihre Eigenschaften

4.3 Das Blut strömt im Kreislauf

Als 1616 der englische Arzt Sir William Harvey im königlichen Institut für Medizin in London erklärte, dass das Blut im menschlichen Körper kreist, waren die Zuhörer fassungslos. Er schnürte bei verschiedenen Säugetieren Blutgefäße zu und beobachtete die Blutstauungen. Dabei fand er heraus, dass das Blut im Körper nicht verbraucht wird, sondern in den Gefäßen in einem Kreislauf fließt.

Das **Herz-Kreislauf-System** ist das größte Transportsystem des menschlichen Körpers. Das Kreislaufsystem eines Erwachsenen ist rund 100 000 Kilometer lang und lässt fünf bis sechs Liter Blut etwa 1500-mal pro Tag durch den Körper pulsieren. Dabei vollbringt das Herz Höchstleistungen.

Gefäße, die das Blut vom Herzen wegführen, nennt man **Arterien.** Sie verästeln sich im Körper immer weiter. Die haarfeinen Blutgefäße in den Organen werden **Kapillaren** genannt. Sie vereinigen sich wieder zu größeren Adern, den **Venen.** In ihnen fließt das Blut zurück zum Herz.

Arterien, Kapillaren und Venen unterscheiden sich in ihrem Aufbau. Das hängt mit ihrer Funktion zusammen. Arterien bestehen aus einer äußeren elastischen Hülle, einer darunter liegenden Muskelschicht mit elastischen Fasern und einem inneren Abschlussgewebe. Arterien müssen zum einen dem hohen Druck widerstehen, mit dem das Blut vom Herzen durch den Körper gepumpt wird. Zum anderen haben sie die Aufgabe, das Blut in sich immer weiter verzweigende Gefäße bis in die Kapillaren zu pressen. In den Kapillaren findet der Stoffaustausch mit dem umgebenden Gewebe statt. Erleichtert wird der Stoffaustausch durch die sehr dünnen Wände der Kapillaren. Dabei beträgt die gesamte Austauschfläche bis zu 1000 Quadratmeter. Sauerstoff und Nährstoffe diffundieren aus dem Blut in die Zellen. Der Blutdruck ist am Ende der Kapillaren so stark abgefallen, dass er niedriger ist als der Druck in der Gewebsflüssigkeit. Flüssigkeit mit gelöstem Kohlenstoffdioxid und Stoffwechselprodukten fließt in die Kapillaren. In den Venen ist der Blutdruck so niedrig, dass die Muskelschicht in den Gefäßwänden allein nicht ausreicht, um das Blut aktiv zum Herzen zurückzuführen. Deshalb verlaufen Venen neben Arterien und Skelettmuskeln, die Druck auf die Venen ausüben und das Blut in Bewegung halten. Damit es nicht zurückfließen kann, haben Venen im Abstand von einigen Zentimetern **Venenklappen,** die wie Rückschlagventile funktionieren. Durch die Pumpbewegungen des Herzens wird das Blut aus den Venen ins Herz gesaugt.

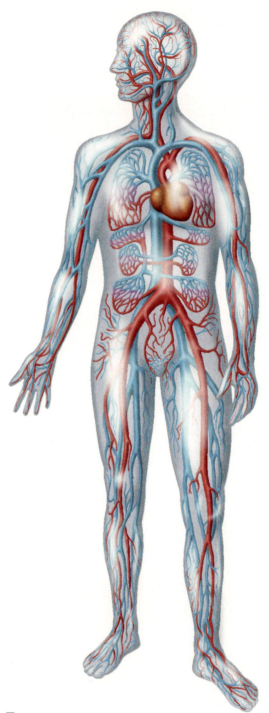

1 Das Herz-Kreislauf-System

Das Blut braucht im Ruhezustand eine Minute, um einmal durch den Körper zu fließen. Angetrieben wird es vom Herzen, das durch eine Scheidewand in eine linke und eine rechte Hälfte unterteilt ist.

Bau und Leistungen des menschlichen Körpers

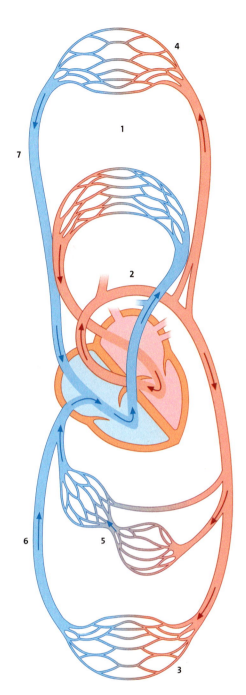

2 Der doppelte Blutkreislauf. **1** Lungenkreislauf, **2** Aorta, **3** untere Körperhälfte, **4** Oberkörper und Kopf, **5** Pfortadersystem, **6** untere Hohlvene, **7** obere Hohlvene

Vom rechten **Vorhof** strömt das Blut in die rechte **Herzkammer** und wird über die Lungenarterie in den **Lungenkreislauf** gepumpt. Dieses Blut ist sauerstoffarm, aber reich an Kohlenstoffdioxid.

In den Kapillaren der Lungenbläschen wird Kohlenstoffdioxid aus dem Blut abgegeben und im Gegenzug Sauerstoff aus der Lunge ins Blut aufgenommen. Über die Lungenvene wird das sauerstoffreiche Blut in den linken Vorhof gesaugt.

Von dort gelangt es in die linke Herzkammer und wird unter hohem Druck über die Körperschlagader, die man auch **Aorta** nennt, in den **Körperkreislauf** gepumpt. Von der Aorta zweigen mehrere Arterien ab, die den Körper und die Organe mit sauerstoffreichem Blut versorgen. Zwei dieser Arterien verästeln sich und überziehen das Herz mit einem Netz von feinen Blutgefäßen.

Ein Großteil des Blutes aus der Aorta versorgt die Verdauungsorgane. Die Kapillaren der Darmwand nehmen Aminosäuren, Traubenzucker und Fettsäuren aus der verdauten Nahrung auf. Dieses mit Nährstoffen beladene Blut wird in einer fingerdicken Vene, der **Pfortader,** gesammelt und fließt in das Kapillarnetz der Leber. Dort wird Traubenzucker aus dem Blut an die Leberzellen abgegeben. Außerdem gelangen Giftstoffe wie Alkohol in die Leber und werden dort abgebaut. Erst dann gelangt das Blut durch die Lebervene in die untere Hohlvene, in der es zusammen mit dem Blut aus der unteren Körperhälfte zum Herzen zurückfließt. Das Blut aus dem Oberkörper und dem Kopf fließt über die obere Hohlvene zurück zum Herzen und wird zusammen mit dem Blut der unteren Hohlvene im rechten Vorhof gesammelt. Damit ist der Körperkreislauf geschlossen und jede Zelle mit Nährstoffen versorgt und von Stoffwechselendprodukten befreit.

Der Mensch besitzt einen **doppelten Blutkreislauf,** denn das Blut fließt zuerst im Lungenkreislauf und dann im Körperkreislauf. Angetrieben wird der Blutkreislauf durch das Herz, das aus mechanischer Sicht zwei synchron arbeitenden Pumpen entspricht, die die beiden ungleich großen Kreisläufe antreiben.

Neben diesen Aufgaben regelt der Blutkreislauf auch die Körpertemperatur. Wärme, die in den Muskeln oder dem Stoffwechsel in den inneren Organen entsteht, wird im Körper gleichmäßig verteilt.

1 Beschreibe mit Hilfe von Abbildung 1 und 2 den Weg des Blutes im Kreislaufsystem.
2 In Arterien fließt immer sauerstoffreiches Blut, in Venen immer sauerstoffarmes. Prüfe diese Aussage.
3 Vergleiche die Struktur und Funktion von Arterien und Venen.

4.4 Das Herz pumpt ein Leben lang

Das **Herz** schlägt ohne Unterbrechung ein Leben lang. Im Laufe dieser Zeit kommen auf diese Weise bis zu drei Milliarden Herzschläge zusammen. Dabei bewegt das Herz insgesamt bis zu 250 Millionen Liter Blut.

Das menschliche Herz ist etwas größer als eine Männerfaust und wiegt etwa 300 Gramm. Es liegt in der Mitte des Brustkorbs, wobei seine Spitze nach links unten zeigt. Das Herz ist ein Hohlmuskel, der von einem zweischichtigen **Herzbeutel** umgeben ist. Zwischen den beiden Schichten des Herzbeutels befindet sich eine Flüssigkeit, die eine reibungslose Herzbewegung ermöglicht. Am Herzen setzen große Blutgefäße an. Von der Aorta zweigen zwei Blutgefäße ab, die sich weiter aufspalten und ein Netz aus feinen Blutgefäßen bilden. Diese **Herzkranzgefäße** sorgen für eine gute Durchblutung des Herzmuskels und garantieren seine Versorgung mit Sauerstoff und Nährstoffen.

Das Herz ist durch eine Scheidewand in eine linke und rechte Hälfte geteilt. Jede dieser Hälften besteht wiederum aus einem kleinen Vorhof und einer größeren Herzkammer. Die Vorhöfe sammeln das Blut, das von den Venen aus der Lunge und dem Körper zum Herzen transportiert wird. Das Blut in den Herzkammern wird durch die Arterien in Richtung Lunge und Körper gepumpt. Die beiden Herzhälften sind unterschiedlich groß. Das hängt mit ihren jeweiligen Funktion zusammen. Die linke Herzhälfte ist größer und versorgt den Körperkreislauf mit sauerstoffreichem Blut. Die rechte Herzhälfte transportiert Blut, das reich an Kohlenstoffdioxid, aber arm an Sauerstoff ist. Sie pumpt das Blut in den Lungenkreislauf.

Vier Klappen steuern die Richtung des Blutflusses im Herzen. Zwischen den Vorhöfen und den Kammern befinden sich die **Segelklappen.** Am Ausgang der Kammern in Richtung der Arterien liegen die **Taschenklappen.** Die Herzklappen funktionieren wie Rückschlagventile. Wenn sich die Herzkammern zusammenziehen, übersteigt der Druck in den Kammern den Druck in der Lungen- beziehungsweise Körperschlagader. Die Taschenklappen öffnen sich und Blut strömt aus. Gleichzeitig schließen sich die Segelklappen und verhindern einen Übertritt des Blutes von den Kammern zurück in die Vorhöfe. Sobald die Herzkammern geleert sind, schließen sich die Taschenklappen und verhindern einen Rückfluss des Blutes aus den Arterien in die Kammern.

Zunächst sammeln die Vorhöfe bei geschlossenen Segelklappen das Blut aus den Hohlvenen. Sobald sich die Vorhöfe zusammenziehen, öffnen sich die Segelklappen und das Blut wird in die Herzkammern gepresst. Die Muskulatur der Kammern ist dabei entspannt und die Herzkammern weiten sich. Den Vorgang des Füllens der Herzkammern nennt man **Diastole.** Dann ziehen sich die Herzkammern zusammen. Die Segelklappen verhindern durch ihre Ventilfunktion einen Rückfluss des Blutes in die Vorhöfe. Übersteigt der Druck in den Kammern den Druck in der Aorta und Lungenarterie, öffnen sich die Taschenklappen und das Blut wird in die Arterien gepresst. Dies bezeichnet man als **Systole.**

Während einer kurzen Ruhephase ist die Muskulatur der Vorhöfe entspannt. Die Vorhöfe füllen sich wieder mit Blut. Nun beginnt eine neue Diastole. Aufgrund des Wechselspiels von Systole und Diastole ist das Herz mechanisch gesehen eine **Saug-Druck-Pumpe.**

Das Herz kann das Blut nicht als konstanten Strom durch den Körper fließen lassen. Durch rhythmisches Zusammenziehen und Erschlaffen des Herzmuskels wird das

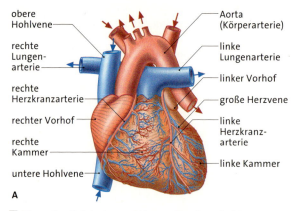 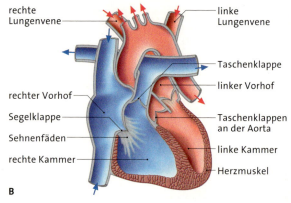

1 Herz. **A** mit Arterien und Venen; **B** aufgeschnitten

Blut stoßweise in die Schlagadern gepresst. Aufgrund der Elastizität der Gefäßwände ist der Schlag des Herzens auch in den Hauptschlagadern als **Pulsschlag** zu spüren. Die Zahl der Herzschläge pro Minute beträgt bei einem Erwachsenen in Ruhe etwa 70. Wenn man einen Tennisball 70-mal pro Minute zusammenpresst, hat man eine Vorstellung davon, was das Herz leisten muss. Bei Belastung kann die Frequenz auf über 180 ansteigen.

Das Zusammenziehen des Herzmuskels erfolgt durch eine Ansammlung spezifischer Herzmuskelzellen, die die Fähigkeit zu elektrischer Erregung haben. Sie liegt im Bereich des rechten Vorhofs und wird **Sinusknoten** genannt. Er wirkt als natürlicher Herzschrittmacher für die Erregung des Herzmuskels und gibt die Herzfrequenz vor. Beeinflusst wird er vom *vegetativen Nervensystem*. Der schwache elektrische Strom, der vom arbeitenden Herzmuskel erzeugt wird, kann mit Hilfe von Elektroden aufgezeichnet werden. Ein solches **Elektrokardiogramm** (EKG) zeichnet die Arbeitsphasen des Herzens auf.

Die Herzaktivität spiegelt sich auch in dem periodisch wechselnden Blutdruck der Arterien wider. Der Blutdruck in der Hauptschlagader des Armes lässt sich mit einem Butdruckmessgerät ermitteln. Es besteht aus einer aufblasbaren Manschette mit Druckmessgerät. Mit einem Stethoskop kann man gleichzeitig die Geräusche in den Blutgefäßen hören, die durch die Druckänderungen entstehen. Der Druck in der Manschette wird so lange erhöht, bis die Arterie und die Vene des Arms abgedrückt sind und kein Geräusch mehr zu hören ist. Die Luft in der Manschette wird nun langsam abgelassen, bis im Stethoskop ein Geräusch zu hören ist. Dieses Geräusch entsteht durch den pulsierenden Blutstrom in der verengten Arterie. Der Druck in der Manschette entspricht dem höchsten Druck in der Arterie, der durch die Kontraktion der lin-

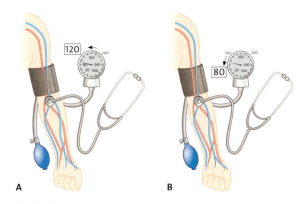

4 Blutdruckmessung.
A systolischer Blutdruck; B diastolischer Blutdruck

ken Herzkammer entsteht. Das Druckmessgerät zeigt den **systolischen Blutdruck** an. Die Luft in der Manschette wird weiter abgelassen, bis ein kontinuierliches Geräusch hörbar ist. Der niedrigste Druck entsteht, während sich die Kammern füllen. Dies ist der **diastolische Blutdruck.** Ein Erwachsener hat in Ruhe einen Blutdruck von etwa 120 zu 80. Ein Blutdruck von 120 entspricht dem Druck einer Quecksilbersäule von 120 Millimeter Höhe (mm Hg). Heute wird der Druck in Kilopascal (kPa) angegeben. Ein Wert von 120 mm Hg entspricht etwa 16 kPa, ein solcher von 90 mm Hg etwa 12 kPa. Heute verwendet man digitale Blutdruckmessgeräte, die am Handgelenk eine vollautomatische Blutdruckmessung ermöglichen.

1 Das Herz bewegt fünf Liter Blut pro Minute. Berechne die tägliche Blutmenge die so befördert wird.
2 Begründe, warum das Herz als Saug-Druck-Pumpe bezeichnet wird.
3 Erkläre, warum man bei der Blutdruckmessung zwei Werte erhält.

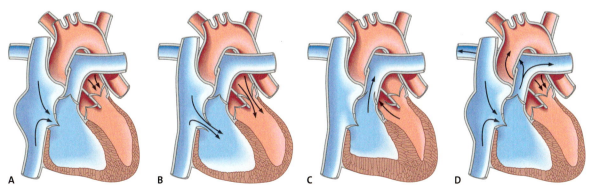

3 Arbeitsphasen des Herzens.
A Füllen der Vorhöfe; B Füllen der Herzkammern (Diastole); C Blut wird in die Arterien gepresst (Systole); D Ruhephase

4.5 Herz- und Kreislauferkrankungen

»29-jähriger Fußballspieler bricht auf dem Spielfeld zusammen«. Diese Schlagzeile ist erschütternd. Der Sportler klagt über heftige Schmerzen in der Brust und im linken Arm, Atemnot, Übelkeit, Schweißausbrüche und ein Gefühl der Todesangst. Der herbeigerufene Notarzt nimmt diese Anzeichen sehr ernst und bringt den Fußballer in die Notaufnahme der nächstgelegenen Klinik. Dort wird ein Herzinfarkt diagnostiziert.

Herz-Kreislauferkrankungen wie ein Herzinfarkt sind in Deutschland immer noch die häufigste Todesursache. Trotz medizinischen Forschung und schnellerer Behandlung stirbt immer noch jeder zweite daran.

Reiht man alle Blutgefäße des Menschen aneinander, ergibt sich eine Länge von etwa 100 000 Kilometern. Erkranken diese Gefäße, können sie einen Herzinfarkt auslösen. Häufigste Gefäßerkrankung ist die **Arteriosklerose,** im Volksmund auch Arterienverkalkung genannt. Arteriosklerose ist eine Veränderung der Arterienwände, an denen fett- und kalkhaltige Ablagerungen entstehen. Diese Ablagerungen verengen und verhärten die Gefäße. Es besteht die Gefahr, dass verengte Blutgefäße leichter durch Blutgerinnsel verschlossen werden oder bei zu starker Belastung platzen. Die Folge davon ist eine Durchblutungsstörung der nachfolgenden Gewebe. Als wichtigste Risikofaktoren der Arteriosklerose gelten erhöhte Blutfettwerte, Bluthochdruck, Rauchen, Diabetes, Bewegungsmangel und Übergewicht. Die wirkungsvollsten Maßnahmen zur Vorbeugung sind eine ausgewogene Ernährung mit wenig Zucker und Fett, regelmäßige körperliche Aktivitäten und der Verzicht auf Zigaretten.

Je nachdem an welchem Gefäß die Arteriosklerose auftritt, können verschiedene Krankheitsbilder ausgelöst werden. Lebensbedrohliche Situationen entstehen immer dann, wenn das Herz oder das Gehirn betroffen sind. Verengungen der Herzkranzgefäße führen zu Durchblutungsstörungen des Herzmuskels im Bereich hinter der Engstelle. Bei vollständigem Verschluss der Herzkranzarterie durch ein Blutgerinnsel kommt es zum **Herzinfarkt.**

Die ersten Minuten und Stunden eines Herzinfarkts sind entscheidend für den Patienten, deshalb muss bei Verdacht auf Herzinfarkt sofort ein Notarzt gerufen werden. Bereits im Krankenwagen auf dem Weg in die Klinik macht der Notarzt ein Elektrokardiogramm, um festzustellen wie stark das Herz geschädigt ist. Er beginnt die Therapie zur medikamentösen Auflösung des Blutgerinnsels, die in der Klinik weiter überwacht wird.

Der plötzliche Verschluss eines Blutgefäßes im Gehirn kann der Auslöser für einen **Schlaganfall** sein. Die Nervenzellen sterben ab und es kann zu Sprach- und Sehstörungen sowie zu Lähmungen kommen. Welche Symptome auftreten, hängt davon ab, welche Gehirnregion von der eingeschränkten Blutversorgung betroffen ist.

Durch Arteriosklerose entstandene Engstellen kann man durch eine Operation wieder durchgängig machen. Ein zusammengefalteter Ballon wird bis an den Gefäßverschluss herangeführt und dort aufgeblasen. Die Gefäßablagerungen werden platt gedrückt, wodurch das Gefäß wieder durchgängig wird. Lassen sich die Ablagerungen durch den Ballon nicht zusammendrücken, setzt man ein kleines röhrenförmiges Metall- oder Plastikgeflecht, den **Stent,** an der Engstelle ein, der die Arterie offen hält.

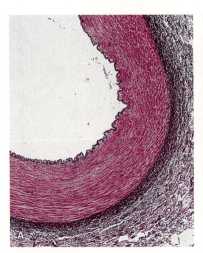
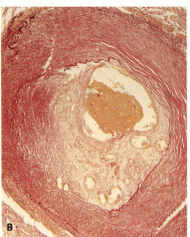
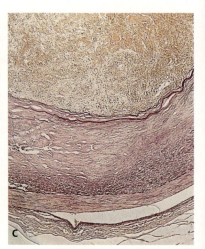

1 Arteriosklerose. A Schnitt durch ein gesundes Gefäß; **B** Ablagerungen; **C** verengtes Gefäß (mikroskopische Aufnahme)

Der Risikofaktor **Bluthochdruck** verläuft oft jahrelang ohne Beschwerden. Dennoch kommt es mit zunehmender Erkrankungsdauer zu Schädigungen an Herz, Gefäßen und Gehirn. Das Risiko an einer Folgekrankheit wie Herzinfarkt oder Schlaganfall zu erkranken, ist um so größer, je höher der Blutdruck ist und je länger er schon besteht. Von Bluthochdruck spricht man bei einer Erhöhung auf mindestens 140 zu 90 mm Hg.

Auch **Herzrhythmusstörungen** können Zeichen einer Erkrankung des Herzens sein. Wenn das Erregungszentrum des Herzens, der Sinusknoten, auf Grund einer Fehlfunktion verändert ist, kann das Herz mit Unterbrechungen oder mit Extraschlägen reagieren. Manchmal gerät die zeitliche Abfolge der Arbeitsphasen des Herzens durcheinander. Dann bekommen die Patienten einen Herzschrittmacher, der durch elektrische Impulse die Herzschlagfrequenz normalisiert.

Die **Herztransplantation** ist immer der letzte Schritt, um das Leben eines Patienten zu retten, der eine unheilbare Herzerkrankung hat. In Deutschland warten etwa 900 Menschen auf ein Spenderherz. Diese Wartezeit kann durch ein **künstliches Herz** überbrückt werden. Allerdings müssen die Patienten dann im Krankenhaus bleiben und können sich nur wenig körperlich belasten. Ein Kunstherz ist nur eine Übergangslösung. Bisher ist es noch nicht gelungen einen Menschen damit längere Zeit am Leben zu erhalten. Die Leistung des künstlichen Herzens ist zwar besser als die des kranken Herzens, sodass sich die in Mitleidenschaft gezogenen Organe wie Lunge, Leber oder Niere während der Wartezeit mit einem künstlichen Herzen wieder erholen. Der Patient hat eine bessere körperliche Ausgangssituation für die Transplantation.

Die erste Herztransplantation fand 1967 in Südafrika statt. Der Herzchirurg Christiaan BERNARD setzte einem schwer kranken Patienten ein Spenderherz ein. Der Patient starb allerdings nur 18 Tage nach der Operation an einer Lungenentzündung. BERNARDS zweiter Patient überlebte mit dem transplantierten Herz bereits eineinhalb Jahre.

Nach einer Herztransplantation sieht der Körper des Patienten das Spenderherz als Fremdkörper an. Damit das neue Herz nicht abgestoßen wird, müssen die Herztransplantierten ein Leben lang Medikamente nehmen. Diese Medikamente unterdrücken die Reaktionen des Immunsystems im Allgemeinen und machen den Patienten anfälliger gegen Infektionskrankheiten. Davon abgesehen können Menschen mit einem Spenderherz ein ganz normales Leben führen. Bereits nach einem halben Jahr können sie ihren Beruf wieder ausüben und in ihrer Freizeit Sport treiben.

In Deutschland werden jährlich 400 Herztransplantationen durchgeführt. Weil es zu wenig Organspender gibt, stirbt immer noch jeder zweite Patient, der auf ein Spenderorgan wartet. Über 80 Prozent der Menschen in Deutschland stehen der Organspende positiv gegenüber. Trotzdem haben nur etwa 12 Prozent der Deutschen einen Organspenderausweis.

1 Nenne die Risikofaktoren, die zu Arteriosklerose führen können.
2 Beschreibe die Entstehung eines Herzinfarkts.
3 Informiere dich über die Ursachen von Bluthochdruck und wie man diesen vermeiden kann.
4 Recherchiere die Geschichte der Herztransplantation.

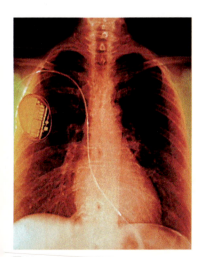

2 Herzschrittmacher

3 Künstliches Herz

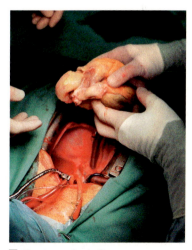

4 Herztransplantation

Aufgaben und Versuche — Blut und Blutkreislauf

A1 Blutgruppenbestimmung

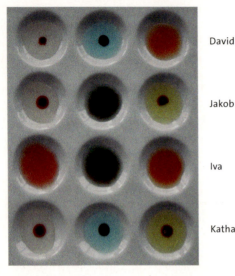

Serum Anti A, B | Serum Anti A (blau gefärbt) | Serum Anti B (gelb gefärbt)

David
Jakob
Iva
Katharina

David und seine Freunde sind zur Blutspende gegangen. Auf der Tüpfelplatte siehst du das Ergebnis der Blutgruppenbestimmung.
Aufgabe: Bestimme die Blutgruppe von David, Jakob, Iva und Katharina.

V2 Blutgefäße zeichnen
Material: Dauerpräparate von Arterien und Venen; Mikroskop; Zeichenmaterial
Durchführung: Mikroskopiere die Dauerpräparate und fertige jeweils eine mikroskopische Zeichnung an.
Aufgabe: Beschrifte die Zeichnungen. Nutze die Hinweise auf der Methodenseite 24.

V3 Untersuchung eines Schweineherzens
Material: frisches Schweineherz vom Schlachthof oder Fleischer; größere Glasschale; scharfes Messer oder Skalpell
Durchführung: Das Schweineherz wird in die Glasschale gelegt und von außen betrachtet. Schneide das Herz in der Längsrichtung durch. Der Schnitt muss so geführt werden, dass Vorkammern und Herzkammern geöffnet werden.

Aufgaben:
a) Beschreibe Lage und Aufgabe der Herzklappen.
b) Die Herzklappen sind mit deutlich sichtbaren Sehnenfäden an der Innenwand des Herzmuskels befestigt. Erläutere die Aufgabe dieser Sehnenfäden.
c) Begründe, warum die Wand der linken Herzkammer etwas dicker ist als die Wand der rechten Herzkammer.

A4 Versuch zur Blutgerinnung

Tierblut am Anfang und am Ende des Versuchs

Material: frisches Tierblut vom Schlachthof oder Fleischer; Becherglas
Durchführung: Gieße das Tierblut in ein Becherglas und lasse es zwei Stunden stehen.
Aufgaben:
a) Beschreibe den Zustand des Blutes zu Beginn und am Ende des Versuchs. Erläutere die Veränderungen.
b) Recherchiere, was man unter der Bluterkrankheit versteht.

V5 Puls- und Blutdruckmessung

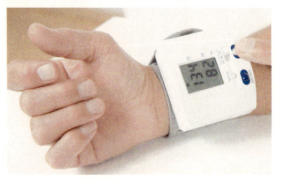

Material: digitales Blutdruckmessgerät

Durchführung: Die Messungen werden in Zweiergruppen durchgeführt. Eine Person misst, die andere protokolliert. Jede Messung wird dreimal wiederholt. Vor Beginn der Messungen wird als Messprotokoll eine Tabelle angelegt.

Messung des Blutdrucks und des Pulses mit einem digitalen Messgerät: Lege der Versuchsperson die Manschette am Handgelenk an, sodass es etwa 1 Zentimeter unterhalb der Handwurzel sitzt. Die Person soll während der Messung ganz ruhig sitzen und nicht sprechen. Drücke den Startknopf und warte bis der vollautomatische Messvorgang beendet ist. Lese die Blutdruckwerte und die Pulsfrequenz auf dem Display ab. Miss den Blutdruck der Versuchsperson erneut nach zehn Kniebeugen oder Liegestützen.

Aufgaben:
a) Protokolliere deine Messergebnisse in der Tabelle.
b) Erläutere, welche Ursachen verschiedene Werte mit und ohne Belastung haben.
c) Vergleiche die Werte von sportlich aktiven Versuchspersonen mit denen von anderen.

Aufgaben:
a) Übertrage die Werte der Tabelle in ein Tabellenkalkulationsprogramm.
b) Erstelle ein Punktediagramm.
c) Interpretiere die dargestellten Ergebnisse.
d) Informiere dich über die Anpassung des Herzens an Ausdauersport.

A7 »Wärmebild« eines Arms

»Wärmebild« eines Armes vor und nach dem Rauchen einer Zigarette

Eine Spezialfolie kann Temperaturunterschiede durch unterschiedliche Farben anzeigen. Wenn man beispielsweise einen Arm auf diese Folie legt, entsteht in wenigen Sekunden ein farbiger Abdruck des Arms. Die verschiedenen Farben lassen erkennen, dass die Haut nicht überall gleich warm ist. Wo die Haut stärker durchblutet ist, sind höhere Temperaturen festzustellen als an Stellen von geringerer Durchblutung. Das obere Foto zeigt den Abdruck eines Armes auf einer derartigen Spezialfolie. Das untere Foto zeigt den Arm desselben Menschen, nachdem er zehn Minuten vorher eine Zigarette geraucht hat.

Aufgaben:
a) Beschreibe das Versuchsergebnis.
b) Informiere dich auf den Seiten 276–277, welcher Bestandteil im Zigarettenrauch die Ursache für diese Veränderung ist.
c) Erläutere die Gefährdung von Herz und Blutkreislauf durch das Rauchen. Bereite einen Kurzvortrag zu diesem Thema vor.

A6 Wirkung von Ausdauertraining

	Mo	Di	Mi	Do	Fr	Sa	So	Mo	Di	Mi	Do
Ruhepuls	78		77		77		72		72		
Belastungspuls	154	Pause	157	Pause	145	Pause	140	Pause	141	Pause	Pause
Erholungspuls	90		92		90		80		85		

	Fr	Sa	So	Mo	Di	Mi	Do	Fr	Sa	So
Ruhepuls	74		71	69		68			69	
Belastungspuls	142	Pause	139	Pause	135	Pause	135	Pause	Pause	134
Erholungspuls	86		80	79		75			75	

Lauftagebuch ab Trainingsbeginn

Die Tabelle zeigt das Lauftagebuch eines 13-jährigen Jungen. Um seine Ausdauer zu trainieren, ist er zum Joggen gegangen. Direkt vor jedem Lauf hat er den Ruhepuls und direkt danach den Belastungspuls gemessen. Drei Minuten nach dem Lauf hat er zusätzlich den Erholungspuls gezählt.

Bau und Leistungen des menschlichen Körpers

5 Ausscheidung und Gaswechsel

5.1 Bau und Funktion der Nieren

Der Mensch nimmt Nahrung zu sich und verarbeitet sie. Bei diesen Stoffwechselvorgängen entstehen auch Abfallprodukte, die wieder ausgeschieden werden müssen. Ein wesentlicher Teil dieser Stoffe wird über die **Nieren** aus dem Blut herausgefiltert und mit Wasser später als Harn abgegeben. Ohne die Nieren, die wie eine Kläranlage des Blutes funktionieren, wäre der Körper innerhalb kurzer Zeit tödlich vergiftet. Der Wasser- und Mineralstoffhaushalt wird durch Hormone gesteuert.

Die Nieren sind paarig angeordnete Organe, die auf der Körperrückseite oberhalb der Taille liegen. Sie sind etwa sieben Zentimeter groß, bohnenförmig und haben wegen ihrer starken Durchblutung eine dunkelrote Farbe. Nierenarterie und -vene sind direkt an die großen Blutgefäße des Körpers angeschlossen. Im Längsschnitt der Niere erkennt man die außenliegende, hellere *Nierenrinde* und darunter das dunklere *Nierenmark*. Dieses ragt mit seinen kegelförmigen *Nierenpyramiden* in das *Nierenbecken,* aus dem der *Harnleiter* entspringt und zur Blase führt.

Pro Tag strömen über tausend Liter Blut durch die Nieren. Wie können diese kleinen Organe die darin mitgeführten Schadstoffe herausfiltern? Jede Niere enthält etwa eine Million funktionelle Einheiten, die **Nephron** genannt werden. Ein Knäuel aus sehr feinen arteriellen Kapillaren liegt in einer doppelwandigen Kapsel, dem **Nierenkörperchen.** Da das Blut durch das enge Kapillarknäuel nur sehr langsam fließen kann, erhöht sich der Blutdruck, und aus dem Blutplasma wird Wasser mit darin gelösten Stoffen durch Poren in den Hohlraum des Nierenkörperchens gepresst. Dieser **Primärharn** enthält Traubenzucker, Mineralstoffe und Harnstoff, ein Abbauprodukt von Proteinen. Größere Blutbestandteile wie Rote Blutzellen und Proteine werden aufgrund der Porengröße zurückgehalten und verbleiben im Blut.

Das folgende **Nierenkanälchen** verläuft in Windungen, die ebenso wie das Nierenkörperchen im Bereich der Nierenrinde liegen. Der gesamte Bereich des Nierenkanälchens ist dicht von Blutkapillaren umsponnen. Schon im kapselnahen Bereich des Kanälchens werden unter Energieaufwand die Stoffe aus dem Primärharn zurückgewonnen, deren Ausscheidung unerwünscht ist: Durch den Rücktransport von Mineralstoffen und Traubenzucker ins Blut wird ein osmotisches Übertreten von Wasser bewirkt, so dass sich die Konzentration der auszuscheidenden Stoffe im Nierenkanälchen erhöht. An die kapselnahen Windungen schließt sich ein Bereich des Kanälchens an, der wie ein zusammengedrücktes »U«

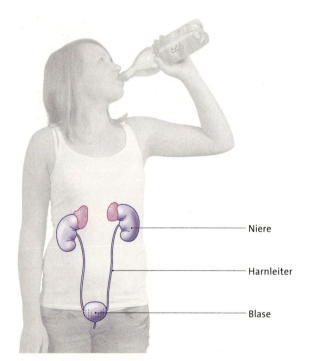

1 Lage der Nieren im Körper

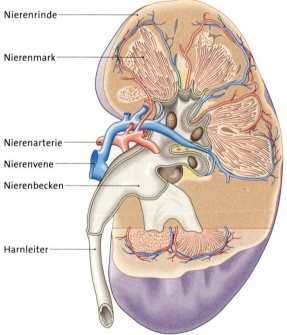

2 Aufbau der Niere

Bau und Leistungen des menschlichen Körpers

erscheint und weit in das Nierenmark hineinreicht. Der absteigende Abschnitt des Kanälchens ist wasserdurchlässig, für Mineralstoffe und Harnstoff aber undurchlässig. Der aufsteigende Abschnitt hingegen ist weitgehend undurchlässig für Wasser, mit Hilfe energieverbrauchender Transportsysteme können aber Mineralstoffe aus dem Kanälchen in die Umgebung abgegeben werden. Damit steigt dort ihre Konzentration an, so dass aus dem absteigenden Kanälchen Wasser austreten kann. In den kapselfernen Windungen des Nierenkanälchens, die wieder im Bereich der Nierenrinde liegen, und auch im Bereich des Sammelröhrchens findet man weitere Transportstrukturen, so dass dort wiederum Mineralstoffe und Wasser in das Blutgefäßsystem übertreten können.

Die rückgewonnenen Stoffe und das Wasser werden über die Nierenvene dem Körperkreislauf wieder zugeführt. So wird die Menge des Primärharns auf weniger als ein Hundertstel reduziert und ein sehr konzentrierter **Endharn** gebildet. Dieser gelangt über die Sammelröhrchen ins Nierenbecken, wird über den Harnleiter zur Harnblase geleitet und dort gesammelt, bis der Endharn über die Harnröhre ausgeschieden wird. Täglich werden 170 Liter Primärharn gebildet, die etwa 170 Gramm Traubenzucker, 46 Gramm Harnstoff und 1520 Gramm Mineralstoffe enthalten. In den 1,5 Litern Endharn finden sich nur noch 0,5 Gramm Traubenzucker und 18,5 Gramm Mineralstoffe, aber 27 Gramm Harnstoff. Die gelbe Färbung des Endharns entsteht durch die in der Leber gebildeten Abbauprodukte des Hämoglobins, die über die Nieren den Körperstoffwechsel verlassen. Die hohe Durchblutung der Nieren dient drei Zwecken: Täglich werden über eintausend Liter Blut gefiltert, die notwendige Energie für die Prozesse bei der Rückgewinnung wird dabei sofort zugeführt und die wiedergewonnenen Stoffe werden abtransportiert.

Die Menge des zurückgewonnenen Wassers wird durch ein Hormon der Hirnanhangdrüse gesteuert. Es reguliert spezielle Transportsysteme für den Wasserrückfluss. Ist der Wassergehalt des Körpers hoch, muss weniger Wasser rückresorbiert werden. Bei geringem Wassergehalt des Körpers gelangt eine größere Wassermenge ins Blut zurück und zudem produziert die Niere dann einen Botenstoff, der im Zwischenhirn ein Durstgefühl auslöst. Neben dem Wasserhaushalt wird auch der Mineralstoffhaushalt durch die Nieren reguliert. Lebensnotwendige Mineralstoffe werden rückresorbiert und stehen dem Körper erneut zur Verfügung.

1 Beschreibe mit Hilfe der Abbildungen 3 und 4 die Funktion der Nieren.

2 Stelle die Zusammensetzung von Primär- und Endharn als Säulendiagramm dar und vergleiche.

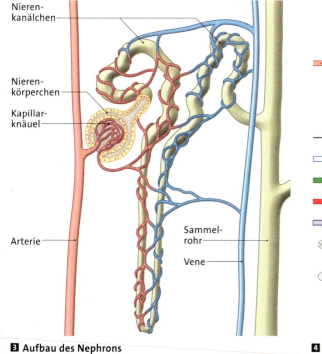

3 Aufbau des Nephrons

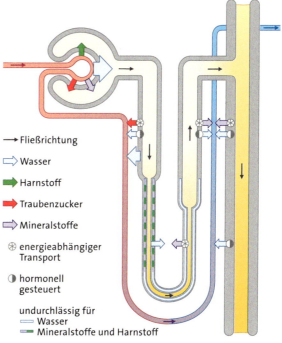

4 Funktionsweise des Nephrons

Streifzug durch die Medizin — Nierenerkrankungen

Nieren sind Organe mit einer hohen Stoffwechselleistung. Sie haben eine zentrale Funktion bei der Entgiftung des Körpers. Die Zusammensetzung des Urins dient als Diagnosehilfe für Erkrankungen der Niere oder der Blase, da Färbung, Trübung, Geruch, Eiweiß- oder Zuckergehalt Rückschlüsse auf die Art der Krankheit erlauben. Außerdem lassen sich Abbauprodukte von Medikamenten, Drogen, Dopingmitteln oder auch Hormone im Urin nachweisen.

Bei einer Blasenentzündung sind Bakterien durch die Harnröhre zur Blase gelangt. Falls es den Krankheitserregern gelingt, durch den Harnleiter weiter zur Niere vorzudringen, kann eine Nierenbeckenentzündung oder sogar eine Nierenentzündung die Folge sein. Dabei ist es möglich, dass Nierengewebe zerstört wird. Auch Vergiftungen des Nierengewebes zum Beispiel durch Medikamente oder Alkohol sowie Nierenkrankheiten führen häufig zu einer dauerhaften Schädigung der Nieren. Eine leichte Beeinträchtigung der Nierenfunktion kann durch eine spezielle eiweiß- und phosphatarme Diät ausgeglichen werden.

Bei starken Nierenschäden oder Nierenversagen wird eine künstliche Reinigung des Blutes notwendig, die **Dialyse**. Dazu wird das Blut einer Arterie über eine Pumpe in den Dialysator geleitet. Dort fließt es, umgeben von einer Dialysemembran, langsam durch eine Waschflüssigkeit, das Dialysat. Dessen Zusammensetzung ist so eingestellt, dass Giftstoffe, Harnstoff, Mineralstoffe und Wasser in der gewünschten Menge aus dem Blut in das Dialysat übertreten. Die Dialysemembran verhindert aufgrund der Porengröße das Übertreten von größeren Blutbestandteilen wie Eiweißmolekülen und Roten Blutzellen. Das gereinigte Blut wird über eine Vene zurück in den Körper des Patienten geführt. Die Dialyse kann die Nierenfunktion nur teilweise ersetzen. Außerdem muss der Dialysepatient drei bis vier Mal in der Woche für etwa fünf Stunden zu einer medizinisch betreuten Dialyseeinrichtung, so dass große familiäre und persönliche Einschränkungen und Belastungen auftreten. Bei Kindern kommt das Problem hinzu, dass nur wenige Dialysestationen eine Kinderdialyse anbieten.

Die beste Möglichkeit, Menschen mit schweren Nierenschäden zu helfen, ist die **Transplantation.** Bei der Nierentransplantation wird einem Spender ein gesundes Organ entnommen und dem Empfänger eingepflanzt. Damit das gespendete Organ nicht vom Abwehrsystem des Empfängers angegriffen wird, müssen die Gewebemerkmale der beteiligten Personen weitgehend übereinstimmen. Da es zu wenig Spenderorgane gibt, beträgt die Wartezeit häufig sechs bis acht Jahre. Die Lebensdauer der transplantierten Niere liegt etwa zwischen 10 und 20 Jahren.

1 Beschreibe den Vorgang der Dialyse mit Hilfe der Abbildung 1 B und 1 C.
2 Recherchiert und diskutiert das Thema »Organspende«.
3 Erstelle ein Kurzreferat zum Thema »Nierensteine«.

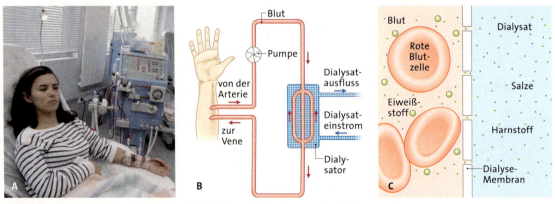

1 Dialyse. A Dialysepatientin; B Ablauf der Dialyse; C Vorgänge an der Dialysemembran

5.2 Atmung und Gaswechsel

Halten sich viele Menschen in einem geschlossenen Raum wie einem Klassenzimmer auf, fällt nach einiger Zeit das Arbeiten schwer. Man wird müde und kann sich nicht mehr richtig konzentrieren. Dann muss der Raum gelüftet werden. Beim Öffnen der Fenster gelangt »frische« Luft in das Zimmer und ersetzt die »verbrauchte« Luft. Worin unterscheiden sich »frische« Luft und »verbrauchte« Luft?

Frischluft enthält 78 Prozent Stickstoff, 21 Prozent Sauerstoff, 0,04 Prozent Kohlenstoffdioxid und geringe Mengen weiterer Gase. Die ausgeatmete Luft enthält eine unveränderte Stickstoffmenge, jedoch nur noch 16 bis 17 Prozent Sauerstoff, dafür aber etwa 4 Prozent Kohlenstoffdioxid. Beim Atmen entnimmt der Körper der Luft also Sauerstoff und gibt Kohlenstoffdioxid ab. Diesen Vorgang bezeichnet man als **Gaswechsel.** Alle Gewebe des Körpers, vor allem die Zellen des Gehirns und die Muskeln, benötigen für ihren Stoffwechsel Sauerstoff und geben Kohlenstoffdioxid als Abfallstoff ab. Wenn man in einem geschlossenen Raum atmet, wird der Sauerstoffgehalt der Raumluft immer geringer und der Kohlenstoffdioxidgehalt steigt. Diese Luft kann also dem Körper nicht mehr genügend Sauerstoff zuführen und die Leistungsfähigkeit des Menschen sinkt.

Ein Jugendlicher atmet etwa zwanzigmal in der Minute ein und aus. Bei körperlicher Anstrengung oder Aufregung atmet er schneller. Die Menge an Luft, die er beim Atmen seinem Körper zuführt, beträgt in Ruhe etwa acht Liter pro Minute, bei höchster Anstrengung aber bis zu 120 Liter. Einatmen und Ausatmen sind ständige Bewegungen. Das Lungengewebe enthält jedoch keine Muskeln. Wie kommen die Atembewegungen zustande? Beim Einatmen spannen sich die *Zwischenrippenmuskeln* an. Dadurch hebt sich der Brustkorb und erweitert seinen Innenraum. Wie bei einem Blasebalg, der gedehnt wird, strömt Luft ein. Kehrt der Brustkorb in seine Ausgangslage zurück, verringert sich sein Rauminhalt und die Luft wird herausgepresst. Diese Form der Atembewegung nennt man **Brustatmung.** Die Lungenflügel sind von einer Haut, dem *Lungenfell*, bedeckt. Dieses liegt eng dem *Rippenfell* an, das den Brustkorb auskleidet. Brust- und Rippenfell können an bestimmten Stellen aneinander vorbeigleiten und sich so während der Atmung verschieben.

Die Größe des Brustraumes kann auch durch Bewegungen des *Zwerchfells* verändert werden. Dieser Muskel überwölbt den Bauchraum wie die Decke einer Kuppel und trennt ihn vom Brustraum. Wenn sich der Zwerchfellmuskel zusammenzieht, flacht sich die Wölbung ab, der Brustraum vergrößert sich und Luft wird in die Lungen gesaugt. Entspannt sich das Zwerchfell, verstärkt sich die Wölbung wieder, der Brustkorb wird kleiner und die Luft wird herausgepresst. Diese Form der Atembewegung nennt man **Bauchatmung.** Auch bei tiefem Ausatmen bleibt Restluft in der Lunge, die ein Verkleben des zarten Lungengewebes verhindert.

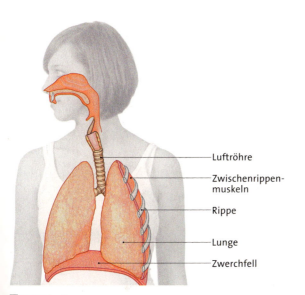

1 Lage der Lungen

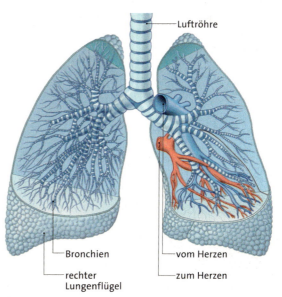

2 Aufbau der Lunge

Die Luft wird durch die Nase oder den Mund eingeatmet. Durch die Nase zu atmen ist gesünder, weil die Luft an den Nasenschleimhäuten von Staub und Krankheitserregern gereinigt und außerdem angefeuchtet und erwärmt wird. Vom Rachenraum gelangt die Luft durch den Kehlkopf in die Luftröhre. Beim Schlucken verschließt der Kehlkopfdeckel die Luftröhre, damit keine Nahrungsteile hinein gelangen. Wenn dies trotzdem einmal geschieht, kann der Fremdkörper meist durch kräftiges Husten wieder hinausgeschleudert werden.

Die Luftröhre verzweigt sich in zwei Röhren, die **Bronchien** genannt werden. Sie führen in die beiden Lungenflügel, wo sie sich immer weiter bis in feinste Verästelungen teilen, die man als **Bronchiolen** bezeichnet. An den Enden sitzen traubenförmig angeordnet winzige **Lungenbläschen.** Ihre zarte Haut ist von einem Netz feinster Blutkapillaren umspannt. Mehr als 300 Millionen Lungenbläschen bilden eine innere Oberfläche von fast 100 Quadratmetern. Das schwammige Lungengewebe ist sehr empfindlich, da die Lungenbläschen durch Verkleben oder Zusammenfallen geschädigt werden können.

Die eingeatmete Luft gelangt durch die Bronchien und Bronchiolen bis in die Lungenbläschen. Dort tritt der Sauerstoff durch die Lungenbläschenwand in die Blutkapillaren über, da das Blut der Lungenarterie sauerstoffarm ist. Auf dem entgegengesetzten Weg gibt das Blut Kohlenstoffdioxid an die Luft in den Bläschen ab, denn das arterielle Blut ist mit Kohlenstoffdioxid aus dem Zellstoffwechsel angereichert. Beim Ausatmen gibt der Körper das Kohlenstoffdioxid ab. Der Antrieb für den Gasaustausch ist der Konzentrationsunterschied der Atemgase zwischen Lungenbläschen und Blut, der durch Diffusion angeglichen wird. Die Lungenvene führt nun sauerstoffreiches, kohlenstoffdioxidarmes Blut zum Herzen.

Die Atemwege sind an ihren Innenwänden mit einer dünnen Schleimschicht überzogen. Dort kleben beispielsweise Staubteilchen fest. Die Zellen dieser Innenwände tragen feine Flimmerhärchen. Diese treiben durch ihre ständigen Bewegungen den Schleim aus den Atemwegen heraus bis zum Kehlkopf, wo er dann regelmäßig ausgehustet oder verschluckt wird. So reinigen sich die Atemwege selbst.

1 Beschreibe den Weg der Atemluft.
2 Begründe den Ratschlag, durch die Nase statt durch den Mund einzuatmen.
3 Erläutere, warum Menschen, die in großen Höhen wie beispielsweise im Himalaya leben, mehr rote Blutzellen als wir besitzen. Beachte den geringeren Luftdruck in der Höhe.
4 In Garagen findet man oft den Hinweis, Motoren nicht bei geschlossenen Toren laufen zu lassen. Begründe diese Aufforderung. Bedenke dabei, dass durch unvollständige Verbrennung im Automotor Kohlenstoffmonooxid entsteht. Hämoglobin bindet Kohlenstoffmonooxid sehr stark und gibt es nicht wieder ab.

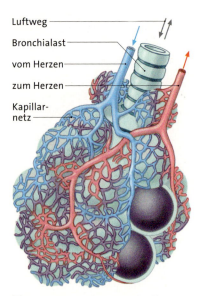

3 Bronchiole und Lungenbläschen

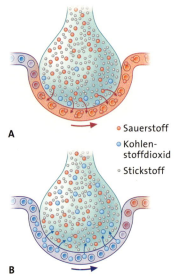

4 Gaswechsel. A Einatmen; B Ausatmen

5 Schleimhaut der Bronchien

Aufgaben und Versuche Atmung

V1 Brust und Bauchatmung
Durchführung: Lege die gespreizten Hände so auf den Brustkorb, dass sich die Fingerspitzen in der Mitte berühren. Atme tief ein und aus und beobachte die Fingerspitzen. Atme danach so ein, dass die Hände **nicht** bewegt werden. Beobachte dabei Bauch und Brustkorb.

Aufgaben:
a) Beschreibe, welche Muskelbewegungen das Einatmen bewirken.
b) Begründe, warum sich bei der Bauchatmung der Bauch bewegt.

A2 Sauerstoffbedarf

benötigte Menge Luft pro Minute in Litern	
im Schlaf	4,7
im Stehen	6,6
im Gehen	17
beim Schwimmen	43
beim Kurzstreckenlauf	60

Aufgaben:
a) Erläutere die Zahlenwerte in der Tabelle.
b) Berechne die Sauerstoffmenge, die der Körper an einem Tag verbraucht. Gehe von einem Durchschnittswert aus, der von je acht Stunden Schlafen, Stehen und Gehen bestimmt wird. Beachte, dass der Sauerstoffgehalt der Luft durch die Atmung von 21 % auf ungefähr 17 % vermindert wird.

A3 Zwerchfellatmung

Aufgaben:
a) Beschreibe Aufbau, Durchführung und Ergebnis des Modellversuches.
b) Nenne die Organe im menschlichen Brustkorb, die den Bauteilen des Modells entsprechen.
c) Untersuche kritisch, welche Sachverhalte und Vorgänge das Modell gut, weniger gut oder überhaupt nicht veranschaulichen kann.

V4 Messung der Vitalkapazität

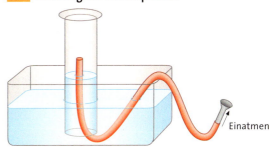

Material: Spirometer (Atemmessgerät)
Durchführung: Miss mit dem Spirometer die Luftmenge, indem du zehnmal normal ein- und ausatmest. Atme beim nächsten Versuch so tief wie möglich ein und so stark wie möglich aus.

Aufgaben:
a) Erläutere die Funktionsweise des oben abgebildeten einfachen Spirometers.
b) Protokolliere deine Messwerte und vergleiche sie mit denen deiner Mitschüler.

A5 Total- und Vitalkapazität

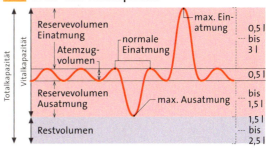

Aufgaben:
a) Bei maximaler Ausatmung bleiben noch etwa 1,5 Liter Luft in der Lunge. Dieses Restvolumen verhindert, dass die Lunge zusammenfällt. Erkläre unter Verwendung dieser Information die Begriffe Totalkapazität und Vitalkapazität.
b) Erläutere die zu erwartenden Unterschiede, wenn ein trainierter Sportler die Spirometermessung durchführt.

Streifzug durch die Medizin — Erkrankungen der Atemwege

In der kälteren Jahreszeit leiden viele Menschen an **Schnupfen.** Wenn in geheizten Räumen die Luftfeuchtigkeit sinkt, trocknet die Nasenschleimhaut leicht aus. Fehlt die wässrige, schützende Schleimschicht, haben Krankheitserreger bessere Chancen, in die Zellen der Schleimhaut einzudringen. Sind die Zellen infiziert, wird die Nasenschleimhaut stärker durchblutet und scheidet mehr Flüssigkeit aus, so dass die Erreger weggeschwemmt werden. Zusätzlich werden viele Weiße Blutzellen herantransportiert, die Krankheitserreger vernichten. Bei starker Durchblutung schwillt die Nasenschleimhaut an, manchmal erscheint die Nase dann regelrecht verstopft.

Schnupfen kann auch durch eine **Allergie** hervorgerufen werden. Viele Menschen sind zum Beispiel gegen Pollenkörner, Tierhaare oder Pilzsporen allergisch. Die ebenfalls verbreitete Hausstauballergie wird durch den Kot der Hausstaubmilben ausgelöst. Diese Fremdkörper werden von der Nasenschleimhaut in einer Überreaktion abgewehrt. Oft tränen dabei auch die Augen.

Allergien können sich auch auf die Bronchien auswirken. Die Atemwege sind von Muskelfasern umsponnen. Tritt nun eine allergische Reaktion der Bronchialschleimhaut auf, so schwillt diese an, und außerdem können sich die Muskeln verkrampfen. **Bronchialasthma** kann zu lebensbedrohlicher Atemnot führen, weil nur noch wenig Luft durch die verengten Atemkanäle in die Lungenbläschen gelangt. Neben dem beschriebenen **allergischen Asthma** kann Asthma auch andere Auslöser haben. So reagieren einige Asthmatiker überempfindlich auf bestimmte Wetterlagen oder die Feuchtigkeit der Atemluft. Dadurch wird eine Verkrampfung der Bronchien ausgelöst. Zur Behandlung setzt man Sprays ein, die eingeatmet werden und deren Wirkstoffe die Muskeln um die Bronchien entspannen und die Überreaktion der Schleimhäute mildern.

Wird die Schleimhaut der Bronchien durch Erreger infiziert, so wird sie stärker durchblutet, schwillt an und produziert vermehrt Schleim. Die Zahl der Flimmerhärchen reicht dann nicht mehr, um die Schleimansammlungen zum Kehlkopf zu transportieren. Durch **Husten** werden sie nach oben befördert. Bleiben Reste zurück, ist dieser Schleim ein guter Nährboden für Bakterien, und eine **Bronchitis** entwickelt sich. Schwellen die Bronchialschleimhäute weiter an, verengen sich die Atemkanäle, und man »bekommt keine Luft«. Wandern die Krankheitserreger weiter über die Verzweigungen der Bronchien in die Lunge, führt dies zu einer **Lungenentzündung,** in deren Verlauf die empfindlichen Lungenbläschen zerstört werden können. Die Atemwege sind auch durch dauerhaftes Einatmen von Staub, Abgasen aus Verkehr und Industrie, Ozon oder anderen giftigen Substanzen gefährdet. Durch diese Stoffe können ebenfalls Entzündungen von Bronchien und Lunge oder auch **Lungenkrebs** entstehen.

»Willst du eine rauchen?« Jeder dritte Jugendliche im Alter zwischen 13 und 16 Jahren nimmt dieses Angebot an. Wenige Jahre später sind einige von ihnen bereits Gewohnheitsraucher geworden. Viele, die einmal damit

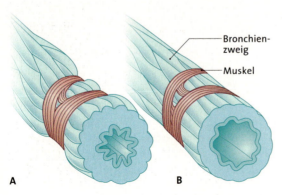

1 Bronchienzweig. **A** verkrampft; **B** entspannt

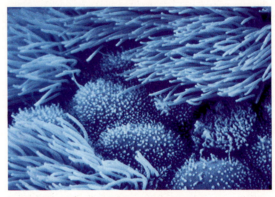

2 Zerstörte Flimmerhärchen der Bronchien

Bau und Leistungen des menschlichen Körpers

3 Rauchen in der Clique — ein zweifelhaftes Vergnügen

angefangen haben, kommen vom Rauchen nicht mehr los. Was ist am Rauchen eigentlich so toll?

Viele rauchen, weil es »in« ist oder weil andere aus der Clique auch rauchen. Dann wagt man es nicht, die Zigarette abzulehnen. Manche wollen zeigen, dass sie sich nichts vorschreiben lassen. Sie glauben, mit dem Rauchen ihre Selbstständigkeit beweisen zu müssen. Andere Jugendliche berichten, dass Rauchen sie entspannt, ihre Müdigkeit vertreibt und das Hungergefühl dämpft. Diese Wirkung ist tatsächlich auf das *Nikotin* zurückzuführen, eine Substanz von insgesamt über 1000 Inhaltsstoffen des Zigarettenrauches. Nikotin lässt den Blutdruck ansteigen und das Herz schneller schlagen. Mancher fühlt sich dadurch tatsächlich weniger müde. Nikotin verengt aber auch die feinen Blutgefäße im menschlichen Körper. Die Haut wird weniger durchblutet und man sieht blass aus. Zusätzlich lässt das über den Rauch eingeatmete Gas *Kohlenstoffmonooxid* den Sauerstoffgehalt im Blut sinken, weil es sich leichter und fester als Sauerstoff an das Hämoglobin bindet. Manche spüren deshalb leichten Schwindel oder Übelkeit bei den ersten Lungenzügen.

Da bei Rauchern Nikotin und Kohlenstoffmonooxid die zarten Flimmerhärchen vergiften und die *Teerbestandteile* des Rauches sie außerdem verkleben, entstehen dauerhafte Verschleimungen und Entzündungen der Bronchien, eine *chronische Bronchitis*. Der Körper versucht, die Schleimansammlungen durch häufiges Husten abzustoßen: Es ist ein **Raucherhusten** entstan-

den. Die ständigen Vergiftungen und Schädigungen des Bronchien- und Lungengewebes können zu Zellveränderungen führen, durch die sich bei Rauchern deutlich häufiger als bei Nichtrauchern Lungenkrebs entwickelt.

Bei tiefen Lungenzügen können Rauchinhaltsstoffe durch die Lungenbläschen in den Blutkreislauf gelangen. Durch jahrelanges Rauchen entstehen krankhafte Veränderungen der Blutgefäße, die durch Ablagerungen verengt werden.

Die mangelhafte Durchblutung kann zum Absterben von Armen und Beinen führen. Eine plötzliche Verstopfung eines wichtigen Gefäßes kann einen Herzinfarkt oder Schlaganfall auslösen.

Das Rauchen in öffentlichen Räumen ist meist verboten, weil inzwischen nachgewiesen ist, dass auch Passivraucher gesundheitliche Schäden erleiden. Kleinkinder sind in dieser Hinsicht besonders gefährdet. Rauchen während der Schwangerschaft schadet dem Baby. Das Nikotin verengt die Blutgefäße der Plazenta und bewirkt eine Mangelversorgung des Ungeborenen. Bedenkt man die gesundheitlichen Gefahren, die mit dem Rauchen verbunden sind, sollte es leicht fallen, gar nicht erst mit dem Rauchen anzufangen.

1 Beschreibe die Wirkung von Nikotin, Teerbestandteilen und Kohlenstoffmonooxid mit Hilfe von Abbildung 2.
2 Diskutiert in der Klasse den Sinn von öffentlichen Rauchverboten.

4 Lunge und Raucherlunge

6 Knochen, Muskeln und Bewegung

6.1 Knochen sind Organe

Ein Leichtathlet läuft zum Hochsprung an. Die Lattenhöhe beträgt 2,40 Meter. Obwohl der Athlet nur 1,81 Meter groß ist, überspringt er die Latte ohne sie zu reißen. Dabei dreht er sich nach dem Absprung in die Rückenlage und überquert die Latte zuerst mit dem Oberkörper und dann mit Becken und Beinen. Welche Organe gewährleisten seine Beweglichkeit?

1 Hochspringer

Jede Bewegung des menschlichen Körpers erfolgt durch das Zusammenspiel von Skelett, Muskeln und Nervensystem. Dabei geben die Knochen des Skeletts dem Körper Halt, während die Gelenke für die nötige Beweglichkeit sorgen. Beim Menschen bewegen mehr als 600 Muskeln über 200 Knochen.

Knochen sind Organe, die in ihrer Struktur und Funktion den mechanischen Belastungen angepasst sind. Sie sind gleichzeitig leicht und stabil. Ein Oberschenkelknochen zeigt im Längsschnitt einen Hohlzylinder mit kompakter äußerer Knochensubstanz und einem zentralen Hohlraum mit schwammartiger Knochenstruktur.

Der Raum zwischen dem **Schwammgewebe** ist mit Knochenmark gefüllt, in dem Blutzellen gebildet werden. Der größte Teil der kompakten Knochensubstanz besteht aus **Knochensäulchen,** die in Längsrichtung des Knochens verlaufen. Im Lichtmikroskop erkennt man einen **Zentralkanal** mit Blutgefäßen und Nerven umgeben von mehreren Lamellenschichten. Das Knochenmaterial besteht aus einer Grundsubstanz, den proteinhaltigen *Kollagenfasern*. Sie geben dem Knochen seine elastischen Eigenschaften. Darin eingelagerte Kalziumsalze machen den Knochen stabil.

Das zentrale Schwammgewebe enthält **Knochenbälkchen.** Sie sind entlang der auftretenden Zug- und Druckkräfte des Knochens ausgerichtet. Bis zum 20. Lebensjahr entwickeln sich in den Wachstumszonen der Röhrenknochen vermehrt Knorpelzellen, die anschließend verknöchern. Hier findet das Längenwachstum statt. Aber auch bei Erwachsenen sorgen Knochenzellen für einen ständigen Umbau des Knochens. Bei veränderter Belastung, zum Beispiel nach einem Knochenbruch, werden Knochenbälkchen abgebaut und durch neue, anders angeordnete, ersetzt.

1 Wende das Basiskonzept Struktur und Funktion auf einen Knochen an. Nutze die Abbildung 1.
2 Cola-Getränke machen Knochen brüchig. Recherchiere im Internet und begründe die Aussage.

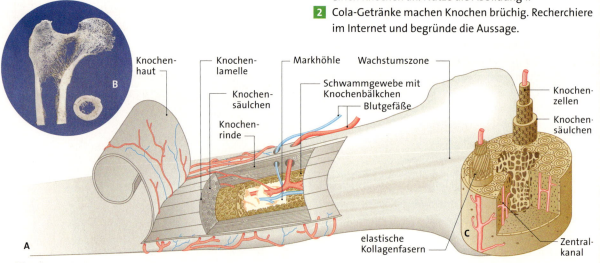

2 Röhrenknochen.
A Bau (Schema); **B** Längs- und Querschnitt des Oberschenkelknochens; **C** Feinbau der Knochensäulchen (Schema)

6.2 Gelenke – die Verbindung für Bewegung

Knochen werden durch **Gelenke** beweglich miteinander verbunden. Jedes Gelenk besteht aus einem *Gelenkkopf* und einer *Gelenkpfanne*. Ihre Flächen passen genau ineinander und sind mit Knorpel überzogen, um Druckbelastungen zu dämpfen. Das Gelenk ist zur mechanischen Stabilisierung von einer *Gelenkkapsel* umschlossen.

Nach innen sondert die Gelenkkapsel die *Gelenkschmiere* ab, die aus Kohlenhydraten, Proteinen, Fetttröpfchen und Wasser besteht. Diese zähe Flüssigkeit ernährt den *Gelenkknorpel*, vermindert die Reibung der Gelenkflächen während der Bewegung und dient zusammen mit den Gelenkknorpeln der Stoßdämpfung. Bänder verstärken die Gelenkkapsel zusätzlich und beschränken die Bewegungsfähigkeit des Gelenkes auf ein sinnvolles Maß. Während **Bänder** also immer Knochen miteinander verbinden, sind **Sehnen** Verbindungen zwischen Knochen mit Muskeln.

Gelenke werden nach ihren möglichen Bewegungsrichtungen unterschieden. Dabei ist die Form der Gelenkflächen von entscheidender Bedeutung. Einachsige Gelenke wie das *Scharniergelenk* des Ellbogens, das *Zapfengelenk* zwischen Elle und Speiche oder das *flache Gelenk* im Mittelfußknochen besitzen nur eine Achse, um die sie gedreht werden können. Zweiachsige Gelenke wie das *Eigelenk* zwischen dem ersten Halswirbel und dem Schädel oder das *Sattelgelenk* am Daumengrund ermöglichen Bewegungen in zwei Richtungen. *Kugelgelenke* wie das Hüftgelenk oder das Schultergelenk sind dreiachsig und können in alle Richtungen bewegt werden.

Dass ein Mensch höher springen kann als er selbst groß ist, wird durch das Zusammenspiel von Skelett, Gelenken und Muskeln möglich. Ein Hochspringer springt nach dem Anlauf mit einem Bein ab. Dabei dreht er den Körper und überspringt die Latte in der Rückenlage zunächst mit dem Oberkörper, dann mit Becken und Beinen. Durch die Beweglichkeit von Gelenken und Wirbelsäule windet er sich regelrecht um die Latte.

1 Ordne die in der Abbildung 1B genannten Gelenke dem Hochspringer zu. Begründe.

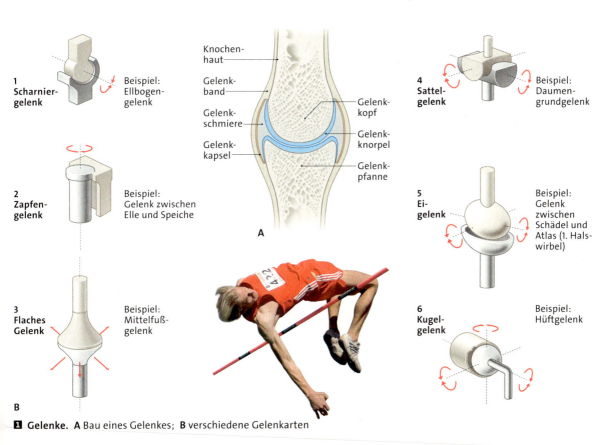

1 Gelenke. **A** Bau eines Gelenkes; **B** verschiedene Gelenkarten

6.3 Feinbau und Arbeitsweise der Muskeln

Der Mensch hat ungefähr 600 **Muskeln,** die beim Mann etwa 40 Prozent und bei der Frau etwa 20 Prozent der Gesamtkörpermasse ausmachen. Da Frauen einen größeren Anteil an Fettgewebe besitzen, haben sie einen geringeren Grundumsatz als Männer. Dies liegt darin begründet, dass Muskeln mehr Energie umsetzen als Fettgewebe.

Da sich ein Muskel nur aktiv zusammenziehen, aber nicht selbst wieder dehnen kann, übernimmt dies ein anderer Muskel, der Gegenspieler oder **Antagonist.** Wenn ein Muskel kontrahiert, wird der Gegenspieler in die Ausgangslage gedehnt. Beispielsweise wird der Unterarm vom *Bizeps* gebeugt und vom *Trizeps* gestreckt.

Jeder Muskel ist von einer Haut aus Bindegewebe umgeben, die an den Muskelenden in Sehnen übergeht. Sehnen sind kaum dehnbar und sehr zugfest. Die Achillessehne, die den Wadenmuskel am Fersenbein befestigt, ist die stärkste Sehne des Menschen.

Um die Funktionsweise der Muskeln zu verstehen, muss man zunächst ihren Aufbau kennen. Ein Muskel ist aus vielen langen **Muskelfaserbündeln** zusammengesetzt. Jedes Faserbündel ist von Bindegewebe umhüllt. Mit bloßem Auge kann man diese Muskelfaserbündel beispielsweise bei gekochtem Rindfleisch erkennen. Jedes Faserbündel besteht aus bis zu 1000 **Muskelfasern,** die bis zu 30 Zentimeter lang und 0,1 Millimeter dick werden können. Sie sind die eigentliche funktionelle Einheit des Muskels. Muskelfasern besitzen mehrere Zellkerne, weil sie aus der Verschmelzung vieler Einzelzellen entstanden sind. Jede Muskelfaser ist voll gepackt mit **Muskelfibrillen.** Das sind kontraktile Untereinheiten aus zwei Arten von parallel angeordneten Proteinfäden. Die dicken Fäden bestehen aus dem Protein **Myosin,** die dünnen aus dem Protein **Actin.** Durch die Anordnung der Myosin- und Actinfäden ergibt sich ein Muster aus hellen und dunklen Zonen, das im Lichtmikroskop als Querstreifung erscheint. Aus diesem Grund wird die Skelettmuskulatur auch als *quergestreifte Muskulatur* bezeichnet.

Die kleinste Arbeitseinheit eines Muskels, das **Sarkomer,** konnte erst mit dem Elektronenmikroskop untersucht werden. Ein Sarkomer besteht aus sich überlappenden Actin- und Myosinfäden, die parallel zueinander angeordnet sind. Jedes Sarkomer ist von Proteinen begrenzt, die der Verankerung der Actinfäden dienen. Sie werden als Z-Streifen bezeichnet.

Wenn der Muskel kontrahiert, verkürzt sich das Sarkomer, weil Actin- und Myosinfäden in entgegengesetzter Richtung aneinander vorbeigleiten. Ausläufer des Myosins, die sogenannten Myosinköpfchen, verbinden sich hierbei kurzzeitig mit dem Actin und ermöglichen die Bewegung. Die Länge der Fäden ändert sich dabei nicht. Die Energie für diese Bewegung wird aus der Spaltung von ATP gewonnen. ATP kann im Muskel nur in kleinen Mengen gespeichert werden. Die Speicherreserve beträgt lediglich 42 Kilojoule und ist schon nach ein paar Sekunden erschöpft. Nach ungefähr einer Minute springt die Zellatmung in den Mitochondrien ein. Vom Körper mit der Nahrung aufgenommene Kohlenhydrate werden bei der Verdauung in Traubenzucker zerlegt. Dieser Traubenzucker wird mit dem Blut zu den Muskelzellen transportiert. Hier findet in den Mitochondrien die Zellatmung statt. Dabei wird mit Hilfe von Sauerstoff der Traubenzucker zu den energieärmeren Stoffen Kohlenstoffdioxid und Wasser abgebaut. Es werden große Mengen von ATP gebildet, die aus den Mitochondrien zu den Myosinfäden diffundieren müssen.

Das bereitgestellte ATP wird nicht im Moment der Kontraktion gespalten, sondern bereits vorher, wenn das Myosinköpfchen in eine energiereichere Stellung gebracht wurde. Dieses »Vorspannen« der Myosinköpfchen kann man mit Pfeil und Bogen vergleichen, dessen Sehne vorgespannt wird. Das Loslassen der Sehne entspricht dem Umkippen des Myosinköpfchens. Dabei verschiebt sich der Actinfaden zum Myosinfaden um fünf bis zehn Nanometer. Viele dieser Bewegungszyklen summieren sich zur Kontraktion des Muskels.

1 Erläutere mit Hilfe von Abbildung 1A den Aufbau eines Skelettmuskels.

2 Beschreibe mit Hilfe von Abbildung 1B den Ablauf einer Muskelkontraktion.

3 Untrainierte haben nach dem Sport oft Muskelkater. Recherchiere, welche Erklärungen es dafür gibt.

4 Beim Beugen des Unterarms verkürzt sich der Bizeps um fünf Zentimeter. Wie viele Bewegungszyklen sind notwendig, wenn sich der Actinfaden um zehn Nanometer zum Myosinfaden verschiebt?

5 Diskutiert in der Klasse, welche Auswirkungen die unterschiedlichen Muskelmassen von Frauen und Männer haben.

6 Beuge und Strecke mehrmals die Finger deiner rechten Hand. Beobachte dabei deinen Unterarm. Beschreibe deine Beobachtungen und erläutere.

Bau und Leistungen des menschlichen Körpers

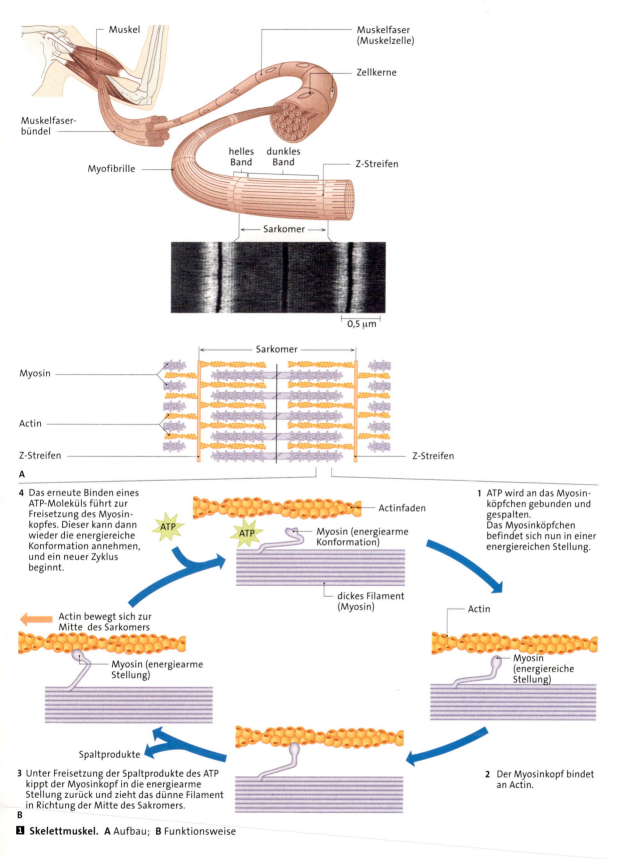

1 Skelettmuskel. **A** Aufbau; **B** Funktionsweise

Aufgaben und Versuche — Knochen, Muskeln und Bewegung

V1 Chemische Zusammensetzung eines Knochens

Material: mehrere Knochen, beispielsweise Oberschenkelknochen vom Hähnchen; Kalkstückchen; verdünnte Salzsäure; Abzug; Gasbrenner; Tiegelzange; feuerfeste Unterlage; 2 Petrischalen; 1 Becherglas; Schürze; Schutzbrille; Uhrglas

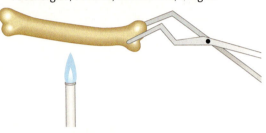

Teilversuch A: Arbeite unter dem Abzug. Halte einen Knochen so lange mit Hilfe einer Tiegelzange in die Flamme eines Gasbrenners, bis der Knochen sich verfärbt. Lege ihn dann auf eine feuerfeste Unterlage.

Teilversuch B: Stelle die beiden Petrischalen nebeneinander auf eine feste Unterlage. Fülle sie zur Hälfte mit verdünnter Salzsäure. Gib ein Kalkstückchen und ein Knochenstückchen mit einer Tiegelzange in je eine Petrischale. Beobachte.

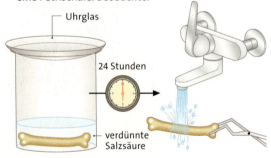

Teilversuch C: Gib einen zweiten Knochen vorsichtig in ein Becherglas, das du vorher zu einem Drittel mit verdünnter Salzsäure gefüllt hast, und decke es mit einem Uhrglas ab. Stelle das Becherglas für 24 Stunden in den Biologievorbereitungsraum. Nimm dann den Knochen mit der Tiegelzange aus dem Becherglas. Spüle ihn gründlich unter fließendem Wasser ab.

Aufgaben:
a) Vergleiche den ausgeglühten Knochen mit einem frischen Knochen. Überprüfe auch die Festigkeit.
b) Erläutere, welche Wirkung die Salzsäure auf ein Kalkstückchen hat.
c) Beschreibe das Aussehen und die Festigkeit eines Knochens, nachdem er 24 Stunden in der verdünnten Salzsäure gelegen hat.

A2 Knochen – Vorbild für die Technik

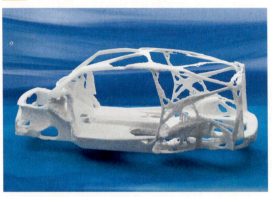

Knochen sind Leichtbaustrukturen, die mit einem Minimum an Material ein Maximum an Stabilität erreichen. Dieses Bauprinzip ist auch für technische Produkte wie Autos interessant. In der Abbildung siehst du die Tragkonstruktion das »bionic car«.

Aufgaben:
a) Beschreibe die Konstruktion des Autorahmens.
b) Stelle den Zusammenhang zwischen der Knochenstruktur und der Autokonstruktion her.
c) Suche vergleichbare Konstruktionen in Natur und Technik.
d) Die Bionik beschäftigt sich systematisch mit der Übertragung biologischer Lösungen in technische Produkte. Recherchiere, was das Wort »Bionik« bedeutet.
e) Informiere dich, welche biologischen Vorbilder das »bionic car« hat.

V3 Muskelpräparate zeichnen

Material: Dauerpräparate der Skelettmuskulatur; Mikroskop; Zeichenmaterial

Durchführung: Mikroskopiere das Dauerpräparat und fertige eine mikroskopische Zeichnung an.

Aufgabe: Beschrifte die Zeichnung.

Bau und Leistungen des menschlichen Körpers

Wissen kompakt — Schäden am Bewegungssystem

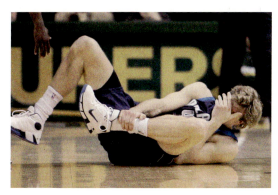

Name: Verstauchung
Schädigung: Verletzung eines Bandes oder einer Gelenkkapsel
Ursache: Umknicken oder Überdrehen eines Gelenkes
Behandlung: Kühlen, Ruhigstellen, Hochlagern
Besonderheit: Oft führen bereits leichte Bandverletzungen zu instabilen Gelenken und damit zu Verschleißerscheinungen des Gelenkes.

Name: »Mausarm«
Schädigung: Überlastung der Muskeln, Sehnen und Nerven sowie Verschleißerscheinungen der Gelenke im Hand-, Arm-, Schulter- und Nackenbereich
Ursache: Wiederholung gleichförmiger Bewegungen beispielsweise bei Computerarbeiten an Tastatur und Maus
Behandlung: Ruhigstellen, Dehnübungen, Pausen, Einschränkung der Maus- und Tastaturnutzung
Besonderheit: In den USA ist der »Mausarm« eine anerkannte Berufskrankheit in der Computerbranche.

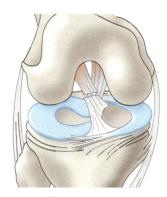

Name: Kreuzbandriss
Schädigung: teilweiser oder vollständiger Riss des vorderen oder hinteren Kreuzbandes des Knies
Ursache: ruckartige Bewegung des nach innen oder außen gedrehten Knies bei fixiertem Unterschenkel; häufige Verletzungen bei Sportarten wie Fußball, Tennis und Ski fahren.
Behandlung: Wenn das Knie instabil ist, muss operiert werden.
Besonderheit: In Deutschland reißt alle sechseinhalb Minuten ein Kreuzband.

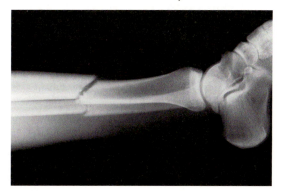

Name: Knochenbruch
Schädigung: Beim geschlossenen Knochenbruch ist die Haut nicht verletzt. Bei einem offenen Bruch hat der Knochen die Haut durchbohrt.
Ursache: Gewalteinwirkung durch einen Unfall
Behandlung: Einrichten bei verschobenen Brüchen, Ruhigstellen durch Gipsverband, Operation zur Fixierung durch Schrauben, Platten oder Drähte
Besonderheit: 18 Prozent aller Sportverletzungen sind Knochenbrüche. Hauptrisikosportarten sind Fußball und alpiner Skilauf.

1 Recherchiere, mit welchen Methoden ein Kreuzbandriss vom Arzt festgestellt werden kann.

2 Informiere dich im Internet über die Erste Hilfe bei Knochenbrüchen und Gelenkverletzungen.

Zusammenfassung — Bau und Leistungen des menschlichen Körpers

Struktur und Funktion

Der Zusammenhang zwischen den Strukturen des menschlichen Körpers und ihren Funktionen lässt sich von der Ebene der Organsysteme über Organe, Gewebe und Zellen bis zu den Molekülen nachvollziehen. So ermöglichen beispielsweise die Gliederung des Skeletts und die Anordnung der Gelenke eine Vielzahl verschiedener Bewegungen. Die spindelförmigen Muskelzellen enthalten fadenförmige Eiweißmoleküle, die Actin- und Myosinfilamente. Diese können sich unter Energieaufwand gegeneinander verschieben und dadurch eine Verkürzung des Muskels hervorrufen.

Auch auf die Verdauung lässt sich das Basiskonzept Struktur und Funktion anwenden. So wird die Oberfläche des Dünndarms durch die Ausbildung von Zotten sowie von Fortsätzen an jeder einzelnen Zelle der Darmwand derartig vergrößert, dass die Resorption der verdauten Nahrung rasch erfolgen kann. Die Verdauungsenzyme können aufgrund ihrer spezifischen Struktur jeweils nur einen ganz bestimmten Nährstoff an einer bestimmten Stelle spalten. Ein ähnliches Schlüssel-Schloss-Prinzip gibt es auch zwischen Hormonen und den Rezeptoren an ihren Zielorten.

Stoff- und Energiewechsel

Wie jedes Lebewesen ist auch der Mensch in den Energiefluss und die Stoffkreisläufe der Natur eingebunden. Die Versorgung des Körpers mit Energie und Baustoffen erfolgt über die Nahrung. Die Ernährung sollte vielfältig und ausgewogen sein, um Übergewicht oder Mangelerscheinungen, die eine Reihe von chronischen Erkrankungen verursachen können, vorzubeugen.

Während der Verdauung werden die Nährstoffe mit Hilfe von Enzymen in ihre Bestandteile zerlegt. So entstehen aus Vielfachzuckern Einfachzucker, aus Proteinen werden Aminosäuren, aus Fetten Fettsäuren und Glycerin. Diese Moleküle werden resorbiert und mit dem Blut im Körper verteilt.

Einfachzucker, vor allem Glucose, dienen in erster Linie der Energieversorgung aller Zellen. Um Energie freizusetzen, muss die Glucose in den Mitochondrien über die Zellatmung zu Kohlenstoffdioxid und Wasser abgebaut werden. Der für diesen Stoffwechselprozess erforderliche Sauerstoff gelangt über die Atemluft zunächst in die Lunge. In den Lungenbläschen diffundiert der Sauerstoff dann ins Blut und gelangt auf diesem Wege, an den Blutfarbstoff Hämoglobin gebunden, zu allen Zellen. Das bei der Zellatmung entstehende Kohlenstoffdioxid wird ebenfalls mit dem Blut transportiert und über die Lungen abgegeben. Die Atmung ist also ein Vorgang, bei dem Stoffaufnahme und Ausscheidung gekoppelt sind.

Ein Teil der durch die Verdauung verfügbar gewordenen Bausteine wird dazu genutzt, körpereigene Stoffe aufzubauen. Die wichtigste Zentrale des Stoffwechsels ist die Leber, in der Stoffe auf-, um- und abgebaut werden. Stoffwechselreste gelangen mit dem Blut in die Nieren. Dort werden sie vom Blut getrennt und im Harn ausgeschieden.

Information und Kommunikation

Informationen aus der Umwelt nimmt der Mensch über die Sinnesorgane auf. Optische Reize empfangen die Augen, akustische Reize die Ohren. In den Ohren befinden sich auch die Organe für den Lage- und Drehsinn, die Informationen zur Richtung der Schwerkraft auswerten. Chemische Reize werden von Nase und Zunge aufgenommen. In der Haut verteilt sind Rezeptoren für Temperatur, Druck und Schmerz.

Alle eingehenden Informationen über die Umwelt werden in Nervenimpulse umgewandelt und über sensorische Nerven ins Zentralnervensystem (ZNS) geleitet. Dort erfolgt die Auswertung der Informationen. Motorische Nerven leiten anschließend Impulse zu Muskeln oder Drüsenzellen, wenn eine Reaktion erfolgen soll. Die Zellen des Nervensystems werden Neuronen genannt. Sie sind durch Synapsen miteinander vernetzt.

Das Gehirn ist die Zentrale des ZNS. Dort entstehen alle bewussten Sinneseindrücke. Gedächtnis, Sprache und Lernvorgänge sind ebenfalls im Gehirn lokalisiert. Kommunikation ist ein komplexer Vorgang aus Senden, Empfangen und Entschlüsseln von Reizen.

Zur Informationsübertragung im Körper dienen neben dem Nervensystem Hormone, die in verschiedenen Hormondrüsen gebildet und über das Blut transportiert werden. Hormone beeinflussen die unterschiedlichsten Stoffwechselaktivitäten, das Wachstum und die Fortpflanzung. Dabei sind sie insbesondere an Regulationsvorgängen beteiligt. So erfolgt die Regulation des Blutzuckerspiegels über die Hormone Insulin und Glukagon.

Bau und Leistungen des menschlichen Körpers

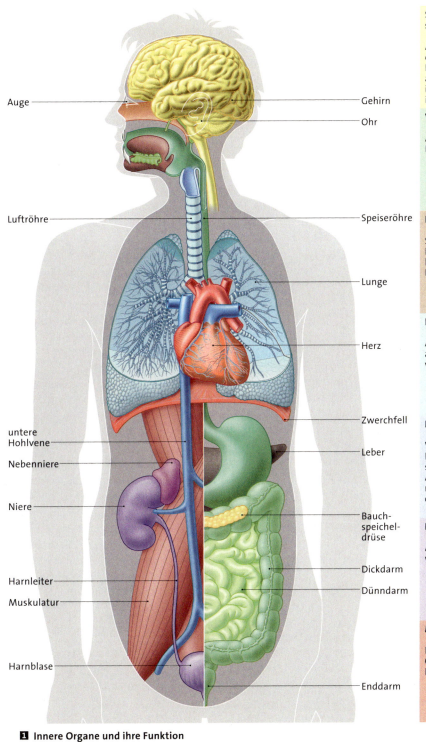

1 Innere Organe und ihre Funktion

Wissen vernetzt: Bau und Leistungen des menschlichen Körpers

A1 Mechanismen beim Sehen

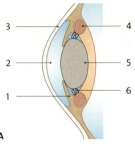
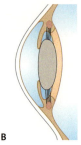

Aufgaben:
a) Ordne den Ziffern in Abbildung A die passenden Begriffe zu.
b) Um welchen Vorgang geht es in Abbildung A, um welchen in Abbildung B? Erläutere.
c) Beschreibe die einzelnen Schritte der Fernakkommodation in ihrer zeitlichen Abfolge.

A2 Nervenzellen

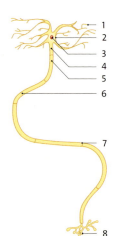

Aufgaben:
a) Ordne den Ziffern die passenden Begriffe zu.
b) In welcher Richtung schreitet die Erregung in einer Nervenzelle voran?
c) Nennt die »Verbindung« zweier hintereinander geschalteter Nervenzellen?
d) Wie lang kann eine Nervenzelle werden?

A3 Gehirn

Das menschliche Gehirn besteht aus fünf Bereichen mit speziellen Aufgaben.
Aufgaben:
a) Nenne diese fünf Bereiche.
b) Führe dann für jeden Bereich einige Aufgaben an.

A4 Gedächtnis

»Das menschliche Gedächtnis lässt sich mit der Festplatte eines Computers vergleichen.«
Aufgabe: Nenne Befunde, die diese Behauptung stützen, aber auch solche, die ihr entgegenstehen.

A5 Regelung des Blutzuckerspiegels

Aufgaben:
Die Abbildung zeigt stark vereinfacht die Regelung des Blutzuckerspiegels.
a) Erläutere, welche Vorgänge bei körperlicher Anstrengung im Regelkreis ablaufen.
b) Nenne krankhafte Veränderungen des Blutzuckerspiegels.
c) Erläutere, wie durch eine glucosefreie Diät ein Diabetes beeinflusst werden kann.

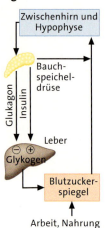

A6 Blutgefäße

Das Blut fließt im menschlichen Körper in Blutgefäßen.
Aufgabe: Suche Fehler in folgenden Aussagen.
a) Arterien transportieren das Blut vom Herzen weg.
b) Kapillaren sind feine Haargefäße.
c) In allen Arterien fließt sauerstoffreiches Blut.
d) Venen transportieren das Blut zum Herzen hin.
e) Venen besitzen Taschenklappen, um den Rückfluss des Blutes zu verhindern.

A7 Blut

Aufgabe: Ordne den Blutbestandteilen Rote Blutzellen, Weiße Blutzellen, Blutplättchen und Blutplasma die nachfolgend aufgeführten Baumerkmale und Funktionen zu (Mehrfachnennungen sind möglich):
Zellbruchstücke, Hämoglobin, Blutgerinnung, Antikörperbildung, Zellkern, linsenförmig, 90 % Wasser, Sauerstofftransport, ohne feste Form, enthält Fibrinogen, Abwehr von Krankheitserregern, Nährstofftransport, Eiterbildung, Kohlenstoffdioxidtransport.

A8 Blutgruppen

Blutgruppe	0	A	B	AB
Antigen auf Blutzellen				
Antikörper im Serum				

Aufgabe: Ergänze die Tabelle in deinem Heft.

Bau und Leistungen des menschlichen Körpers

A9 Lungenbläschen

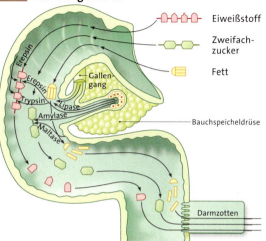

Aufgaben:
a) Ordne den Ziffern die passenden Begriffe zu und beschreibe den Weg von Sauerstoff und Kohlenstoffdioxid.
b) In einer Lunge befinden sich etwa 300 Millionen Lungenbläschen. Erläutere das Prinzip, das diese hohe Zahl an Lungenbläschen erklärt.

A10 Blutkreislauf

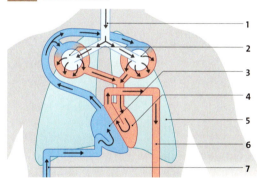

Aufgabe: Ordne den Ziffern die entsprechenden Begriffe zu und erläutere, welche Bedeutung der Blutkreislauf für die Atmung bzw. für den Gasaustausch hat.

A11 Verdauungssystem

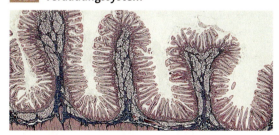

Aufgabe: Wende das Basiskonzept »Struktur und Funktion« auf die Struktur des Verdauungssystems an.

A12 Zwölffingerdarm

Aufgaben:
a) Beschreibe mit Hilfe der Abbildung die Vorgänge, die im Zwölffingerdarm ablaufen.
b) Erläutere den Begriff *Verdauung*.
c) Nenne Folgen, die durch einen Ausfall der Bauchspeicheldrüse eintreten können.
d) Nenne Ursachen für Verdauungsstörungen.

A13 Funktion der Nieren

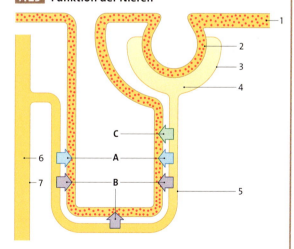

Aufgaben:
a) Ordne den Ziffern die entsprechenden Begriffe zu.
b) Ordne den Pfeilen A, B und C jeweils einen der folgenden Stoffe zu: Glucose, Wasser, Kochsalz.
c) Wohin werden Aminosäuren transportiert?

Infektionskrankheiten und Immunsystem

1 Infektionskrankheiten

1.1 Bakterielle Infektionskrankheiten

Jeden Sommer häufen sich die Meldungen über Lebensmittelvergiftungen. Besonders betroffen sind Nutzer von Großküchen in Altersheimen, Kindergärten und Krankenhäusern, die mit **Salmonellen** verunreinigtes Essen zu sich genommen haben. Salmonellen sind **Bakterien,** die sich bei sommerlichen Temperaturen besonders rasch vermehren, sodass sie eine Gesundheitsgefährdung für den Menschen darstellen. Jedes Jahr werden von den Gesundheitsämtern in Deutschland etwa 75 000 Erkrankungen registriert. Kleinkinder und ältere Menschen sind besonders gefährdet. Bei ihnen kann die Krankheit, die auch **Salmonellose** genannt wird, tödlich verlaufen. Die Erreger kommen vor allem in Milchprodukten, Eiern, Muscheln und nicht durchgegartem Geflügel vor. Solche Speisen sollten gut durchgebraten oder gekocht sein. Die Salmonellen werden durch die große Hitze abgetötet und verlieren ihre Krankheit auslösende Wirkung.

Der Verlauf einer Salmonellose ist typisch für eine durch Bakterien ausgelöste **Infektionskrankheit.** Die Übertragung in den menschlichen Körper nennt man **Infektion.** Nach dem Verzehr verunreinigter Lebensmittel gelangen Salmonellen in den Dünndarm und vermehren sich dort durch zahlreiche Teilungen. Dabei sondern sie Giftstoffe ab, die **Toxine**. Diese breiten sich über Blut und Lymphe im ganzen Körper aus. Als Folge davon reagiert der Körper mit Durchfall, Erbrechen und Fieber. Diese **Symptome** sind charakteristisch für eine Salmonelleninfektion.

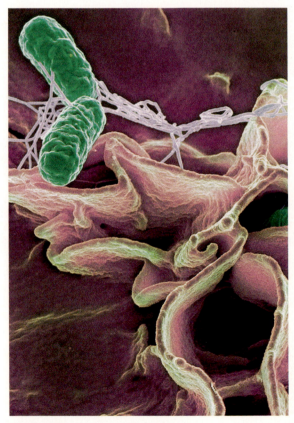

1 Salmonellen auf einer Schleimhaut
(Bakterienzellen sind grün eingefärbt)

Die Zeit zwischen der Infektion und dem Ausbruch der Krankheit nennt man **Inkubationszeit.** Bei einer Salmonellose dauert sie nur wenige Stunden. Während der Erkrankung ist unser Abwehrsystem, das **Immunsystem,** damit beschäftigt, die Erreger unschädlich zu machen. Dabei kann die Erhöhung der Körpertemperatur in Form von Fieber die körpereigene Abwehr unterstützen.

Der Verlauf und die Dauer der Erkrankung sind vom Gesundheitszustand, vom Alter und vom Zustand des Abwehrsystems abhängig. Besonders gefährdet sind Kleinkinder, bei denen das Abwehrsystem noch nicht voll entwickelt ist, sowie ältere und kranke Menschen mit geschwächtem Immunsystem. In solchen Fällen ist es dringend anzuraten, einen Arzt zu konsultieren. Anhand der Symptome und weiterer Untersuchungsergebnisse ermittelt er die Schwere der Erkrankung und entscheidet über eine passende Behandlungsmethode, die **Therapie.** Bei erfolgreicher Therapie lassen die Krankheitsbeschwerden schließlich nach und die **Genesung** setzt ein.

Außer der Salmonellose gibt es noch andere Infektionskrankheiten. Neben der Aufnahme von bakteriellen Krankheitserregern über die Nahrung kann man sich auch durch Kontakt mit unsauberem Trinkwasser, über offene Wunden, Schleimhäute und sogar über die Atemluft infizieren.

Die Übertragung von Mensch zu Mensch erfolgt dabei durch kleine Speicheltröpfchen beim Sprechen, Husten oder Niesen. Diese Art der Ansteckung nennt man **Tröpfcheninfektion.** Sind viele Menschen davon betroffen, entwickelt sich die Krankheit zu einer Seuche oder **Epidemie** (gr. *epi,* über, *demos,* Volk). Breitet sich eine Epidemie weltweit aus, bezeichnet man sie als **Pandemie** (gr. *pan,* alles).

In den vergangenen Jahrhunderten war die Bevölkerung Infektionskrankheiten wie Pest, Typhus, Cholera und Tuberkulose oft hilflos ausgeliefert. Es gab weder Schutzimpfungen gegen diese Krankheiten noch wirksame Medikamente. Durch schlechte hygienische Bedingugen und das enge Zusammenleben vieler Menschen konnten sich Infektionskrankheiten selbst im 20. Jahrhundert noch sehr schnell ausbreiten. Erst durch flächendeckende Impfungen zum Beispiel gegen Typhus und Tuberkulose sank die Zahl der Erkrankungen. Dieser Zustand lässt sich nur stabilisieren, wenn große Teile der Bevölkerung geimpft sind und keine Katastrophen oder Kriege auftreten, die schlechte Hygieneverhältnisse verursachen.

1 Erläutere mit Hilfe der Abbildung 2 den Verlauf einer Salmonellose.

2 Nenne Möglichkeiten, wie man sich vor einer Ansteckung mit Infektionskrankheiten schützen kann.

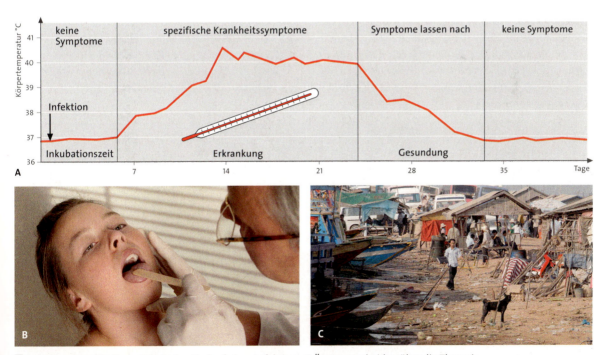

2 Infektionskrankheiten. **A** Typischer Verlauf einer Infektion; **B** Ärzte entscheiden über die Therapie; **C** Unzureichende Hygienebedingungen begünstigen die Ausbreitung von Seuchen

Infektionskrankheiten und Immunsystem

1.2 Antibiotika

Im Jahre 1928 machte der schottische Bakteriologe Alexander FLEMMING zufällig eine wichtige Entdeckung. Er fand auf einer alten Agarplatte, auf der er Bakterien kultiviert hatte, einen Schimmelpilz. Dabei fiel ihm auf, dass um den Schimmelpilz keine Bakterien wuchsen. Er zog daraus den Schluss, dass der Schimmelpilz einen Stoff in seine Umgebung abgegeben hatte, der das Bakterienwachstum hemmte, vielleicht sogar die Bakterien tötete.

Um die Ursache für diesen Befund zu finden, führte FLEMMING weitere Versuche durch. Er bestimmte zunächst den beteiligten Schimmelpilz als Pinselschimmel der Gattung *Penicillium*. Diesen züchtete er in einer Nährlösung. Kamen Bakterien mit dieser Lösung in Kontakt, hörten sie auf sich zu teilen. Somit konnte FLEMMING eindeutig nachweisen, dass der Pilz einen Stoff produziert, der die Teilung der Bakterien hemmt. Diesen Stoff nannte er nach dem wissenschaftlichen Namen des Pilzes **Penicillin**. Das erste **Antibiotikum** war gefunden. Leider erwies sich die Gewinnung des Penicillins als sehr schwierig. Erst 1940 gelang es, größeren Mengen von Penicillin durch den Einsatz von besseren Nährmedien herzustellen.

Mittlerweile kennt man eine Vielzahl verschiedener bakterieller Antibiotika, die alle eine gemeinsame Eigenschaft haben. Sie schädigen nur die Bakterien und keine anderen Zellen, wie zum Beispiel die Körperzellen des Menschen. Dieses Phänomen beruht auf der einzigartigen chemischen Struktur der bakteriellen Zellwände. So stören manche Antibiotika zum Beispiel nur den Aufbau der Bakterienzellwand. Die Bakterien werden instabil und platzen. Wiederum andere Antibiotika blockieren die Proteinbiosynthese an den Ribosomen der Bakterien. Obwohl Ribosomen auch beim Menschen vorkommen, unterscheiden sie sich hinsichtlich ihrer Größe und der Struktur der beteiligten Proteine. Diese Unterschiede reichen aus, dass Antibiotika sich nur an die bakteriellen Ribosomen anlagern und hier die Proteinbiosynthese hemmen. Neuartige künstlich hergestellte Antibiotika greifen in den Stoffwechsel der Bakterien ein und hemmen hier spezielle Enzyme, so dass die Bakterienzelle verhungert. Diese Antibiotika werden zur Gruppe der antibakteriellen Chemotherapeutika gezählt.

Mit dem Penicillin war es erstmals möglich, bakterielle Infektionskrankheiten schnell und wirksam zu bekämpfen. Doch es gelang nicht, die Infektionserreger durch die Antibiotika endgültig auszurotten. Schon bald traten Bakterienstämme auf, denen die Antibiotika nichts anhaben konnten. Solche Bakterien nennt man **resistent**. Die zunehmende Resistenz von Bakterien zwingt Forscher dazu, immer neue Antibiotika zu entwickeln. Oft werden dabei bereits bekannte Antibiotika chemisch so verändert, dass sie wieder wirksam gegen Bakterien sind.

1 Beschreibe Abbildung 2 und erkläre, wie die Bakterienverteilung auf der Agarplatte zustande kommt.

2 Recherchiere nach weiteren Antibiotika und stelle in einer Tabelle vier unterschiedliche Wirkungsweisen gegenüber.

3 Diskutiert die These vom ständigen Wettlauf zwischen Medizin und Bakterien in der Klasse. Begründet, warum die häufige Anwendung von Antibiotika dabei eine Rolle spielt.

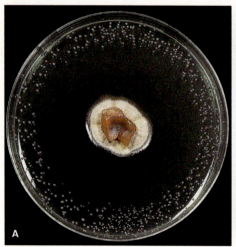
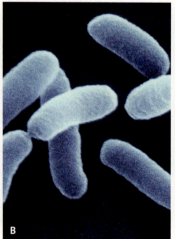
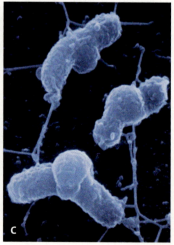

2 Wirkung von Antibiotika. **A** Schimmelpilz auf Bakterienkultur; **B** Bakterien vor Behandlung; **C** Bakterien nach Behandlung

Infektionskrankheiten und Immunsystem

Wissen kompakt — Bakterielle Infektionskrankheiten

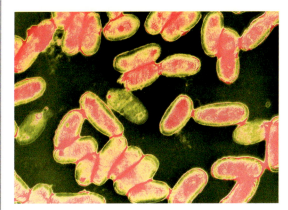

Keuchhusten
Erreger: *Bordetella parapertussis*
Übertragung: Tröpfcheninfektion
Inkubationszeit: bis zu 2 Wochen
Verlauf: anfängliche Symptome wie bei einer Erkältung, später schwere Hustenanfälle mit Atemnot und Erbrechen

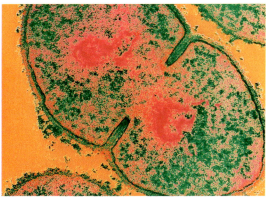

Scharlach
Erreger: *Streptococcus pyogenes*
Übertragung: direkter Körperkontakt
Inkubationszeit: drei bis fünf Tage
Verlauf: Beginn der Krankheit mit Fieber und gerötetem Rachen, später kommt eine Mandelentzündung dazu; Mandeln sind mit gelblichen Flecken belegt; roter Ausschlag breitet sich über den ganzen Körper aus

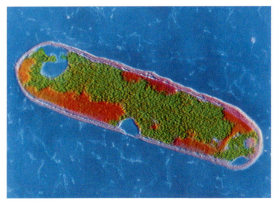

Tetanus
Erreger: *Chlostridium tetani*
Übertragung: Tierbisse; Erde, die in offene Wunden gelangt
Inkubationszeit: wenige Tage bis zwei Wochen
Verlauf: Erregertoxin führt zunächst zu Krämpfen der Kiefer- und Zungenmuskulatur; später verkrampft die Rücken- und Rumpfmuskulatur; bei unbehandelten Tetanusinfektionen beträgt die Sterblichkeit etwa 50 %

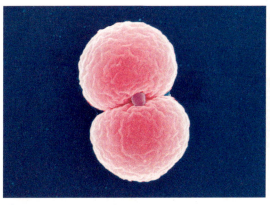

Tripper
Erreger: *Neisseria gonorrhoeae*
Übertragung: ungeschützter Geschlechtsverkehr
Inkubationszeit: zwei bis acht Tage
Verlauf: zu Beginn Schmerzen beim Wasserlassen; eitrige Absonderungen der Harnröhre; bei Nichtbehandlung kann Tripper zu Unfruchtbarkeit führen; besonders gefährlich für Neugeborene, bei denen die Infektion auch während der Geburt erfolgen kann

1 Recherchiere, wie man sich vor den hier vorgestellten Bakterien schützen kann.

2 Recherchiere nach weiteren bakteriellen Infektionskrankheiten und stelle sie in Steckbriefen vor.

1.3 Infektionskrankheiten durch Viren

Husten, Schnupfen, starke Kopf- und Gliederschmerzen, hohes Fieber mit Schüttelfrost und Mattigkeit sind deutliche Symptome einer Grippeerkrankung. Die Inkubationszeit ist viel kürzer als bei einer Erkältung und die ersten Symptome bemerkt man oft schon nach wenigen Stunden. Verursacher der Grippe sind nicht Bakterien, sondern **Viren,** die um ein Vielfaches kleiner als Bakterien sind. Daher wurden sie auch erst im letzten Jahrhundert durch den Einsatz hoch auflösender Mikroskope entdeckt. Durch ihre schnelle Vermehrung und den Befall lebenswichtiger Organe können sie bleibende Schäden verursachen. Die Erkrankung kann sogar tödlich verlaufen. Besonders gefürchtet waren in den vergangenen Jahrhunderten häufig wieder kehrende Grippeepidemien, die unzählige Todesopfer unter der wehrlosen Bevölkerung forderten. Auch die Entdeckung der Antibiotika führte hier zu keinem Erfolg, da Viren keine Zellen sind und infolgedessen auch nicht durch Antibiotika bekämpft werden können. Sie bestehen lediglich aus einer Eiweißhülle, in deren Innern sich die Erbsubstanz befindet. Viren besitzen auch keinen eigenen Stoffwechsel und können sich auch nicht selbst vermehren. Dazu benötigen sie Zellen von Lebewesen, die **Wirtszellen.** Das Grippevirus befällt meist durch Tröpfcheninfektion die oberen Luftwege und heftet sich hier zunächst an eine Schleimhautzelle an. Danach wird es von einem Membranbläschen, einer *Vakuole*, umschlossen und ins Zellinnere aufgenommen. Dort verschmilzt die äußere Schicht der Eiweißhülle des Virus mit der Vakuolenmembran. Die innere Viruskapsel wird freigesetzt und entlässt die Erbsubstanz in die Wirtszelle.

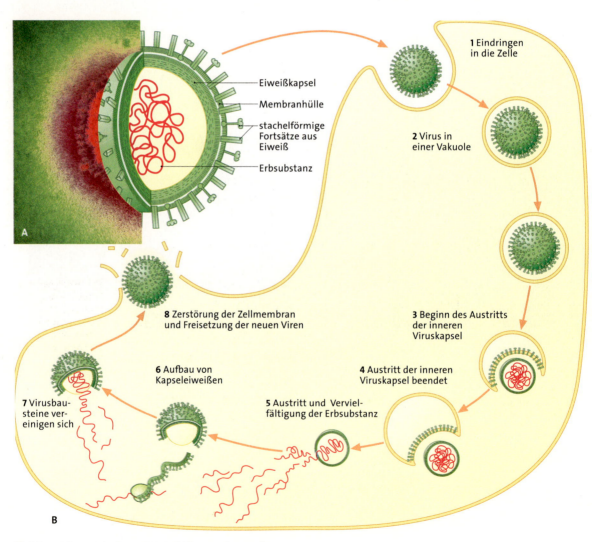

1 Grippe-Virus. A Aufbau; B Entwicklung und Vermehrung

Die Erbsubstanz gelangt in den Zellkern und stellt den Stoffwechsel des Zellkerns der Wirtszelle so um, dass in der Zelle nun die Eiweißhülle und die Erbsubstanz des Virus vervielfältigt werden. Die einzelnen Virusbestandteile werden zu fertigen Viren zusammengebaut und sammeln sich an der Zellmembran der Wirtszelle an. Es können also gleichzeitig sehr viele neue Viren entstehen. Die Viren lösen die Zellmembran auf, gelangen ins Freie und befallen neue Wirtszellen. Die Krankheitssymptome wie zum Beispiel Fieberschübe entstehen vor allem durch die Zerstörung vieler Wirtszellen. Eine Bekämpfung der Viren mit Arzneimitteln in ihren Wirtszellen ist bis heute kaum möglich, ohne gleichzeitig den Patienten zu schädigen. Bei Virusinfektionen können meist nur die Symptome gemildert werden, mit der eigentlichen Infektion muss der Körper selbst fertig werden. Den Kampf unseres Immunsystems gegen Grippe-Viren kann man durch eine Grippeschutzimpfung unterstützen. Diese Impfung muss rechtzeitig vor der Infektion vorgenommen und jährlich wiederholt werden.

Da sich die Grippe durch Tröpfcheninfektion ausbreitet, erkranken im Umkreis eines Grippepatienten viele Kontaktpersonen, die wieder weitere Menschen infizieren können. Grippeepidemien wie in den Jahren 1918 bis 1923 hat es immer schon gegeben. Diese bisher schwerste Pandemie wütete in Europa und in anderen Teilen der Welt und wurde *Spanische Grippe* genannt. Weltweit erkrankten etwa 700 Millionen Menschen. Etwa 50 Millionen Menschen starben. *Die Asiatische Grippe* von 1957 bis 1958 und die *Hongkong-Grippe* von 1968 bis 1969 waren die letzten beiden großen Pandemien, der jeweils etwa eine Million Menschen zum Opfer fielen. Was ist nun die Ursache solcher Pandemien und warum ist eine wirkungsvolle Bekämpfung so schwierig?

Unser Abwehrsystem ist in der Lage, auch Viren erfolgreich zu bekämpfen. Erschwert wird die Abwehr jedoch durch die Tatsache, dass Viren häufig ihre Oberfläche verändern. Dadurch können neue Grippe-Viren nach einer überstandenen Grippe erneut denselben Menschen wieder befallen. Der Körper erkennt das Virus dann nicht und es kommt erneut zum Ausbruch der Krankheit. Die Eigenschaft der Viren, ihre Oberfläche ständig zu verändern, erschwert das Bekämpfen der Viren sehr. Auch bei der Herstellung von Impfstoffen muss dies berücksichtigt werden. Der Impfstoff muss jedes Jahr neu auf den zu erwartenden Virus eingestellt werden. Eine Grippeschutzimpfung muss daher jährlich wiederholt werden.

Zahlreiche Viruserkrankungen sind bis heute für Tiere und Menschen gleichermaßen gefährlich. Hierzu gehören unter anderem die Vogelgrippe, die Lungenkrankheit SARS, Aids, Hepatitis A und B, gegen die es bis heute keine heilenden Medikamente oder Schutzimpfungen gibt. Dies trifft ebenso auf die als »Killer-Viren« bezeichneten Ebola-, Hanta- und Lassa-Viren zu.

1 Vergleiche Bakterien und Viren und stelle die wichtigsten Merkmale in einer Tabelle gegenüber.
2 Erläutere mit Hilfe der Abbildung 2 die Vermehrung der Viren.
3 Begründe, weshalb Antibiotika bei einer Viruserkrankung nicht helfen.

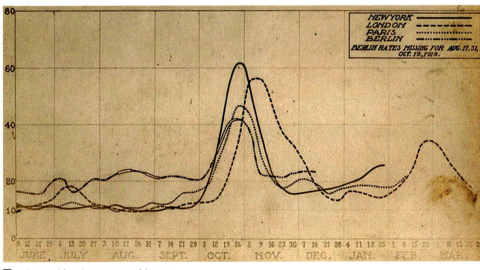

Wöchentliche Todesfälle pro 1000 Einwohner, von 1918 bis 1919 in New York, London, Paris und Berlin.

2 Grippeepidemien von 1918 bis 1919

Wissen kompakt — Virale Infektionskrankheiten

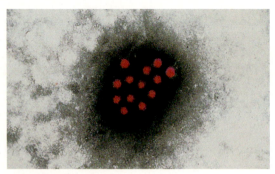

Hepatitis (Gelbsucht)
Erreger: *Hepatovirus*
Übertragung: vor allem verunreinigte Lebensmittel
Inkubationszeit: 2 Wochen bis 2 Monaten
Verlauf: Entzündung der Leber; Fieber, Schwäche Appetitlosigkeit, Erbrechen, Gelbfärbung der Haut; Leber kann Gallenflüssigkeit nicht verarbeiten und Gallenfarbstoff tritt ins Blut über; bei Kindern verläuft diese Erkrankung oft unbemerkt
Besonderheit: man unterscheidet mehrere Formen; Hepatitis B schädigt Leber dauerhaft und kann zu Krebs führen

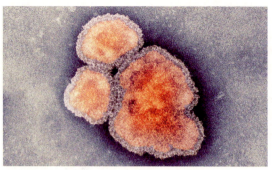

Masern
Erreger: *Mobillivirus*
Übertragung: Tröpfcheninfektion
Inkubationszeit: 1 bis 2 Wochen
Verlauf: hohes Fieber; Schnupfen; Bronchitis; Bildung von grau-weißen Flecken im Rachenraum; später am Körper rote Flecken
Besonderheiten: kann bei Befall der inneren Organe zum Tode führen

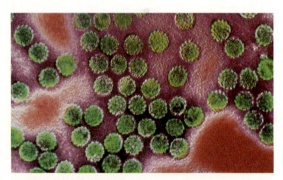

Poliomyelitis (Kinderlähmung)
Erreger: *Poliovirus*
Übertragung: Tröpfen- oder Schmierinfektion
Inkubationszeit: 1 bis 2 Wochen
Verlauf: Erreger nistet sich in der Darmwand ein; gelangt ins Blut oder Rückenmark; im Rückenmark zerstört er Nervenzellen; Fieber; Erbrechen; Kopf- und Gliederschmerzen; ist die Atemmuskulatur betroffen, tritt der Tod ein
Besonderheiten: Polioviren sind außerhalb des Körpers sehr widerstandsfähig; durch Schutzimpfung starke Abnahme von Poliofällen

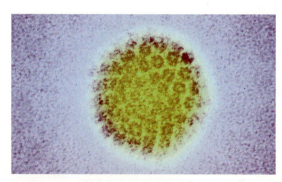

Zervixkarzinom (Gebärmutterhalskrebs)
Erreger: *Papillomvirus*
Übertragung: Schmierinfektion, Geschlechtsverkehr
Inkubationszeit: ein Monat bis mehrere Jahre
Verlauf: Virus schaltet die Wachstumskontrolle der Gebärmutterhalszellen aus, sodass ein Tumor entsteht
Besonderheiten: sehr früh diagnostizierbar bei regelmäßigen Kontrolluntersuchungen; Impfung wird seit kurzen jungen Mädchen empfohlen

1 Erkläre, wie man sich vor den hier dargestellten Viren schützen kann.

2 Recherchiere nach weiteren Virusinfektionen. Erstelle jeweils einen Steckbrief.

Infektionskrankheiten und Immunsystem

Methode: Internetrecherche Virale Infektionskrankheiten

Das Internet hat sich in den letzten Jahren zu einer bedeutenden Informationsquelle entwickelt. Es stehen mittlerweile zu fast jedem Thema zahlreiche Internetseiten zur Verfügung. Dies macht den kritischen Umgang mit solchen Texten notwendig und man sollte immer noch eine weitere Quelle hinzuziehen. Sinnvoll ist es daher, geeignete Suchmaschinen zu benutzen. Diese helfen, Information zu einzelnen Themen zu finden. Solche Suchmaschinen findet man zum Beispiel auf den Seiten www.google.de oder www.altavista.de.

Bei der Benutzung einer Suchmaschine sollte man sich über die Wahl der Suchbegriffe im Klaren sein. Gibt man in der Suchmaschine Google den Begriff »Infektionskrankheiten« ein, so wirft Google Millionen von Treffern aus. Es würde sehr viel Zeit in Anspruch nehmen all diese Seiten zu durchsuchen. Deshalb bieten die Suchmaschinen die Möglichkeit, die Suche durch geeignete Kombination verschiedener Suchbegriffe einzuschränken.

Eine geringere Auswahl an Fundstellen bekommt man, wenn man eine logische Verknüpfung der Suchbegriffe vornimmt. Werden die Suchbegriffe mit »UND« verknüpft, sucht die Suchmaschine nur solche Seiten, die beide Begriffe enthalten. So lässt sich das Suchergebnis nach Verknüpfung mit dem Begriff »Verbreitung« auf 198 000 Treffer reduzieren.

Einfacher wird es, wenn sich das Thema, zu dem Informationen gesucht werden, sehr gut abgrenzen lässt. So findet man bei der Suche nach der Geschlechtskrankheit Tripper nur 16 000 Treffer. Diese lassen sich weiter einschränken. Eine weitere Möglichkeit bietet die Suchmaschine, wenn zu einem Thema Bilder beschafft werden müssen. Hier werden dann alle Bilder, die auf einer zu den Suchbegriffen passenden Seite stehen, angezeigt. Eine detaillierte Auskunft über die einzelnen Begriffe, zu denen Information im Internet beschafft werden sollen, liefern so genannte online Lexika. Das berühmteste Lexikon für naturwissenschaftliche Begriffe ist Wikipedia. Hierbei handelt es sich um eine offene Seiten, die jeder Nutzer bearbeiten und erweitern kann.

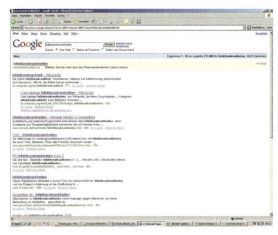

1 Oberfläche der Google-Suchmaschine

2 Bildersuche mit Google

3 Wikipedia-Oberfläche

1 Recherchiere weitere Infektionskrankheiten.

1.4 Vorsicht Einzeller

Nach Schätzungen der Weltgesundheitsorganisation *WHO* erkranken jährlich 300 bis 500 Millionen Menschen an Malaria. Bis zu drei Millionen Menschen sterben jedes Jahr an dieser Infektionskrankheit, darunter etwa eine Million Kinder. Am schlimmsten betroffen sind die Menschen in den Ländern Schwarzafrikas, aber auch in den tropischen und subtropischen Regionen Asiens und Lateinamerikas ist die Krankheit weit verbreitet. Auch Touristen, die in diese Länder reisen, können sich infizieren. In Deutschland werden jedes Jahr mehrere hundert Fälle gemeldet.

Erreger der Malaria sind verschiedene Arten von Einzellern der Gattung **Plasmodium**. Gelangen sie in den Körper eines Menschen, vermehren sie sich dort massenhaft und zerstören Leberzellen und Rote Blutzellen. Die ersten Symptome einer Erkrankung sind hohes Fieber, das meist in Schüben wiederkehrt, Kopf- und Gliederschmerzen, Schüttelfrost sowie Magen-Darm-Beschwerden. Diese Symptome treten frühestens nach einer Inkubationszeit von ein bis zwei Wochen auf und ähneln denen einer Grippe. Daher wird die Krankheit bei Reisenden, die aus den Tropen zurückgekehrt sind, nicht immer rechtzeitig erkannt – was lebensgefährlich sein kann.

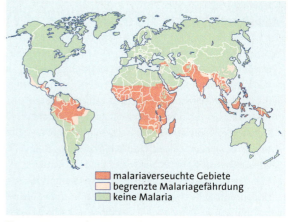

1 Verbreitung der Malaria

Überträger der Malariaerreger sind Stechmücken der Gattung **Anopheles.** Weltweit gibt es über 400 Anopheles-Arten und einige davon leben auch in Deutschland. Tatsächlich war auch Deutschland bis zur Mitte des 20. Jahrhunderts Malariagebiet: Im norddeutschen Tiefland war die Krankheit lange unter dem Namen »Marschenfieber« bekannt. Durch das Begradigen von Flüssen, das Trockenlegen von Feuchtgebieten und den Einsatz von Insektiziden wurde die Krankheit in Europa schließlich ausgerottet. Hilfreich war dabei, dass zumindest in Deutschland die

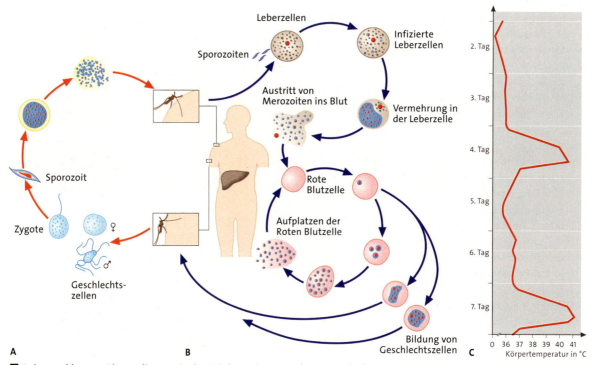

2 Lebenszyklus von Plasmodium. **A** in der Mücke; **B** im Menschen; **C** Fieberkurve

Temperaturen für das Überleben von Plasmodien bislang nicht förderlich waren: Um sich im Darm einer Mücke erfolgreich zu entwickeln, benötigen die verschiedenen *Plasmodium*-Arten nämlich Mindesttemperaturen von 14 bis 16 Grad Celsius.

Wie bei allen Stechmücken saugen nur die weiblichen *Anopheles*-Mücken Blut. Daher sind auch nur sie Überträger der Parasiten. Einige afrikanische *Anopheles*-Arten haben sich jedoch auf den Menschen als Blutlieferanten spezialisiert und sind darum besonders gefährlich. Ebenso wie die gewöhnlichen einheimischen Stechmücken sind auch sie abends und nachts aktiv und suchen gezielt das Innere von menschlichen Behausungen auf. Aus diesen Gründen sollte man in Malariagebieten nach Einbruch der Dunkelheit stets Mücken-Spray benutzen, langärmelige Kleidung tragen und nur unter einem besonders imprägnierten Moskitonetz schlafen.

Eine Besonderheit der Malariaerreger ist, dass sie sich sowohl geschlechtlich als auch ungeschlechtlich fortpflanzen, wobei verschiedene Entwicklungsstadien auftreten. Die geschlechtliche Fortpflanzung, bei der es zur Befruchtung zweier Geschlechtszellen kommt, findet im Körper der Mücke statt. Aus der Zygote entstehen einige Tage später durch ungeschlechtliche Fortpflanzung bis zu 1000 sichelförmige Tochterzellen, die *Sporozoiten* genannt werden. Sie wandern in die Speicheldrüsen der Mücke und können nun bei einem Stich in die Blutbahn des Menschen übertragen werden. Von dort aus dringen sie in die Leberzellen ein, wo sie sich noch einmal durch ungeschlechtliche Fortpflanzung vermehren. Die dabei entstehenden Zellen sind rundlich und werden *Merozoiten* genannt. Sie können weitere Leberzellen oder Rote Blutzellen befallen und sich dort noch weiter vermehren. Aus einigen Meozoiten werden Vorläufer von Geschlechtszellen, die Gametozyten. Gelangen sie bei einem erneuten Stich wieder in eine Mücke, werden aus Ihnen die eigentlichen zur Befruchtung fähigen Gameten oder Geschlechtszellen.

Eine wirksame Impfung gegen Malaria gibt es trotz intensiver Forschung bislang nicht. Bei Reisen in Malariagebiete empfehlen die Gesundheitsbehörden allerdings die Einnahme bestimmter Medikamente, die eine vorbeugende Wirkung haben. Da viele Erreger gegen diese Mittel jedoch unempfindlich geworden sind, wird zusätzlich die Mitnahme weiterer Medikamente zur Notfallbehandlung bei einer Infektion empfohlen. Welche Medikamente zum Einsatz kommen, ist von Land zu Land unterschiedlich. Daher sollte jeder, der in ein Malaria-gefährdetes Gebiet reist, vorher einen Arzt aufsuchen und mit ihm die notwendigen Maßnahmen besprechen.

Plasmodien sind nicht die einzigen Einzeller, die beim Menschen Krankheiten verursachen. Ein naher Verwandter von *Plasmodium*, der weltweit verbreitete Einzeller *Toxoplasma* gondii, ruft beispielsweise **Toxoplasmose** hervor. Bei den meisten Menschen verläuft die Krankheit ohne erkennbare Symptome, aber eine Infektion während der Schwangerschaft kann den Fötus erheblich schädigen. Schwangere werden daher grundsätzlich getestet, ob sie Abwehrstoffe gegen *Toxoplasma* besitzen. Die Infektion erfolgt über Katzenkot oder den Verzehr durchgegarten Fleisches.

Andere gefährliche Einzeller können über verunreinigtes Wasser, Obst oder Gemüse aufgenommen werden. Die vor allem in den Tropen verbreitete Amöbe *Entamoeba histolytica* löst beispielsweise die gefürchtete **Amöbenruhr** aus, eine von schweren Durchfällen begleitete Erkrankung, an der jährlich etwa 40 000 Menschen sterben.

1 Begründe, warum der Schutz vor Mückenstichen zu den wichtigsten Vorbeugemaßnahmen gegen Malaria zählt.

2 Erläutere das Basiskonzept Fortpflanzung am Beispiel der Malariaerreger.

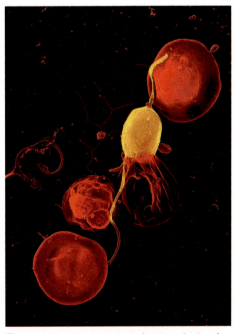

3 Rote Blutzelle und Erreger (REM-Aufnahme)

2 Wie das Immunsystem unser Leben schützt

2.1 Das Immunsystem – eine hoch spezialisierte Abwehr

Der menschliche Körper steht in ständigem Kontakt mit Bakterien, Viren und Pilzsporen. Darunter sind auch viele Krankheitserreger. Die meisten von ihnen können jedoch erst gar nicht in den Körper eindringen. Für viele Erreger ist bereits die verhornte Außenschicht der Haut ein unüberwindliches Hindernis. Leichter wäre ein Eindringen durch die Schleimhäute. Diese werden jedoch durch Flüssigkeiten aus Drüsen benetzt. So findet sich in der Tränenflüssigkeit das Enzym *Lysozym*, das Bakterien zerstört.

Einigen Krankheitserregern gelingt es dennoch, diese natürlichen Barrieren zu überwinden. Über die Atemwege und andere Körperöffnungen, durch Wunden oder Insektenstiche gelangen sie in den Körper. Trotzdem kommt es nur selten zum Ausbruch einer Infektionskrankheit, denn der Körper kann sich gegen die Erreger zur Wehr setzen. Wie geschieht das?

Die Abwehr körperfremder Stoffe ist Aufgabe des **Immunsystems.** Dabei handelt es sich um ein komplexes Netzwerk aus Organen, Zellen und Molekülen. Eine zentrale Bedeutung haben die **Weißen Blutzellen.** Sie bewegen sich wie Amöben und verändern dabei ihre Form. Auf diese Weise können sie durch Zellzwischenräume kriechen und die Blutkapillaren verlassen. Sie gelangen dann in die mit **Lymphe** gefüllten Zwischenräume der Gewebe. Diese farblose Flüssigkeit tritt zum Beispiel an Schürfwunden aus und sammelt sich in Druck- oder Brandblasen. Die Weißen Blutzellen umfließen körperfremde Stoffe, auf die sie treffen, nehmen sie auf und verdauen sie. Daher werden sie **Fresszellen** genannt. Sie kommen im gesamten Körper vor, besonders häufig jedoch in den **Lymphknoten,** die in Rumpf und Hals liegen und über **Lymphgefäße** miteinander verbunden sind. Im oberen Brustraum ist das Lymphsystem mit dem Blutkreislauf verbunden.

Fresszellen können ganz unterschiedliche Fremdkörper vernichten, beispielsweise Bakterien und Viren. Weil die Fresszellen nicht auf einen bestimmten Erreger spezialisiert sind, nennt man diesen Abwehrmechanismus die **unspezifische Immunabwehr.**

In manchen Fällen vermehren sich Erreger so schnell, dass die unspezifische Abwehr überfordert ist. Dann kommt ein anderer Mechanismus des Immunsystems ins Spiel, die **spezifische Abwehr.** Daran sind ebenfalls Weiße Blutzellen beteiligt, die **Lymphozyten** genannt werden. Man unterscheidet verschiedene Gruppen dieser Zellen. Die **B-Lymphozyten** reifen im Knochenmark, die **T-Lymphozyten** im Thymus. Dieses lymphatische Organ liegt hinter dem Brustbein. Es ist nur bei Kindern und Jugendlichen voll ausgebildet und wird im Erwachsenenalter langsam zurückgebildet. Wie erfolgt die spezifische Abwehr durch Lymphozyten?

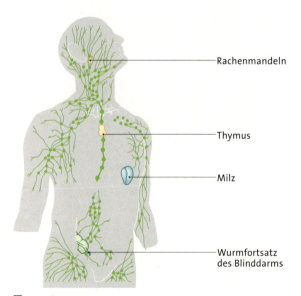

1 Lymphsystem

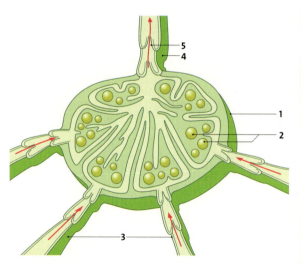

2 Lymphknoten. **1** Außenkapsel; **2** Knötchen mit Weißen Blutzellen; **3** zuführende Lymphgefäße; **4** abführendes Lymphgefäß; **5** Klappen

Infektionskrankheiten und Immunsystem

An der Oberfläche von Zellen und Viren befinden sich bestimmte Eiweißstoffe, die als **Antigene** bezeichnet werden. Fresszellen und von Viren infizierte Körperzellen lagern diese Antigene außen auf der Zellmembran an: Sie »präsentieren« die Antigene. Lymphozyten, die mit den Antigenen in Kontakt kommen, erkennen diese als körperfremd. Daraufhin erzeugt eine Untergruppe der Lymphozyten, die **T-Helferzellen,** Botenstoffe, die von B- und T-Lymphozyten erkannt werden. Bestimmte B-Lymphozyten, die **Plasmazellen,** beginnen sich daraufhin zu vermehren und große Mengen spezifischer **Antikörper** zu produzieren. Dies sind Eiweißstoffe, die sich mit den Antigenen der Krankheitserreger verbinden können. Durch diese **Antigen-Antikörper-Reaktion** werden die Erreger unschädlich gemacht – Bakterien können sich nicht mehr teilen und Viren werden daran gehindert, in Wirtszellen einzudringen. Fresszellen bauen dann die Erreger ab. Zur Abwehr von Virusinfektionen entstehen auch so genannte **Killerzellen.** Diese Untergruppe der T-Lymphozyten erkennt und zerstört von Viren befallene Körperzellen durch bestimmte Enzyme.

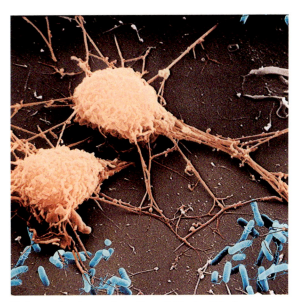

3 Fresszellen (orange) vertilgen Bakterien (blau)

Die spezifische Abwehr des Immunsystems braucht eine gewisse Zeit, meist mehrere Tage, bis genügend Antikörper oder Killerzellen gebildet sind, um eine Infektion erfolgreich zu bekämpfen. Manche Krankheiten, zum Beispiel viele Kinderkrankheiten, bekommt man aber nur einmal im Leben. Dies liegt daran, dass die Information über den Aufbau von Antigenen und den dazu passenden Antikörpern langfristig gespeichert werden kann. Dies übernehmen die **Gedächtniszellen,** die ebenfalls zu den Lymphozyten gehören. Erkennen sie Antigene, mit denen das Immunsystem bereits einmal zu tun hatte, können in kurzer Zeit die spezifischen Antikörper oder Killerzellen neu bereitgestellt werden. Der Körper ist gegen diese Art von Erregern **immun** geworden – die Krankheit bricht nicht mehr aus. Bei manchen Erregern verändern sich allerdings die Antigene im Laufe der Zeit so stark, dass die Gedächtniszellen sie nicht mehr erkennen können. Deshalb kann man beispielsweise immer wieder einen Schnupfen bekommen.

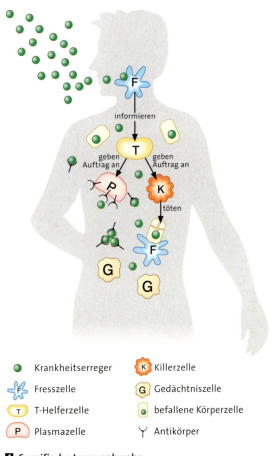

- Krankheitserreger
- Fresszelle
- T-Helferzelle
- Plasmazelle
- Killerzelle
- Gedächtniszelle
- befallene Körperzelle
- Antikörper

4 Spezifische Immunabwehr

1. Nenne die am Immunsystem beteiligten Organe und erläutere die Funktion des Lymphsystems. Nutze dazu die Abbildung 1.
2. Erläutere den Unterschied zwischen unspezifischer und spezifischer Abwehr.
3. Beschreibe mit Hilfe der Abbildung 4 den Mechanismus der spezifischen Abwehr.
4. Wende das Basiskonzept Struktur und Funktion auf die Antigen-Antikörper-Reaktion an.

2.2 Aktive und passive Immunisierung

Bis ins 20. Jahrhundert gehörten die Pocken zu den Geißeln der Menschheit. Wer sich angesteckt hatte, bekam zunächst hohes Fieber. Am Körper bildeten sich kleine Pusteln, die Pocken. Überlebende der schweren Virusinfektion behielten für den Rest ihres Lebens entstellende Narben im Gesicht.

Die Pocken waren im 18. Jahrhundert auch in England verbreitet. Dort beobachtete damals der Arzt Edward JENNER, dass die Menschen auf dem Lande nie an Pocken erkrankten, wenn sie früher einmal die viel leichter verlaufenden Kuhpocken gehabt hatten. Diese Krankheit kommt normalerweise bei Rindern vor. Im Mai 1796 wagte JENNER ein Experiment: Er hatte an den Händen einer jungen Magd die typischen Pusteln der Kuhpocken erkannt. Aus einem dieser Bläschen entnahm er etwas Flüssigkeit und impfte damit einen achtjährigen Jungen. Dieser bekam daraufhin leichtes Fieber und einige wenige Pusteln. Bald verschwanden diese Symptome wieder. Anschließend infizierte JENNER den Jungen dann mit Flüssigkeit aus den Pusteln eines Patienten mit menschlichen Pocken. Wie der Arzt erwartet hatte, erkrankte der Junge nicht. Der Kontakt mit den Kuhpocken hatte ihn immun gemacht. Bald setzte sich die Pockenschutzimpfung weltweit durch. Heute gelten die Pocken als ausgerottet. Wie wirkt diese **Schutzimpfung**?

Die Antigene des Kuhpocken-Virus sind ähnlich aufgebaut wie die des menschlichen Pocken-Virus. Wird ein Mensch mit dem Kuhpocken-Erreger geimpft, erzeugt das Immunsystem Antikörper und entsprechende Gedächtniszellen. Diese Immunität ist auch gegen den Erreger der menschlichen Pocken wirksam.

Die Pocken sind allerdings ein Sonderfall. Zu den meisten Erregern von Infektionskrankheiten gibt es keine harmlosen Varianten. Deshalb müssen in der Regel erst Impfstoffe entwickelt werden, bevor eine vorsorgliche Schutzimpfung erfolgen kann. Dazu verändert man die Erreger oder ihre Antigene zunächst so weit, dass sie für den Körper unschädlich werden. Durch die Impfung wird das Immunsystem dann dazu angeregt, Antikörper zu bilden. Wie bei einer tatsächlich überstandenen Infektionskrankheit entstehen auch in diesem Fall Gedächtniszellen. Diese setzen bei einer erneuten Infektion mit dem gleichen Erreger die Antikörperbildung sofort in Gang, sodass die Krankheit nicht zum Ausbruch kommen kann. Weil der Körper die Abwehr gegen die Infektion durch die Schutzimpfung selbst entwickelt, spricht man von einer **aktiven Immunisierung.** Der volle Impfschutz, die *Grundimmunisierung,* wird in vielen Fällen erst nach mehreren Impfungen erreicht. Dies gilt beispielsweise für Impfungen gegen Tetanus oder Hepatitis B. Häufig lässt der Impfschutz im Laufe der Zeit nach, weil die entsprechenden Gedächtniszellen nicht mehr neu gebildet werden.

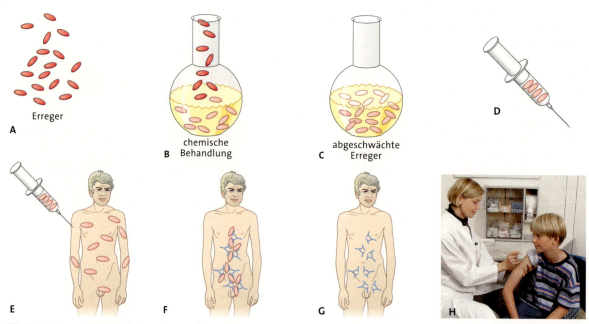

1 Aktive Immunisierung (Schema). **A–C** Behandlung zur Abschwächung der Erreger; **D** fertiger Impfstoff; **E** Impfung; **F** Bildung von Antikörpern; **G** Bildung von Gedächtniszellen; **H** Schutzimpfung durch den Arzt

Infektionskrankheiten und Immunsystem

Dann sind in bestimmten Abständen *Auffrischimpfungen* erforderlich.

In Deutschland gibt es keinen Impfzwang. Allerdings veröffentlicht die Ständige Impfkommission am Robert-Koch-Institut in Berlin regelmäßig Empfehlungen, welche Bevölkerungsgruppe sich bestimmten Impfungen unterziehen sollte. Diese Empfehlungen passt die Kommission den jeweils aktuellen Gefährdungen immer wieder an. Insbesondere Kinder und Jugendliche werden heute gegen eine Reihe von Infektionskrankheiten vorsorglich geimpft. Damit möglichst wenige Impftermine wahrgenommen werden müssen, verabreicht man oft Kombinationsimpfstoffe, die eine gleichzeitige Immunität gegen mehrere Erkrankungen verleihen, zum Beispiel Masern, Mumps, Röteln. Die erfolgten Impfungen werden in ein international gültiges Dokument eingetragen, den Impfausweis. Ärzte können den Eintragungen unter anderem entnehmen, wann und mit welchem Impfstoff die Immunisierungen durchgeführt wurden. Auf diese Weise lassen sich Mehrfachimpfungen vermeiden und Termine für Auffrischimpfungen einhalten.

Eine besondere Impfung wird Mädchen vor dem ersten Geschlechtsverkehr empfohlen, die *HPV*-Impfung (wirksam gegen Humane Papillom-Viren). Diese Impfung schützt vor Gebärmutterhalskrebs. Weitere Impfungen werden besonders gefährdeten Personengruppen empfohlen. So erhalten zum Beispiel Tierärzte und Förster Impfungen gegen Tollwut. Auch vor Reisen in die Tropen werden bestimmte Impfungen fällig, etwa gegen Typhus, Cholera und Gelbfieber.

Eine besondere Form der Impfung ist die **passive Immunisierung,** die auch Heilimpfung heißt. Sie kann bei Patienten angewandt werden, die sich wegen fehlenden Impfschutzes eine lebensbedrohende Infektionskrankheit zugezogen haben. In diesem Fall kann man ein Serum mit den spezifischen Antikörpern spritzen. Dadurch wird das Immunsystem unterstützt und die Heilung beschleunigt. Die Antikörper gewinnt man meist dadurch, dass man abgeschwächte Erreger in das Blut von Tieren bringt. Später werden die dort gebildeten Antikörper isoliert und daraus ein Heilserum hergestellt.

ab 3. Lebensmonat	Diphterie (1.), Wundstarrkrampf (Tetanus, 1.), Keuchhusten (Pertussis, 1.), Hirnhaut- und Kehlkopfentzündung (1.), Kinderlähmung (Poliomyelitis, 1.), Hepatitis B (1.)
ab 4. Lebensmonat	Diphterie (2.), Wundstarrkrampf (2.), Keuchhusten (2.), Hirnhaut- und Kehlkopfentzündung (2.), Kinderlähmung (2.), Hepatitis B (2.)
ab 5. Lebensmonat	Diphterie (3.), Wundstarrkrampf (3.), Hirnhaut- und Kehlkopfentzündung (3.), Keuchhusten (3.), Kinderlähmung (3.), Hepatitis B (3.)
ab 12.–15. Lebensmonat	Diphterie (4.), Wundstarrkrampf (4.), Keuchhusten (4.), Hirnhaut- und Kehlkopfentzündung (4.), Kinderlähmung (4.), Hepatitis B (4.), Masern, Mumps, Röteln (1.), Windpocken (1.)
ab 16.–24. Lebensmonat	Masern, Mumps, Röteln (2.), Windpocken (2.)
ab 6. Lebensjahr	Diphterie, Wundstarrkrampf, Keuchhusten (Auffrischimpfungen)
9.–17. Lebensjahr	Diphterie, Wundstarrkrampf, Keuchhusten, Kinderlähmung, Hepatitis B (Auffrischimpfungen); HPV (Mädchen)

2 Impfkalender für Kinder und Jugendliche (nach Empfehlungen der Ständigen Impfkommission für 2007)

1 Erläutere anhand von Abbildung 1 das Prinzip der aktiven Immunisierung.

2 Vergleiche die Eintragungen in deinem Impfausweis mit den Empfehlungen in Abbildung 2. Erläutere, warum sich deine Impfungen nicht in allen Punkten mit denen der Empfehlungen decken müssen.

3 Impfausweis

2.3 Allergien – Überreaktionen des Immunsystems

Wenn im Vorfrühling die ersten schönen Tage kommen und Bäume und Sträucher zu blühen beginnen, zieht es die meisten Menschen hinaus ins Freie. Doch manche bleiben lieber zu Hause, denn sie leiden jetzt wieder an *Heuschnupfen:* Sobald sie sich längere Zeit draußen aufhalten, beginnen die Augen zu tränen, die Nase läuft, sie müssen häufig niesen, Kopfschmerzen und Mattigkeit stellen sich ein. In manchen Fällen kommt es auch zu asthmatischen Beschwerden: Atemnot durch Verengung der Bronchien. Bei Kindern und Jugendlichen können diese Symptome so heftig sein, dass die Leistungsfähigkeit in der Schule deutlich herabgesetzt ist.

Heuschnupfen ist eine **Allergie,** die durch den Kontakt mit Pollenkörnern hervorgerufen wird. Während Nicht-Allergiker keine Beschwerden haben, reagiert das Immunsystem bei Allergikern überempfindlich auf diese körperfremden Stoffe. Solche Stoffe, die Allergien auslösen können, werden als **Allergene** bezeichnet. Voraussetzung für die Ausbildung einer Allergie ist eine Phase der **Sensibilisierung.** Dabei kommt es zum Erstkontakt mit den Antigenen des Allergens. B-Lymphozyten teilen sich daraufhin und erzeugen große Mengen spezifischer Antikörper. Bei Nicht-Allergikern sorgen Unterdrücker-Zellen, eine Untergruppe der T-Lymphozyten, dafür, dass die Antikörper nur in geringem Umfang gebildet werden. Diese Regulation der Antikörperproduktion erfolgt bei Allergikern nicht oder nur unzureichend. Die Antikörper überschwemmen dann das Immunsystem und binden sich langfristig an eine besondere Form der Weißen Blutzellen, die **Mastzellen.** Nun ist der Körper sensibilisiert. Erfolgt ein erneuter Kontakt mit dem Allergen, tritt die allergische Reaktion ein: Die Antigene des Allergens verbinden sich mit den Antikörpern auf den Mastzellen. Diese reagieren auf den Allergenkontakt mit der massenhaften Abgabe bestimmter Stoffe, unter denen sich auch der Botenstoff **Histamin** befindet. Histamin verursacht unter anderem die Erweiterung kleiner Blutgefäße und die Entstehung von Entzündungen. Erste Symptome einer allergischen Reaktion durch die Histaminausschüttung sind meist Rötungen, Schwellungen, erhöhte Schleimproduktion sowie ein unangenehmer Juckreiz. Mastzellen und Histamin sind nicht an allen Allergieformen beteiligt. In manchen Fällen kommt es durch andere Fehlfunktionen des Immunsystems zu der allergischen Reaktion.

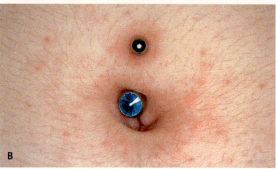

1 **Allergische Reaktionen. A** Heuschnupfen; **B** Kontaktallergie durch Nickel

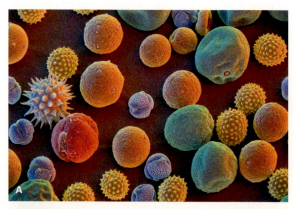

2 **Auslöser von Allergien. A** Pollenkörner; **B** Hausstaubmilben (elektronenmikroskopische Bilder)

Nicht nur Pollenkörner können allergische Symptome hervorrufen. Viele Menschen leiden an einer *Nahrungsmittelallergie*, die manchmal schon durch bloßen Hautkontakt oder das Einatmen von Nahrungsdüften ausgelöst wird. Weitere Allergieauslöser können Schimmelpilzsporen, Tierhaare, Hausstaubmilben, Insektenstiche, Reinigungsmittel und Medikamente sein. Von einer *Kontaktallergie* spricht man, wenn allergische Hautreaktionen zum Beispiel durch das Tragen von Schmuck, etwa aus Nickel, hervorgerufen werden. Viele allergische Beschwerden verstärken sich bei häufigem Allergenkontakt. In einigen Fällen kann dadurch sogar ein lebensbedrohlicher Schock durch massiven Blutdruckabfall ausgelöst werden.

Nicht jede Allergie ist ohne weiteres auf den Kontakt mit einem bestimmten Allergen zurückzuführen. In solchen Fällen muss ein *Allergietest* beim Hautarzt durchgeführt werden. Dabei wird die Haut mit mehreren in Frage kommenden Allergenen in Kontakt gebracht. Zeigt sich an einer Stelle eine Reaktion, kann man diese dann einem bestimmten Allergen zuordnen.

Manche Allergien lassen sich durch Medikamente unterdrücken. Häufig ist eine solche Behandlung jedoch mit unerwünschten Nebenwirkungen verbunden. Vielfach können Allergiker den Beschwerden entgehen, indem sie den Kontakt mit Allergenen meiden. Bei einer Nahrungsmittelallergie müssen die Betroffenen auf bestimmte Nahrungsmittel verzichten, zum Beispiel Nüsse, Zitrusfrüchte oder Milch. Liegt eine Hausstauballergie vor, die durch die Ausscheidungen kleiner Milben hervorgerufen wird, sollten Teppiche, Vorhänge und Matratzen durch Materialien ersetzt werden, in denen sich diese Tiere nicht einnisten können.

Die Neigung zu allergischen Reaktionen ist mit großer Wahrscheinlichkeit genetisch bedingt. Allerdings ist seit einigen Jahrzehnten eine deutliche Zunahme von Allergieerkrankungen zu beobachten. Dies lässt vermuten, dass auch Umwelteinflüsse sowie veränderte Ernährungsgewohnheiten die Ausbildung von Allergien begünstigen.

1. Erläutere anhand von Abbildung 4 die Entstehung einer allergischen Reaktion.
2. Erläutere, wann Heuschnupfen-Allergiker am stärksten betroffen sind. Nutze dazu den Pollenflugkalender in Abbildung 3.
3. Begründe, warum die Symptome von Heuschnupfen vor allem bei trockenem, sonnigem Wetter auftreten.
4. Eine Methode zur Behandlung von Allergien ist die Hyposensibilisierung. Recherchiere, worin diese Behandlung besteht und bereite einen Kurzvortrag vor.

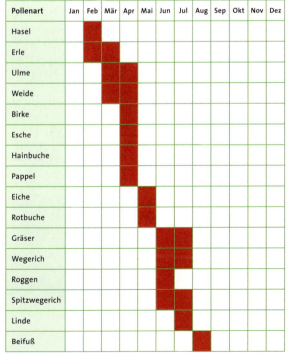

3 Pollenflugkalender

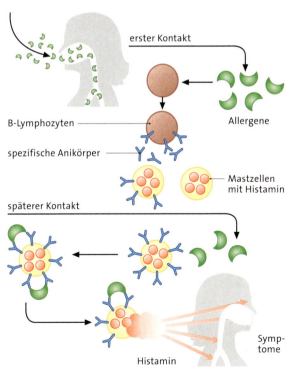

4 Entstehung einer allergischen Reaktion

2.4 Aids

Es gibt kaum eine andere Krankheit, die in der Werbung und in den Medien so präsent ist, wie die Immunschwäche Aids. »Gib Aids keine Chance« ist mittlerweile ein Slogan, der sich eingeprägt hat. Mit diesem Slogan und zahlreichen Werbespots versuchen die Gesundheitsministerien, Krankenkassen, und Aids-Selbsthilfegruppen auf das Risiko der Ansteckung und auf das Schicksal der Infizierten hinzuweisen.

Mittlerweile ist in Westeuropa und Nordamerika die Zahl der Neuerkrankungen dank der intensiven Aufklärungsbemühungen in den letzten Jahren zurückgegangen. Dagegen steigt die Zahl in Afrika weiter an. Hier ist die Krankheit mittlerweile völlig außer Kontrolle geraten. Auch in Asien und Osteuropa steigt die Zahl der Aidsinfizierten rapide an. Weltweit gibt es mittlerweile 40 Millionen Infizierte. Im Jahre 2006 starben drei Millionen Menschen.

Bei Aids handelt es sich um eine virale Infektionskrankheit, die 1981 erstmals in den USA entdeckt wurde. Dort traten zur selben Zeit mehrere Fälle einer ungewöhnlichen Lungenentzündung und einer Krebserkrankung auf. Der Krankheitsverlauf von Aids kann im Einzelfall recht unterschiedlich sein, einige gemeinsame Symptome treten allerdings fast immer auf. Kurz nach der Infektion kommt es zu grippeähnlichen Beschwerden. Erst Monate bis Jahre später schwellen die Lymphknoten an, es kommt zu Fieberanfällen und Pilzinfektionen. Häufig bildet sich eine ansonsten seltene Form von Hautkrebs. Das Immunsystem bricht nun völlig zusammen und Erreger, die dem Körper vorher nichts anhaben konnten, lösen nun verschiedenste Infektionen aus, die letztendlich zum

1 Plakat zum Welt-Aids-Tag

Tode führen. Das Auftreten dieser Infektionen weißt darauf hin, dass der Aids-Erreger das Immunsystem gezielt schwächt. Aus dieser Beobachtung entstand der Name *acquired immune deficiency syndrome* (Aids), erworbene Immunschwäche-Erkrankung.

Erst 1983 konnte der Erreger der Erkrankung Aids identifiziert werden. Es handelt sich um ein Virus, welches **HIV** genannt wird, abgeleitet von **H**umanes **I**mmunschwäche-**V**irus. Übertragen wird das Virus durch sexuelle Kontakte und Blut. Ein besonders hohes Risiko tragen dabei Personen, die ihre Geschlechtspartner sehr oft wechseln. Die Ansteckungsgefahr kann aber durch die sachgerechte Verwendung von Kondomen deutlich reduziert werden. Mittlerweile wurde ein weiteres HIV-Virus, welches Aids auslöst gefunden, es wird HIV-2 genannt.

Weltregionen	HIV-Infizierte	neu Infizierte	Aids-Tote
Nordamerika	1 400 000	43 000	18 000
Lateinamerika	1 700 000	140 000	65 000
Westeuropa	740 000	22 000	12 000
Osteuropa/Zentralasien	1 700 000	270 000	84 000
Nordafrika/Naher Osten	460 000	68 000	36 000
Afrika südl. der Sahara	247 000 000	2 800 000	2 100 000
Ostasien	750 000	100 000	43 000
Süd-/Südostasien	7 800 000	860 000	590 000
Ozeanien	81 000	7 100	4 000

2 Zahl der mit Aids Infizierten weltweit im Jahre 2006

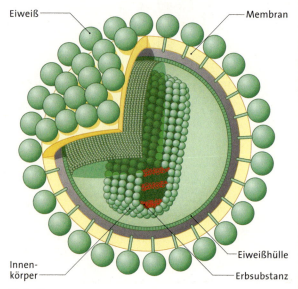

3 Aufbau von HIV

Neben dem ungeschützten Geschlechtsverkehr ist eine Ansteckung mit HIV auch über das Blut möglich. Hier sind Drogenabhängige besonders gefährdet, die dieselbe Injektionsnadel benutzen. Blutkonserven von HIV Infizierten stellen heute keine Gefahr mehr dar. Denn mittlerweile werden aber alle Blutkonserven vor ihrer Verwendung auf HIV getestet.

HIV kann sich wie jedes andere Virus auch, nur in lebenden Zellen vermehren. Dazu dringt es in die Zellen des Immunsystems ein. Hier befällt es die T-Helferzellen, indem es sich an die Oberfläche anlagert. Dann schleust es seine Erbinformation in die Helferzelle ein, wobei die Eiweißhülle des Virus an der Zelloberfläche verbleibt. Die Erbinformation wird nun in die Erbinformation des Virus eingebaut und kann hier jahrelang ruhen. Während dieser Zeit bricht die Krankheit nicht aus, aber der HIV-Infizierte kann den Erreger an andere Menschen zum Beispiel beim Geschlechtsverkehr weitergeben.

Irgendwann wird die Erbinformation von HIV in der T-Helferzelle wieder aktiv. Der Stoffwechsel der Wirtszelle erzeugt nun neue Virusbestandteile, die sich an der Zellmembran zu vollständigen Viren zusammensetzen. Die Viren werden freigesetzt und befallen nun andere Zellen. Die T-Helferzelle stirbt nach der Freisetzung ab.

Das Absterben der T-Helferzellen ist der eigentliche Grund für das Zusammenbrechen des Immunsystems. Es kann keine Infektionen mehr abwehren. Jetzt kommt das volle Krankheitsbild von Aids zum Ausbruch. Der gesamte Krankheitsverlauf von Aids verläuft schubartig. Zwischen unterschiedlich langen Krankheitsschüben treten Phasen auf, in denen sich der Patient besser fühlt und kaum Beschwerden hat.

Da es bis heute noch nicht gelungen ist, HIV wirksam zu bekämpfen, steht am Ende der verschiedenen Krankheitsschübe bis der Tod. In den letzten Jahren ist es allerdings gelungen, wirksame Medikamente zu entwickeln, die den Tod herauszögern. Da diese Medikamente bislang sehr teuer sind, kommen sie in den Entwicklungsländern kaum zur Anwendung. Mit Hochdruck wird an der Entwicklung eines Impfstoffs gegen HIV gearbeitet. Dies ist allerdings sehr schwierig, weil die HIV-Antigene sich sehr stark verändern.

Im normalen täglichen Umgang mit Aidsinfizierten besteht keine Gefahr, sich anzustecken. Da sich aber das Virus in hohen Konzentrationen im Blut und in der Samenflüssigkeit des Mannes befindet, gilt die Benutzung von Kondomen immer noch als die sicherste Variante, um sich vor einer Infektion zu schützen.

1 Erläutere die Entwicklung von HIV.
2 Beschreibe die Werte in Tabelle 1 und diskutiere sie.
3 Recherchiere nach der nächsten Aids-Beratungsstelle stelle die angebotenen Hilfen zusammen.

1 HIV heftet sich an die Zellmembran
2 und 3 Freisetzen der Erbsubstanz
4 Erbsubstanz wandert zum Zellkern
5 Einbau der Erbsubstanz ins menschliche Erbgut
6 Vervielfältigen und Freisetzen der Erbsubstanz von HIV
7 Aufbau von HIV-Bausteinen
8 und 9 Zusammenbau der HIV-Bausteine an der Zellmembran
10 Freisetzung neuer Viren

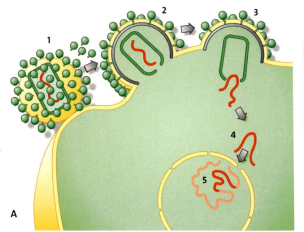 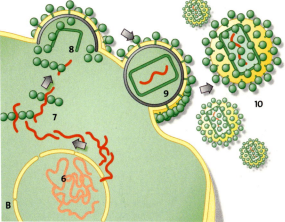

4 Entwicklung von HIV.
A Eindringen in T-Helferzelle und Einschleusen der Erbinformation; **B** Vermehrung und Ausschleusen der neuen Viren

Zusammenfassung: Infektionskrankheiten und Immunsystem

Basiskonzept Wechselwirkung
Die meisten Infektionskrankheiten werden durch Einzeller mit Zellkern, Bakterien oder Viren verursacht. In der Regel nutzt jeder Erreger bestimmte Zellen oder Organe des Wirtes, um sich zu ernähren und fortzupflanzen. So parasitiert der Malaria-Erreger unter anderem in Leber- und Blutzellen des Menschen, Tuberkulose-Bakterien kommen vorwiegend in der Lunge vor, HI-Viren suchen zur Vermehrung gezielt T-Helferzellen des Immunsystems auf.

Durch die Infektion mit einem Erreger kommt es bei den Betroffenen als Wechselwirkung zur Ausbildung der Krankheit. Die Beschwerden sind eine Reaktion auf die Abgabe von Stoffwechselgiften durch den Erreger oder die Zerstörung von Zellen, Geweben und Organen.

Basiskonzept Vielfalt
Wegen der großen Vielfalt an Erregern gibt es viele Infektionskrankheiten, die den Menschen betreffen können. Diese Vielfalt ist auch dafür verantwortlich, dass sich viele Erreger nur mit ganz spezifischen Medikamenten bekämpfen lassen. Allerdings sind manche Antibiotika gegen fast alle Bakterien wirksam.

Basiskonzept Information und Kommunikation
Damit das Immunsystem Krankheitserreger abwehren kann, ist es auf Informationen angewiesen. Diese beruhen auf der Basis chemischer Verbindungen.

Bestimmte Leukozyten tasten jede Struktur ab, mit der sie in Kontakt kommen, und erkennen am chemischen Aufbau, ob sie zum eigenen Körper gehört oder körperfremd ist. Körperfremde Strukturen werden als Antigene bezeichnet. Sind sie erkannt worden, wird durch Botenstoffe und direkten Kontakt zwischen verschiedenen Zelltypen des Immunsystems eine Informationskette in Gang gesetzt und dadurch die Abwehr eingeleitet. Dazu gehört die Produktion von Antikörpern, die sich mit Antigenen auf der Oberfläche von Bakterienzellen verbinden und diese dadurch unschädlich machen. Von Viren befallene Zellen können von der körpereigenen Abwehr ebenfalls erkannt und zerstört werden. Die langfristige Informationsspeicherung über die Struktur von Antigenen und Antikörpern erfolgt in Gedächtniszellen.

Basiskonzept Struktur und Funktion
Die chemische Struktur der Antikörper passt exakt zu einer bestimmten Antigen-Struktur. Bei der Antigen-Antikörper-Reaktion verbinden sich die Antikörper mit den Antigenen und inaktivieren auf diese Weise Krankheitserreger.

Um Impfstoffe herzustellen, müssen Erreger so verändert werden, dass sie keine Erkrankung mehr auslösen können. Die Struktur der Antigene muss jedoch erhalten bleiben, um in den Gedächtniszellen eine aktive Immunisierung aufzubauen.

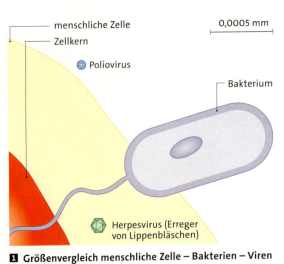

1 Größenvergleich menschliche Zelle – Bakterien – Viren

2 Aufbau von Bakterien (A) und Viren (B) im Vergleich

Wissen vernetzt: Infektionskrankheiten und Immunsystem

A1 Abwehrreaktion

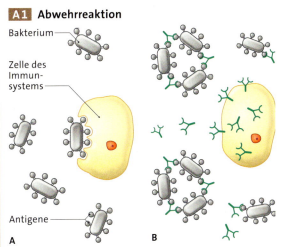

In der Abbildung sind zwei Stadien aus einer Abwehrreaktion des menschlichen Immunsystems dargestellt.

Aufgabe: Beschreibe die dargestellten Vorgänge und ergänze deine Beschreibung mit den Vorgängen, die zwischen diesen beiden Stadien ablaufen.

A2 Immunisierung

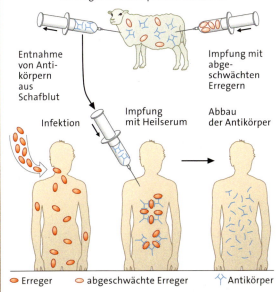

Aufgabe: Beschreibe das 1890 von BEHRING entwickelte Verfahren der passiven Immunisierung, vergleiche es mit dem der aktiven Immunisierung und nenne Vor- und Nachteile bei den beiden Verfahren.

A3 Infektionskrankheiten

Krankheiten	Anzahl der Erkrankungen (weltweit)
Malaria	300–500 Millionen
Masern	30 Millionen
Aids	40 Millionen
Tuberkulose	10 Millionen
Kinderlähmung	80 000

Infektionskrankheiten werden durch unterschiedliche Erreger ausgelöst.

Aufgaben:
a) Nenne für die in der Tabelle aufgeführten Krankheiten jeweils den Erregertyp.
b) Vergleiche den Aufbau eines Bakteriums und eines Virus. Nenne Gemeinsamkeiten und Unterschiede.
c) Erläutere, welche der genannten Krankheiten durch Antibiotika bekämpft werden können.

A4 Viruserkrankung

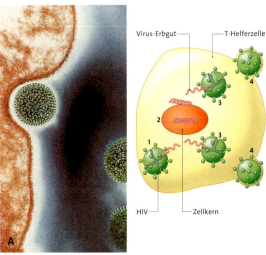

Die beiden Abbildungen zeigen Vorgänge, die sich auf eine schwerwiegende Erkrankung des Menschen beziehen.

Aufgaben:
a) Erläutere den in Abbildung A gezeigten Sachverhalt.
b) Nenne die Krankheit und ordne den Ziffern in Abbildung B die entsprechenden Begriffe zu.
c) Schildere den Ablauf der Erkrankung und erläutere die einzelnen Krankheitsabschnitte.

Sexualität, Fortpflanzung und Entwicklung des Menschen

1 Liebe und Partnerschaft

Timo ist entsetzt und versteht die Welt nicht mehr. Auf den Unterricht kann er sich kaum noch konzentrieren. Hätte er bloß nicht auf sein Handy mit der alles vernichtenden SMS geschaut. Dort steht emotionslos und knapp, dass Miriam ihre Beziehung mit ihm nach einem Jahr beendet hat. Dabei liebt Timo Miriam immer noch, er ist sich seiner Gefühle eigentlich ganz sicher. Enttäuschung und Wut steigen in ihm auf. Wie konnte sie nur so feige sein, ihm das nicht einmal ins Gesicht zu sagen?

Vor einem Jahr hatte alles so toll angefangen. Zuerst waren beide häufig mit ihren Freunden unterwegs. Doch dann wollten sie mehr Zeit miteinander verbringen. Es hatte »gefunkt« und beide waren ineinander verliebt. Der Begriff »Liebe« steht für ein zärtliches schönes Gefühl, das man für einen anderen Menschen empfindet. Kinder lieben ihre Eltern, Geschwister oder Großeltern. Auch für Haustiere kann man tiefe Zuneigung empfinden. In der **Pubertät** kommt neu hinzu, dass Liebe jetzt etwas mit **Sexualität** zu tun hat. Wer verliebt ist, möchte den anderen anfassen, ihn streicheln, küssen und vielleicht irgendwann sogar mit ihm schlafen. In den ersten Wochen und Monaten der Verliebtheit möchte man vor allem zu zweit sein. Man entdeckt täglich Neues an seinem Partner und hat das Gefühl, auf Wolken zu schweben.

Das erste **Verliebtsein** lässt sich auch biologisch beschreiben. Dabei laufen in unserem Körper vielfältige Reaktionen ab. Wir werten zum Beispiel optische Signale aus, die uns wesentliche sexuelle Reize liefern. Aber auch Rie-

1 Ende einer Partnerschaft

Sexualität, Fortpflanzung und Entwicklung des Menschen

chen und Hören beeinflussen unsere sexuelle Wahrnehmung. Millionen Rezeptoren der Haut sind bereit, feinste Berührungen aufzunehmen und das Limbische System im Gehirn bewertet diese Sinneswahrnehmungen. Botenstoffe wie Adrenalin und Dopamin werden freigesetzt, die Durchblutung steigt und das Herz schlägt schneller. Ist ein bestimmtes Maß an Erregung erreicht, produzieren die Geschlechtsdrüsen Sexualhormone und der gesamte Organismus ist hellwach und bereit für eine sexuelle Beziehung. Trotzdem ist es auch in dieser Zeit wichtig, über die eigenen Erwartungen an den Partner zu reden. Nur so können beide die Einstellungen und Wünsche des anderen kennen lernen und respektieren. Wer etwas tut, nur um den Erwartungen des anderen zu entsprechen, wird unzufrieden und ist von der Beziehung schnell enttäuscht.

Vertrauen und gegenseitige Achtung sind Grundlagen für eine gute Beziehung. Trotzdem ist es völlig normal, wenn es hin und wieder zu Konflikten und manchmal auch zu einem ernsthaften Streit kommt. Man erkennt dann, dass der Partner nicht dem Traumbild entspricht, das man sich von ihm gemacht hat. Lassen sich keine Kompromisse finden und will man nicht mit den Fehlern und Schwächen des anderen leben, zerbrechen viele Beziehungen wieder. Dann ist es hilfreich, Freunde oder Freundinnen zu haben, mit denen man über alles reden kann. Auch bei einer Trennung sollten alle Beteiligten darauf achten, sich gegenseitig nicht zu verletzen und fair miteinander umzugehen. In der Entwicklung von Jugendlichen ist es normal, dass Beziehungen geschlossen werden und wieder zerbrechen. Nur so kann man Erfahrungen für spätere Partnerschaften sammeln.

Wenn sich ein Paar entschließt, gemeinsam zu leben, müssen viele Gesichtspunkte bedacht werden. Es sollte zum Beispiel geklärt werden, ob das Paar Kinder haben möchte und wie die beruflichen Pläne aussehen. Befragt man übrigens Paare, die es jahrzehntelang miteinander ausgehalten haben, erfährt man, dass gegenseitiges Vertrauen, Zuneigung, Respektieren der persönlichen Freiheit und Treue zum Erfolgsgeheimnis gehören. Viele Entscheidungen wurden miteinander besprochen und gleichberechtigt getroffen.

1 Überlegt, welche Eigenschaften euch bei einer Freundin / einem Freund besonders wichtig sind. Diskutiert eure Standpunkte in der Klasse.
2 Nennt und beurteilt Möglichkeiten, eine Beziehung zu beenden.

2 **Partnerschaft.** A Treffen mit Freunden; B Zeit zu zweit; C Austausch von Zärtlichkeiten

2 Grundlagen der Sexualität

2.1 Sexualhormone steuern die Entwicklung

In den ersten Wochen der Entwicklung eines Kindes im Mutterleib lässt sich das Geschlecht rein äußerlich noch nicht erkennen. Erst im zweiten Monat unserer Embryonalphase offenbart sich der »kleine Unterschied«.

Sexualhormone, die in den Geschlechtsdrüsen des Embryos gebildet werden, verursachen die Bildung der **primären Geschlechtsmerkmale:** Bei Jungen entwickeln sich Samenleiter, Penis und Hodensack, bei Mädchen Schamlippen, Scheide, Eileiter und Eierstöcke. Nach dieser Differenzierung legt die Entwicklung der Geschlechtsmerkmale eine lange Pause ein. Erst in der Pubertät, wenn die Geschlechtsreife eintritt, setzt eine stürmische Hormonproduktion ein.

Aus Jungen entwickeln sich Männer und aus Mädchen Frauen. Bei den Jungen prägen sich unter dem Einfluss des männlichen Geschlechtshormons *Testosteron* die **sekundären Geschlechtsmerkmale** aus. Das Gesicht wird kantiger, Muskulatur und Körperbehaarung nehmen zu. Schultern und Brust werden breiter. Neben dem Bartwuchs und der zunehmenden Schambehaarung treten auch eine tiefere Stimme und meist ein starkes Längenwachstum auf. Die Geschlechtsorgane wachsen und werden voll funktionsfähig. Jungen bemerken dies an ihrem ersten Spermienerguss, der meist unbewusst im Schlaf stattfindet. Im Körper eines Jungen werden auch geringe Mengen weiblicher Sexualhormone gebildet. Je geringer ihre Menge ist, desto deutlicher formen sich die typisch männlichen Geschlechtsmerkmale heraus. Neben dem Körper verändert sich auch das Verhalten. Mädchen werden plötzlich mit zunehmendem Interesse betrachtet. Aber auch Unsicherheit, Unzufriedenheit und Streitlust sind typisch für diesen Entwicklungsabschnitt.

1 Junge in der Pubertät

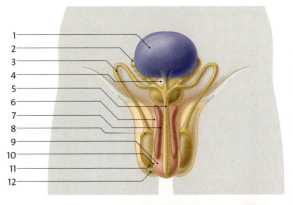

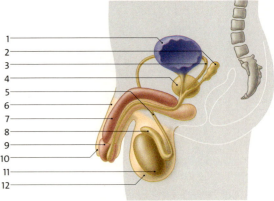

2 Männliche Geschlechtsorgane 1 Harnblase; 2 Bläschendrüse; 3 Spermienleiter; 4 Vorsteherdrüse; 5 Harn-Sperma-Röhre; 6 Penis (Glied); 7 Schwellkörper; 8 Nebenhoden; 9 Eichel; 10 Vorhaut; 11 Hoden; 12 Hodensack

Sexualität, Fortpflanzung und Entwicklung des Menschen

Mit Beginn der Pubertät bilden sich auch bei Mädchen unter dem Einfluss weiblicher Geschlechtshormone, der *Östrogene*, sekundäre Geschlechtsmerkmale aus. Zu diesen zählen neben einem starken Körperwachstum, die Entwicklung der Brüste und schmaler Schultern, die Verbreiterung des Beckens und das Wachstum der Schambehaarung. Die Ausprägung dieser Merkmale ist abhängig von den geringen Mengen männlicher Geschlechtshormone, die es im Körper jeder Frau ebenfalls gibt. Je weniger dieser *Androgene* produziert werden, desto deutlicher prägen sich ein breites Becken, weibliche Rundungen durch Fetteinlagerungen in der Unterhaut und eine höhere weibliche Stimme aus. Wenn in den Eierstöcken die erste Eizelle heranreift, kommt es zur Regelblutung, der **Menstruation**. Der Ablauf dieser Regelblutung wird ebenfalls von Hormonen gesteuert. Durch sie werden die weiblichen Geschlechtsdrüsen, die Eierstöcke, angeregt, Eizellen zu bilden.

Die Eierstöcke liegen in Höhe des Blinddarms im Bauchraum und werden von Bindegewebe gehalten. Sie haben etwa die gleiche Größe wie die Hoden beim Mann. Im Gegensatz zu den männlichen Geschlechtsdrüsen, die nach Eintritt der Geschlechtsreife ständig große Mengen neuer Spermienzellen ausbilden, enthalten die beiden Eierstöcke eines Mädchen bereits bei der Geburt einen Vorrat an 300 000 bis 400 000 Zellen, die sich später zu Eizellen weiterentwickeln können. Bei einer geschlechtsreifen Frau reift meist nur eine einzige Eizelle in einem der beiden Eierstöcke pro Monat. Im Alter zwischen 45 und 55 Jahren geht die Produktion weiblicher Geschlechtshormone stark zurück. In diesen Wechseljahren reifen dann keine Eizellen mehr heran. Im Vergleich dazu bleiben Männer ihr Leben lang zeugungsfähig.

Die gesamte Entwicklung in der Pubertät sowie die Bildung der Geschlechtszellen ist eng mit dem Hormonsystem verknüpft. Welche Prozesse laufen dabei genau ab?

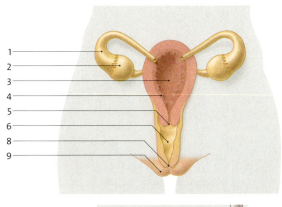

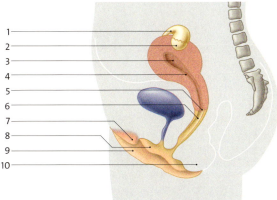

3 Weibliche Geschlechtsorgane 1 Eitrichter und Eileiter; 2 Eierstock; 3 Gebärmutter; 4 Gebärmutterschleimhaut; 5 Muttermund; 6 Scheide; 7 Kitzler; 8 Kleine Schamlippen; 9 Große Schamlippen; 10 Damm

4 Mädchen in der Pubertät

Die oberste Schaltzentrale des gesamten Geschehens ist der Hypothalamus, eine Region im Zwischenhirn. In ihr beginnt eine komplizierte Nachrichtenkette: Sie sendet ein Hormon an die **Hirnanhangsdrüse.** Diese setzt daraufhin im Vier-Stunden-Rhythmus zwei weitere Hormone in die Blutbahn frei. Dabei handelt es sich um das **Luteinisierende Hormon (LH)** und das **Follikelstimulierende Hormon (FSH).** Sie regulieren die Tätigkeit von Hoden und Eierstöcken, wobei der Spiegel im weiblichen Körper zusätzlich im monatlichen Rhythmus schwankt.

Im männlichen Körper steuern LH und FSH die Bildung des Testosterons und der Spermien in den Hoden. Diese sind durch Scheidewände in einzelne Hodenläppchen unterteilt. In ihnen liegen die stark gewundenen Hodenkanälchen. Dort entwickeln sich aus den Vorstufen der Spermien, den Spermienmutterzellen, in etwa zwei Monaten reife Spermien. Die Produktion ist gewaltig: Immerhin werden bei gesunden Männern pro Tag etwa 100 Millionen Spermien gebildet. Das Follikelstimulierende Hormon ist direkt an der Spermienreifung beteiligt. Das Luteinisierende Hormon wirkt auf Zwischenzellen im Bindegewebe des Hodens ein. Sie geben daraufhin Testosteron ab. Auch dies ist ein Hormon, das zur Reifung der Spermien beiträgt. Von den Hoden gelangen die Spermien über die Hodenkanälchen in die Nebenhoden. Dort werden sie bis zum nächsten Spermienerguss gespeichert und reifen nach.

Ein Spermienerguss besteht aus etwa vier Millilitern Flüssigkeit. Darin können sich mehrere Millionen Spermien befinden. Ein voll ausgereiftes Spermium ist beim Menschen etwa 0,05 Millimeter lang. Im ovalen Kopfabschnitt liegt der Zellkern mit dem Erbgut. Im Mittelstück befinden sich Mitochondrien, mit deren Hilfe Glucose abgebaut und Energie für die Bewegung freigesetzt wird. Die Bewegung selbst erfolgt durch den Schwanzfaden. Bei geschlechtlicher Erregung versteift sich das Glied, es kommt zur Erektion. Beim Geschlechtsverkehr erfolgt durch die Bewegung des Gliedes in der Scheide eine Reizung, vor allem an der empfindlichen Eichel. Beim Höhepunkt der geschlechtlichen Erregung, dem Orgasmus, kommt es zum Ausstoßen des Spermas, der **Ejakulation.**

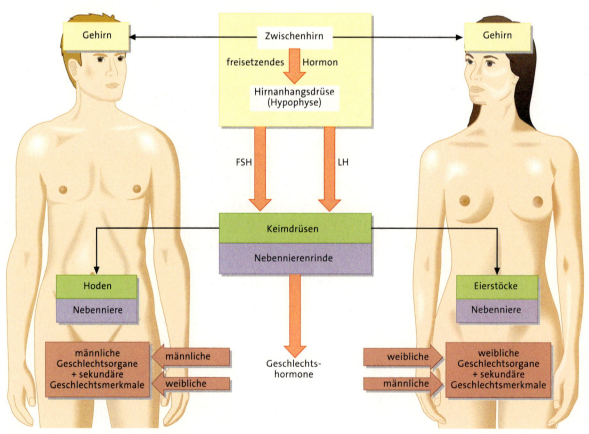

5 Hormonelle Steuerung der Veränderungen in der Pubertät

Der Hodensack liegt außerhalb des männlichen Körpers. Hier ist es kühler und genau diese etwas geringeren Temperaturen brauchen Spermien für ihre Entwicklung. Eng anliegende, reibende Kleidung kann die Funktion der Hoden beeinträchtigen. Auch viele andere Dinge schaden den Spermien. Zu ihnen zählen Verletzungen des Hodens, Drogen, Medikamente und Infektionskrankheiten. So kann die Kinderkrankheit Mumps bei Jungen zu einer Hodenentzündungen führen und sie unfruchtbar machen.

In den letzten Jahren haben Wissenschaftler etwa 100 Substanzen identifiziert, die hormonartig wirken oder die Wirkung von Hormonen blockieren. Unter ihnen befinden sich Pestizide, Dioxine, Biphenyle, die als Hydrauliköl und Isolierflüssigkeiten dienen, und Abbauprodukte von Tensiden, die in Putzmitteln und Kosmetika vorkommen. Sie können ähnlich wie Östrogene wirken und zu einer Abnahme der Spermienzahl im Ejakulat, zu Penismissbildungen und Hodenkrebs führen. Auch für Frauen bleibt ein Eingriff in den Hormonhaushalt nicht ohne Folgen: Nachgewiesen wurden bisher Fruchtbarkeitsstörungen und erhöhte Brustkrebsraten.

Bei Frauen kontrollieren die Hormone FSH und LH die Reifung der Geschlechtszellen. Über das Blut gelangt das Follikelstimulierende Hormon in den Eierstock und regt dort die Reifung der Eizellen an. Sie entwickeln sich in einem aus Zellen bestehendem Bläschen, das mit Flüssigkeit gefüllt ist. Man bezeichnet dieses als **Follikel**. Innerhalb der nächsten 14 Tage wandert der Follikel von der Mitte zum Rand des Eierstockes. Dabei reift er und erreicht etwa die Größe einer Erbse. Der reife Follikel platzt und gibt die Eizelle mit etwas Flüssigkeit frei. Bei diesem Eisprung verlässt die reife Eizelle den Eierstock. Sie wird von der Trichteröffnung des Eileiters aufgenommen, die sich dazu über den Eierstock stülpt. Die reife Eizelle ist eine der größten Zellen im menschlichen Körper. Mit einem Durchmesser von 0,1 Millimeter ist sie gerade noch mit dem bloßen Auge als Punkt sichtbar. Eine Eizelle besteht aus dem Zellkern und dem Dotter. Dieser dient der ersten Ernährung des Keims nach der Befruchtung. Die Eizelle ist von einer feinen Hülle und vielen Kranzzellen umgeben. Sie lösen sich im Eileiter in wenigen Stunden auf.

1. Stelle die sekundären Geschlechtsmerkmale von Mann und Frau tabellarisch gegenüber.
2. Berechne, wie viele Eizellen bei einer Frau im Laufe von 35 Jahren zur Reife kommen können.
3. Erkläre die hormonelle Steuerung der Veränderungen in der Pubertät mit Hilfe der Abbildung 5.

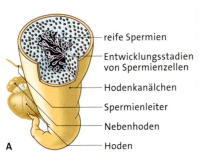 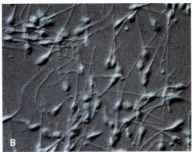 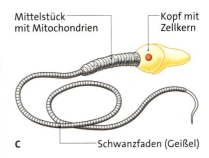

6 Spermienbildung. **A** Hodenkanälchen; **B** Spermien (Mikrofoto); **C** schematischer Bau einer Spermiumzelle

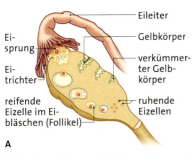 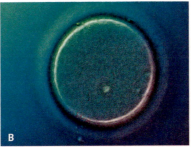 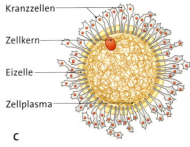

7 Eizellenbildung. **A** Follikelreifung im Eierstock; **B** Eizelle (Mikrofoto); **C** schematischer Bau einer Eizelle

2.2 Der Menstruationszyklus

Ein wesentliches Merkmal des Frauseins ist der monatliche **Zyklus.** Dieser dauert meist 28 Tage und beginnt mit der mehrere Tage anhaltenden Monatsblutung. In der Mitte des Zyklus erfolgt der Eisprung, die **Ovulation.** Wird die reife Eizelle danach nicht befruchtet, setzt nach weiteren 14 Tagen die nächste Menstruation ein. Die zahlreichen Vorgänge im Körper der Frau unterliegen dabei der Steuerung durch verschiedene Hormone.

Zunächst gibt die Hypophyse FSH ab. Dieses Hormon bewirkt die Reifung des Follikels in den Eierstöcken. Der Eisprung tritt ein, wenn ein weiteres Hypophysenhormon seine höchste Konzentration erreicht hat. Es ist das Luteinisierende Hormon LH. Beide werden auch Gonadotrope Hormone genannt. Bereits während der Follikelreifung beginnt auch der Eierstock mit der Produktion von Hormonen. Man bezeichnet diese Hormongruppe als **Östrogene.** Das Haupthormon wird als *Östradiol* oder Follikelhormon bezeichnet. Der Name weist darauf hin, dass der Follikel dieses Hormon selbst bildet. Unter seinem Einfluss verdickt sich die Gebärmutterschleimhaut auf das Vierfache ihrer ursprünglichen Größe. Diese Wucherungsphase beginnt etwa mit dem sechsten Zyklustag und endet nach rund zehn Tagen. Östrogene verändern auch den Schleimpfropf im Gebärmutterhalskanal. Normalerweise ist dieser Schleim dick und zähflüssig. Er stellt einen Schutzwall gegen Keime dar, die von außen durch die Scheide eindringen können. Zur Zeit des Eisprunges wird der Schleim dünnflüssiger und durchgängiger. Er kann nun Spermienzellen zur reifen Eizelle durchlassen. Zu diesem Zeitpunkt steigt auch die Körpertemperatur um etwa 0,5 Grad Celsius an.

Nach der Ovulation bildet der übrig gebliebene Rest des Follikels den *Gelbkörper,* der später verkümmert. Auch in diesem Stadium wird wieder ein Hormon gebildet. Das Gelbkörperhormon **Progesteron** verdickt die Gebärmutterschleimhaut weiter und löst die Absonderungsphase aus. In dieser Phase bildet die Gebärmutterschleimhaut Sekrete, die sie zur Aufnahme eines Keimes nach der Befruchtung vorbereiten. Progesteron wirkt auch auf das Zwischenhirn ein und hemmt die Bildung von FSH und LH, so dass zunächst kein weiterer Follikel reifen kann.

Wird die Eizelle nicht befruchtet, bildet sich der Gelbkörper nach einigen Tagen zurück. Es kommt zu einem steilen Abfall der Progesteronproduktion. Dadurch wird die Gebärmutterschleimhaut abgebaut und mit der beginnenden Monatsblutung abgestoßen. Dabei verschwindet natürlich nicht die gesamte Schleimhaut, sondern nur ihre obere Wucherungsschicht. Die Grundzellschicht, die zur späteren Regeneration nötig ist, bleibt bestehen. In dieser Zeit wird der Schleimpfropf, der sonst den Eingang in die Gebärmutter versperrt, aufgelöst. So können Blut und Reste der Schleimhaut ungehindert abfließen. Die Dauer der Blutung beträgt meist drei bis fünf Tage. Blutungen, die länger als eine Woche dauern, gelten nicht mehr als normal. Bei einer Regelblutung gehen nur ganz geringe Blutmengen verloren: zwischen 20 und 100 Milliliter pro Zyklus.

Da der Körper in dieser Zeit kein Progesteron mehr herstellt, hat auch dessen Einfluss auf das Zwischenhirn nachgelassen. Die Rückkopplung entfällt und die Hirnanhangsdrüse produziert wieder vermehrt FSH und LH. So wird die Reifung eines weiteren Follikels angeregt und der Kreislauf beginnt von Neuem.

Wie alle Vorgänge im Körper ist auch der Menstruationszyklus nichts Starres. Zwar dauern die Zyklen in der Regel 28 Tage, aber sie können sich auch leicht verschieben. Die Ursachen für solche Unregelmäßigkeiten sind recht vielfältig: Ferien, Zeitverschiebungen, Stress, Infektionen und die Einnahme von Antibiotika zählen zum Beispiel dazu. Besonders junge Mädchen haben oft einen unregelmäßigen Zyklus. Nur wenn die Zyklusdauer häufig unter 24 oder über 35 Tagen liegt, sollte ein Frauenarzt aufgesucht werden, der die Ursachen abklären kann. Dabei hilft ein selbst geführter Menstruationskalender. In diesen werden Stärke, Dauer und Regelmäßigkeit der Blutungen eingetragen. Bei sehr kurzen Zyklen ist meist die Follikelreifung etwas zu schnell, so dass der Eisprung eher einsetzt. Dies können Frauen auch selbst überprüfen, indem sie jeden Morgen zur selben Zeit ihre Körpertemperatur messen. Diese wäre dann schon um den zehnten Tag und nicht erst zwischen dem 14. und 16. Tag erhöht. Der Arzt kann auch helfen, wenn während der Regelblutung sehr starke Schmerzen auftreten und man sich generell unwohl fühlt.

1 Erstelle eine Tabelle, die die verschiedenen Hormone des weiblichen Zyklus und ihre Wirkung zusammenfasst. Verwende dazu die Abbildung 1.

2 Begründe, warum sich natürliche Verhütungsmethoden nach der Körpertemperatur richten können. Warum sind diese Methoden für junge Frauen weniger geeignet?

3 Stellt Hygieneregeln für die Zeit der Menstruation auf und bewertet diese.

Sexualität, Fortpflanzung und Entwicklung des Menschen

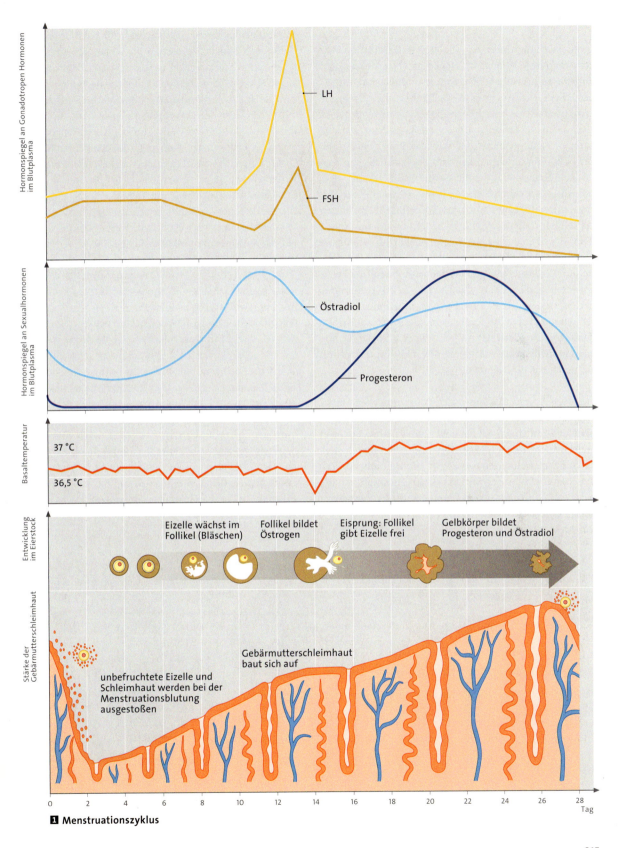

1 Menstruationszyklus

3 Typisch Mann – typisch Frau?

In der Werbung findet man häufig ein bestimmtes Bild von Männern und Frauen. Neben geschlechtsneutralen Merkmalen wie Jugendlichkeit, Gesundheit und makelloser Haut werden bewusst weibliche und männliche Reize in den Vordergrund gestellt. So werben zum Beispiel sportliche Männer mit breiten Schultern, muskulösem Körper, schmalen Hüften und kräftigen Beinen nicht nur für Männerparfüms und Unterwäsche, sondern auch für Buttermilch, die meist von Frauen gekauft wird. Auf Autos oder schnellen Motorrädern räkeln sich dagegen hübsche Frauen mit typisch weiblichen Attributen wie schmalen Schultern, ausgeprägter Taille und langen schlanken Beinen. Sollte das Model einmal nicht ganz diesem Schönheitsideal entsprechen, werden die Aufnahmen am Computer bearbeitet: Schon »wachsen« die Beine ein bisschen, die Wangen tauchen sich in zartes Rot oder die Pupillen weiten sich noch etwas. So kann man dem Betrachter eine leichte sexuelle Erregung vorgaukeln. Ist der potenzielle Käufer männlich, wird er auf die dargebotenen sexuellen Reize reagieren und dem Produkt seine Aufmerksamkeit zuwenden.

Entspricht so ein **Männer**- oder **Frauenbild** der Wirklichkeit? Wenn man sich in seinem Freundeskreis umschaut, wird man schnell feststellen, dass dieses Bild eher ein Wunschbild ist. Kaum eine Frau oder ein Mann haben die in der Werbung dargestellten Traumfiguren. Außerdem »schummeln« Zeitschriften und Fernsehserien häufig beim Alter. So ist es kein Wunder, dass die Fünfzehnjährige so fraulich wirkt.

Nicht nur im Hinblick auf das Aussehen gibt es Unterschiede zwischen den Geschlechtern. Zahlreiche Studien, Veröffentlichungen, Ratgeber und sogar Filme beschäftigen sich mit dem Verhalten von Frau und Mann. Dabei lassen sich tatsächlich einige Unterschiede in der Körpersprache und in den Interessen feststellen. So interessieren sich zwar Frau und Mann etwa gleich stark für lokale Ereignisse sowie Natur- und Umweltfragen, Differenzen treten jedoch bei der Nutzung moderner Medien, bei Sport, Einkaufen und Wohnen auf. Beobachtet man das Verhalten von Jugendlichen in der Schule, werden auch hier Unterschiede wahrnehmbar. So berühren sich Mädchen und Frauen viel häufiger gegenseitig, als Jungen und Männer dies tun. Auch das Trösten bei Misserfolgen und schlechten Noten durch körperliche Nähe ist beim weiblichen Geschlecht häufiger zu beobachten.

Andere Unterschiede wie das verstärkte Redebedürfnis von Frauen lassen sich nicht immer belegen. So gelten Frauen mit 20 000 gesprochenen Worten pro Tag gegenüber Männern mit rund 7000 Worten als kommunikativer. Dass dies ein Vorurteil sein könnte, scheint eine amerikanische Studie mit Studenten aus dem Jahr 2007 zu belegen. Sie kam bei beiden Geschlechtern auf etwa 16 000 Worte pro Tag und konnte den angeblich deutlichen Unterschied zumindest bei dieser Gruppe nicht finden.

Generell ergeben sich Verhaltensunterschiede zwischen den Geschlechtern immer durch genetische und gesellschaftliche Einflüsse. Wer sich so verhält, wie es die Gesellschaft, in der man lebt, von seinem Geschlecht erwartet, wird anerkannt und gelobt. So lernen Kinder schon

1 Typisch Mann?

in früher Kindheit, wie sie sich verhalten sollten und dass Abweichungen nur Schwierigkeiten bringen. Das in unserer Gesellschaft geförderte Jungen- und Männerbild pflegt die Vorstellung von »coolen«, starken und mutigen Jungen. Sie sollen sich durchsetzen können und erfolgreich sein. Allerdings scheinen viele Jungen diesen Erwartungen und dem damit verbundenen Druck nicht gewachsen zu sein. So kann man nachweisen, dass stressabhängige Krankheiten wie Asthma oder Allergien bei Jungen häufiger vorkommen. Sie stellen auch den größeren Teil der Schüler von Förder- und Hauptschulklassen. Sozialforscher haben dieses Phänomen untersucht und sind zu dem Schluss gekommen, dass »das größte Problem der Jungen ist, dass sie keine Probleme haben dürfen.« Daraufhin hat man eine Reihe von Förderprojekten speziell für Jungen ins Leben gerufen.

Aber auch vielen Frauen wird in unserer Gesellschaft immer noch ein bestimmtes Rollenbild aufgezwungen. In der Regel sind sie es, die die Kinder betreuen und dafür auf ihre berufliche Karriere ganz oder teilweise verzichten. So wünschten sich zwar beide Geschlechter bei einer aktuellen Befragung deutlich mehr Frauen in Vorstandsetagen, in der Forschung und auf Regierungsebene, Wunsch und Wirklichkeit klaffen hier jedoch weit auseinander. Es gibt in den Chefetagen der 100 größten deutschen Firmen nur wenige Frauen und der Anteil an Professorinnen liegt immer noch unter zehn Prozent. Anders ausgedrückt: Männer können sich in der Mehrzahl der Fälle ganz auf ihre berufliche Karriere konzentrieren und erobern neun von zehn Spitzenjobs. Die Tatsache, dass nur Frauen Kinder bekommen können, will natürlich keiner bestreiten. Aber bei Betreuung und Erziehung sind Väter ebenso gefragt. In den vergangenen Jahren hat sich hinsichtlich Elterngeld und Erziehungsurlaub Einiges in Deutschland getan. Obwohl es schon positive Ausnahmen gibt, ist das Rollenbild gerade bei der Berufswahl immer noch stark von überholten Vorstellungen geprägt. Schon bei der Fächerwahl werden Mädchen häufig schief angesehen, wenn sie sich für Physik oder Chemie entscheiden. Hier ist es ganz wichtig, dass man herausfindet, welche Interessen man selbst hat. So kann man sich dementsprechend verhalten und den passenden Beruf wählen. Obwohl es immer noch Klischees und Vorurteile gibt, sind die Zeiten, in denen Frauen in Deutschland nicht Schornsteinfeger, Chemiker, Pilot oder Mechatroniker werden konnten, vorbei. Genauso wenig sollte man Männer belächeln, wenn sie Berufswünsche wie Kosmetiker, Kindergärtner oder Grundschullehrer äußern.

1 Sammle Werbeanzeigen, die »typisch männliche« und »typisch weibliche« Beispiele zeigen. Fertige eine Collage an. Erläutere, welche Absichten hinter dieser Werbung stecken.
2 Erkläre mit eigenen Worten, was ein Klischee ist. Erläutere, welche Bilder auf dieser Seite deiner Meinung nach einem Klischee entsprechen.
3 Berichte aus eigener Erfahrung, mit welchen Problemen man rechnen muss, wenn man sich nicht an das gängige Rollenbild hält.
4 Recherchiere nach Programmen und Gesetzen, die Frauen in unserer Gesellschaft fördern. Berichte über zwei Beispiele.

2 Typisch Frau?

Methode: Eine Meinungsumfrage durchführen

Wenn ihr herausfinden möchtet, ob bestimmte Arbeiten im Haushalt eher von Mädchen und Frauen oder von Jungen und Männern erledigt werden, könnt ihr eine Meinungsumfrage durchführen. So lässt sich zum Beispiel auch ermitteln, ob sich die Erziehungsziele von Eltern unterscheiden, wenn sie eine Tochter oder einen Sohn haben. Dabei geht ihr folgendermaßen vor:

- Überlegt euch, was ihr wissen möchtet. Entwerft dazu einen passenden Fragebogen. Dabei könnt ihr Antworten ankreuzen lassen oder ihr lasst Platz für die Antworten, die ihr bekommt.
- Überlegt euch, wen ihr befragen möchtet und wo ihr die Umfrage durchführt. Beachtet, dass man für größere Umfragen in der Schule die Genehmigung des Schulleiters braucht.
- Es macht mehr Spaß und ist sicherer, wenn ihr die Umfrage in Kleingruppen mit drei bis vier Schülern durchführt. Plant vorher, wer die Fragen stellt und wer die Antworten aufschreibt.
- Wenn ihr Personen ansprecht, begrüßt sie höflich und stellt euch und euren Befragungswunsch vor. Fragt immer, ob euer Gegenüber überhaupt an der Befragung teilnehmen möchte.
- Falls die ausgesuchte Person zustimmt, könnt ihr mit der Befragung beginnen. Notiert sorgfältig alle Antworten. Bedankt euch am Schluss für die Mithilfe und verabschiedet euch. Verwendet für jede Befragung einen neuen Fragebogen.
- Bearbeitet anschließend im Klassenzimmer die Fragebögen. Dazu könnt ihr zum Beispiel Strichlisten erstellen. Zählt die Ergebnisse aus und stellt sie zum Beispiel in Form von Tabellen oder Diagrammen in der Klasse vor. Dabei könnt ihr auch passende Computerprogramme nutzen oder eigene Folien erstellen.
- Beachtet bei euren Befragungen, dass man die befragte Person nicht unbewusst beeinflussen darf. Wissenschaftlich exakt sind nur Umfragen, bei denen sehr viele Personen befragt werden. Viele heißt etwa 1000. Denkt also bei eurer Auswertung daran, dass ihr nur eine Stichprobe ermittelt habt und seid vorsichtig mit Verallgemeinerungen.

1 Durchführung einer Umfrage

Erziehungsziele

1. Angaben zur eigenen Person
   - weiblich ☐   männlich ☐
   - Zahl der Kinder ☐
   - Töchter ☐   Söhne ☐
   - eigenes Alter ☐ 20–30 ☐ 31–40 ☐ 41–50 ☐ 51–60 ☐ 61–70

2. Erziehungsziele

   Am wichtigsten sind für mich:

   1) _____
   2) _____
   3) _____

   Vielen Dank für Ihre Teilnahme!

2 Beispiel für einen Fragebogen

1 Führt eine Umfrage zum Thema »Wer macht was im Haushalt?« oder »Erziehungsziele« durch.

2 Wertet die Ergebnisse aus. Bestimmt die Gesamtzahl aller befragten Personen. Stellt die Ergebnisse in geeigneter Form zum Beispiel durch Kreis- oder Balkendiagramme dar. Erläutert, ob es Unterschiede beziehungsweise Gemeinsamkeiten zwischen den Geschlechtern gibt.

Aufgaben und Versuche — Typisch Mann – typisch Frau?

V1 Traumpartner

Material: Zeichenkarton; Bleistift

Durchführung: Zeichne ein Haus mit Fundament, zwei Stockwerken, Dach, Türen und Fenstern. Trage dann in alle Teile eine oder zwei Eigenschaften deines zukünftigen Partners ein, die sie oder er unbedingt erfüllen sollen. Sei ehrlich zu dir selbst. Wichtige Dinge stehen im Fundament.

Aufgabe: Vergleiche dein Haus mit dem deiner Mitschülerinnen und Mitschüler. Ihr könnt auch alle Häuser miteinander vergleichen. Gibt es grundlegende Dinge, die häufig eingetragen wurden? Ermittelt, wenn möglich, eine Art Rangliste.

V2 Partnersuche

Schriftsteller, ökon. + zeitl. unabh. (51 Jahre, 1,78 m, 75 kg, 180 PS, 1 Rad, 14 Kochtöp., 6100 Büch., zzt. 24 Gläs. Eingemacht.) s. klu. + schö. Frau, ca. 35, für Liebes-Leben (+Kind?)

Wo ist mein Kuschelbär? Attraktive und feminine Sie, 43 J. jung, sehnt sich nach einer liebevollen Partnerschaft mit einem humorvollen und kultivierten männlichen Wesen. (Akad./Unternehmer, bis 50 J., ab 180 cm), Dein Brief + Foto erreicht mich in …

Material: Anzeigen zur Heirats- und Partnersuche aus Tageszeitungen, Wochenzeitungen oder dem Internet; Schere; Kopierpapier; Klebstift

Durchführung: Arbeitet in Gruppen zu drei bis vier Schülern. Schneidet pro Schüler je vier ausgewählte Anzeigen, die euch ansprechen, aus und klebt diese auf. Kopiert das Blatt für die anderen Arbeitsgruppen. Vergleicht dann die Anzeigen und findet heraus, welche Erwartungen die Suchenden von ihrem Partner haben und was ihnen für eine gemeinsame Partnerschaft besonders wichtig ist. Wählt die eurer Meinung nach gelungenste Anzeige einer Frau und eines Mannes aus.

Aufgaben:
a) Begründet eure Auswahl und diskutiert in der Klasse.
b) Untersucht, ob es Unterschiede darin gibt, was Frauen bzw. Männer von sich preisgeben.

A3 Körperhaltungen

Aufgabe: Betrachte die oben abgebildeten Fotos. Beschreibe sowohl die Bilder als auch die Reaktionen und Gedanken, die sie hervorrufen können.

V4 Jungen und Mädchen sind unterschiedlich

Material: Fragebogen; Schreibzeug

Durchführung: Entwirf einen eigenen Fragebogen, mit dem du herausfinden kannst, welche Spiele Jungen und Mädchen verschiedenen Alters bevorzugen und welche Berufswünsche sie haben. Befrage dann mindestens zehn Testpersonen von sechs bis achtzehn Jahren.

Aufgaben:
a) Werte die Befragungsergebnisse in geeigneter Form aus.
b) Stelle fest, ob es geschlechtstypische Unterschiede gibt.
c) Erläutere, ob sich die Ergebnisse mit zunehmendem Alter verändern.

4 Formen der Sexualität beim Menschen

Würde man viele verschiedene Menschen nach ihren Vorstellungen zum Begriff »Sexualität« fragen, bekäme man ganz unterschiedliche Antworten. Einige denken an zärtliche Worte, Streicheln, Küssen und Kuscheln, andere sofort an Geschlechtsverkehr, Fremdgehen oder Prostitution. Dass man in unserer Gesellschaft so offen über Sexualität reden kann, war nicht immer so. Noch vor hundert Jahren waren Zärtlichkeiten in der Öffentlichkeit nicht gern gesehen. Nackte Körper zählten ebenso zu den Tabus wie Sex vor der Ehe oder uneheliche Kinder. Dies heißt natürlich nicht, dass es all dies nicht gegeben hätte.

Im Verlauf der Pubertät entwickelt sich das Bedürfnis, einen anderen Menschen zu lieben, und zwar anders als bisher die Eltern oder Freunde. Fühlt man sich dabei vom anderen Geschlecht sexuell angezogen, nennt man das **heterosexuell.** Heterosexualität wird als »normal« empfunden, weil diese Form der Sexualität besonders häufig ist, und weil in solchen Beziehungen die Möglichkeit besteht sich fortzupflanzen. Schon im Kindergarten und Grundschulalter tuscheln Kinder und necken sich gegenseitig, wer wen wohl besonders mag.

Die Formen des Zusammenlebens sind beim Menschen recht vielseitig. So ist in westlichen Kulturen die Einehe, die sogenannte Monogamie, bei der ein Mann mit einer Frau zusammenlebt, weit verbreitet. In anderen Kulturen tritt häufig auch Polygynie, sogenannte Vielweiberei, auf. Hier lebt ein Mann, der meist einen hohen sozialen Status hat, mit mehreren Frauen zusammen. Vielmännerei, auch Polyandrie genannt, tritt dagegen beim Menschen nur sehr selten auf.

Fühlt man sich vom eigenen Geschlecht gefühlsmäßig und sexuell angezogen, nennt man das **homosexuell.** Als schwul bezeichnen sich homosexuelle Männer, bei Frauen hat sich der Begriff lesbisch durchgesetzt. Gleichgeschlechtliche Liebe ist nicht so selten, wie viele glauben. Immerhin sind fünf bis acht Prozent der Bevölkerung homosexuell. Bisher sind alle Versuche der Wissenschaft gescheitert, eine genaue Ursache für die Entstehung sexueller Neigungen herauszufinden. Sicher ist, dass man Homosexualität nicht einfach erwirbt oder dazu verführt werden kann. Welche Rolle genetische Anlagen und die vorgeburtliche Entwicklung bei der Entstehung sexueller Neigungen genau spielen, wird noch erforscht. Manche Menschen gehen sowohl homosexuelle als auch heterosexuelle Beziehungen ein. Sie tun dies manchmal sogar parallel und bevorzugen beide Geschlechter gleichermaßen. Man spricht dann von **Bisexualität.**

Wenn Jugendliche in der Pubertät entdecken, dass sie Partner desselben Geschlechtes bevorzugen, versuchen sie meist diese Gefühle als falsch abzutun und zu verdrängen. Diese Phase kann mehrere Jahre dauern. Gestehen sie sich selbst ihre Neigungen ein, beginnt die Zeit des »Coming-Out«. Sie ist oft schwierig, weil die Betroffenen häufig zahlreiche Ängste haben. Wie reagiert die Umwelt? Halten meine Freunde zu mir? Was sagen die eigenen Eltern? Leider gibt es noch immer viele Zwänge und Vorurteile. Rückendeckung können neben guten Freunden auch die eigenen Familienmitglieder geben. Informationen, Beratung und Hilfe kann man auch in verschiedenen Beratungsstellen und Kontaktgruppen finden. Jugendliche,

1 Formen des Zusammenlebens. **A** Hochzeitspaar; **B** Kenianischer Häuptling mit Frauen und Kindern;

Sexualität, Fortpflanzung und Entwicklung des Menschen

die sich abfällig und diskriminierend über Homosexuelle äußern, sollten sich immer bewusst machen, dass keiner mit 14 oder 15 Jahren hundertprozentig weiß, wie er selbst veranlagt ist oder später seine Kinder. Gleichgeschlechtliche Lebensgemeinschaften werden in der Gesellschaft heute besser anerkannt als früher, obwohl sie immer noch gegen alte Vorurteile ankämpfen müssen. So können Homosexuelle vor dem Gesetz eine Lebenspartnerschaft eingehen, sie ist aber der Ehe gesetzlich nicht gleichgestellt.

Neben diesen Formen der Sexualität und des Zusammenlebens gibt es noch eine Reihe sexueller Veranlagungen, die zum Teil in die Grauzone unserer Gesellschaft gehören oder sogar strafbar sind. Zu diesen Veranlagungen zählt der Exhibitionismus. Meist handelt es sich um Männer, die ihre Geschlechtsteile vor fremden Menschen entblößen und dabei sexuelle Erregung empfinden. Solche Handlungen sind strafbar und können besonders jüngere Kinder traumatisieren. Eine weitere krankhafte Veranlagung ist die Pädophilie, verharmlosend als »Kinderliebe« übersetzt. Pädophile wollen ihre Sexualität mit Säuglingen und Kindern ausleben und nutzen häufig das Internet für ihre Kontakte. Dabei handelt es sich eindeutig um sexuellen Missbrauch, der mit Freiheitsstrafen geahndet wird. Harmloser sind dagegen Fetischisten. Sie benötigen bestimmte Gegenstände wie Unterwäsche, Handschuhe, Schuhe mit hohen Absätzen oder andere Kleidungsstücke als Auslöser und Verstärker ihrer sexuellen Lust. Wenn solche Handlungen zwanghafte Züge annehmen und für den Betroffenen oder den Partner zum Problem werden, müssen sie therapeutisch behandelt werden.

1 Betrachte die Abbildungen und beschreibe für einige Beispiele die Formen menschlicher Sexualität.

C Tibetische Frau mit ihren Männern

2 Liebe ist vielfältig

321

5 Entwicklung des Menschen

5.1 Befruchtung und Keimesentwicklung

Geschlechtsverkehr in der Zeit um den Eisprung kann zu einer **Schwangerschaft** führen. Durch die Ejakulation des Mannes werden die Spermienzellen ausgestoßen und schwimmen mit Hilfe ihrer Geißeln durch Scheide und Gebärmutter in den Eileiter der Frau. Sie erreichen dabei Geschwindigkeiten von drei bis fünf Millimetern pro Minute und orientieren sich an chemischen Signalen. Allerdings sterben viele Spermienzellen im sauren Scheidenmilieu bereits vorher ab. Der Orgasmus einer Frau kann durch das Eintauchen des Muttermundes in das Ejakulat diesen Weg etwas verkürzen und wahrscheinlich die Befruchtungschancen erhöhen. Die erste Spermienzelle, die auf die reife Eizelle trifft, durchdringt mit dem Kopf die Zellmembran der Eizelle. Diese wird dann für weitere Spermien undurchlässig. Im Inneren der Eizelle wandern die beiden Zellkerne aufeinander zu und verschmelzen miteinander. Nun ist die **Befruchtung** abgeschlossen und eine befruchtete Eizelle entstanden, die *Zygote*. Dabei kommt es zur Vermischung der Erbanlagen von Vater und Mutter.

Bewegungen von Flimmerhärchen, die den Eileiter auskleiden, treiben die Zygote in Richtung Gebärmutter. Dabei laufen die ersten Teilungen ab. Nach 36 Stunden ist das Zwei-Zell-Stadium erreicht, nach 80 Stunden besteht der Keim aus 16 Zellen.

Wenn der Keim die Gebärmutter erreicht, erkennt man bereits ein blasenförmiges Entwicklungsstadium aus zwei Zellgruppen. Dabei hat der Bläschenkeim, die **Blastocyste**, eine äußere Zellschicht zum Einnisten in die Gebärmutterschleimhaut und zur Ernährung des Embryos. Die innere Zellgruppe, der Embryoblast, der von der Seite her in das flüssigkeitsgefüllte Bläschen ragt, bildet später den eigentlichen **Embryo**. Ist die Einnistung am sechsten oder siebenten Tag erfolgt, produziert die Gebärmutterschleimhaut ein Hormon, das den Abbau des Gelbkörpers im Eierstock verhindert. Dadurch wird das Gelbkörperhormon weiter gebildet und die Reifung eines neuen Follikels sowie der Abbau der Gebärmutterschleimhaut werden unterbunden. Das Ausbleiben der Regelblutung ist meist das erste Anzeichen einer Schwangerschaft.

Ab dem achten Tag entsteht zwischen der äußeren Zellschicht und dem Embryoblasten ein Hohlraum, die *Amnionhöhle*. In diesem Bereich entwickeln sich die embryonalen Hilfsorgane, die den Embryo schützen und ernähren. So entsteht die *Fruchtblase* mit dem Fruchtwasser als Schutz vor Stößen. Außen wächst eine *Zottenhaut*, die den Kontakt zwischen Keim und mütterlichem Gewebe weiter verstärkt. Erst am 14. Tag ist die Einnistung vollständig abgeschlossen. Es hat sich der Mutterkuchen gebildet. Dieses auch **Plazenta** genannte Organ besteht vor allem aus Blutgefäßen und ist über einen Stiel, aus dem später die **Nabelschnur** wird, mit dem Embryo verbunden. Das mütterliche Blut bleibt vom Blut des heranwachsenden Kindes durch eine dünne Membran getrennt. Durch diese

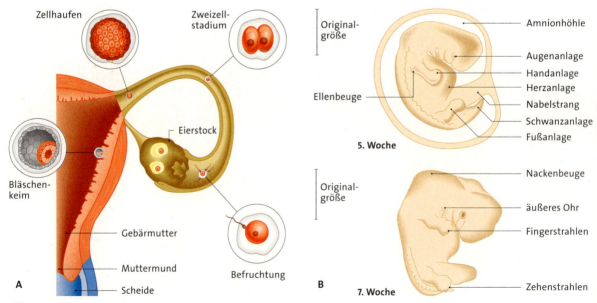

1 Erste Entwicklungsstadien eines Menschen. **A** Schema; **B** Embryo in der 5. und 7. Woche (Schema)

Plazentaschranke kann aber ein Stoffaustausch erfolgen: Der Embryo erhält Nährstoffe und Sauerstoff, seine Stoffwechselprodukte und Kohlenstoffdioxid werden entfernt. Auch für bestimmte Stoffe wie Alkohol, Nikotin und Bestandteile von Medikamenten sowie Drogen ist die Plazentaschranke durchlässig. Sie können den Embryo schädigen. Dadurch erklärt sich auch das Alkohol- und Rauchverbot während einer Schwangerschaft.

Der Embryoblast bildet in den folgenden Tagen verschiedene Gewebeschichten aus, aus denen nach und nach die einzelnen Organe entstehen. So bilden sich am 20. Tag zu beiden Seiten der späteren Wirbelsäule würfelförmige Gebilde aus, die Somiten. Aus ihnen entsteht die Wirbelsäule mit der zugehörigen Muskulatur. Zur gleichen Zeit ist schon ein einfaches Kreislaufsystem vorhanden. Das Herz schlägt ab der vierten Woche. Eine in Somiten gegliederte Schwanzanlage ist in dieser Zeit noch deutlich zu erkennen, bildet sich jedoch in der weiteren Entwicklung zurück. Ab der fünften Woche wächst infolge der verstärkten Gehirnentwicklung vor allem der Kopf des Embryos. Jetzt beginnt auch die Differenzierung der Extremitäten. Ab der sechsten Woche werden die Fingerstrahlen sichtbar, der Gehörgang wird angelegt und die Netzhaut der Augen bildet sich.

Etwa acht Wochen nach der Befruchtung sind alle Organe des Kindes angelegt. Der etwa vier Zentimeter große Keim wird nun als **Fetus** bezeichnet. Am Ende des vierten Monats ist er bereits 16 Zentimeter groß und etwa 150 Gramm

schwer. Während des fünften und sechsten Schwangerschaftsmonats reifen die Organe weiter und werden funktionsfähig. Da auch die Muskulatur immer kräftiger wird, kann die Schwangere nun die Bewegungen ihres Kindes deutlich wahrnehmen. In den letzten zwei Monaten nimmt der Fetus weiter an Größe und Masse zu. Dadurch werden die inneren Organe der Frau stark zusammengedrückt. Dies kann zu Atemnot, Rückenschmerzen und häufigem Harndrang führen. Gegen Ende der etwa 280tägigen Schwangerschaft wiegt der Fetus zwischen drei und vier Kilogramm und ist etwa 50 Zentimeter groß. Er hat sich mit dem Kopf nach unten gedreht und ist nun zur Geburt bereit.

1. Wende das Basiskonzept Fortpflanzung auf den Menschen an. Verfasse dazu einen kurzen passenden Lexikoneintrag.
2. Lege eine Tabelle an, in der du die neun Schwangerschaftsmonate und die wichtigsten Entwicklungsschritte beim Menschen einträgst. Nutze dazu auch die Abbildung 2 und recherchiere weiteres Material in Fachbüchern oder dem Internet.
3. Trage Material aus der Zeit deiner eigenen Embryonalentwicklung oder der deiner Geschwister zusammen. Nutze zum Beispiel den Mutterpass oder Ultraschallbilder. Berichte.
4. Erstellt in Gruppenarbeit eine Collage zum Thema »Gesundheit von Mutter und Kind während der Schwangerschaft«. Stellt hier Beispiele für richtiges Verhalten und Gefahren in der Schwangerschaft vor.

Monat	1.	2.	3.	4.	5.	6.	7.	8.	9.	10.
Körpermasse in g	6	12	41	175	500	800	1300	2300	2900	3500
Körperlänge in cm	1	4	9	16	25	30	35	40	45	51
Sexualorgane			┄┄	━━━	━━━	━━━	━━━	━━━	━━━	━━━
Niere		┄┄	━━━	━━━	━━━	━━━	━━━	━━━	━━━	━━━
Kopf	┄┄	━━━	━━━	━━━	━━━	━━━	━━━	━━━	━━━	━━━
Lunge		┄┄	━━━	━━━	━━━	━━━	━━━	━━━	━━━	━━━
Leber		┄┄	━━━	━━━	━━━	━━━	━━━	━━━	━━━	━━━
Herz	┄┄	━━━	━━━	━━━	━━━	━━━	━━━	━━━	━━━	━━━
Gehirn		┄┄	━━━	━━━	━━━	━━━	━━━	━━━	━━━	━━━
Gliedmaßen	┄┄	━━━	━━━	━━━	━━━	━━━	━━━	━━━	━━━	━━━
Gesicht		┄┄	━━━	━━━	━━━	━━━	━━━	━━━	━━━	━━━

┄┄┄┄ Beginn der Entwicklung und weitere Ausprägung
───── voll entwickelt vorliegende Organe

2 Embryonalentwicklung

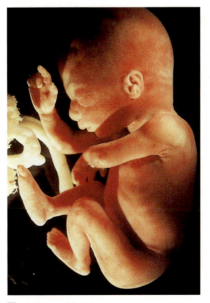

3 Geburtsreifer Fetus

Streifzug durch die Ethik — Schwangerschaftsabbruch

Es gibt Frauen, die durch eine ungewollte Schwangerschaft in eine schwierige Lage kommen. Sie wollen oder können ihr Kind aus verschiedenen Gründen nicht austragen und anschließend versorgen. Ein solcher Fall kann zum Beispiel vorliegen, wenn die Frau vergewaltigt und dann schwanger wurde. Es kann auch sein, dass ein Kind die persönliche Lage der Mutter unzumutbar belasten würde, etwa wenn diese selbst noch sehr jung ist. Manchmal kann eine Schwangerschaft sogar die Gesundheit oder das Leben der Mutter bedrohen. In anderen Fällen lässt sich schon zu Beginn einer Schwangerschaft feststellen, dass das Kind so unheilbar krank ist, dass es sich im Mutterleib nicht weiter entwickeln würde oder dass es nach der Geburt an einer unheilbaren schweren Erbkrankheit leiden wird.

In einer solchen oder ähnlichen Situation kann sich die Frau für einen Schwangerschaftsabbruch, eine Abtreibung entscheiden. Nach § 218 des Strafgesetzbuches gelten dabei in Deutschland folgende Bestimmungen: Der Abbruch einer Schwangerschaft ist gesetzwidrig. Trotzdem ist eine Abtreibung unter bestimmten Bedingungen straffrei. Die betroffene Frau muss sich dazu zuerst von ihrem Arzt oder ihrer Ärztin die Schwangerschaft bestätigen lassen. Anschließend muss sie eine anerkannte Beratungsstelle aufsuchen.

In diesem Gespräch werden Möglichkeiten aufgezeigt, sich trotz schwieriger äußerer Umstände für ein Kind zu entscheiden. Aber auch die Folgen eines Abbruchs und das Lebensrecht des ungeborenen Kindes werden dabei diskutiert. Ungeborenes Leben steht unter dem besonderen Schutz des Staates, seine Vernichtung ruft zahlreiche ethische und religiöse Bedenken hervor. Beratungsstellen sollen aber auch konkrete Hilfen und Wege aufzeigen. Sie klären zum Beispiel über Rechtsansprüche und finanzielle Hilfen auf, die Mutter und Kind in der Zukunft entlasten können. Die Beratungsstelle gibt der Schwangeren eine schriftliche Bestätigung über die Durchführung des Beratungsgespräches. Nun steht die Frau vor der schwierigen Entscheidung, ob sie das Kind aufgrund des Beratungsgespräches doch austragen will oder sich entschließt, den Schwangerschaftsabbruch tatsächlich durchzuführen. Entscheidet sie sich für die Abtreibung, muss sie den Nachweis über das Beratungsgespräch ihrem behandelnden Arzt vorlegen. Zu diesem Zeitpunkt darf die Empfängnis nicht länger als 12 Wochen zurückliegen. Bei einem Schwangerschaftsabbruch entfernt der Mediziner unter Narkose den Embryo mit allen embryoanalen Hilfsorganen aus der Gebärmutter. Der Keim stirbt dabei ab. Besteht die Schwangerschaft erst seit sehr kurzer Zeit, kann ein Abbruch auch mit Medikamenten unter ärztlicher Aufsicht durchgeführt werden. Diese sogenannten Abtreibungspillen lösen eine Regelblutung aus und der Keim kann sich gar nicht erst einnisten.

1 Diskutiert, welche Faktoren für die Unterschiede in der Abbildung 2 verantwortlich sein könnten.

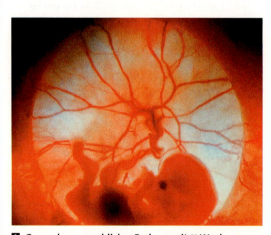

1 Gesunder menschlicher Embryo mit 11 Wochen

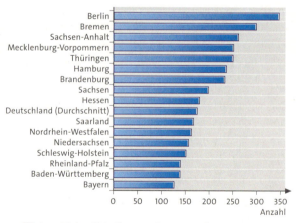

2 Anzahl der Abtreibungen je 1000 Geburten

Streifzug durch die Medizin — Reproduktionsmedizin

Ungewollt kinderlos – von diesem Schicksal ist in Deutschland fast jedes achte Paar betroffen. Immer häufiger wenden sich Betroffene an Fachärzte, um sich ihren Kinderwunsch dennoch zu erfüllen. Allein in Deutschland werden jährlich 2500 Kinder geboren, bei denen technologisch nachgeholfen wurde. Die Ursachen für Kinderlosigkeit sind vielfältig. Umweltbelastungen, Stress, vorausgegangene Infektionen, angeborene Störungen, Hormonmangel, zu wenige oder fehlgebildete Spermienzellen, ein unregelmäßiger Eisprung und verschlossene Spermien- oder Eileiter sind nur einige Beispiele.

Die moderne Medizin bietet viele Möglichkeiten, um Paaren mit Kinderwunsch zu helfen. Neben operativen Eingriffen lassen sich auch Methoden wie die **In-vitro-Fertilisation (IVF)**, anwenden. Hierbei werden die Eizellen der Frau außerhalb des Körpers mit den Spermienzellen des Mannes befruchtet. Die Behandlung umfasst sieben Phasen: Zuerst werden die Eierstöcke durch Hormongaben angeregt, mehrere Eizellen zu bilden. Über Ultraschall lässt sich die Eireifung überwachen und der günstigste Zeitpunkt zur Entnahme der Eizellen bestimmen. Mit einem weiteren Hormon löst man einen Eisprung aus und kann operativ die Eizellen entnehmen. Parallel gewinnt man für jede Eizelle rund 100 000 Spermienzellen. Beides wird zusammen für 24 Stunden in einen Brutschrank gestellt. Ist eine Befruchtung erfolgt, wählt man maximal drei Zygoten aus und kultiviert sie wieder für 48 Stunden im Brutschrank. Sie werden im 8-Zellstadium über einen feinen Katheter in die Gebärmutterhöhle übertragen. Meist schließt sich eine weitere Hormonbehandlung an, um das Einnisten des Embryos zu fördern. Trotzdem führt nur jede vierte bis fünfte Embryonenübertragung zum Erfolg.

Eine weitere Methode ist die **Mikroinjektion** an. Hierbei wird eine einzelne Spermienzelle mit einer extrem feinen Kanüle direkt in das Innere einer Eizelle injiziert wird. Der Embryo wird dann wie bei der IVF in die Gebärmutter eingesetzt.

1 Erläutere anhand der Abbildung 1 die In-vitro-Fertilisation.

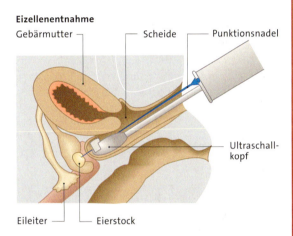

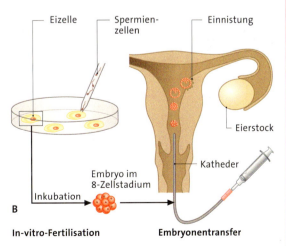

1 Ablauf der IVF. **A** Technische Ausstattung; **B** Schema

5.2 Die Geburt

Nach etwa 280 Tagen der Entwicklung im Mutterleib ist das Kind geburtsreif. Schon drei Wochen vor der eigentlichen Geburt verändert es seine Lage. Es liegt nun mit dem Kopf nach unten, eng angelegten Beinen und Armen in der Gebärmutter. Diese senkt sich durch kurze Senkwehen schon tiefer in den Beckenraum.

Der eigentliche Geburtsvorgang kündigt sich durch **Wehen** an. Dabei zieht sich die Muskulatur der Gebärmutter krampfartig zusammen und entspannt sich danach wieder. Nach einem meist unregelmäßigem Beginn kommen die Wehen in Intervallen von etwa 15 Minuten. Dabei wird das Kind in Richtung Gebärmutterhals und Muttermund geschoben, der sich nun schrittweise von wenigen Millimetern auf etwa zehn Zentimeter öffnet. In dieser mehrere Stunden dauernden **Eröffnungsphase** platzt auch die Fruchtblase und das Fruchtwasser läuft durch die Scheide ab.

In der darauffolgenden **Austreibungsphase** werden die Wehen stärker und die Abstände zwischen ihnen verkürzen sich. Durch einige besonders kräftige Presswehen wird das Kind durch den engen Geburtskanal zwischen den Beckenknochen der Mutter in die Scheide gepresst.

Diese schwierige Phase kann die Gebärende durch eine bestimmte Atemtechnik und zusätzliche Anspannen der Bauchdecke unterstützen. Sobald der Kopf des Kindes durch die Scheide tritt, ergreift ihn die Hebamme oder der Arzt, um auch den Körper durch eine vorsichtige Drehung aus dem Geburtskanal zu ziehen. Das Kind ist nun geboren und beginnt selbstständig zu atmen. Die Nabelschnur wird abgeklemmt und, nachdem der Säugling sich ausruhen durfte, durchtrennt.

Etwa eine halbe Stunde später folgt die letzte Geburtsphase, die **Nachgeburt.** Hier wird die Plazenta mit der Nabelschnur und den Resten der embryonalen Hilfsorgane ausgestoßen.

Sind bei einer Geburt ernste Komplikationen zu erwarten, zum Beispiel eine ungünstige Lage oder ein Sauerstoffmangel, muss die Geburt durch einen operativen Eingriff erfolgen. Bei einem solchen *Kaiserschnitt* werden Bauchdecke und Gebärmutter unter Narkose geöffnet, um das Kind auf diesem Weg zur Welt zu bringen.

1 Beschreibe den Ablauf einer Geburt.
2 Erkundige dich, welche Untersuchungen gleich nach der Geburt mit einem Neugeborenen gemacht werden. Berichte.

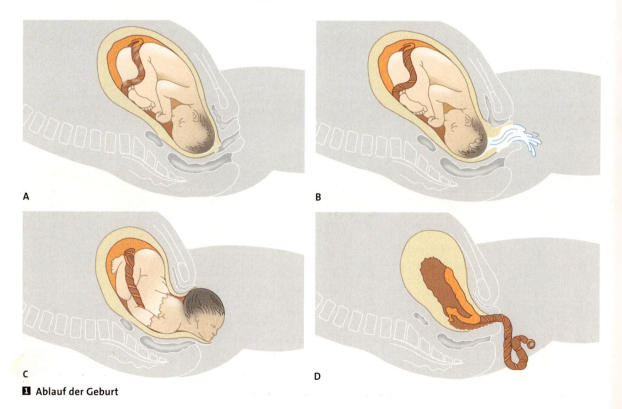

1 Ablauf der Geburt

5.3 Vom Säugling zum Kleinkind

Nach der Geburt ist der Säugling auf die Fürsorge seiner Eltern angewiesen. Ohne Pflege, Aufmerksamkeit und Zuwendung wäre er nicht lebensfähig. Direkt nach der Geburt verfügt das Baby über einige angeborene Verhaltensweisen, die es nicht erlernen muss. Zu diesen zählen zum Beispiel der Saug- und Greifreflex sowie das Schreien. In den ersten Wochen ernährt die Mutter den Säugling meist durch Stillen mit Muttermilch. Diese liefert alle notwendigen Stoffe für die Entwicklung und das Wachstum. Sie ändert sich sogar in ihrer Zusammensetzung mit dem Älterwerden des Säuglings. Trotzdem genügt es nicht, einen Säugling sauber zu halten und mit Nahrung zu versorgen. Für eine gesunde körperliche und geistige Entwicklung braucht er vor allem feste Bezugspersonen, im Regelfall seine Eltern. Um mit ihnen Kontakt aufzunehmen, haben Säuglinge schon ein erstaunliches Repertoire an Verhaltensweisen: Sie erkennen bereits kurz nach der Geburt die Stimme ihrer Mutter und betrachten aufmerksam Gesichter. Im ersten Monat geben sie bereits gurrende Laute von sich und können Menschen anlächeln. Im zweiten Monat beginnt ein Säugling zu lachen und ab dem vierten Monat wendet er sich Stimmen zu und lacht laut. Eine Trennung von den festen Bezugspersonen kann schwere seelische Entwicklungsstörungen auslösen.

In den ersten Wochen nach der Geburt schläft der Säugling noch viel. Mit zunehmendem Alter werden die Wachphasen jedoch länger und das Kind nimmt seine Umwelt immer aufmerksamer wahr. So kann es zum Beispiel im dritten Monat schon den Kopf in Bauchlage anheben, später auch den Oberkörper auf die Arme stützen. Ab dem fünften Monat drehen sich Säuglinge im Liegen um und mit einem halben Jahr können sie schon ohne Hilfe sitzen. Die motorische Entwicklung erfolgt so rasant, dass Säuglinge nach zehn Monaten mit dem Pinzettengriff greifen und nach einer kurzen Krabbelphase mit elf Monaten schon stehen sowie wenig später die ersten Schritte laufen können.

Auch in der Sprachentwicklung gibt es im ersten Lebensjahr Fortschritte. Dabei spielen die Reifung des Gehirns und die Entwicklung zahlreicher Synapsen eine große Rolle. Aus ersten plappernden Lauten und Silben bilden sich erste Worte wie Mama und Papa. Mit etwa neun Monaten verstehen Säuglinge schon etwa 60 Begriffe und mit etwa 24 Monaten können sie selbst rund 50 Wörter sprechen, wobei der Wortschatz dann deutlich zunimmt. In dieser Zeit wird aus dem Säugling ein Kleinkind, das mit zwei Jahren ein ausgeprägtes Ich-Bewusstsein ausbildet und erste soziale Kontakte zu Gleichaltrigen zum Beispiel bei gemeinsamen Spielen eingeht. Eltern können diese Entwicklungsprozesse unterstützen, wenn sie sich viel Zeit für ihr Kind nehmen, mit ihm spielen und ihm die Umwelt zeigen und erklären.

1 Erstelle eine Tabelle, in der du die Monate des ersten Lebensjahres und die Abschnitte der Kindesentwicklung zusammenfasst. Arbeite mit dem Lehrbuch und mit Fachliteratur oder dem Internet.
Wenn es Fotos von dir aus diesen Entwicklungsabschnitten gibt, könntest du damit deine Übersicht ergänzen.

2 Begründe, warum das Stillen für Säuglinge so wichtig ist.

1 Verhaltensweisen eines Säuglings. **A** Saugreflex; **B** Greifreflex; **C** erste Schritte

Sexualität, Fortpflanzung und Entwicklung des Menschen

5.4 Vom Kleinkind zum Greis

In jeder Minute werden weltweit etwa 250 Kinder geboren. Ein Mädchen, das heute in Deutschland zur Welt kommt, hat gute Chancen etwa 100 Jahre alt zu werden. Ein Junge könnte etwa 94 Jahre erreichen. Im Laufe des Lebens verändern sich Körper und Verhalten, man wird älter. Die gesamte Entwicklung eines Menschen von der Befruchtung der Eizelle bis zum Tod bezeichnet man als **Individualentwicklung.** Welche biologischen und sozialen Entwicklungsphasen werden dabei durchlaufen?

Die *vorgeburtliche Entwicklung* im Mutterleib dauert etwa neun Monate. In dieser Zeit entsteht aus einer befruchteten Eizelle ein vollständig ausgebildetes menschliches Lebewesen mit etwa 50 Zentimetern Körperlänge und einer Körpermasse von über drei Kilogramm. Es besteht zum Zeitpunkt der Geburt bereits aus hundert Billionen Zellen, die mehr als 200 verschiedene Formen aufweisen. Mit der *Geburt* beginnt die eigenständige Entwicklung des Menschen.

Die erste Etappe der *Kindheit* ist das *Säuglingsalter,* das mit etwa einem Jahr endet. Eine Fülle von neuen Anforderungen und Informationen strömt auf den Säugling ein und muss von ihm verarbeitet werden. Neben einigen angeborenen Verhaltensweisen sind es vor allem Lernvorgänge, die die weitere Entwicklung beeinflussen. So führt ein Säugling mit dem Älterwerden immer gezieltere Bewegungen aus. Er lernt krabbeln, laufen und entwickelt sich zum *Kleinkind*. Auch geistige Fähigkeiten wie das Ich-Bewusstsein, Sprechen und Verstehen werden weiter geübt und entwickeln sich. Mit vier Jahren umfasst allein der Wortschatz schon fast 8000 Worte und es hat sich ein Zeitverständnis ausgebildet. Der Körper wird immer besser beherrscht und es wird soziales Verhalten im Spiel mit Gleichaltrigen gelernt.

Eine weitere wichtige Etappe der Kindheit beginnt mit dem Schuleintritt mit etwa sechs Jahren. Als *Schulkind* kommen immer neue Fähigkeiten und Fertigkeiten hinzu. Das Kind lernt Lesen, Schreiben und Rechnen und kann sich problemlos große Datenmengen merken.

Die anschließende *Jugendphase* ist der Zeitraum, in dem aus Kindern Erwachsene werden. Diese Zeit wird vor allem durch Erreichen der Geschlechtsreife geprägt, in der erhebliche körperliche und psychische Veränderungen eintreten. Sie ist aber auch durch eine hohe Lernfähigkeit, Kreativität und komplexe Denkvorgänge geprägt. Jungen und Mädchen erleben einen Wachstumsschub, bei dem Knochen, Muskeln, Herz, Lunge und andere Organe noch einmal kräftig wachsen. Viele körperliche Veränderungen werden von Sexualhormonen angeregt und gesteuert. Sie bewirken die Ausbildung der sekundären Geschlechtsmerkmale, lassen die Geschlechtsorgane heranreifen und lösen seelische Veränderungen aus. Auch im Gehirn finden tiefgreifende neuronale Umstrukturierungen statt. Nicht mehr benötigte Synapsen werden abgebaut und die Feinabstimmung zwischen den einzelnen Arealen verbessert sich, so etwa kognitive Leistungen wie Sprachkompetenz, Kombinationsfähigkeit und logisches Denken. Als Jugendlicher betrachtet man sich und seine Umwelt kritischer, stellt überlieferte Werte in Frage und fühlt sich oft unverstanden. Konflikte mit Erwachsenen werden häufiger, die Stellung im Freundeskreis immer wichtiger. Am Ende der Pubertät kann das Sozialverhalten meist gut gesteuert werden und es hat sich ein Gefühl für moralisches

Kleinkind 18 Monate | 3 Jahre | Schulkind 6 Jahre | Jugendliche 14 Jahre | Erwachsener 20 Jahre

1 Vom Kleinkind zum Erwachsenen

Handeln entwickelt. Da sich das Einsetzen der sexuellen Reife in den letzten Jahrzehnten etwas nach vorne verschoben hat und die schulische Ausbildung relativ lange dauert, hat sich die Jugendphase verlängert.

Mit etwa 20 Jahren sind die Wachstumsprozesse endgültig abgeschlossen, der Mensch ist körperlich voll entwickelt. Sozial gesehen befindet er sich nun in der Phase des *Erwachsenseins*. In dieser Zeit ist er besonders leistungsfähig und kann sein Leben selbstverantwortlich gestalten und für andere Verantwortung übernehmen. Er ist nicht nur in der Lage, sich fortzupflanzen, sondern gleichzeitig auch eine Familie zu gründen und sie zu versorgen. Zahlreiche Entscheidungen für Lebensplanung und berufliche Entwicklung stehen in dieser Phase an. Der erwachsene Körper verändert sich verhältnismäßig langsam. Dennoch kommt es bereits zu *Alterungsprozessen*. Dabei altert jedes Organ des Körpers nach einer eigenen, biologischen Uhr. Der Verschleiß an Knorpelmasse und die damit verbundene Abnahme der Gelenkflüssigkeit führt schon zwischen dem 20. und 30. Lebensjahr zu einer geringeren Beweglichkeit. Der Verlust von Calcium lässt die Knochen altern, sie werden ab dem 40. Lebensjahr anfälliger für Brüche. Einzelne Haare lagern keine Pigmente mehr ein und werden langsam grau. Auch die Linse im Auge verliert an Brechkraft, so dass ab dem 40. Lebensjahr Altersweitsichtigkeit auftreten kann. Die Arterienwände werden unelastischer und dicker, womit sich vor allem bei Männern das Infarktrisiko erhöht. Frauen sind durch ihre Sexualhormone besser vor einem Herzinfarkt geschützt. Erst mit den Wechseljahren, die meist zwischen dem 45. und 50. Lebensjahr beginnen, lässt dieser Schutz nach, weil die Hormonproduktion langsam eingestellt wird. Damit sind Frauen auch nicht mehr fortpflanzungsfähig. Männer bleiben bis ins hohe Alter zeugungsfähig. Der weitere Verschleiß des Körpers zeigt sich an der Rückbildung von Muskeln und dem Nachlassen der Spannkraft der Haut – sie wird faltig. Auch das Gehirn ist nun immer weniger leistungsfähig. Die Synapsendichte nimmt kontinuierlich ab und die Hirnrinde wird dünner. Erste Anzeichen dieses Alterungsprozesses lassen sich noch durch Erfahrung und Routine kompensieren. Allerdings nimmt die Zahl der Nervenzellen trotzdem weiter ab. Die Funktionen der Sinnesorgane und des Immunsystems verschlechtern sich ebenfalls. Zum Beispiel lassen Hörsinn und Tastsinn im Alter nach. Das Gleichgewichtsorgan wird jedoch sensibler, es wird einem schneller schwindlig. Die Fähigkeit, ein Leben lang lernen zu können, ermöglicht es den Menschen bis ins hohe Alter geistig fit zu bleiben. Dazu muss man das Lernen aber immer wieder trainieren. Moderne Medizin und Altersvorsorge ermöglichen vielen Menschen auch im hohen Alter ein erfülltes Leben.

Trotz aller technischen Fortschritte wie Herzschrittmachern oder künstlichen Gelenken, darf jedoch nicht vergessen werden, dass unser Altern einem genetischen Programm folgt. Es ist also biologisch normal, dass immer mehr fehlerhafte Zellen entstehen und Reparaturvorgänge langsam zum Stillstand kommen. Diese Mechanismen lassen uns letztendlich nicht ewig leben, sondern führen zum *Tod*. Die maximale Lebenserwartung eines Menschen ist zwar begrenzt, durch die Weitergabe von eigenen Genen und Erfahrungen kann jedoch ein Teil von ihm weiterleben.

1 Die durchschnittliche Lebenserwartung des Menschen ist in den letzten Jahrzehnten deutlich gestiegen. Während sie 1900 noch bei 45 Jahren lag, waren es 1950 schon 65 Jahre und 2000 bereits 78 Jahre. Erläutere mögliche Ursachen für diese Entwicklung.

2 Gene und Erfahrungen lassen sich weitergeben

3 Ein langes Leben – die Französin J. CALMENT wurde 122 Jahre alt

5.5 Familienplanung und Empfängnisverhütung

Der soziale Wandel hat in den letzten Jahrzehnten in Deutschland nicht nur Bereiche wie Arbeit, Wohnen und Freizeit sondern auch die Lebensformen und die **Familienplanung** stark verändert. Dabei versteht man unter Lebensformen relativ stabile Muster privater Beziehungen, bei denen Menschen entweder allein oder mit anderen zusammen leben. Sie sind zum Beispiel durch die Generationenzusammensetzung, den Familienstand und die Kinderzahl gekennzeichnet. Eine wichtige Voraussetzung für die Familienplanung ist die **Empfängnisverhütung.** Dabei gibt es verschiedene Methoden, die in Frage kommen. Welche Methode für ein Paar die geeignete ist, sollten immer beide Partner gemeinsam entscheiden. Wichtig sind dabei die Sicherheit, die richtige Art der Anwendung und die Gesundheitsverträglichkeit.

Eine Befruchtung ist nur in einem Zeitraum von etwa zehn Tagen in der Mitte eines Menstruationszyklus zur Zeit des Eisprungs möglich. Bei den sogenannten *natürlichen Verhütungsmethoden* vermeidet das Paar in dieser Zeit den Geschlechtsverkehr. Um die fruchtbaren Tage relativ sicher zu bestimmen, gibt es unterschiedliche Methoden. Bei einer Variante misst die Frau jeden Morgen ihre Körpertemperatur. Das ist sowohl mit einem digitalen Thermometer oder mit Hilfe eines speziell dafür entwickelten Testgerätes mit Sensor möglich. Wichtig ist, dass der Messwert immer zu gleichen Bedingungen, also vor dem Aufstehen und zu einer festgelegten Zeit, ermittelt wird. Im Display des dazugehörigen Testgerätes lässt sich dann ablesen, ob es sich um einen fruchtbaren oder unfruchtbaren Tag handelt. Bei dieser Temperaturmethode nutzt man die Tatsache aus, dass die Körpertemperatur einer Frau nach dem Eisprung um einige Zehntel Grad ansteigt. Zwischen dem dritten Tag nach dem so bestimmten Eisprung und der nächsten Menstruation ist eine Befruchtung unwahrscheinlich.

Eine andere Variante ist das Testen des Morgenurins auf bestimmte Hormone. Hier gibt es einen kleinen Handmonitor mit passenden Teststäbchen. Das Gerät zeigt wieder die fruchtbaren und unfruchtbaren Tage an. Diese Methode ist zwar wesentlich sicherer, aber auch recht teuer. Natürliche Verhütungsmethoden sind für junge Frauen nur bedingt geeignet, da sich der Zeitpunkt des Eisprungs durch Krankheit, Stress und seelische Einflüsse verschieben kann. Sie helfen jedoch, die fruchtbaren Tage zu bestimmen, wenn eine Schwangerschaft gewollt ist.

Chemische Verhütungsmittel wie Zäpfchen oder Salben sind recht unsicher. Sie werden einige Zeit vor dem Geschlechtsverkehr tief in die Scheide eingeführt. Ihre Wirkstoffe töten Spermienzellen ab oder hemmen ihre Beweglichkeit, so dass sie die Eizelle nicht erreichen können. Wenn man chemische Verhütungsmittel mit einem Kondom oder Diaphragma kombiniert, erhöht sich die Sicherheit deutlich.

Diese Mittel zählen zu den *mechanischen Verhütungsmethoden*. Bei richtiger Anwendung ist das *Kondom* ein relativ sicheres Verhütungsmittel. Es wird über den steifen Penis gestreift und sorgt dafür, dass die Spermien nicht in die Scheide gelangen. Kondome sind leicht zu erhalten und schützen gleichzeitig vor der Ansteckung mit Aids und Geschlechtskrankheiten.

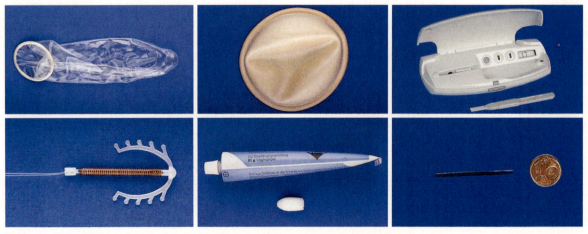

1 Ausgewählte Mittel und Methoden der Empfängnis- und Schwangerschaftsverhütung

Sexualität, Fortpflanzung und Entwicklung des Menschen

Andere mechanische Verhütungsmittel wie das *Diaphragma* oder die *Spirale* bieten diesen Schutz nicht. Das Diaphragma ist eine Gummikappe, bei der Größe und Passform vom Frauenarzt angepasst werden. Das richtige Einsetzen muss geübt werden. Dabei setzt die Frau das Diaphragma für mehrere Stunden so ein, dass es vor der Öffnung der Gebärmutter liegt. Es verhindert dort das Eindringen der Spermienzellen. Ein Diaphragma muss mit chemischen Mitteln kombiniert werden, damit die Sicherheit erhöht wird.

Spiralen sind zum Beispiel aus Kunststoff und einem Metall wie Kupfer. Sie werden vom Frauenarzt angepasst und in die Gebärmutter eingesetzt. Sie verhindern vor allem mechanisch die Einnistung einer befruchteten Eizelle in die Gebärmutterschleimhaut. Außerdem werden kleinste Mengen Kupfer-Ionen abgegeben. Diese Schwermetall-Ionen hemmen den Stoffwechsel von Zellen. Obwohl die Spirale zu den sicheren Verhütungsmethoden zählt und mehrere Jahre wirkt, ist sie nur für erwachsene Frauen geeignet. Zu den möglichen Nebenwirkungen zählen Abstoßungsreaktionen, Blutungen, Entzündungen und das Einwachsen in die Gebärmutterschleimhaut.

Die sicherste und von Frauen am häufigsten angewandte Methode ist die *hormonale Empfängnisverhütung* durch die *Pille*. Die Tabletten müssen regelmäßig eingenommen werden und stellen einen Eingriff in den natürlichen Hormonhaushalt der Frau dar. Sie enthalten eine bestimmte Mischung weiblicher Sexualhormone. Östradiol und Progesteron signalisieren der Hirnanhangsdrüse, dass sie selbst keine Hormone herstellen muss und bewirken so, dass weder eine Eireifung noch ein Eisprung stattfinden kann. Zudem wird die Gebärmutterschleimhaut nicht vollständig aufgebaut, sodass sich auch kein Keim einnisten könnte. *Minipillen* enthalten keine Östrogene. Ihre Einnahme bewirkt, dass sich der Schleimpfropf am Muttermund verdichtet. Er wird für Spermienzellen undurchlässig. Da die Pille ein Medikament ist, muss sie vom Frauenarzt verordnet werden. Oft muss das Präparat noch einmal gewechselt werden, um unerwünschte Nebenwirkungen wie Übelkeit, Durchfall, Gewichtszunahme oder Kopfschmerzen auszuschließen. Ähnlich wie die Pille wirken auch Hormonpräparate, die man einmal für mehrere Monate spritzt oder als kleine Depot-Stäbchen unter der Haut einsetzt. Verhütungsstäbchen bestehen aus weichem Kunststoff und geben regelmäßig kleinere Mengen an Hormonen ab. So ergibt sich ein langfristiger Schutz über drei Jahre und man braucht nicht an die regelmäßige Einnahme eines Präparates zu denken.

Als Methode der Empfängnisverhütung völlig ungeeignet ist der *Coitus interruptus*, das sogenannte »Aufpassen«. Hier wird der Penis vor dem Spermienerguss aus der Scheide gezogen. Allerdings können schon vorher einige Spermienzellen abgegeben werden, so dass keine ausreichende Sicherheit besteht.

Man kann sich auch für eine *Sterilisation* entscheiden. Dazu verschließt oder durchtrennt man bei Männern den Spermienleiter und bei Frauen den Eileiter. Diese Methode ist zwar sehr sicher, aber lässt sich nur schwer oder gar nicht wieder rückgängig machen.

1 Erstelle eine Mindmap mit den verschiedenen Methoden der Empfängnisverhütung.

2 Erläutere die Vorteile, Nachteile und Wirkungsweise der Pille.

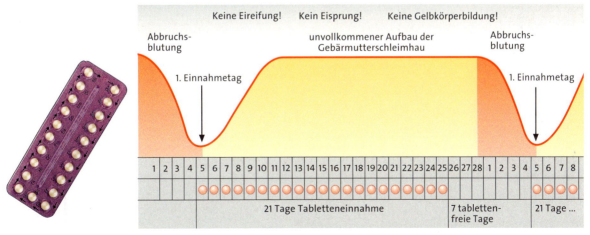

2 Wirkungsweise des Hormonpräparates Pille

Zusammenfassung: Sexualität, Fortpflanzung und Entwicklung des Menschen

Basiskonzept Fortpflanzung

Fortpflanzung ist ein Merkmal aller Lebewesen. Die Zeit der Geschlechtsreife, der Pubertät, beginnt bei Mädchen mit dem zehnten bis zwölften Lebensjahr, bei Jungen etwas später. Durch die Geschlechtshormone ändern sich Verhaltensweisen sowie körperliche Merkmale: Die sekundären Geschlechtsmerkmale bilden sich aus, die Geschlechtsorgane reifen und erreichen ihre volle Funktionsfähigkeit. Nun reifen im Eierstock der Frau Eizellen heran und in den Hoden des Mannes werden Spermienzellen gebildet. Beide Geschlechtszelltypen enthalten in ihren Zellkernen Erbmaterial, das sich bei der Befruchtung vereinigt, so dass mütterliche und väterliche Erbanlagen miteinander kombiniert werden. Diese Form der Fortpflanzung wird wegen der Bildung von Geschlechtszellen als *geschlechtliche Fortpflanzung* bezeichnet. Beim Menschen findet wie bei allen anderen Säugetieren die Befruchtung im Inneren des weiblichen Körpers statt. Auch die Entwicklung des Embryos und Fetus erfolgt im Mutterleib.

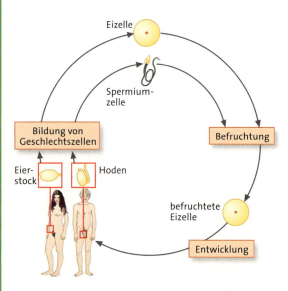

Basiskonzept Steuerung und Regelung

Die Bildung und Reifung der Geschlechtszellen wird durch Hormone gesteuert. Dabei regeln zum Beispiel die Hormone der Hypophyse den *Menstruationszyklus* einer Frau. Während der ersten 14 Tage reift im Eierstock ein Follikel heran, der die sich entwickelnde Eizelle enthält. In der Gebärmutter bildet sich zeitgleich eine dicke Schleimhaut. Um den 14. Tag des Zyklus erfolgt der Eisprung, die Eizelle wird freigesetzt. Der Follikel wandelt sich zum Gelbkörper um, der selbst das Hormon Progesteron bildet. Es sorgt dafür, dass die Schleimhaut mit feinen Blutgefäßen durchzogen wird, und hemmt die Ausschüttung der Hypophysenhormone FSH und LH. Falls keine Befruchtung erfolgt, verkümmert der Gelbkörper und die Schleimhaut wird mit der Menstruationsblutung ausgestoßen.

Eine Befruchtung kann durch *Verhütungsmittel* verhindert werden. Dabei werden in Deutschland am häufigsten Pillen zur hormonellen Verhütung angewendet. Für Jugendliche sind Kondome besonders zu empfehlen, da sie nicht nur eine ungewollte Schwangerschaft sondern auch Infektionen mit Krankheitserregern verhindern. Andere Verhütungsmittel wie Temperaturmethode, Diaphragma und chemische Mittel sind weniger sicher.

Basiskonzept Struktur und Funktion

Kommt es zur Befruchtung, teilt sich die entstandene Zygote in rascher Folge, so dass nach etwa sechs Tagen ein Bläschenkeim entstanden ist. Nach erfolgreicher Einnistung des Keims in der Gebärmutterschleimhaut, die etwa am achten Tag nach der Befruchtung stattfindet, spricht man von *Schwangerschaft*. In diesem Stadium entwickelt sich der obere Teil des Bläschenkeims zum eigentlichen Embryo, während der untere Teil, der in der Schleimhaut liegt, zu einem Teil der *Plazenta* wird. An ihrer Bildung ist auch die Gebärmutterschleimhaut beteiligt. Die Plazenta ist von zahlreichen feinen Blutgefäßen durchzogen, wobei mütterliches und fetales Blut eng aneinander vorbeifließen und ein Stoffaustausch durch die stark vergrößerte Oberfläche stattfinden kann. Nur so ist die Plazenta in der Lage, ihre zahlreichen Aufgaben zu erfüllen: Der Embryo nimmt Nährstoffe und Sauerstoff auf und gibt Kohlenstoffdioxid und Abfallstoffe ab. In der zweiten Schwangerschaftshälfte produziert die Plazenta auch Progesteron, damit kein neuer Follikel reifen kann.

Am 57. Tag sind in dem nur fünf Zentimeter großen Embryo alle Organe angelegt, er wird nun als Fetus bezeichnet. Nach etwa 40 Wochen ist der Fetus geburtsreif. Die Geburt selbst gliedert sich in drei Phasen: die Eröffnungs-, die Austreibungs- und die Nachgeburtsphase.

Wissen vernetzt — Sexualität, Fortpflanzung und Entwicklung des Menschen

A1 Pubertät

In der Pubertät entwickeln sich die sekundären Geschlechtsmerkmale.

Aufgaben:
a) Erläutere den Begriff »Pubertät«.
b) Stelle in einer Tabelle auftretende Veränderungen bei Jungen und Mädchen gegenüber.
c) Erläutere, weshalb gleichaltrige Jugendliche unterschiedlich weit entwickelt sein können.

A2 Geschlechtsorgan

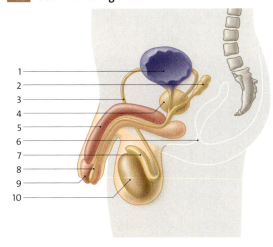

Aufgaben:
a) Ordne den Ziffern in den beiden Abbildungen die entsprechenden Begriffe zu.
b) Wende auf das Organ 10 das Basiskonzept Struktur und Funktion an.

A3 Gelbkörper

Nach einem Eisprung wandelt sich der Follikelrest in den Gelbkörper um. Dieser bildet sich nach etwa zehn Tagen wieder zurück, wenn keine Befruchtung erfolgt. Wird die Eizelle jedoch befruchtet, bleibt der Gelbkörper erhalten.

Aufgaben:
a) Erläutere die Aufgaben des Gelbkörpers im weiblichen Zyklus. Wende dabei das Basiskonzept Steuerung und Regelung an.
b) Erläutere die Bedeutung des Gelbkörpers während einer Schwangerschaft.

A4 Embryo

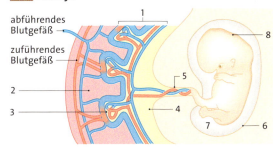

Die Abbildung zeigt einen Embryo mit den mütterlichen Hilfsorganen.

Aufgaben:
a) Ordne den Ziffern die passenden Begriffe zu.
b) Erläutere die Aufgaben der Organe 1, 5 und 6.
c) In der Abbildung sind zwei getrennte Blutkreisläufe zu erkennen, die in engem Kontakt zueinander stehen. Begründe die Trennung der beiden Kreisläufe.

A5 Verhütungsmethoden

Die Zuverlässigkeit verschiedener Verhütungsmethoden wird wie folgt angegeben:

Methode	Zuverlässigkeit
Zeitwahlmethode	85 Prozent
Chemische Mittel	etwa 90 Prozent
Kondom	95 Prozent
Minipille	98 Prozent
Pille	99,9 Prozent

Aufgaben:
a) Ordne die Verhütungsmethoden einer bestimmten Gruppe zu und erläutere kurz, wie sie funktionieren.
b) Gib für die Werte mögliche Ursachen an.

A6 Entwicklungsphasen eines Menschen

Aufgaben:
a) Ordne die Fotos der richtigen Entwicklungsphase zu.
b) Beschreibe kurz die Merkmale für diese zwei Phasen.

Grundlagen der Vererbung

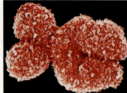
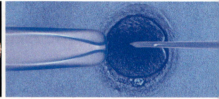

1 Erbanlagen werden von den Eltern weitergegeben

Beim Betrachten von Familienfotos fallen oft verblüffende Ähnlichkeiten im Aussehen von Verwandten auf. So können Kinder ihren Geschwistern, ihren Eltern oder sogar ihren Großeltern recht ähnlich sein. Daneben stellt man aber auch Unterschiede zwischen den Angehörigen einer Familie fest. Wie kommt es zu diesem Phänomen?

Die Farbe von Haut und Haaren, die Art der Haare sowie die Form von Ohren oder Nase sind äußere Eigenschaften, also **Merkmale**. Aber Merkmale sind nicht nur körperliche Eigenschaften, sondern auch Verhaltensweisen, Fähigkeiten und besondere Veranlagungen. Das äußere Erscheinungsbild eines Menschen, sein **Phänotyp**, setzt sich aus einer Vielzahl von Merkmalen zusammen. Alle Informationen zur Ausbildung von Merkmalen liegen in einer befruchteten Eizelle bereits vor. Die Gesamtheit dieser Information an *Erbanlagen* oder **Genen**, ergibt das Erbbild des Menschen, den **Genotyp**. Bei der Befruchtung einer Eizelle durch eine Spermiumzelle werden Erbanlagen von Mutter und Vater kombiniert. Daher weisen Kinder Merkmale der Eltern auf.

Die Weitergabe der Erbanlagen von Generation zu Generation nennt man **Vererbung**. Sie ist ein Forschungsgebiet der **Genetik**. Die Genetik spielt in vielen Bereichen mittlerweile eine bedeutende Rolle, besonders in der Pflanzen- und Tierzüchtung, aber auch in der Diagnostik von Krankheiten.

1 Familienfoto

Grundlagen der Vererbung

Nur sehr wenige Menschen können ihr Daumenendglied nach außen biegen. Dieses Merkmal ist also nur sehr selten in der Bevölkerung zu finden. Personen, die ein bestimmtes Merkmal aufweisen, heißen **Merkmalsträger.** Auch das Merkmal »angewachsene Ohrläppchen« tritt in der Bevölkerung selten auf. Die meisten Menschen haben freie Ohrläppchen und sind in dieser Hinsicht keine Merkmalsträger. Recht häufig kommt es dagegen vor, dass kleine Härchen auf dem zweiten Fingerglied wachsen. Bei etwa 70 Prozent der deutschen Bevölkerung tritt dieses Merkmal »Fingerbehaarung auf dem zweiten Fingerglied« auf. Etwa ebenso häufig wird die Fähigkeit vererbt, die Zunge mit den beiden Rändern nach oben einzurollen. Allerdings erlernen manche Menschen das Zungenrollen auch. Ein weiteres Beispiel für ein vererbtes Merkmal ist ein auffälliger Uringeruch, den einige Menschen nach dem Verzehr von Spargel wahrnehmen. Ursache hierfür ist ein flüchtiger schwefelhaltiger Stoff, das Methylmercaptan. Es entsteht durch ein bestimmtes Enzym aus Stoffen des Spargels und wird mit dem Urin ausgeschieden. Das Gen zur Bildung dieses Enzyms vererbt sich von den Eltern auf die Kinder.

Bei der Vererbung der meisten Merkmale, wie der Haarfarbe, wirken jedoch verschiedene Gene zusammen. Die Farbe der Haare wird durch das Vorhandensein von bestimmten Farbstoffen, den Pigmenten, bestimmt. Da sich die Information verschiedener Gene mischt, entstehen unterschiedliche Farbtöne. Manchmal tauchen auch Farbtöne auf, die weder beim Vater noch bei der Mutter vorkommen, stattdessen bei den Großeltern oder sogar Urgroßeltern. Auf ähnliche Weise wie die Haarfarbe werden auch die Haut- und Irisfarbe vererbt.

Die Vererbung eines Merkmals über mehrere Generationen kann durch einen **Familienstammbaum** verdeutlicht werden. Hier werden die verschiedenen Generationen der Nachkommen einer Familie grafisch durch Symbole und Verbindunglinien dargestellt. Merkmalsträger werden entsprechend gekennzeichnet.

1 Beschreibe Ähnlichkeiten und Unterschiede bei den Mitgliedern der Familie in Abbildung 1.
2 Nenne Ähnlichkeiten zwischen dir und anderen Familienmitgliedern wie Geschwistern, Eltern und Großeltern.
3 Zeichne einen Stammbaum deiner Familie bis zu den Großeltern. Stelle die Vererbung des Merkmals »angewachsene Ohrläppchen« dar.

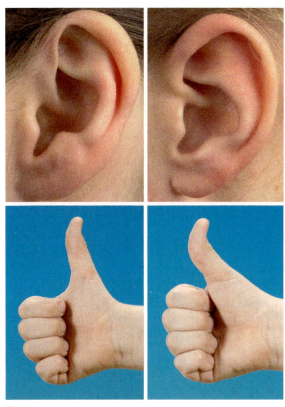

2 Vererbung von Merkmalen beim Menschen

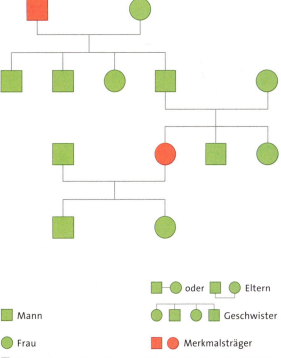

3 Stammbaum: Vererbung des Merkmals »Daumenbiegen«

Grundlagen der Vererbung

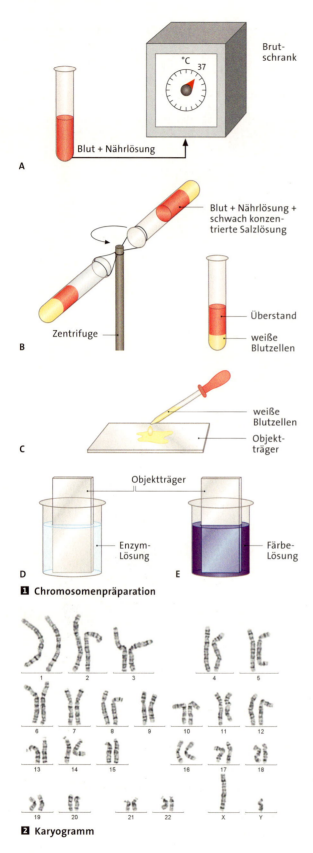

1 Chromosomenpräparation

2 Karyogramm

2 Chromosomen sind Träger der Erbanlagen

2.1 Der Chromosomensatz des Menschen

Ende des 19. Jahrhunderts stellte man fest, dass sich im Zellkern fädige Strukturen befinden, die sich anfärben lassen. Man bezeichnete sie als **Chromosomen** (gr. *chromos*, Farbe; *soma*, Körper). Heute weiß man, dass in den Chromosomen die Erbanlagen enthalten sind. Die Erbinformation befindet sich also im Zellkern jeder Zelle eines Lebewesens. Erst seit 1956 kennt man die genaue Anzahl der Chromosomen des Menschen, seinen **Chromosomensatz**. Jede Körperzelle eines Menschen enthält 46 Chromosomen. Jeweils zwei Chromosomen stimmen in ihrem Aussehen überein. Man nennt sie *homologe Chromosomen*. Der Chromosomensatz eines Mannes weist 22 solcher Chromosomenpaare auf. Sie heißen Körperchromosomen oder *Autosomen*. Hinzu kommen noch zwei unterschiedlich gestaltete Chromosomen, die als X-Chromosom und Y-Chromosom bezeichnet werden. Dies sind die Geschlechtschromosomen oder *Gonosomen*. Der Chromosomensatz einer Frau besteht ebenfalls aus 22 Autosomenpaaren und außerdem zwei X-Chromosomen als Gonosomen.

Menschliche Chromosomen können aus den Zellkernen weißer Blutzellen präpariert werden. Hierzu werden einige Tropfen Blut in eine Nährlösung gegeben. Im Brutschrank vermehren sich die weißen Blutzellen. Nach drei Tagen wird ihre weitere Entwicklung abgebrochen, indem der Zellkultur ein Zellgift zugegeben wird. Durch weitere Arbeitsschritte werden die weißen Blutzellen dann aus dem Blut isoliert. Hierzu erfolgt zunächst eine Behandlung mit einer schwach konzentrierten Salzlösung, wodurch die Roten Blutzellen platzen. Ihre Überreste und die übrigen Blutbestandteile werden dann durch Zentrifugation von den Weißen Blutzellen getrennt. Eine alkoholhaltige Lösung sorgt dafür, dass die Weißen Blutzellen Flüssigkeit verlieren. Mit Hilfe einer Pipette lässt man die Lösung mit den Zellen auf einen Objektträger fallen. Dabei platzen die Weißen Blutzellen und deren Zellkerne. So werden die Chromosomen frei und auf dem Objektträger ausgebreitet. Die Chromosomen werden dann mit einer Enzym- und einer Färbelösung behandelt. Dadurch werden Bandenmuster aus hellen und dunklen Bereichen auf den Chromosomen sichtbar. Schließlich mikroskopiert man die Chromosomen auf dem Objektträger und fotografiert sie. Am Computer werden die Chromosomen nach Größe, Form und Bandenmuster sortiert. Der geordnete Chromosomensatz heißt **Karyogramm**.

Grundlagen der Vererbung

Streifzug durch die Chemie — DNA

Die Chromosomen bauen sich aus Chromatinfäden auf. Sie bestehen aus *Nukleinsäuren* und Proteinen. Chromosomen sind Träger der Erbanlagen. Der Bakteriologe Oswald AVERY konnte 1944 nachweisen, dass die Nukleinsäuren in den Chromosomen die stoffliche Grundlage der Gene bilden, die die Erbinformation enthalten. Dabei stellt eine bestimmte Art von Nukleinsäuren die Erbsubstanz dar. Es ist die Desoxyribonukleinsäure, DNA (engl. *Desoxyribo Nucleic Acid*).

Die DNA ist ein unverzweigtes, langkettiges Molekül. Man kann sich seinen Aufbau wie eine in sich gedrehte Strickleiter vorstellen. Die beiden »Seile« sind einheitlich aus den gleichen Bausteinen zusammengesetzt. Es handelt sich um einen bestimmten Zucker, die Desoxyribose, und Phosphorsäure, die abwechselnd in den beiden »Seilen« angeordnet sind. Die »Sprossen« werden jeweils von zwei organischen Basen gebildet. In der DNA treten immer nur vier verschiedene Basen auf: Adenin (A), Thymin (T), Guanin (G) und Cytosin (C). Jeweils ein Zuckermolekül, ein Phosphorsäuremolekül und eine Base bauen ein *Nukleotid* auf. Viele Nukleotide bilden die Nukleinsäure. Aufgrund der speziellen Bauweise der einzelnen Basen können sie nur in bestimmten Kombinationen (Basenpaaren) auftreten. In einer »Sprosse« liegen stets Adenin und Thymin sowie Guanin und Cytosin einander gegenüber. Durch diese Kopplung sind die beiden Stränge der DNA nicht identisch. Sie entsprechen sich wie Positiv und Negativ eines Abdrucks. Man sagt, sie sind *komplementär*. Da der Doppelstrang der DNA nicht gestreckt, sondern spiralförmig gewunden ist, spricht man auch von einer Doppelspirale oder **Doppelhelix.**

Untersuchungen der beiden Chemiker James WATSON und Francis CRICK führten 1953 zu dem beschriebenen Modell des räumlichen Aufbaus der DNA.

Durch die Abfolge der Basenpaare wird die genetische Information festgelegt. Diese Erbinformation nennt man auch den **genetischen Code.** Die DNA einer Zelle enthält rund drei Milliarden Basenpaare. Diese verschlüsseln die etwa 25 000 Gene des Menschen. Die DNA aus einer einzelnen menschlichen Körperzelle ist im entwundenen Zustand etwa zwei Meter lang.

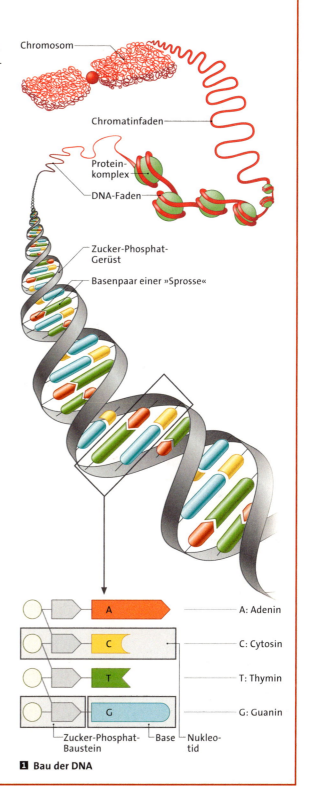

1 Bau der DNA

Grundlagen der Vererbung

2.2 Mitose und Zellteilung

Die zahlreichen, unterschiedlich differenzierten Zellen eines Menschen, eines Hundes, einer krautigen Pflanze oder eines Baumes sind jeweils aus einer einzigen Zelle hervorgegangen: aus der befruchteten Eizelle, der *Zygote*. Das Wachstum eines Lebewesens beruht auf der Vermehrung von Zellen. Auch bei der Regeneration verletzter Gewebe, zum Beispiel nach einem Sonnenbrand, müssen neue Zellen gebildet werden, die die abgestorbenen Zellen ersetzen. Die Vermehrung von Zellen erfolgt durch **Zellteilungen**.

Zellteilungen kann man besonders gut bei Wurzelspitzen von Pflanzen wie der Küchenzwiebel beobachten. Ein solches Gewebe sich ständig teilender Zellen bezeichnet man bei Pflanzen als **Bildungsgewebe** oder **Meristem**. Betrachtet man unter dem Mikroskop verschiedene Zellen im Meristem der Küchenzwiebel, fallen unterschiedlich aussehende Zellkerne und -strukturen auf.

Bei der mikroskopischen Beobachtung einer Zellteilung in einer angefärbten Wurzelspitzenzelle der Küchenzwiebel ist zu sehen, dass vor der eigentlichen Zellteilung die Teilung des Zellkerns erfolgt. Diese Kernteilung nennt man **Mitose**. Den Ablauf der Mitose kann man in einzelne Zeitabschnitte oder Phasen einteilen.

In der ersten Phase, der *Prophase*, ist der Zellkern deutlich als ein im Querschnitt rundliches Gebilde zu erkennen, das von einer Kernhülle begrenzt ist. Zu Beginn der Prophase sind keine Chromosomen zu sehen, sondern ein Knäuel von Chromatinfäden, deren Gesamtheit man als **Chromatin** bezeichnet. Im Verlauf der Prophase verkürzen sich die Chromosomen durch Aufschraubung und Faltung und werden dadurch sichtbar. Kernhülle und Kernkörperchen werden in kleinere Teile zerlegt und sind nun mikroskopisch nicht mehr zu erkennen. Gleichzeitig bilden sich faserige Strukturen aus, die *Spindelfasern*, die von den Zellpolen ausgehen und mit den Chromosomen verbunden sind.

Während der *Metaphase* werden die Chromosomen mit Hilfe dieses Spindelapparates zur Zellmitte bewegt und dort in einer Ebene, der *Äquatorialebene*, angeordnet. So entsteht die *Äquatorialplatte*. Die Chromosomen sind nun maximal verdichtet oder *kondensiert*. Deutlich lässt sich der Bau der Chromosomen erkennen: Jedes Metaphase-Chromosom setzt sich aus zwei identischen Längshälften, den *Chromatiden*, zusammen. Sie werden an einer Einschnürungsstelle, dem *Zentromer*, zusammengehalten.

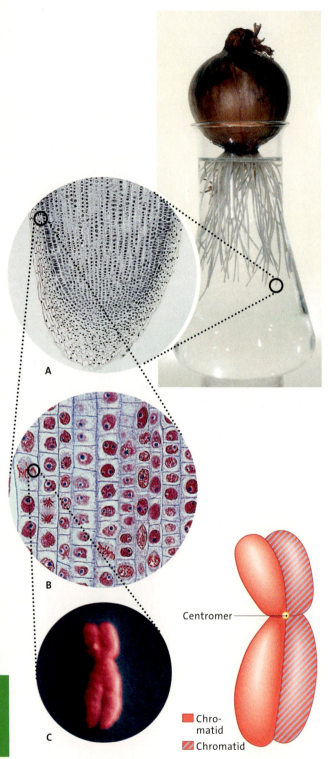

1 **Küchenzwiebel.** **A** Wurzelspitze (längs, mikroskopische Aufnahme); **B** Bildungsgewebe (Ausschnitt, mikroskopische Aufnahme); **C** Chromosom (links: mikroskopische Aufnahme, rechts: Schema)

Grundlagen der Vererbung

Chromosomen, die aus zwei Chromatiden bestehen, bezeichnet man als **Zwei-Chromatiden-Chromosomen.**

In der *Anaphase* verkürzen sich die Spindelfasern. Dabei werden die Chromatiden eines jeden Zwei-Chromatiden-Chromosoms voneinander getrennt und als *Ein-Chromatid-Chromosomen* zu den entgegengesetzten Polen gezogen.

Die letzte Phase der Mitose heißt *Telophase*. Die Chromosomen entschrauben und entfalten sich nun wieder. Gleichzeitig werden Kernhüllen und Kernkörperchen erneut sichtbar. Nach der Teilung des Zellkerns liegen somit zwei *Tochterkerne* vor. Im Zellplasma sind die Spindelfasern nicht mehr zu erkennen.

Bereits während der Telophase beginnt die Zelle sich einzuschnüren. Durch Ausbildung von Zellmembranen kommt es zur **Zellteilung.** Aus der Ausgangszelle sind zwei Tochterzellen gebildet worden. Diese besitzen jeweils die gleiche Chromosomenzahl wie die Mutterzelle und sind genetisch identisch.

Vor einer erneuten Zellteilung der Tochterzellen müssen sich die Ein-Chromatid-Chromosomen verdoppeln. Dies geschieht in einem Zeitabschnitt zwischen der Zellteilung und der nächsten Mitose, den man als **Interphase** bezeichnet. Der gesamte Vorgang von einer Interphase zur nächsten heißt **Zellzyklus.**

1. Erstelle eine Tabelle, in der du den einzelnen Phasen des Zellzyklus den jeweiligen Zustand eines Chromosoms zuordnest und die jeweilige DNA-Menge nennst.
2. Beschreibe mit Hilfe der Abbildung 2 den Ablauf der Mitose.
3. Informiere dich, zum Beispiel über das Internet, über die Anzahl der Chromosomen bei verschiedenen Lebewesen. Leite daraus Schlussfolgerungen ab über die Bedeutung der Chromosomenzahl für den Komplexitätsgrad eines Lebewesens.

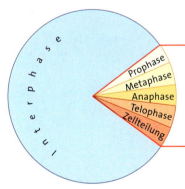

2 Zellzyklus

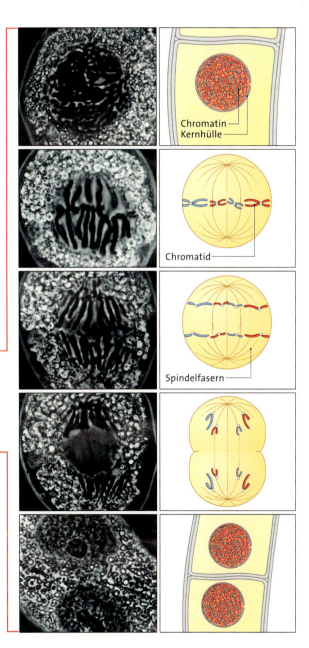

Die Dauer eines Zellzyklus ist je nach Zelltyp unterschiedlich. Der Zellzyklus einer Weißen Blutzelle des Menschen dauert unter optimalen Zellkulturbedingungen etwa 24 Stunden. Mitose und Zellteilung laufen in weniger als einer Stunde ab. Im Leben einer Zelle sind ihre Chromosomen also nur für wenige Minuten sichtbar.

2.3 Geschlechtszellen entstehen durch Meiose

Bei der sexuellen Fortpflanzung verschmelzen die Zellkerne von je einer Spermiumzelle und einer Eizelle. Die befruchtete Eizelle des Menschen enthält 46 Chromosomen, die als 23 homologe Paare vorliegen. Auch alle Körperzellen des Embryos, die durch mitotische Zellteilungen aus der befruchteten Eizelle hervorgehen, enthalten wie die Körperzellen seiner Mutter und seines Vaters 46 und nicht etwa 92 Chromosomen. Demnach erfolgt vor der Verschmelzung von zwei Geschlechtszellen eine Halbierung der Chromosomenzahl von 46 auf 23 Chromosomen. Geschlechtszellen weisen einen einfachen oder **haploiden** Chromosomensatz auf. Bei der Befruchtung vereinigen sich zwei haploide Chromosomensätze zu einem doppelten oder **diploiden** Chromosomensatz.

Zur Bildung von haploiden Geschlechtszellen aus Geschlechtsmutterzellen sind zwei Zellteilungen, so genannte *Reifeteilungen*, erforderlich, die man zusammen als **Meiose** bezeichnet.

Die Halbierung des Chromosomensatzes einer Geschlechtsmutterzelle findet in der **1. Reifeteilung** statt. Sie hat vorher die Interphase durchlaufen und das gesamte DNA-Material liegt bereits doppelt vor. Da der Chromosomensatz auf die Hälfte reduziert wird, spricht man auch von **Reduktionsteilung.** Im Verlauf der Prophase I werden die Zwei-Chromatiden-Chromosomen sichtbar. Sie werden dann in der Metaphase I zur Zellmitte bewegt. Dabei finden sich die homologen Chromosomen zusammen und ordnen sich nach dem Zufallsprinzip in der Äquatorialebene an: Mal liegt ein Chromosom mütterlicher Herkunft, mal eines väterlicher Herkunft oberhalb der Äquatorialebene. In der nachfolgenden Anaphase I werden die Zwei-Chromatiden-Chromosomen zu den entgegengesetzten Zellpolen transportiert. Somit werden die beiden homologen Chromosomen eines Chromosomenpaares voneinander getrennt. Die einzelnen Chromosomen in den Zellen können dann zufallsbedingt mütterlicher oder väterlicher Herkunft sein und dementsprechend die Erbinformation mütterlicher oder väterlicher Gene tragen. Es ist zu einer Durchmischung des Erbmaterials gekommen, die man **Rekombination** nennt. An jedem Zellpol liegt

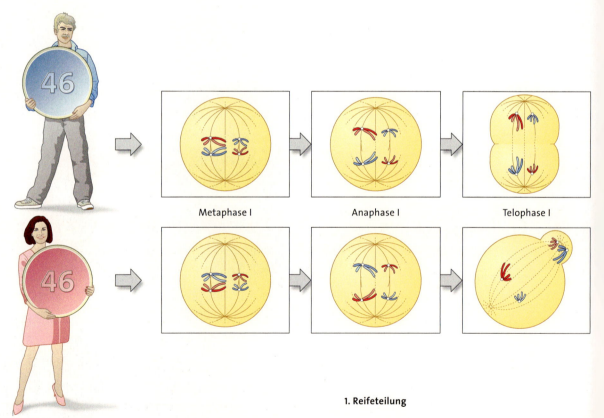

1. Reifeteilung

1 Bildung von Geschlechtszellen beim Menschen am Beispiel von zwei Chromosomenpaaren
(Schema und mikroskopische Aufnahmen einer Eizelle sowie von vier Spermiumzellen).

nun ein einfacher Chromosomensatz aus Zwei-Chromatiden-Chromosomen vor. Diese werden dann in einer sofort anschließenden **2. Reifeteilung** in Ein-Chromatid-Chromosomen getrennt. Damit ist die 2. Reifeteilung mit einer mitotischen Zellteilung vergleichbar.

Aus einer Spermienmutterzelle entstehen vier haploide Spermiumzellen. Auch aus einer Eimutterzelle gehen vier haploide Zellen hervor. Allerdings verkümmern drei dieser Zellen zugunsten einer großen, plasmareichen Eizelle.

Die biologische Bedeutung der Meiose ist somit die Halbierung des diploiden Chromosomensatzes zum haploiden Chromosomensatz. Bei der Verschmelzung von zwei Geschlechtszellen mit jeweils einfachem Chromsomensatz entsteht dann wieder ein Individuum mit doppeltem Chromosomensatz. Darüber hinaus kommt es bei der Meiose zur Neukombination von Erbanlagen durch die zufällige Verteilung von Chromosomen väterlicher und mütterlicher Herkunft. Dies zeigt sich zum Beispiel bei Geschwistern, die nicht gleich aussehen, obwohl sie gleiche Eltern haben. Auch bei anderen Lebewesen, die sich geschlechtlich fortpflanzen, wird der doppelte Chromosomensatz bei der Bildung von Geschlechtszellen halbiert. Dies erklärt die gerade Anzahl von Chromosomen in deren Körperzellen. So sind es zum Beispiel beim Hund 78, bei der Stechmücke 6, bei der Zwiebel 16 und bei der Kartoffel 48 Chromosomen.

1 Definiere folgende Begriffe: Zwei-Chromatiden-Chromosom, homologe Chromosomen, diploider Chromosomensatz, Reduktionsteilung.
2 Beschreibe den Unterschied zwischen mitotischer und meiotischer Anaphase I.
3 Erläutere, worin sich die Meiose bei Mann und Frau unterscheidet.
4 Berechne, wie viele Chromosomen sich nach 3 Generationen beim Menschen ergäben, wenn bei der Geschlechtszellbildung keine Meiose erfolgt.

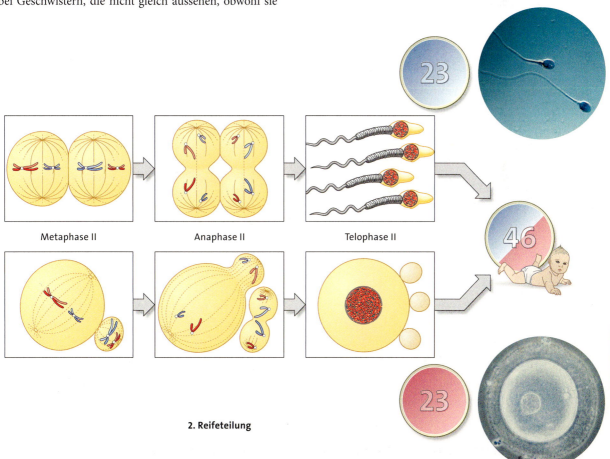

2. Reifeteilung

Grundlagen der Vererbung

Aufgaben und Versuche — Mitose, Meiose und Zellteilung

A1 Mitose und Zellteilung bei tierischen Zellen

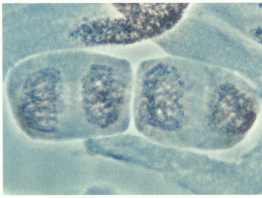

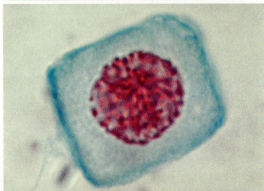

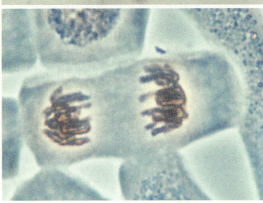

Die fotografischen Aufnahmen zeigen Präparationen von Wurzelzellen einer Zwiebel in verschiedenen Phasen des Zellzyklus.

Aufgaben:
a) Benenne und erläutere die jeweils dargestellten Phasen des Zellzyklus.
b) Grenze folgende Begriffe gegeneinander ab: Mitose, Metaphase, Zellteilung, Interphase, Zellzyklus.

V2 Bau von Chromosomenmodellen

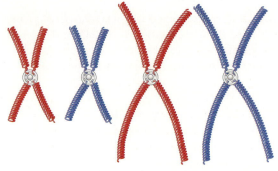

Material: Draht (zwei 40 cm lange rote und zwei 40 cm lange blaue sowie zwei 20 cm lange rote und zwei 20 cm lange blaue Stücke); vier große Druckknöpfe (mindestens 1 cm Durchmesser); Bleistift; weißes DIN-A4-Papier

Durchführung: Aus jeweils zwei gleich langen und gleich farbigen Drahtstücken sowie einem Druckknopf wird ein Modell eines Zwei-Chromatiden-Chromosoms gebaut. Hierzu wird jeder Draht durch zwei benachbarte Löcher einer Druckknopfhälfte gezogen. Mit Hilfe des Bleistifts werden die Drahtstücke aufgewickelt. Drahtstücke gleicher Farbe und Länge werden dann über einen Druckknopf miteinander verbunden.

Aufgaben:
a) Erläutere, welche Teile des Chromosomenmodells den Teilen eines Chromosoms entsprechen. Erkläre außerdem, was durch das Aufwickeln der Drahtstücke veranschaulicht wird.
b) Lege die vier Chromosomenmodelle auf das Blatt Papier. Stelle die Vorgänge bei der Kernteilung von Körperzellen im Rahmen der Mitose gemäß Abbildung 2 auf Seite 339 dar. Erläutere.
c) Nach der Entstehung der Tochterkerne soll einer davon im Modellversuch erneut geteilt werden. Vollziehe die Vorgänge im weiteren Verlauf des Zellzyklus am Modell nach.
d) Lege nun wieder die vier Chromosomenmodelle auf das Blatt Papier. Stelle dann die Vorgänge bei der Bildung von Geschlechtszellen im Rahmen der Meiose gemäß Abbildung 1 auf den Seiten 334 und 335 dar. Erläutere dabei die Unterschiede zu den Vorgängen bei der Mitose.

Grundlagen der Vererbung

V3 Mikroskopische Untersuchung von Mitosestadien

Material: Mikroskop; Zeichenpapier; Zeichenmaterial; Dauerpräparat einer Wurzelspitze der Küchenzwiebel (aus der Biologiesammlung)

Durchführung: Mikroskopiere das Bildungsgewebe der Wurzelspitze einer Küchenzwiebel.

Aufgabe: Suche vier Zellen in verschiedenen Phasen der Kernteilung. Stelle die stärkste Vergrößerung ein und zeichne diese Zellen. Gib durch Ziffern den zeitlichen Verlauf der Kernteilungsphasen an.

A4 Metaphasenpräparat

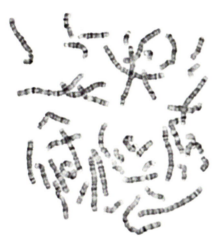

Aufgaben:
a) Begründe, ob es sich um Chromosomen aus dem Zellkern eines Menschen handelt.
b) Nenne Ordnungskriterien, nach denen Chromosomen sortiert werden können.
c) Bei der Chromosomendiagnostik werden die fotografierten Chromosomen zunächst am Rechner zum Karyogramm geordnet und dann auf Abweichungen vom normalen Erscheinungsbild untersucht. Entscheide, ob sich die Abbildung für ein Karyogramm eignet.

V5 DNA-Präparation

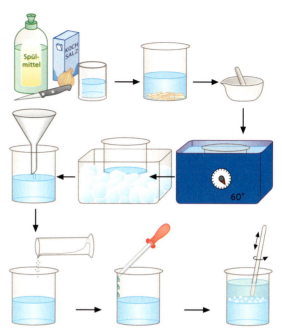

Material: Zwiebel (auch Tomate, Paprika oder Leber eignen sich); Spülmittel; Kochsalz; destilliertes Wasser; Feinwaschmittel; Ethanol; Brett; Messer; Becherglas (200 ml); Becherglas (50 ml); Pipette; Messpipette; Peleusball; Spatel; Glasstab; Mörser mit Pistill; Trichter; Filtrierpapier; Wasserbad; Eisbad

Durchführung: Die Zwiebel wird möglichst klein geschnitten und in das große Becherglas gegeben. Es werden 5 ml Spülmittel, eine Spatelspitze Kochsalz und 50 ml destilliertes Wasser hinzugegeben und vermischt. Die Mischung wird in den Mörser überführt, mit dem Pistill zu einem körnigen Mus verrieben und wieder in das Becherglas gegeben. Das Becherglas wird im Wasserbad für etwa 15 Minuten bei 60°C erhitzt und anschließend im Eisbad auf Raumtemperatur gekühlt. Die Mischung wird filtriert, das Filtrat wird im kleinen Becherglas aufgefangen. Es genügen 2 bis 3 ml. Das Filtrat wird mit einigen Körnchen Feinwaschmittel versetzt und durch Schütteln vermischt. Mit Hilfe der Pipette wird die Mischung vorsichtig mit Ethanol überschichtet. Die DNA fällt aus und kann mit dem Glasstab als Faden aus der Flüssigkeit entnommen werden.

Grundlagen der Vererbung

3 Mendel und die Gesetzmäßigkeiten der Vererbung

3.1 Phänotyp und Genotyp

Lange Zeit bemühten sich Naturforscher vergebens, die Vererbung von Merkmalen zu erklären. Erst Mitte des 19. Jahrhunderts entdeckte Gregor MENDEL durch Versuche mit Pflanzen einige Gesetzmäßigkeiten der Vererbung. MENDEL war Augustinermönch in einem Kloster in Brünn, wo er sich intensiv mit der Botanik beschäftigte. Nach einem zweijährigen Studium der Naturwissenschaften in Wien begann er 1857 im Abteigarten seines Klosters mit Vererbungsversuchen.

MENDEL experimentierte mit verschiedenen Zuchtformen der Gartenerbse, die sich in bestimmten Merkmalen wie der Blütenfarbe, der Samenfarbe und der Samenform voneinander unterschieden. Für seine Versuche verwendete er nur solche Pflanzen, die das bestimmte Merkmal über mehrere Generationen beibehielten. Solche Pflanzen bezeichnet man als **reinerbig.** So wählte MENDEL Erbsenpflanzen mit reinerbig weißen und reinerbig roten Blüten aus. Diese Pflanzen bildeten die Elterngeneration oder **Parentalgeneration (P).**

2 Gregor MENDEL (1822–1884)

MENDEL verwendete als Technik für seine Kreuzungsversuche die *künstliche Bestäubung:* Er entfernte die noch unreifen Staubblätter der jungen weiß blühenden Erbsenpflanzen, um eine Bestäubung durch Pollenkörner derselben Pflanze zu verhindern. Dann bestäubte er die Narben

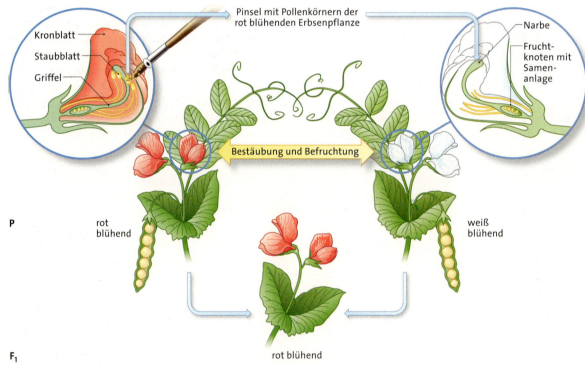

1 Kreuzung reinerbiger Zuchtformen der Erbse durch künstliche Bestäubung.
Parentalgeneration einer rot und einer weiß blühenden Zuchtform, Filialgeneration einer rot blühenden Hybride

dieser Blüten mit Pollenkörnern der rot blühenden Erbsenpflanzen mit Hilfe eines Pinsels. Durch Schutzhüllen um die behandelten Blüten verhinderte er eine Fremdbestäubung durch Insekten oder Wind.

Die Vereinigung von Geschlechtszellen unterschiedlicher Phänotypen heißt *Kreuzung*. Nach der Befruchtung der Eizellen in den Samenanlagen durch die männlichen Geschlechtszellen entstanden die Samen. Diese säte MENDEL wieder aus und beobachtete, wie sich die Pflanzen der 1. Tochtergeneration oder **Filialgeneration (F_1)** entwickelten. Obwohl er den Pollen einer rot blühenden Zuchtform auf eine weiß blühende Zuchtform übertragen hatte, waren zu seiner Überraschung alle F_1-Pflanzen rot blühend. Auch wenn er umgekehrt, bei einer *reziproken Kreuzung*, rot blühende Erbsen mit dem Pollen weiß blühender Erbsen bestäubte, erhielt er in der F_1-Generation wieder einheitlich rot blühende Pflanzen. Anhand dieser Beobachtungen sowie vieler weiterer Untersuchungen auch mit anderen Merkmalen formulierte er eine Gesetzmäßigkeit, die später als die 1. MENDELsche Regel bezeichnet wurde: *Kreuzt man Lebewesen einer Art, die sich in einem Merkmal unterscheiden, für das sie reinerbig sind, so sind die Nachkommen in der F_1-Generation in Bezug auf dieses Merkmal untereinander gleich (uniform).* Man spricht daher auch von der **Uniformitätsregel**. Wie ist diese Uniformität zu erklären?

MENDEL nahm an, dass jedes Merkmal im Phänotyp durch das Zusammenwirken von zwei Erbanlagen ausgebildet wird, die jeweils von einem der beiden Eltern stammen. Heute weiß man, dass sich diese Erbanlagen, auch **Allele** genannt, am gleichen Ort auf zwei homologen Chromosomen befinden. Die durch Meiose gebildeten haploiden Geschlechtszellen besitzen nur eines von zwei homologen Chromosomen und damit nur eine Erbanlage. Die Geschlechtszellen reinerbig rot blühender Erbsen enthalten somit das Allel zur Ausbildung der Blütenfarbe Rot, die von reinerbig weiß blühenden Erbsen das Allel zur Ausbildung der Blütenfarbe Weiß. Treffen nun beide Geschlechtszellen bei der Befruchtung zusammen, enthält die Zygote ein Allel für »rot« und eines für »weiß«. Die Beobachtung, dass die Pflanzen ausschließlich rot blühend waren, erklärte MENDEL folgendermaßen: Die Anlage für rote Blütenfarbe ist »stärker« als die Anlage für weiße Blütenfarbe und unterdrückt sie. Man sagt, dieses Allel ist **dominant**. Es wird durch einen Großbuchstaben (R) gekennzeichnet. Die unterdrückte Anlage wird als **rezessiv** bezeichnet und mit dem entsprechenden Kleinbuchstaben (r) benannt. Reinerbig rot blühende Erbsen haben demnach den Genotyp RR, reinerbig weiß blühende Erbsen den Genotyp rr. Ihre gemeinsamen Nachkommen haben bezüglich des Merkmals »Blütenfarbe« den Genotyp Rr. Die F_1-Pflanzen sind somit in Bezug auf dieses Merkmal *mischerbig*, man spricht auch von Mischlingen oder *Hybriden*.

Bei dem beschriebenen *dominant-rezessiven Erbgang* entstehen ausschließlich rot blühende Erbsenpflanzen in der 1. Filialgeneration. Der Botaniker Carl Erich CORRENS (1864–1933) führte um 1900 Versuche durch, bei denen er reinerbig rot und weiß blühende Wunderblumen kreuzte. Er beobachtete eine besondere Ausnahme: Die entstehenden Mischlinge waren alle rosafarben. Bei der Wunderblume wird die Blütenfarbe also ebenfalls gemäß der 1. MENDELschen Regel vererbt. Weil die Blütenfarbe Rosa zwischen den Blütenfarben der Eltern liegt, spricht man von einem *intermediären Erbgang*.

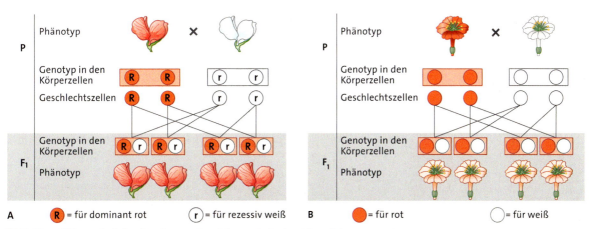

3 Uniformitätsregel. A dominant-rezessiver Erbgang bei reinerbigen Erbsen; **B** intermediärer Erbgang bei reinerbigen Wunderblumen

Grundlagen der Vererbung

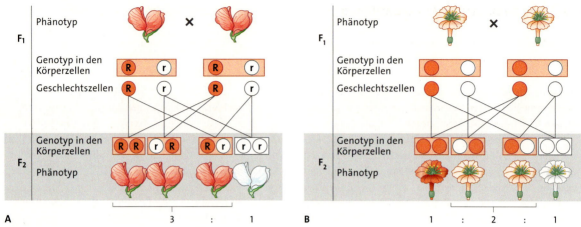

4 Spaltungsregel. **A** dominant-rezessiver Erbgang bei mischerbigen Erbsen; **B** intermediärer Erbgang bei mischerbigen Wunderblumen

Was geschieht, wenn die Hybriden der F_1-Generation miteinander gekreuzt werden? Zur Klärung dieser Frage säte MENDEL Samen von rot blühenden Erbsen-Hybriden aus und vermehrte sie durch Selbstbestäubung. Dann untersuchte er das Aussehen der **2. Filialgeneration** (F_2). Er zählte etwa dreimal so viele rot blühende wie weiß blühende Erbsenpflanzen. Die Merkmale der Parentalgeneration spalteten sich somit in der F_2-Generation in einem Verhältnis von etwa 75 zu 25 Prozent wieder auf. Kontrollversuche mit anderen Merkmalen wie Farbe oder Form der Samen oder Hülsen ergaben stets ein ähnliches Verhältnis. Daraus leitete sich eine weitere Gesetzmäßigkeit der Vererbung ab, die später als **2. MENDELsche Regel** oder **Spaltungsregel** formuliert wurde: *Kreuzt man die Mischlinge der F_1-Generation untereinander, so spalten sich die Merkmale der Eltern in der F_2-Generation in einem bestimmten Zahlenverhältnis wieder auf.*

Mit dem heutigen Wissen über die Verteilung der Chromosomen bei der Meiose und ihre Kombination bei der Verschmelzung von Geschlechtszellen kann dies erklärt werden: Alle rot blühenden F_1-Hybriden haben den Genotyp Rr. Die von ihnen gebildeten Geschlechtszellen enthalten jeweils eines der beiden homologen Chromosomen mit dem Allel R oder r. Bei der Befruchtung sind die Kombinationen RR, Rr, rR oder rr möglich. Die Pflanzen mit den Genotypen RR (reinerbig) und Rr beziehungsweise rR (mischerbig) blühen Rot, nur die reinerbigen rr-Erbsenpflanzen haben weiße Blüten. Das Verhältnis von 3:1, das hier beim Phänotyp vorliegt, trifft allerdings nur auf einen dominant-rezessiven Erbgang zu. Beim intermediären Erbgang, nach dem die Blütenfarbe bei der Wunderblume vererbt wird, ist das Verhältnis 1:2:1. Das heißt, etwa 25 Prozent der F_2-Pflanzen haben rote Blüten (zwei Allele für »rot«), 50 Prozent haben rosafarbene Blüten (ein Allel für »rot« und eines für »weiß«), und 25 Prozent haben weiße Blüten (zwei Allele für »weiß«).

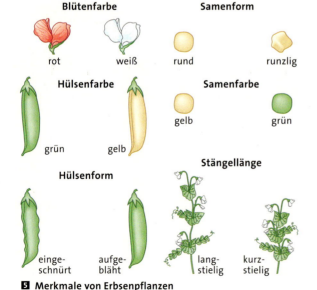

5 Merkmale von Erbsenpflanzen

1 MENDEL erhielt bei der Auswertung von Kreuzungsversuchen mit Erbsen für verschiedene F_2-Generationen folgende Ergebnisse: 6022 gelbe und 2001 grüne Samen; 5474 runde und 1850 runzelige Samen. Berechne das jeweilige Verhältnis.

2 Vergleiche den dominant-rezessiven mit dem intermediären Erbgang. Berücksichtige die 1. und 2. MENDELsche Regel sowie Phänotypen und Genotypen.

3.2 Neukombination von Erbanlagen

Erbgänge, bei denen sich die Eltern in nur einem Merkmal unterscheiden, nennt man **monohybrid**. MENDEL wollte auch wissen, wie mehrere unterschiedliche Merkmale gleichzeitig vererbt werden. So untersuchte er einen Erbgang mit zwei Merkmalen, einen **dihybriden Erbgang**. Er verwendete Erbsenpflanzen, die sich in den Merkmalen Samenform und Samenfarbe unterschieden. Die Samen der einen Zuchtform waren gelb und rund, die der anderen Zuchtform grün und runzelig.

Entsprechend der Uniformitätsregel hatten die Mischlinge der F_1-Generation den gleichen Phänotyp: Ihre Samen waren gelb und rund. Durch die Vereinigung des Erbgutes beider Eltern waren *doppelt-mischerbige* Mischlinge entstanden, bei denen die dominanten Merkmale »gelbe Samenfarbe« und »runde Samenform« die rezessiven Merkmale »grüne Samenfarbe« und »runzelige Samenform« überdeckten. Ein solcher Erbgang lässt sich an einem Erbschema in Form eines Kombinationsquadrates nachvollziehen.

Heute weiß man, dass die Anlage für die Ausbildung der Samenfarbe auf einem anderen Chromosom liegt als die Anlage für die Ausbildung der Samenform. Als MENDEL 15 Pflanzen dieser F_1-Mischlinge miteinander kreuzte, waren von den 556 gezählten Erbsensamen der F_2-Generation 315 gelb-rund, 101 gelb-runzelig, 108 grün-rund und 32 grün-runzelig. Es entstanden also vier verschiedene Samenformen, die in einem Zahlenverhältnis von etwa 9:3:3:1 auftraten. Dies zeigte, dass die Merkmale der Ausgangsformen unabhängig voneinander kombiniert werden konnten. Es kam auch zu Neukombinationen, nämlich gelben und runzeligen sowie grünen und runden Samen, und damit zur Entstehung neuer Zuchtformen. Diese Neukombination von Erbanlagen wurde in der **3. MENDELschen Regel**, der **Unabhängigkeitsregel** formuliert: *Kreuzt man Lebewesen einer Art, die sich in mehreren Merkmalen reinerbig unterscheiden, so können die einzelnen Anlagen unabhängig voneinander vererbt und neu kombiniert werden.* In der Tier- und Pflanzenzüchtung nutzt man die unabhängige Weitergabe von Erbanlagen, um neue Zuchtformen zu schaffen und gewünschte Merkmale miteinander zu kombinieren.

1 Ermittle das Zahlenverhältnis für die verschiedenen Phänotypen der F_2-Generation in Abbildung 1.

2 Erkläre anhand von Abbildung 1, wie die neuen Zuchtformen entstanden sind. Beziehe dabei deine Kenntnisse über die Meiose ein.

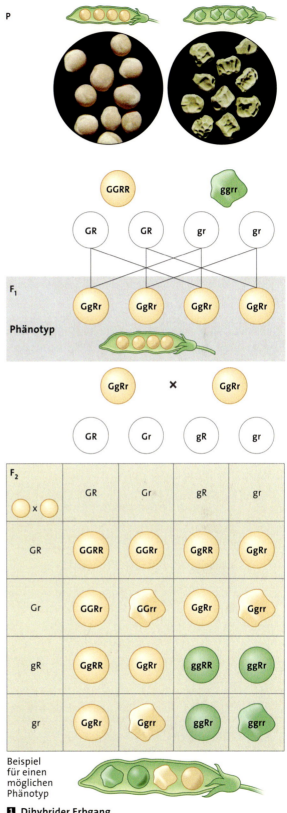

1 Dihybrider Erbgang

3.3 Die Rückkreuzung

In der Tier- und Pflanzenzüchtung ist es wichtig, dass man den Genotyp der Tiere oder Pflanzen, die gekreuzt werden sollen, genau kennt. Beim intermediären Erbgang lässt sich der Genotyp direkt aus dem Phänotyp ableiten: Rot oder weiß blühende Individuen der Wunderblume sind reinerbig, mischerbige Individuen haben stets rosafarbene Blüten. Beim dominant-rezessiven Erbgang aber können nur solche Individuen als reinerbig erkannt werden, die im Phänotyp das rezessive Merkmal zeigen, zum Beispiel das Merkmal »weiße Blütenfarbe« bei der Gartenerbse. Dagegen kann man rot blühenden Gartenerbsen ihren Genotyp nicht ansehen, da das dominante Merkmal »rote Blütenfarbe« auch bei mischerbigen Individuen im Phänotyp ausgeprägt wird, bei denen das Allel nur einmal vorliegt. Wie lässt sich bei dominant vererbten Merkmalen feststellen, welche Pflanzen oder Tiere reinerbig sind?

Bei Mäusen wird das Merkmal »schwarze Fellfarbe« dominant vererbt, das Merkmal »weiße Fellfarbe« rezessiv. Möchte man feststellen, ob ein Tier mit schwarzem Fell reinerbig oder mischerbig ist, bringt man es mit einer weißen Maus zur Fortpflanzung. Dies entspricht der Kreuzung mit einem Tier der Parentalgeneration. Deshalb bezeichnet man diese Art der Kreuzung als **Rückkreuzung.**

Wenn das untersuchte schwarze Tier mischerbig ist, so treten bei einer solchen Rückkreuzung zwei Phänotypen im Zahlenverhältnis 1:1 auf: 50 Prozent der Tiere zeigen das rezessive Merkmal »weiße Fellfarbe« (a) und müssen daher reinerbig sein (aa), 50 Prozent der Tiere zeigen das dominante Merkmal »schwarze Fellfarbe« (A). Diese Tiere können nur mischerbig sein (Aa), denn sie haben stets ein rezessives Allel von dem Elterntier mit weißem Fell erhalten.

Ist die untersuchte schwarze Maus reinerbig, so sind die Nachkommen, die aus der Rückkreuzung hervorgehen, gemäß der 1. MENDELschen Regel uniform: Sie haben ein schwarzes Fell und sind in Bezug auf den Genotyp mischerbig.

1 Vergleiche die Rückkreuzung einer reinerbigen Maus mit der Rückkreuzung einer mischerbigen Maus.
2 Erläutere, weshalb die Rückkreuzung auch Testkreuzung genannt wird.

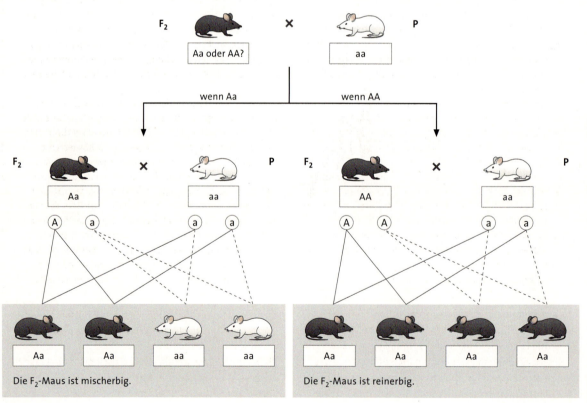

1 Rückkreuzung

Grundlagen der Vererbung

Wissen kompakt — Modellorganismen in der Genetik

Name: Fadenwurm *(Caenorhabditis elegans)* **(LM)**
Größe: etwa 1 Millimeter
Anzahl der Chromosomen: 12
Anzahl der Basenpaare: 80 Millionen
Anzahl der Gene: etwa 19 000
Vorkommen: in feuchtem Boden
Besonderheiten: Der Fadenwurm besitzt einen sehr einfachen Körperbau, jedes Tier besteht aus exakt 959 Zellen. Die Entwicklung vom befruchteten Ei zum ausgewachsenen Wurm dauert nur wenige Tage. Er überlebt in eingefrorenem Zustand beliebig lange, sodass er für spätere Untersuchungen problemlos gelagert werden kann. Diese Eigenschaften machen ihn zu einem idealen Modellorganismus für Genetiker.
Bedeutung für die Genetik: Der Fadenwurm war das erste vielzellige Tier, dessen Erbinformation vollständig entziffert werden konnte. Die Genetiker wissen inzwischen sehr genau, wie die Entwicklung des Fadenwurms abläuft, das heißt, wann sich die Zellen während der Entwicklung teilen, welche Merkmale sie ausbilden und welche Funktion sie im Körper des Tieres übernehmen. Obwohl sich der Körperbau des Fadenwurms von dem des Menschen stark unterscheidet, lassen sich Erkenntnisse über grundlegende biologische Vorgänge auf den Menschen übertragen. So können Forscher die Mechanismen der Zellteilung und des Zelltodes besser verstehen. Dies ist zum Beispiel für die Krebsforschung von großer Bedeutung.

Name: Taufliege *(Drosophila melanogaster)*
Größe: wenige Millimeter
Anzahl der Chromosomen: 8
Anzahl der Basenpaare: 170 Millionen
Anzahl der Gene: etwa 14 000
Vorkommen: bevorzugt in faulendem, zur Gärung übergehendem Obst, dort erfolgt auch die Eiablage
Besonderheiten: Im Labor ist die Taufliege einfach und kostengünstig zu halten und zu vermehren. Die Entwicklung zur Imago dauert nur 9 Tage. Neben diesen Eigenschaften eignet sich die Taufliege auch deshalb sehr gut für genetische Untersuchungen, weil ihre Chromosomen in manchen Zelltypen besonders gut untersucht werden können.
Bedeutung für die Genetik: Taufliegen mit bestimmten Änderungen ihrer Erbsubstanz können missgestaltete Körperteile aufweisen. Dies sind zum Beispiel verkümmerte Flügel oder eine veränderte Augen- oder Körperfarbe. Anhand solcher Mutanten hat man inzwischen viele Gene gefunden, die notwendig sind, um einen Körper auszubilden, bei dem sich beispielsweise der Verdauungstrakt, die Augen und alle anderen Organe am rechten Platz befinden. Viele dieser Insektengene entsprechen ähnlichen Genen bei Wirbeltieren einschließlich des Menschen. So können durch systematische genetische Untersuchungen von *Drosophila* Fragestellungen erforscht werden, die auch die Entwicklungsbiologie des Menschen betreffen.

1. Informiere dich, zum Beispiel im Internet, über die Ackerschmalwand *(Arabidopsis thaliana)* und die Hefe *(Saccharomyces cerevisiae)* als Modellorganismen in der Genetik. Recherchiere weitere solcher Organismen.

2. Erläutere, welche Kriterien ein Lebewesen erfüllen sollte, das als Modellorganismus in der Genetik eingesetzt werden soll.

3. Begründe, warum sich der Mensch nicht als Modellorganismus in der Genetik eignet.

Aufgaben und Versuche — MENDEL und die Gesetzmäßigkeiten der Vererbung

A1 Kreuzung zweier Erbsenpflanzen

Die Kreuzung zweier reinerbiger Erbsenpflanzen ergibt in der F_1-Generation Nachkommen mit ausschließlich grünen Hülsen.

Aufgaben:
a) Benenne den Erbgang.
b) Zeichne ein Erbschema bis zur F_2-Generation.

V2 Vererbung eines Merkmalspaares

Material: Zeichenkarton in den Farben Weiß, Rosa und Rot; Schere; Stift

Durchführung: Zeichne auf jeden der 3 Zeichenkartons je 5 Blütensymbole (etwa in der Größe eines 2-Euro-Stücks), und schneide diese aus. Schneide aus dem roten und weißen Karton je 12 kleinere Kreise aus. Diese Farbpunkte symbolisieren Erbanlagen.

Parentalgeneration:

Aufgaben:
a) Lege mit den Blütensymbolen einen intermediären Erbgang, bei dem die Eltern 4 Nachkommen haben. Verwende Eltern mit den Blütenfarben Weiß und Rot. Ordne den einzelnen Blütensymbolen je 2 Farbpunkte als Erbanlagen zu.
b) Lege mit den Blütensymbolen einen dominant-rezessiven Erbgang, bei dem die Eltern 4 Nachkommen haben. Verwende Eltern mit den Blütenfarben Weiß und Rot. Ordne den einzelnen Blütensymbolen je zwei Farbpunkte als Erbanlagen zu.
c) Übertrage die Erbgänge, die du bei a) und b) erhalten hast, in dein Heft. Verbinde die Erbanlagen der Parentalgeneration und Filialgeneration mit Linien, die die jeweilige Kombination der Erbanlagen bei der Vererbung zeigen. Vergleiche.
d) Lege mit den Blütensymbolen eine Kreuzung von Mischlingen, die aus einem intermediären Erbgang stammen. Lege dann eine Kreuzung von Mischlingen aus einem dominant-rezessiven Erbgang. Gib zu jedem Erbgang die Genotypen an. Vergleiche.
e) Vollziehe mit Hilfe der Blütensymbole und der Farbpunkte eine Rückkreuzung für eine Blüte »unbekannten« Genotyps. Lege Blütensymbole und Erbanlagen wie folgt:

P:

F_1:

? ? ? ?

P:

F_1:

? ? ? ?

A3 Kreuzung von F_1-Erbsenpflanzen

In einem Lehrbuch findet sich folgende Beschreibung zur Kreuzung von Erbsen mit dem Merkmal Samenfarbe: »Kreuzt man zwei F_1-Erbsenpflanzen mit gelben Samen miteinander, erhält man in der F_2 drei gelbsamige und eine grünsamige Pflanze.«
Nimm begründet Stellung zu dieser Beschreibung.

Grundlagen der Vererbung

V4 Vererbung von zwei Merkmalspaaren

Material: 2 Bögen Zeichenkarton oder dünne Pappe (DIN A4); Papier (DIN A2) oder Tapete; schwarzer Farbstift; Bleistift; Schere; Klebestift

Durchführung: Vergrößere die dargestellten Symbole für das Aussehen (Phänotyp) der Meerschweinchen auf etwa 400 % und klebe sie auf Zeichenkarton. Stelle auf gleiche Weise die Symbole für die Genotypen her. Es bedeuten: großes Quadrat, mit Großbuchstaben = dominantes Merkmal; kleines Quadrat, mit Kleinbuchstaben = rezessives Merkmal.

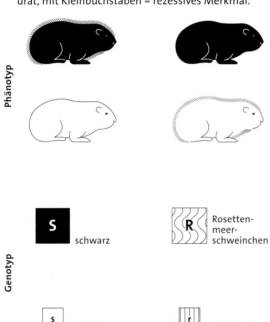

Zeichne auf das Papier – entsprechend der Abbildung rechts – ein Kombinationsquadrat mit 16 Kreuzungsfeldern. Wähle die Größe der Kreuzungsquadrate so, dass die Symbole der Phänotypen und Genotypen hineinpassen.

Aufgaben:

a) Erläutere den Erbgang der Kreuzung zweier reinerbiger Meerschweinchen.

b) Ermittle die möglichen Genotypen der Meerschweinchen in der F_2-Generation. Lege dazu den Erbgang für die Kreuzung der F_1-Mischlinge. Verwende die Symbole und ein Kombinationsquadrat.

c) Welche Bedeutung hat das Ergebnis von Aufgabe b) für den Züchter? Erläutere.

A5 Vererbung beim Menschen

Auch beim Menschen folgt die Vererbung vieler Merkmale den MENDELschen Regeln. So können Erbkrankheiten dominant oder rezessiv vererbt sein.
Informiere dich, zum Beispiel über das Internet, über Mukoviszidose (Zystische Fibrose), und Chorea Huntington. Berücksichtige die Art des Erbgangs, das Krankheitsbild (Phänotyp) und die Häufigkeit in der Bevölkerung. Du kannst auch Berichte von Betroffenen recherchieren oder Kontakt zu Selbsthilfegruppen aufnehmen.

4 Vom Gen zum Merkmal

In welcher Beziehung steht die genetische Information, die im Genotyp festgelegt ist, zu den phänotypischen Merkmalen eines Lebewesens? Wie wird zum Beispiel die genetische Botschaft für rot gefärbte Blüten bei der Ausprägung dieses Merkmals in den Zellen einer Erbsenblüte umgesetzt?

In den Zellen der Kronblätter einer rot blühenden Erbse wird der rote Farbstoff aus farblosen Vorstufen in den Vakuolen aufgebaut. Diese Synthese erfolgt im Zellplasma der Kronblattzellen mit Hilfe von Enzymen. Enzyme sind spezielle Proteine, die Stoffe auf-, um- oder abbauen. Den weiß blühenden Pflanzen fehlt das Enzym, das für die Synthese des roten Farbstoffs benötigt wird. Ihr Stoffwechsel ist verändert. Die Nachkommen aus der Kreuzung weiß blühender Erbsen untereinander haben ebenfalls weiße Blüten. Der veränderte Stoffwechsel ist somit erblich. Die Information für die Bildung des Enzyms zur Farbstoffsynthese ist in der Erbsubstanz in Form von **Genen** gespeichert. Man sagt, die Blütenfarbe ist genetisch festgelegt.

Ein Gen ist ein Abschnitt der Erbsubstanz DNA. Dieses lange fadenförmige Molekül ist ein Bestandteil der Chromosomen. Ein Gen kann also einem bestimmten Ort auf einem Chromosom zugeordnet werden.

Für die Ausprägung des Merkmals »rote Blütenfarbe« ist ein Gen verantwortlich, das die Information für den Aufbau des entsprechenden Enzyms enthält. Rot blühende Erbsen besitzen das funktionsfähige Gen und damit das entsprechende Enzym für die Merkmalsausbildung, während weiß blühende Erbsen ein verändertes Gen haben und dieses Enzym deshalb nicht herstellen können. Somit stellen Proteine das Bindeglied zwischen Genotyp und Phänotyp dar.

In jedem Lebewesen kommt eine Vielzahl unterschiedlicher Proteine vor. Proteine sind aus 20 verschiedenen Bausteinen, den Aminosäuren, aufgebaut. Je nach Art des Proteins sind die Aminosäuren in unterschiedlicher Anzahl und Reihenfolge miteinander verknüpft. In welcher Weise ist nun die Information für die Abfolge der Aminosäuren in der Erbsubstanz DNA gespeichert?

Die genetische Information ist in der Reihenfolge der Nukleotide verschlüsselt, ähnlich wie sich der Sinn von Wörtern durch die Kombination verschiedener Buchstaben ergibt. Man spricht vom **genetischen Code** oder Gencode. Man sagt auch, ein Gen *codiert* für ein bestimmtes

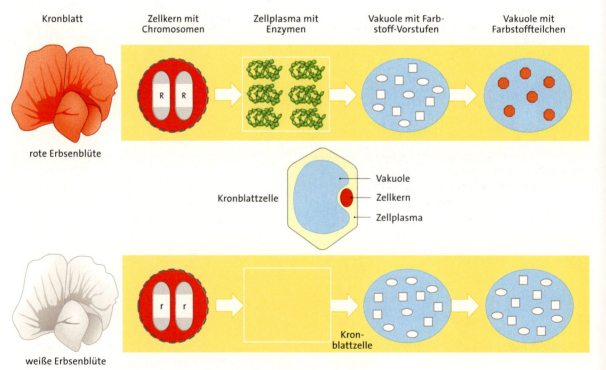

1 Ausprägung des Phänotyps in Abhängigkeit vom Genotyp bei der Erbse

Grundlagen der Vererbung

Protein. Im Gegensatz zu unserem Alphabet mit seinen 26 Buchstaben kommt die genetische Information mit vier Buchstaben aus, nämlich den Basen Adenin, Thymin, Guanin und Cytosin. Wie aber können 20 verschiedene Aminosäuren durch nur vier verschiedene Basen verschlüsselt werden?

Die Information für eine Aminosäure wird nicht durch eine einzelne, sondern durch drei aufeinanderfolgende Nukleotide festgelegt. Durch solche **Tripletts** ergeben sich $4^3 = 64$ Kombinationsmöglichkeiten. Dadurch kann ein- und dieselbe Aminosäure sogar durch mehrere verschiedene Tripletts bestimmt werden, so wie verschiedene Wörter die gleiche Bedeutung haben können. Die Anzahl der Aminosäuren eines Proteins wird durch die Anzahl der Tripletts eines Gens bestimmt. Die genetische Information der DNA wird abgelesen und für die Bildung eines Proteins verwendet. Diesen Vorgang nennt man **Proteinbiosynthese**. Die Proteinbiosynthese erfolgt in zwei Schritten.

Im ersten Schritt wird das Gen, das für die Bildung eines bestimmten Proteins erforderlich ist, im Zellkern abgelesen und kopiert. Hierzu weichen die beiden Einzelstränge der DNA-Doppelhelix ähnlich wie bei der Replikation auseinander. An die ungepaarten Basen eines der beiden DNA-Einzelstränge lagern sich dann komplementäre freie Nukleotide an. Diese unterscheiden sich geringfügig von den DNA-Nukleotiden: Sie enthalten als Zucker Ribose statt Desoxyribose und die Base Uracil statt Thymin. Die Nukleotide werden zu einer neuen Nukleinsäurekette verbunden, die als Ribonukleinsäure, **RNA** (engl. *ribonucleic acid*) bezeichnet wird. Im Gegensatz zur DNA ist die RNA einzelsträngig. Die in der DNA gespeicherte Information wird in eine RNA-Kopie umgeschrieben. Dieser Vorgang heißt **Transkription.** Die RNA verlässt den

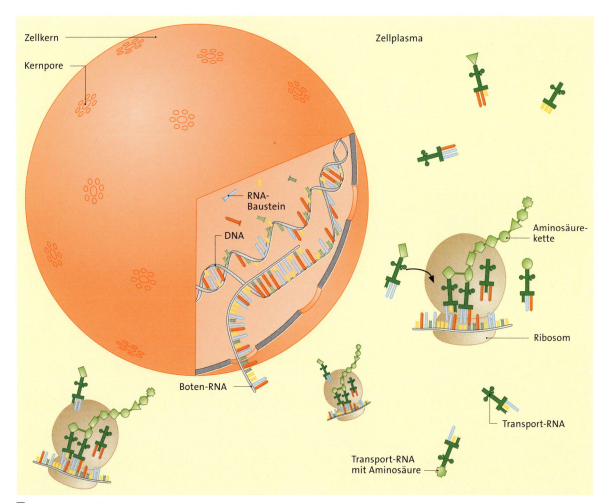

2 Proteinbiosynthese

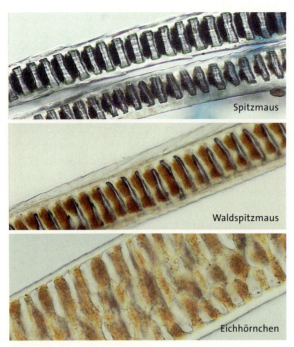

3 Haare verschiedener Säugetiere (mikroskopische Aufnahmen)

4 Das Protein Keratin, ein Produkt der Proteinbiosynthese (3-D-Modell)

Zellkern durch die Kernporen und übermittelt die genetische Information ins Zellplasma. Sie wird daher **Boten-RNA** genannt.

Im zweiten Schritt gelangt die Boten-RNA zu den Ribosomen im Zellplasma und wird an diese gebunden. Die Boten-RNA dient als Anweisung für die Herstellung eines bestimmten Proteins. Die zur Proteinbiosynthese erforderlichen Aminosäuren gelangen durch andere RNA-Moleküle, die **Transport-RNA**, zu den Ribosomen. Jeweils eine Aminosäure ist an eine passende Transport-RNA gekoppelt. Diese besitzt als Erkennungsstelle ein Basentriplett, mit dem sie an eine komplementäre Stelle der Boten-RNA im Ribosom binden kann. Die Boten-RNA gleitet nun durch das Ribosom hindurch, sodass sich dort an das nächste freie Triplett eine weitere Transport-RNA mit ihrem komplementären Triplett anlagern kann. Die an die Transport-RNA-Moleküle gekoppelten Aminosäuren werden gelöst und untereinander verknüpft. Auf diese Weise verlängert sich die Aminosäurekette, während die Boten-RNA durch das Ribosom gleitet.

Die fertiggestellte Aminosäurekette löst sich schließlich vom Ribosom. Die genetische Information ist damit verwirklicht: Die Basenabfolge der Nukleinsäuren wurde in die Aminosäureabfolge eines Proteins übersetzt. Man nennt diesen Vorgang **Translation**.

Die durch die Translation gebildete Aminosäurekette nimmt eine bestimmte räumliche Struktur an. In dieser dreidimensionalen Form lagern sich häufig mehrere Aminosäureketten zu einem funktionsfähigen Protein zusammen. Jedes Protein erfüllt eine spezifische Funktion im Körper des Lebewesens, zum Beispiel als Enzym wie verschiedene Verdauungsenzyme oder als Baustoff wie das Keratin in Haaren und Nägeln und das Kollagen im Bindegewebe.

Eine veränderte Basenabfolge eines Gens kann die Bildung eines veränderten Proteins bewirken. Somit kann ein veränderter Genotyp einen veränderten Phänotyp zur Folge haben.

1 Vergleiche DNA und RNA im Hinblick auf Aufbau, Vorkommen und Funktion.

2 Beschreibe mit Hilfe der Abbildung 2 den Vorgang der Proteinbiosynthese.

3 Vergleiche die biologische Funktion von Replikation und Proteinbiosynthese.

4 Berechne, wie viele Kombinationsmöglichkeiten sich jeweils ergäben, wenn einer Aminosäure 1, 2 oder 4 Basen zugeordnet wären.

5 Informiere dich, zum Beispiel im Internet, über Struktur, Vorkommen und Funktion von Keratin. Bereite hierzu einen Kurzvortrag vor.

5 Modifikationen

Betrachtet man die Samen erbgleicher Pflanzen der Feuerbohne, entdeckt man, dass diese nicht alle gleich groß sind, sondern unterschiedliche Längen aufweisen. Die meisten Samen dieser Pflanzen sind zwischen 16 und 20 Millimeter lang, daneben gibt es kürzere und längere Bohnen von minimal zehn und maximal 26 Millimeter Länge. Somit variieren die Bohnen trotz ihrer Erbgleichheit im Phänotyp.

Trägt man die jeweilige Anzahl der Samen gegen die Länge in ein Koordinatensystem ein, erhält man eine grafische Darstellung der Längenverteilung. Bei einer entsprechend hohen Anzahl von ausgemessenen Samen ergibt sich eine glockenförmige Kurve, die man GAUSSsche Verteilungskurve nennt.

Sät man die Bohnensamen aus und misst wiederum die Samenlänge der daraus wachsenden Feuerbohnen, ergeben sich ebenfalls unterschiedliche Werte, die unabhängig von der Samenlänge der Elterngeneration sind. In der grafischen Darstellung erhält man also wieder eine glockenförmige Verteilung. Wie kommt es zur unterschiedlichen Länge erbgleicher Bohnensamen?

Vererbt wird nicht die Anlage für eine bestimmte Länge, sondern Anlagen für einen Spielraum, der für die Feuerbohne zehn bis 26 Millimeter beträgt. Diesen Spielraum nennt man **Reaktionsnorm**. Umwelteinflüsse wie Feuchtigkeit, Bodenbeschaffenheit, Mineralstoffangebot, Temperatur und Licht wirken zusammen, sodass die Kombination günstiger und ungünstiger Faktoren dafür verantwortlich ist, welche Länge ein Bohnensamen innerhalb der Reaktionsnorm tatsächlich erreicht. Die Auswirkung von Umwelteinflüssen auf die Ausbildung des Phänotyps bezeichnet man als **Modifikation.** Modifikationen sind nicht vererbbar.

Auch Löwenzahnpflanzen zeigen Modifikationen. Teilt man junge Löwenzahnpflanzen in zwei Längshälften und pflanzt diese jeweils im Tiefland und im Hochgebirge aus, so entwickeln die erbgleichen Teilpflanzen verschiedene Modifikationen: Der im Tiefland ausgepflanzte Löwenzahn zeigt einen hohen, kräftigen Wuchs, im Hochgebirge dagegen ist er kleinwüchsig. Durch die jeweils unterschiedlichen Standortfaktoren wird also der Phänotyp des Löwenzahns beeinflusst. Die Ausprägung des Phänotyps wird somit durch das Erbgut wie durch die Umwelt bestimmt.

1 Nenne weitere Beispiele für Modifikationen.

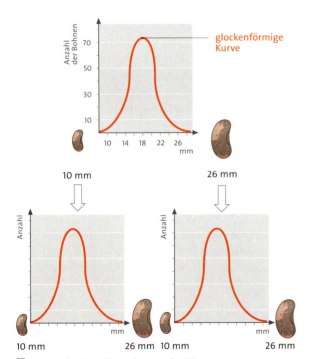

1 GAUSSsche Verteilungskurven der Länge von Feuerbohnensamen

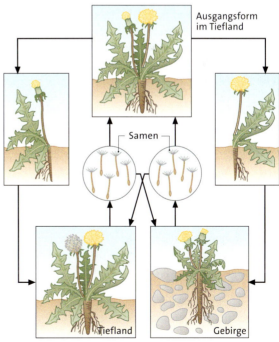

2 Modifikationen beim Löwenzahn

6 Mutationen

Der bekannteste Gorilla der Welt lebte bis zu seinem Tod im Jahr 2003 im Zoo von Barcelona. »Schneeflöckchen« hatte im Gegensatz zu seinen schwarzen Artgenossen ein weißes Fell und eine rosafarbene Haut. Als *Albino* fehlte ihm der Farbstoff Melanin in Fell und Haut. Auch bei anderen Tierarten und beim Menschen kommt *Albinismus* gelegentlich vor. Er entsteht durch sprunghafte Veränderungen im Erbgut. Solche **Mutationen** treten selten und zufällig auf. Sie können sich vorteilhaft, neutral oder nachteilig auswirken. Da Albinos kein Melanin ausbilden können, fehlt ihnen ein Schutz gegen die schädliche UV-Strahlung des Sonnenlichtes.

Wenn Mutationen in Geschlechtszellen auftreten, werden sie an die Nachkommen vererbt. Mutationen können alle Ebenen des Erbmaterials wie Gene, Chromosomen oder sogar den ganzen Chromosomensatz betreffen. Am häufigsten treten Mutationen auf der Ebene der Gene auf. Bei solchen *Genmutationen* können Nukleotide fehlen, zusätzlich vorliegen oder ausgetauscht sein. Dadurch entsteht ein »Druckfehler« in der Erbinformation. Da die Basenabfolge eines Gens die Abfolge der Aminosäuren im Protein bestimmt, wird dann unter Umständen das funktionsfähige Protein nicht mehr gebildet. Genmutationen sind zum Beispiel die Ursache für den genannten Albinismus bei Menschen und Tieren. Auch eine bestimmte Veränderung von Form und Länge des Schwanzes bei Mäusen ist auf eine Genmutation zurückzuführen: Hier ist ein einziges Nukleotid innerhalb eines Gens verändert, welches an der Ausbildung der Wirbelsäule während der Embryonalentwicklung beteiligt ist.

Genmutationen sind lichtmikroskopisch nicht sichtbar, da lediglich einzelne Nukleotide der DNA verändert sind. Es können aber auch ganze Abschnitte von Chromosomen fehlen oder zusätzlich am gleichen oder an einem anderen Chromosom vorhanden sein. Solche *Chromosomenmutationen* sind daher oft im Lichtmikroskop erkennbar. Zum Beispiel fehlt bei Menschen, die das so genannte Katzenschrei-Syndrom zeigen, bei einem Chromosom 5 ein endständiges Stück, während das homologe Chromosom 5 unverändert ist. Dies hat komplexe Veränderungen des Phänotyps zur Folge, wie eine verzögerte geistige und körperliche Entwicklung. Betroffene Kinder fallen im Säuglingsalter durch ein ungewöhnliches Wimmern auf, das an einen Katzenschrei erinnert.

Da bei Chromosomenmutationen größere Teile der Erbinformation fehlen oder mehrfach vorliegen, sind häufig

1 Gorillamännchen »Schneeflöckchen«

mehrere oder viele Gene von der Veränderung betroffen. Somit werden dann viele unterschiedliche Proteine in der Zelle entweder überhaupt nicht oder in zu großer Menge gebildet.

Bei *Genommutationen* ist die Anzahl der Chromosomen einer Zelle verändert, das heißt, das gesamte Genom ist von der Veränderung betroffen. So kann ein einzelnes Chromosom vollständig fehlen oder zusätzlich vorhanden sein. Darüber hinaus kann auch der ganze Chromosomensatz einer Zelle vervielfacht sein. Bei Gräsern treten häufig vervierfachte Chromosomensätze auf. Die entstehenden tetraploiden Arten sind besonders widerstandsfähig und etwas größer als die diploiden Arten. In der Pflanzenzüchtung werden solche Genommutationen künstlich erzeugt, da zum Beispiel Erdbeeren oder Zitronen mit drei- oder vierfachem Chromosomensatz besonders große Früchte haben.

Oft sind Mutationen für deren Träger schädlich, da sie die Überlebenschancen eines Individuums verringern. Mutationen können jedoch auch nützlich sein, wenn die Mutanten durch einen veränderten Phänotyp bessere Überlebenschancen haben als ihre Artgenossen mit unverändertem Phänotyp.

Die meisten Unterschiede zwischen Angehörigen einer Art sind auf neutrale Mutationen zurückzuführen, die für die betroffenen Individuen keine wesentliche Bedeutung haben. Die Vielfalt der Blütenfarben bei Tulpen ist ein Beispiel hierfür.

Grundlagen der Vererbung

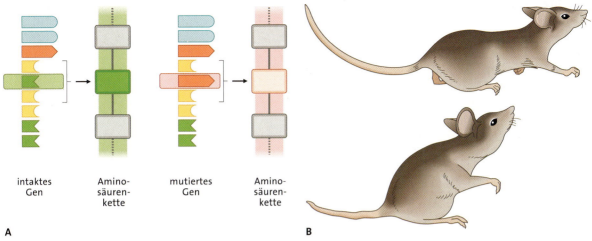

2 **Genmutation.** A Schema; B veränderter Schwanz bei einer Maus

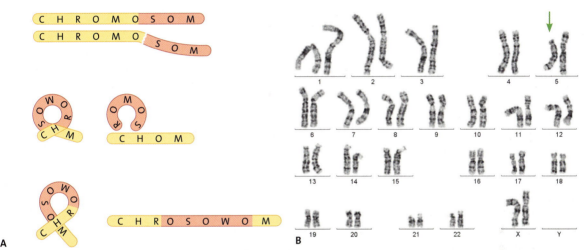

3 **Chromosomenmutationen.** A Schema; B Stückverlust am Chromosom 5

4 **Genommutationen.** A Schema; B Walderdbeere und Zuchtform der Erdbeere mit unterschiedlichen Chromosomensätzen

Grundlagen der Vererbung

Von verschiedenen chemischen Substanzen wie zum Beispiel Asbest oder Stoffen, die in Tabakrauch oder in Lösungsmitteln von Lacken und Klebstoffen vorkommen, weiß man, dass sie Mutationen auslösen können. Zu solchen **Mutagenen** zählen auch radioaktive Strahlung, Röntgenstrahlen und UV-Strahlung. Je länger und stärker ein Mutagen auf ein Lebewesen einwirkt, umso mehr Mutationen treten innerhalb einer bestimmten Zeit auf. Aufgrund der Organentwicklung und des Wachstums sind Embryonen besonders gefährdet. Schwangere sollten sich deshalb dem Einfluss von Mutagenen möglichst nicht aussetzen, um Fehlbildungen des Embryos zu vermeiden.

Manche Mutationen stören die normalen, durch Enzyme gesteuerten Kontrollmechanismen für die Teilung und das Wachstum von Zellen. In diesem Fall kommt es zu einer ungehemmten Vermehrung der Zellen. Durch diese unkontrollierten Zellteilungen entsteht **Krebs.** Das veränderte Gewebe wird als Krebsgeschwulst oder *Tumor* bezeichnet. Es ist bekannt, dass zum Beispiel Hautkrebs durch übermäßige Sonneneinstrahlung und Lungenkrebs durch Tabakrauch oder Asbest ausgelöst werden kann.

Krebs auslösende äußere Ursachen werden als **Karzinogene** bezeichnet. Hierzu zählen die genannten Mutagene, aber auch bestimmte Viren oder Bakterien. Auch bei Pflanzen treten Krebserkrankungen auf. So kann ein bestimmtes Bodenbakterium in Wunden eindringen, die sich im Übergangsbereich zwischen Wurzel und Sprossachse, dem Wurzelhals, befinden und dort Wurzelhalstumore hervorrufen.

Daneben gibt es auch erbliche Formen von Krebs, beim Menschen zum Beispiel bestimmte Arten von Brust- oder Darmkrebs.

Heute sind eine Reihe von Genen bekannt, die bei der Entstehung von Krebs eine Rolle spielen. Sie können in zwei Gruppen eingeteilt werden.

Die erste Gruppe bilden Gene, die das Wachstum und die Teilung von Zellen regulieren. Sind solche Gene durch Mutationen vervielfacht, werden auch mehr regulierende Proteine in der betroffenen Zelle gebildet, sodass sich diese Zelle und ihre Tochterzellen deutlich häufiger teilen als nicht mutierte Zellen.

Zur zweiten Gruppe gehören Gene, deren Proteinprodukte normalerweise die unkontrollierte Zellteilung unterdrücken. Durch Mutationen in solchen Genen werden keine entsprechenden funktionsfähigen Proteine gebildet, sodass die Zellvermehrung über das normale Maß hinausgeht.

Die Entstehung von Krebs ist in der Regel nicht auf eine einzige Mutation, sondern auf mehrere, aufeinander folgende Mutationen zurückzuführen. Man spricht vom *Mehrschritt-Modell der Krebsentstehung,* zum Beispiel bei der Entstehung von Dickdarmkrebs.

In der ersten Phase entstehen zunächst harmlose Tumore, so genannte *Polypen*, die langsam und nicht ins Gewebe hinein wachsen. Sie sind das Ergebnis ungewöhnlich häufiger Zellteilungen, die durch Mutationen verursacht

5 Krebszellen (elektronenmikroskopische Aufnahme)

6 Wurzelhalstumor bei der Himbeere

Grundlagen der Vererbung

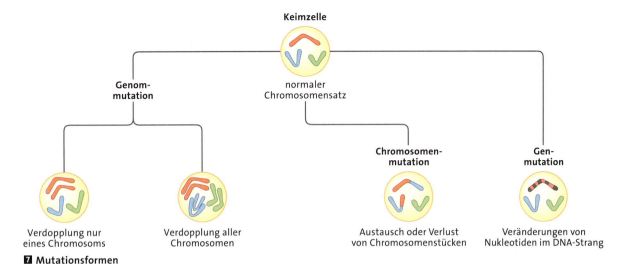

7 Mutationsformen

werden. Weitere Mutationen können die Entartung eines Polypen zu einem bösartigen Tumor bewirken, der sich meist recht schnell in das umliegende Gewebe ausbreitet: Es entsteht Dickdarmkrebs. Von hier können einzelne genetisch veränderte Tumorzellen über die Blut- und Lymphgefäße in andere Körperregionen gelangen. So bilden sich Tochtergeschwülste, so genannte *Metastasen* (gr. *meta*; weg, fort; *stase*; Ort).

Durch ärztliche Vorsorgeuntersuchungen kann die Entstehung eines Tumors frühzeitig entdeckt und behandelt werden. Ab einem bestimmten Alter werden regelmäßig Kontrollen zur Früherkennung von Darm-, Prostata- sowie Brustkrebs und Tumoren des Gebärmuttermundes bei Erwachsenen meist kostenfrei angeboten. Gegen eine Form von Gebärmutterhalskrebs, die durch bestimmte Viren ausgelöst wird, ist inzwischen im Jugendalter eine Impfung möglich. Darüberhinaus sinkt das persönliche Krebsrisiko erheblich durch den Verzicht auf lange, intensive Sonnenbäder, durch Nichtrauchen sowie eine abwechslungsreiche und ausgewogene Ernährung.

1. Definiere die Begriffe Mutation und Mutagen.
2. Vergleiche die drei Mutationstypen Genmutation, Chromosomenmutation und Genommutation anhand der Abbildungen 2 bis 4 und 7 miteinander.
3. Erläutere anhand von Beispielen, welche Auswirkungen Mutationen auf den Phänotyp haben können. Nimm hierzu die Abbildung 7 zu Hilfe.
4. Nenne Mutagene, die eine Schwangere zum Schutz ihres ungeborenen Kindes vermeiden sollte.
5. Erstelle ein Fließdiagramm zum Mehrschritt-Modell der Krebsentstehung am Beispiel des Dickdarmkrebses.
6. Informiere dich über verschiedene Krebsarten wie Dickdarm-, Brust- oder Lungenkrebs, deren Häufigkeit, Früherkennung und Vorsorge. Bereite hierzu einen Kurzvortrag vor.

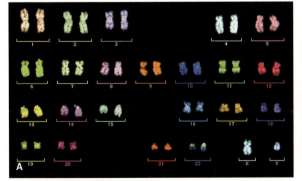
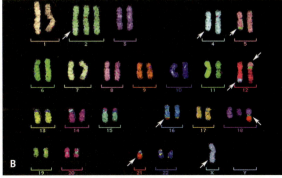

8 Farbige Darstellung von Chromosomen.
A intakte Chromosomen einer normalen Zelle; **B** veränderte Chromosomen einer Krebszelle

Grundlagen der Vererbung

7 Vererbung beim Menschen

7.1 Methoden der Erbforschung

Die Wissenschaft, die sich mit der Vererbung beim Menschen beschäftigt, heißt **Humangenetik.** Da aus ethischen Gründen keine Kreuzungsexperimente am Menschen durchgeführt werden, müssen andere Methoden herangezogen werden, um beispielsweise die Gültigkeit der MENDELschen Regeln nachzuweisen.

Bei der *Familienforschung* untersucht man das Auftreten von Merkmalen über möglichst viele Generationen hinweg, um Erbgänge zu ermitteln. So zeigt der abgebildete Stammbaum, dass Albinismus bei Männern und Frauen etwa gleich häufig auftritt. Ferner ist festzustellen, dass das Krankheitsbild nicht in jeder Generation auftritt. Dies lässt auf ein rezessiv vererbtes Gen für Albinismus schließen, das unabhängig vom Geschlecht vererbt wird. Albino-Eltern sind also wie ihre Nachkommen reinerbig. Wenn die Eltern keinen Albinismus zeigen, jedoch bezüglich dieses Merkmals mischerbig sind, können sie ein Albino-Kind bekommen.

In Deutschland kommt Albinismus durchschnittlich einmal bei 30 000 bis 40 000 Personen vor. Auf dem afrikanischen Kontinent tritt Albinismus dagegen deutlich häufiger auf, nämlich bei einer von etwa 10 000 Personen. Die Untersuchung einer großen Zahl von Menschen ist somit eine weitere wichtige Methode der Humangenetik.

Eine solche **genetische Bevölkerungsanalyse** gibt zum Beispiel Auskunft über die Verteilung und Häufigkeit von Erbkrankheiten. Es handelt sich dabei um statistische Aussagen, die die Gesamtbevölkerung betreffen. Die regionalen Häufigkeiten können von diesen Werten abweichen. Die Ergebnisse solcher Analysen nutzt man zum Beispiel, um durch Vorsorgeuntersuchungen von Säuglingen oft vorkommende angeborene Stoffwechselerkrankungen zu erkennen und gegebenenfalls zu behandeln.

Erbkrankheiten wie Albinismus, aber auch viele andere Merkmale beim Menschen, werden nach bestimmten Gesetzmäßigkeiten vererbt und bleiben im Laufe des Lebens in der gleichen Ausprägung erhalten. Dagegen verändern sich andere Eigenschaften wie zum Beispiel Körpergröße, Körpermasse oder auch Intelligenz. In welchem Maße wird die Ausbildung solcher Merkmale durch das Erbgut und die Umwelt beeinflusst?

Zur Klärung dieser Frage kann die Methode der *Zwillingsforschung* beitragen. Es gibt eineiige und zweieiige Zwillinge. Eineiige Zwillinge entstehen, wenn sich nach der Teilung der Zygote die entstandenen Tochterzellen voneinander trennen und weiterentwickeln. Die Erbinformation ist bei eineiigen Zwillingen identisch. Zweieiige Zwillinge entstehen, wenn zufällig nicht eine, sondern zwei Eizellen heranreifen und dann zeitgleich befruchtet werden. Wie Geschwister, die unterschiedlich alt sind, haben zweieiige Zwillinge unterschiedliche Erbanlagen, weil sie aus verschiedenen Zygoten entstanden sind.

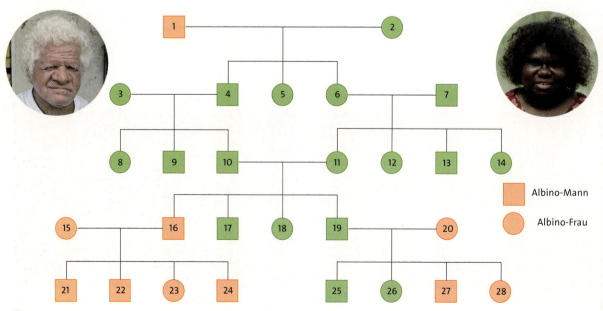

1 Stammbaum einer Familie mit Albinismus

Grundlagen der Vererbung

Bei der Zwillingsforschung werden ausgewählte Merkmale bei ein- und zweieiigen Zwillingen statistisch erfasst und miteinander verglichen. Besonders interessant sind dabei die Ergebnisse der Untersuchungen von eineiigen Zwillingen, die in früher Kindheit getrennt wurden und einzeln aufwuchsen. Bei ihnen lässt sich der Einfluss von Erbgut und Umwelt besonders gut einschätzen. Vergleicht man zum Beispiel die Körpergröße bei gemeinsam aufgewachsenen ein- und zweieiigen Zwillingen, so stellt man bei eineiigen Zwillingen einen durchschnittlichen Unterschied von 1,3 Zentimetern fest, bei zweieiigen Zwillingen beträgt der Unterschied 4,5 Zentimeter. Hieraus folgert man, dass das Merkmal Körpergröße überwiegend genetisch festgelegt ist. Allerdings zeigen getrennt aufgewachsene eineiige Zwillinge einen Größenunterschied von durchschnittlich 2,1 Zentimetern. Diese Abweichung gegenüber zusammen aufgezogenen Zwillingen lässt auf einen Einfluss durch die Umwelt schließen. Ergebnisse der Zwillingsforschung zeigen weiterhin, dass neben körperlichen Merkmalen auch geistige Eigenschaften, wie Merkfähigkeit, schlussfolgerndes Denken und Zahlenverständnis in erheblichem Maße erbbedingt sind. Jedoch lässt dies keine direkten Aussagen über die Leistungsfähigkeit eines Menschen zu. Durch Erziehung und Lernen, also durch den Einfluss der Umwelt, können vorhandene Anlagen gefördert oder gehemmt werden. Erbgut und Umwelt bestimmen den Menschen also gemeinsam.

Neben den genannten Methoden lässt sich das Erbgut eines Menschen auch direkt untersuchen. Dieses wird in der Regel aus Blut, aber auch aus anderen Gewebeproben gewonnen. Je nach Präparationsmethode können dann die Chromosomen im Lichtmikroskop oder die DNA durch molekulargenetische Analysen untersucht werden.

1 Werte die Tabelle in Abbildung 2 aus.

Zwillingspaare	Unterschiede in			Übereinstimmung in %		
	Körpergröße (cm)	Körpergewicht (kg)	Punkte beim Intelligenztest	Masern	Zuckerkrankheit	Tuberkulose
zweieiige Zwillinge	4,5	7,9	13,4	4,7	4,5	4,5
eineiige Zwillinge (getrennt aufgewachsen)	2,1	4,8	9,5	95	84	69
eineiige Zwillinge (gemeinsam aufgewachsen)	1,3	4,7	7,4			

2 Eineiige und zweieiige Zwillinge: Entstehung und Merkmalsvergleich

7.2 Zwei Chromosomen bestimmen den kleinen Unterschied

Das Geschlecht eines Menschen kann anhand der beiden Gonosomen oder Geschlechtschromosomen identifiziert werden, die sich neben den 44 Autosomen in einer Körperzelle befinden. Während die beiden X-Chromosomen einer Frau gleich gestaltet sind, unterscheiden sich die Gonosomen eines Mannes in Größe und Gestalt: Im Vergleich zum X-Chromosom ist das Y-Chromosom deutlich kleiner, sein Zentromer befindet sich sehr nah am oberen Ende. Es weist außerdem eine geringere DNA-Menge auf. Das Y-Chromosom ist für die Ausbildung des männlichen Geschlechts verantwortlich. Das X-Chromosom besitzt neben Genen, die die Geschlechtsentwicklung steuern, auch viele Gene, die für körperliche Vorgänge bei Mann und Frau gleichermaßen von Bedeutung sind.

Gibt man den Chromosomensatz als Formel an, so schreibt man bei einer Frau: 46,XX. Dieser **Karyotyp** bezeichnet die Gesamtzahl der Chromosomen und die Art der Gonosomen. Der Karyotyp eines Mannes lautet entsprechend 46,XY.

Im Verlauf der Meiose werden die haploiden Geschlechtszellen gebildet. Die Eizellen einer Frau weisen stets 22 Autosomen und ein X-Chromosom auf. Dagegen entstehen beim Mann zwei verschiedene Arten von Spermiumzellen: Sie besitzen neben den 22 Autosomen entweder ein X- oder ein Y-Chromosom.

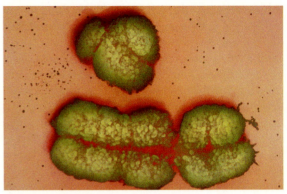

1 X- und Y-Chromosom
(elektronenmikroskopische Aufnahme)

Die Entscheidung über das Geschlecht eines Menschen hängt vom Zufall bei der Befruchtung ab. Dringt eine Spermiumzelle mit einem X-Chromosom in die Eizelle ein, entsteht eine Zygote mit 44 Autosomen und zwei X-Chromosomen. Verschmilzt dagegen eine Spermiumzelle mit einem Y-Chromosom mit der Eizelle, enthält die Zygote neben den 44 Autosomen ein X- und ein Y-Chromosom.

1 Lea und Leon sind Zwillinge. Erläutere, ob es sich bei den beiden um eineiige oder zweieiige Zwillinge handelt.

2 Begründe mit Hilfe eines Kreuzungsschemas, dass die Vererbung der Geschlechter im Verhältnis 1:1 erfolgt.

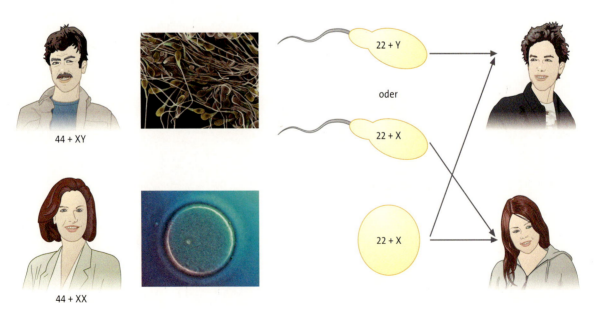

2 Vererbung des Geschlechts

Grundlagen der Vererbung

7.3 Vererbung der Blutgruppen und des Rhesusfaktors

Zu den charakteristischen Merkmalen eines Menschen gehört seine Blutgruppe. Diese bleibt im Laufe des Lebens unverändert. Im so genannten AB0-System unterscheidet man die Blutgruppen A, B, AB und 0.

Das Blutgruppenmerkmal ist durch bestimmte Eiweißstoffe, die **Antigene,** gekennzeichnet. Sie befinden sich in der Zellmembran der Roten Blutzellen. Die Information zur Ausbildung dieser Antigene ist in Genen auf den Chromosomen verschlüsselt. Man bezeichnet sie als die Allele A, B und 0. Im Serum des Blutes befinden sich bei den Blutgruppen A, B und 0 weitere Eiweiße, die **Antikörper.**

Durch statistische Auswertung hat man herausgefunden, dass die Blutgruppen des AB0-Systems gemäß den MENDELschen Regeln vererbt werden. Es handelt sich um einen dominant-rezessiven Erbgang. Dabei sind die Allele A und B dominant über das Allel 0. Das bedeutet, dass Menschen mit der Blutgruppe A die Genotypen AA oder A0 haben können. Menschen mit der Blutgruppe B können für das Blutgruppenmerkmal ebenfalls reinerbig (BB) oder mischerbig (B0) sein. Menschen mit der Blutgruppe 0 haben stets den Genotyp 00 und sind somit reinerbig. Bei der Blutgruppe AB liegt Mischerbigkeit vor, die beiden dominanten Allele A und B ergeben den Genotyp AB. Im Phänotyp sind die Merkmale der Blutgruppen A und B gleich stark ausgeprägt. Man spricht von **Codominanz.**

Das AB0-Blutgruppensystem wurde früher bei Vaterschaftstests herangezogen. Mit Hilfe von Kreuzungsschemata kann bei bestimmten Blutgruppen eine Vaterschaft ausgeschlossen werden. Beispielsweise kann ein Kind mit der Blutgruppe 0 niemals einen Vater mit der Blutgruppe AB haben. Bei etwa 20 Prozent solcher Blutgruppen-Untersuchungen kann eine eindeutige Aussage über die Abstammung des Kindes getroffen werden. Heute werden andere Merkmale zum Vergleich herangezogen, in der Regel durch DNA-Analysen.

Das Rhesus-System ist ein weiteres erbliches Blutgruppensystem beim Menschen. Der Rhesusfaktor (Rh) befindet sich als Antigen ebenfalls in der Zellmembran der Roten Blutzellen. Menschen, die dieses Rhesus-Antigen besitzen, bezeichnet man als Rhesus-positiv (Rh-positiv oder Rh$^+$). Das Symbol für dieses dominante Allel lautet D. Rhesus-positive Menschen können für dieses Merkmal reinerbig (DD) oder mischerbig (Dd) sein. Das betrifft

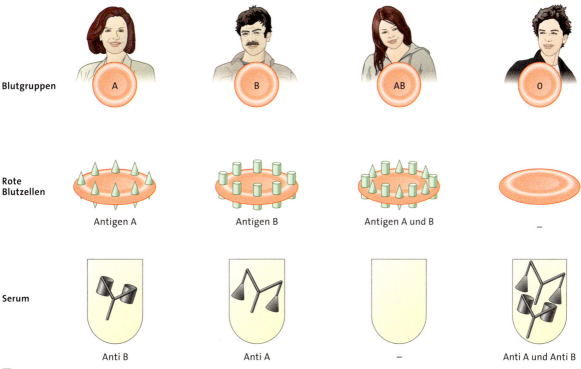

1 ABO-System

Grundlagen der Vererbung

2 Vererbung der Blutgruppen des AB0-Systems

etwa 85 Prozent der Bevölkerung. Die übrigen 15 Prozent sind reinerbig für das rezessive Allel d (dd). Sie sind Rhesus-negativ (Rh-negativ oder rh⁻) und haben keine Rhesus-Antigene in den Zellmembranen der Roten Blutzellen.

Wenn eine Rhesus-negative Frau (dd) und ein reinerbig Rhesus-positiver Mann (DD) ein Kind haben, ist dieses Rhesus-positiv (Dd). Beim Geburtsvorgang gelangt etwas Blut des Fetus in die Blutbahn der Mutter. Daraufhin werden dort Antikörper gegen das fremde Antigen D gebildet. Bei einer zweiten Schwangerschaft gelangen diese mütterlichen Antikörper gegen D über die Plazenta in den Embryo und verklumpen seine Roten Blutzellen. Es kommt dadurch zu einer schweren Blutarmut und eventuell zu einer Fehlgeburt. Um dies zu verhindern, spritzt man betroffenen Frauen gleich nach der ersten Geburt einen Eiweißstoff, der die wenigen Blutzellen des Kindes aus dem Blut der Mutter wieder beseitigt. Das Immunsystem der Mutter bildet dann keine Antikörper gegen D aus.

Neben dem AB0- und dem Rhesus-System kennt man noch 14 weitere Blutgruppensysteme mit 60 verschiedenen Antigenen.

1 Weise anhand eines Kreuzungsschemas nach, dass ein Mann mit der Blutgruppe AB nicht Vater eines Kindes mit der Blutgruppe 0 sein kann. Erläutere deine Antwort.

2 Erläutere die Rhesus-Unverträglichkeit mit Hilfe der Abbildung 4.

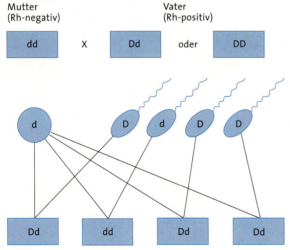

3 Vererbung des Rhesus-Faktors

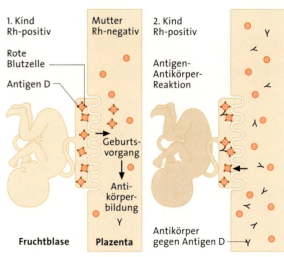

4 Rhesus-Unverträglichkeit

Grundlagen der Vererbung

7.4 Genetisch bedingte Krankheiten und Behinderungen

Verschiedene Krankheiten und Behinderungen beruhen auf Mutationen. Oft werden genetisch bedingte Veränderungen des Phänotyps über Generationen hinweg vererbt. Sie können jedoch auch erstmals bei einem Menschen auftreten. Es handelt sich dann um *Neumutationen*. Wenn man einer Mutation keine eindeutige Ursache zuordnen kann, spricht man von einer *Spontanmutation*.

Die häufigsten Ursachen für erbliche Krankheiten sind Genmutationen. Ein Beispiel ist das sogenannte MARFAN-Syndrom, das nach dem französischen Kinderarzt Antoine MARFAN benannt ist. Bei Betroffenen ist ein einzelnes Gen auf Chromosom 15 verändert, was einen Bindegewebsdefekt zur Folge hat. Da Bindegewebe an verschiedenen Stellen des Körpers vorkommt, zeigen sich krankhafte Veränderungen bei zahlreichen unterschiedlichen Organen. Man spricht daher von einem *Syndrom*. Das MARFAN-Syndrom wird dominant vererbt und kommt weltweit bei etwa einem von 10 000 Menschen vor.

Manche Erbkrankheiten treten bei Männern wesentlich häufiger auf als bei Frauen. Die Rot-Grün-Sehschwäche, bei der bestimmte Abstufungen der Farben Rot und Grün nicht unterschieden werden können, kommt beispielsweise bei etwa acht Prozent der Männer, aber nur bei 0,5 Prozent der Frauen vor. Der Geschlechtsunterschied erklärt sich dadurch, dass sich das verantwortliche Gen auf dem X-Chromosom befindet. Man spricht daher auch von einem *X-chromosomalen Erbgang*.

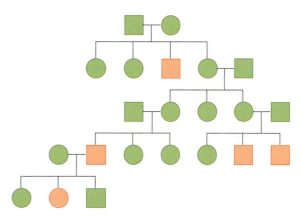

2 Stammbaum einer Familie mit Rot-Grün-Sehschwäche

Das Allel für Rot-Grün-Sehschwäche ist rezessiv gegenüber dem Allel für normales Farbensehen. Bei Frauen tritt die Rot-Grün-Sehschwäche nur dann auf, wenn sie auf beiden X-Chromosomen jeweils das veränderte Gen tragen, also für dieses Allel reinerbig sind. Ist eine Frau hingegen mischerbig, hat sie also nur ein Allel für Rot-Grün-Sehschwäche, zeigt sie normales Farbensehen und ist damit phänotypisch unauffällig. Sie kann aber das Allel für Rot-Grün-Sehschwäche auf ihre Nachkommen übertragen. Sie ist *Überträgerin* oder *Konduktorin*. Ihre Söhne haben daher mit einer Wahrscheinlichkeit von 50 Prozent eine Rot-Grün-Sehschwäche. Wenn sie das rezessive Allel ihrer Mutter geerbt haben, wirkt sich dies auch phänotypisch aus, da auf ihrem Y-Chromosom das entsprechende Allel fehlt.

Im Gegensatz zu Genmutationen kann man Chromosomenmutationen wie das Katzenschrei-Syndrom nur selten bei Neugeborenen feststellen. Durch Veränderungen des Erbmaterials, bei denen ein Stück eines Chromosoms fehlt oder zusätzlich vorliegt, wird ein Embryo in der Regel so stark geschädigt, dass er bereits im Mutterleib stirbt.

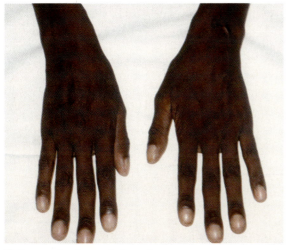

1 MARFAN-Syndrom. »Spinnenfinger«

Hauptmerkmale des MARFAN-Syndroms	
Skelett	hoher Gaumen, Zahnfehlstellung, Wirbelsäulenverkrümmung, Trichterbrust, überdehnbare Gelenke, »Spinnenfinger«, überlange Gliedmaßen
Auge	Hornhautverkrümmung, Augapfelverlängerung, Linsenverlagerung, Linsentrübung, Netzhautablösung
Herz und Gefäße	Herzklappendefekte, Aortenaussackung, Aortenriss, niedriger Blutdruck
Lunge	Gewebedefekte

In den meisten Fällen von Genommutationen liegt ein überzähliges Autosom vor. Am häufigsten ist die Trisomie 21, bei der das Chromosom 21 im Chromosomensatz dreimal statt nur zweimal vorhanden ist. Diese Mutation wurde erstmals von dem Londoner Arzt John Down beschrieben und wird daher auch als Down-Syndrom bezeichnet. Bei der Trisomie 21 liegen Proteine, für deren Bildung Gene auf dem Chromosom 21 verantwortlich sind, in erhöhter Konzentration vor. Dadurch zeigen Menschen mit Down-Syndrom eine Reihe von Veränderungen: Sie sind klein, die Hände sind kurz, an den Handflächen kann man eine typische Furche erkennen. Der Kopf hat eine rundliche Form mit tiefsitzenden Ohren. Die Zunge ist vergrößert. Die meist typische Form der Augen ergibt sich durch eine schmale Lidfalte. Die Menschen leiden oft an Herzfehlern und einer erhöhten Infektionsanfälligkeit, vor allem im Magen-Darm-Bereich. Durch die verbesserte medizinische Versorgung haben Menschen mit Down-Syndrom heute eine deutlich höhere Lebenserwartung als früher. Bei der Trisomie 21 ist auch die geistige Entwicklung der Betroffenen beeinträchtigt. Früher wurden viele von ihnen in Heimen für geistig Behinderte verwahrt. Heute werden bereits im Kindesalter durch intensive Fördermaßnahmen Voraussetzungen geschaffen, die einen Schulbesuch und eine nachfolgende Berufsausbildung ermöglichen. Auf diese Weise können auch Menschen mit Down-Syndrom ein weitgehend selbstbestimmtes Leben führen.

Statistische Untersuchungen haben gezeigt, dass die Wahrscheinlichkeit für die Geburt eines Kindes mit Down-Syndrom mit zunehmendem Alter der Schwangeren steigt. Bei ihnen werden im Verlauf der Meiose häufiger Geschlechtszellen gebildet, die beide mütterlichen Chromosomen 21 enthalten. Auch bei Männern nimmt die Wahrscheinlichkeit einer Fehlverteilung der Chromosomen während der Meiose mit steigendem Alter zu. Neben der Trisomie 21 kennt man beim Menschen auch die Trisomie 13 und die Trisomie 18. Das Fehlen eines dieser Autosomen ist so schwerwiegend, dass ein Embryo schon in einem sehr frühen Entwicklungsstadium stirbt.

Der Überschuss oder Verlust eines Gonosoms hat insgesamt weniger schwerwiegende Folgen für den Phänotyp. Vergleicht man die geistige Entwicklung von Betroffenen mit derjenigen der durchschnittlichen Bevölkerung, lassen sich in der Regel keine Auffälligkeiten feststellen. Dies ist zum Beispiel bei Frauen mit einem fehlenden X-Chromosom der Fall. Ihr Karyotyp lautet 45,X. Der Phänotyp wird als Turner-Syndrom bezeichnet. Ähnliches gilt auch für Männer, deren Chromosomensatz ein zusätzliches X-Chromosom aufweist. Sie haben das Klinefelter-Syndrom mit dem Karyotyp 47,XXY.

1 Nenne und vergleiche Beispiele für Gen-, Chromosomen- und Genommutationen beim Menschen.
2 Erläutere, weshalb die Rot-Grün-Sehschwäche vermehrt bei Männern auftritt.
3 Werte die Grafik bei Abbildung 3 aus.
4 Informiere dich, zum Beispiel über das Internet, über den Phänotyp von Frauen mit Turner-Syndrom und erstelle einen kurzen Bericht.

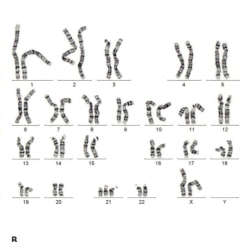
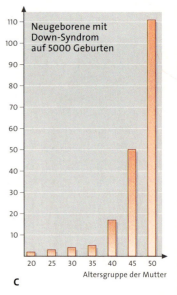

3 Down-Syndrom. A Phänotyp; B Karyogramm; C Häufigkeit

Streifzug durch die Medizin — Humangenetische Beratung

Man schätzt, dass in Deutschland jährlich etwa 50 000 Kinder mit körperlichen und geistigen Behinderungen geboren werden. In etwa 75 Prozent der Fälle sind diese genetisch bedingt. Gibt es medizinische Möglichkeiten, erbkranken Menschen zu helfen?

Ein gezielter Eingriff in das Erbgut eines Menschen ist heute noch nicht möglich. Allerdings können die gesundheitlichen Auswirkungen mancher Mutationen gemildert oder ganz vermieden werden, wenn sie frühzeitig erkannt werden und eine entsprechende Therapie eingeleitet wird.

Wenn sich ein Paar ein Kind wünscht und in der Familie eine Erbkrankheit bekannt ist, kann es einen Facharzt für Humangenetik aufsuchen. Dieser führt eine genetische Familienberatung durch. Besonders häufig werden Partner beraten, die miteinander verwandt sind. Dann ist die Wahrscheinlichkeit höher, dass beide heterozygote Träger eines rezessiven Allels sind, das negative Folgen für den Phänotyp hat. Diese Anlagen könnten dann bei einem Nachkommen reinerbig zur Ausprägung kommen. Mit Hilfe von Familienstammbäumen wird die Wahrscheinlichkeit für eine mögliche Erkrankung des Kindes ermittelt. Bei Bedarf veranlasst der Arzt eine Untersuchung der Chromosomen oder der DNA der Partner in einem humangenetischen Labor. In vielen Fällen kann dadurch bereits eine Risikoaussage getroffen werden.

Ist bereits eine Schwangerschaft eingetreten, kann das ungeborene Kind innerhalb der Gebärmutter untersucht werden. Zu den Methoden dieser *pränatalen Diagnostik* zählt die Ultraschalluntersuchung. Dabei können Fehlbildungen des Skeletts oder innerer Organe festgestellt werden. Bei einer *Fruchtwasseruntersuchung* werden die im Fruchtwasser befindlichen Zellen des Fetus auf genetische Veränderungen untersucht. Hierzu entnimmt man in der 14. bis 16. Schwangerschaftswoche mit einer Kanüle etwas Fruchtwasser aus der Fruchtblase.

Allerdings ist die werdende Mutter vor eine äußerst schwere Entscheidung gestellt, wenn zum Beispiel eine Trisomie 21 vorliegt. In solchen und anderen begründeten Fällen ist nach einer Beratung in einer staatlich anerkannten Einrichtung ein Schwangerschaftsabbruch straffrei. Dennoch entscheiden sich viele Frauen für ihr Kind.

Eine humangenetische Beratungsstelle wird auch von Eltern aufgesucht, die bereits ein Kind mit auffälligem Phänotyp haben. Durch entsprechende Labortests kann geklärt werden, ob eine genetische Ursache zugrunde liegt. Dies ist für die Betroffenen oft eine große Hilfe. Sie können dann zum Beispiel gezielt Unterstützung in einer Selbsthilfegruppe finden.

Manche Erbkrankheiten treten erst in höherem Alter auf. Daher kommen auch Erwachsene in die humangenetische Beratung, die Verwandte mit einem Erbleiden haben. Wenn jedoch die fragliche Mutation bei einem Ratsuchenden gefunden wird, muss dieser möglicherweise Jahrzehnte mit dem Gedanken daran leben, dass er an einer schweren und unheilbaren Krankheit erkranken wird. Manche Menschen entscheiden in einer solchen Situation, dass sie keine endgültige Gewissheit haben wollen.

1 Beschreibe, aus welchen Gründen eine humangenetische Beratungsstelle aufgesucht wird.
2 Erläutere die Abbildung 1.

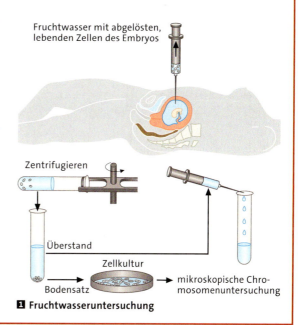

1 Fruchtwasseruntersuchung

Methode: Stammbäume

Zur Untersuchung von Gesetzmäßigkeiten der Vererbung beim Menschen erstellt man häufig Stammbäume. Durch die Auswertung eines Stammbaums kann man zum Beispiel ermitteln, wie bestimmte Krankheiten vererbt werden. Bei einem Stammbaum stellt man die Mitglieder der verschiedenen Generationen einer Familie durch Symbole und Verbindungslinien dar. Man berücksichtigt hierzu ihr Geschlecht und ihren Phänotyp. Je größer eine Familie ist und je mehr Generationen berücksichtigt werden können, desto einfacher ist es, bei der Analyse des Stammbaums vom Phänotyp eindeutig auf den Genotyp der einzelnen Familienmitglieder zu schließen und damit eine Aussage über den Erbgang zu treffen.

Allgemeine Vorgehensweise

Verwendete Symbolik

- Mann: ■ oder ○↗
- Frau: ● oder ○♀
- Eltern: ■—● oder ■○
- Geschwister: ■—■—●
- Merkmalsträger: ■ ○↗ ● ♀

1. Wie wird das untersuchte Gen vererbt?
→ das betreffende Gen tritt meist gehäuft in jeder Generation auf → *dominanter Erbgang*
→ das betreffende Gen tritt selten auf, oft werden Generationen übersprungen, phänotypisch gesunde Eltern können Kinder mit diesem Merkmal haben → *rezessiver Erbgang*

2. Welche Form des Erbganges liegt vor?
→ das Merkmal tritt in beiden Geschlechtern mit gleicher Häufigkeit auf → *autosomaler Erbgang*
→ das untersuchte Merkmal zeigt sich gehäuft bzw. ausschließlich bei Männern → *X-Chromosomaler Erbgang* (das entsprechende Gen oder die entsprechenden Gene liegen auf dem X-Chromosom)

3. Zuordnung der Genotypen
→ autosomaler Erbgang: dominantes Allel Symbol A und rezessives Allel Symbol a
→ X-Chromosomaler Erbgang: Symbole X und Y, betroffenes X-Chromosom kennzeichnen z.B. durch Unterstreichen X̲

Beispiel: Vererbung der Kurzfingrigkeit

→ das Merkmal tritt in jeder Generation relativ häufig auf, 9 von 16 Personen sind davon betroffen
→ *das Gen wird dominant vererbt*

→ fünf Männer und vier Frauen sind betroffen
→ *es handelt sich um einen autosomalen Erbgang*

→ Genotyp für Personen 1, 4, 5, 7, 8, 10, 13, 14 und 15 ist immer Aa, sie sind heterozygot und Merkmalsträger
→ Genotyp für Personen 2, 3, 6, 9, 11, 12 und 16 ist immer aa, sie sind homozygot und keine Merkmalsträger

---

1 Nenne zwei weitere Erbkrankheiten, auf die der oben abgebildete Stammbaum zutreffen könnte. Begründe.

2 Führe eine Stammbaumanalyse für Abbildung 1 auf Seite 360 durch. Begründe deine Entscheidungen.

Aufgaben und Versuche Humangenetik

A1 Familienstammbaum

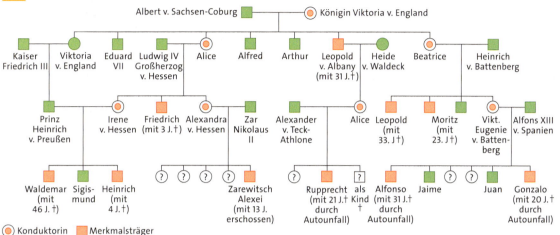

○ Konduktorin   ▪ Merkmalsträger

Die Abbildung zeigt einen Familienstammbaum für die Bluterkrankheit im europäischen Adel. Bei dieser Krankheit ist die Blutgerinnung verzögert. Dadurch können selbst kleine Verletzungen lebensbedrohlich sein. Früher war diese Krankheit nicht behandelbar, sodass Betroffene meist schon im Kindesalter starben.

Aufgaben:
a) Ermittle, wie diese Krankheit vererbt wird. Belege deine Entscheidung mit Hilfe des Stammbaums.
b) Nimm begründet zu der Fragestellung, ob es auch bluterkranke Frauen geben kann.

A2 Karyogramm

Die Abbildung zeigt ein Karyogramm, das für das so genannte EDWARDS-Syndrom typisch ist. Betroffene zeigen schwere Fehlbildungen an Herz, Kleinhirn, Ohren, Fingern und Füßen. Sie sterben in der Regel im ersten Lebensjahr.

Aufgaben:
a) Werte das abgebildete Karyogramm aus und begründe, um welchen Mutationstyp es sich handelt.
b) Erläutere eine Möglichkeit, wie die dargestellte Fehlverteilung der Chromosomen während der Meiose entstehen konnte. Fertige hierzu auch Skizzen an.

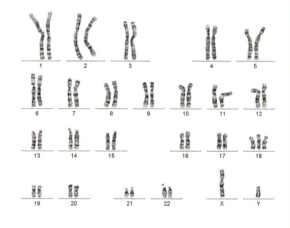

A3 Blutgruppenbestimmung

Die abgebildeten Säuglinge sind auf einer Geburtsstation vertauscht worden.

Aufgabe: Ermittle mit Hilfe der Blutgruppen, zu welchem der folgenden Elternpaare sie gehören:
Paar 1: 0 rh⁻ und A rh⁻
Paar 2: A Rh⁺ und B Rh⁺
Paar 3: A rh⁻ und 0 Rh⁺

A Rh⁺   A rh⁻   AB Rh⁺

Grundlagend der Vererbung

8 Der Mensch nutzt die Kenntnisse über die Vererbung

8.1 Herkömmliche Methoden der Tier- und Pflanzenzucht

Schon vor mehreren Tausend Jahren hat der Mensch Wildtiere gehalten und vermehrt. So dienten ihm zum Beispiel das Fleisch und die Milch von Rindern als Nahrung. Die zu Leder verarbeitete Haut nutzte er, um Bekleidung und andere Gebrauchsgegenstände herzustellen. Durch gezielte Auswahl und Vermehrung wurde versucht, Rinder mit einer hohen Milchleistung oder einer hohen Fleischproduktion zu erzeugen. Auf diese Weise entstand im Laufe der Zeit eine Vielzahl von Rassen. Die meisten unserer heutigen Nutztiere sowie Nutz- und Zierpflanzen sind das Ergebnis unterschiedlicher *Züchtungsmethoden*. Als **Züchtung** bezeichnet man Maßnahmen, die gewünschte Eigenschaften von Kulturpflanzen und Haustieren erhalten oder verbessern. Durch planmäßige Züchtung kann man zum Beispiel die Milchleistung von Rindern steigern sowie Ernteerträge bei Getreide- oder Obstsorten erhöhen. Wie aber geht der Mensch bei der Züchtung vor?

Die älteste Methode ist die *Auslesezüchtung*. Man wählt aus einer großen Anzahl von Tieren oder Pflanzen immer diejenigen zur Fortpflanzung aus, die ein gewünschtes, für den Menschen nützliches Merkmal zeigen. Jedoch muss man diese Auslese über mehrere Generationen hinweg durchführen, um das Zuchtziel zu erreichen. Ähnlichkeiten mit den ursprünglichen Wildformen gehen dabei häufig verloren.

Die Kenntnis der MENDELSCHEN Regeln ermöglicht seit Beginn des letzten Jahrhunderts neue Methoden der Züchtung. Bei der so genannten *Kombinationszüchtung* konnten nun Merkmale gezielt kombiniert werden. So kreuzte man verschiedene Tierrassen oder Pflanzensorten miteinander, um deren jeweiligen Merkmale in ihren Nachkommen zu vereinen. Moderne Rinderrassen zeichnen sich beispielsweise durch hohe Milchleistung, schnelle Gewichtszunahme oder fettarmes Fleisch aus. Aktuelle Kombinationszüchtungen bei Tomaten sollen zum Beispiel zu braunfäuleresistenten, ertragreichen Pflanzen mit aromatischen Früchten führen.

Eine besondere Form der Kombinationszüchtung ist die *Heterosis-Züchtung* (gr. *heteros,* anders). Dabei nutzt

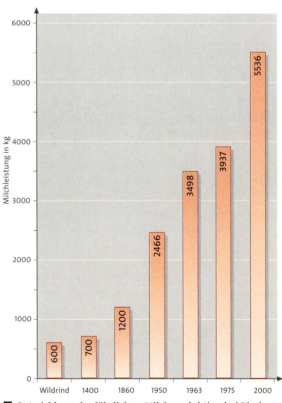

1 Züchtung. A Wildrind B Heutiges Hochleistungsrind

2 Entwicklung der jährlichen Milchproduktion bei Rindern

man die Beobachtung, dass mischerbige Individuen oft kräftiger, widerstandsfähiger und ertragreicher sind als reinerbige. Um den gewünschten Heterosis-Effekt zu erreichen, muss man zunächst über einen längeren Zeitraum *Inzucht* betreiben. Dies bedeutet, dass man nahe verwandte Individuen, die in vielen Merkmalen übereinstimmen, miteinander zur Fortpflanzung bringt. Auf diese Weise erhöht sich die Wahrscheinlichkeit, dass die Anlagen zahlreicher Merkmale bei den Nachkommen reinerbig vorliegen. Kreuzt man nun Angehörige zweier verschiedener Inzuchtlinien miteinander, sind die Nachkommen, die *Hybriden*, in vielen Merkmalen mischerbig. Bei manchen Nutzpflanzen wie dem Mais lässt sich der Ernteertrag so um mehr als 100 Prozent steigern. Allerdings verliert sich der Heterosis-Effekt in den nachfolgenden Generationen wieder. Hybridsaatgut und Hybridnutztiere müssen daher immer wieder neu durch Kreuzung von Inzuchtlinien erzeugt werden.

Am Beispiel des Saatweizens lässt sich die Entstehung heutiger Kulturpflanzen aus Wildformen gut nachvollziehen. Dabei konnten die Menschen ein natürliches Phänomen nutzen: Einige Wildgräser können sich untereinander kreuzen und dabei mehrfache Chromosomensätze bilden. Diese Erscheinung nennt man **Polyploidie**. Polyploide Individuen sind oft ertragreicher als solche mit diploidem Chromosomensatz. Ausgrabungen zeigen, dass der Mensch bereits vor 8000 Jahren polyploide Weizensorten anbaute. So entstand durch zufälliges Kreuzen zweier Wildgräser (AA x BB) mit je 14 Chromosomen zunächst der Wildemmer (AB). Dieser Hybride ist steril und kann sich nicht sexuell vermehren. Durch Meiosefehler entstanden jedoch auch Pflanzen mit dem Genom »AABB«, die sich nun erfolgreich fortpflanzen konnten. Planmäßige Auslese dieses Getreides, das mehr Ertrag brachte, führte zum Kultur-Emmer. Durch erneute Kreuzung mit einer Wildform des Ziegenweizens (DD) und anschließendem Meiosefehler entstand schließlich der Saatweizen mit sechsfachem Chromosomensatz, der zahlreiche und größere Körner als ältere Weizensorten bildet. Er ist außerdem sehr klimatolerant und seine Körner lösen sich gut von den Spelzen.

1 Nenne Eigenschaften von Nutztieren und -pflanzen, die für den Menschen nützlich sind.

2 Vergleiche Auslesezüchtung, Kombinationszüchtung und Heterosis-Züchtung. Berücksichtige hierbei die Vorgehensweise und die Vorteile der Methoden.

3 Erläutere die Entstehung von Saatweizen und Triticale mit Hilfe der Abbildung 3. Recherchiere, welche Merkmale bei der Neuzüchtung Triticale auftreten und berichte.

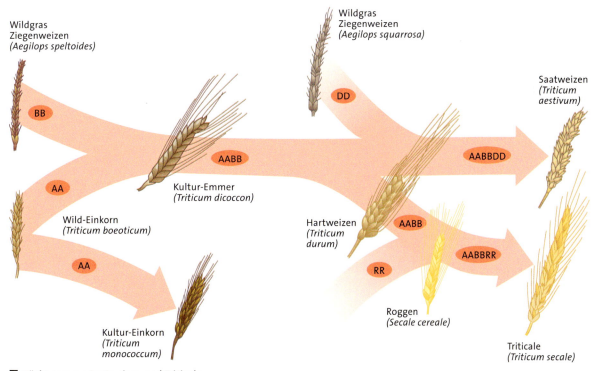

3 Züchtung von Saatweizen und Triticale

Grundlagend der Vererbung

8.2 Biotechnik in der Tier- und Pflanzenzucht

In der Tierzucht versucht man, bestimmte Eigenschaften von Nutztieren gezielt und in kurzer Zeit zu erreichen. Zugleich sollen möglichst viele Nachkommen mit den erwünschten Eigenschaften erzeugt werden. Rinder, die viel Milch geben und deren Fleisch wenig Fett enthält, sollen zum Beispiel mehr als nur ein einziges Kalb pro Jahr bekommen. Da dies mit herkömmlichen Zuchtmethoden nicht möglich ist, nutzt man hierzu *biotechnische Verfahren*. Unter dem Begriff **moderne Biotechnik** fasst man alle Methoden, Verfahren und Produkte zusammen, bei denen man Lebewesen oder ihre zellulären Bestandteile nutzt. Die Gentechnik ist ein Teilgebiet der Biotechnik.

Eine Methode der Biotechnik, die routinemäßig in der Tierzucht angewendet wird, ist die **künstliche Befruchtung.** In Besamungsstationen werden Zuchtbullen mit gewünschten Eigenschaften gehalten. Das von ihnen gewonnene Sperma wird in Portionen verpackt und in flüssigem Stickstoff tiefgefroren. Bei Bedarf kann es verschickt werden und zur Besamung der Kühe dienen. So kann ein einzelner Bulle etwa 100 000 Nachkommen haben. In Deutschland werden etwa 95 Prozent aller Kälber durch künstliche Befruchtung erzeugt. Man kann auf diese Weise zwar die Qualität, nicht aber die Anzahl der erzeugten Nutztiere steigern. Führt man jedoch zusätzlich eine Hormonbehandlung der Zuchtkühe durch, können in ihren Eierstöcken gleichzeitig bis zu 25 Eizellen her-

1 Reproduktionstechniken beim Rind. A Embryosplitting; **B** Embryotransfer

Grundlagend der Vererbung

anreifen. Diese werden dann künstlich befruchtet. Nach fünf bis sieben Tagen entnimmt man die Embryonen aus der Gebärmutter der Spenderkuh und überträgt sie in die Gebärmutter anderer Kühe, so genannter Ammenkühe.

Dieses Verfahren heißt **Embryotransfer.** Die Ammenkühe tragen dann die Embryonen der Spenderkuh aus. Die Anzahl der Nachkommen einer Spenderkuh kann weiter gesteigert werden, indem man ein **Embryosplitting** anwendet. Dazu werden die erzeugten Embryonen im 16-Zell-Stadium mittels einer feinen Glasnadel in zwei gleich große Hälften geteilt. Beide Zellhaufen werden anschließend auf jeweils eine Ammenkuh übertragen. Es entwickeln sich dann zwei genetisch identische Kälber, ein so genannter **Klon.**

Klone lassen sich nicht nur aus Embryonen gewinnen, sondern auch aus Körperzellen ausgewachsener Tiere. Hierzu entfernt man zunächst den Zellkern einer unbefruchteten Eizelle. Anschließend entnimmt man einem anderen ausgewachsenen Tier eine Körperzelle, zum Beispiel eine Zelle aus dem Euter. Aus dieser entfernt man den Zellkern und bringt ihn mit der kernlosen Eizelle zusammen. Mit Hilfe eines schwachen Stromstoßes verschmelzen Eizelle und Zellkern. Nachdem sich aus der Zygote ein mehrzelliger Embryo entwickelt hat, wird dieser auf ein Ammentier übertragen. Der erste Klon, der aus einer Körperzelle eines ausgewachsenen Tieres hergestellt wurde, war das 1997 geborene Klonschaf »Dolly«. Dabei standen diesem einen lebensfähigen Klon allerdings 277 Fehlversuche gegenüber. Das Schaf verstarb schon 2003 an vorschneller Alterung. Das erste geklonte Kalb wurde 1998 erzeugt.

In der Pflanzenzucht wird das Klonen schon heute häufig genutzt. So klont man zum Beispiel Usambaraveilchen, Begonien oder seltene Orchideen mit Hilfe der **Gewebekulturtechnik.** Dabei werden aus den Blättern einer bestimmten Pflanze zunächst unter sterilen Bedingungen kleine Stücke geschnitten. Nach Übertragung dieser Gewebestücke in eine Nährlösung mit Pflanzenhormonen entwickelt sich daraus ein neues Gewebe aus undifferenzierten Zellen, der *Kallus*. Dieses Gewebe kann weiter geteilt und kultiviert werden. Durch Zugabe von Wachstumshormonen bildet sich zunächst der Spross und dann die Wurzel. Nach einiger Zeit hat man viele neue Pflanzen gezogen, die mit der Mutterpflanze genetisch identisch sind.

1. Recherchiere für alle vorgestellten Methoden der Biotechnik in der Tierzucht weitere Anwendungsbeispiele. Stelle deine Ergebnisse in geeigneter Form vor.
2. Beschreibe das Klonen durch Kerntransfer bei erwachsenen Tieren mit Hilfe der Abbildung 2.
3. Diskutiert in der Klasse Vor- und Nachteile des Klonens durch Kerntransfer. Recherchiert dazu weitere Beispiele und berücksichtigt methodische wie ethische Aspekte.
4. Stelle das Verfahren der Gewebekulturtechnik mit Hilfe einer beschrifteten Zeichnung dar.

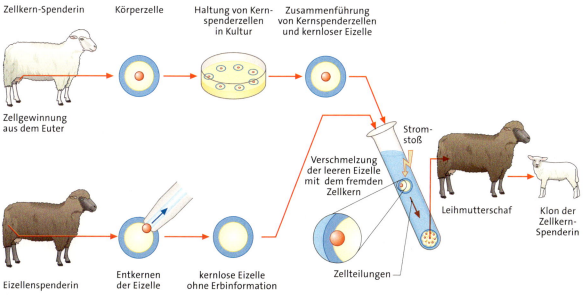

2 Klonen durch Kerntransfer beim ausgewachsenen Schaf

8.3 Methoden der Gentechnik

Biotechnische Verfahren arbeiten nicht nur mit ganzen Zellen oder Zellkulturen. Es ist auch möglich, gezielt in das Erbgut von Lebewesen einzugreifen. Hierbei setzt man Stücke des Erbgutes eines Lebewesens mit bestimmten Genen oder ein einzelnes Gen an anderen Stellen ein oder überträgt sie auf einen anderen Organismus. Man nutzt diese Möglichkeit zum Beispiel in der Tier- und Pflanzenzucht, bei der Therapie von Krankheiten oder bei der Herstellung von Impfstoffen und Enzymen. Der Zweig der Biologie, der die genetische Ausstattung von Lebewesen so verändert, dass sie ganz bestimmte Eigenschaften zeigen, heißt **Gentechnik.**

Für die Behandlung von Diabetes sind große Mengen Insulin erforderlich. Früher musste dieses Hormon aus den Bauchspeicheldrüsen von Rindern und Schweinen isoliert werden. Für die Versorgung von 100 000 Diabetikern müsste man pro Jahr drei Millionen Rinder oder 14 Millionen Schweine schlachten. Die Zahl der in Deutschland verfügbaren Rinder und Schweine würde damit nicht ausreichen, um alle insulinbedürftigen Diabetiker zu versorgen. Durch gentechnische Verfahren ist man in der Lage, ausreichend Insulin zu produzieren. Bei der gentechnischen Produktion gewinnt man zunächst DNA aus menschlichen Spenderzellen. Dann isoliert man mit Hilfe bestimmter Enzyme, so genannter Restriktions- oder »Schneide«-Enzyme, den DNA-Abschnitt mit der Erbinformation für die Bildung von Insulin. Außerdem isoliert man aus Bakterien bestimmte Teile ihres Erbguts, die Plasmide. Dies ist DNA, die frei im Plasma in Form eines Ringes vorliegt. Die Plasmide werden ebenfalls mit Hilfe von Restriktions-Enzymen gespalten. Anschließend setzt man in die Schnittstelle das menschliche Gen mit der Erbinformation für die Insulinbildung ein und fügt die menschliche und die bakterielle DNA mit Hilfe von Ligasen, den »Binde-Enzymen«, zusammen. Die Plasmide mit der neu kombinierten DNA werden dann in Coli-Bakterien eingeschleust. Durch diesen Gentransfer sind also Bakterien entstanden, die menschliches Insulin herstellen. Mit jeder Teilung entstehen neue Bakterien, die das Hormon produzieren. Nach Abtötung der Bakterien kann das Insulin aus der Zellmasse isoliert, gereinigt und weiterverarbeitet werden.

Mit gentechnisch veränderten Coli-Bakterien lassen sich ebenfalls wichtige Grundstoffe für die Industrie herstellen. So werden zum Beispiel weltweit mehr als 4000 Tonnen der Aminosäure Cystein benötigt. Sie dient in Form von Acetylcystein (ACC) als schleimlösender Wirkstoff

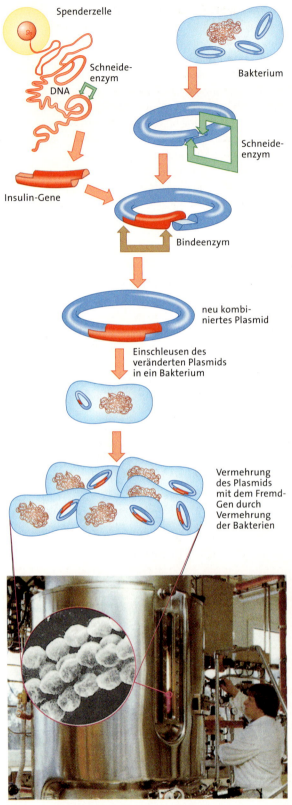

1 Gentechnische Herstellung von Insulin

Grundlagen der Vererbung

in Hustenmitteln, schützt vor krebserregenden Substanzen und wird in Dauerwellen ebenso verwendet wie in Brotteig. Noch vor wenigen Jahren musste man Cystein in einem aufwändigen Verfahren aus Haaren, Federn, Hufen und Schweineborsten herstellen. Das gentechnische Verfahren hat nicht nur die Cystein-Produktion um 30 Prozent gesteigert, sondern auch die benötigte Menge an konzentrierter Salzsäure auf vier Prozent gesenkt. Da man auf tierisches Material nun ganz verzichten kann, entfällt außerdem das Risiko einer Verunreinigung mit BSE.

Es ist auch möglich, Gene mit Hilfe von Plasmiden in frisch befruchtete Eizellen von Nutztieren wie Rindern oder Schafen zu übertragen. Die Eizellen werden anschließend in die Gebärmutter von Ammentieren implantiert. Das Erbgut ihrer Nachkommen enthält dann einen Abschnitt eines anderen Organismus. Man spricht von **transgenen Organismen.** Transgene Tiere produzieren zum Beispiel Proteine, die manche Menschen aufgrund eines Gendefektes nicht selbst bilden können. Die Gentechnik ermöglicht es also, Lebewesen als »Bioreaktoren« für die Herstellung von Medikamenten zu nutzen. Man spricht bei diesem Verfahren von »Gen-Pharming«. Ein erstes Medikament, das man aus der Milch von transgenen Ziegen gewinnt, wurde 2006 in Europa zugelassen. Es handelt sich um das Protein Antithrombin, das die Blutgerinnung hemmt. Es kommt bei operativen Eingriffen und der Geburtshilfe zum Einsatz und schützt Patienten mit einem erblichen Antithrombinmangel vor der Bildung von Blutgerinnseln in den Venen.

Mit Hilfe der Gentechnik kann man auch transgene Pflanzen erzeugen. So hat man in das Erbgut einer Rapssorte ein Gen des Lorbeerbaums eingeschleust. Dieses Gen ist für die Bildung einer bestimmten Fettsäure verantwortlich, die für die Ernährung besonders wertvoll ist. Aus

3 Zuckerrübe. **A** virusresistent; **B** nicht virusresistent

dem transgenen Raps gewinnt man Speiseöl, das neben den artspezifischen auch die neue Fettsäure enthält.

Transgene Pflanzen können auch eine Resistenz gegen Unkrautvernichtungsmittel, so genannte Herbizide, aufweisen. Man kann nun auf den Feldern, auf denen beispielsweise herbizidresistenter Raps, Mais oder Baumwolle wachsen, unerwünschte Wildkräuter mit Unkrautvernichtungsmitteln bekämpfen, ohne dass die Nutzpflanzen geschädigt werden. Es gibt heute auch Pflanzen wie bestimmte Maissorten, die man gentechnisch so verändert hat, dass sie ihr eigenes Insektengift produzieren. Wenn Schädlinge Teile einer insektenresistenten Pflanze fressen, sterben sie. Ähnliches gilt für Pflanzen, die resistent gegen ein Virus sind. Beim Zuckerrübenanbau entstehen zum Beispiel große Schäden durch das *Rhizomania*-Virus. Es wird durch einen Bodenpilz auf die Zuckerrübe übertragen und lässt die Hauptwurzel der Pflanze verkümmern. Chemisch kann das Virus bisher nicht bekämpft werden. Mit Hilfe der Gentechnik züchtete man virusresistente Zuckerrüben. Diese werden seit 1993 in Freilandversuchen getestet.

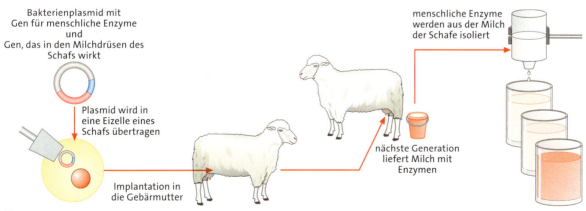

2 Produktion menschlicher Enzyme durch transgene Schafe

Grundlagen der Vererbung

Seit etwa 20 Jahren ist es möglich, Mäuse gentechnisch so zu verändern, dass bestimmte Gene gezielt ausgeschaltet werden. Man nennt sie daher **Knock-out-Mäuse** (engl. *to knock out*, außer Gefecht setzen). Aus den Folgen eines solchen Genausfalls lassen sich Rückschlüsse über die Bedeutung und Funktionsweise des Gens ziehen.

Bei der Erzeugung von Knock-out-Mäusen nutzt man einen Prozess, der auch bei der Bildung von Ei- und Spermienzellen stattfindet: die Rekombination. Hier lagern sich DNA-Abschnitte im Zellkern aneinander und werden durch Enzyme gegeneinander ausgetauscht. Dadurch ergibt sich eine Durchmischung väterlicher und mütterlicher Erbanlagen. Im Labor kann man auf diese Weise ein intaktes Gen durch eines ersetzen, das durch eine Mutation funktionsunfähig gemacht wurde. Man wendet dieses Verfahren auf Zellen an, die aus einem Mausembryo isoliert und in einer Nährlösung gezüchtet wurden. Die durch den Genaustausch veränderten Zellen werden dann in einen Mausembryo injiziert, der sich in einem frühen Entwicklungsstadium befindet und damit erst aus wenigen Zellen besteht. Dieser wird dann in die Gebärmutter eines Leihmuttertiers übertragen. Im Verlauf der weiteren Entwicklung des Embryos teilen sich auch die fremden Zellen. Dadurch entsteht eine Maus, deren Organe und Gewebe zum Teil aus genetisch veränderten Zellen bestehen. Solche Tiere bezeichnet man als Maus-Chimären. Kreuzt man sie miteinander, sind unter ihren Nachkommen auch homozygote Knock-out-Mäuse.

Im Jahr 2008 gelang es amerikanischen Forschern auf diese Weise ein Gen auszuschalten, das die Entstehung von Brustkrebs fördert. Bei den Versuchsmäusen ließ sich damit das Tumorwachstum und die Bildung von Metastasen stoppen. Auch für die Erforschung anderer Krankheiten wie Alzheimer oder Parkinson sind Knock-out-Mäuse wichtige Modellorganismen. Man hofft, dadurch die Entstehung und den Verlauf solcher Krankheiten besser verstehen und geeignete Therapien entwickeln zu können.

1. Beschreibe das Prinzip der Gentechnik anhand von Abbildung 1.
2. Nenne Eigenschaften von Bakterien, die sie zu einem bevorzugten Organismus in der Gentechnik machen.
3. Nenne Beispiele für transgene Organismen und erläutere ihre Nutzung durch den Menschen.
4. Beschreibe die Herstellung von Knock-out-Mäusen anhand von Abbildung 4.

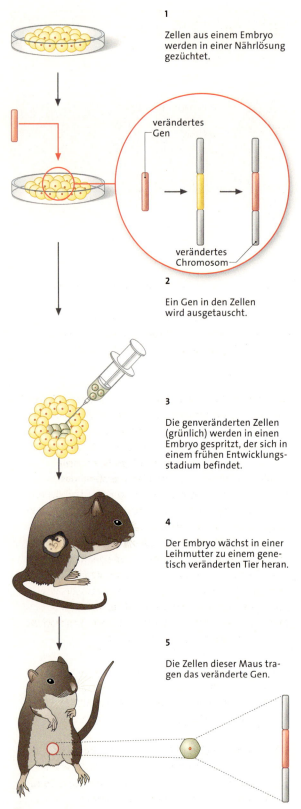

4 Herstellung einer Knock-out-Maus

1 Zellen aus einem Embryo werden in einer Nährlösung gezüchtet.

verändertes Gen — verändertes Chromosom

2 Ein Gen in den Zellen wird ausgetauscht.

3 Die genveränderten Zellen (grünlich) werden in einen Embryo gespritzt, der sich in einem frühen Entwicklungsstadium befindet.

4 Der Embryo wächst in einer Leihmutter zu einem genetisch veränderten Tier heran.

5 Die Zellen dieser Maus tragen das veränderte Gen.

Grundlagen der Vererbung

Streifzug durch die Politik — Chancen und Risiken der Gentechnik

Nachrichten
Unbekannte zerstören Gentechnik-Versuchsfeld.

Akzeptanz von Gentechnik wächst wegen Nahrungsmittelkrise

Wirtschaft
Bio-Bauern fürchten um Existenz

Bereits über 10000 Postkarten gegen Genmais an den Verbraucherminister

Neues aus aller Welt
Die Nabelschnur als Versicherung

Gentechnik als Ersatz für Tierversuche

1 Pressemeldungen

Meldungen über zerstörte Versuchsfelder mit gentechnisch verändertem Mais oder Raps findet man regelmäßig in der Presse. Sie zeigen ebenso wie die Versprechungen einiger Lebensmittelhersteller, nur »genfreie« Produkte anzubieten, wie komplex und manchmal auch verzerrt die Diskussion um Chancen und Risiken der Gentechnik aktuell ist. Um überhaupt mitreden zu können, braucht man entsprechende Sachkenntnisse.

Obwohl gentechnische Methoden erst seit einigen Jahrzehnten angewandt werden, haben sich schon vielfältige Nutzungsmöglichkeiten ergeben. Hierzu zählen gentechnisch erzeugte Medikamente und Impfstoffe sowie erste Versuche zur Therapie von Erbkrankheiten. So waren 2007 in Deutschland 122 gentechnisch hergestellte Arzneimittel zugelassen, über 300 Produkte befinden sich noch in der klinischen Entwicklung. Auch in der Produktion von Nutztieren und Nutzpflanzen spielen gentechnische Verfahren als Ergänzung zu herkömmlichen Zuchtmethoden eine wichtige Rolle.

Neben den vielen Möglichkeiten, die die Gentechnik bietet, sehen viele Kritiker aber auch Risiken. Einige transgene Nutzpflanzen besitzen zum Beispiel ein Resistenzgen gegen ein bestimmtes Antibiotikum. Es wird befürchtet, dass dieses Gen beim Verzehr der pflanzlichen Produkte auf im Menschen lebende Bakterien übertragen werden könnte. So könnten weitere Resistenzen gegen Antibiotika entstehen und diese schneller unwirksam werden lassen. Außerdem befürchtet man allergische Reaktionen beim Verzehr gentechnisch erzeugter Lebensmittel. So kann man zum Beispiel Gene der Sojabohne für bestimmte seltene essenzielle Aminosäuren auf andere Pflanzen beispielsweise Kartoffeln übertragen. Das ist zwar generell sinnvoll und beugt einem Mangel vor, es können jedoch gleichzeitig plötzlich Allergien auf vorher nicht allergene Pflanzen auftreten. Gentechnisch veränderte Produkte unterliegen daher nach der *Novel-Food*-Verordnung des Europaparlaments von 1997 der Genehmigung und müssen gekennzeichnet werden.

Das Verfahren zur Herstellung von transgenen Mäusen kann prinzipiell auch auf Zellen menschlicher Embryonen angewendet werden. Dies bedeutet allerdings, dass Embryonen von Menschen für Forschungszwecke »verbraucht« werden, womit sich große ethische Probleme ergeben. In Deutschland verbietet das Embryonenschutzgesetz die Erzeugung menschlicher Embryonen zu Forschungszwecken. Zu den eventuellen Möglichkeiten der Gentherapie beim Menschen äußern Kritiker ebenfalls ethische Bedenken. Wenn es gelänge, einige Menschen vor Behinderungen oder Krankheiten mit Hilfe der Gentechnik zu bewahren, könnte der gesellschaftliche Druck, gesund sein zu müssen, wachsen. Diejenigen, die nicht dem Bild des »perfekten Menschen« entsprächen, wären in unserer Gesellschaft möglicherweise nicht mehr akzeptiert.

Die Kritik an gentechnischen Methoden ist also in vielerlei Hinsicht begründet, Kontrollen und Einschränkungen sind notwendig, um Missbrauch oder auch unkontrollierbare Folgen möglichst zu verhindern.

1 Erstelle eine Liste mit Argumenten »Pro« und »Contra« Gentechnik. Nutze auch die Abbildung 1.
2 Informiere dich, über das Internet, über Gesetze zur Kontrolle gentechnischer Anwendungen.

Zusammenfassung: Grundlagen der Vererbung

Basiskonzept Vielfalt

Alle Individuen einer Art zeigen mehr oder weniger große Unterschiede in der phänotypischen Merkmalsausprägung. Diese Erscheinung bezeichnet man als Variabilität. Dabei treten genetisch bedingte Unterschiede durch Mutation und Rekombination auf. Als Vererbung bezeichnet man die Weitergabe der Erbanlagen oder Gene von Generation zu Generation. Nicht vererbbare Unterschiede entstehen dagegen durch unterschiedliche Umwelteinflüsse wie Nahrungsangebot, Temperatur oder Licht. Sie werden als Modifikationen bezeichnet. Vererbt wird hier nur die Reaktionsnorm, innerhalb der die Ausbildung eines Merkmals variieren kann. Vielfältige Unterschiede treten auch zwischen einzelnen Arten auf. Neben Körpermerkmalen unterscheiden sich auch die Genome verschiedener Arten. Das Genom von Coli-Bakterien besitzt zum Beispiel über 4000 Gene, das des Menschen etwa 25 000 Gene.

Die Vererbung von Merkmalen unterliegt bestimmten Gesetzmäßigkeiten. Nach Gregor MENDEL, der diese Mitte des 19. Jahrhunderts durch die Kreuzung von Erbsen entdeckte, spricht man von den MENDELschen Regeln. Man unterscheidet die Uniformitätsregel, die Spaltungsregel und die Unabhängigkeitsregel.

Erbgänge beim Menschen können mit Hilfe genetischer Bevölkerungsanalysen, der Zwillingsforschung und von Stammbäumen untersucht werden. Auf diese Weise werden zum Beispiel genetisch bedingte Krankheiten erfasst. So wird zum Beispiel das MARFAN-Syndrom autosomal-dominant, die Rot-Grün-Sehschwäche X-chromosomal-rezessiv vererbt.

Basiskonzept Struktur und Funktion

Bestimmte molekulare und zelluläre Strukturen ermöglichen bestimmte Funktionen. Die Träger der Erbanlagen sind die Chromosomen, die sich im Zellkern einer Zelle befinden. Ihre kompakte Struktur ermöglicht den Verteilungsvorgang während der Mitose und Meiose. Beim Menschen umfasst der Chromosomensatz 46 Chromosomen: Es gibt 44 Autosomen und zwei Gonosomen. Das X- und Y-Chromosom unterscheidet sich in Größe, Gestalt und Anzahl der Gene.

Chromosomen sind aus Chromatinfäden aufgebaut, die aus DNA und Proteinen bestehen. Die DNA-Doppelhelix hat zwei komplementäre Einzelstränge, bei denen sich die Basen Adenin (A) und Thymin (T) sowie Guanin (G) und Cytosin (C) jeweils gegenüberliegen. Eine Base bildet gemeinsam mit dem Zucker Desoxyribose und einem Phosphatmolekül ein Nukleotid. Vor der Zellteilung erfolgt die identische Verdopplung, die Replikation. Die Doppelhelix wird wie ein Reißverschluss geöffnet und in ihre Einzelstränge aufgetrennt. Durch Anlagerung von Nukleotiden an die komplementären Basen der Einzelstränge werden diese wieder zu einem Doppelstrang ergänzt.

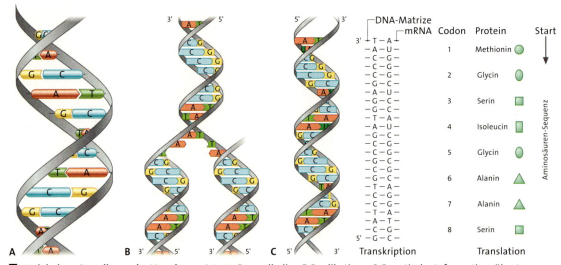

1 Molekulare Grundlagen der Vererbung. **A** DNA-Doppelhelix; **B** Replikation; **C** Genetische Informationsübertragung

Grundlagen der Vererbung

Basiskonzept Information und Kommunikation

Durch die Abfolge der Basenpaare in der DNA wird der genetische Code festgelegt. Dabei verschlüsseln drei aufeinanderfolgende Nukleotide als Tripletts die genetische Information für eine von 20 Aminosäuren. Der genetische Code ist universell, hat keine Leerstellen und ist nicht überlappend.

Sie wird abgelesen und für die Bildung eines Proteins verwendet. Diese Proteinbiosynthese erfolgt in zwei Schritten: Bei der Transkription wird ein Abschnitt der DNA im Zellkern abgelesen und in Form einer Boten-RNA kopiert. Nachdem diese den Zellkern verlassen hat und ins Zellplasma gelangt ist, beginnt die Translation. Mit Hilfe der Ribosomen wird die Basenabfolge der Nukleinsäuren in die Aminosäureabfolge eines Proteins übersetzt. Die erforderlichen Aminosäuren sind an die Transport-RNA gekoppelt. Sie besitzen als Erkennungsstelle ein Basentriplett, mit dem sie an eine komplementäre Stelle der Boten-RNA im Ribosom binden können. Während die Boten-RNA durch das Ribosom gleitet, lagern sich weitere Transport-RNA-Moleküle an, die an sie gekoppelten Aminosäuren werden gelöst und untereinander verknüpft, bis sich die fertiggestellte Aminosäurekette schließlich vom Ribosom löst. Damit ist die genetische Information verwirklicht. Aus den Aminosäureketten bilden sich Proteine wie der rote Blutfarbstoff Hämoglobin.

Basiskonzept Fortpflanzung

Fortpflanzung ist ein Merkmal des Lebens. Dabei wird die genetische Information der Eltern an die Nachkommen weitergegeben. Bei der ungeschlechtlichen Fortpflanzung entstehen durch Mitose erbgleiche diploide Tochterzellen. Bei der Bildung von Geschlechtszellen läuft dagegen eine Meiose ab. Hier werden zunächst die homologen Chromosomen voneinander getrennt (1. Reifeteilung oder Reduktionsteilung), wobei väterliche und mütterliche Chromosomen zufällig verteilt werden. Es kommt dadurch zu einer Durchmischung des Erbguts. Erst dann erfolgt, ähnlich der Mitose, die Trennung der beiden Chromatiden eines Zwei-Chromatiden-Chromosoms (2. Reifeteilung). Bei der Meiose entstehen Geschlechtszellen mit haploidem Chromosomensatz. Verschmelzen diese bei der Befruchtung, entsteht wieder der diploide Chromosomensatz.

Basiskonzept Regulation und Steuerung

Regulierende Prozesse laufen auch auf molekularer Ebene ab. So wird zum Beispiel die Menge eines benötigten Proteins im Körper durch Genregulation gesteuert. Außerdem können fehlerhafte Abschnitte der DNA erkannt und repariert werden. Bei Genmutationen entsteht durch eine veränderte Abfolge von Nukleotiden in der DNA ein »Druckfehler« in der Erbinformation. Sie treten selten und zufällig auf. Faktoren, die Mutationen auslösen können, heißen Mutagene. Zu ihnen zählen radioaktive Strahlung, Röntgen- und UV-Strahlung sowie bestimmte Chemikalien.

Basiskonzept Angepasstheit

Lebewesen besitzen vielfältige, genetisch bedingte Merkmale, die ihnen das Leben in einem bestimmten Lebensraum ermöglichen. Häufig sind Mutationen für deren Träger schädlich. So verringern sich die Überlebenschancen eines Individuums zum Beispiel durch Krebs. Mutationen können jedoch auch nützlich sein, wenn der entsprechend veränderte Phänotyp zufällig bessere Überlebenschancen bietet. So sind zum Beispiel die heterozygoten Träger der Sichelzellanämie resistent gegen den Malaria-Erreger. Bessere Angepasstheiten können auch das Ziel verschiedener Züchtungen sein. So lassen sich durch Auslese- und Heterosis-Züchtung zum Beispiel höhere Erträge und eine bessere Temperatur- oder Salztoleranz erreichen.

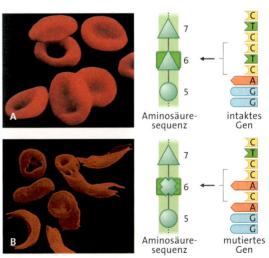

2 Erbkrankheit. **A** Gesunde Blutzellen; **B** Sichelzellen

Wissen vernetzt — Grundlagen der Vererbung

A1 Mitose und Meiose
Aufgabe: Vergleiche die Vorgänge während der Meta- und Anaphase von Mitose und Meiose. Nenne die jeweilige Bedeutung für beide Prozesse.

A2 Gonosomen

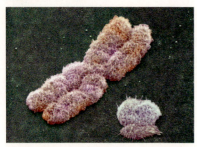

Die Abbildung zeigt eine rasterelektronenmikroskopische Aufnahme von Gonosomen des Menschen.
Aufgaben:
a) Erläutere die Merkmale des Chromosomensatzes eines Menschen.
b) Begründe, welches Geschlecht die Abbildung zeigt.
c) Vergleiche die beiden Gonosomen miteinander.

A3 Karyogramme

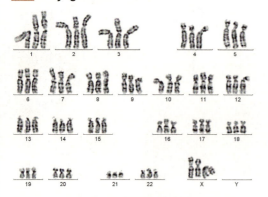

Die Abbildung zeigt das Karyogramm eines Embryos, der bereits in einem frühen Stadium in der Gebärmutter gestorben ist.
Aufgaben:
a) Erläutere allgemein die Methode zum Erstellen eines solchen Karyogramms.
b) Werte das abgebildete Karyogramm aus. Begründe, um welchen Mutationstyp es sich handelt.

A4 Ungleiche Geschwister

A   B

Bei den abgebildeten Schweinen handelt es sich um gleichaltrige Geschwister, die auf unterschiedlichen Höfen gehalten wurden.
Aufgabe: Erkläre dies mit Hilfe des Basiskonzeptes Angepasstheit.

A5 Vererbung bei Erbsen

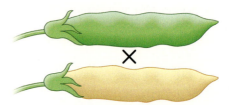

Die Kreuzung zweier reinerbiger Erbsenrassen mit den Merkmalen grüne und gelbe Hülsen ergibt in der F_1-Generation Erbsenpflanzen mit ausschließlich grünen Hülsen.
Aufgabe: Zeichne ein Erbschema bis zur F_2-Generation und begründe, welche MENDELsche Regeln der Kreuzung zu Grunde liegen.

A6 Vererbungsregeln

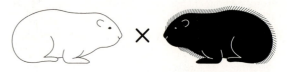

Ein reinerbiges Meerschweinchen mit weißer Fellfarbe und glatten Fellhaaren wird mit einem reinerbigen Tier, das schwarz und rauhaarig ist, gekreuzt. Die Mitglieder der F_1-Generation sind schwarz und rauhaarig.
Aufgaben:
a) Begründe, welche Mendelsche Regel hier zutrifft.
b) Gib an, wie viele verschiedene Erscheinungsbilder bei den Nachkommen der F_2-Generation auftreten.

A7 Stammbaum

Die Abbildung zeigt den Stammbaum einer Familie, in der Kurzfingrigkeit auftritt.

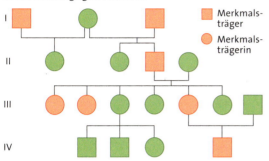

Aufgaben:
a) Übernimm den Stammbaum in dein Heft und gib alle Genotypen an.
b) Führe eine vollständige Stammbaumanalyse durch.

A9 Gentechnisches Verfahren

Die Abbildung zeigt die Einschleusung und Vermehrung eines gentechnische veränderten Plasmids in eine Bakterienzelle.

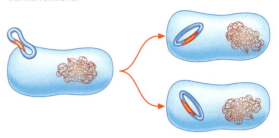

Aufgaben:
a) Erläutere die Herstellung eines gentechnisch veränderten Plasmids.
b) Beschreibe ein wirtschaftlich bedeutsames Beispiel für ein solches Verfahren.

A8 Auslesezüchtung

Aufgaben:
a) Benenne die Kohlsorten und weise das Basiskonzept Vielfalt an diesem Beispiel nach.
b) Erkläre die angewendete Züchtungsmethode der Auslesezüchtung.
c) Nenne Gründe, weshalb Menschen Tiere und Pflanzen züchten.

Verhalten

1 Grundlagen des Verhaltens

Jedes Jahr im März verlassen die am Rande der Antarktis lebenden Kaiserpinguine das Meer und wandern in langen Kolonnen über hunderte von Kilometern über das Packeis zu ihren Brutgebieten. Dort angekommen paaren sie sich und zwei Wochen später legen die Weibchen Ende Mai, mitten im antarktischen Winter, ein einziges, 450 Gramm schweres Ei. Danach machen sie sich entkräftet auf den Weg zurück ins Meer – dem einzigen Ort, wo sie Nahrung finden können. Das Ausbrüten des Eis übernimmt das Männchen, das dieses in einer Hautfalte auf seinen Füßen trägt, damit es nicht mit dem Eis in Berührung kommt. Um sich selbst vor der Kälte zu schützen, stehen die Männchen in der Brutkolonie dicht gedrängt. Oft sind es zehn Tiere auf nur einem Quadratmeter.

Mitte Juli schlüpfen die Küken – bei Temperaturen um minus 40 Grad Celsius. Wenig später kehren die Weibchen zurück und lösen die Männchen bei der Pflege des Nachwuchses ab. Obwohl die Paare meist nur eine Brutperiode zusammen bleiben, finden sie sich in dem Gedränge, das in der Kolonie herrscht, wieder: Sie erkennen sich an der Stimme. Auch die Küken lernen sehr schnell, die Stimmen ihrer Eltern von denen anderer Pinguine zu unterscheiden. Die Männchen haben in der langen Zeit, in der sie nichts gefressen haben, bis zu einem Drittel ihres Körpergewichtes verloren. Nun machen sie sich auf den Weg zum Meer, um Nahrung zu suchen.

1 Kaiserpinguin mit Küken

2 Brutkolonie der Kaiserpinguine

3 Kaiserpinguin auf der Jagd

Die Wanderungen der Kaiserpinguine kann man in einem Zoo nicht erforschen. Daher ist die **Beobachtung** von Tieren in ihrem natürlichen Lebensraum eine wichtige Grundlage für Verhaltensuntersuchungen. Ein erstes Ziel solcher Beobachtungen besteht darin, das Verhalten einer Tierart möglichst vollständig zu beschreiben und zu dokumentieren. Einen solchen Verhaltenskatalog nennt man ein **Ethogramm.** Das Ethogramm der Kaiserpinguine würde beispielsweise ihre verschiedenen Fortbewegungsarten, Körperhaltungen, Lautäußerungen und viele andere Verhaltensweisen enthalten.

Verhaltensforscher interessieren sich aber nicht nur dafür, *was* ein Tier (oder auch Mensch) tut, sondern auch, *wie oft* es etwas tut und *mit wem* es etwas tut. Solche Untersuchungen setzen voraus, dass man die einzelnen Tiere individuell erkennt. Nur auf diese Weise lässt sich beispielsweise klären, ob Paare länger als nur eine Brutsaison zusammenbleiben. In einer Brutkolonie der Kaiserpinguine, die mehrere Tausend Tiere umfassen kann, ist das Erkennen von Individuen natürlich nicht so einfach. Mit Hilfe individueller Markierungen gelang es Forschern jedoch herauszufinden, dass die meisten Paare tatsächlich nur eine Brutsaison zusammenbleiben.

Nicht alle Fragen lassen sich aber durch reine Beobachtung beantworten. Daher kommen in der Verhaltensforschung auch andere Methoden zur Anwendung. Mit Hilfe einfacher **Experimente** kann man beispielsweise testen, wie Tiere auf Lautäußerungen verschiedener Artgenossen reagieren. Durch solche Playback-Experimente hat man nachweisen können, dass sich die Pinguine individuell an ihren Stimmen erkennen.

Immer häufiger bedienen sich Verhaltensforscher und Verhaltensforscherinnen aber auch moderner **Analysemethoden.** Beispielsweise hat man beobachtet, dass Kaiserpinguine, die ihr eigenes Küken verloren haben, oft andere Küken »kidnappen«. Um nachzuweisen, wer die Eltern eines Kükens sind, benötigt man daher vom Küken und seinen potenziellen Eltern ein wenig Erbmaterial, um einen »genetischen Fingerabdruck« als Elternschaftsnachweis anzufertigen.

Wieder andere Untersuchungen helfen bei der Beantwortung der Frage, wie es dazu kommt, dass Pinguine fremde Küken kidnappen. Schon seit langem ist bekannt, dass das Brutpflegeverhalten bei Vögeln von einem Hormon namens Prolaktin gesteuert wird. Dieses Hormon wird während der Brutphase in der Hypophyse gebildet und an die Blutbahn abgegeben. Untersuchungen an Kaiserpinguinen haben ergeben, dass bei diesen Vögeln besonders viel Prolaktin im Blut zirkuliert und dass Tiere, deren Prolaktinspiegel durch Medikamente künstlich gesenkt wurde, weitaus seltener fremde Junge kidnappten.

In ihrem Körperbau und ihrem Verhalten sind Kaiserpinguine hervorragend an den unwirtlichen Lebensraum der Antarktis angepasst. An Land sieht ihre Art der Fortbewegung eher unbeholfen aus, aber im Wasser bewegen sie sich außerordentlich wendig. Mit Hilfe von Sendern hat man Tauchtiefen von bis zu 500 Metern und Tauchzeiten bis zu 15 Minuten gemessen.

Entscheidend für ihre Fähigkeit in der Antarktis zu überleben ist aber ihre Fähigkeit mit Artgenossen zu *kooperieren*. Würden sie – wie man es etwa bei Menschen im Fahrstuhl beobachten kann – ständig eine bestimmte *Individualdistanz* zu ihren Nachbarn wahren, müssten sie in den eisigen Stürmen erfrieren. Da ihre Brutgebiete weit von ihren Nahrungsgründen im offenen Meer entfernt sind, müssen sich Männchen und Weibchen bei der Aufzucht abwechseln – ansonsten würden sie verhungern und kein einziges Küken erfolgreich aufziehen.

Verhalten

Bei der Erforschung des Verhaltens von Tieren und Menschen unterscheidet man zwei Erklärungsebenen. Die erste Erklärungsebene betrifft die **Mechanismen der Verhaltenssteuerung.** Hierzu gehören beispielsweise Hormone wie das Prolaktin, aber auch äußere Reize wie der Anblick eines Pinguinkükens, der bestimmte Verhaltensweisen seiner Eltern – und möglicherweise auch anderer Artgenossen – auslöst. Das wichtigste verhaltenssteuernde Organ der meisten Tiere ist ihr Gehirn.

Die zweite Erklärungsebene betrifft die **Funktionen des Verhaltens.** Jedes Lebewesen steht vor zwei Grundproblemen, die es lösen muss: Es muss für seine *Selbsterhaltung* sorgen, also versuchen selbst zu überleben, und es muss Energie in die eigene *Fortpflanzung* investieren.

Selbsterhaltung bedeutet für die erwachsenen Kaiserpinguine beispielsweise, dass sie sich vor Beginn der Brutsaison so viele Fettreserven anfressen, dass sie die lange Fastenzeit überstehen. Außerdem müssen sie dafür Sorge tragen, in der eisigen Kälte des antarktischen Winters nicht zu erfrieren. Das dicht gedrängte Zusammenstehen in den Brutkolonien dient dazu, dem Kältetod zu entgehen. Zurück im Meer müssen sie sich schließlich vor ihrem gefährlichsten Raubfeind, dem zu den Robben gehörenden drei Meter großen Seeleopard in Acht nehmen. Im Zoo können Kaiserpinguine bis zu 20 Jahre alt werden. In freier Wildbahn schaffen dies die wenigsten.

Viele Verhaltensweisen der Pinguine und anderer Tiere dienen aber nicht der Selbsterhaltung, sondern der Fortpflanzung. Anders als vielfach immer noch zu lesen hat dies nichts mit »Arterhaltung« oder dem »Überleben der eigenen Spezies« zu tun. Die Funktion des Fortpflanzungsverhaltens besteht einzig und allein in der möglichst erfolgreichen Weitergabe der eigenen Gene an die nächste Generation.

Zum Fortpflanzungsverhalten gehören nicht nur die Paarung und das Sexualverhalten, sondern auch die Suche nach einem und die Werbung um einen Partner beziehungsweise eine Partnerin. Bei vielen Arten betreiben die Männchen aufwändige Werberituale, die man bei Vögeln als *Balz* bezeichnet. Ebenfalls zum Fortpflanzungsverhalten gehört die *Brutpflege,* die das Überleben des Nachwuchses sichern soll. Tiere wie die Kaiserpinguine, die unter extrem harten Lebensbedingungen nur ein einziges Junges pro Jahr bekommen, müssen besonders viel Aufwand in die Brutpflege stecken.

1 Begründe, warum die Beobachtung von Tieren in ihrem natürlichen Lebensraum eine wichtige Voraussetzung für Verhaltensuntersuchungen ist.

2 Erläutere Mechanismen der Verhaltenssteuerung am Beispiel des Hormons Prolaktin.

3 Nenne Beispiele für Angepasstheiten im Verhalten der Pinguine.

4 Funktionen des Verhaltens. **A** Brutpflege; **B** Sexualverhalten; **C** Kälteschutz; **D** Feindvermeidung (Seeleopard)

Methode: Ein Ethogramm erstellen

Um verhaltensbiologisch zu arbeiten, muss man zunächst wissen, welche Verhaltensweisen die Tiere, die man untersuchen will, zeigen. Ein Ethogramm, das die einzelnen Verhaltensweisen einer Tierart benennt und beschreibt, kann in erster Annäherung auch von Tieren, die in Menschenobhut gehalten werden, angefertigt werden. Auch ohne Vollständigkeit anzustreben ist dies die Grundlage für weitere Studien und vor allem für die Vergleichbarkeit von Ergebnissen.

Material: Kleintierkäfig mit einem Paar oder einer Gruppe Mongolischer Rennmäuse *(Meriones unguiculatus)*

Hinweis: Mongolische Rennmäuse leben in freier Wildbahn in Familiengruppen; Einzelhaltung wäre daher nicht artgerecht.

Durchführung: Beobachte die Tiere für einen Zeitraum von 10 Minuten. Protokolliere deine Beobachtungen. Die Beobachtungen können jederzeit fortgesetzt und das Ethogramm entsprechend ergänzt werden.

Aufgaben:
a) Erstelle einen Steckbrief Mongolischer Rennmäuse. Berücksichtige dabei auch die Herkunft, den Lebensraum und die Lebensweise dieser Tiere.
b) Die nebenstehende Tabelle und die Abbildung zeigen beispielhaft einige Verhaltensweisen Mongolischer Rennmäuse. Ordne die in der Abbildung gezeigten Verhaltensweisen denen in der Tabelle zu.
c) Beschreibe und benenne die von dir beobachteten Verhaltensweisen. Berücksichtige dabei, dass sich Tiere auch dann verhalten, wenn sie scheinbar »nichts tun«. Vermeide Interpretationen und stütze dich nur auf das, was du tatsächlich siehst. Erstelle eine Liste der beobachteten Verhaltensweisen nach dem Muster der nebenstehenden Tabelle.
d) Erstelle Kriterien, nach denen du die Verhaltensweisen in deinem Ethogramm sinnvoll ordnen kannst.
e) Vergleiche deine Beobachtungen und Beschreibungen mit denen deiner Mitschülerinnen und Mitschüler. Diskutiert die Ergebnisse und zieht Schlussfolgerungen.
f) Stelle Hypothesen zu den Funktionen der beobachteten Verhaltensweisen auf.

1 Mongolische Rennmäuse

Bezeichnung	Beschreibung
Aufrichten	Tier stellt sich auf die Hinterextremitäten
Unterschieben	Tier A schiebt seinen Kopf unter Tier B
Nagen	Tier nagt mit Zähnen an einem Gegenstand
Nasen-Po-Kontakt	Tier A berührt mit seiner Nase das Hinterteil von Tier B
Schnauzen-Kontakt	Tier A berührt mit seiner Schnauze die Schnauze von Tier B

2 Beispielprotokoll

3 Verhaltensweisen Mongolischer Rennmäuse

Verhalten

2 Erbanlagen und Umwelterfahrungen beeinflussen das Verhalten

Ein Hund ist der Wunsch vieler Jungen und Mädchen. Vor der Anschaffung eines solchen Tieres, das viel mehr Pflege und Zuwendung benötigt, als man im ersten Überschwang denkt, sind allerdings eine Reihe von Fragen zu klären: Wer kümmert sich um das Tier und seine Erziehung? Ist die Wohnung groß genug? Wer geht mit ihm spazieren? Was tun, wenn die Familie in Urlaub fährt? Und: Was für ein Hund soll es überhaupt sein?

In Deutschland gibt es mehr als 300 von Zuchtverbänden anerkannte Hunderassen, die sich nicht nur in ihrem Aussehen voneinander unterscheiden, sondern auch in ihrem Verhalten.

Alle Haushunde stammen vom Wolf ab. Wölfe leben gesellig in Familiengruppen, die in der Umgangssprache auch als *Rudel* bezeichnet werden. Das Bedürfnis sich einem Rudel anzuschließen, haben die Haushunde von ihren Vorfahren geerbt. Für das enge Zusammenleben von Mensch und Hund war diese **genetische Anlage** eine entscheidende Voraussetzung. Bei der Zucht von *Gebrauchshunden* haben sich Menschen aber auch noch andere Erbanlagen zu Nutze gemacht. Wölfe jagen ihre Beute gemeinschaftlich, und die genetischen Anlagen für dieses Verhaltensmerkmal haben bei der Zucht von *Jagdhunden* gute Dienste geleistet. Der aus der Umgangssprache geläufige Begriff »Jagdinstinkt« drückt aus, dass dem Hund das Bedürfnis zu jagen angeboren ist – er braucht es nicht zu lernen.

Andere Hunderassen verfügen über Erbanlagen, die sie zu besonders guten Hirtenhunden, Wachhunden, Blindenhunden oder auch Schoßhunden machen. Schäferhunde und Collies wurden gezüchtet, um Schafherden zusammenzuhalten und vor Bären und Wölfen zu beschützen. Durch gezielte Zuchtwahl wurden dabei Erbanlagen so verändert, dass der Hund die Schafe nur hütet, sie aber nicht jagt und tötet.

Großes Aufsehen haben in den letzten Jahren so genannte »Kampfhunde« erregt. Kampfhunde wurden schon in der Antike gezüchtet, und noch heute gibt es Hundekämpfe – obwohl sie illegal sind. Nach einer Reihe tödlicher Angriffe auf Menschen haben sämtliche Bundesländer Gesetze oder Verordnungen erlassen, die die Haltung bestimmter, als gefährlich geltender Hunderassen streng reglementieren. Liebhaber der betreffenden Rassen meinen dagegen, Kampfhunde gebe es eigentlich gar nicht. Zwar seien manche Hunde wie die amerikanischen Pitbulls früher für Hundekämpfe gezüchtet worden, aber eine besondere Gefährlichkeit könne man daraus nicht ableiten. Gefährlich sei allenfalls der Mensch, der aus einem Hund eine »Kampfmaschine« mache.

Tatsächlich wird das Verhalten von Hunden und anderen Lebewesen nicht nur von ihren Erbanlagen gesteuert. Vielmehr wirken Gene und Umwelterfahrungen bei der Entwicklung des Verhaltens zusammen. Ein junger Wolf muss beispielsweise *lernen*, wem er sich in seinem Rudel unterzuordnen hat – und für einen jungen Hund gilt dasselbe.

Auch Hütehunden ist das Hüten von Schafen nicht angeboren – sie müssen es lernen. Einem Hütehund wie einem

1 Gebrauchshunde. **A** Jagdhund; **B** Hütehund; **C** Blindenhund

Verhalten

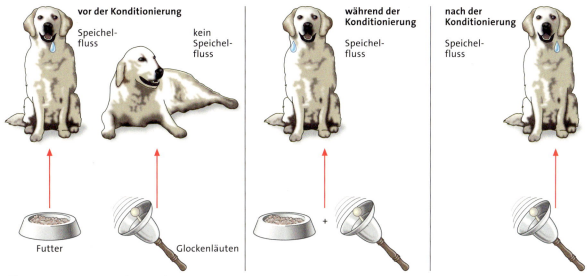

2 Pawlows Lernversuch (Schema)

Collie kann man das Hüten allerdings leichter beibringen als einem Jagdhund. Was ein Hund lernen kann und wie leicht er es lernt, hängt also auch von seinen Erbanlagen ab.

Mit der Frage, wie Hunde lernen, befasste sich zuerst der russische Forscher Iwan Pawlow im Jahre 1905. Ihm war aufgefallen, dass jungen Hunden, die noch nie Fleisch gefressen hatten, der Appetit erst beim Fressen kommt: Erst wenn man ihnen das Fleisch ins Maul legt, beginnen sie Speichel abzusondern und das Futter dann auch gierig zu fressen. Wiederholt man dies einige Male, beginnen die Hunde auch schon beim bloßen Anblick des Fleisches zu speicheln.

Was steckt dahinter, fragte Pawlow sich, und begann systematisch zu experimentieren. Der Speichelfluss, so viel wusste er, beruht auf einem angeborenen *Reflex:* Der Geschmack des Futters übt einen Reiz auf Sinneszellen im Mund aus und Nervenzellen leiten die Information zu einem Reflexzentrum im Nachhirn weiter. Von hier aus veranlassen andere Nervenzellen die Speicheldrüsen im Mund, Speichel zu produzieren. Beginnt ein Hund jedoch schon beim Anblick des Futters zu speicheln, musste dieser Reflex aber auch auf andere Weise ausgelöst werden können.

Bei seinen Versuchen ging Pawlow so vor, dass er seinen Hunden zunächst Futter zeigte und dann die *Reaktion* auf diesen *Reiz* registrierte, indem er den ausfließenden Speichel in einem Messbecher auffing. In einem nächsten Schritt läutete er eine Glocke – was erwartungsgemäß zu keiner Reaktion bei seinem Versuchshund führte. Der dritte Schritt in der Versuchsserie bestand darin, dass Pawlow die beiden Reize – das Läuten der Glocke und den Anblick des Futternapfes – kombinierte, indem er immer kurz bevor er den Napf hinstellte die Glocke läutete. Wiederholte er dies einige Male, begann der Hund auch schon beim Hören der Glocke Speichel abzusondern.

Damit hatte er bewiesen, dass der im Prinzip angeborene Speichelreflex auch durch einen Lernprozess ausgelöst werden konnte. Da der Speichelfluss in diesem Fall durch das Läuten der Glocke *bedingt* war, nannte Pawlow diese Reaktion eine **bedingte Reaktion** – im Gegensatz zur **unbedingten Reaktion**, die auch ohne einen Lernprozess erfolgt. Den Lernvorgang, der die bedingte Reaktion ausgelöst hatte, nannte er **Konditionierung** (lat. *conditio,* Bedingung). Heute spricht man von Klassischer Konditionierung, da es noch andere Formen des Lernens gibt, die auf ähnlichen Mechanismen beruhen. Beispielsweise kann man einen Hund »scharf machen«, indem man ihn für aggressives Verhalten mit einem Leckerbissen belohnt.

Auch unter natürlichen Bedingungen machen Tiere vielfältige Erfahrungen, die ihr Verhalten beeinflussen. Genau dies versteht man unter **Lernen.** Und genau wie beim Menschen ist auch bei Tieren die Kindheit und Jugend die Phase im Leben, in der sie am meisten lernen. Dies liegt daran, dass das Wachstum und die Entwicklung des Gehirns erst beim Erwachsenen abgeschlossen ist – was natürlich nicht bedeutet, dass Erwachsene nichts mehr lernen können.

Verhalten

3 Nachfolgereaktion bei Brandgänsen

Eine wichtige Eigenschaft junger Säugetiere und Vögel ist ihre *Neugier*. Jungtiere erkunden ihre Umwelt und sammeln viele Erfahrungen, indem sie Neues ausprobieren. Durch **Versuch und Irrtum** lernen sie, welche Verhaltensweisen Erfolg versprechen und welche nicht. Wenn Verhaltensänderungen auf Erfolgserlebnisse oder Belohnungen zurückzuführen sind, spricht man von **Lernen am Erfolg**.

Nicht immer sind Belohnungen allerdings eine Voraussetzung dafür, dass Tiere etwas lernen. Diese Erfahrung machte der österreichische Verhaltensforscher Konrad LORENZ, als er ein frisch geschlüpftes Wildgansküken einer Hausgans unterschieben wollte. Das Gänsekind Martina, wie er es nannte, wollte seine Ziehmutter allerdings nicht anerkennen, sondern folgte stattdessen Konrad LORENZ Schritt auf Tritt. Dieser hatte nämlich das Ei kurz vor dem Schlüpfen aus dem Brutschrank genommen. So war das Erste, was Martina in ihrem Leben zu sehen bekam, ein bärtiger Verhaltensforscher – und dieser Reiz hatte sich in Martinas Gehirn unauslöschlich *eingeprägt*. Diesen Lernvorgang nennt man daher **Prägung**. Man kann die Prägung mit einem Softwarebefehl vergleichen, der auf eine Festplatte geschrieben wird. Die Befehlsausführung erfolgt prompt und ist äußerst dauerhaft, eine Belohnung ist nicht notwendig. Der genaue Inhalt des Befehls ist von untergeordneter Bedeutung: Spätere Versuche ergaben, dass frisch geschlüpfte Enten- und Gänseküken so gut wie allem folgen, was sie als Erstes zu sehen bekommen. Es muss sich lediglich bewegen und Töne von sich geben. So folgen Küken selbst einem Ball mit eingebautem Lautsprecher. Wichtig ist allerdings der genaue Zeitpunkt der Befehlseingabe: Prägung kann nur in bestimmten, zeitlich oft eng begrenzten Lebensphasen erfolgen.

Einem Fußball zu folgen, ist für ein Enten- oder Gänseküken natürlich nicht sehr sinnvoll. Aber unter natürlichen Bedingungen ist das erste, was eine kleine Gans zu sehen bekommt, sich bewegt und Töne von sich gibt, seine Mutter – und ihr zu folgen, ist zweifellos sinnvoll.

Artgenossen spielen auch bei anderen Lernvorgängen eine bedeutende Rolle. Durch Beobachtung lernen viele Tiere von ihren Müttern, was sie fressen können und was nicht. Solches **Lernen durch Beobachtung** erfahrener Artgenossen ist beispielsweise für Ratten äußerst nützlich: Auf diese Weise vermeiden sie es, mit Giftködern getötet zu werden.

Lernen durch Nachahmung beherrschen ebenfalls viele Tiere. Am bekanntesten ist das »Nachplappern« von Papageien, das man diesen allerdings meist mühsam beibringen muss. Viele heimische Singvögel wie die Buchfinken lernen durch Nachahmung ihren arttypischen Gesang: Sie imitieren genau den Gesang, den sie von ihrem Vater gehört haben.

Die komplexeste Form des Lernens ist **Lernen durch Einsicht**. Lange Zeit dachte man, dass dies nur Menschen können. Schimpansen und Orang-Utans, die spontan Kisten aufeinanderstapeln, um an eine an der Decke hängende Banane zu gelangen, zeigen, dass dies falsch ist. Zumindest Menschenaffen gelingt es, Probleme auch durch Nachdenken und Einsicht in Funktionszusammenhänge zu lösen.

1 Erläutere die Begriffe Konditionierung, Verstärkung und Prägung.

2 Begründe, warum Lernen durch Beobachtung biologisch sinnvoll ist.

Verhalten

Aufgaben und Versuche   Lernen

A1 Adoption bei Schafen

Schafe unterscheiden sehr genau zwischen eigenen und fremden Jungen. Mit einem Trick schaffen es Schäfer dennoch, dass ein Mutterschaf, dessen Junges tot zur Welt kam, ein fremdes Lamm annimmt: Sie tauchen es kurz in das Fruchtwasser der Ziehmutter, die daraufhin das Adoptivkind ableckt und es von nun an als ihr eigenes akzeptiert.

Aufgaben:
a) Erläutere, woran Mutterschafe ihre Jungen erkennen.
b) Begründe, welchen Lernprozess die Schäfer nutzen.
c) Wende das Basiskonzept Angepasstheit auf den vorliegenden Fall an. Berücksichtige dabei, dass Schafe in Herden leben und ihre Jungen Nestflüchter sind, sich also schon kurz nach der Geburt selbstständig fortbewegen.

V2 Lidschlussreflex

Der Lidschlussreflex ist eine unwillkürliche Reaktion, die spontan auftritt. Er verteilt die Tränenflüssigkeit auf dem Auge und schützt das Auge vor Fremdkörpern und zu starker Helligkeit. Auch durch einen plötzlich auf das Auge treffenden Luftstrom kann die Reaktion ausgelöst werden.

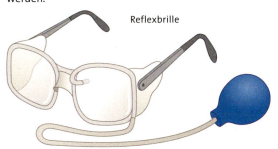

Reflexbrille

Material: Reflexbrille; Hupe oder Signalpfeife
Durchführung: Ein Mitschüler (Proband) setzt die Reflexbrille auf. Anschließend erzeugt der Versuchsleiter durch einen einmaligen kurzen Druck auf das Gebläse der Reflexbrille einen Luftstrom, der auf das Auge des Probanden trifft. Die Reaktion des Probanden wird notiert.

Aufgaben:
a) Entwirf ein Experiment, mit dem sich prüfen lässt, ob der Lidschlussreflex auch durch einen anderen Reiz als den Luftstrom erzeugt werden kann. Orientiere dich dabei an den Versuchen, die PAWLOW durchgeführt hat.
b) Ermittle, wie viele Reize erforderlich sind, damit die Reaktion auftritt.

A3 Prägungskarussell

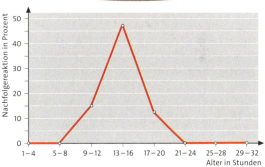

Wissenschaftler haben die Nachfolgereaktion von Entenküken in einem Prägungskarussell getestet. Dabei benutzten sie eine Plastikente, die Quaklaute von sich gab, und mehrere Entenküken unterschiedlichen Alters. Ihre Ergebnisse stellten sie in einer Grafik dar.

Aufgaben:
a) Interpretiere den Kurvenverlauf in der Grafik.
b) Erläutere, welche Schlussfolgerungen die Ergebnisse des Experimentes zulassen.

3 Allein oder mit anderen: Wie Tiere leben

Der Feldhase und das Wildkaninchen sind zwei sehr ähnlich aussehende heimische Tierarten. Tatsächlich sind beide auch nahe miteinander verwandt: Sie gehören zur Säugetierfamilie der Hasentiere. Beobachtet man die beiden Arten jedoch etwas genauer, stellt man schnell fest, dass sie ganz unterschiedliche Lebensweisen haben.

Feldhasen leben als **Einzelgänger.** Die ausgewachsenen Tiere treffen einander nur zur Paarung und auch der Kontakt zwischen einer Feldhasenmutter und ihren Jungen ist nicht besonders eng. Die Hasenmutter bringt ihre Jungen in einer flachen, Sasse genannten Mulde am Boden zur Welt. Die Jungen sind bei der Geburt schon behaart und können sehen und laufen. Die Mutter säugt sie nur einmal alle 24 Stunden für fünf Minuten und stillt sie schon nach drei Wochen ab. Danach sind sie selbstständig und verlassen die Mutter.

Wildkaninchen leben dagegen in **Gruppen** aus mehreren ausgewachsenen Tieren und Jungtieren. Aus der Tatsache, dass Gruppenfremde angegriffen und vertrieben werden und zahlreiche soziale Bindungen zwischen den Tieren bestehen, kann man schließen, dass die Gruppenmitglieder einander persönlich kennen. Man spricht daher auch von **individualisierten Verbänden.** Ihre nackten und blinden Jungen bringen Kaninchenmütter in unterirdischen Bauen zur Welt.

Im Alter von vier bis fünf Wochen verlassen die jungen Kaninchen erstmalig den Bau und beginnen sich selbstständig zu ernähren. Die Weibchen werden mit einem halben Jahr geschlechtsreif, bleiben aber in ihrer Gruppe. Die Männchen verlassen dagegen ihre Geburtsgruppe und schließen sich anderen Gruppen an, in denen sie sich fortpflanzen. Auf diese Weise wird Inzucht vermieden.

Trotz ihrer nahen Verwandtschaft haben Hasen und Kaninchen also unterschiedliche **Sozialsysteme:** Hasen leben allein, Kaninchen dagegen in Generationen überdauernden, individualisierten Gruppen. Will man das Zusammenleben von Tieren genauer beschreiben, kann man noch weitere Sozialsysteme unterscheiden. Kaiserpinguine beispielsweise leben nicht das ganze Jahr über in Gruppen, sondern nur während der Brutsaison. In einer solchen Brutkolonie, die mehrere tausend Individuen umfassen kann, kennen sich die meisten Mitglieder nicht persönlich. Man spricht daher auch von einem **anonymen Verband.** Eltern und ihre Jungen kennen einander allerdings persönlich. Zwischen ihnen besteht auch die ganze Brutsaison über eine enge Beziehung, obwohl die Eltern die meiste Zeit voneinander getrennt sind. Der anonyme Verband einer Pinguinkolonie besteht also aus einer Vielzahl kleiner **Familiengruppen.**

1 Vergleiche körperliche und verhaltensbiologische Merkmale von Wildkaninchen und Feldhase. Recherchiere fehlende Daten in Fachbüchern oder im Internet.

1 Feldhasen. A Erwachsene Tiere; B Junghase in Sasse

2 Wildkaninchen. A Erwachsene Tiere; B Kaninchenbau

Wissen kompakt — Tierverbände

Bezeichnung: Aggregation
Merkmale: vorübergehende Ansammlung von Tieren, die einander nicht kennen und zwischen denen keine persönlichen Bindungen bestehen
Vorkommen: weitgehend zufallsbedingt, beispielsweise an Futterpflanzen oder Wasserstellen, die von vielen Individuen einer Art genutzt werden

Bezeichnung: offener anonymer Verband
Merkmale: vorübergehender oder permanenter Zusammenschluss von Tieren, die einander nicht kennen und zwischen denen keine persönlichen Bindungen bestehen; Fremde haben ungehinderten Zugang
Vorkommen: Schwarmbildungen bei vielen Fischen, Vögeln und manchen Insekten, wie z. B. Wanderheuschrecken; oft jahreszeitlich bedingt, wie bei Brutkolonien mancher Vögel oder Herdenbildungen bei Säugetieren

Bezeichnung: geschlossener anonymer Verband
Merkmale: dauerhafter Zusammenschluss von Tieren, die einander nur als Gruppenmitglied, aber nicht persönlich kennen; Gruppenfremde werden meist am Geruch erkannt und nicht akzeptiert, sondern bekämpft
Vorkommen: Gemeinschaften von Bienen, Wespen, Ameisen und Termiten

Bezeichnung: individualisierter Verband
Merkmale: permanenter Zusammenschluss von Tieren, die einander persönlich kennen und zwischen denen mehr oder weniger enge Bindungen bestehen; Fremde haben keinen ungehinderten Zugang
Vorkommen: Säugetiere wie Löwen, Elefanten, Hirsche oder Affen

1 Entwickele eine Hypothese, die erklären könnte, warum manche Tiere allein, andere dagegen in sozialen Verbänden leben.

2 Diskutiert in der Klasse auch anhand von persönlichen Erfahrungen, welche Probleme permanentes Zusammenleben mit sich bringt.

Verhalten

4 Signale dienen der Verständigung

Knurren, Bellen oder Schwanzwedeln sind Verhaltensweisen von Hunden, die fast jeder kennt und die auch fast jeder zu deuten weiß: Wedelt ein Hund mit seinem Schwanz, freut er sich, knurrt er, ist er ärgerlich, bellt er, ist er aufgeregt.

Verhaltensweisen, die etwas über die Stimmung eines Lebewesens verraten, zählt man zum **Ausdrucksverhalten.** Hunde verfügen über zahlreiche Elemente dieses Verhaltens. Der hoch aufgerichtete Schwanz eines Schäferhundes zeigt beispielsweise, dass sich dieser einem Artgenossen gegenüber überlegen fühlt: Er *imponiert*. Greift ein Hund einen anderen an, stellt er den Schwanz waagerecht. Fühlt er sich unterlegen, klemmt er seinen Schwanz zwischen die Beine, und wenn er ängstlich ist, zieht er ihn bis unter den Bauch. Ein locker herabfallender Schwanz signalisiert dagegen eine neutrale Stimmung.

Hunde benutzen ihre verschiedenen Ausdrucksmittel also zur Verständigung oder **Kommunikation.** Dabei dienen bestimmte Verhaltensweisen als **Signale.** Ein Signal ist ein Reiz, der von einem Lebewesen ausgeht. Ähnlich wie ein Signal im Straßenverkehr haben auch Signale im Tierreich die Funktion, das Verhalten anderer Lebewesen zu beeinflussen.

Schwanzhaltungen oder mimische Ausdrucksweisen von Wölfen und Hunden sind *optische* oder *visuelle Signale*: Sie werden von den Sinneszellen im Auge empfangen. Bellen und Knurren sind dagegen *akustische Signale*, die mit dem Gehörsinn wahrgenommen werden. Hunde kommunizieren also über unterschiedliche **Sinneskanäle.**

Der Geruchssinn ist bei Hunden besonders gut entwickelt. Sie besitzen in ihrer Riechschleimhaut bis zu 500 Millionen Riechzellen, Menschen nur 10 bis 30 Millionen. Neben dem optischen und dem akustischen Kanal nutzen Hunde daher vor allem auch den *chemischen Kanal,* um zu kommunizieren. Man erkennt dies etwa daran, dass sich Hunde, die sich begegnen, oft sehr intensiv beschnüffeln. Vor allem bei der Kommunikation mit Welpen, die oft abgeleckt werden, spielen auch Berührungen und damit der *taktile* Sinneskanal eine wichtige Rolle.

Was bei der Kommunikation zwischen Lebewesen vor sich geht, verdeutlicht ein **Kommunikationsmodell.** Damit Kommunikation entstehen kann, muss es mindestens einen **Sender** und einen **Empfänger** geben. Schon an der Wortwahl erkennt man, dass solche Kommunikationsmodelle ursprünglich aus der Nachrichtentechnik stammen. Der Sender übermittelt eine **Nachricht,** die in einer für den Empfänger verständlichen Form weitergegeben werden muss. Zu diesem Zweck wird die Nachricht als Signal *verschlüsselt*. Eine bestimmte Schwanzhaltung ist ein optisches, ein Knurren ein akustisches Signal.

1 Schwanzhaltung von Hunden. **A** Imponieren; **B** Angriff; **C** Normalhaltung; **D** Unterwürfigkeit; **E** Angst

Verhalten

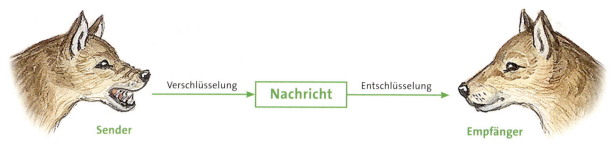

2 Kommunikationsmodell

Damit der Empfänger die Bedeutung des gesendeten Signals verstehen kann, muss er es wiederum *entschlüsseln*. Meist sind Signale von Tieren in ihrer Bedeutung so eindeutig, dass es dabei nicht zu Missverständnissen kommt.

Tiere kommunizieren ebenso wie Menschen auf vielfältige Weise und fungieren dabei sowohl als Sender als auch als Empfänger. Die wichtigsten Empfänger von Nachrichten sind in der Regel eigene Artgenossen. Bewusst oder unbewusst hat der Sender ein Interesse daran, dass der Empfänger seine Nachricht nicht nur versteht, sondern auch in der gewünschten Weise reagiert. Besonders augenfällig ist dies bei der Werbung um Sexualpartner. Schlägt beispielsweise ein männlicher Pfau vor einem Weibchen sein Rad, hat dieses Signal die Funktion, das Weibchen von seiner Qualität als Sexualpartner zu überzeugen. Untersuchungen zeigen, dass sich die Weibchen von der Farbenpracht der Männchen tatsächlich beeindrucken lassen.

Leuchtende Farben, wie auf den Augenflecken der Pfauenfedern, spielen als Signale bei der Partnerwahl vieler Tiere eine wichtige Rolle. Manchmal haben solche Signalfarben aber auch die Funktion, Fressfeinde abzuschrecken. Allein durch die Auffälligkeit ihrer grell bunten Farben signalisieren die tropischen Pfeilgiftfrösche ihren Fressfeinden, dass sie nicht nur ungenießbar, sondern hoch giftig sind. Derartige *Warntrachten* sind ein Beispiel dafür, dass Kommunikation auch zwischen verschiedenen Arten erfolgen kann. Da die Frösche tatsächlich giftig sind, gelten ihre Warntrachten als »ehrliche« Signale. Viele Tiere senden allerdings auch »unehrliche« Signale aus, die dazu dienen, Artgenossen oder Fressfeinde zu täuschen.

3 Kommunikation bei der Pfauenbalz

4 Augenflecken auf Pfauenfedern

5 Signalfarben beim Blauen Pfeilgiftfrosch

1 Erläutere das Kommunikationsmodell am Beispiel der Abbildung 2.
2 Nenne Beispiele für das Ausdrucksverhalten von Menschen.
3 Nicht alle Verhaltensweisen sind Signale und nicht alle Signale sind Verhaltensweisen. Erläutere diesen Sachverhalt.

5 Konflikte und Konfliktbewältigung

In Gruppen zusammenzuleben, ist in vielerlei Hinsicht vorteilhaft: Der Einzelne findet Schutz und Geborgenheit, viele Ziele lassen sich gemeinsam leichter erreichen und Gruppenmitglieder können voneinander lernen.

Diesem **Nutzen** stehen aber auch **Kosten** gegenüber, denn durch das Zusammenleben mit anderen kommt es häufig auch zu **Konflikten.** Eine der wichtigsten Ursachen für Konflikte ist **Konkurrenz.** Manchmal kann man beispielsweise beobachten, wie sich zwei Tiere um einen Brocken Nahrung streiten. Meist handelt es sich dabei um Tiere derselben Art, denn diese habe in der Regel auch dieselben Bedürfnisse und Ernährungsgewohnheiten. Auch bei der Konkurrenz um Geschlechtspartner, Nistplätze oder Reviere kommt es deshalb häufig zu Konflikten.

Konflikte können aber auch zwischen Individuen entstehen, die ganz unterschiedliche Bedürfnisse haben. Bei Säugetieren kommt es beispielsweise häufig zu Konflikten zwischen Müttern und älteren Säuglingen, wenn die Mutter beginnt, das Kind abzustillen. Besonders Affenkinder bekommen in solchen Situationen oft regelrechte Wutausbrüche. Auch zwischen Familienmitgliedern sind Konflikte also durchaus üblich.

Konflikte führen leicht zu Streitigkeiten, und aus einem zunächst harmlosen Streit kann rasch ein ernsthafter Kampf werden. Kämpfe, bei denen es zu Verletzungen kommen kann, nennt man **Beschädigungskämpfe.**

Solche Beschädigungskämpfe gibt es nicht nur bei Raubtieren, die von Natur aus über scharfe Zähne oder andere gefährliche Waffen verfügen, sondern auch bei eher harmlosen Pflanzenfressern.

Verhaltensweisen, die das Ziel haben, Artgenossen zu schädigen oder zu verletzen, bezeichnet man als **Aggression.** Eine Katze, die eine Maus tötet, verhält sich nach dieser Definition nicht aggressiv, ein Löwe, der einen anderen Löwen tötet, aber sehr wohl. Noch bis vor wenigen Jahrzehnten glaubten die Wissenschaftler, dass der Mensch das einzige Lebewesen sei, das gezielt Artgenossen tötet. Erst genaue Beobachtungen frei lebender Tiere machten deutlich, dass dies eine Fehleinschätzung war: Wenn männliche Löwen eine Gruppe Weibchen erobern, versuchen sie meist, sämtliche Jungtiere zu töten. Damit erreichen sie, dass die Weibchen wieder fortpflanzungsbereit werden und sie selbst eigene Junge zeugen können. Solche *Kindestötungen* hat man auch bei Spatzen, Affen, Delfinen und vielen anderen Tierarten beobachtet. Auch kriegerische Auseinandersetzungen zwischen Angehörigen verschiedener Gruppen gibt es im Tierreich. Beobachtet hat man sie vor allem bei Ameisen und Schimpansen. Bei Schimpansen geht solche Gruppengewalt fast ausschließlich von Männchen aus.

Tiere verfügen allerdings auch über Mittel, Konflikte zu entschärfen und Auseinandersetzungen friedlich beizulegen. Signale spielen hierbei eine bedeutende Rolle. Begegnen sich beispielsweise zwei Hunde, kann es vorkommen, dass der eine mit aufgerichtetem Schwanz imponiert, während der andere mit eingeklemmtem Schwanz von dannen zieht.

1 Konflikt um Nahrung

2 Beschädigungskampf

Auf diese Weise entsteht eine **Rangordnung,** wie man sie bei vielen Tierarten beobachten kann, die in individualisierten Verbänden leben. Rangpositionen der einzelnen Individuen werden in der Regel durch aggressives Verhalten ermittelt. In einer etablierten Rangordnung werden Konflikte dann aber nicht mehr durch Kämpfe, sondern durch den Austausch von Signalen geregelt. Hiervon profitieren alle Beteiligten, da Kämpfe nicht nur viel Energie kosten, sondern immer auch mit einem Verletzungsrisiko verbunden sind. Dennoch sind Kosten und Nutzen ungleich verteilt. Ein hoher Rang stellt nämlich gleichsam die Eintrittskarte für begehrte Ressourcen dar: Ranghohe Individuen können sich wesentlich leichter Zugang zu Nahrung oder Geschlechtspartnern verschaffen als rangniedere Individuen. Dies führt dazu, dass Tiere und Menschen nicht nur um materielle Güter wie Nahrung konkurrieren, sondern oft noch viel heftiger um das Erreichen eines möglichst hohen sozialen Ranges.

3 Rangordnung

Eine andere Art, Konflikte zu entschärfen, kann man bei männlichen Rothirschen beobachten: Ihre Röhrduelle sind in der Brunftzeit im Herbst kilometerweit zu hören. Das Röhren ist ein akustisches Signal, das erheblichen Energieaufwand erfordert und damit auch etwas über die eigene Kampfkraft aussagt. Schwächere Gegner lassen sich auf diese Weise einschüchtern. Ist dies nicht der Fall, beginnen die Gegner nebeneinander einher zu stolzieren. Auf diese Weise messen sie ihre Kräfte, ohne ein Verletzungsrisiko einzugehen. Solche Auseinandersetzungen nennt man **Kommentkämpfe.** Führt ein solches Kräftemessen zu keiner Entscheidung, kann es zu einem Beschädigungskampf kommen. Die Folgen sind nicht nur harmlose Kratzer: Ein Viertel aller erwachsenen männlichen Rothirsche zieht sich in der Brunftsaison Knochenbrüche, erblindete Augen und andere ernsthafte Verletzungen zu.

4 Kommentkampf

Lässt sich ein Streit nicht vermeiden, kann immerhin noch Schadensbegrenzung betrieben werden: Man versöhnt sich mit dem Gegner. Auf diese Weise kann eine durch Streit beeinträchtigte Beziehung wieder »repariert« werden. Schimpansen verhalten sich bei einer solchen **Versöhnung** ganz ähnlich wie Menschen: Sie reichen sich die Hände oder umarmen und küssen sich. Auch bei Schimpansen ist allerdings nicht jeder gleichermaßen versöhnungsbereit. Beobachtungen sprechen eher dafür, dass sich Schimpansen nur dann miteinander versöhnen, wenn ihnen an der Beziehung mit dem Kontrahenten gelegen ist. Daraus lässt sich eine allgemeine Regel ableiten: Versöhnungen finden nur statt, wenn beide Seiten davon profitieren.

5 Versöhnung

1 Erläutere, wodurch Konflikte entstehen und wozu sie führen können. Nenne auch Beispiele aus deinem Alltagsleben.

2 Erstelle eine Mindmap zum Thema Aggression und stelle sie in der Klasse vor.

Verhalten

Aufgaben und Versuche — Konflikte und Konfliktbewältigung

A1 Entwöhnungskonflikt bei Säugetieren

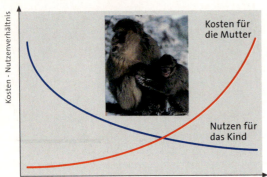

Aufgaben:
a) Erläutere anhand der Grafik, warum es bei Säugetieren zu einem Konflikt zwischen Mutter und Kind kommt.
b) Entwickle eine Hypothese, die erklärt, warum die Konfliktperiode zeitlich begrenzt ist.

V2 Konfliktanalyse

Material: Fragebögen

Bitte beantworte die folgenden Fragen möglichst vollständig:
Mit wem hast du dich zuletzt gestritten?
Worum ging es bei dem Streit?
Wer hat den Streit angefangen?
Wurde der Streit nur mit Worten oder auch mit körperlicher Gewalt geführt?
Wie wurde der Streit beendet?
Hat eine Versöhnung stattgefunden?
Hat die Versöhnung die Beziehung zu deinem Streitgegner verbessert?
Bist du männlich oder weiblich?
Wie alt bist du?

Durchführung: Jeder Teilnehmer der Befragung erhält einen Fragebogen, den er beantwortet. Die Ergebnisse der Befragung werden anschließend ausgewertet und in Form von Tabellen oder Grafiken dargestellt.

Aufgaben:
a) Ermittelt die häufigsten Konfliktursachen.
b) Ermittelt, ob in der Konfliktanalyse Geschlechtsunterschiede erkennbar sind.
c) Stellt die Häufigkeit und die Wirkung von Versöhnungen dar.

A3 Rangordnungen

In einem Hühnerhof kann man die Rangordnung der einzelnen Hühner untersuchen, indem man beobachtet, wer wie oft nach wem hackt. Diese Daten trägt man dann in ein Kombinationsquadrat ein. Die folgende Abbildung gibt hierfür ein Beispiel.

Huhn	A	B	C	D	E
A hackt	– –	III		I	IIII
B hackt		– –		II	IIIII II
C hackt	IIII	IIIII I	– –	II	II
D hackt				– –	
E hackt				II	– –

Aufgaben:
a) Ermittle aus den vorliegenden Daten die Rangordnung der fünf Hühner.
b) Erläutere, warum eine Rangordnung bei Hühnern oft auch »Hackordnung« genannt wird.
c) Bewerte, welche Vor- und Nachteile sich aus der Rangordnung für die Hühner ergeben.
d) Rangordnungen gibt es auch in menschlichen Gruppen und Gesellschaften. Erläutere an Beispielen, woran man diese erkennen kann und welche Vor- und Nachteile sich für die einzelnen Personen aus ihrer Rangposition ergeben.
e) Bestimme die Rangordnung in deiner Familie.
f) Beurteile, wie die einzelnen Rangpositionen in deiner Familie zustande kommen.

Verhalten

A4 Konflikt und Kommunikation

Beim Menschen ist die Kommunikation durch Sprache ein wichtiges Mittel, um Konflikte zu lösen. Gleichzeitig kann Sprache jedoch auch Konflikte verursachen, da es schon durch eine einfache Bemerkung zu Missverständnissen kommen kann.

Wie das Beispiel zeigt, kann eine einfache Bemerkung mehrere Botschaften enthalten:
- eine Sachinformation: *Die Ampel ist grün.*
- eine Aussage über den Sender: *Ich bin genervt.*
- eine persönliche Einschätzung über die Beziehung zwischen Sender und Empfänger: *Ich kann besser Auto fahren als du!*
- einen Appell an den Empfänger: *Nun fahr doch endlich los!*

Aus diesen Überlegungen heraus entwickelten Psychologen das »Vier-Ohren-Modell«.

Aufgaben:
a) Erkläre, welche Probleme bei der sprachlichen Kommunikation zwischen Sender und Empfänger entstehen können und wieso es dabei zu Konflikten kommen kann.
b) Erläutere das »Vier-Ohren-Modell«.
c) Nenne Möglichkeiten, durch sprachliche Kommunikation entstandene Konflikte zu begrenzen.

A5 Gewalt an Schulen

Gewalt an Schulen ist ein Thema, das viele Schülerinnen und Schüler ganz direkt betrifft. So gaben in einer Befragung von mehr als 4000 Achtklässlern im Schuljahr 2003/04 in Nordrhein-Westfalen zwölf Prozent der Jungen und sechs Prozent der Mädchen an, innerhalb der vergangenen zwölf Monate schon einmal beraubt worden zu sein. Dabei waren die Täter andere Jugendliche.

Aufgaben:
a) Werte die Grafik aus.
b) Nenne Ursachen für Konflikte zwischen Jugendlichen.
c) Diskutiert in der Klasse, wie man sich in einer Konfliktsituation verhalten sollte.
d) Erörtert, wie man sich verhalten sollte, wenn man Opfer einer Gewalttat geworden ist.
e) Entwickelt einen Katalog von Maßnahmen, um Konflikte anders als durch Gewalt zu lösen.

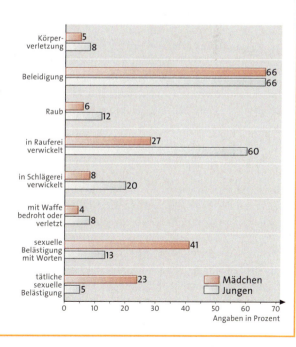

Zusammenfassung Verhalten

Basiskonzept Vielfalt
Tierarten unterscheiden sich nicht nur in ihrem Aussehen, sondern auch in ihrem Verhalten. Beispielsweise bauen die meisten Vögel Nester, in die sie ihre Eier legen und in denen sie ihre Jungen aufziehen. Kaiserpinguine brüten dagegen das einzige Ei, das sie legen, in einer Hautfalte über ihren Füßen aus. Um solche Unterschiede zu dokumentieren, erstellen Verhaltensforscher Ethogramme. Vielfalt zeigt sich auch in den Sozialsystemen der verschiedenen Arten. Viele leben als Einzelgänger, andere führen ein geselliges Leben, das von Art zu Art sehr unterschiedlich sein kann. Da sich selbst nahe miteinander verwandte Arten in ihrem Verhalten deutlich unterscheiden können, ist es unzulässig, vom Verhalten einer Art auf das einer anderen zu schließen.

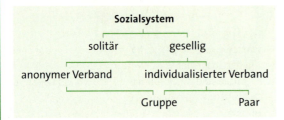

Basiskonzept Struktur und Funktion
Wie körperliche Merkmale haben auch Verhaltensweisen eine bestimmte Struktur und eine damit verbundene Funktion. Ein Beispiel hierfür sind die verschiedenen zum Ausdrucksverhalten gehörenden Schwanzhaltungen eines Hundes. Ein aufgerichteter Schwanz hat die Funktion, Selbstsicherheit zum Ausdruck zu bringen, ein eingeklemmter Schwanz signalisiert dagegen Ängstlichkeit. Andere Verhaltensweisen dienen beispielsweise dem Nahrungserwerb, der Selbstverteidigung oder der Aufzucht des Nachwuchses.

Basiskonzept Information und Kommunikation
Tiere tauschen ebenso wie Menschen miteinander Signale aus, sie kommunizieren. Signale sind Reize, die von Lebewesen erzeugt und auch empfangen werden. Dementsprechend gibt es bei der Kommunikation Sender und Empfänger. Je nachdem, auf welchem Weg das Signal gesendet und empfangen wird, unterscheidet man zwischen optischem, akustischem, chemischem und taktilem Kommunikationskanal.

Basiskonzept Angepasstheit
Bei vielen Tierarten, wie Staren auf einer Stromleitung, kann man beobachten, dass die einzelnen Tiere eine bestimmte Individualdistanz zu ihren Nachbarn einhalten. Würden sich Kaiserpinguine ebenso verhalten, hätten sie in den eisigen Wintern der Antarktis keine Chance zu überleben. Sie würden erfrieren. Nicht nur der Körperbau der Pinguine, sondern auch ihr Verhalten ist also an die Umwelt, in der sie leben, angepasst. Zur Umwelt eines Tieres gehören auch die eigenen Artgenossen. Wölfe, die in individualisierten Verbänden mit Artgenossen zusammenleben, benötigen daher vielfältige Kommunikationsmöglichkeiten mit Artgenossen. Durch Lernen können sich Tiere und Menschen flexibel an unterschiedliche Umweltbedingungen anpassen. Dies erhöht die eigenen Überlebens- und Fortpflanzungschancen. Erlernte und genetisch verankerte Verhaltensweisen voneinander zu trennen, ist wenig sinnvoll, da auch Lernen durch Gene beeinflusst wird.

Basiskonzept Fortpflanzung
Zahlreiche Verhaltensweisen von Tieren und Menschen dienen mittelbar oder unmittelbar der eigenen Fortpflanzung. Kaiserpinguine beispielsweise wandern hunderte von Kilometern, um mitten im antarktischen Winter einen geeigneten Partner für die Fortpflanzung zu finden, Eier zu legen und die Eier auszubrüten. Würden sie sich bei der Versorgung der Jungen nicht abwechseln, hätte keiner der beiden Geschlechtspartner eine Chance, sich erfolgreich fortzupflanzen. Nicht nur das Sexualverhalten und die Brutpflege, sondern auch die Wanderungen und die Kooperation der Kaiserpinguine stehen also in einem unmittelbaren Zusammenhang mit ihrer Fortpflanzung.

Wissen vernetzt Verhalten

A1 Fuchsrevier

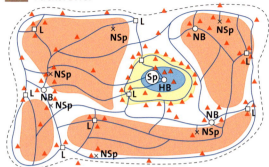

- HB Hauptbau: häufiger Aufenthalt
- NB Notbau: gelegentlicher Aufenthalt (bei Weibchen: Wurfbau)
- ▨ (blau) Baufeld, in dem keine Beute gemacht wird
- ▨ (gelb) Wohngebiet, wird aktiv verteidigt, eindeutige Grenzen
- ▨ (orange) Beuterevier, ständig bejagt
- ---- Grenze des Lebensraumes (=Territoriums), Grenze nicht eindeutig festgelegt
- —— Wechsel, Fuchspass
- L Liegeplätze
- Sp Spielplatz, von Jungen benutzt
- NSp Nahrungsspeicher
- ▲▲ Markierungspunkte (Markieren mit Urin, Kot, Drüsensekret)

Füchse besetzen ein Revier oder Territorium, dessen wichtigste Elemente die Abbildung zeigt.

Aufgaben:
a) Beschreibe und deute die einzelnen Elemente des Fuchsreviers. Wende das Basiskonzept Struktur und Funktion an.
b) Erläutere, wodurch sich ein Revier von einem Wohn- oder Streifgebiet unterscheidet.
c) Nenne fünf weitere Beispiele, wie Tiere und Menschen ihre Reviere abgrenzen.

A2 Sozialsysteme

Obwohl viele Säugetiere in individualisierten Verbänden leben, unterscheiden sich ihre Sozialsysteme deutlich voneinander.

Aufgaben:
a) Informiere dich über die Sozialsysteme von Menschenaffen und vergleiche sie miteinander.
b) Prüfe, ob sich Gruppen anders als durch die persönliche Bekanntschaft ihrer Mitglieder kategorisieren lassen.

A3 Kuckucksei

Die Abbildung zeigt einen Drosselrohrsänger, der einen jungen Kuckuck füttert.

Aufgaben:
a) Erläutere, was an dem Verhalten des Drosselrohrsängers ungewöhnlich ist. Berücksichtige dabei den Nutzen und die Kosten des Verhaltens.
b) Entwickele eine Hypothese, die erklären könnte, warum der Drosselrohrsänger sich so verhält. Unterscheide dabei die Ebene der Verhaltensmechanismen von der Ebene der Verhaltensfunktionen.
c) Kuckucke sind durch ihren arttypischen Ruf bekannt. Erläutere, wie dieses Ausdrucksverhalten zustande kommt.

A4 Aggression

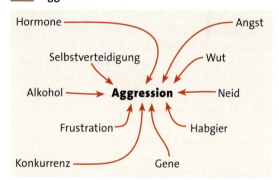

Aufgaben:
a) Aggressives Verhalten kann viele Ursachen haben, von denen einige in der Abbildung angedeutet sind. Erläutere die in der Abbildung aufgeführten Ursachen.
b) Erstelle eine Liste, in der du die in der Abbildung aufgeführten Begriffe in Mechanismen und Funktionen unterteilst.

Evolution

Amoniten · Ötzi

1 Die Entwicklung der Lebensvielfalt auf der Erde

1.1 Verwandtschaft erzeugt Ähnlichkeit

Im Jahr 1901 entdeckten Forscher im zentralafrikanischen Regenwald eine bis dahin unbekannte Säugetierart, das Okapi. Abgesehen von der Fellzeichnung und dem kurzen Hals ähneln diese Tiere den Giraffen, die in den Savannen Afrikas leben. Das Okapi wird deshalb auch als »Waldgiraffe« bezeichnet. Vergleicht man Okapi und Giraffe mit anderen Säugetieren Afrikas, beispielsweise Flusspferden, Kaffernbüffeln und Antilopen, erkennt man auf den ersten Blick kaum Gemeinsamkeiten. Untersucht man jedoch die Gliedmaßen dieser Tiere, so stellt man fest, dass sie alle zwei oder vier mit Horn überzogene Zehen zum Laufen haben, die Hufe. Man kann deshalb Giraffen, Flusspferde, Antilopen und weitere Säuger als Paarhufer zusammenfassen.

Unter den Paarhufern sind sich Okapi und Giraffe sehr ähnlich, von den übrigen genannten Tieren unterscheiden sie sich jedoch deutlich. Biologen nutzen solche abgestuften Ähnlichkeiten und Unterschiede, um die große Vielfalt der Lebewesen auf der Erde zu ordnen. So entsteht ein **System der Lebewesen.**

Sind die mehr oder weniger großen Ähnlichkeiten zwischen verschiedenen Lebewesen Zufall oder Ausdruck von Verwandtschaftsbeziehungen? Diese Frage hatte sich im 19. Jahrhundert schon der englische Naturforscher Charles Darwin gestellt. Er kam zu dem Schluss, dass

A Art
G Gattung
F Familie
O Ordnung
K Klasse
St Stamm

1 Einordnung von Okapi und Giraffe in das System der Wirbeltiere

Grundgesetz von Haeckel

»gemeinsame Abstammung die einzige bekannte Ursache für die großen Ähnlichkeiten zwischen Lebewesen« ist. Beim Menschen stellt man manchmal Stammbäume auf, die eine nähere oder fernere Verwandtschaft verschiedener Familienmitglieder zeigen. In ähnlicher Weise ging DARWIN davon aus, dass alle Lebewesen durch einen gemeinsamen Stammbaum miteinander verbunden sind. Die heute vorkommenden Lebewesen sind das Ergebnis einer langen Stammesentwicklung, der **Evolution.** Die **stammesgeschichtliche Verwandtschaft** aller Lebewesen ist heute allgemein anerkannt und ein weiteres **Basiskonzept.** Welche Hinweise gibt es auf diese gemeinsame Stammesgeschichte?

Betrachtet man die Vordergliedmaßen von verschiedenen Wirbeltieren, so erkennt man, dass diese in der Regel auf eine bestimmte Funktion spezialisiert sind: Bei Huftieren dienen sie zum Laufen, bei Walen zum Schwimmen, bei Fledermäusen und Vögeln zum Fliegen, beim Menschen zum Greifen. Trotz dieser unterschiedlichen Spezialisierungen sind die Gliedmaßen alle aus den gleichen Knochen aufgebaut. Dies kann nur dadurch erklärt werden, dass diese Tiere miteinander verwandt sein müssen. Die unterschiedlichen Spezialisierungen der Gliedmaßen sind das Ergebnis langer stammesgeschichtlicher Entwicklungsvorgänge.

Merkmale, die trotz unterschiedlicher Funktion im Grundbauplan übereinstimmen und deshalb ursprungsgleich sind, nennt man **homolog.** Nicht alle Ähnlichkeiten beruhen jedoch auf Homologien. So haben beispielsweise Vögel und Insekten Flügel. Bei Vögeln werden die Flügel von einem knöchernen Innenskelett gestützt und die Tragflächen bestehen aus Federn. Insektenflügel sind demgegenüber im Wesentlichen Bestandteile des Außenskelettes aus Chitin – Knochen und Federn kommen bei ihnen nicht vor. Offenbar sind Vogel- und Insektenflügel in der Evolution unabhängig voneinander entstanden. Solche Merkmale, die eine ähnliche Funktion, aber eine unterschiedliche Herkunft haben, nennt man **analog.**

1 Erläutere mit Hilfe von Abbildung 1, wie man die Vielfalt der Lebewesen nach Ähnlichkeiten und Unterschieden ordnet.

2 Vergleiche die Gliedmaßen in Abbildung 2 unter Anwendung der biologischen Prinzipien Struktur und Funktion und stammesgeschichtliche Verwandtschaft.

3 Bei Honigbienen gibt es Sammelbeine, Gelbrandkäfer haben Schwimmbeine, Heuschrecken Sprungbeine. Begründe, ob es sich bei diesen Gliedmaßen um homologe oder analoge Merkmale handelt.

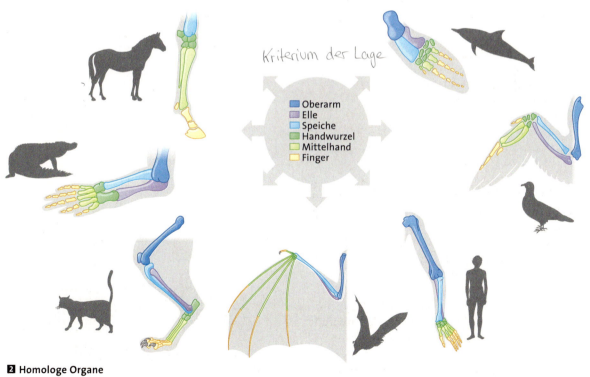

2 Homologe Organe

Grundbauplan ist gleich ; Funktion unterschiedlich

1.2 Fossilien sind Zeugen der Erdgeschichte

Dinosaurier kennt jedes Kind. Durch zahllose Filme, Bücher und Ausstellungen sind sie manchen Menschen besser bekannt als die heutige einheimische Tierwelt. Dennoch hat niemand je einen lebenden Dinosaurier zu Gesicht bekommen, weil diese Tiere bereits vor etwa 65 Millionen Jahren ausgestorben sind. Woher weiß man dennoch, wie die Tiere ausgesehen und gelebt haben?

In vielen Naturkundemuseen sind die Skelette von Dinosauriern ausgestellt. Betrachtet man diese genauer, so erkennt man, dass es sich dabei nicht um echte, sondern um versteinerte Knochen handelt. Solche durch Mineralieneinlagerungen versteinerte Reste ausgestorbener Lebewesen zählen zu den **Fossilien.** Die meisten Fossilien findet man in **Sedimentgesteinen,** die sich im Laufe sehr langer Zeiträume aus lockeren Ablagerungen am Boden von Seen oder auf dem Meeresgrund verfestigt haben.

In manchen Sedimentgesteinen wimmelt es nur so von kleineren Fossilien. In den Kreidefelsen der Insel Rügen oder in manchen Gebieten der Schwäbischen Alb lassen sich ohne langes Suchen fossile Reste von Meerestieren finden. Dennoch ist die Wahrscheinlichkeit, dass ein Lebewesen nach seinem Tod zu einem Fossil wird, sehr gering. Aasfresser, Pilze und Bakterien beginnen bereits kurz nach dem Tod mit der Verwertung der Biomasse. Bereits nach wenigen Tagen oder Wochen sind nur noch Hartteile wie Knochen, Schalen oder Gehäuse übrig. Wird ein toter Organismus jedoch schnell genug von einer Sedimentschicht bedeckt, kann der Verwesungsprozess abgebrochen werden. In diesem Falle ist die Entstehung eines Fossils möglich. Manchmal wurden auf diese Weise auch Abdrücke von Weichteilen, Federn, Pflanzenblättern oder Fußspuren fossil erhalten. Sehr selten findet man mehr oder weniger vollständige fossile Lebewesen. In Bernstein, der aus erstarrten Harztropfen entstanden ist, sind manchmal Insekten oder andere Kleinlebewesen eingeschlossen. Aus dem Dauerfrostboden der Arktis kennt man zum Beispiel tiefgefrorene Mammuts.

Die Wissenschaft, die sich mit der Untersuchung von Fossilien beschäftigt, ist die **Paläontologie** (gr. *palaios*, alt). Durch Vergleiche mit heute lebenden Organismen ist es möglich, das Aussehen ausgestorbener Tiere und Pflanzen aus Fossilien zu rekonstruieren. Bei Wirbeltierfossilien geben die Zähne zum Beispiel Auskunft über die Ernährung. So konnte der Dinosaurier *Tyrannosaurus* den Fleischfressern und *Diplodocus* den Pflanzenfressern zugeordnet werden. Genaue Auswertungen von Fossilfundstätten offenbaren zudem viele Informationen über die Entwicklung des Klimas, der Lebensräume und der Lebensgemeinschaften im Laufe der Erdgeschichte.

1 Skelett eines *Diplodocus* im Vergleich zum Menschen

Um ein Fossil richtig einordnen zu können, ist es natürlich wichtig, sein Alter zu kennen. Bei Fossilien, die in Sedimentgesteinen eingeschlossen sind, gibt die Schichtenfolge einen ersten Hinweis. Tiefer liegende Gesteinsschichten sind in der Regel älter als darüber liegende. Manche Fossilien treten nur in ganz bestimmten Gesteinsschichten auf. Sie dienen als **Leitfossilien** und ermöglichen in vielen Fällen die Zuordnung von Gesteinsschichten gleichen Alters auf der ganzen Erde. Mit Hilfe der Leitfossilien und der Untersuchung von Schichtenfolgen kann man jedoch lediglich feststellen, welche Fossilien älter oder jünger als andere sind, das wirkliche Alter bleibt verborgen. Heute lässt sich mit physikalischen Methoden relativ genau bestimmen, wann eine bestimmte Gesteinsschicht entstanden ist und wie alt die darin enthaltenen Fossilien sind. Auf diese Weise hat man beispielsweise herausgefunden, wann die Dinosaurier ausgestorben sind. Außer ihren versteinerten Knochen und Spuren ist offenbar nichts von ihnen übrig geblieben. Aber das stimmt nicht ganz.

Tatsächlich haben die Dinosaurier noch heute lebende Nachfahren – die Vögel. Den Beweis für diese Behauptung lieferten Fossilien von Tieren, die vor etwa 150 Millionen Jahren auf dem Grund einer tropischen Lagune von Sand und Schlamm bedeckt wurden. Die daraus entstandenen Fossilien wurden erstmal 1861 in einem Kalksteinbruch in der Nähe des bayerischen Ortes Solnhofen gefunden. Das Fossil, das wie eine Art Kreuzung aus Reptil und Vogel aussieht, erhielt den Namen *Archaeopteryx* oder »Urvogel«. Er besaß Federn und Flügel wie ein Vogel, hatte aber – ähnlich wie ein Dinosaurier – einen langen Schwanz, Zähne und an den Flügelspitzen drei Finger mit Krallen. Tatsächlich hat man ein Archaeopteryx-Exemplar lange für einen Dinosaurier gehalten, bis man schließlich seine versteinerten Federn entdeckte. Diese Fossilien zeigen also, dass es zwischen manchen Gruppen von Lebewesen Übergänge gibt, so genannte *Brückenformen*. Sie sind wichtige Hinweise auf die stammesgeschichtliche Entwicklung.

1. Begründe, warum Fossilien wichtige Zeugnisse für die Entwicklung des Lebens auf der Erde sind.
2. Erläutere mit Hilfe von Abbildung 2, wie Fossilien entstehen können.
3. Vergleiche Archaeopteryx mit heutigen Vögeln und Reptilien. Erläutere seine Sonderstellung.
4. Informiere dich über den Dinosaurier *Diplodocus*. Erarbeite ein Kurzreferat, das Körperbau, Lebensraum und Lebensweise berücksichtigt. Nutze dazu auch Abbildung 1.

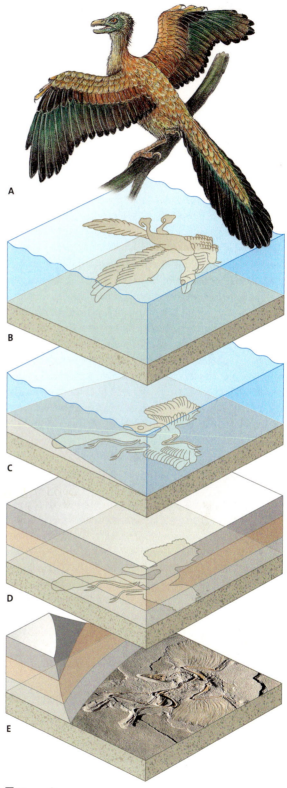

2 Urvogel.
A Rekonstruktion; **B** bis **E** Entstehung des Fossils

1.3 Die Geschichte der Erde und des Lebens – ein Überblick

Vor mehr als viereinhalb Milliarden Jahren entwickelten sich aus einer riesigen rotierenden Ansammlung von Staub, Eis und Gasen die Sonne und ihre Planeten – unser Sonnensystem. Wahrscheinlich war die Erde zunächst noch glutflüssig. Bestandteile mit einer hohen Dichte, vor allem Eisen und Nickel, sanken zum Erdinneren hin. Weniger dichtes Material, aus dem später die feste Erdkruste entstand, schwamm oben auf. Bald bildeten Gase eine erste Atmosphäre, in der aber noch kein Sauerstoff vorkam. Mit zunehmender Abkühlung der Erdoberfläche entwickelte sich der globale Wasserkreislauf und allmählich sammelte sich ein Teil des Wassers in den Urmeeren.

1 Umweltbedingungen auf der jungen Erde

Heftige Gewitter, sintflutartige Regengüsse und ein viel intensiverer Vulkanismus als heute prägten die folgenden Jahrhundertmillionen der jungen Erde. Experimente, in denen die wahrscheinlichen Bedingungen auf der Urerde simuliert wurden, zeigen, dass unter diesen Bedingungen organische Verbindungen entstehen konnten – die Bausteine des Lebens. Man spricht von der **chemischen Evolution.** Wie sich aus diesen Molekülen schließlich Zellen und damit die ersten Lebensformen entwickelt haben, ist noch weitgehend unklar. Auf jeden Fall finden sich bereits in den ältesten bekannten Gesteinen, die vor fast vier Milliarden Jahren entstanden sind, Spuren von einzelligen Lebensformen, ähnlich den heutigen Bakterien. Sie sind die ersten Zeugnisse der **biologischen Evolution.**

Die Entstehung des Lebens erfolgte mit ziemlicher Sicherheit im Wasser. Früher vermutete man, dass die ersten Zellen im seichten Uferbereich des Meeres entstanden sind. Demgegenüber sind gegenwärtig viele Forscher davon überzeugt, dass sich das Leben in der Nähe vulkanischer Tiefseequellen entwickelt haben könnte. Noch heute gibt es an solchen heißen Quellen, den so genannten »Schwarzen Rauchern«, ganze Lebensgemeinschaften, die unabhängig vom Sonnenlicht existieren.

2 Lebensgemeinschaft an einem »Schwarzen Raucher«

Die ersten Lebensformen ernährten sich wahrscheinlich von organischen Verbindungen und deckten ihren Energiebedarf durch *Gärung*, ähnlich wie noch heute viele Bakterien und Hefepilze. Andere Arten nutzen chemische Reaktionen unter Beteiligung von Schwefelwasserstoff oder anderen anorganischen Verbindungen, bei denen Energie freigesetzt wird. Bereits vor etwa dreieinhalb Milliarden Jahren gab es aber auch Bakterienformen, die ihre Nährstoffe mit Hilfe der *Fotosynthese* unter Ausnutzung der Energie des Sonnenlichtes selbst herstellen konnten. Diese *Cyanobakterien* setzten erstmals größere Mengen an Sauerstoff frei, der sich zunächst nur im Wasser ansammelte und für die meisten damaligen Lebewesen giftig war. Diese drastische Umweltveränderung konn-

4,6 Mrd.	3,9 Mrd.		2,2 Mrd.	1,5 Mrd.	60
		Präkambrium			
Entstehung der Erde	Entstehung des Lebens		Einzeller mit Zellkern	erste Vielzeller	ers

Evolution

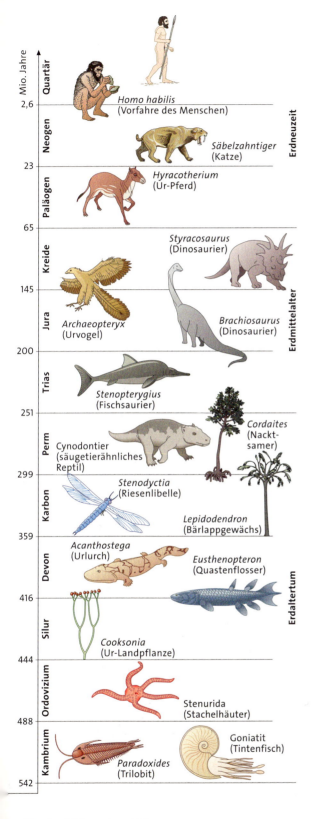

3 Zeittafel der Erdgeschichte

ten nur solche Organismen überleben, die sich mit Hilfe bestimmter Enzyme vor den schädigenden Wirkungen des Sauerstoffs schützen konnten. Manche Bakterien entwickelten sogar eine Strategie, den Sauerstoff zu nutzen: Energiegewinnung durch *Zellatmung*. Dies war ein wesentlicher Entwicklungsschritt, denn noch heute setzen die meisten Lebewesen die lebensnotwendige Energie durch diesen Prozess frei. Im Laufe der Zeit nahm der Anteil des Sauerstoffs in der Erdatmosphäre zu. Dadurch konnte sich in größeren Höhen die Ozonschicht ausbilden, die einen wirksamen Schutz gegen die schädliche UV-Strahlung der Sonne bot. Erst die Ozonschicht ermöglichte schließlich die spätere Besiedlung des Landes.

Doch zunächst gab es Leben noch ausschließlich im Wasser. In fast zwei Milliarden Jahren alten Gesteinsschichten kommen fossile Reste von Einzellern vor, die bereits einen Zellkern besaßen. Aus solchen Formen entstanden die ersten Vielzeller.

Fast sieben Achtel der gesamten Erdgeschichte waren bereits vergangen, als es vor etwa 600 Millionen Jahren – gerade war eine Eiszeit gewaltigen Ausmaßes zu Ende gegangen – zu einer wahren Explosion an Lebensformen kam. Fossilfunde aus Australien und China belegen, dass zu dieser Zeit die ersten einfach gebauten Tiere erschienen. Zunächst waren sie noch, ähnlich wie Schwämme, am Boden festsitzend und filtrierten vermutlich Kleinstlebewesen als Nahrung aus dem Wasser. Doch bald gab es auch Arten, die sich mit Gliedmaßen laufend oder schwimmend fortbewegen konnten. Diese Tiere verfügten auch schon über leistungsfähige Sinnesorgane, mit denen sie gezielt auf Beutefang gehen konnten – die ersten räuberisch lebenden Organismen waren entstanden. Festsitzende Filtrierer und Pflanzenfresser konnten fortan nur überleben, wenn sie durch harte Schalen, Panzer, Stacheln oder andere Einrichtungen vor Fressfeinden geschützt waren. Feste Schutzeinrichtungen aus Kalk oder Chitin konnten sich viel leichter fossil erhalten als die bisherigen Lebewesen, die vorwiegend aus Weichteilen bestanden. Deshalb findet man in Sedimentgesteinen, die jünger als etwa 540 Millionen Jahre sind, bedeutend mehr Fossilien als in älteren Schichten.

Vor 540 Millionen Jahren endet der längste Abschnitt der Erdgeschichte, das **Präkambrium.** Die nun folgende Zeit ist durch Fossilien so gut dokumentiert, dass Geologen und Paläontologen sie in drei **Erdzeitalter** eingeteilt haben: **Erdaltertum, Erdmittelalter** und **Erdneuzeit.** Jedes dieser Zeitalter wird noch einmal in mehrere Abschnitte untergliedert.

Evolution

Das Erdaltertum beginnt mit dem **Kambrium.** Alle heute bekannten Tierstämme sind zu dieser Zeit bereits vertreten, darunter verschiedene Formen von Gliederfüßern und die ältesten Vorfahren der Wirbeltiere. Im **Ordovizium** beschränkte sich das Leben – abgesehen von einigen Cyanobakterien, die bereits am Land existierten – noch immer auf das Meer. Vielzellige Algen erreichten bereits die Größe von mehreren Metern. In Flachwassergebieten entwickelten sich die ersten Sporenpflanzen, Vorfahren der heutigen Moose, Farn- und Samenpflanzen.

Im **Silur** erfolgte der Übergang der ersten Pflanzen zum Landleben. Zu den ältesten bekannten Fossilien gehört die Sporenpflanze *Cooksonia*. Die Eroberung des Landes wurde möglich durch die Entstehung von Strukturen, die zur Aufnahme von Wasser und Mineralstoffen aus dem Boden geeignet waren. Zudem brauchen Landpflanzen Festigungselemente und Schutzeinrichtungen gegen Austrocknung. Die im **Devon** lebende knapp einen halben Meter große Pflanze *Rhynia* bildete einen Erdspross, aber noch keine Blätter und Wurzeln aus. Sie hatte aber schon Leitgewebe und Spaltöffnungen. Die nackten Sprossachsen trugen am Ende Sporenkapseln. Später im Devon traten Blätter tragende Bärlapp- und Schachtelhalmgewächse auf, die teilweise schon Baumgröße erreichten.

Aus dem Devon sind auch die ältesten Landtiere nachgewiesen, Spinnentiere, Tausendfüßer und noch flügellose Insekten. Diese Gliederfüßer hatten mit Hilfe ihres Chitinpanzers Einrichtungen zum Verdunstungsschutz entwickelt. In den devonischen Meeren und Lebensräumen des Süßwassers lebten als Vertreter der Wirbeltiere zahlreiche Gruppen von Fischen. Zu ihnen gehörten auch Lungenfische und die nahe mit ihnen verwandten Quastenflosser. Diese Tiere verfügten über muskulöse Brust- und Bauchflossen mit einem handähnlichen Skelett. Außer den Kiemen zur Atmung im Wasser konnten sie über die Schwimmblase auch Luftsauerstoff atmen. Aus solchen Tieren entwickelten sich die ersten Landwirbeltiere, zu denen die Ur-Lurche *Ichthyostega* und *Acanthostega* gehörten. Lurche können zwar einen Teil ihres Lebens an Land verbringen, doch wegen ihrer feuchten Haut ohne Verdunstungsschutz und ihrer unbeschalten Eier sind sie weiterhin auf das Wasser angewiesen.

Erst die Reptilien eroberten mit ihrer verhornten Haut und den durch eine pergamentartige Hülle geschützten Eiern auch trockene Lebensräume. Erste Vertreter dieser Gruppe, wie das Ur-Reptil *Seymouria*, lebten im **Karbon.** In diesem Zeitabschnitt gab es umfangreiche Sumpfwälder aus riesigen Farnpflanzen. Große Mengen dieser Biomasse gerieten durch Überflutungen unter Luftabschluss und wandelten sich im Laufe der Zeit in Steinkohle um. Im **Perm** wurde das Klima trockener, die Anzahl an Feuchtgebieten nahm ab. Während dieser Zeit setzten sich in der Pflanzenwelt die Nacktsamer durch, in der Tierwelt dominierten die Reptilien. Massive Vulkanausbrüche und ein rascher Klimawandel führten am Ende der Permzeit

4 Lebewesen im Kambrium. 1 *Eldonia* (Stachelhäuter?); 2 *Odontogriphus* (Weichtier?); 3 *Vauxia* (Schwamm); 4 *Yohoia* (Gliederfüßer); 5 *Odaraia* (Gliederfüßer); 6 *Opabinia* (Krebstier?); 7 *Wiwaxia* (Weichtier?); 8 *Aysheaia* (Gliedertier); 9 *Marrella* (Gliederfüßer); 10 *Hallucigenia* (Gliederfüßer); 11 *Dinomischus* (?); 12 *Pikaia* (Wirbeltier-Vorfahr)

innerhalb einer halben Million Jahre zum größten Massenaussterben der Erdgeschichte. Allein etwa 90 Prozent aller Meerestierarten starben dabei aus.

Im Erdmittelalter, das **Trias, Jura** und **Kreide** umfasst, waren Reptilien die vorherrschenden Tiere in allen Lebensräumen. Am Ende des Jura entwickelten sich unter den Dinosauriern die größten und schwersten Landwirbeltiere aller Zeiten, unter ihnen der über 50 Tonnen schwere *Brachiosaurus*. Ebenfalls im Jura entwickelten sich aus einer bestimmten Gruppe von Dinosauriern die ersten Vögel, von denen *Archaeopteryx* der bekannteste ist. Die ältesten Säugetiere gab es bereits in der Trias. Sie gehen auf säugetierähnliche Reptilien zurück, beispielsweise *Cynognathus*. Am Ende der Kreidezeit führte wahrscheinlich ein großer Meteoriteneinschlag zu massiven Umweltveränderungen. In der Folge starben nicht nur die Dinosaurier aus, sondern beispielsweise auch die Ammoniten, den Tintenfischen verwandte Meerestiere, die in manchen Gesteinen zu den häufigsten Fossilien zählen.

Die Erdneuzeit wird in die Abschnitte **Paläogen, Neogen** und **Quartär** gegliedert. Im Paläogen begann die Blütezeit der Säugetiere. Sie besetzten nun viele ökologische Nischen, die vorher von Dinosauriern eingenommen worden waren. Auch Vögel und Insekten erreichten allmählich die heutige Artenvielfalt. Unter den Samenpflanzen entwickelten die Bedecktsamer viele neue Arten. Allerdings entwickelten sich in der Erdneuzeit nicht sofort die Arten, wie wir sie heute kennen. Viele Säugetiere, unter ihnen ein über sieben Meter langer Pflanzenfresser, sind längst wieder ausgestorben. Gleiches gilt auch für andere Tier- und Pflanzengruppen.

Im jüngsten Abschnitt der Erdgeschichte, dem Quartär, kühlte sich das Klima weltweit langsam ab. Vor knapp zwei Millionen Jahren wurde es so kalt, dass ein neues Eiszeitalter begann. Es war gekennzeichnet durch einen Wechsel von Kaltzeiten, in denen es zu großflächigen Vereisungen kam, und Warmzeiten, in denen sich das Eis wieder zurückzog. Während dieser Zeit entwickelte sich der Mensch zur dominierenden Lebensform auf der Erde. Die Leistungsfähigkeit seines Großhirns ermöglichte es ihm, die Umwelt wie kein anderes Lebewesen vor ihm seinen Bedürfnissen entsprechend zu verändern.

1 Bildet arbeitsteilige Gruppen. Erstellt Plakate mit Lebensformen aus verschiedenen Abschnitten der Erdgeschichte. Orientiert euch dazu an den Abbildungen 4 und 5. Bereitet Kurzvorträge über die Entwicklung der Erde und die Evolution in diesen Zeitabschnitten vor.

2 Erläutere die Bedeutung wichtiger Entwicklungsschritte im Laufe der Evolution. Nutze dazu die Hinweise im Text und in Abbildung 2.

5 Lebewesen aus dem Eiszeitalter. 1 Mammut; 2 Rentier; 3 Moschusochse; 4 Mensch; 5 Zwergbirke; 6 Wollnashorn; 7 Steinbrech; 8 Silberwurz; 9 Wollgras; 10 Netzweide

2 Die Erklärung der Artenvielfalt

2.1 Entstehung der Evolutionstheorie

In den Savannen Afrikas gehören Giraffen zu den auffälligsten Säugetieren. Mit aufgerichtetem Hals erreichen sie eine Höhe von fast sechs Metern. Dadurch können sie das Laub mittelhoher Sträucher und Bäume als Nahrung erreichen. Die meisten anderen Pflanzenfresser der Savanne haben kurze Hälse und ernähren sich von Gräsern oder niedrigen Büschen. Wie lässt sich die Angepasstheit der Giraffen an ihre Nahrungsnische erklären?

Bis ins 19. Jahrhundert waren die meisten Biologen von der **Konstanz der Arten** überzeugt. Diese Auffassung wurde aus dem biblischen Schöpfungsbericht abgeleitet. So vertrat der schwedische Biologe Carl von Linné im 18. Jahrhundert die Ansicht, dass die Arten, wie wir sie gegenwärtig vorfinden, seit Beginn der Welt vorhanden waren. Auf Linné geht das noch heute verwendete Ordnungsprinzip von Lebewesen zurück, die *Systematik*.

Der Franzose Jean-Baptiste de Lamarck (1744 bis 1829) entwickelte als einer der Ersten die Vorstellung von einer Stammesentwicklung der Lebewesen, also einer Evolution. Er vermutete, dass sich jede heute lebende Art aus einem einfach organisierten Vorfahren entwickelt hat. Lamarck nahm eine Höherentwicklung als wesentliches Kennzeichen dieses Artwandels an. Während ihrer Entwicklung passten sich die Lebewesen auch an veränderte Umweltbedingungen an. Nach Lamarck ist der Giraffenhals dadurch entstanden, dass die Vorfahren der heutigen Tiere ihre Hälse zum Fressen nach oben reckten, als die Bäume immer höher wurden. Durch dieses Recken wurden die Hälse im Laufe der Zeit schrittweise immer länger. Lamarcks Vermutung, nach der alle Lebewesen einen angeborenen Drang zur Vervollkommnung besäßen und durch ständiges Üben erworbene Merkmale an ihre Nachkommen vererbten, gilt heute als widerlegt.

In den Jahren 1831 bis 1836 nahm der junge Naturforscher Charles Darwin (1809 bis 1882) an Bord des Vermessungsschiffes »Beagle« an einer Erdumseglung teil. Auf dieser Reise untersuchte er nicht nur die Lebewesen im Meer. Während der langen Liegezeiten des Schiffes hatte er auch Gelegenheit, an Land Pflanzen, Tiere und Fossilien zu sammeln. Beim Besuch von Inselgruppen, zum Beispiel den Galápagos-Inseln im Pazifischen Ozean, fiel Darwin auf, dass auf benachbarten Inseln oft unterschiedliche, aber sehr ähnliche Arten leben.

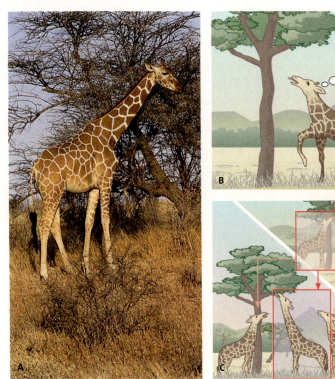
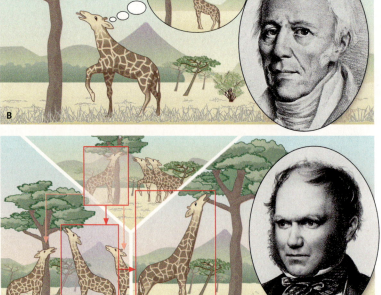

1 Giraffe. **A** bei der Nahrungsaufnahme; **B** Entstehung des langen Halses nach Lamarck; **C** nach Darwin

Nach England zurückgekehrt, widmete sich DARWIN der Auswertung seiner Sammlungen und Tagebuchaufzeichnungen. Dabei kam er immer mehr zu der Überzeugung, dass die Lehre von der Konstanz der Arten nicht zutreffen konnte. Über mehr als 20 Jahre trug DARWIN nun Belege für eine neue Evolutionstheorie zusammen. Wesentliche Hinweise erhielt er aus der Tier- und Pflanzenzüchtung. Solche Züchtungen zeigen die Veränderlichkeit der Arten, denn auf diesem Wege sind zum Beispiel alle Hunde- und Taubenrassen oder die verschiedenen Nutzpflanzen entstanden, die es in dieser Form vorher nicht gegeben hatte. Bei der Züchtung bringt der Züchter gezielt solche Individuen zur Fortpflanzung, die bestimmte gewünschte Eigenschaften haben. Diese *künstliche Zuchtwahl* diente DARWIN als Modell für seine 1859 veröffentlichte Theorie der **Entstehung der Arten durch natürliche Zuchtwahl.** Danach sind die Nachkommen eines Elternpaares nicht gleich, sondern unterscheiden sich immer etwas. Es treten auch immer wieder Lebewesen mit neuen Merkmalen auf. In der jeweiligen Umwelt überleben von der Vielzahl der Nachkommen diejenigen, die am besten angepasst sind, und pflanzen sind fort. Es findet also eine Auslese statt, eine **Selektion.** Über viele Generationen können auf diesem Wege neue Arten entstehen.

Nach DARWIN muss man sich die Entstehung der Giraffenhälse also folgendermaßen vorstellen: In einer Giraffenpopulation traten zufällig Individuen mit unterschiedlich langen Hälsen auf. Wurde die Nahrung knapp, erreichten Tiere mit längeren Hälsen auch noch Blätter an höher liegenden Zweigen. Solche Tiere konnten sich vermehrt fortpflanzen und die Anlagen für den längeren Hals auf ihre Nachkommen vererben, während Tiere mit kurzen Hälsen wenige oder keine Nachkommen hatten. Dadurch setzten sich im Laufe vieler Generationen Tiere mit langen Hälsen durch. Die von DARWIN formulierten Grundgedanken zur Evolution sind auch heute noch gültig. Spätere Forscher haben diese **Selektionstheorie** lediglich erweitert.

1 Erläutere mit Hilfe von Abbildung 1 die Entstehung des Giraffenhalses nach LAMARCK und nach DARWIN.
2 Erläutere unter Nutzung des Basiskonzeptes stammesgeschichtliche Verwandtschaft, warum Giraffen wie fast alle anderen Säuger nur sieben Halswirbel haben.
3 Erkläre am Beispiel der Taubenrassen das Ergebnis künstlicher Zuchtwahl.

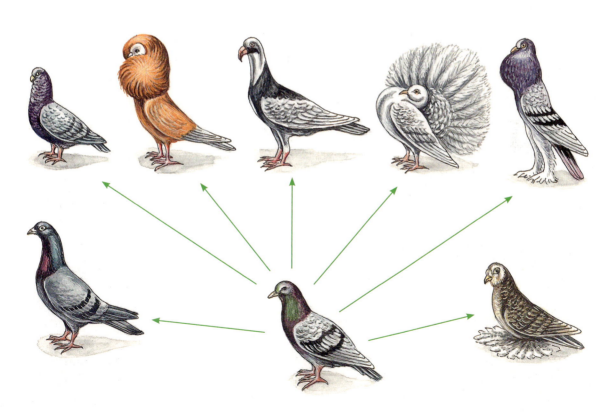

2 Taubenrassen sind durch Züchtung aus der Felsentaube entstanden

2.2 Variation und Selektion

An Meeresküsten werden manchmal an einer Stelle hunderte von Schnecken- oder Muschelschalen angespült. Dann kann man in kurzer Zeit viele Fundstücke der gleichen Art sammeln. Auf den ersten Blick scheinen die Schalen einer Art alle gleich auszusehen. Sieht man jedoch genauer hin, fallen schnell Unterschiede auf, beispielsweise in Form, Größe und Musterung. Solche individuellen Unterschiede lassen sich bei allen Lebewesen beobachten. Diese **innerartliche Variation** wurde bereits von Darwin erkannt und an vielen Beispielen dokumentiert. Die unterschiedliche phänotypische Merkmalsausprägung ist ein Beispiel für das **Basiskonzept Vielfalt.** Wie kommt die innerartliche Vielfalt zustande?

Viele Unterschiede zwischen den Angehörigen einer Art beruhen auf Umwelteinflüssen und unterschiedlichen Lebensbedingungen. So sind beispielsweise die Muskeln eines Sportlers aufgrund intensiven Trainings besonders gut entwickelt. Das Aussehen eines Menschen oder Tieres wird in hohem Maße von seinem Ernährungszustand beeinflusst. Viele Unterschiede sind jedoch vorwiegend genetisch bedingt, etwa die Hautfarbe oder die Struktur der Haare beim Menschen. Tatsächlich ist bei Arten mit geschlechtlicher Fortpflanzung jedes Individuum genetisch einzigartig. Eine Ausnahme von dieser Regel sind lediglich eineiige Zwillinge, die ein identisches Erbgut haben.

Die Ursache der genetischen Vielfalt sind spontan auftretende **Mutationen,** die an die Nachkommen weitergegeben werden. Mutationen allein können aber die genetische Vielfalt – etwa der Hunde- oder Taubenrassen – nicht erklären, denn dafür sind sie zu selten. Ein weiterer wichtiger Faktor ist die Tatsache, dass bei der Bildung und Verschmelzung der Geschlechtszellen die Chromosomen und durch Austausch auch die Gene ständig neu miteinander kombiniert werden. Diese **Rekombination** ähnelt dem Mischen eines Kartenspiels.

Bei seinen Untersuchungen war Darwin nicht nur die große innerartliche Variation aufgefallen. Er hatte auch bemerkt, dass Lebewesen in der Regel viel mehr Nachkommen hervorbringen, als zur Erhaltung der Populationsgröße nötig wären. So legen einige Fischarten in kurzer Zeit mehrere Millionen Eier ab. Auch Pflanzen erzeugen manchmal sehr große Mengen an Samen. Was geschieht mit diesen vielen Nachkommen? Ein Großteil von ihnen dient anderen Arten als Nahrung. Doch ist es reiner Zufall, wer gefressen wird?

Betrachten wir dazu einen kleinen, unscheinbaren Schmetterling, den Birkenspanner. Diese Tiere sind nachtaktiv. Tagsüber ruhen sie mit ausgebreiteten Flügeln auf Birkenstämmen oder hellen Flechten. Dort sind sie wegen ihrer hellgrauen Körpermusterung kaum zu erkennen. Aufgrund dieser Tarnung werden Birkenspanner auch von Vögeln nur selten entdeckt und gefressen. Doch

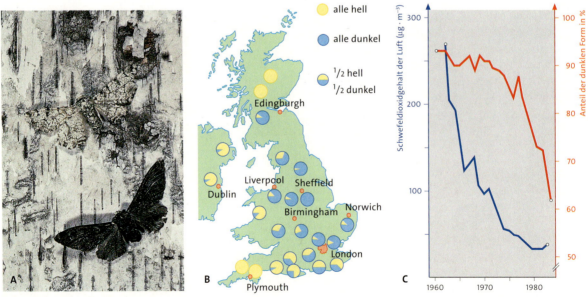

1 Birkenspanner. **A** Helle und dunkle Form auf einem Birkenstamm; **B** Verteilung der dunklen und hellen Form in Großbritannien um 1960; **C** Veränderung des Anteils der dunklen Form in Abhängigkeit von der Luftverschmutzung

gibt es immer wieder auch dunkel gefärbte Birkenspanner. Diese sind auf hellem Untergrund viel leichter zu sehen und werden daher auch öfter zur Beute von Vögeln. Ihre Chance, sich fortzupflanzen, ist folglich viel geringer als bei der hellgrauen Variante. In England wurde jedoch bereits im 19. Jahrhundert beobachtet, dass in einigen Landesteilen dunkle Birkenspanner immer häufiger wurden. Dort waren die Birkenstämme als Folge der Industrialisierung mit Staub und Ruß verunreinigt. Die Flechten starben durch die hohe Belastung mit Schwefeldioxid ab. Der Lebensraum bot nun vorwiegend dunkle Unterlagen. Dort hatten nun dunkle Birkenspanner eine höhere Überlebenschance. Durch den Rückgang der Luftverschmutzung wurden die Birken in den letzten Jahrzehnten wieder sauberer, die Flechten kehrten zurück. Daraufhin nahm auch wieder die helle Variante des Birkenspanners zu. Wie das Beispiel zeigt, hängt es also von den Umweltbedingungen ab, welche Varianten einer Art überleben und sich fortpflanzen können. Es findet eine **natürliche Selektion** statt. Solche Varianten, die der Umwelt besonders gut angepasst sind, haben einen Fortpflanzungsvorteil gegenüber schlechter angepassten Artgenossen.

Variation und Selektion sind die Grundelemente der Evolutionstheorie Darwins. Sie bilden die Ursache für die Entwicklung der Lebewesen im Laufe der Stammesgeschichte. **Angepasstheit,** ein wesentliches Kennzeichen von Lebewesen und deshalb ein weiteres Basiskonzept, ist ebenfalls ein Ergebnis von Selektion.

Den Einfluss der Umwelt auf die Entwicklung von Angepasstheiten soll ein weiteres Beispiel verdeutlichen: Wasserfrösche sind in Färbung und Verhalten optimal an ihren Lebensraum angepasst. Jeder Wasserfrosch, der eine auffällige Farbe hat, kann leichter von einem Fressfeind erkannt werden und hat demnach eine geringere Überlebenschance. Dabei werden die extrem abweichenden Varianten besonders häufig gefressen, sodass sie sich nur selten fortpflanzen können. Diese **stabilisierende Selektion** sorgt dafür, dass die meisten Individuen bei gleich bleibenden Umweltbedingungen optimal angepasst bleiben. Ändert sich die Umwelt jedoch dauerhaft, ist die bis dahin geltende Angepasstheit nicht mehr optimal. Jetzt wird zugunsten besser angepasster Varianten selektiert. Dies nennt man **transformierende** oder **gerichtete Selektion.**

1 Ein gutes Beispiel für innerartliche Variation ist der Mensch. Erläutere diese Aussage und belege sie durch Beispiele.

2 Begründe, warum das Basiskonzept Vielfalt sowohl innerhalb einer Art als auch für verschiedene Arten angewandt werden kann.

3 Erläutere die Begriffe innerartliche Variation und Selektion am Beispiel des Birkenspanners. Arbeite dazu mit Abbildung 1.

4 Vergleiche anhand von Abbildung 2 stabilisierende und transformierende Selektion.

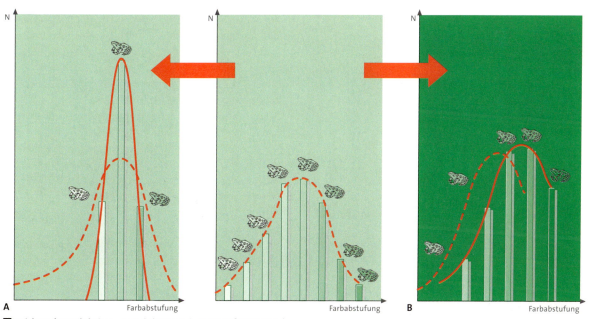

2 Wirken der Selektion. A stabilisierend; B transformierend

Evolution

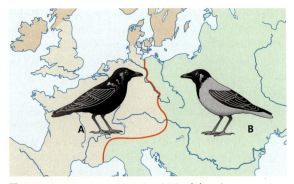

1 Verbreitungsgebiet von Rabenkrähe (A) und Nebelkrähe (B)

2 Modell der Artbildung.
A Entstehung von Teilpopulationen; **B** geographische Isolation; **C** neue Arten sind entstanden, die sich durch Fortpflanzungsbarrieren getrennt weiterentwickeln

2.3 Die Entstehung neuer Arten

Auf welche Weise die Selektion dafür sorgt, dass in einer Population bevorzugt die am besten an die Umwelt angepassten Varianten zur Fortpflanzung kommen, zeigen Beispiele wie Birkenspanner und Wasserfrosch. In den meisten Fällen dauert es schätzungsweise etwa 100 000 bis eine Million Jahre, bevor durch die Summierung kleiner Veränderungen neue Arten entstanden sind. Angesichts derart langer Zeiträume scheint es aussichtslos, nach Belegen für die Artbildung in der gegenwärtigen Tier- und Pflanzenwelt zu suchen. Doch bei genauer Beobachtung findet man tatsächlich Beispiele für Artbildungsprozesse, die noch nicht abgeschlossen sind.

Pferd und Esel kann man leicht voneinander unterscheiden. Andererseits sehen sich die Tiere so ähnlich, dass man von einer engen Verwandtschaft zwischen beiden Arten ausgehen kann. Diese Annahme wird noch dadurch gestützt, dass man Pferd und Esel miteinander kreuzen kann. Ist das Muttertier ein Pferd, nennt man den daraus entstandenen Mischling Maultier. Von Mauleseln spricht man, wenn das Muttertier ein Esel ist. Maultiere und Maulesel sind unfruchtbar – sie können keine Nachkommen haben. Zwischen Pferden und Eseln gibt es also eine *Fortpflanzungsbarriere*. Solche Fortpflanzungsbarrieren sind das wesentliche Kennzeichen verschiedener Arten. Sie sorgen dafür, dass es normalerweise keine Mischlinge zwischen zwei Arten gibt. In der Regel erfolgt zwischen Männchen und Weibchen verschiedener Arten erst gar keine Paarung. Insofern bilden Pferd und Esel eine Ausnahme, die zeigt, dass die Fortpflanzungsbarriere zwischen diesen beiden Arten noch nicht vollständig ausgebildet ist.

Bei anderen Tieren wie der in Westeuropa heimischen Rabenkrähe und der östlich der Elbe lebenden Nebelkrähe ist die Fortpflanzungsbarriere noch weniger vollständig ausgebildet als bei Pferd und Esel. Wo Raben- und Nebelkrähe aufeinander treffen, erzeugen sie miteinander fruchtbare Nachkommen. Anders als bei Pferd und Esel handelt es sich deshalb bei diesem Beispiel noch nicht um verschiedene Arten, sondern um *geographische Unterarten* derselben Art.

Die Beispiele zeigen, wie man sich die Entstehung verschiedener Arten aus einem gemeinsamen Vorfahren vorstellen kann: Sind zwei Populationen einer Art längere Zeit voneinander getrennt, leben sie sich – meist in Angepasstheit an unterschiedliche Lebensverhältnisse – buchstäblich auseinander. Ursachen für eine solche **geo-**

graphische Isolation können beispielsweise Klimaänderungen sein. Die Vorfahren von Raben- und Nebelkrähe wurden beispielsweise durch die nach Mitteleuropa vorrückenden Gletscher der Eiszeit in eine Population in Südwest-Europa und eine in Südost-Europa getrennt. Dauert die Aufspaltung in zwei oder mehrere isolierte Teilpopulationen lange genug, bilden sich durch unterschiedliche Mutationen, Rekombination und Selektion zunächst verschiedene Unterarten, dann neue Arten. Von neuen Arten spricht man, wenn die Nachkommen aus den verschiedenen Teilpopulationen entweder keine fruchtbaren Nachkommen mehr haben oder sich gar nicht mehr miteinander fortpflanzen können.

Buntbarsche sind eine sehr artenreiche Familie der Süßwasserfische. Wegen ihrer prächtigen Färbung werden manche Arten gern von Aquarienliebhabern gezüchtet. In freier Natur leben die meisten Buntbarscharten in den großen Seen Ostafrikas, im Victoria-, Tanganjika- und Malawisee. Man kennt mehrere hundert Arten. Wie kam es zu diesem Artenreichtum?

Die ostafrikanischen Seen bieten sehr unterschiedliche Lebensräume mit ganz verschiedenartigen Nahrungsquellen. Außerdem sind die Seen in viele, zum Teil weitgehend voneinander isolierte Becken gegliedert. Wie man heute weiß, schwankte der Wasserspiegel der Seen in jüngster geologischer Vergangenheit um mehrere hundert Meter. Dabei trocknete der Victoriasee zeitweise fast vollständig aus, aus dem Tanganjikasee wurden drei isolierte kleinere Seen. Später stieg der Wasserspiegel wieder. Durch die raschen Veränderungen der Umwelt und die großen Unterschiede der Lebensräume in verschiedenen Teilen der Seen kam es durch transformierende Selektion zu einer schnellen Veränderung der Buntbarschpopulationen und zur Entstehung neuer Arten. Dabei besetzten die Buntbarsche, die nur wenig Konkurrenz durch andere Fische haben, eine Fülle von ökologischen Nischen. Besonders vielfältig sind die Nahrungsnischen, die verschiedene Arten nutzen: Manche Fische schaben Algen von Steinen, andere fressen Weichtiere, Insekten oder Plankton, wieder andere ernähren sich von ganz bestimmten Körperteilen ihrer Beutetiere. Zur schnellen Artbildung bei den Buntbarschen hat wahrscheinlich auch die Ausbildung unterschiedlichen Balzverhaltens und verschiedenartiger »Hochzeitsfärbungen« in zeitweise getrennten Populationen beigetragen.

1. Pferd und Esel sowie Raben- und Nebelkrähe vermitteln einen Blick in die »Werkstatt der Evolution«. Erläutere diese Aussage.
2. Erkläre anhand von Abbildung 1 und 2 die Entstehung neuer Unterarten und Arten durch geographische Isolation.
3. Wende das Basiskonzept Angepasstheit auf die Nahrungsnischen einiger Buntbarscharten in Abbildung 3 an.
4. Führt Recherchen zur Biologie afrikanischer Buntbarsche durch. Präsentiert die Ergebnisse in geeigneter Form.

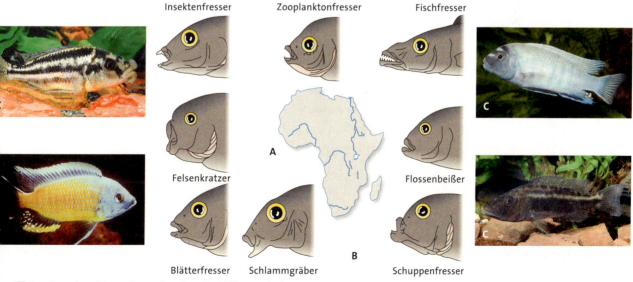

3 Buntbarsche. **A** Lage der großen Seen in Afrika; **B** Köpfe von Arten mit unterschiedlicher Ernährungsweise (Grafik); **C** Beispiele verschiedener Arten (Fotos)

2.4 Tarnen, Warnen, Täuschen – Ergebnisse der Evolution

Laubfrösche sind durch ihre hellgrüne Färbung in ihrer natürlichen Umwelt kaum zu entdecken. Sie verfügen über eine Tarnfärbung. Eine solche Angepasstheit zum Schutz, bei der Teile der Umwelt nachgeahmt werden, bezeichnet man als **Mimese** (gr. *mimesis*, Nachahmung). Stabheuschrecken sind nicht nur durch ihre Färbung, sondern auch aufgrund ihrer Körperform, die kaum von den umgebenden Ästen absticht, im Gebüsch verborgen und vor Fressfeinden geschützt. Tarnfärbung und Mimese werden oft noch durch ein besonderes **Tarnverhalten** verstärkt: Stabheuschrecken bleiben lange Zeit bewegungslos sitzen und fallen dadurch noch weniger auf.

Zu den Schutzmechanismen gehören auch **Schreckeinrichtungen.** Manche beruhen allein auf einem Überraschungseffekt. Augenfalter breiten bei Gefahr plötzlich ihre Flügel aus und zeigen dem Angreifer ihre Hinterflügel. Diese tragen runde, auffällige Flecken, die den Augen von Raubkatzen ähnlich sind.

Feuersalamander haben eine schleimige Haut mit Giftdrüsen, die ein die Haut reizendes Sekret abgeben. Durch seine auffällige gelb-schwarze **Warnfärbung** schreckt der Feuersalamander zum Beispiel Vögel ab. Gelb-schwarze Warnfarben treten auch bei wehrhaften Wespen und Hornissen auf, die sich mit ihrem Giftstachel verteidigen können. Neben der Kombination schwarz-gelb treten auch schwarz-rot und schwarz-blau als Warnfarben auf. Obwohl diese Tiere besonders auffallen, scheint der Vorteil einer Warnfärbung zu überwiegen. Woran liegt das?

Vögel und Säugetiere lernen aufgrund unangenehmer Erfahrungen, die sie bei dem Versuch machen, giftige oder wehrhafte Tiere zu erbeuten. Sie werden in Zukunft den Kontakt mit ähnlich aussehenden Tieren vermeiden. Insgesamt ist es also vorteilhaft, eine Warnfärbung zu haben, denn in einer Population werden dann nur wenige Tiere von Fressfeinden erbeutet, sodass die Gefährdung des Einzeltieres gering bleibt.

Der Hornissenschwärmer ist ein harmloser Nachtfalter, der jedoch mit seiner auffälligen gelb-schwarzen Querstreifung und seinen durchsichtigen Flügeln einer Hornisse ähnlich sieht. Im Experiment konnte gezeigt werden, dass Vögel getäuscht werden und diesen wehrlosen Schmetterling meiden, obwohl er nicht stechen kann. Man nennt diese Nachahmung wehrhafter oder giftiger Vorbilder **Mimikry** (gr. *mimikos*, schauspielerisch). Alle Tarn-, Schreck- und Warneinrichtungen sind ein Ergebnis der Evolution. Von Generation zu Generation konnten immer diejenigen Nachkommen, die am besten angepasst waren, überleben und sich bevorzugt fortpflanzen.

> Erläutere am Beispiel der Stabheuschrecke, wie sich Tarnfärbung, Mimese und Tarnverhalten im Laufe der Evolution entwickelt haben könnten.

1 Tarnen, Warnen und Täuschen im Tierreich.
A Stabheuschrecke; **B** Augenfalter; **C** Hornisse (Vorbild); **D** Hornissenschwärmer (Nachahmer)

Aufgaben und Versuche — Entstehung der Artenvielfalt

V1 Evolutionsspiel

Material: Eine Rasenfläche von 2 × 2 m oder ein entsprechender Teppichboden mit Muster; verschiedenfarbige Spielfiguren (dem Untergrund angepasste und auffällige Farben, z. B. 5 cm lange Wollfäden in grün und rot als Wurmmodell für die Rasenfläche.)
Hinweis: Die Spielfiguren werden im Spiel mehrfach verwendet, trotzdem sollten von jeder Farbe etwa 250 Stück bereitstehen.

Durchführung: **1.** Je 100 Fäden (die 1. Generation) in Grün, das im Farbton in etwa zur Unterlage passt, und in Rot, werden von einer Schülergruppe unsystematisch auf dem Rasen verteilt.
2. Fünf Schüler (die »Räuber«), die der Verteilung nicht zugesehen haben, suchen in möglichst kurzer Zeit je 30 Fäden. Ein Protokollführer notiert anschließend die Suchergebnisse.
3. Die nicht erbeuteten Spielfiguren vermehren sich jetzt, d. h. zu jedem Faden kommen drei Fäden der gleichen Farbe hinzu (2. Generation). Die neuen Spielfiguren werden erneut verteilt und erneut erbeutet (mindestens vier Generationen durchspielen).

Aufgaben:
a) Fertige ein Spielprotokoll über mehrere Generationen an.
b) Welche Aussagen bezüglich der Selektion sind hier möglich?
c) Variiere das Spiel durch unterschiedliche Größe und Form der Spielfiguren.
d) Spiele auch das Auftreten von Mutationen durch, z. B. längere oder kürzere Fäden. Finde eigene Beispiele und probiere sie aus.

A2 »Lebende Steine«

»Lebende Steine« *(Lithops)* kommen in den Trockengebieten Südafrikas vor.

Aufgaben:
a) Begründe anhand des Fotos, warum »Lebende Steine« ein Beispiel für Tarnung bei Pflanzen sind.
b) Recherchiere Aufbau und Lebensweise der »Lebenden Steine« und bereite einen Kurzvortrag vor. Orientiere dich dabei am Basiskonzept Angepasstheit.

A3 Grottenolm

Grottenolme sind Molche, die in den Karst-Höhlen Dalmatiens vorkommen. Wie viele andere unterirdisch oder in Höhlen lebende Tiere sind sie blind, besitzen aber noch Augenanlagen. Solche Reste einst funktionstüchtiger Organe nennt man auch Rudimente.

Aufgaben:
a) Erkläre, warum Rudimente wichtige Belege für die Evolution sind.
b) Erläutere die Entstehung der Augen-Rudimente beim Grottenolm nach den Evolutionstheorien von LAMARCK und DARWIN.

3 Die Evolution des Menschen

3.1 Menschen gehören zu den Primaten

Mit dem Namen Eva verbinden die meisten Menschen die Gestalt aus der biblischen Schöpfungsgeschichte. Nicht ohne Hintersinn nennt sich aber auch ein international angesehenes Institut EVA, das sich mit der Naturgeschichte des Menschen befasst: das Max-Planck-Institut für **e**volutionäre **A**nthropologie in Leipzig (gr. *anthropos*, Mensch; *logos*, Lehre). Wissenschaftler aus der ganzen Welt erforschen hier menschliche Fossilien, die Evolution menschlicher Gene und die Vielfalt menschlicher Sprachen. Ausschließlich mit Menschen beschäftigen sie sich aber nicht. Ebenso sehr interessieren sie sich für das Sozialverhalten von Gorillas und die geistige Entwicklung von Schimpansen, die zu den **Primaten** gehören.

Die oft einfach als »Affen« bezeichneten Primaten sind eine außerordentlich vielgestaltige Säugetierordnung mit mehr als 200 rezenten Arten. Der Gorilla ist mit einer Körpermasse von bis zu 275 Kilogramm die größte Art, ein Mausmaki aus Madagaskar mit nur 30 Gramm die kleinste. Ähnlich vielfältig ist die Lebensweise der Primaten. Die nachtaktiven Mausmakis sind Einzelgänger und ernähren sich bevorzugt von Früchten und Insekten. Die tagaktiven Gorillas leben dagegen in Kleingruppen und fressen am liebsten wilden Sellerie und andere Kräuter. Schimpansen sind ebenfalls tagaktiv, leben in größeren Gruppen und machen regelmäßig Jagd auf kleinere Affenarten, die sie auch fressen.

Auch in ihrer Fortbewegung unterscheiden sich die Primaten. Gorillas und Paviane laufen hauptsächlich vierfüßig am Boden, können aber wie nahezu alle Primaten auch gut klettern. Andere Arten, wie die südostasiatischen Gibbons und Orang-Utans, hangeln durch die Baumkronen der dortigen Regenwälder und kommen fast nie auf den Boden. Nur eine Art bewegt sich aufrecht gehend auf dem Boden fort: der Mensch. Bei ihm ist der mit einer beweglichen Großzehe an das Klettern angepasste Greiffuß der anderen Primaten in einen Stand- und Schreitfuß umgewandelt. Die Wölbung in der Sohle des menschlichen Fußes erlaubt ein leichteres Abheben der Ferse beim Laufen und federt den Gang ab.

Dass der Mensch in der zoologischen Systematik zu den Primaten gehört, hatte der schwedische Naturforscher Carl von Linné schon 1758 erkannt. Damit wird verständlich, warum die Leipziger Wissenschaftler auch Gorillas und Schimpansen erforschen. Menschen ähneln anderen Primaten tatsächlich in vieler Hinsicht. Erst hundert Jahre nach Linné wurde allerdings klar, dass diese Ähnlichkeit auf gemeinsamer Abstammung beruht: Menschen, Schimpansen und Gorillas haben gemeinsame Vorfahren.

Orang-Utans, Gorillas, Schimpansen und die manchmal auch »Zwergschimpansen« genannten Bonobos bezeichnet man als Große Menschenaffen. Stammesgeschichtlich stehen diese vier Arten dem Menschen am nächsten. Erkennbar ist dies am Aufbau des Skeletts, das bei allen Arten weitgehend identisch ist. Ein Schwanz fehlt beispiels-

1 Größenverhältnis von Gorilla und Mausmaki

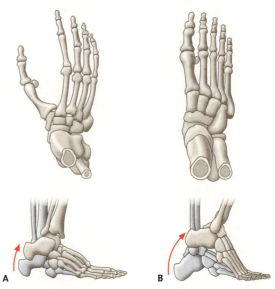

2 Füße. **A** Schimpanse; **B** Mensch

weise nicht nur dem Menschen, sondern auch sämtlichen Menschenaffen. Auch die Anzahl und Form der Zähne stimmt bei Menschenaffen und Menschen überein. Nur die Eckzähne sind bei den Menschenaffen wesentlich länger und schärfer als beim Menschen.

Vergleicht man die Hände von Affen und Menschen, fällt nicht nur auf, dass sie hervorragend zum Greifen geeignet sind. Auch der Besitz von flachen Fingernägeln ist ein gemeinsames Merkmal, das Primaten von anderen Tiergruppen unterscheidet. An ihren Zehen tragen Primaten ebenfalls Nägel und keine Krallen.

Weitere Merkmale, die Primaten auszeichnen, sind nach vorne gerichtete Augen, die dreidimensionales Sehen ermöglichen, der Besitz eines großen Gehirns und eine lange Entwicklungszeit. Das Gehirn eines Affen ist doppelt so groß wie das eines durchschnittlichen anderen, etwa gleich großen Säugetieres. Rekordhalter ist der Mensch mit einem Gehirn, das dreimal so groß ist wie das eines Schimpansen oder Gorillas. Typisch für Lebewesen mit einem großen Gehirn ist ihre Lernfähigkeit. Lernen benötigt Zeit und deshalb ist für Primaten auch eine lange Kindheit und Jugend typisch. Zum Vergleich: Eine Maus ist mit sechs bis acht Wochen geschlechtsreif, ein Mausmaki dagegen erst mit einem Jahr und ein Schimpanse erst mit elf Jahren. In dieser Zeit lernt ein Schimpanse in Westafrika beispielsweise, wie man es fertig bringt, mit einem Stein als Hammer und einer Baumwurzel als Amboss ebenso harte wie schmackhafte Nüsse zu knacken.

Natürlich fallen bei einem Vergleich der Skelette eines Schimpansen und eines Menschen auch Unterschiede auf. Beispielsweise sind die Arme eines Schimpansen deutlich länger als seine Beine, während beim Menschen die Beine länger sind als die Arme. Genau wie die unterschiedlich gebauten Füße beruht dies darauf, dass beide Arten an unterschiedliche Fortbewegungsweisen angepasst sind: der Mensch an den aufrechten Gang, der Schimpanse an das Hangeln im Geäst. An solchen anatomischen Unterschieden kann man auch erkennen, wie sich fossile Arten, die seit langem ausgestorben sind, fortbewegt haben.

Da sich alle Großen Menschenaffen in ihrer Anatomie sehr ähneln, glaubte man lange, dass keiner von ihnen dem Menschen stammesgeschichtlich näher steht als der andere. Diese Meinung änderte sich erst, als es möglich wurde, die Zusammensetzung von Proteinen und der Erbsubstanz DNA zu untersuchen. Bei diesen Untersuchungen stellte sich heraus, dass die DNA von Schimpansen und Bonobos die größte Übereinstimmung mit menschlicher DNA aufweist. Diese beiden Menschenaffen sind mit dem Menschen enger verwandt als mit dem Gorilla.

1 Wende das Basiskonzept Vielfalt auf die Ordnung der Primaten an. Informiere dich dazu auch über die verschiedenen systematischen Gruppen.
2 Vergleiche Menschen und Menschenaffen hinsichtlich ihrer Anatomie und ihrer Lebensweise.
3 Erläutere den Stammbaum in Abbildung 4 und ziehe Schlussfolgerungen.

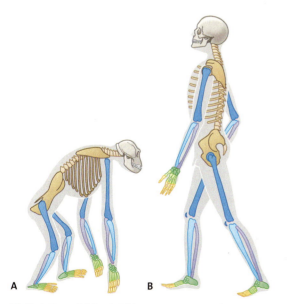

3 Skelettvergleich. A Schimpanse; B Mensch

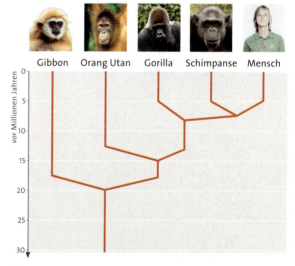

4 Stammbaum der Menschenaffen anhand von DNA-Befunden

3.2 Afrikanische Vorfahren des Menschen

Nach Ansicht vieler Reisender gehört der Ostafrikanische Grabenbruch, der sich von Äthiopien bis nach Mosambik erstreckt, zu den schönsten Landschaften der Erde. Gleichzeitig ist dieses Gebiet mit seinen zahlreichen aktiven und erloschenen Vulkanen, wie dem Kilimandscharo und dem Ngorongoro-Krater, eine der weltweit bedeutendsten Fossilienfundstellen. Mit am berühmtesten wurde die Fundstätte *Laetoli* im Norden Tansanias.

Laetoli heißt in der Sprache der dort lebenden Masai »rote Lilie«. Hier hatte man schon 1934 Bruchstücke eines Kiefers gefunden, von dem man vermutete, dass er einem fossilen Menschen gehört hatte. Das Knochenstück geriet in Vergessenheit, bis 1978 eine Wissenschaftlergruppe unter Leitung der britischen Forscherin Mary LEAKEY im selben Gebiet versteinerte menschenähnliche Fußspuren entdeckte. Genauere Untersuchungen ergaben, dass die Spuren von mindestens zwei aufrecht gehenden Individuen stammten, die vor 3,7 Millionen Jahren durch erkaltete vulkanische Asche gewandert waren.

Wer die Spuren in der Asche von Laetoli hinterlassen hatte, wurde bald klar. Vier Jahre zuvor hatte der amerikanische Forscher Donald JOHANSON im Afar-Dreieck am nordöstlichen Rand des Grabenbruchs Teile eines 3,2 Millionen Jahre alten menschenähnlichen Skeletts gefunden. Es hatte den wissenschaftlichen Namen **Australopithecus afarensis** erhalten, wurde aber unter dem Spitznamen »**Lucy**« weltweit bekannt.

»Lucy« verfügte über ein Merkmal, das sie mit heutigen Menschen gemeinsam hat. Sie konnte aufrecht gehen. Ansonsten ähnelte ihre Anatomie aber eher der eines heutigen Menschenaffen. Ähnlich wie diese hatte sie relativ lange Arme und kurze Beine. Ebenso wie ihre gekrümmten Finger- und Zehenknochen ist dies ein Hinweis darauf, dass sie gut klettern konnte. Mit einer Körpergröße von einem Meter war sie relativ klein und ihr Gehirn war mit einer Größe von gut 400 Kubikzentimetern nur unwesentlich größer als das eines Schimpansen. »Lucy« und weitere Fossilfunde ermöglichten es, auch das 1934 gefundene Knochenstück zu bestimmen. Es stammte ebenfalls von *Australopithecus afarensis*.

Mit ihrer Merkmalskombination ist »Lucy« ein perfektes Bindeglied zwischen Affen und Menschen. Allerdings ist *Australopithecus afarensis* nicht die einzige Art, die dieses Kriterium erfüllt. *Paläoanthropologen*, die die Fossilgeschichte des Menschen erforschen, unterscheiden heute 13 Arten, die sie sechs verschiedenen Gattungen zuordnen. Allen gemeinsam ist neben einem kleinen Gehirn und mehr oder weniger guten Hinweisen auf den aufrechten Gang, dass sie alle in Afrika lebten. Der älteste Fund, *Sahelanthropus tchadensis,* ist sieben Millionen Jahre alt und stammt aus dem Tschad. Die jüngsten Funde aus der Gattung Paranthropus sind etwas mehr als eine Million Jahre alt und stammen aus Ost- und Südafrika.

Anhand so genannter *Begleitfossilien,* wie den Knochen anderer Tiere und den Pollen von Pflanzen, kann man schließen, dass der bevorzugte Lebensraum von Australopithecus und seinen Verwandten Baumsavannen und Galeriewälder am Rande von Flüssen und Seen waren.

Ernährt haben sie sich hauptsächlich vegetarisch, wobei die Arten der Gattung Paranthropus vorwiegend faser-

1 Fußspuren von Laetoli

2 *Australopithecus afarensis* (Rekonstruktion)

reiche Pflanzenteile fraßen, während »Lucy« und andere Arten eher Allesfresser waren. Vermutlich haben sie sich dabei ähnlich wie Schimpansen, die mit Hilfe präparierter Stöcke Termiten fangen und mit Steinen Nüsse öffnen, einfacher Werkzeuge bedient.

Tatsächlich hatten Mary und ihr Mann Louis LEAKEY 1951 einige Kilometer westlich von Laetoli in der Olduvai-Schlucht Steine gefunden, die Bearbeitungsspuren aufwiesen. Mit einem Schlag- oder Hammerstein hatte jemand von einem anderen Stein scharfkantige Stücke abgeschlagen. Später durchgeführte Experimente zeigten, dass sich mit ihnen selbst Elefantenkadaver zerlegen ließen. Die LEAKEYS gingen davon aus, dass nur ein Mensch diese Werkzeuge hergestellt haben konnte. Diese Vermutung schien bestätigt, als ihr Sohn Jonathan 1960 in der Olduvai-Schlucht 1,8 Millionen Jahre alte, menschenähnliche Knochen einer bislang unbekannten Art fand. Mit einer Gehirngröße von 650 Kubikzentimetern schien diese neue Art eher als Hersteller der Steinwerkzeuge in Betracht zu kommen als »Lucy« und ihre Verwandten. Sie erhielt den Namen **Homo habilis** (lat. *homo,* Mensch; *habilis,* geschickt).

3 *Homo habilis* (Rekonstruktion)

Eine zweite Art, die der Gattung Homo zugeordnet wurde, entdeckte Richard LEAKEY 1972 am Turkanasee, der früher Rudolfsee hieß. **Homo rudolfensis** lebte vor 2,5 bis 1,9 Millionen Jahren. Da aus dieser Zeit auch die ältesten bekannten Steinwerkzeuge stammen, vermutet man, dass er der erste Hersteller von Steinwerkzeugen war. Mit den scharfen Steinabschlägen haben die beiden Arten vermutlich die Kadaver toter Tiere zerlegt, deren Fleisch sie dann gegessen haben. Ein Fund deutet allerdings darauf hin, dass dies schon Mitglieder der Gattung Australopithecus getan haben könnten. 1999 wurde in Äthiopien *Australopithecus garhi* gefunden, der ebenfalls vor 2,5 Millionen Jahren gelebt hatte. Mit 450 Kubikzentimetern war sein Gehirn zwar deutlich kleiner als das von *Homo habilis,* aber zusammen mit ihm wurden Antilopenknochen gefunden, an denen man Schnittspuren von Steinwerkzeugen entdeckte.

Ob *Homo habilis* und *Homo rudolfensis* direkte Vorfahren des heutigen Menschen waren, ist umstritten. Der nur 1,5 Meter große *Homo habilis* besaß offenbar recht kurze Beine, aber lange Arme – und glich in dieser Hinsicht eher heutigen Menschenaffen. *Homo rudolfensis* war vermutlich größer, aber von ihm kennt man bisher nur wenige Knochenbruchstücke. Manche Forscher stellen beide Arten zur Gattung Australopithecus.

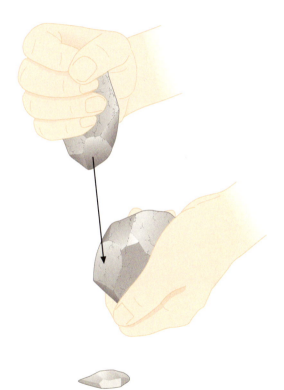

4 Herstellung einfacher Steinwerkzeuge

1 Nenne Merkmale von *Australopithecus afarensis* und *Homo habilis*. Erstelle eine Tabelle zum Vergleich der beiden Arten.

2 Begründe, warum es nahe liegt, *Australopithecus* Wergzeuggebrauch zu unterstellen.

3 Entwickle eine Hypothese zur Evolution des aufrechten Ganges. Berücksichtige dabei, welche Vorteile sich aus dieser Fortbewegungsweise ergeben haben könnten.

3.3 Homo erobert die Welt

»Heit hawwi de Adam gefunne!« Im besten Pfälzisch verkündete der Arbeiter Daniel HARTMANN die spektakuläre Nachricht am 21. Oktober des Jahres 1907 seinen Freunden im Wirtshaus. Um den biblischen Adam ging es dabei natürlich nicht. Aber der Fund, den HARTMANN bei Mauer in der Nähe von Heidelberg gemacht hatte, war nicht weniger Aufsehen erregend. In einer verlandeten Schleife des Neckars, die als Sandgrube genutzt wurde, hatte er den Unterkiefer eines fossilen Menschen gefunden. Obwohl der »Sand-Daniel«, wie er auch genannt wurde, ein »einfacher« Arbeiter war, konnte er den Verdacht, es könne sich um den Kiefer eines Affen handeln, entkräften. Von dem Heidelberger Privatgelehrten Otto SCHOETENSACK, der aufgrund anderer Fossilfunde auf die Sandgrube aufmerksam geworden war, wusste er nämlich, dass ein Affenkiefer anders aussieht als der Kiefer eines Menschen. Um den Kieferknochen eines modernen Menschen handelte es sich ebenfalls nicht: Einerseits war er dafür zu kräftig, andererseits fehlte ihm das für heutige Menschen charakteristische Kinn.

Als Anhänger DARWINS war SCHOETENSACK davon überzeugt, dass dieser »Urmensch« ein Vorfahre des heutigen Menschen war. Er nannte ihn **Homo heidelbergensis.** Das Alter des Urmenschen von Heidelberg konnte erst hundert Jahre nach seiner Entdeckung mit modernen physikalischen Messmethoden geklärt werden. Er hatte vor 600 000 Jahren gelebt.

Der Unterkiefer von Mauer blieb nicht der einzige Fund, der in Deutschland vom »Heidelbergmenschen« gemacht wurde. In einem Braunkohletagebaugebiet bei Schöningen am Harzrand fand man 1995 neben den Knochen von Wildpferden 400 000 Jahre alte Speere aus Fichtenholz. Als heutige Sportler Nachbildungen dieser Speere testeten, waren sie über ihre Wurf- und Flugeigenschaften erstaunt. Die *Schöninger Speere* waren Präzisionswaffen, mit denen die nicht nur bei Heidelberg lebenden Urmenschen Pferde, Waldelefanten und anderes Wild aus größerer Entfernung erlegen konnten.

Hundert Kilometer südlich von Schöningen, beim thüringischen Bilzingsleben, meinen Wissenschaftler Spuren eines Basislagers dieser frühen europäischen Jäger gefunden zu haben. Reste ehemaliger Feuerstellen und zeltähnlicher Behausungen, Steinwerkzeuge sowie Zähne und Knochenbruchstücke von mindestens zwei Erwachsenen und einem Jugendlichen deuten darauf hin, dass hier eine Gruppe dieser Menschen über längere Zeit gelebt hat. Die in Bilzingsleben tätigen Forscher schließen aus ihren Funden, dass dort *»vor fast 400 000 Jahren ein zu Geist und Kultur fähiges menschliches Wesen«* gelebt hat, mit *»variablen Technologien, fähig zum abstrakten Denken und mit einer bereits ausgebildeten Sprache.«* In wesentlichen Merkmalen glichen die Menschen von Heidelberg und Bilzingsleben demnach dem heutigen Menschen, den man als **anatomisch modernen Menschen** bezeichnet. Das Gehirn des *Homo heidelbergensis* war mit einem Volumen von 1100 bis 1400 Kubikzentimetern etwa doppelt so groß wie das des *Homo habilis*.

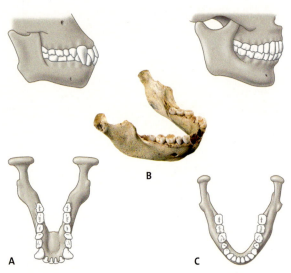

1 Unterkiefer. **A** Schimpanse; **B** Heidelbergmensch; **C** anatomisch moderner Mensch

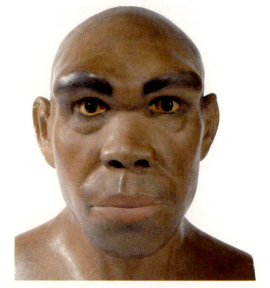

2 Rekonstruktion des Heidelbergmenschen

Anhand vieler weiterer Fossilfunde aus anderen Teilen der Welt kann man heute rekonstruieren, woher die Menschen aus Bilzingsleben, Heidelberg und Schöningen kamen und wer ihre Vorfahren waren. Einen wichtigen Hinweis lieferte ein 1984 am Ufer des Turkana-Sees gefundenes, fast vollständiges 1,6 Millionen Jahre altes Skelett, das unter dem Namen »Turkana Boy« bekannt wurde. Mit »Lucy« oder *Homo habilis* hatte dieser Mensch, dessen wissenschaftlicher Name **Homo ergaster** (gr. *ergastikos*, tätig, arbeitsam) lautet, nicht mehr viel Ähnlichkeit. Mit seiner hochgewachsenen, schlanken Gestalt glich er vielmehr den Menschen, die noch heute in dieser ostafrikanischen Region zu Hause sind: Seine Beine waren länger als seine Arme und ausgewachsen hätte er eine Größe von über 1,80 Metern erreicht. Sein Kopf glich mit den kräftigen Wülsten über den Augen, der fliehenden Stirn und dem fehlenden Kinn dagegen dem des Heidelbergmenschen. Das Gehirn von *Homo ergaster* war mit 880 Kubikzentimetern allerdings noch deutlich kleiner.

Ob *Homo ergaster* schon Großwild jagte, ist unbekannt. Allerdings wird ihm die Erfindung des **Faustkeils** zugeschrieben. Dieses Steinwerkzeug gilt als so vielseitig, dass man auch vom »Schweizer Messer der Steinzeit« spricht. Außerdem gibt es Hinweise, dass *Homo ergaster* das Feuer beherrschte – was Wanderungen in kältere Regionen der Erde erleichterte. Tatsächlich müssen schon vor knapp zwei Millionen Jahren Vorfahren des »Turkana Boys« aus Afrika ausgewandert sein. Ihre Spuren finden sich am Südrand des Kaukasus und in Südostasien.

Die Funde vom Südrand des Kaukasus stammen aus einem Ort namens Dmanisi in Georgien. Sie sind etwa 1,8 Millionen Jahre alt. Mit einer Körpergröße von 1,60 Metern waren die Menschen von Dmanisi nicht so groß wie der »Turkana-Boy«. Auch ihr Gehirn war mit 600 bis 800 Kubikzentimetern deutlich kleiner.

Ebenfalls bis zu 1,8 Millionen Jahre alt sind Funde fossiler Menschen aus Ost- und Südostasien. Ihr wissenschaftlicher Name lautet **Homo erectus.** Mit ihren kräftigen Überaugenwülsten und anderen Merkmalen ähnelten sie dem afrikanischen *Homo ergaster*. Allerdings besaßen sie ein größeres Gehirn. Es hatte ein Volumen von rund 1000 Kubikzentimetern.

Eine Million Jahre nach der ersten Auswanderungswelle setzte eine zweite ein. Nachkommen von *Homo ergaster* verließen Afrika und wanderten vor ungefähr 1,1 Millionen Jahren über das Mittelmeer oder Kleinasien nach Südeuropa ein. Von dort aus besiedelten sie Mitteleuropa. Der Ursprung des Heidelbergmenschen liegt also in Afrika.

1 Vergleiche die in Abbildung 1 dargestellten Unterkiefer.
2 Nenne Merkmale von *Homo ergaster*, *Homo erectus* und *Homo heidelbergensis*. Erstelle eine dreispaltige Tabelle, in der du die drei Arten vergleichst.
3 Erläutere, wie die Erstbesiedelung Europas und Asiens verlief. Nutze dazu Abbildung 3.

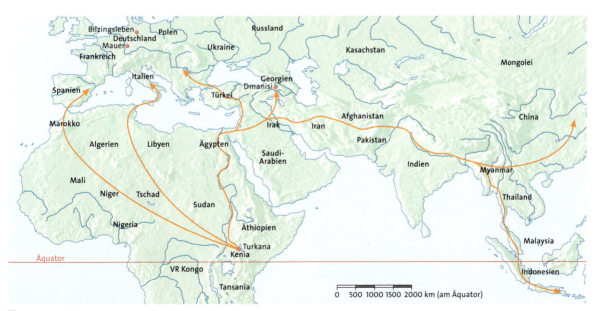

3 Erstbesiedelung Europas und Asiens

3.4 Der Streit um die Neandertaler

Vor 150 Jahren war das wenige Kilometer östlich von Düsseldorf liegende Neandertal eine wilde, etwa 50 Meter tiefe Schlucht. Dort fanden im August des Jahres 1856 zwei italienische Steinbrucharbeiter neben weiteren Knochenfragmenten die Schädeldecke eines Menschen, der heute als berühmtester Rheinländer aller Zeiten gilt: des **Neandertalers.**

Zunächst hatte man die 16 Knochenreste aus der Feldhofer Grotte im Neandertal für die Reste eines Höhlenbären gehalten. Als man sie aber dem Elberfelder Lehrer Johann Carl FUHLROTT vorlegte, war diesem sofort klar, woher sie stammen mussten: von einem vorgeschichtlichen Menschen aus der Eiszeit. Drei Jahre vor der Veröffentlichung von Charles DARWINS Buch über die Entstehung der Arten war dies eine gewagte Vermutung. Allerdings zeigt sie, dass der Evolutionsgedanke auch schon vor DARWIN Anhänger hatte.

Die meisten deutschen Gelehrten lehnten die Hypothese, der Mensch habe ursprünglichere Vorfahren gehabt, jedoch ab. Einflussreichster Gegenspieler FUHLROTTS war der Berliner Mediziner Rudolf VIRCHOW. Kraft seiner Autorität setzte er sich mit der Meinung durch, dass es sich um die krankhaft veränderten Knochen eines modernen Menschen gehandelt habe. Noch genauer wusste es ein Kollege VIRCHOWS. Er behauptete, es handele sich um einen russischen Kosaken, der 1814 auf der Flucht vor NAPOLEONS Truppen verletzt worden und zum Sterben in die Höhle am Neandertal gekrochen sei.

Erst weitere Funde von Neandertalern gaben FUHLROTT schließlich recht: Die Neandertaler waren eine fossile Menschenform. Vom anatomisch modernen Menschen unterschieden sie sich unter anderem durch die Form ihres Schädels: Er war langgestreckt und besaß wie der Schädel eines Menschenaffen kräftige Überaugenwülste. Viele Anhänger der Evolutionstheorie hielten den Neandertaler daher für eine primitive Übergangsform zwischen Affen und Menschen. Einer der wenigen, der diese Ansicht nicht teilte, war DARWINS Freund Thomas HUXLEY. Als Spezialist für die Anatomie von Primaten erkannte er, dass der Neandertaler ein ungewöhnlich großes Gehirn besessen haben musste. Spätere Funde bestätigten diese Vermutung: Das Gehirn der Neandertaler war mit 1200 bis 1750 Kubikzentimetern sogar etwa zehn Prozent größer als das heutiger Mitteleuropäer.

HUXLEYS Analyse war ausschlaggebend dafür, dass der Neandertaler den wissenschaftlichen Namen ***Homo neanderthalensis*** erhielt. Damit sollte zum Ausdruck gebracht werden, dass es sich um einen Menschen gehandelt hatte, der sich vom anatomisch modernen Menschen unterschied, mit ihm aber eng verwandt war. Obwohl sich an dieser Einschätzung bis heute nichts geändert hat, geben die Neandertaler immer noch viele Rätsel auf.

Heute weiß man, dass der Fund aus dem Neandertal etwa 40 000 Jahre alt ist. Damals lag das Neandertal am Rande eines riesigen Eisschildes, das große Teile der Nordhalbkugel der Erde bedeckte. An die klimatischen Verhältnisse dieser Zeit waren die Neandertaler gut angepasst. Ähnlich wie heutige Bewohner arktischer Lebensräume besaßen

1 Leben der Neandertaler (Rekonstruktion)

sie einen gedrungenen Körperbau. Vermutlich ernährten sie sich auch ähnlich wie diese vorwiegend von Fleisch. Sie beherrschten den Gebrauch von Feuer, das einerseits Wärme bot und andererseits zum Garen von Speisen genutzt wurde. Um sich vor der Kälte zu schützen, trugen sie mit Sicherheit Kleidung, die vermutlich aus Tierfellen bestand. Die Werkzeuge, die sie benutzten, bestanden aus Stein und waren oft sehr sorgfältig gearbeitet.

Teilweise schwere, aber verheilte Knochenbrüche lassen es auch als wahrscheinlich erscheinen, dass sich die Neandertaler um kranke und verletzte Gruppenmitglieder kümmerten. Manche Funde deuten zudem darauf hin, dass sie ihre Toten bestatteten. Ob dies als Hinweis auf religiöse Vorstellungen gedeutet werden kann, ist aber nicht sicher: Vielleicht diente das Vergraben von Toten auch nur dem Fernhalten von Raubtieren.

Über mindestens 250 000 Jahre besiedelten die Neandertaler weite Teile Europas und Vorderasiens. In einer wärmeren Periode vor 125 000 Jahren stießen sie sogar bis nach Sibirien vor. Vor knapp 30 000 Jahren verlieren sich jedoch ihre Spuren: Die Neandertaler starben aus.

Weshalb die Neandertaler, die über sehr lange Zeit erfolgreich in Europa überlebt hatten, aussterben, ist bis heute unklar. Sicher ist nur, dass dieses Ereignis in einem engen zeitlichen Zusammenhang mit dem Erscheinen des anatomisch modernen Menschen in Europa steht. Hatte **Homo sapiens,** der »weise Mensch«, die Neandertaler ausgerottet? Da es für diese Hypothese bislang keine Belege gibt, vermuten viele Wissenschaftler, dass der anatomisch moderne Mensch dem Neandertaler in der Konkurrenz um Nahrung und andere Ressourcen überlegen war. Vielleicht brachte der Neueinwanderer auch Krankheitserreger mit, an die die Neandertaler nicht angepasst waren.

Manche Forscher halten es aber auch für möglich, dass die Neandertaler gar nicht wirklich ausgestorben sind. Es könnte doch sein, meinen sie, dass Neandertaler und anatomisch moderne Menschen gar keine getrennten Arten waren und sich miteinander fortgepflanzt haben. Forscher vom Max-Planck Institut für evolutionäre Anthropologie, die die DNA von Neandertalern untersucht und mit der von anatomisch modernen Menschen verglichen haben, schließen dies nicht aus. Allerdings sprechen die Untersuchungsergebnisse eher dafür, dass die Neandertaler nicht zu den Vorfahren des anatomisch modernen Menschen zählen.

1 Informiere dich darüber, welche Lebensbedingungen vor 40 000 Jahren im Rheinland bei Düsseldorf herrschten und vergleiche sie mit den heutigen Lebensbedingungen dort. Benutze hierzu auch die Abbildung 2.

2 Wende das Basiskonzept Angepasstheit auf die Neandertaler an.

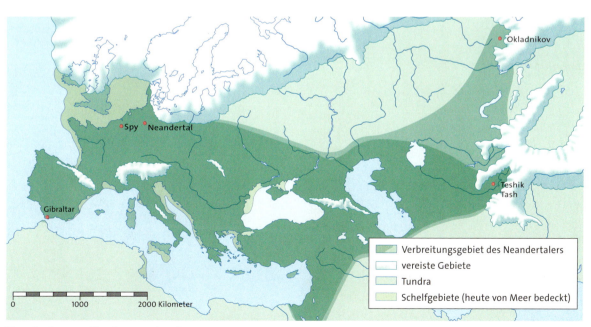

2 Verbreitungsgebiet der Neandertaler

3.5 Ursprung und Vielfalt des modernen Menschen

Unterschiedlicher als ein Inuit und ein Masai können zwei Menschen kaum aussehen. Die in Nordkanada und Grönland lebenden Inuit sind durchschnittlich nur 1,60 Meter groß. Ihr kompakter Körperbau mit den relativ kurzen Armen und Beinen hat zur Folge, dass ihre Körperoberfläche im Verhältnis zu ihrem Körpervolumen verhältnismäßig klein ist. Auf diese Weise verliert der Körper relativ wenig Wärmeenergie. Genau die entgegengesetzten Verhältnisse findet man bei den im ostafrikanischen Hochland lebenden Masai. Ihr hochgewachsener, schlanker Körperbau erleichtert die Wärmeabgabe. Gleichzeitig schützt die dunkle Haut der Masai vor gefährlicher UV-Strahlung.

Trotz der Unterschiede in Körperbau und Hautfarbe gehören die Inuit und die Masai zur selben Art: *Homo sapiens*. Jahrhunderte lang war es allerdings üblich, Menschen unterschiedlicher Herkunft und unterschiedlicher Hautfarbe unterschiedlichen »Rassen« zuzuordnen. Dagegen wandte sich 1995 die UNESCO (engl., *United Nations Educational, Scientific and Cultural Organization*): Eine Einteilung in »Rassen« werde der Vielfalt der Menschen nicht gerecht. Dieser Begriff sollte daher nicht weiter verwendet werden.

Natürlich gibt es Unterschiede zwischen Bevölkerungsgruppen. Auffällig und leicht wahrnehmbar sind zum Beispiel unterschiedliche Hautfarben. Menschen anhand weniger oberflächlicher Merkmale zu klassifizieren, hat sich aber nicht als sinnvoll herausgestellt. »Unter der Haut«, betonen Anthropologen, die sich mit der Genetik und der Herkunft des Menschen befassen, »sind wir alle Afrikaner«. Genau genommen bedeutet dieser Satz zweierlei: Erstens sind sich alle heute lebenden Menschen genetisch bemerkenswert ähnlich und zweitens stammen wir alle von Vorfahren ab, die vor nicht allzu langer Zeit in Afrika gelebt haben.

Die ältesten Knochenfunde von anatomisch modernen Menschen stammen tatsächlich aus Afrika. Gefunden wurden sie 1967 in Äthiopien. Ihr Alter wird heute auf 195 000 Jahre geschätzt. Funde anatomisch moderner Menschen aus anderen Teilen der Welt sind deutlich jünger. In Europa beispielsweise tauchten diese Menschen, die nach einem Fundort in Südfrankreich auch als »**Cro-Magnon-Menschen**« bekannt sind, erst vor etwa 40 000 Jahren auf. Von den bereits in Europa lebenden Neandertalern unterschieden sich die Cro-Magnon-Menschen deutlich: Sie besaßen einen runderen Schädel mit einer höheren Stirn, kaum noch Überaugenwülste und ein ausgeprägtes Kinn.

1 Menschliche Vielfalt. **A** Masai; **B** Inuit

Als Vorfahren der heutigen Europäer scheiden die Neandertaler demnach aus. Vielmehr erhärten die Befunde eine Theorie zur menschlichen Evolution, die unter dem Namen »**Out of Africa**« bekannt ist. Danach stammen alle heute lebenden Menschen von afrikanischen Vorfahren ab. Einige dieser frühen anatomisch modernen Menschen wanderten aus Afrika aus und besiedelten nach und nach andere Teile der Erde. In Europa trafen sie dabei auf eine dort bereits ansässige Bevölkerung: die Neandertaler.

Auch der in Ostasien heimische *Homo erectus* scheidet nach dieser Theorie als Vorfahr des *Homo sapiens* aus. Dasselbe gilt für den europäischen *Homo heidelbergensis*, der heute als Vorfahr des Neandertalers gilt. Die Vorfahren dieser ersten Europäer lebten allerdings in Afrika. Aus dieser afrikanischen Form des *Homo heidelbergensis* entstanden vor 200 000 Jahren die ersten anatomisch modernen Menschen.

Im Juli des Jahres 2008 lebten auf der Erde 6,7 Milliarden Menschen. Je nach geographischer Herkunft sehen sie unterschiedlich aus, aber genetisch sind sie sich viel ähnlicher als alle heute lebenden Schimpansen. Wie lässt sich das erklären?

Genetiker vermuteten schon lange, dass eine globale Umweltkatastrophe in der Vergangenheit zu einem drastischen Bevölkerungsrückgang und damit auch zu einer genetischen Verarmung geführt haben könnte. Nach dieser Hypothese bestand die Menschheit danach nur noch aus wenigen, voneinander weitgehend isolierten Gruppen. Äußerliche Unterschiede könnten dann recht schnell durch Anpassung an neue Lebensräume entstanden sein.

Diese auf den ersten Blick abenteuerlich erscheinende Hypothese wird heute durch Erkenntnisse von Vulkanforschern gestützt. Vor 71 000 Jahren kam es auf Sumatra zu einem verheerenden Vulkanausbruch, bei dem die unvorstellbare Menge von 2800 Kubikkilometern Asche in die Atmosphäre geschleudert wurde. Die Folge war ein globaler Temperatursturz um etwa fünf Grad Celsius. Zu den Überlebenden der Katastrophe gehörten die an Kälte angepassten Neandertaler. Die anatomisch modernen Menschen in Afrika traf es vermutlich härter. Den Berechnungen der Genetiker zufolge überlebten weniger als 10 000 Menschen, die aber in der Folgezeit sämtliche Kontinente bis auf die Antarktis besiedelten.

1 Beschreibe die Ausbreitungsgeschichte des anatomisch modernen Menschen. Nutze dazu Abbildung 2.
2 Wende das Basiskonzept Vielfalt auf die heute lebenden Menschen an.
3 Erläutere, warum man Afrika als »Wiege der Menschheit« bezeichnet.

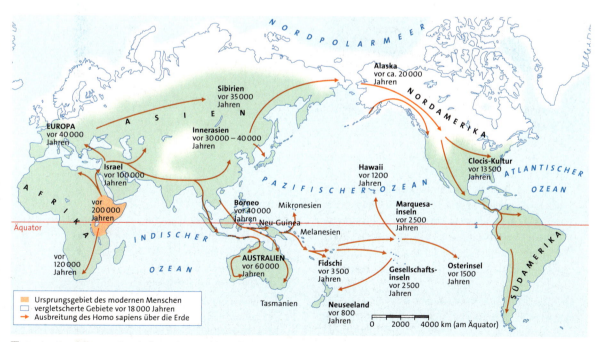

2 Ausbreitung des anatomisch modernen Menschen

Evolution

Aufgaben und Versuche — Die Evolution des Menschen

V1 Schädel im Vergleich

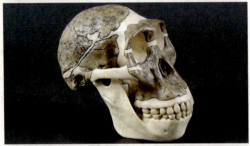
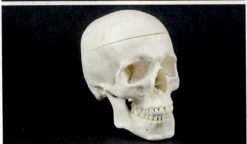

Material: Schädelmodelle verschiedener Primaten, z. B. eines Gorillas oder Schimpansen, eines Australopithecus und eines anatomisch modernen Menschen (*Homo sapiens*) aus der Biologiesammlung; 3 kg Hirsesamen; Messbecher

Durchführung: Bildet Arbeitsgruppen. Informiert euch über den Aufbau der Schädel. Vergleicht die verschiedenen Schädel miteinander. Berücksichtigt die Form des Hirnschädels, des Gesichtsschädels und die Lage des Hinterhauptsloches. Messt die Volumen der Gehirne, indem ihr zunächst das Schädelinnere durch das Hinterhauptsloch mit Hirsesamen füllt und anschließend die Samen in den Messbecher gebt.

Aufgaben:
a) Protokolliert eure Beobachtungen.
b) Stellt die Ergebnisse eurer Untersuchungen in geeigneter Form vor.

A2 Neandertaler und *Homo sapiens*

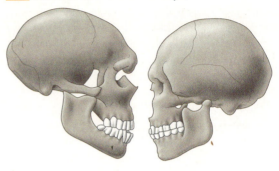

Neandertaler   Cro-Magnon-Mensch

Aufgaben:
a) Vergleiche die abgebildeten Schädel eines Neandertalers und eines zeitgleich lebenden Cro-Magnon-Menschen.
b) Informiere dich über die Lebensweise von Neandertalern und Cro-Magnon-Menschen.

A3 Die Evolution der Gattung *Homo*

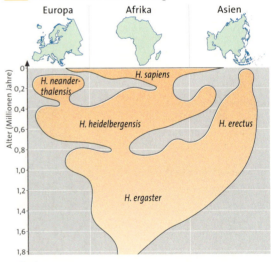

Aufgaben:
a) Beschreibe anhand der Abbildung, wie man sich heute die Evolution und die Ausbreitung der Art *Homo sapiens* vorstellt.
b) Manche Wissenschaftler glauben, dass einige der hier aufgeführten Arten in Wirklichkeit zur selben Art gehört haben. Erläutere, welche Gründe es für eine solche Auffassung geben könnte.

A4 Der »Hobbit«: eine neue Menschenart?

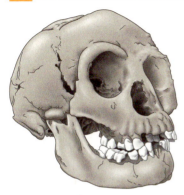

Im Jahr 2004 beschrieben Forscher eine neue fossile Menschenart von der indonesischen Insel Flores, den *Homo floresiensis*. Da diese Menschen nur einen Meter groß wurden, erhielten sie nach Romanfiguren aus der Trilogie »Der Herr der Ringe« den Spitznamen »Hobbits«. Am meisten erstaunte die Wissenschaftler das auch für einen kleinwüchsigen Menschen geradezu winzige Gehirn der »Hobbits«: Es hatte nur die Größe einer Grapefruit. Der folgende Steckbrief gibt eine Übersicht über die wichtigsten Merkmale der »Hobbits«.

> **Alter:** etwa 100 000 bis 12 000 Jahre
> **Größe:** etwa 1 Meter
> **Gehirngröße:** etwa 400 Kubikzentimeter
> **Schädel:** leichte Überaugenwülste
> **Unterkiefer:** kein Kinn
> **Körperbau:** verhältnismäßig lange Arme und kurze Beine

Manche Wissenschaftler bezweifeln, dass es sich bei *Homo floresiensis* um eine neue Menschenart handelt. Sie verweisen darauf, dass es auch heute sowohl kleinwüchsige als auch behinderte Menschen mit einem krankhaft verkleinerten Gehirn gibt.

Aufgaben:
a) Erstelle einen Steckbrief für die Art *Homo erectus*. Vergleiche diese Art mit *Homo floresiensis*.
b) Informiere dich darüber, was man unter Klein- oder Minderwuchs bei anatomisch modernen Menschen versteht.
c) In verschiedenen Teilen der Welt leben auch heute noch kleinwüchsige Völker. Recherchiere wenigstens ein Beispiel und stelle es in einem Kurzvortrag vor.

V5 Der Flaschenhalseffekt

Wissenschaftler vermuten, dass die geringe genetische Vielfalt der heute lebenden Menschen auf eine Umweltkatastrophe in der Vergangenheit zurückzuführen ist, die nur ein kleiner Teil der damaligen Menschheit überlebte. Die Folgen eines solchen Ereignisses für die genetische Vielfalt einer Art lassen sich umschreiben mit dem in der Abbildung dargestellten »Flaschenhalseffekt«.

Material: 3 Glasflaschen mit unterschiedlich engem Halsdurchmesser; 500 unterschiedlich gefärbte Kunststoffperlen (z. B. 300 blaue, 100 rote, 90 grüne und 10 gelbe)

Durchführung: Fülle die Perlen in eine der Flaschen; sorge für eine gute Durchmischung; drehe die Flasche einmal kurz um, sodass ein kleiner Teil der Perlen hinausfällt; wiederhole diesen Versuch dreimal mit jeder der drei Flaschen.

Aufgaben:
a) Erläutere das Modell in einem Kurzvortrag. Erkläre, was die Ergebnisse im Zusammenhang mit einem Bevölkerungsrückgang bedeuten.
b) Zähle die Anzahl der herausgefallenen Perlen jeder Farbe bei jedem einzelnen Versuch; vergleiche diese Zahlen mit der Gesamtzahl der Perlen der entsprechenden Farbe und berechne den Anteil der herausgefallenen Perlen.
c) Berechne für die drei Einzelversuche mit jeder der drei Flaschen Mittelwerte. Stelle die Ergebnisse in Diagrammform dar und vergleiche sie miteinander.
d) Informiere dich, ob es auch noch für andere Arten außer dem Menschen Hinweise auf eine »Flaschenhalsevolution« gibt. Erstelle einen Bericht.

Zusammenfassung Evolution

Basiskonzept Vielfalt

Fast unübersehbar groß ist die Vielfalt an Lebensformen, die heute auf der Erde vorkommt. Wahrscheinlich besiedeln gegenwärtig mehrere Millionen Arten die unterschiedlichsten Lebensräume. Durch Fossilfunde weiß man, dass die Vielfalt der Lebewesen sich im Laufe der Erdgeschichte erst allmählich entwickelt hat: Die heutigen Lebensformen sind das Ergebnis einer seit vier Milliarden Jahren andauernden Evolution.

Im Präkambrium gab es zunächst nur Einzeller ohne Zellkern, später entstanden dann einzellige Lebens-formen mit Zellkern, aus denen sich schließlich die ersten Vielzeller entwickelten. Für mehr als zwei Milliarden Jahre war das Meer der Hauptlebensraum. Dort entstanden vor mehr als 600 Millionen Jahren auch die ersten Tiere. Innerhalb einiger Jahrmillionen differenzierten sich die Tiere in verschiedene Bauplantypen, die Tierstämme. Bereits im Kambrium waren alle heute bekannten Tierstämme vertreten, zum Beispiel Hohltiere, Weichtiere, Ringelwürmer, Gliederfüßer sowie die Vorfahren der Wirbeltiere.

Auch Pflanzen lebten zunächst ausschließlich im Wasser. Erst im Silur, vor mehr als 400 Millionen Jahren, gelang Pflanzen die Besiedlung des Festlandes. Bald folgten die ersten Tiere, zunächst vor allem Gliederfüßer und andere Wirbellose, später mit den Amphibien die ersten Wirbeltiere. Das Erdmittelalter war die Blütezeit der Reptilien. Eine unübersehbare Vielfalt an Arten besiedelte die verschiedensten Lebensräume an Land, in der Luft und im Wasser. Die Wende vom Erdmittelalter zur Erdneuzeit brachte drastische Veränderungen mit sich: Viele Lebensformen starben aus, unter ihnen die Saurier. Andere Gruppen, vor allem Säugetiere und Vögel, brachten neue Arten hervor und nahmen nun ökologische Nischen ein, die zuvor von Reptilien besetzt gewesen waren.

In der Erdneuzeit entwickelten auch die Primaten eine größere Artenvielfalt. In den Savannen Ostafrikas lebten vor zwei bis drei Millionen Jahren verschiedene Primatenarten, unter denen sich auch die Ahnen der heutigen Menschen befanden.

Fossilfunde belegen, dass die Vielfalt der Lebensformen auf der Erde einem langsamen, aber stetigem Wandel unterworfen ist. Dazu gehört auch das Aussterben von Lebewesen. Paläontologen schätzen, dass weit mehr als 90 Prozent aller Arten, die einst auf der Erde gelebt haben, bereits wieder ausgestorben sind.

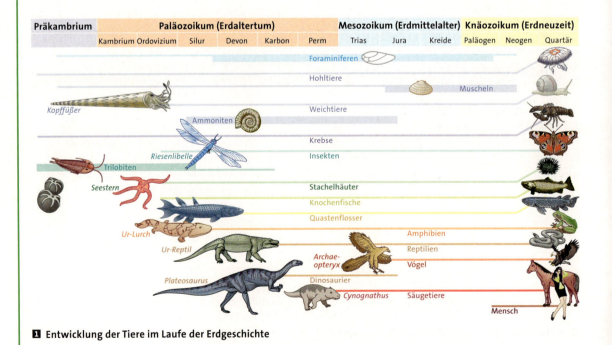

1 Entwicklung der Tiere im Laufe der Erdgeschichte

Evolution

Basiskonzept Stammesgeschichtliche Verwandtschaft

Vergleicht man die Baupläne verschiedener Lebewesen oder den Aufbau bestimmter Organe miteinander, so wird deutlich, dass sich die Vielfalt häufig auf Veränderungen eines Grundtyps zurückführen lässt. So haben beispielsweise die Gliedmaßen aller Wirbeltiere einen gemeinsamen Grundbauplan – sie sind ursprungsgleich oder homolog. Aus den Gliedmaßen der ersten Landwirbeltiere, zu denen beispielsweise der Ur-Lurch Ichthyostega gehörte, sind im Laufe der weiteren Evolution so unterschiedliche Strukturen wie die Laufbeine der Pferde, die Greifhand des Menschen, Vogelflügel oder Flossen bei Meeressäugern entstanden.

Die verwandtschaftlichen Beziehungen zwischen Lebewesen lassen sich also durch die Suche nach gemeinsamen Merkmalen ermitteln. Nahe verwandte Arten haben besonders viele gemeinsame Merkmale. Durch den Vergleich von Merkmalen und die Auswertung von Fossilfunden lassen sich Stammbäume aufstellen, die den Verlauf der Evolution wiedergeben. In vielen Fällen sind die Fossilfunde allerdings so unvollständig, dass keine gesicherten Stammbäume aufgestellt werden können. Dies trifft auch für die Evolution des Menschen zu.

Basiskonzept Angepasstheit

Die Gliedmaßen der Wirbeltiere sind nicht nur ein Beispiel für stammesgeschichtliche Verwandtschaft, sondern auch für Angepasstheit an unterschiedliche Funktionen, etwa Fliegen, Laufen, Greifen. Angepasstheiten können im Laufe langer Zeiträume entstehen, weil sich das Erbgut durch Mutation und Rekombination ständig verändert und in fast jeder Generation Phänotypen mit neuen Merkmalskombi-nationen auftreten. Diese Varianten sind dann der Selektion unterworfen: Diejenigen Individuen, die an die herrschenden Umweltbedingungen am besten angepasst sind, kommen bevorzugt zur Fortpflanzung und geben ihre Gene an die Nachkommen weiter. Weniger gut angepasste Individuen kommen erst gar nicht zur Fortpflanzung oder haben weniger Nachkommen. Die Grundzüge der Selektionstheorie wurden im 19. Jahrhundert erstmals präzise von Charles DARWIN formuliert. Er ist der Begründer der modernen Evolutionstheorie.

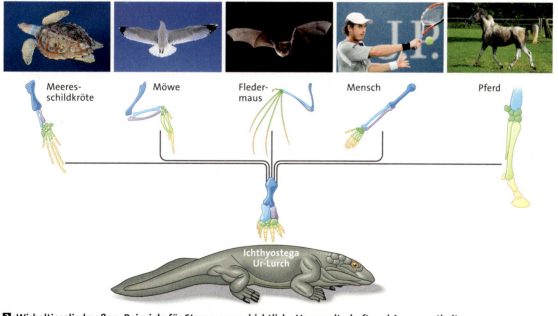

2 Wirbeltiergliedmaßen: Beispiele für Stammesgeschichtliche Verwandtschaft und Angepasstheiten

Evolution

Wissen vernetzt — Evolution

A1 Wirbeltiervergleich

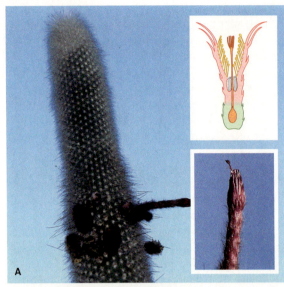

Hai

Fischsaurier

Delfin

Haie, Delfine und die im Zeitalter des Jura weit verbreiteten, inzwischen aber ausgestorbenen Fischsaurier besitzen eine Wirbelsäule – ein Hinweis dafür, dass die drei Tiergruppen miteinander verwandt sind. Auch in zahlreichen anderen Merkmalen ähneln sie sich: Alle drei leben (bzw. lebten) im Meer, ernähr(t)en sich hauptsächlich von Fischen, zeichne(te)n sich durch eine auffallend ähnliche Körpergestalt aus und vermehr(t)en sich durch innere Befruchtung. Von den Fischsauriern weiß man auch, dass sie – ebenso wie die Delfine und die Mehrzahl der Haie – lebende Junge zur Welt brachten (nur einige Haiarten, wie der in der Nordsee verbreitete Katzenhai, legen Eier). Dennoch werden alle drei Gruppen innerhalb der Wirbeltiere unterschiedlichen Tierklassen zugerechnet.

a) Nenne die Klassen, denen die drei Tierarten zugeordnet werden. Begründe diese Einordnung.
b) Vergleiche den Bau der Vordergliedmaßen und begründe, ob es sich um homologe oder analoge Organe handelt.
c) Erkläre die Ähnlichkeiten der drei Gruppen in Körperbau und Lebensweise unter evolutionsbiologischen Gesichtspunkten.
d) Stelle begründete Überlegungen auf, woher bekannt ist, dass Fischsaurier lebende Junge zur Welt brachten.

A2 Wüstenpflanzen

A

B

Der Säulenkaktus (A) ist eine Charakterpflanze der Wüstengebiete im Südwesten Nordamerikas. Ganz ähnlich aussehende Pflanzen, wie die Kandelaber-Euphorbien (B), kommen in Wüstengebieten der Alten Welt vor. Allerdings unterscheiden sich die beiden Arten im Aufbau ihrer Blüten. Beruht die Ähnlichkeit zwischen den beiden Pflanzen auf gemeinsamer Abstammung oder auf gleichartiger Angepasstheit an ähnliche Lebensbedingungen? Begründe.

A3 Spechte

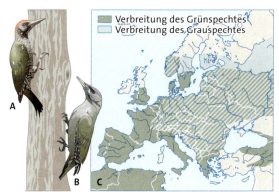

Grünspecht und Grauspecht sehen sich sehr ähnlich. In Mittel- und Osteuropa kommen beide Arten gemeinsam vor. Ausschließlich von Grünspechten bewohnt sind West- und Südeuropa, während ganz im Osten und im Norden nur Grauspechte vorkommen. Beide Arten können sich trotz ihrer Ähnlichkeit untereinander nicht fortpflanzen.

a) Recherchiere in Fachbüchern oder im Internet, welche Gemeinsamkeiten und welche Unterschiede es in der Lebensweise beider Arten gibt.
b) Erläutere, welche Evolutionsmechanismen zur Ausbildung der beiden Arten geführt haben. Berücksichtige dabei, dass große Teile Nord- und Mitteleuropas noch vor wenigen Jahrtausenden von Gletschern der Eiszeit bedeckt waren.

A4 Verwandtschaftsbeziehungen

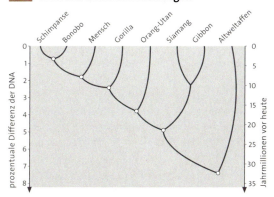

Die Abbildung zeigt die Verwandtschaftsbeziehungen zwischen Affen und Menschen, die aus einem Vergleich ihrer Erbinformation ermittelt wurde (linke Achse).

Dabei stellte man beispielsweise fest, dass bei Schimpansen und Bonobos 99,3 % der Erbinformation gleich und nur 0,7 % unterschiedlich ist. Die Punkte in der Grafik geben an, wann die letzten gemeinsamen Vorfahren gelebt haben (Zeitleiste auf der rechten Achse). Beschreibe die Ergebnisse und werte sie unter Anwendung des Basiskonzeptes stammesgeschichtliche Verwandtschaft aus.

A5 Stammbaum

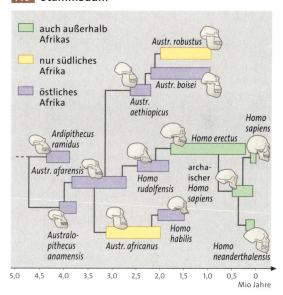

Die Abbildung zeigt eine Einordnung wichtiger Fossilfunde in einen Stammbaum.

a) Beschreibe anhand der Abbildung, welche Fossilien in die direkte Entwicklungslinie zum Menschen gestellt werden.
Vergleiche mit den im Lehrbuch erwähnten mutmaßlichen Ahnen.
b) Nenne Beispiele von Entwicklungen, die in einer Sackgasse enden.
c) In der Vergangenheit lebten zeitweise mehrere Arten der Gattungen Homo und Australopithecus gleichzeitig. Begründe diese Aussage anhand der Abbildung.
d) Der Stammbaum der Entwicklung zum Menschen ist noch mit vielen Fragezeichen versehen. Erkläre diese Unsicherheiten. Berücksichtige dabei den Erhaltungszustand der meisten Fossilien und den Entwicklungszeitraum.

Register

Grüne Seitenzahlen weisen auf ausführliche Behandlung im Text hin; f. = die folgende Seite; ff. = die folgenden Seiten.

A AB0-Blutgruppensystem 261
AB0-System 363 f.
Abhängigkeit der Fotosynthese 97
Abiotische Faktoren 184
Abwässer 195
Abwehr spezifisch 298 f.
Abwehrreaktion 307
Abzugspräparat 19
Ackerboden 46
Ackerschnecke 80
Actinfäden 280 f.
Adaption 204
Adenin 337
Aderhaut 204
Adonislibelle 186
Adrenalin 242 f.
Agenda 21 198
Aggression 394, 399
Aggregation 391
Agrarsteppe 181
Aids 304
Akkomodation 206
Albinismus 360
Algen 128, 406
Allele 345 f.
Allergene 302
Allergien 276, 302
Allergietest 303
Allergische Reaktion 302 f.
Alterungsprozess 329
Amboss 214
Ameisen 87
Ameisenhügel 64
Aminosäuren 254
– essentiell 245
Ammenbienen 60
Ampulle 216
Amöben 30
Amöbenruhr 297
Amylase 252, 255
Anaphase 339
Angepasstheit 84, 172, 411
Angepasstheiten 11
Anopheles 296 f.
Antagonist 280
Antheridien 120 ff.
Antibiotika 290
Antigen-Antikörper-Reaktion 299
Antigene 261, 299, 363
Antikörper 261, 299, 363
Aorta 263
Apfelwickler 53
Äquatorialebene 338 f.
Arbeit mit dem Lehrbuch 14
Arbeiterin 64
Arbeitsbiene 59 f., 67
Arbeitsgedächtnis 233 f.

Arbeitsteilung 35
Archaeopteryx 403, 407
Archegonien 120 ff.
ARISTOTELES 94
Aronstab 100
Artbildung 412
Arten 82
Artenschutz 186 f.
Artenschwund 180
Artensterben 200
Artenvielfalt 194
Arterien 262 f.
Arteriosklerose 266
Assel 136 f.
Astflechte 131
Asthma 276
Atemrohr 153
Atmung 108, 138, 273 ff.
Atmungskette 100 f.
ATP 92, 101, 140, 280 f.
Auenwälder 112
Auge 203, 204 ff.
Augenbraue 204
Augenfalter 414
Augenfleck 31
Augenlid 204
Augenmuskel 204
Ausdauertraining 269
Ausdrucksverhalten 392
Ausscheidung 270 ff.
Außenohr 214
Außenskelett 48 f.
Außenverdauung 70 f.
Austausch von Information 13
Australopithecus 419
Australopithecus afarensis 418
Australopithecus garhi 419
Austreibungsphase 326
Autosomen 336
autotroph 92
AVERY, O. 337
Axon 224

B achröhrenwurm 45
Bakterien
26 ff., 39, 41, 137, 288 f., 306
Bakterienformen 26 ff.
Bakterienkolonien 26
Bakterienzelle 26
Baldachinspinne 72
Balken 230
Ballaststoffe 247
Bänder 279
Bandscheibe 226
Bandscheibenvorfall 228
Bandwürmer 257
Bärlappgewächse 122
Bartflechten 128, 131
Basiskonzept
– Angepasstheit
39, 379, 398, 429
– Fortpflanzung
332, 379, 398

– Information und Kommunikation
63, 85, 284, 306, 379, 398
– Regulation und Steuerung 379
– Stammesgeschichtliche Verwandtschaft 429
– Steuerung und Regelung 332
– Stoff und Energie 39
– Struktur und Funktion
11, 38, 84, 104, 284, 306, 332, 378, 398
– Vielfalt
38, 84, 306, 378, 398, 410, 428
– Wechselwirkung 306
Basiskonzepte 10 ff.
Bauchatmung 273 ff.
Baubienen 60
Bauchgefäß 43 f.
Bauchmark 43 f.
Bauchpilze 127
Bauchspeicheldrüse 253 f.
Bauchspeichelsaft 253
Baumgrenze 113
Baumschicht 114
Baustoffe 103, 249
Baustoffwechsel 98 f., 101
Bedecktsamer 90
Bedeutung des Waldes 144 f.
Befruchtung 322 f.
– äußere 11
– innere 11
– künstlich 372
Begattungsfaden 71
Beleuchtung 18
Beobachten 9, 109, 383 f.
Berggorilla 194
BERNARD, C. 267
Bernsteinschnecke 79
Berührung 203
Beschädigungskämpfe 394
Bestäubung 100, 344 f.
Bestimmungsschlüssel 69
Bevölkerungspyramide 191
Bevölkerungswachstum 190 f., 200
Bewegung 46, 101, 278 ff.
Bienen 59 ff.
Bienenkönigin 59 f.
Bienenragwurz 186
Bienentänze 63, 67
Bildentstehung 205
Bildungsgewebe 338
Bilzingsleben 420 f.
Binsenjungfer 167
Biodiversität 186 f.
Biokatalysatoren 255
Biologie 8
Biomasse 103, 138, 140, 160, 164 f.
Biosphärenreservat 188
Biotechnik 372
Biotop 106, 107
Biotopschutz 186 f.
Biozönose 106, 107
Birkenspanner 410

Bisexualität 320
Bläschendrüse 310
Bläschenkeim 322
Blastocyste 322
Blättchen 120
Blätterpilze 124
Blattflechten 128
Blattherbarium 185
Blattläuse 142, 134
Blattzellen 25
Blaugraue-Lungenflechte 131
Blende 18
Blinddarm 254
Blindenhund 386
Blinder Fleck 204, 213
Blut 260 ff.
Blutbestandteile 286
Blutdruck
– diastolisch 265
– systolisch 265
Blutdruckmessung 268
Blüten 89
Blütenpflanzen 187
Bluterkrankheit 369
Blutgefäße 254, 268, 286
Blutgerinnung 268
Blutgruppen 261, 363
Blutgruppenbestimmung 268, 369
Bluthochdruck 267
Blutkreislauf 254, 260 ff., 287
– doppelt 263
Blutkreislaufsystem
– geschlossen 43 f.
– offen 49
Blutplasma 260
Blutplättchen 260
Blutzellen 260
– Rote 260
– Weiße 260, 298
Blutzuckerspiegel 240, 286
Boden 193
Bodenart 110
Bodenerosion 193, 195
Bodenlebewesen 137
Bodenschutz 136
Bodentiere 143
Bodenverdichtung 181
Bogengänge 214, 216
Bonobos 416 f.
Boten-RNA 354
Botenstoff 224, 225
Brachiosaurus 407
Brandgans 388
Braunbär 186
Braunkohle 122
Brennhaar 21, 24
Brennpunkt (F) 207
Brennweite (f) 207
Brennwert
– physikalisch 249
– physiologisch 249
Bronchien 273 f.
Bronchitis 276

432

Register

Brown, R. 17
Bruchwälder 112
Brücke 230
Brückenformen 403
Brunnenlebermoos 121
Brust 48 f.
Brustatmung 273 f.
Brutpflege 384
Brutplätze 157
Brutwabe 59
Buchenblatt 105
Bücherskorpion 76
Bulimie 251
Bulten 170 f.
Bundesnaturschutzgesetz 189
Buntbarsche 413
Buschwindröschen 116

Calvin-Zyklus 93
Calvin, M. 94
Chelizeren 70 f.
Chitin 62
Chitinborsten 43 f.
Chitinpanzer 48 f.
Chlamydomonas 34
Chlorophyll 20, 92
Chloroplasten 20, 34
Chromatin 338 f.
Chromatinfaden 337
Chromosomen 336
Chromosomenmodelle 342
Chromosomenmutation 356
Chromosomenpräparation 336
Chromosomensatz 336
Chymotrypsin 253
Citratzyklus 100 f.
Clownfische 9, 10
Codominanz 363
Coitus interruptus 331
Cooksonia 406
Cortex 231
Cortisches Organ 214, 215
Crick, F. 337
Cro-Magnon-Menschen 424
Curare 228
Cuticula 150
Cyanobakterien 404 f.
Cynognathus 407
Cytosin 337

Dachpilz 124
Damm 311
Darmbakterien 257
Darmzotten 253
Darwin, C. 400, 408
Deckennetz 72
Deckflügel 48, 54
Deckgläschen 19
Deckmembran 214
demographische Entwicklung 190
Dendriten 224
Desertifikation 193
Destruenten 108, 136, 160, 164 f.

Devon 405 f.
Diabetiker 374
Diagnostik pränatal 367
Dialyse 272
Diastole 264 f.
Dichteanomalie 162 f.
Dickdarm 254
Dioptrie 207
Diplodocus 402
diploid 340
DNA 337
DNA-Doppelhelix 378
DNA-Präparation 343
dominant 345 f.
Doppelhelix 337
Dornenkrone 12
Dornfingerspinne 73
Down, J. 366
Drehmoos 120
Drehsinn 216, 217
Drehsinnesorgan 203, 216
Dreiecksspinne 72
Drogenspürhund 203
Drohne 59 f.
Druckrezeptoren 219
Drüsenzellen 22
Duft-Memory 220
Duftstoffe 98 f.
Dünger 181
Dünndarm 253 f.

Ebenen 23
Echter Pfifferling 127
Edwards-Syndrom 369
Eichel 310
Eichenwickler 132
Eier-Bovist 127
Eierstöcke 239, 311, 312
Eigelenk 279
Eileiter 311
Eimutterzelle 341
Eintagsfliegen 68, 153
Einzelauge 62
Einzelgänger 390
Einzeller 30, 31, 296
Eisprung 315
Eisvogel 157
Eiszeitalter 407
Eitrichter 311
Eiweiß-Nachweis (Biuret-Reaktion) 246
Eiweißhülle 304
Eiweißkapsel 292 f.
Eizelle 122 f., 313, 340
Eizellenbildung 313
Ejakulation 312
Elektrokardiogramm 265
Elektronenmikroskop 17
Embryo 322, 333, 364
Embryoblast 323
Embryosplitting 373
Embryotransfer 373
Embyonalentwicklung 323
Empfänger 392

Empfängerzelle 225
Empfängnisverhütung 330
– hormonale 331
Enzym 252
Enddarm 254
Endharn 271
Endknöpfchen 225
Endkonsumenten 134 f.
Energie 100 f., 140
Energieaufwand 248 f.
Energiefluss 141, 160
Energieformen 140
Energiegehalt 248 f.
Energiepyramide 141
Energiesparmaßnahmen 198
Energieträger fossil 197
Entstehung der Arten durch natürliche Zuchtwahl 409
Entwässerungsmaßnahmen 180
Entwicklung
– bei Insekten 56
– der Grünen Laubheuschrecke 55
– des Maikäfers 50
– von HIV 305
– vorgeburtlich 328
Entwöhnungskonflikt 396
Enzym-Substrat-Komplex 255
Enzyme 255, 375 f.
Epidemie 289
Epidermis 150
Epiphyse (Zirbeldrüse) 239
Erbanlagen 334
Erbbild 334
Erbforschung 360
Erbgang
– dihybrid 347
– dominant-rezessiv 345 f.
– intermediär 345 f.
– x-chromosomal 365
Erbgut 292 f.
Erbkrankheiten 367, 377
Erbsen 102, 344 f., 352
Erbsenpflanze 350 f.
Erbsenrassen 380
Erbsubstanz 26, 304
Erdaltertum 405 f.
Erdhummel 67
Erdläufer 137
Erdmittelalter 405 f.
Erdneuzeit 405 f.
Erdsprossen 116
Erfolgsorgan 202
Erlenbruchwald 149
Ernährung 244 ff.
Eröffnungsphase 326
Erosionsschutz 183
Erregungen 202
Erscheinungsbild 334
Erstbesiedelung 421
Erwachsensein 329
Erwärmung 196
Erythrozyten 260
Erzeuger 134

Esel 412
Essig 29
Essigsäurebakterien 28
Essstörungen 251
Esssucht 251
Ethogramm 383 f., 385
Eudorina 34
Euglena 31, 32
eutroph 164
Eutropher See 169
Eutrophierung 164 f., 168
Evolution
– biologisch 404
– chemisch 404
Evolutionsspiel 415
Evolutionstheorie 408 f.
Exhauster 185
Exhibitionismus 321
Exkursion 109 f., 111, 145
Experimente 95, 383 f.

Fächertrachee 71
Fadenwurm 137, 349
Faktoren abiotisch 184
Falscher Pfifferling 127
Familengruppen 390
Familien 82
Familienforschung 360
Familienplanung 330
Familienstammbaum 335, 381
Fangmasken 152
Farbsehen 209
Farbtestbild 209
Farne 122 f.
Farnpflanzen 122
Farnwald 123
Faulschlamm 164 f.
Faustkeil 421
Fehlingprobe 246
Feilenhaar 151
Feindvermeidung 384
Feldhase 390
Feldhecke 182
Felsen-Schüsselflechte 131
Fernakkomodation 206
Fette 244 f., 254
Fettfleckprobe 246
Fettsäure 244, 254
– essentiell 245
Fetus 323
Feuchtlufttier 43, 80
Feuchtpflanze 150
Fibrinogen 260
Fichtenforste 113
Filialgeneration 345 f.
Fische 154
Flaches Gelenk 279
Flachmoor 170
Flachmoortorf 170 f.
Flachsnelke 186
Flaschenhalseffekt 427
Flechte 128 ff.
Flechtenkartierung 130
Fledermaus 221

Register

Flemming, A. 290
Flemming, W. 17
Fliegenlarve 137
Fliegenpilz 124
Flimmerhärchen 276
Flohglas 16
Flohkrebs 167
Flurbereinigungsverfahren 180
Folgeprodukte der Fotosynthese 99
Follikel 313
Follikelreifung 314 f.
Follikelstimulierendes Hormon 312
Fortpflanzung 11, 85
Fossilien 402, 403, 122
Fotorezeptor 31
Fotosynthese 12, 92 ff., 94, 96, 103, 104, 108, 128, 138, 140, 404 f.
Fotosynthesefaktoren 97
Fotosyntheseversuche 95
Fragebogen 318
Frauenarzt 314
Frauenbild 316
Frauenfarn 122 f.
Freie Nervenendigungen 219
Fresszellen 298
Friedfische 254 f.
Fruchtblatt 89
Früchte 90
Fruchtkörper 124 f.
Fruchtwasseruntersuchung 367
Fruchtzucker 98 f., 244
Fructose 244
Frühblüher 116
Frühjahrszirkulation 162 f.
Frühsommer-Meningoencephalitis (FSME) 74
Fühler 48, 55
Fuhlrott, C. 422
Führungsglied 241
Fungizid 145
Funktion des Verhaltens 384
Funktionale Magnetresonanztomographie 227
Fuß 78 f.

Galle 259
Gallenflüssigkeit 254
Gallensaft 258
Ganglien 44
Gartenkreuzspinne 70
Gärung 28, 404
Gastritis 256
Gaswechsel 273 ff.
Gattungen 82
Gausssche Verteilungskurve 355
Gebärmutter 311
Gebärmutterhalskrebs 294
Gebärmutterschleimhaut 311, 314 f.
Geburt 326
Geburtenrate 190

Gedächtnis 232 ff., 286
– bildlich 234
– semantisch 235
– sensorisch 233
Gedächtnisformen 232 f.
Gedächtnisspanne 234
Gedächtniszellen 299
Gefährdung des Waldes 146
Gefährdungskategorien 187
Gehirn 202, 230 f., 286
Gehirnerschütterung 230
Gehörgang 214
Geißel 26, 31, 34
Gelbkörper 314 f., 333
Gelbrandkäfer 69, 153, 167
Gelbschwänziger Skorpion 76
Gelenke 279
Gelenkkapsel 279
Gelenkkopf 279
Gelenkpfanne 279
Gelenkschmiere 279
Gemeine Fichte 119
Gemeines Schilf 150
Gene 334
Generationswechsel 121, 122 f.
Genesung 289
Genetik 334
Genetische Anlage 386
Genetische Bevölkerungsanalyse 360
Genetischer Code 337, 352
Genmutation 356
Genommutation 356
Genotyp 334, 352
Gentechnik 374 ff.
Genussmittel 98 f.
Geruchsorgan 218
Geruchsstoff 203
Geschlecht 362
Geschlechtshormon 312
Geschlechtsmerkmal
– primär 310 f.
– sekundär 310 f.
Geschlechtsorgan 333
Geschmacksknospe 218
Geschmacksorgan 218
Geschmacksstoffe 203
Gesichtsfeld 205
Gesichtskreis 213
Gesunde Ernährung 250
Gewalt an Schulen 397
Gewässeruntersuchung 166 ff.
Gewebe 23
Gewebekulturtechnik 373
Giftklaue 71
Giftpilz 126 f.
Giraffe 400, 408
Glaskörper 204
Gletscher 196
Gliederfüßer 48 f., 70 f., 83
Globale Probleme 190 ff.
Glucose 244
Glucose-Belastungstest 240
Glukagon 240

Glycerin 244, 254
Glykogen 244
Goldlaufkäfer 51, 69
Gonium 34
Gonosomen 336, 380
Gorilla 416 f.
Graue Substanz 226
Graue Wimpernflechte 131
Graureiher 156
Greiffuß 416
Greifreflex 327
Grippe 292 f.
Grippe-Virus 292 f.
Grippeepidemie 293
Grobtrieb 18
Große Schamlippen 311
Großhirn 230 f.
Großlibellen 152, 159
Grottenolm 415
Grünalgen 34
Grundumsatz 248 f.
Grüne Laubheuschrecke 54
Guanin 337
Gülle 181
Gürtel 44

Haarbalgnerven 219
Haarzelle 21
Hain-Schnirkelschnecke 79
Hallimasch 124
Hammer 214
Hämoglobin 260
haploid 340
Harn-Sperma-Röhre 310
Harnleiter 270 f.
Harnstoff 271
Harvester 179
Haube 121
Haubentaucher 156
Hausstaubmilbe 75
Haut 203
Hautatmung 153
Hautflügler 60
Hautmuskelschlauch 42 f.
Hebbsches Lernen 233
Hecken 182 f.
Heckenpflanze 184
Heilserum 301
Helicobacter pylori 256
Helmont van, J. B. 94
Hepatitis 294
Herbstzirkulation 163 f.
Herstellen mikroskopischer Präparate 19
Herz 264 f.
Herz künstlich 267
Herz-Kreislauf-System 262 f.
Herzbeutel 264
Herzerkrankungen 266
Herzinfarkt 266
Herzkammer 263 f.
Herzkranzgefäße 264
Herzrhythmusstörungen 267
Herztransplantationen 267

Heterosexualität 320
Heterosiszüchtung 371
heterotroph 101
Heuaufguss 33
Heuschnupfen 302
Heuschrecke 54
Hilfsspirale 71
Hill, R. 94
Hinterflügel 48
Hinterleib 48 f., 70 f.
Hippocampus 232 f.
Hirnanhangsdrüse 312 f.
Hirnhaut 230
Hirnstamm 230 f.
Hirschkäfer 51, 69
Histamin 302
HIV 304
Hochmoor 170
Hochzeitsflug 65
Hoden 239, 310, 312
Hodensack 310
Hohler Lerchensporn 117
Holz 98 f.
Homo 426
Homo erectus 421
Homo ergaster 421
Homo floresiensis 427
Homo habilis 419
Homo heidelbergensis 420
Homo neanderthalensis 422 f.
Homo rudolfensis 419
Homo sapiens 423, 426
Homologe Organe 401
Homosexualität 320
Honigbiene 59
Honigmagen 61 f.
Honigwabe 61 f.
Hooke, R. 17
Hormondrüsen 238 ff.
Hormone 238 ff.
– gonadotroph 314 f.
Hormonelle Steuerung 312
Hormonsystem 238 ff.
Hörnerv 214
Hornhaut 204
Hornisse 66, 414
Hornissenschwärmer 414
Hornmilbe 75
Hörorgan 54
Hörsinneszelle 214
Hörwelt 221
Humangenetik 360
Humangenetische Beratung 367
Hummel 89
Humus 115, 136
Humusbildung 137
Humusschicht 115
Hund 221, 392
Hut 124 f.
Hütehund 386
Hybride 345 f.
Hydropote 151
Hydroskelett 43 f., 46
Hyphen 124 f.

Register

Hypophyse (Hirnanhangsdrüse) 230, 239
Hypothalamus 231

Ichthyostega 406
Imago 50, 55
Imker 59
Immisionsschutz 144
Immunabwehr unspezifisch 298
Immunisierung 300, 307
– aktiv 300 f.
– passiv 301
Immunsystem 298 ff.
Impfkalender 301
Impfstoff 377
In-vitro-Fertilisation 325
Individualdistanz 383
Individualentwicklung 328
Infektion 288 f.
Infektionskrankheit 288 ff., 307
Informationsleitung 222 ff.
Informationsübertragung 238
INGENHOUSZ, J. 94
Inkubationszeit 289
Innenohr 214, 216
Insekten 48 ff., 83, 152, 223
Insektenordnungen 68
Insektenvernichtungsmittel 181
Insulin 240
Internetrecherche 295
Interphase 339
Interzellulare 150
Inuit 424
Inzucht 371
Iris 204
Isolation geographisch 413
Istwert 241

Jagdhund 386
Jahresmitteltemperatur 196
Jahreszeitliche Aspekte 116
JANSSEN, Z. 16
JENNER, E. 300
Joghurt 29
Jugendphase 328 f.
Jungfernzeugung 75
Jura 405, 407

Käfer 51, 69
Kaiserpinguin 382 f.
Kalkbildung 13
Kältestarre 79
Kambrium 405 f.
Kanadische Wasserpest 151
Kapillaren 262 f.
Karbon 122, 405 f.
Kartoffelknolle 102
Karyogramm 336, 366, 369, 380
Karyotyp 362
Karzinogene 358
Kautschuk 99
Keimesentwicklung 322 f.
Kelchblatt 89
Keratin 354

Kernzone 183
Keuchhusten 291
Kiefernwald 113
Kieselalgen 31, 32
Killerzellen 299
Kinderlähmung 237, 294
Kindheit 328 f.
Kitzler 311
Klassen 82
Kleine Schamlippen 311
Kleinhirn 230 ff.
Kleintiere 111
– im Wasser 166
Klimawandel 196 ff., 201
KLINEFELTER-Syndrom 366
Klon 373
Klonen 373
Kniesehnenreflex 229
Knochen 278 ff., 282
Knochenbälkchen 278
Knochenbruch 283
Knochensäulchen 278
Knochenzellen 22
Knock-out-Mäuse 376
Knöllchenbakterien 139
Knoten 150
Kohlenhydrate 98 f., 244 f., 254
Kohlenstoff 96
Kohlenstoffdioxid 92, 138, 197, 274
Kohlenstoffkreislauf 138 f.
Kohlsorten 381
Kokken 26
Kokon 52 f., 71
Kolke 170 f.
Kommentkämpfe 395
Kommunikation 62, 87, 392, 397
Kommunikationsmodell 392 f.
Komplexauge 48 f., 58, 62
Konditionierung 387
Konflikt 394
Konfliktanalyse 396
Königin 65
Konkurrenz 394
Können 232 f.
Konstanz der Arten 408
Konsument 93, 108
– 1. Ordnung 134 f., 141
– 2. Ordnung 134 f., 141
– 3. Ordnung 134 f., 141
Kopf 48 f.
Kopfbruststück 70 f.
Kopffüßer 83
Körbchen 61 f.
Körperhaltungen 319
Körperkreislauf 263
Kosten 394
Krabbenspinne 72
Krautschicht 115
Krebs 358
Krebsentstehung 358
Krebstiere 83
Krebszellen 358
Kreide 405, 407

Kreislauferkrankungen 266
Kreuzbandriss 283
Kreuzblütengewächse 90
Kreuzung 344 f.
Kriechsohle 79
Kronblatt 89
Krummholzzone 113
Krustenflechte 129
Kuchenflechte 131
Kuckuck 399
Kugelfisch 11
Kugelgelenk 279
Kugelmuschel 167
Kuhpocken-Virus 300 f.
Kulturlandschaft 176, 177, 201
Kurzfingrigkeit 368
Kurzsichtigkeit 212
Kyoto-Protokoll 199

Laetoli 418
Lagesinnesorgan 203, 216
Laichkraut 158
LAMARCK de, J.-B. 408
Lamellen 124
Landesnaturschutzgesetz 189
Landschaftsschutzgebiet 189
Landschaftsveränderung 180 f.
LANDSTEINER, K. 261
LANGERHANSsche Inselzellen 239
Langzeitgedächtnis 233
Lanzettnadel 19
Lärm 215, 217
Lärmschutz 144
Larven 50
Laub- Nadel-Mischwald 112
Laubblätter 89
Laubmoosarten 121
Laubwald 112
LEAKEY, L. 419
LEAKEY, M. 418
LEAKEY, R. 419
Lebende Steine 415
Lebensgemeinschaft im See 165
Leber 258
Leberläppchen 258
Lebermoose 121
Lederhaut 204
LEEUWENHOEK van, A. 16
Leistungsumsatz 248 f.
Leitfossilien 403
Lernen 232 ff., 387 f.
– am Erfolg 388
– durch Beobachtung 388
– durch Nachahmung 388
Lernversuch 387
Leukozyten 260
Licht 203
– ultraviolett 62
Lichtempfindlichkeit 212
Lichtmikroskop 18
Lichtpflanzen 97
Lichtstärke 110
Lichtwahrnehmung 46

Lidschlussreflex 229, 389
Liebe 308
Liliengewächse 90
Limbisches System 231
LINNE von, C. 416
Linse 204, 207
Linsenbänder 204
Lipasen 254
Lipide 244 f.
Lippen-Schüsselflechte 131
Lippenblütengewächs 89
Luftfeuchte 110
Luftqualität 130
Luftröhre 273 f.
Luftschadstoff 147
Lufttemperatur 166
Luftverschmutzung 147
Lungen 273
Lungenbläschen 274, 287
Lungenentzündung 276
Lungenflügel 273 f.
Lungenkrebs 276
Lungenkreislauf 263
Luteinisierendes Hormon 312
Lymphe 298
Lymphgefäß 298
Lymphknoten 298
Lymphsystem 254, 298

Maden 58
Magen 252 f.
Magengeschwür 256
Magenkrebs 256
Magensaft 253
Magenschleimhaut 253
Magersucht 251
Maikäfer 48 ff., 133
Malaria 296
Maltase 255
Maltose 244
Malzzucker 244
Mammut 407
Mangelsymptom 147
Männerbild 316
Mantel 78 f.
Mantelzone 183
MARFAN-Syndrom 365
Marienkäfer 51, 69, 134
Mark 128
– verlängert 230
Masai 424
Masern 294
Massentierhaltung 181
Mastzelle 302
Maulwurf 221
Mausarm 283
Mechanismen der Verhaltenssteuerung 384
Medikament 377
Medizinischer Blutegel 45
Meduse 37
Mehlkäfer 56
Meinungsumfrage 318
Meiose 340 f., 342 f.

Meise 133
MENDEL, G. 344
MENDELsche Regel 345 f., 370
Menschenaffe 416 f.
Menstruation 311
Menstruationszyklus 314 f.
Meristem 338
Merkmal 10, 334
Merkmalsträger 335
Merozoite 296
Messfühler 241
Metamorphose 68, 85
– unvollkommene 55
– vollkommene 50
Metaphase 338 f.
Methan 164 f., 197
Mikroinjektion 325
Mikroklima 144
Mikroskop 16 ff., 40
Mikroskopieren 18
Mikroskopische Zeichnung 24
Milbe 74 f., 137
Milchproduktion 370
Milchsäurebakterie 28
Milz 298
Mimese 414
Mimikry 414
Mineralstoff
103, 137, 164 f., 247, 254, 271
mischerbig 345 f.
Mistkäfer 51, 69
Mitochondrium 20, 22, 100 f.
Mitose 338 f., 342 f.
Mitosestadien 343
Mittelhirn 230 f.
Mittelohr 214
Modellorganismen 349
Moderne Forstwirtschaft 179
Moderner Mensch 424
Modifikation 355
Moorpflanze 175
Moose 120 f.
Moosschicht 115
Mosaikgrünalge 34
Motoneuron 224
Motorische Endplatte 224
Mücke 296 f.
Mudde 170 f.
Multiple Sklerose 237
Mundfeld 30
Mundschleimhautzelle 22, 25
Mundwerkzeuge
– beißend-kauend 48 f., 55
– saugend 52 f.
Muschel 83
Muskelfaser 280 f.
Muskelfaserbündel 280 f.
Muskelfibrille 280 f.
Muskeln 278 ff.
Muskelpräparate 282
Muskelzelle 22
Mutagen 358
Mutation 356, 357, 410
Muttermund 311

Mycel 124 f.
Mykorrhiza 125
Myosin 280 f.
Myosinfäden 280 f.

Nabelschnur 322
Nachahmung 232 f.
Nachfolgereaktion 388
Nachgeburt 326
Nachhaltige Entwicklung 198
Nachhaltigkeit 198
Nachricht 392
Nachtfalter 53 f.
Nacktkiemer 80
Nacktsamer 90
Nacktschnecke 80
Nadelwald 112
– immergrün 117
Nahakkomodation 206
Nahpunkt 212
Nährschicht 164
Nährstoffe 103, 244
Nährstoffkreislauf 164 f.
Nahrungs- und
  Stoffkreislauf 108
Nahrungsbeziehungen 134 f.
– im See 160 f.
Nahrungskette
106, 134 f., 160, 168, 175
Nahrungsmittelallergie 303
Nahrungsnetz 135, 160
Nahrungspyramide 135
Nahrungsvakuole 30
Narbe 89
Nase 203
Nationalpark 188
Naturlandschaft 176 f.
Naturschutzbestimmungen 109
Naturschutzgebiet 189
Naturschutzrecht 189
Naturwissentschaftliches
  Arbeiten 9
Neandertaler 426
Nebelkrähe 412
Nebenhoden 310
Nebennieren 239, 312
Nebennierenmark 242 f.
Nebennierenrinde 312
Neogen 405, 407
Nephron 270 f.
Nerv 222
Nervenfaser 224
Nervensystem 86, 222 ff.
– peripher 222
– vegetativ 222, 236, 265
Nervenzelle 22, 222, 224, 286
Nesseltier 82, 223
Nesselzellen 36
Netzflügler 68
Netzhaut 204
Netznervensystem 223
neuartige Waldschäden 146 f.
Neukombination 347
Neuron 224

Neurotoxin 229
Niedermoor 170
Nieren 270 ff.
Nierenbecken 270 f.
Nierenerkrankung 272
Nierenkanälchen 271
Nierenkörperchen 270 f.
Nierenmark 270 f.
Nierenrinde 270 f.
Noradrenalin 242 f.
Nutzen 394

Oberflächenwasser 162 f.
Oberlippe 89
Oberschlundganglion 43 f.
Objektiv 18
Objektivrevolver 18
Objekttisch 18
Objektträger 19
Ohr 203, 214, 215
Ohrmuschel 214
Ohrtrompete 214
Ohrwurm 68, 137
Ökologische Nische
133, 156 f., 407
Ökosystem 106 ff.
– See 148 ff.
– Wald 112 ff.
– Wiese 107
Okular 18
oligotroph 164
Oligotropher See 169
Optische Täuschung 210
Orang-Utan 416 f.
Ordnungen 82
Ordovizium 405 f.
Organe 230, 278
– innere 285
Organisationsstufen 34, 38
Organismus 23
Organsystem 23
Orientierung 62
Östrogene 314 f.
Out of Afrika 425
Ovales Fenster 214
Ovulation 314 f.
Ozon 146 f.
Ozonschicht 93, 405

Paarungsgrad 152
Pädophilie 321
Paläoanthropologen 418
Paläogen 405, 407
Paläontologie 402
Palisadengewebe 150
Pandemie 289
Pantoffeltierchen
  (Paramecium) 30, 32
Paranthropus 418
Parasit 257
Parasympathicus 236
Parentalgeneration 344 f.
Parthenogenese 75
Partnerschaft 308 f.

PASTEUR, L. 28
Paukengang 214
Paukenhöhle 214
Penicillin 290
Penis 310
Pepsin 253
Pepsinogen 253
Peristaltik 252
Perm 405 f.
Pfahlwurzel 119
Pfau 393
Pfeilgiftfrosch 393
Pfeilschwanzkrebs 76
Pferd 412
Pflanzengesellschaft 158
Pflanzengift 98 f.
Pflanzenstoffe sekundär 98
Pflanzenzelle 20, 40
Pflanzenzone 149
Pfortader 258, 263
pH-Wert 111
Phagocytose 30
Phänotyp 334, 352
Phosphorkreislauf 139
Pille 331
Pilze 124, 137, 144
Pilzhyphen 128, 136
Pinzette 19
Pipette 19
Plasmazelle 299
Plasmid 374, 381
Plasmodium 296 f.
Plattwurm 82
Plazenta 322, 364
Plazentaschranke 323
Pocken 300 f.
Pollenanalyse 178
Pollenbürste 61 f.
Pollenflugkalender 303
Pollenkamm 61 f.
Pollenschieber 61 f.
Polster 120
Polyp 37
Polyploidie 371
Polysaccharid 244
Population 106
Positionseffekt 235
Positronenemissions-
  tomographie 227
Prägung 388
Prägungskarussel 389
Präkambrium 405 f.
Präparat 19
Präpariernadel 19
PRIESTLEY, J. 94
Primärharn 270 f.
Primat 416
Produzent
93, 108, 134, 135, 141, 160
Progesteron 314 f.
Prophase 338 f.
Proteinbiosythese 353 f.
Proteine 98 f., 245 f., 254
Pubertät 308 ff., 333

Register

Pulsschlag 265
Punktauge 70 f.
Pupille 204, 211
Pupillenreaktion 212
Puppe 50, 52 f.

Qualle 37
Quartär 405
Quetschpräparat 19

Rabenkrähe 412
Radiowellen 203
Radnetz 70
Radula 78 f.
Rahmenfäden 71
Rangordnung 395 f.
RANVIERsche Schnürring 224
Raubfisch 155
Raubmilbe 75
Rauchen 277
Raupe 52 f., 56
Reaktion 202
– bedingt 387
– lichtabhängig 92
– lichtunabhängig 93
Reaktionsnorm 355
Reduktionsteilung 340 f.
Reflex 203, 226
Regelgröße 241
Regelkreisschema 241
Regeneration 44
Regenwurm 42 ff., 46, 137
Regler 241
Reich der Pilze 125
Reifeteilung 340 f.
reinerbig 344 f.
Reiz-Reaktions-
 Zusammenhang 202
Reize 202 f.
– adäquate 202
Rekombination 340, 410
Releasing Hormon 242
Renaturierung 171
Rennmaus 385
Replikation 378
Reproduktionsmedizin 325
Reproduktionstechnik 372
Reptilien 406
Resorption 254
Rezeptoren 238
rezessiv 345 f.
Rhesus-Unverträglichkeit 364
Rhesusfaktor 363 f.
Rhizoide 120
Ribosom 21, 354
Richtungshören 217
Riechen 220
Riechhärchen 218 f.
Riechschleimhaut 218
Riechwelt 221
Riechzelle 218
Rinde 128
Ringelwurm 42 ff., 45, 83
Ringmuskelschicht 42 f.

Röhrenknochen 278
Röhrentrachee 71
Röhrichtzone 148
Rohrzucker 244
Rollenbild 317
Rosengewächse 90
Rot-Grün-Sehschwäche 365
Rotbuche 118
Rotbuchenwald 112
Rote Liste 186 f.
Rote Waldameise 64 f.
Roter Augenfleck 34
Rückengefäß 43 f.
Rückenmark 203, 226
Rückenmarksnerv 226
Rückenschwimmer 153, 167
Rückkreuzung 348
Rundes Fenster 214
Rundtanz 63
Rundwurm 82
RUSKA, E. 17
Rüssel 52 f.
– leckend-saugend 58

Saccharose 244
SACHS, J. 94
Sahelanthropus tchadensis 418
Salmonellen 288 f.
Salmonellose 288 f.
Salzsäure 253
Samenpflanzen 88 ff.
– einkeimblättrige 90
– zweikeimblättrig 90
Sammelbiene 60 f.
Sammellinse 207
Sarkomer 280 f.
Satansröhrling 126
Sattelgelenk 279
Sauerstoff 92, 138, 274
Sauerstoffbedarf 275
Sauerstoffkreislauf 138 f.
Sauerstoffproduktion 105
Saug-Druck-Pumpe 264 f.
Säugetier 407
Säugling 327
Saugreflex 327
Saugrüssel 61 f.
Saumzone 183
Schabepräparat 19
Schachtelhalmgewächs 122
Schädelmodell 426
Schädlingsbefall 147
Schädlingsbekämpfung 179
Schadstoffanreicherung 161
Schadstoff 161
Schadsymptom 146
Schall 203, 215
Scharlach 291
Scharniergelenk 279
Schattenblatt 118
Schattenpflanze 97, 116 f.
Scheide 311
Schilddrüse 239, 241
Schimpanse 416 f.

Schlaganfall 266
SCHLEIDEN, M. 17
Schleier 122 f.
Schleimhaut 274
Schlenken 170 f.
Schmerzrezeptor 219
Schmetterling 52 f., 56
Schnecke 214
Schneckengehäuse 81, 83
Schneckensammlung 81
Schneckentor 214
Schöninger Speere 420 f.
Schreitfuß 416
Schrillkamm 54
Schrillkante 54
Schutzgebiet 188, 194
Schutzimpfung 300 f.
Schwamm 36, 82
Schwammgewebe 150, 278
Schwangerschaft 322 ff.
Schwangerschaftsabbruch 324
SCHWANN, T. 17
SCHWANNsche Zelle 224
Schwänzeltanz 63
Schwärmer 120 ff.
Schwarmfisch 154 f.
Schwarze Witwe 73
Schwefelbakterien 27
Schwefeldioxid 147
Schwefelkopf 124
Schwefelwasserstoff 164 f.
Schwellenwert 225
Schwellkörper 310
Schwerkraft 203
Schwimmblattpflanze 151
Schwimmblattpflanzenzone 148
Schwimmente 157
Schwimmvogel 156 f.
Schwingkölbchen 58
Sedimentgestein 402
See im Jahresverlauf 162
Segelklappe 264
Segmente 42
Sehen 208 f.
Sehgrube 204
Sehnen 279
Sehnerv 204
Sehwelt 221
Selektion 409, 410 f.
– stabilisierend 411
– transformierend 411
Selektionstheorie 409
Sender 392
Senderzelle 225
Sensibilisierung 302
Sexualhormon 310 f.
Sexualität 308 ff.
Sexuallockstoff 53
Sexualverhalten 384
Sichttiefe 166
Signalfaden 71
Silur 405 f.
Sinne der Haut 219
Sinneskanal 392

Sinnesorgan 62, 202 ff.
Sinneszelle 22
Skelettvergleich 417
Sollwert 241
Somatotropin 238
Sommerschichtung 163 f.
Sonnenblatt 118
Sozialsysteme 390
Spaltöffnung 150
Spaltungsregel 346
Speichel 252
Speichenfäden 71
Speicherorgan 116
Speisepilze 126 f.
Speiseröhre 252
Spermien 313
Spermienbildung 313
Spermienleiter 310
Spermienmutterzelle 341
Spermiumzellen 340
Spindelfaser 338 f.
Spinne 70 f.
Spinnengift 73
Spinnentier 70 ff., 76 f., 83
Spinndrüse 71
Spinnseide 70 f.
Spirale 331
Spirillen 26
Spontanmutation 365
Spore 27, 121 f., 125
Sporenkapsel 121
Sporozoit 296
Sprachentwicklung 327
Springschwanz 137
Springspinne 72
Sprossachse 89
Sprossknolle 116
Sprungschicht 162 f.
Spurenelement 247
Stäbchen 26, 204
Stabheuschrecke 57, 414
Stachelhäuter 82
Stamm 82
Stammbaum 368, 431
– der Menschenaffen 417
Stammesgeschichtliche
 Verwandtschaft 401
Ständerpilz 125 f.
Stärke 92, 100, 244
Stärkenachweis 246
Stärkespeicherzelle 21
Stärkeverdauung 259
Stativ 18
Staubblatt 89
Steigbügel 214
Steinkohle 122
Steinkoralle 12
Steinwerkzeug 419
Stellgröße 241
Stellwert 241
Sterberate 190
Sterilisation 331
Stickstoffkreislauf 138 f.
Stickstoffoxid 147

Register

Stieleiche 118
Stigmen 49
Stockente 156
Stockwerke 114
Stoff- und Energieaustausch 173
Stoff- und Energiewechsel 12, 104, 284
Stoffe
– anorganische 92
– organisch 92
Stoffkreislauf 138 f.
Störgröße 241
Strahlengang 207
Strauchschicht 114
Stress 242
– akut 242 f.
– chronisch 242 f.
Streuschicht 115
Strickleiternervensystem 44, 49, 223
Strobilurine 145
Stroma 92
Stubenfliege 58
Sumpfdotterblume 150
Süßwasserpolyp 36
Symbiose 12, 65, 125, 128
Sympathicus 236
Symptom 288 f.
Synapse 225, 230
Synaptischer Spalt 225
System der Lebewesen 400
Systole 264 f.

T-Helferzelle 299, 305
Tarnverhalten 414
Taschenklappen 264
Tastkörperchen 219, 220
Tastscheiben 219
Tastwelt 221
Taubenrassen 409
Taubnessel 88
Tauchblattpflanzenzone 148
Taufliege 349
Telophase 339
Temperatur 203
Temperaturrezeptor 219
Temperatursinn 220
Termite 66
Tetanus 291
Thrombozyten 260
Thylakoide 92
Thymin 337
Thymus 239, 298
Thyroxin 241
Tiefenalgenzone 149
Tiefenboden 160
Tiefenwasser 162 f.
Tiere
– des Waldes 132
– wirbellos 10, 42 ff., 82 f.
Tierverband 391
Tod 329

Tönnchenpuppe 58
Toxoplasmose 297
Trachee 49
Tracheenkieme 153
Tracheensystem 49
Tränendrüse 204
Transgener Organismus 375 f.
Translation 354
Transpiration 105
Transplantation 272
Transport-RNA 354
Transportvorgang 101
Transpription 353
Traubenzucker 92, 96, 98 f., 100, 140, 244, 271
Treibhauseffekt 197
Treibhausgas 197
Trias 405, 407
Trinkwasser 192
Triplett 353
Tripper 291
Trisomie 21 366
Trommelfell 214
Tröpfcheninfektion 289, 293
Tropische Regenwälder 194
Trypsin 253
Tubus 18
TURNER-Syndrom 366

Übergewicht 251
Uferzone 160
Umweltbedingungen 106
– abiotisch 106
– biotisch 106
Uniformitätsregel 345, 347
Urvogel 403

Vakuole 20
– pulsierend 30
Variation 410 f.
Vegetationsaufnahme 142
Vene 262 f.
Venenklappe 262 f.
Verband
– anonym 390
– geschlossen anonym 391
– individualisierter 390, 391
– offen anonym 391
Verbrennung 228
Verdauung 244 ff., 252, 287
– von Eiweiß 259
Verdauungsorgan 252 f.
Verdauungsvakuole 30
Verdunstungsschutz 183
Vererbung 334
Verhalten 382 ff.
Verhütungsmethode 333
– mechanisch 330
– natürlich 330
– chemisch 330
verlängertes Mark 230
Vermehrungskurve 29
Versöhnung 395
Versuch und Irrtum 232 f., 388

Versuchsprotokoll 95
Verwandtschaft 400 f.
Vibrionen 26
Vielfachzucker 244
Vielfalt 10, 104, 173, 200
Vielzeller 35
– tierisch 36
VIRCHOW, R. 17
Viren 292 ff., 306
Viruserkrankung 307
Vitalkapazität 275
Vitamin 247, 254
Volvox 35
Vorhaut 310
Vorhof 263 f.
Vorhofgang 214
Vorkeim 122 f.
Vorsteherdrüse 310

Wachstum 101
Wachstumshormon 238
Wachstumsrate 190
Wahrnehmung 208 f.
Wald 174
– sommergrün 117
Waldboden 136 f.
Waldentwicklung 178 f.
Waldgrenze 113
Waldkiefer 119
Waldsterben 146 f.
Waldtypen 112
Waldzustandserhebung 146 f.
Wallhecke 182
Wanderheuschrecke 85
Wanze 68
Wärmebild 140, 269
Wärmeproduktion 101
Wärmerezeptor 219
Warnfärbung 414
Wasserblüte 31
Wasserdurchlässigkeit 111
Wasserinsekt 153
Wasserkreislauf 138
Wasserpest 95
Wassertiere 169
Wasseruntersuchung 166
Wasservögel 156, 158, 159
Wasservorrat 192
WATSON, J. 337
Wattenmeer 188
Wattwurm 45
Weberknecht 76
Webspinne 71, 77
Wechselwirkung 12, 171, 200
Weg der Energie 141
Wehen 326
Weichtiere 78 ff., 83, 223
Weinbergschnecke 78 f.
Weiselzellen 59
Weiße Seerose 151
Weiße Substanz 226
Weißstorch 186
Weitsichtigkeit 212
Werbung 211

Wildrind 370
Wimpern 30, 204
Windschutz 144, 183
Winterschichtung 162 f.
Wirbelkörper 226
Wirbeltier 10
Wirbeltiergliedmaßen 429
Wirtszelle 292 f.
Wurmfortsatz 298
Wurzelknöllchen 27
Wurzelknolle 116
Wurzel 88
Wurzelraum 115
Wüste 193
Wüstenpflanze 430

X-Chromosom 362
Y-Chromosom 362
Zapfen 90, 204
Zapfengelenk 279
Zecke 74, 75, 86
Zehrschicht 164
Zeittafel der Geschichte 405
Zellatmung 101 f., 103 ff.
Zellbiologie 17
Zelldifferenzierung 21
Zelle 16 ff., 23, 306
– tierisch 38
– pflanzlich 38
Zellkern 20, 22
Zellkolonien 34
Zellkörper 224
Zellmembran 20, 22, 26
Zellmund 30
Zellplasma 20, 22, 26
Zellteilung 342 f.
Zellulose 98 f.
Zellwand 20, 26
Zellzyklus 339
Zentralnervensystem 222 f.
Zersetzung 136
Ziliarmuskel 204
Zitterspinne 77
Zonierung des Sees 148 f.
Zuchtform 347
Züchtung 370
Zugvogel 196
Zunderschwamm 124
Zunge 203
Zusammenleben 320
Zweifachzucker 244
Zweiflügler 58
Zweizellstadium 322
Zwerchfell 273 f.
Zwerchfellatmung 275
Zwiebelhautzelle 25
Zwillinge 361
Zwillingsforschung 360 f.
Zwischenhirn 230 f.
Zwischenrippenmuskeln 273 f.
Zwitter 44
Zwölffingerdarm 253 f.
Zygote 322

Hinweise zum sicheren Experimentieren

Manche der im Buch beschriebenen Versuche sind mit einer Sicherheitsleiste versehen, die mit Hilfe von sieben Symbolkästen Hinweise zu möglichen Gefahren und zur Entsorgung gibt.

Die ersten drei Symbole enthalten die Gefahrensymbole der verwendeten Stoffe. Die Kästchen 4 und 5 geben Hinweise auf Sicherheitsvorkehrungen beim Durchführen von Versuchen: Das Symbol »Abzug« bedeutet, dass der Versuch unter dem Abzug durchgeführt werden muss. Man erkennt außerdem, ob Schutzbrillen zu tragen sind. Die letzten drei Kästchen beschreiben die korrekte Entsorgung.

Wegen möglicher Gefahren sind beim Ausführen von Versuchen besondere Sicherheitshinweise zu beachten:

1. Schülerinnen und Schüler dürfen Geräte und Chemikalien nicht ohne Genehmigung berühren. Die Anlagen für elektrische Geräte, Gas und Wasser dürfen nur nach Aufforderung eingeschaltet werden.
2. In Experimentierräumen darf weder gegessen noch getrunken werden.
3. Versuchsvorschriften und Hinweise müssen genau befolgt werden. Die Geräte müssen in sicherem Abstand von der Tischkante standfest aufgebaut werden. Der Versuch darf erst dann durchgeführt werden, wenn dazu aufgefordert wurde.
4. Werden Schutzbrillen oder Schutzhandschuhe ausgehändigt, so müssen sie beim Experimentieren getragen werden.
5. Geschmacks- und Geruchsproben dürfen nur dann vorgenommen werden, wenn die Lehrerin oder der Lehrer dazu auffordern. Chemikalien sollen nicht mit den Händen berührt werden.
6. Chemikalien dürfen nicht in Gefäße umgefüllt werden, die nicht eindeutig und dauerhaft beschriftet sind. Auf keinen Fall dürfen Gefäße benutzt werden, die üblicherweise zur Aufnahme von Speisen und Getränken bestimmt sind.
7. Die Haare sind so zu tragen, dass sie nicht in die Brennerflamme geraten können.
8. Der Arbeitsplatz muss stets sauber gehalten werden. Nach Beendigung des Versuchs sind die Geräte zu reinigen.
9. Chemikalienreste müssen vorschriftsmäßig entsorgt werden.

	Kennbuchstabe T	giftig
	Kennbuchstabe T+	sehr giftig

Kennbuchstabe Xn — gesundheitsschädlich

Kennbuchstabe C — ätzend

Kennbuchstabe Xi — reizend

Kennbuchstabe O — brandfördernd

Kennbuchstabe F — leichtentzündlich
Kennbuchstabe F+ — hochentzündlich

Kennbuchstabe E — explosionsgefährlich

Kennbuchstabe N — umweltgefährlich

Versuch unter dem Abzug oder in einer geschlossenen Apparatur durchführen

Schutzbrille tragen

Schutzhandschuhe tragen

Behälter 1 Säuren und Laugen

Behälter 2 giftige anorganische Stoffe

Behälter 3 halogenfreie organische Stoffe

Behälter 4 halogenhaltige organische Stoffe

Abfallbehälter
Stoff kann im Hausmüll entsorgt werden

Ausguss
Stoff kann in der Kanalisation entsorgt werden

Bildquellen

Titelbild: Blickwinkel, Witten; 8 Leiste 1: Helga Lade, Frankfurt; 8 Leiste 2: Juniors Bildarchiv, Ruhpolding; 8 Leiste 3: Nigel Cattlin/Holt Studios/Okapia KG, Frankfurt; 8 Leiste 4: Walter G. Allgoewer/Joker, Bonn; 9.1: Bildagentur-online, Burgkunstadt; 10 Hintergrund: Direct Stock/IFA-Bilderteam, Ottobrunn; 10.1 A: Huber/Schapowalow, Hamburg; 10.1 B: Manfred Bail/OKAPIA/alimdi.net; 10.1 C: D.G. Fox/OSF/Okapia KG, Frankfurt; 11.1 D: David Thompson/OSF/Okapia KG, Frankfurt; 11.1 E: Manfred Bail/Okapia KG, Frankfurt; 11.1 F: Ikan/Okapia KG, Frankfurt; 11.1 G: D. Parer & E. Parer-Cook/Auscape/SAVE/Okapia KG, Frankfurt; 12.Hintergrund: Direct Stock/IFA-Bilderteam, Ottobrunn; 12.1 A: Juniors Bildarchiv, Ruhpolding; 12.1 B: M. Gross/Wildlife, Hamburg; 13.1 C: NPL/Arco Images, Lünen; 13.1 D: David Wrobel/Okapia KG, Frankfurt; 13.1 E: R. Dirscherl/blickwinkel, Witten; 16 Leiste 2: imagebroker.net/Mauritius, Mittenwald; 16 Leiste 3: KPA/HIP/Ann Ronan Picture Library/picture-alliance, Frankfurt; 17.2 A–D: Deutsches Museum, München; 17.2 E: Klett GmbH/picture-alliance, Frankfurt; 17.2 F–J: Deutsches Museum, München; 20.1 A: Xeniel-Dia, Stuttgart; 21.2A oben: Grafica/Mauritius, Mittenwald; 21.2A unten: Dr. Jeremy Burgess/SPL / Agentur Focus, Hamburg; 21.2 B oben: Nigel Cattlin/Holt Studios/Okapia KG, Frankfurt; 21.2 B unten: Tanja Slootmaker/Institut für Fasertechnik Bremen e. V.; 21.2 C oben: J. Kosten/Wildlife, Hamburg; 21.2 C unten: Dr. Frieder Sauer/Okapia KG, Frankfurt; 22.1 A: Michler/Xeniel-Dia, Stuttgart; 24.1: Vogt-Mössingen/Okapia KG, Frankfurt; 24.2: Moll/Okapia KG, Frankfurt; 25.V3: Wissenschaftliche Film- und Bildagentur Karly, München; 26.2: Grotjohann, Bielefeld; 27.4 B: aus: Schlegel, H. G.: Allgemeine Mikrobiologie, Abb. 12.2, Georg Thieme Verlag KG, Stuttgart; 27.5 A: Klett GmbH/picture-alliance, Frankfurt; 27.5 B: aus: Straßburger: Lehrbuch der Botanik, 33. Auflage, Abb. 2.1.148C, Spektrum Akademischer Verlag; 28.1 A: Prof. Wanner/Wissenschaftliche Film- und Bildagentur Karly, München; 28.1 B: FoodPhotography/StockFood, München; 28.1 C: HSC/A1PIX, München; 28.2 A: Andrew Syred/SPL/Agentur Focus, Hamburg; 28.2 B: Creativ Studio Heinemann/Westend61, Fürstenfeldbruck; 28.2 C: TH-Foto/Bildagentur-online, Burgkunstadt; 30.1: SPL/Agentur Focus, Hamburg; 34.1 B: Wissenschaftliche Film- und Bildagentur Karly, München; 36.1 A: Chromorange/Bildagentur-online, Burgkunstadt; 37.2 A: Juniors Bildarchiv, Ruhpolding; 37.3 A: Hecker/Sauer/blickwinkel, Witten; 39.3 A: SPL/Agentur Focus, Hamburg; 39.3 B: Meckes/eye of science, Reutlingen; 40.A1 li.: Deutsches Museum, München; 40.A1 re.: Wisniewski/TopicMedia Service, Ottobrunn; 42 Leiste 1: C. Schäfer/Mauritius, Mittenwald; 42 Leiste 2: age fotostock/Mauritius, Mittenwald; 42 Leiste 3: Frank Hecker/TopicMedia Service, Ottobrunn; 42 Leiste 4: Jef Meul/Okapia KG, Frankfurt; 44.5 A: Pfletschinger/Tierbildarchiv Angermayer, Holzkirchen; 44.5 B: Pfletschinger/Tierbildarchiv Angermayer, Holzkirchen; 45.1: Barrie E. Watts/OSF/Okapia KG, Frankfurt; 45.2: Frank Hecker/TopicMedia Service, Ottobrunn; 45.3 A: Phototake/Mauritius, Mittenwald; 45.4 A: Stefan Pohlner/Okapia KG, Frankfurt; 47.A9: Dr. Thomas Harbich, Weissach im Tal; 48.1 A: Jef Meul/Okapia KG, Frankfurt; 50.5 A: Okapia/picture-alliance, Frankfurt; 50.5 B: Oliver Giel/Okapia KG, Frankfurt; 50.5 C: Sauer/TopicMedia Service, Ottobrunn; 50.5 D: Nigel Cattlin/Holt Studios/Okapia KG, Frankfurt; 52.2: Phototake/Mauritius, Mittenwald; 53.3 A li.: Hans Reinhard/Mauritius, Mittenwald; 53.3 A re.: Hans Reinhard/Okapia KG, Frankfurt; 53.3 B li.: Karl Gottfried Vock/Okapia KG, Frankfurt; 53.3 B re.: Gerd Penner/Okapia KG, Frankfurt; 53.3 C li.: Gerd Penner/Okapia KG, Frankfurt; 53.3 C re.: Erich Kuchling/Okapia KG, Frankfurt; 53.3 D li.: Hilfert/Pflanzenschutzamt Hamburg; 53.3 D re.: Hans Reinhard/Okapia KG, Frankfurt; 54.2 A: Jef Meul/Okapia KG, Frankfurt; 54.2 B: Andrew Syred/SPL/Agentur Focus, Hamburg; 56.V1 ob.: Tegen, Hambühren; 56.V1 unt.: Juniors Bildarchiv, Ruhpolding; 58.1 A: Chromorange/Bildagentur-online, Burgkunstadt; 58.1 B: Susumu Nishinaga/SPL/Agentur Focus, Hamburg; 58.1 C: Susumu Nishinaga/SPL/Agentur Focus, Hamburg; 59.1 A: Okapia KG, Frankfurt; 59.1 B: Reinhard-Tierfoto, Heiligkreuzsteinach; 61.4 A: Pfletschinger/Tierbildarchiv Angermayer, Holzkirchen; 62.1: Susumu Nishinaga/SPL/Agentur Focus, Hamburg; 63.4 A + B: Claude Nuridsany & Marie Perennou/SPL/Agentur Focus, Hamburg; 64.1 A–D: Pfletschinger/Tierbildarchiv Angermayer, Holzkirchen; 66.1: K. Bogon/Wildlife, Hamburg; 66.2: Konopka; 68.1 A: Reinhold Hellmich/Okapia KG, Frankfurt; 68.1 B: J. Meul/blickwinkel, Witten; 68.1 C: Avenue Images, Hamburg; 68.1 D: Juniors Bildarchiv, Ruhpolding; 68.1 E: John T. Fowle/Bildagentur-online, Burgkunstadt; 68.1 F: P. Hartmann/Wildlife, Hamburg; 70.1: H. Farkaschovsky/Okapia KG, Frankfurt; 72.1 A: NHPA/TopicMedia Service, Ottobrunn; 73.1 A: Switak/Okapia KG, Frankfurt; 73.1 B: Helwig/Okapia KG, Frankfurt; 73.1 C: Ziesler/Tierbildarchiv Angermayer, Holzkirchen; 73.1 D: Ramage/OSF/Okapia KG, Frankfurt; 74.1: Schauhuber/Premium, Düsseldorf; 74.2: Kage/Okapia KG, Frankfurt; 75.3 A: Pfletschinger/Tierbildarchiv Angermayer, Holzkirchen; 75.3 B: Prof. Dr. Karg; 75.3 C: Dr. Sauer/TopicMedia Service, Ottobrunn; 75.3 D: Pelka/TopicMedia Service, Ottobrunn; 75.3 E: eye of science/Agentur Focus, Hamburg; 75.3 F: Prof. Dr. Mehlhorn/Okapia KG, Frankfurt; 76.1: Pfletschinger/Tierbildarchiv Angermayer, Holzkirchen; 76.2: Struck/TopicMedia Service, Ottobrunn; 76.3: Farkaschovsky/Okapia KG, Frankfurt; 76.4: Gohier/Okapia KG, Frankfurt; 78.1: Pfletschinger/Tierbildarchiv Angermayer, Holzkirchen; 79.3 + 4: Pfletschinger/Tierbildarchiv Angermayer, Holzkirchen; 79.5: Kage/Okapia KG, Frankfurt; 79.6 A: Ausloos/Mauritius, Mittenwald; 79.6 B: J. Meul-Van Cauteren/Blickwinkel, Witten; 79.6 C: Magnus Melin/Naturbild AB/Okapia KG, Frankfurt; 79.6 D: Hecker/Okapia KG, Frankfurt; 80.1: Lothar Lenz, Dohr; 80.2: Pfletschinger/Tierbildarchiv Angermayer, Holzkirchen; 80.3: Juniors Bildarchiv, Ruhpolding; 81.2 A: Basil Thüring/Naturhistorisches Museum Basel; 84.2: Hans-Peter Konopka, Recklinghausen; 85.3: Tierbildarchiv Angermayer, Holzkirchen; 85.4: Randler/mediacolors, Zürich; 86.A5: Hecker/TopicMedia Service, Ottobrunn; 86.A6: Okapia KG, Frankfurt; 87.A10: Phototake/Okapia KG, Frankfurt; 88 Leiste 1: Rolf Wellinghorst, Quakenbrück; 88 Leiste 3: Institut für wissenschaftliche Fotografie Kage, Lauterstein; 88 Leiste 4: Tönnies, Laatzen; 89.2 A: Struck/TopicMedia Service, Ottobrunn; 99.1 A + B: D. Harms/Wildlife, Hamburg; 99.1 C: O. Diez/Arco Images, Lünen; 99.1 D: i.m.a, Bonn; 99.1 E: Nigel Cattlin/Holt Studios/Okapia KG, Frankfurt; 99.1 F: Wolfgang Filser, Bad Tölz; 99.1 G: TH Foto/Tschanz-Hofmann/Okapia KG, Frankfurt; 99.1 H: Duffour/Andia, Pacé; 99.1 I: R. Philips/Arco Images, Lünen; 99.1 J: O. Diez/Wildlife, Hamburg; 99.1 K: Harald Lange/Okapia KG, Frankfurt; 99.1 L: Manfred Ruckszio/www.naturbildportal.de; 99.1 M: Dinodia Photo Library/StockFood, München; 99.1 N: Reinhard/Okapia KG, Frankfurt; 100.1 A: Prof. Dr. Weber, Reutlingen; 100.2 A: K. Porter/NAS/Okapia KG, Frankfurt; 103.1 links: R. Hoelzl/Wildlife, Hamburg; 103.1rechts: Sohns/Okapia KG, Frankfurt; 103.1 Hintergrund: Rolf Wellinghorst, Quakenbrück; 104.2 A: Vock/Okapia KG, Frankfurt; 104.2 B: D. Harms/Wildlife, Hamburg; 105.A2: Pforr/TopicMedia Service, Ottobrunn; 106 Leiste 1–3: Wellinghorst, Quakenbrück; 107.1: Wellinghorst, Quakenbrück; 109.1: Wellinghorst, Quakenbrück; 110.V1 + V6: Wellinghorst, Quakenbrück; 112.1: Thonig/Mauritius, Mittenwald; 113.3: Dr. Philipp, Berlin; 114.1 A: Dr. Philipp, Berlin; 116.1 B: Prof. Dr. Weber, Reutlingen; 117.1 C: Tönnies, Laatzen; 116.1 D: Elfner/Tierbildarchiv Angermayer, Holzkirchen; 121.2: Skibbe/TopicMedia Service, Ottobrunn; 123.1 A: Tönnies, Laatzen; 124.1 A: Essler/TopicMedia Service, Ottobrunn; 125.3 B: Godbold/Institut für Fortwirtschaft, Universität Göttingen; 126.1 A: Radtke, Hilchenbach; 126.1 B: Tierbildarchiv Angermayer, Holzkirchen; 126.1 C: Schrempp/Okapia KG, Frankfurt; 126.1 D: Layer/TopicMedia Service, Ottobrunn; 126.1 E: Reinhard/Okapia KG, Frankfurt; 126.1 F: Tierbildarchiv Angermayer, Holzkirchen; 127.1 A: D. Harms/Wildlife, Hamburg; 127.1 B: Reinhard/Tierbildarchiv Angermayer, Holzkirchen; 127.1 C: T. Frenzel/Archivberlin; 127.1 D: Reinhard/Tierbildarchiv Angermayer, Holzkirchen; 127.1 E: Hecker/TopicMedia Service, Ottobrunn; 127.1 F: R. Kaminski/Blickwinkel, Witten; 128.2 A: Wildlife, Hamburg; 128.2 B: Alfred Schauhuber/Alimdi.net; 128.2 C: Rosing/Okapia KG, Frankfurt; 129.1 A: Dr. Nittinger/Xeniel-Dia, Stuttgart; 131.1 A: Wegner, P./Arco Images, Lünen; 131.1 B: Jerry and Marcy Monkman/EcoPhotography.com/IPN; 131.1 C: F. Hecker/Blickwinkel, Witten; 131.1 E: R. Koenig/Blickwinkel, Witten; 131.1 F: K. Scholbeck/Blickwinkel, Witten; 131.1 G: Karl Gottfried Vock/Okapia KG, Frankfurt; 131.1 H: Hinze, K./Arco Images, Lünen; 134.1 A: Wellinghorst, Quakenbrück; 134.1 B: Sorge/Caro, Berlin; 134.1 C: NPL/Arco Images, Lünen; 135.2: Wellinghorst, Quakenbrück; 136.1: Wellinghorst, Quakenbrück; 137.2 A–C: Wellinghorst, Quakenbrück; 140.1: Wellinghorst, Quakenbrück; 140.2: Alfred Pasieka/SPL/Agentur Focus, Hamburg; 143.V3: Wellinghorst, Quakenbrück; 144.2: Wellinghorst, Quakenbrück; 145.3: John Wright/SPL/Agentur Focus, Hamburg; 145.4: Wellinghorst, Quakenbrück; 146.1 A: FreeLens Pool/Joachim Schumacher, Bochum; 146.2 A–C: Eidgenössische Forschungsanstalt für Wald, Schnee und Landschaft WSL, Birmensdorf; 147.3 A: Dirk v. Mallinckrodt/Alimdi.net; 147.3 B: Reinhard/Okapia KG, Frankfurt; 147.3 C: Dr. Philipp, Berlin; 147.3 D: Manfred Danegger/Okapia KG, Frankfurt; 148.1 D: Jeff O'Brien/Mauritius, Mittenwald; 150.1 A: Wolfgang Buchhorn/Okapia KG, Frankfurt; 150.2 A: Reinhard/Okapia KG, Frankfurt; 151.1 A: Hans Helfrich/Okapia KG, Frankfurt; 151.2 A: dpa/picture-alliance, Frankfurt; 152.1: Markus Botzek/zefa/Corbis, Düsseldorf; 156.1 A: Nils Reinhard/Okapia KG, Frankfurt; 156.1 B: H. Farkaschovsky/Okapia KG, Frankfurt; 156.1 C: Harry Schweinsberg/TopicMedia Service, Ottobrunn; 156.1 D: Wolfgang Schulte/SAVE/Okapia KG, Frankfurt; 162.1: Wellinghorst, Quakenbrück; 170.1 A–D: Wellinghorst, Quakenbrück; 174.A2: Sinclair Stammers/SPL/Agentur Focus; 176 Leiste 1: Wolfgang Nuerbauer/argum, München; 176 Leiste 2: Wellinghorst, Quakenbrück; 176 Leiste 3: Hermann Bredehorst, Berlin; 177.2 A + C: Wellinghorst, Quakenbrück; 179.1–3: Wellinghorst, Quakenbrück; 180.1 A + B re.: Wellinghorst, Quakenbrück; 181.3: Wellinghorst, Quakenbrück; 182.1: Wellinghorst, Quakenbrück; 182.2: Riedmiller/Caro, Berlin; 186.1 A: Oxford Scientific/Mauritius, Mittenwald; 186.1 B: Nagel/TopicMedia Service, Ottobrunn; 186.1 C: J. Flohe/Blickwinkel, Witten; 186.1 D: John Devries/SPL/Agentur Focus, Hamburg; 186.1 E: Klapp/Okapia KG, Frankfurt; 186.1 F: Tierbildarchiv Angermayer, Holzkirchen; 186.1 G: Jakobi/TopicMedia Service, Ottobrunn; 186.1 H: Wolfgang Buchhorn/Okapia KG, Frankfurt; 186.1 I: Gudrun Bramsiepe, Selm; 186.1 J: Wellinghorst, Quakenbrück; 188.1 A: Nils Bohn/Outdoor Archiv, Hamburg; 188.1 B: Wellinghorst, Quakenbrück; 188.1 C: Wolfgang Hinz/photoplexus; 191.2: dpa/picture-alliance, Frankfurt; 192.1 B: Lineair/Das Fotoarchiv, Essen; 193.2 B: Hans-Peter Konopka, Recklinghausen; 194.3 B: Hans-Peter

Konopka, Recklinghausen; 195.1: Bernd Euler/Visum, Hamburg; 195.2: Clusellas/CCC, www.c5.net; 195.3: Juniors Bildarchiv, Ruhpolding; 197.4: JTB/A1PIX, München; 199.2 B: NASA; 200.2: Wellinghorst, Quakenbrück; 202 Leiste 1: Wellinghorst, Quakenbrück; 202 Leiste 2: Bongarts/Getty Images, München; 202 Leiste 3: Stock4B, München; 203.3: Stefan Oelsner/Keytone, Hamburg; 204.1: Ulrich Zimmermann/Okapia KG, Frankfurt; 206.4 A + B: Wellinghorst, Quakenbrück; 208.1 A 1–4: DUC/A1PIX, Frankfurt; 208.1 B 1: DUC/A1PIX, München; 208.1 C 1–2: DUC/A1PIX, München; 209.2 A + B: Wellinghorst, Quakenbrück; 210.1: Wolfgang Deuter, Willich; 211.1: TV-yesterday, München; 211.2: Marina Raith/Picture Press, Hamburg; 214.1: Wellinghorst, Quakenbrück; 215.5 A + B: Institut für wissenschaftliche Fotografie Kage, Lauterstein; 216.1: Wellinghorst, Quakenbrück; 217.V1 ob.: Wellinghorst, Quakenbrück; 218.1: Wellinghorst, Quakenbrück; 219.1: Wolfgang Maria Weber/TV-yesterday, München; 220.V2: Wellinghorst, Quakenbrück; 221.1 A: Brosette/TopicMedia Service, Ottobrunn; 221.1 B: Traub/TopicMedia Service, Ottobrunn; 221.1 C: Root/Okapia KG, Frankfurt; 221.1 D: Reinhard/Tierbildarchiv Angermayer, Holzkirchen; 221.Hintergrund: Wellinghorst, Quakenbrück; 224.1 A: SPL/Agentur Focus, Hamburg; 225.1 A: Manfred Kage/Agentur Focus, Hamburg; 227.1 A: Widmann/F1 Online, Frankfurt; 227.1 B: Wellcome Dept. of Cognitive Neurology/SPL/Agentur Focus, Hamburg; 236.1 A: Emanuel Ammon/AURA; 236.1 B: Judy Bellah/Lonely Planet Images; 237.1 B: Pr. M. Aymard/ISM/Okapia KG, Frankfurt; 237.2 A: medicalpicture, Köln; 237.2 B: Comp-Unique/CMSP/Okapia KG, Frankfurt; 238.1: dpa/picture-alliance, Frankfurt; 240.1 A li.: Habel/Mauritius, Mittenwald; 240.1 A re.: Habel/Mauritius, Mittenwald; 244.1 A–C: Peter Feigenbutz, Radolfzell; 246.V1: M. Fabian, Hannover; 246.V2: Tegen, Hambühren; 250.1: aid infodienst Bonn; 252.1: Volker Minkus, Isernhagen; 252.2 A: Klaus G. Kohn, Braunschweig; 256.1: SPL/Agentur Focus, Hamburg; 257.1: medicalpicture, Köln; 257.2: LSF/OSF/Okapia KG, Frankfurt; 260.1 A: Phototake/Mauritius, Mittenwald; 260.1 B: Lennart Nilsson/Bonnier Alba AG; 260.1 C: NIBSC/SPL/Agentur Focus, Hamburg; 260.2: Raupach/argus, Hamburg; 266.1 A: Lieder, Ludwigsburg; 266.1 B + C: Michler/Xeniel-Dia, Stuttgart; 267.2: Phototake/Mauritius, Mittenwald; 267.3: Morgan/Science Source/Okapia KG, Frankfurt; 267.5: Gaetan Bally/Keystone/picture-alliance, Frankfurt; 268.A1: DRK-Blutspendedienst West; 268.A4: Tegen, Hambühren; 268.V5: Bildagentur-online, Burgkunstadt; 269.A7: Agentur Focus, Hamburg; 270.1 A: Klaus G. Kohn, Braunschweig; 272.1 A: BIS/A1PIX, München; 273.1 A: Klaus G. Kohn, Braunschweig; 276.2: Manfred P. Kage/Okapia KG, Frankfurt; 277.3: Döhring, Uetze; 277.4: Glaubermann/PR Science Source/Okapia KG, Frankfurt; 278.1: Siegfried Kramer/alimdi.net; 278.2 B: Dr. Reinbacher, Kempten; 279.1 B: Siegfried Kramer/alimdi.net; 281.1: Prof. Dieter O. Fuerst, PhD/Universität Potsdam; 282.A2: DaimlerChrysler; 283.1: AP, Frankfurt; 283.3: Marcus Gloger/Joker, Bonn; 283.4: SPL/Agentur Focus, Hamburg; 287.A11: Lieder, Ludwigsburg; 288 Leiste 1: Motta/SPL/Agentur Focus; 288 Leiste 2: John Paul Kay/Peter Arnold; 288 Leiste 3: Gschmeissner/SPL/Agentur Focus; 288.1: NIAID/CDC/SPL/Agentur Focus; 289.2 B: Matthias Stolt, Hamburg; 289.2 C: Jochen Eckel, Berlin; 290.1 A: Dr. Thomas Huk, Braunschweig; 290.1 B + C: Institut für wissenschaftliche Fotografie Kage, Lauterstein; 291.1: A. B. Dowsett/SPL/Agentur Focus, Hamburg; 291.2: Dr. Kari Lounatmaa/SPL/Agentur Focus, Hamburg; 291.3: CNRI/SPL/Agentur Focus, Hamburg; 291.4: Dr. Gary Gaugler/SPL/Agentur Focus, Hamburg; 292.1 A: NIBSC/SPL/Agentur Focus, Hamburg; 293.2: Museum of Health & Medicine, Washington; 294.1: Green/Okapia KG, Frankfurt; 294.2: Hazel Appleton, Centre for Infections/Health Protection Agency/SPL/Agentur Focus, Hamburg; 294.3: Phototake/Mauritius, Mittenwald; 294.4: PHN/A1PIX, München; 297.3: SPL/Agentur Focus, Hamburg; 299.3: Meckes/Institut für wissenschaftliche Fotografie Kage, Lauterstein; 300.1 H: M. Fabian, Hannover; 301.3: Fotoagentur Frank Boxler, Lauf; 302.1 A: Jochen Zick/Keystone, Hamburg; 302.1 B: Dr. med. J. P. Müller/Okapia KG, Frankfurt; 302.2 A: David Scharf/SPL/Agentur Focus, Hamburg; 302.2 B: eye of science, Reutlingen; 304.1: Bundeszentrale für gesundheitliche Aufklärung, Köln; 308 Leiste 1: Eye of science/SPL/Agentur Focus, Hamburg; 308 Leiste 2: Photri/Mauritius, Mittenwald; 308 Leiste 3: Leiber/Mauritius, Mittenwald; 308 Leiste 4: Behrens, Lehrte; 308.1: Marie Docher; 309.2 A: Volker Minkus, Isernhagen; 309.2 B: FBO/A1PIX, München; 309.2 C: Brand X/Schapowalow, Hamburg; 310.1: Volker Minkus, Isernhagen; 311.4: Volker Minkus, Isernhagen; 313.6 B: Prof. Wanner/Wissenschaftliche Film- und Bildagentur Karly, Hamburg; 313.7 B: Frazier/Okapia KG, Frankfurt; 316.1 A: Deutsche Bundesbank; 316.1 C: Elke van de Velde/zefa/Corbis, Düsseldorf; 317.2 A: Juniors Bildarchiv, Ruhpolding; 317.2 C: ZB/picture-alliance, Frankfurt; 318.1: Wolf, Steinheim; 319.A3 A–D: Volker Minkus, Isernhagen; 320.1 A: Corbis, Düsseldorf; 320.1 B: Alex Webb/Magnum Photos/Agentur Focus, Hamburg; 321.1 C: Thomas L. Kelly; 323.3: Bromhall/Okapia kG, Frankfurt; 324.1: Edelmann/SPL/Agentur Focus, Hamburg; 325.1 A: Volz/laif, Köln; 327.1 A: Guether/Mauritius, Mittenwald; 327.1 B: V. Thoermer/adpic; 327.1 C: Workbookstock/Mauritius, Mittenwald; 329.2: Boiscontre/mediacolors, Zürich; 329.3: dpa-Fotoreport/picture-alliance, Frankfurt; 330.1 A–D: Volker Minkus, Isernhagen; 330.1 E: Schuchardt, Göttingen; 330.1 F: Dr. Christoph Randler; 331.3 A: Volker Minkus, Isernhagen; 333.A6 li.: D. Bromhall/OSF/Okapia KG, Frankfurt; 333.A6 re.: Jump Fotoagentur, Hamburg; 334.Leiste 1: Photothek, Berlin; 334.Leiste 2: NAS/Biophoto Associates/Okapia KG, Frankfurt; 334.Leiste 3: Eppendorf AG; 334.1: MPO/A1PIX, München; 335.2 A–D: Volker Minkus, Isernhagen; 336.2: Institut für Humangenetik, Universitätsklinikum, RWTH Aachen; Leitung der Zytogenetik: Dr. rer. nat. Herdit M. Schüler; 338.1 A li.: Lichtbildarchiv Keil, Neckargemünd; 338.1 B: Lieder, Ludwigsburg; 338.1 C: Meckes/Agentur Focus, Hamburg; 339.2 A–H: medicalpicture, Köln; 341.1 A: Okapia KG, Frankfurt; 341.1 B: Walker/Agentur Focus, Hamburg; 342.A1 A: A. & F. Michler/Peter Arnold/images.de; 342.A1 B: Ed Reschke/Peter Arnold/images.de; 342.A1 C: Peter Arnold/images.de; 343.A4: Institut für Humangenetik, Universitätsklinikum, RWTH Aachen; Leitung der Zytogenetik: Dr. rer. nat. Herdit M. Schüler; 344.2: AKG, Berlin; 349.1: Lond. Sc. Films/OSF/Okapia KG, Frankfurt; 349.2: FlyMove; 354.3 A–E: Bundeskriminalamt; 356.1: Prof. Bernhard Grzimek/Okapia KG, Frankfurt; 357.3 B: Institut für Humangenetik, Universitätsklinikum, RWTH Aachen; Leitung der Zytogenetik: Dr. rer. nat. Herdit M. Schüler; 357.4 B oben: H. Hoffmeister/Wikipedia; 358.5: Institut für wissenschaftliche Fotografie Kage, Lauterstein; 358.6: Wissenschaftliche Film- und Bildagentur Karly, München; 359.8 A + B: Dr. Lyndal Kearney an Dr. Sharon Horsley, Institute of Cancer Research, London; 360.1 A: Jonkmans/laif, Köln; 360.1 B: John Van Hasselt/Sygma/Corbis, Düsseldorf; 361.2 A: Mauritius, Mittenwald; 361.2 B: Aufschlager/Caro, Berlin; 362.1: NAS/Biophoto Associates, Frankfurt; 362.2 A: Phototake/Mauritius, Mittenwald; 362.2 B: Frazier/Okapia KG, Frankfurt; 365.1: Absary/SPL/Agentur Focus, Hamburg; 366.3 A: Agentur Focus, Hamburg; 366.3 B: Institut für Humangenetik, Universitätsklinikum, RWTH Aachen; Leitung der Zytogenetik: Dr. rer. nat. Herdit M. Schüler; 369.A2: Institut für Humangenetik, Universitätsklinikum, RWTH Aachen; Leitung der Zytogenetik: Dr. rer. nat. Herdit M. Schüler; 370.1 B: Jaenicke, Rodenberg; 374.1 unten: Behring-Werke, Marburg; 375.3 A + B: Syngenta; 379.2 A: NAS/Omikron/Okapia KG, Frankfurt; 379.2 B: NAS/Omikron/Okapia KG, Frankfurt; 380.A2: Andrew Syred/SPL/Agentur Focus, Hamburg; 380.A3: Institut für Humangenetik, Universitätsklinikum, RWTH Aachen; Leitung der Zytogenetik: Dr. rer. nat. Herdit M. Schüler; 380.A3: Okapia KG, Frankfurt; 381.A8 Mitte: Ernst, Basel; 381.A8 A–F: CMA, Bonn; 382 Leiste 1: Arco Images, Lünen; 382 Leiste 2: Elfner/Tierbildarchiv Angermayer, Holzkirchen; 382 Leiste 3: Tierbildarchiv Angermayer, Holzkirchen; 382 Leiste 4: Dr. Paul; 382.1: F1 Online, Frankfurt; 383.2: F. Poelking/Arco Images, Lünen; 383.3: National Geographic/Getty Images, München; 384.4 A: Juniors Bildarchiv, Ruhpolding; 383.4 B: Frans Lanting/Minden Pictures, Watsonville, Canada; 383.4 C: S.Muller/Wildlife, Hamburg; 383.4 D: Doug Allan/OSF/Okapia KG, Frankfurt; 385.1: Andreas Held/www.naturbildportal.de; 386.1 A: Klein & Hubert/Okapia KG, Frankfurt; 386.1 B: age/Mauritius, Mittenwald; 386.1 C: Petra Steuer/Joker, Bonn; 388.3: R. Usher/Wildlife, Hamburg; 389.A1: Mauritius, Mittenwald; 390.1 A: Manfred Danegger, Owingen-Billafingen; 390.1 B: S. E. Arndt/Wildlife, Hamburg; 390.2 A: NPL/Arco Images, Lünen; 391.1: Maywald/Premium, Düsseldorf; 391.2: Tierbildarchiv Angermayer, Holzkirchen; 391.3: Bildagentur-Online, Burgkunstadt; 391.4: VISUM, Hamburg; 393.3: BIOS/Biosphoto; 393.4: NPL/Arco Images; 393.5: Ingo Arndt/Picture Press, Hamburg; 394.1: M.Hamblin/Wildlife, Hamburg; 394.2: Herbert Schollp/Westend61, Fürstenfeldbruck; 395.3: Joel Bennett/Peter Arnold; 395.4: Huber/Schapowalow, Hamburg; 395.5: Rainer Raffalski, Waltrop; 396.A1: Dr. Paul; 398.1: McPhoto/Blickwinkel, Witten; 399.A3: Paul Trötschel, Steddorf; 400 Leiste 1: BIOS/Biosphoto; 400 Leiste 2: Etienne Jean-Jacques/Biosphoto; 400 Leiste 3: Neeb »Stern«, Heft 29, 1992; 402.1: ZB/picture-alliance, Frankfurt; 404.2: MacDonald/SPL/Agentur Focus, Hamburg; 408.1 A: Konopka; 408.1 B + C: Deutsches Museum, München; 410.1 A: Breck P. Kent/Animals; 413.C1 C1–C4: Hippocampus Bildarchiv; 414.1 A: Mauritius, Mittenwald; 414.1 B: HSC/A1PIX, München; 414.1 C: TopicMedia Service, Ottobrunn; 414.1 D: Willner/TopicMedia Service, Ottobrunn; 415.A2: R. Koenig/Blickwinkel, Witten; 415.A3: TopicMedia Service, Ottobrunn; 415.V1: Behrens, Lehrte; 417.4 A: Juniors Bildarchiv, Ruhpolding; 417.4 B: Reinhard-Tierfoto, Heiligkreuzsteinach; 417.4 C: J. Mallwitz/Wildlife, Hamburg; 417.4 D: Sohns/Okapia KG, Frankfurt; 417.4 E: Emanuel Bloedt/EB-Stock; 418.1: Reader/Agentur Focus, Hamburg; 418.2–3: Rekonstruktion Copyright W. Schaubelt, N. Kieser – Wild Life Art/Thomas Ernsting/Bilderberg, Hamburg; 420.1 B: SPL/Agentur Focus, Hamburg; 420.2: Natural History Museum; 422.1: Dirk Gebhardt/VISUM, Hamburg; 424.1: HAG/A1PIX, München; 424.1 B: NHPA/photoshot/picture-alliance, Frankfurt; 426.V1 A–C: Klaus G. Kohn, Braunschweig; 429.2 A: McPHOTO/Blickwinkel, Witten; 429.2 B: TopicMedia Service, Ottobrunn; 429.2 C: Edward Kinsman/Agentur Focus, Hamburg; 429.2 D: World picture News; 429.2 E: Lenz/TopicMedia Service, Ottobrunn

Es war nicht in allen Fällen möglich, die Inhaber der Rechte ausfindig zu machen und um Abdruckgenehmigung zu bitten. Berechtigte Ansprüche werden selbstverständlich im Rahmen der üblichen Konditionen abgegolten.